R. CHASSAING 1982

LES

MANUFACTURES
NATIONALES

LES
MANUFACTURES
NATIONALES

LES GOBELINS, LA SAVONNERIE
SÈVRES, BEAUVAIS

PAR

HENRY HAVARD ET MARIUS VACHON

PARIS
GEORGES DECAUX, LIBRAIRIE ILLUSTRÉE
7, RUE DU CROISSANT, 7

M DCCC LXXXIX

AVERTISSEMENT

E livre que nous offrons aujourd'hui au public était réclamé depuis longtemps par tous ceux qui s'intéressent à notre industrie et à nos arts. Fait extrêmement remarquable, l'histoire des Gobelins, de la Savonnerie, de Sèvres, de Beauvais, de ces Manufactures célèbres sans rivales dans le monde entier, dont le nom est partout prononcé avec respect et cité avec éloge, cette histoire n'avait jamais été écrite. Pour se renseigner sur leur glorieuse et féconde existence, on n'avait que quelques articles de revues ou de journaux et quelques monographies écourtées. Le *Mémoire* de Bachelier sur Sèvres, écrit il y a près d'un siècle, et récemment imprimé, un *Guide du voyageur*, étaient, avec la *Notice* de M. Lacordaire sur les Gobelins publiée en 1855, à peu près tout ce qu'on possédait sur ces établissements fameux, et quand on voulait plus de détails, il fallait les chercher dans les histoires générales de la Tapisserie ou de la Céramique.

Nous avons pensé rendre un véritable service à l'art français et à tous ceux qui s'intéressent à son existence si passionnante, en comblant cette inexplicable lacune. Nous nous sommes persuadé que *Les Manufactures nationales* seraient d'autant mieux accueillies du public d'élite pour lequel ce livre a été conçu et exécuté que, venant à la veille d'une Exposition générale, ce livre servira en quelque sorte de préambule au merveilleux spectacle que nous promettent pour 1889 les Gobelins, Sèvres et Beauvais.

Pour retracer cette histoire si curieuse et si peu connue, nous nous sommes adressé à deux écrivains dont le talent est justement apprécié et dont l'opinion fait autorité dans les questions d'art industriel. C'est entièrement sur des documents d'archives et sur des textes contemporains, *Lettres, Mémoires, Édits royaux, Suppliques,* etc., que nos deux auteurs se sont appuyés pour reconstituer cette glorieuse existence traversée à diverses reprises par de douloureuses et terribles catastrophes. Grâce à certaines pièces exhumées par eux et dont l'existence même était ignorée, cette reconstitution non seulement présente sous un jour absolument nouveau l'existence de ces grands établissements, mais encore imprime au récit une vie si intense, un tel accent de vérité, que cette histoire de quatre Manufactures devient, par moment, aussi passionnante qu'un roman.

MM. Henry Havard et Marius Vachon, en effet, ont eu grand soin — et on ne saurait trop les en louer, — de ne pas séparer l'histoire des Gobelins, de Sèvres et de Beauvais des événements politiques et des combinaisons extérieures qui ont si souvent, et d'une façon décisive, influé sur leur existence. Ils se sont appliqués, au contraire, à mettre en pleine lumière les causes ignorées qui ont provoqué des effets inattendus. Aussi leur travail s'élargissant, prend-il, par place, l'importance d'une œuvre de restitution, et nous révèle d'une façon pittoresque les goûts, les aptitudes et les besoins artistiques d'une suite de générations disparues.

Mais le principal mérite de ce livre, et ce qui, surtout, assurera son succès, c'est qu'il présente l'existence de nos grandes Manufactures sous un jour tout nouveau. Il montre qu'elles ne constituent pas seulement de coûteux ateliers où l'on a fabriqué, pendant deux siècles, une série de chefs-d'œuvre destinés à orner les palais de nos rois. Il prouve qu'elles furent également des écoles sans rivales, où, sous des formes variées, la main-d'œuvre ne cessa jamais d'approcher d'une perfection inconnue autre part. En sorte que s'il y a quelque témérité à attribuer uniquement aux Gobelins, à Sèvres et à Beauvais le mérite de notre supériorité indiscutée dans certains arts, on est bien forcé de reconnaître que si les Français sont restés les premiers tapissiers et les premiers céramistes du monde, nos Manufactures nationales peuvent réclamer leur part dans cette supériorité.

G. D.

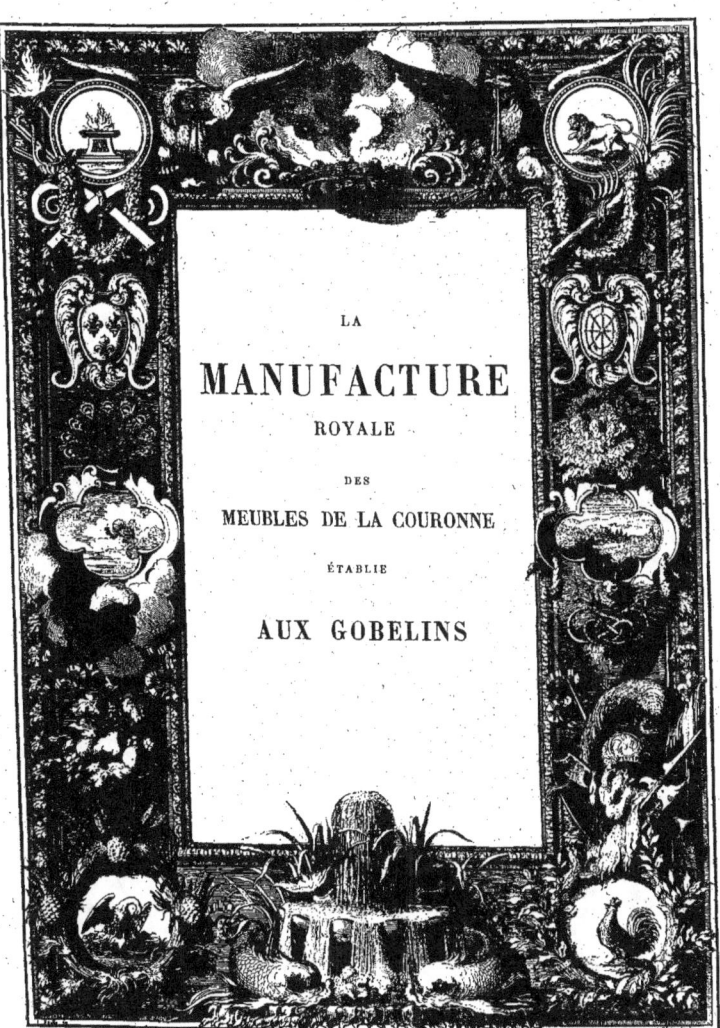

I

ORIGINES DE LA MANUFACTURE ROYALE

DES MEUBLES DE LA COURONNE

u mois de novembre de l'année 1667, un roi dont le rôle historique a été diversement jugé, mais qui a laissé dans les fastes de la monarchie française une trace exceptionnellement brillante, Louis XIV faisait publier un Edit ordonnant l'institution à Paris d'une *Manufacture royale des meubles de la Couronne*. C'est dans ce document qu'il faut chercher l'acte de naissance officiel de cet Établissement des Gobelins, qui, en dépit des transformations politiques et des révolutions sociales, s'est perpétué jusqu'à nos jours, survivant aux institutions qui l'avaient vu naître, et conservant intacts, au travers des vicissitudes les plus surprenantes, son caractère de grandeur et sa gloire indiscutée.

Ce document, dont l'importance n'échappera à personne, mériterait d'être cité en entier. Nous demanderons toutefois la permission de le résumer et de n'en rappeler ici que les dispositions principales.

Après un court préambule, qui rendait hommage aux efforts tentés par Henri IV, son aïeul, dans le but de créer à Paris un centre d'industries d'art de toutes sortes, et notamment pour acclimater en France la fabrication de la tapisserie, le roi, par la plume de Colbert, édictait les résolutions suivantes : « I° La manufacture des tapisseries et autres ouvrages demeurera establie dans l'hostel appelé les Gobelins, maisons et lieux en dépendant, à nous appartenant [1], sur la principale porte duquel hostel sera posé un marbre au-dessous de nos armes, dans lequel sera inscript : *Manufacture royale des Meubles de la Couronne.*

« II° Seront les manufactures et dépendances d'icelles régies et administrées par les ordres de notre amé et féal conseiller ordinaire en nos conseils, le Sieur Colbert, Surintendant de nos Bastimens, Arts et Manufactures de France et ses successeurs en ladite charge.

« III° La conduite particulière des manufactures appartiendra au sieur Lebrun, notre premier peintre, sous le titre de Directeur, suivant les lettres que nous lui en avons accordées le 8 mars 1663 et, vacation arrivant, sera donnée à personne capable et intelligente dans l'art de la peinture pour faire les desseins de la tapisserie, sculpture et autres ouvrages, les faire exécuter correctement, et avoir la direction et inspection générale sur tous les ouvriers qui seront employés dans les Manufactures, lequel Directeur sera choisi, institué et destitué toutes fois et quantes qu'il appartiendra par le Surintendant de nos Bastimens.

« IV° Le Surintendant de nos Bastimens et le Directeur sous luy, tiendront la Manufacture remplie de bons peintres, maistres tapissiers de haute lisse, orphèvres, fondeurs, graveurs, lapidaires, menuisiers en ébène et en bois, teinturiers et autres bons ouvriers en toutes sortes d'arts et métiers, qui seront establis et que le Surintendant de nos bastimens estimera nécessaire d'y establir. »

Ainsi s'exprimait ce précieux Edit ; il est impossible de méconnaître l'importance, la grandeur et l'opportunité d'une pareille innovation. A cette époque, et avec la législation existante, c'était le seul moyen de donner aux industries d'art la facilité de se développer sans entraves, et de réaliser des chefs-d'œuvre sans précédent. Toutefois, il convient de remarquer que l'honneur de cette innovation ne revient pas en entier à celui qui plaça son nom au bas de l'acte constitutif, dont nous venons de citer les dispositions principales. Cette institution nouvelle n'était que la suite et la conséquence de tentatives antérieures aussi variées que nom-

---

[1] Le total des acquisitions faites antérieurement, pour la Manufacture des Gobelins, par Colbert, s'élevait à 90.212 livres 10 sous.

breuses. Au moment même où Colbert présentait à la signature du roi l'Édit ordonnant l'institution d'une *Manufacture royale des Meubles de la Couronne,* cette manufacture, en fait, existait depuis trois années. Dès 1662, Colbert, alors surintendant des Finances, avait, en effet, concentré aux Gobelins les ateliers de haute et basse lice épars dans les divers quartiers de Paris, à la Trinité, au Louvre, à la rue de la Planche, et groupé dans ces ateliers des artistes de tous corps d'état, appelés à concourir aux travaux de décoration des résidences royales. Cette même année, il avait acheté au sieur Leleu, conseiller au Parlement, moyennant la somme de 40,775 livres, l'hôtel des Gobelins, comprenant outre les bâtiments, cours, préaux, etc., une grande étendue de « terrains, jardins, prés, bois et aulnayes sur les bords de la rivière de Bièvre ». Peu après, le Surintendant y joignait plusieurs maisons situées près de la fausse porte Saint-Marcel et de l'église des Gobelins, appartenant à Hippolyte de Comans et consorts, à Charles de La Plaigne, à Henri Rouault, du prix total de 24,000 livres. On voit que l'édit de 1667 n'était que la consécration de ce qu'on est en droit d'appeler un fait accompli.

Faut-il ajouter que ce n'était pas au hasard, que Colbert avait procédé à ces acquisitions? Le lieu où devait s'élever la future manufacture avait été choisi avec discernement. L'établissement du sieur de Comans dont il vient d'être question en est la preuve. Ce nom de de Comans mérite, au surplus, qu'on s'y arrête. Les artistes qui le portèrent ont constitué, en effet, une véritable dynastie, et c'est eux qu'on doit, à bon droit, regarder comme les véritables fondateurs de la fabrique de tapisseries des Gobelins. Leur existence, au reste, est assez mêlée à celle de cette illustre institution pour qu'on en retrace ici les traits les plus saillants.

Le premier en date de cette famille, dans l'histoire de la tapisserie française, est Marc de Comans, qui fut chargé, avec François de la Planche, originaire comme lui des Pays-Bas, de l'entreprise et de la direction de la manufacture royale des tapisseries façon de Flandre, établie à Paris par Henri IV. Ce roi, qui avait fait venir Marc de Comans à Paris, l'anoblit par Lettres patentes de janvier 1607, et lui conféra, ainsi qu'à son compatriote, un privilège de maître tapissier, qui leur permettait d'exercer exclusivement leur profession, non seulement à Paris, mais dans toutes les villes du royaume où il leur plairait de s'installer.

« Nous avons pris ceste résolution d'establir ceste manufacture en nostre ville de Paris et autres, est-il dit dans le préambule des Lettres patentes, en intention de rendre cappables nos dicts subjects, par la practique et expérience qu'en feront les seigneurs Marc de Commans et François de la Planche et compagnie, lesquels nous avons faict venir des Pays Bas, et depuis leur arrivée entendus diverses foys sur ce subject, avec aucuns des plus notables bourgeois et marchans de nostre ville de Paris, qui ont quelque congnoissance en cest art ... »

Les articles de ce privilège portent en outre, « que pendant vingt-cinq ans, nul ne pourra imiter leurs manufactures; que le Roy leur donnera, à ses dépens, des lieux pour les loger, eux et leurs ouvriers; que ces derniers déclarés régnicoles et naturels, seront exemptés de toute taille et de toutes autres charges pendant lesdites vingt-cinq années; que les maîtres après trois ans, les apprentis après six ans, pourront avoir boutiques, sans faire chefs-d'œuvre, et ce, durant les vingt-cinq années; que le Roy leur donnera, la première année, vingt-cinq enfans, la seconde vingt, et autant la troisième, tous françois, dont il paiera la pension et les parents l'entretien, pour apprendre le mestier; que les entrepreneurs tiendront quatre vingts mestiers au moins, dont soixante à Paris; qu'ils auront, chascun, quinze cents livres de pension et cent mille livres pour commencer le travail; que toutes les estoffes employées par eux, sauf l'or et la soye, seront exemptes d'impositions, qu'ils pourront tenir brasseries et vendre bierre; que l'entrée des tapisseries étrangères sera défendue, et qu'en vendant les leurs, ce sera au prix que les autres se vendent aux Pays Bas; que tous leurs procès seront jugés en première instance, par devant les juges du lieu, et par appel au Parlement de Paris, en quelque lieu qu'ils soient. »

Un pareil privilège peut aisément s'expliquer par l'état dans lequel se trouvaient alors nos industries d'art, ainsi que par la volonté formellement arrêtée de relever, en un temps très court, la fabrication des tapisseries, et de porter cette fabrication au point de perfection où elle était parvenue dans les Flandres. Néanmoins et quelles que fussent alors les prérogatives royales, cette décision avait un caractère léonin trop accentué et lésait trop d'intérêts respectables, pour ne pas susciter une vive opposition chez ceux-là même dont elle allait frapper l'activité laborieuse et arrêter net le travail. L'industrie parisienne tout entière s'émut de ces façons d'agir qui ne tendaient à rien moins qu'à exproprier de professions en pleine activité les Communautés existantes; et réprésentants naturels de ces Communautés, le Prévôt des marchands et les échevins de la ville de Paris firent opposition à l'entérinement des Lettres patentes qui venaient d'être accordées à de Comans, de la Planche et consorts.

Cette opposition, empressons-nous de le reconnaître, était en droit parfaitement fondée. Elle s'appuyait sur l'absence de sécurité qui allait résulter pour l'industrie française d'un précédent aussi dangereux. En outre, et par un argument tiré de l'*espèce* même du conflit, elle s'efforçait de combattre la prétention royale, en faisant usage de ses propres armes, c'est-à-dire en discutant la qualité et le caractère artistique de la fabrication nouvelle qu'on prétendait introduire chez nous.

« D'aultant, disait-elle, que la tapisserie de haulte lisse, qui a cy devant fleury en ceste dicte ville, et délaissée et discontinuée depuis quelques années, est beaucoup plus précieuse et meilleure que celle de la marche (ou de basse lisse) dont ils usent aux Païs Bas, qui est celle que l'on veult à présent establir; nous prions nos dicts sieurs de la Cour de supplier Sa Dicte Majesté de donner moyen aux tappissiers de haulte lisse de ceste ville de nourrir et entretenir nombre d'apprentifs françois pour le dict establissement, dont la despence sera fort petite. »

Faut-il ajouter que cette protestation voyait son importance s'accroître de ce fait que la Communauté des tapissiers parisiens était des plus anciennes et des plus respectées. Divisés en deux branches, celle des *tapissiers sarrasinois* et celle des *tapissiers nostres*, ces habiles artisans avaient vu leurs premiers règlements reçus en 1295 par le prévôt des marchands Etienne Boileau, et consignés par lui, sous les titres LI et LII, dans ce livre précieux qui allait devenir la charte des métiers parisiens. Depuis lors, jamais leur artistique profession n'avait cessé d'être exercée.

Pour ne pas remonter au delà du xvie siècle, des documents assez nombreux — quoique la plupart des pièces d'archives de ce temps aient été détruites — viennent attester la pleine activité des ateliers parisiens en ces temps de troubles continuels. Non seulement les tapissiers de la capitale répondaient aux besoins fort nombreux de leur clientèle attitrée, mais leurs travaux n'étaient pas jugés indignes d'orner les plus saintes comme les plus somptueuses demeures. En 1507, Jean de Nicolaï, premier président à la Cour des comptes, faisait exécuter par Allardin de Souyn, « tappissier de haulte lisse demeurant à Paris en l'ostel de Monseig[r] l'arcevesque de Sens », deux parements d'autel « de la largeur de ceulx que luy mesme a faictz de son mestier à Saint Victor ». En 1508, le cardinal d'Amboise mandait à son château de Gaillon, Jehan Adam, tapissier parisien, et le chargeait de décorer de tentures cette résidence princière. En 1528, lors du départ de Renée de France pour Ferrare, deux tapissiers parisiens, Jacques Pinel et Claude Brédas, fournissaient au roi les tentures qui devaient orner le palais de la princesse. Vers le même temps, Bernart Lecourt réparait, sur ses métiers, les tapisseries de Louise de Savoie, et Nicolas et Pasquier de Mortagne exécutaient, pour François I*er*, une tapisserie d'or et de soie, qui les classe parmi les bons tapissiers parisiens de l'époque. En 1555, Pierre du Larry, installé rue des Haudriettes, était chargé par le cardinal de Bourbon, archevêque de Sens, de la confection de six pièces de tapisserie, destinées à l'abbaye de Saint-Denis. C'est à Paris également que Catherine de Médicis faisait exécuter, d'après les cartons de Lerambert, la fameuse suite de l'*Histoire d'Artémise*, qui devait jouir, pendant près d'un siècle, d'une si grande réputation et d'une telle vogue que, de 1570 à 1660, ces belles tapisseries ne cessèrent, pour ainsi dire pas, d'occuper les métiers parisiens. C'est également sur les dessins faciles de Lerambert que fut exécutée pour l'église Saint-Médéric (Saint-Merry) la fameuse suite de la *Vie du Christ*, qui, pendant deux siècles, rendit justement célèbre le nom du tapisser Maurice Du Bout; car Sauval, qui connut ces tapisseries magnifiques, en fait un éloquent éloge. Ajoutons qu'elles n'étaient pas les seules que cet éminent artiste eut fabriquées pour les églises parisiennes. Un curieux marché que nous avons été assez heureux pour retrouver dans les Archives notariales, nous montre, en 1598, deux délégués de la paroisse de Saint-Vincent, à Rouen, venant demander à Du Bout d'exécuter pour leur église « une pièce de tapisserie de haute lice où sera contenue l'hystoire de la vie Monsieur Sainct Vincent, pareille en pourtraicture à celle estant en l'Eglise Sainct Germain de Lauxerrois de lad. ville de Paris », *hystoire* dont Du Bout était l'auteur. Et ce fait de délégués provinciaux venant s'aboucher avec des tapissiers parisiens n'était pas unique à cette époque. Nous avons également relevé, dans les Archives d'Ille-et-Vilaine, une suite de documents relatant les négociations des Etats de Bretagne avec le tapissier Pierre du Moulin, pour que celui-ci exécutât, sur les dessins arrêtés par les Etats, une nouvelle tenture destinée à leur salle d'Assemblée. Enfin, vers la même époque, le duc d'Epernon entraînait à Cadillac Claude de La Pierre, « maistre tappissier de la ville de Paris », et lui faisait promettre par contrat « de bien et duhement faire et façonner tant en cette ville de Cadilhac, que Paris, Metz, Bourdeaux, Plassac, et austres lieux qu'il

plaira à Mons^{gr}, toutes et chascunes les pièces de tappisseries dont les portraits lui seront fournis et dellivrés en grand vollume[1] ». Tous ces documents, échappés à la destruction presque complète des archives de ce temps, le nom du tapissier Laurent cité par Sauval, celui du tapissier Guyot mentionné par Félibien, ceux de Pierre Georget, de Georges Guilloche, ce dernier établi rue Saint-Honoré, de Henry du Temple, « tapicier de haute lisse, demourant rue du Temple, en la maison où est pour enseigne la grande Lamproye », celui de Guillaume Claude, « maistre tapissier de haultelisse, dem^t à Sainct Marcel les Paris, rue d'Ablon, en la maison où est pour enseigne le sabot d'or », tous ces divers noms, que nous avons pu recueillir dans les archives de notaires, viennent attester l'activité des ateliers parisiens pendant tout le xvie siècle, et justifier la protestation énergique des prévôt et échevins de Paris contre la mesure prise par Henri IV, et qui frappait pour ainsi dire d'ostracisme une foule d'artisans d'élite.

Mais le plus piquant de cette protestation, c'est qu'en prenant en main les intérêts des tapissiers parisiens, les magistrats de la ville se constituaient les défenseurs d'un état de choses tout aussi draconien, en son principe, que celui dont ils contestaient l'opportunité et la légitimité ; état de choses qui, cinquante ans plus tôt, lorsqu'il avait pris naissance du bon plaisir royal, avait, lui aussi, provoqué des récriminations nombreuses.

Dès 1550, en effet, à l'imitation du roi son père, qui avait réuni à l'hôtel de Nesles une colonie d'artisans émérites, Henri II avait établi à l'hôpital de la Trinité, rue Saint-Denis, un certain nombre d'ateliers privilégiés. Dans cet hôpital étaient recueillis les orphelins et les enfants pauvres de la Ville. Les chefs des ateliers avaient pour mission de faire de ces enfants des ouvriers habiles. Pour attirer des maîtres experts, le roi, non seulement assura des privilèges à ceux qui étaient placés à la tête des divers ateliers, mais encore il gratifia d'importantes subventions l'établissement qui leur offrait un asile inviolable. Une pareille mesure fut assez mal accueillie du commerce parisien. « Tant d'avantages, dit un chroniqueur de ce temps, alarmèrent de telle sorte les maistres et compagnons de la ville, qu'ils menacèrent de tuer tout ce qu'il y avoit d'artisans en la Trinité sans en épargner aucun. Et de fait les

---

[1] *Les artistes employés par le duc d'Epernon.* Lecture faite par M. Ch. Braquehaye à la réunion des Sociétés des beaux-arts des départements (1886).

guettoyent de nuit pour les battre tout leur soûl ; les autres jettoyent des pierres contre les vitres ; enfin tous faisoient du pis qu'ils pouvoient. » Le Parlement dut intervenir ; il édicta, en 1551, des défenses, avec punition corporelle, d'entraver, à l'avenir, le travail des artisans de la Trinité et de s'attaquer à leurs personnes. « Outre que l'arrêt fut publié à son de trompe par tous les carrefours, bien davantage, en 1556, le roi mit sous sa protection et sauvegarde les maîtres et compagnons de cet hôpital ; et de plus défendit aux jurés de Paris d'y faire aucune visite, sans y appeler deux des gouverneurs de la maison. » Or c'était de ces ateliers de la Trinité, si mal vus lors de leur établissement, qu'étaient sortis les principaux maîtres tapissiers dont les prévôt et échevins de Paris prenaient si ardemment la défense contre l'édit d'Henri IV. Du Bout, tout le premier, était un des élèves de la maison. Guillaume Claude, Pierre du Moulin et cent autres y avaient fait leur apprentissage.

Comme on pouvait s'y attendre, Henri IV passa outre aux protestations. De Comans et de la Planche furent mis en possession de leur privilège et cela fut fort heureux; car ces deux tapissiers, il faut le reconnaître, étaient, dans leur genre, des artistes et des industriels de premier mérite.

Sous leur habile direction, la fabrication parisienne approcha promptement de la perfection à laquelle on était parvenu dans les Flandres. En même temps, leur production prenait un tel essor que, manquant de place aux Tournelles, où ils avaient été installés tout d'abord, les deux associés furent obligés de transporter leurs ateliers dans une maison sise à proximité des fameux établissements de teinture de la famille Gobelin, et lui appartenant.

Les documents qui constatent cette translation sont nombreux, et ils méritent d'être recueillis avec le plus grand soin. C'est cet exode et cette installation au bord de la Bièvre, dans le quartier Saint-Marcel, qui constituent, en effet, l'origine, la genèse, si l'on peut dire ainsi, de l'établissement dont nous retraçons l'histoire. « De mesme aussy, dit Palma Cayet, dans la *Chronologie septennaire*, en la maison des Gobelins, aux fausbourgs Saint Marcel, le Roy a faict accommoder les ouvriers de hautes-lisses et des tapisseries de Flandres, y ayant faict venir les plus industrieux de tous ces pays là. » De son côté l'historien de Thou écrit : « On établit aussi des manufactures de tapisseries au faubourg Saint-Marceau, où on mit des ouvriers qu'on avoit fait venir des Flandres. » Un chroniqueur du temps déclare que « il en a cousté de grands deniers à Sa Majesté ; perte et ruyne à ses subjets : tesmoins les tapisseries de Bruxelles à Sainct Marcel..... » En dépit des protestations, des plaintes, des lamentations, la manufacture continua de prospérer. En 1625, les deux associés sollicitaient de Louis XIII la prorogation de leur privilège arrivé à son échéance, et obtenaient de nouvelles Lettres patentes

Tenture à grotesques (fabrique de Paris, xvie siècle).

pour « la continuation de la Fabrique et Manufacture des Tapisseries façon de Flandres, pour dix huit années, à commencer du jour de l'expiration du temps accordé par le feu Roy ». La teneur de ces Lettres patentes nous révèle, en outre, les hautes faveurs accordées aux deux artistes. Elle nous les montre recevant à la fois subventions et pensions. « Seront logéz, y est-il dit, en cette ville et fauxbourgs de cette ville de Paris, eux et toutes leurs familles et ouvriers en tel lieu et endroit qu'ilz adviseront plus commodes, et pour leur donner moyen de payer leurs louages, sa Majesté leur accorde la somme de sept mil cinq cens livres..... à la charge d'entretenir par eux les quatre vingt mestiers portéz par le dict édict, fournir d'ouvriers nécessaires, lesquelz ils seront tenuz de loger moiennant la susdite somme, sans qu'ilz puissent prétendre davantage. Sa Majesté accorde aux dictz de Comans et de la Planche, durant le dict temps de dix huit années, la continuation de la pension de quinze cens livres chacun par an dont ils ont cy-devant jouy..... » et plus loin « Sera fait fondz, par chacun an, de la somme de trente mil livres pour employer en tapisseries provenantes de la dicte manufacture, lesquelles seront mises dans les garde meubles de Sa dicte Majesté, ainsy qu'il est accoustumé, pour estre icelles employéz aux présens des Ambassadeurs ou autres, selon qu'il en sera par Sa Majesté ordonné. »

Ajoutons que ces privilèges si généreusement accordés aux deux artistes flamands devaient leur survivre. En 1625, quand ils en avaient demandé le renouvellement, les deux associés étaient déjà chargés d'années et la vie active qu'ils avaient menée leur commandait le repos. En 1629, après avoir travaillé vingt-sept ans pour la Couronne, Marc de Comans et François de la Planche prirent leur retraite. Ils laissaient à leurs fils, Charles de Comans et Raphaël de la Planche, la direction de la manufacture qu'ils avaient fondée. Mais la bonne harmonie qui avait régné entre les deux pères, ne devait pas se continuer entre les enfants. Quatre années s'étaient à peine écoulées que les deux associés se séparaient. De Comans resta aux Gobelins et de la Planche s'en alla fonder des ateliers au faubourg Saint-Germain. Le roi toutefois, continua à l'un et à l'autre sa protection, et chacun d'eux put jouir séparément des privilèges collectifs qui leur avaient été concédés par les dernières Lettres patentes. En 1634, Alexandre de Comans succédait à son frère décédé, et mourait à son tour le 16 septembre 1650, sans laisser d'enfants. Son frère, Hippolyte, sollicita alors sa survivance, laquelle lui fut accordée le 10 mai 1651, par de nouvelles Lettres patentes attribuant à « Hippolyte de Comans, escuier, sieur de Sourdes, la direction des Manufactures de Tapisseries de la ville de Paris et autres du Royaume ».

C'est vers cette date que nous voyons figurer pour la première fois, dans les documents officiels, les noms d'artistes tapissiers qui contribueront plus tard à la gloire de la Manufacture royale des Gobelins, les Lefebvre et les Jans. La fabrication parisienne au surplus, depuis bien longtemps, n'avait plus rien à envier à ses rivales du Nord. Colbert n'eut donc pas de grands efforts à faire, pour assurer à la tapisserie française une renommée qu'elle méritait et une faveur que sa perfection lui avait légitimement acquise. Mais on remarquera que, plus respectueux des droits de l'industrie parisienne, ou peut-être simplement plus habile que ceux qui l'avaient précédé, le grand ministre ne heurta pas de face notre production nationale et ne chercha pas à la supplanter. Il l'absorba. En 1662, il réunissait les deux ateliers de de Comans et de de la Planche, et constituait ainsi cet établissement unique qui, résistant à toutes nos vicissitudes politiques, allait porter jusqu'aux extrémités de la terre la réputation et la gloire du nom des Gobelins.

Ce nom, en effet, depuis plus de deux siècles, est devenu, dans la langue universelle, le synonyme, non pas seulement des tapisseries de haute lice comme avait été celui d'Arras au xve siècle, mais de ces tapisseries amenées à leur point d'extrême perfection. Le nom de *Drap d'Arras* ou d'*Arrazzi*, ainsi qu'on disait et qu'on dit encore en Italie pour désigner les tapisseries, fut appliqué en effet à la fois à des œuvres accomplies et à des ouvrages médiocres. Celui des Gobelins proscrit toute idée de fabrication reprochable. Il suppose un tissu sans défaut, exécuté par des artistes impeccables. Cette fortune est d'autant plus curieuse que le nom de Gobelins, à son principe, ne semblait nullement appelé à ces triomphantes destinées.

C'est celui, en effet, d'une vieille famille rémoise qui vint, au xve siècle, s'établir à Paris. Jehan Gobelin, le premier du nom, « taincturier d'escarlate, » quitta, vers 1450, sa ville d'origine et s'en fut installer un atelier de teinture sur les bords de la rivière de Bièvre, où d'autres industriels du même genre, les Canaye, étaient déjà établis. Mais la réputation de la maison des Gobelins devint rapidement si populaire qu'elle éclipsa bientôt celle de toutes les autres ; si bien qu'au milieu du xvie siècle, nous voyons non seulement le lieu où ils avaient édifié leur demeure, mais le quartier avoisinant et jusqu'à la rivière de Bièvre, prendre et porter leur nom. Rabelais a plaisamment raconté l'origine de ce « ruisseau », dans le chapitre intitulé *Comme Panurge feit ung tour à la dame parisienne*. « Quand elle feut, dit-il, entrée en sa maison, et fermé la porte après elle, tous les chiens (qui la suivoient) y accouroyent de demye lieue et compissarent si bien la porte de sa maison, que ilz feirent ung ruisseau de leurs urines, onquel les cannes eussent bien nagé.

Et c'est celluy ruisseau qui de présent passe à Sainct Victor, onquel Guobelin tainct l'escarlatte, pour la vertus spécificque de ces pisse-chiens, comme jadiz prescha publicquement nostre maistre Doribus. » Cette anecdote, quoique fort inconvenante, méritait d'être retenue à cause d'un préjugé singulier qui traversa les âges, et grâce auquel les Parisiens demeurèrent persuadés, pendant près de trois siècles, que l'eau de la Bièvre devait ses vertus à des dépôts organiques, de la nature de ceux dont parle Rabelais [1].

Ajoutons que bien d'autres légendes eurent cours relativement aux Gobelins, pour expliquer leur brillante réussite. Leur aisance était déjà si considérable, au milieu du XVI° siècle, qu'un des Gobelins avait fait construire sur le versant gauche de la vallée de Bièvre, « au terroüer de Chasseguay », une maison de plaisance, qui, si nous en croyons Rabelais, portait de son temps le nom de « follye Guobelin ». Cette rapide et considérable fortune, la crédulité du peuple, son amour du merveilleux et peut-être ce nom même de Gobelin, synonyme en beaucoup de pays de diablotin ou d'esprit follet [2], suffirent à persuader aux petites gens que la famille des Gobelins avait fait un pacte avec le diable. Fort heureusement cette singulière interprétation d'un succès mérité, ne sortit pas des profondeurs où elle avait vu le jour, et ne nuisit en rien à ceux qui en étaient l'objet involontaire.

[1] Ce préjugé existait encore au commencement de ce siècle. Jusqu'en 1830, le peuple demeura convaincu qu'on entretenait aux Gobelins des individus nourris d'une façon particulière, et dont les sécrétions étaient utilisées dans les teintures. Le 17 novembre 1823, M. le baron des Rotours recevait la lettre suivante d'un interné de la prison de Melun.

Monsieur le Directeur,

J'ai entendu dire, plusieurs fois, que l'on admettoit, dans la maison dont vous avez la direction, des personnes condamnées à des peines graves, afin qu'étant nourries avec des éléments irritants, elles procurent plus sûrement l'urine pour les écarlates qu'on y fabrique. Me trouvant malheureusement condamné à la peine capitale, je désirerois terminer ma carrière dans votre maison ; veuillez donc, monsieur, avoir la bonté de m'instruire, s'il est vrai qu'on y admette ces sortes de condamnés et quelle seroit la marche à suivre pour y entrer.

J'ai l'honneur, etc.   A la maison de justice.
PEYROT.

Ce même préjugé bizarre exista longtemps à Sèvres à propos de la pâte tendre, et quand on en eût perdu le secret, nombre de gens prétendirent que pour la fabriquer, on avait eu, au XVIII° siècle, recours à des moyens analogues.

[2] Cette expression était générale au XV°, au XVI° et même au XVII° siècle. La Monnoye annotant le passage suivant des *Nouvelles récréations* de Bonaventure des Périers (nouvelle VII) « Le pape fut un petit surpris, pensant qu'il allast tirer le gobelin de sa manche » dit : « le mot Gobelin est ici employé fort à propos, étant usité de toute ancienneté en Normandie sous la signification *d'esprit follet*. Orderic Vital, moine normand du XII° siècle, parlant du démon que saint Taurin, premier évêque d'Evreux chassa du temple de Diane et qui ne laissa pas de continuer son séjour dans la même ville, ajoute qu'il y demeuroit encore de son temps et que le peuple le nommoit *Gobelin : Hunc vulgus Gobelinum appelat.* »

LES GOBELINS.

Pendant plusieurs générations la famille Gobelin conserva son industrie familiale. Jusqu'au xvii° siècle, il exista, sur une partie de l'emplacement occupé depuis par la grande cour de la manufacture, une rue ou ruelle, bordant les fossés de la ville et conduisant à l'abreuvoir de la Bièvre. C'est là qu'on pouvait voir l'atelier, « l'ouvroüer » de Jehan Gobelin, celui dans lequel il avait essayé ses fameuses teintures ; par une curieuse coïncidence l'atelier de teinture actuel occupe le même emplacement, et se rattache ainsi doublement à l'antique industrie des premiers hôtes.

Les Gobelins cessèrent d'être teinturiers en 1655. Ils furent remplacés par le célèbre Jean Gluck, qui avait importé de Hollande des procédés perfectionnés, dont il allait tirer, lui aussi, honneurs et fortune. Du reste, depuis longtemps, les principaux membres de la famille avaient donné à leurs destinées une autre direction.

On trouve, dans les anciens documents relatifs au quartier Saint-Marcel, quantité de pièces où figurent des personnages qui portent ce nom de Gobelin. Nous en avons relevé qui étaient drapiers, bonnetiers, couvreurs de maison, etc. Un d'eux fut abbé et qui plus est, botaniste distingué. C'est à lui qu'on doit « *Le Jardinier royal*, qui enseigne la manière de planter, cultiver et dresser toutes sortes d'arbres », livre devenu aujourd'hui extrêmement rare, et qui fut publié par Ch. de Sercy en 1661. Tous ces Gobelins appartenaient-ils à la même famille ? Le fait demeure discutable. Un Gobelin, très authentique celui-là, Jacques, petit-fils de Jehan Ier, abandonna, en 1544, l'industrie paternelle et entra à la chambre des comptes. S'étant marié, il fit souche de trésoriers de France, de lieutenants généraux, de conseillers et présidents au Parlement de Paris. Le membre le plus connu de cette branche des Gobelins qui fut anoblie, est Balthazard, fils de Jacques, qui fut successivement trésorier général de l'artillerie, trésorier de l'extraordinaire des guerres, conseiller secrétaire du Roy, président de la chambre des comptes de Paris, et acquit de Henri IV, en 1601, la seigneurie de « Braye Conterobert ». Ce personnage dut sa haute fortune, si nous en croyons la chronique, non seulement à ses mérites, mais à ce qu'il avança de ses propres deniers de quoi faire subsister « les maison, tables et gardes du roy ».

La famille industrielle compta également d'autres hauts fonctionnaires dans l'Etat ; un François Gobelin fut contrôleur général des rentes de l'hôtel de ville de Paris, conseiller, maître d'hôtel de Louis XIV et acquit la terre seigneuriale de Gillesvoisin près Etampes, dont il prit le nom.

Mais quelque importantes qu'aient pu être les situations occupées par les descendants du vieux Jehan Gobelin, leur gloire devait être absorbée par celle de la Manufacture, qui allait, en leur empruntant leur nom, le faire connaître du monde entier.

Dès 1650, leur industrie primitive était déjà si bien éclipsée par celle des tapissiers qui avaient pris leur place, que les *Archives communales* de Lyon mentionnent à cette date la permission accordée « à Fiacre Alleaume et à Victor Prestessely, maîtres tapissiers, d'introduire à Lyon une nouvelle fabrique de toutes sortes de tapisseries, mesmes de la manière de celles qui viennent des Pays Bas ou de *celles qui se travaillent à Paris chez les Gobelins* ». En 1719, la princesse Palatine (duchesse d'Orléans) écrivait à la Raugrave Louise : « Vous n'êtes pas tenue de savoir comment s'appellent les *Goblins* (sic). Ce nom leur vient d'un ruisseau qui passe tout près de là à Paris. » Et voilà comment les Gobelins, « Tainturiers en escarlate et Bourgeois de Paris, » se virent expropriés de leur nom, devenu l'expression historique, traditionnelle et technique, d'un art porté à son point de perfection ; et c'est ainsi que ce nom a pris une place aussi glorieuse qu'inattendue dans les fastes de la Tapisserie.

II

LES FONDATEURS DE LA MANUFACTURE

LOUIS XIV ET COLBERT

vant d'entrer dans l'étude historique de la *Manufacture royale des meubles de la Couronne*, et de dresser l'inventaire des œuvres d'art qui sont sorties pendant deux siècles de cet établissement, il n'est peut-être pas inutile de bien établir à quelles préoccupations, soit personnelles, soit économiques ou politiques, Louis XIV et Colbert obéirent, en créant le centre industriel et artistique qui allait prendre le nom des Gobelins ; car il s'en faut de beaucoup que, dans cette grande création, le roi, en apparence tout puissant, et son ministre, en réalité maître de l'administration du royaume, aient été guidés par un même sentiment et qu'ils aient poursuivi un but identique.

Tout semble établir, en effet, que Louis XIV, en donnant son assentiment à la création d'une *Manufacture royale des meubles de la Couronne*, ne se proposait point d'autre résultat que d'augmenter, par la pompe des décorations et par le luxe des ameublements, le faste traditionnel de la royauté, qui, bien plus que l'Etat, s'incarnait dans son orgueilleuse personne. Et cette préoccupation s'explique par ce fait qu'à cette époque la magnificence dans le costume et dans l'habitation étaient encore le signe distinctif de la puissance souveraine.

Dès le Moyen Age, — on pourrait dire dès l'Antiquité la plus reculée, — la possession des riches tentures, des meubles de prix, des étoffes tissées d'or et de soie, des orfèvreries coûteuses, avait été considérée non seulement comme l'apanage, mais comme l'attribut essentiel du pouvoir suprême. Ces richesses mobilières qui avaient, aux yeux du peuple, une éloquence spéciale, étaient chargées de lui révéler le Maître. Aussi, tout personnage qui affectait d'étaler un luxe débordant, était-il sûr de s'attirer l'animadversion et la persécution du prince; non seulement parce que ses trésors pouvaient tenter la cupidité de celui-ci, mais encore parce que leur étalage prenait aux yeux prévenus du souverain des allures éminemment usurpatrices. De même tout ce qui tendait à diminuer le faste royal semblait attentatoire à la Majesté de la Couronne. Un des plus gros griefs que le duc de Bourgogne et ses deux frères firent valoir avec le plus de chaleur, dans la « supplicacion » qu'ils adressèrent en 1405 au roi Charles VI, pour protester contre l'administration du duc d'Orléans, ce fut qu'on n'entretenait pas autour du roi un luxe digne de son rang « et aultre point, n'avez vestemens, joyaulx ne vaisselle, comme il appartient à vostre estat royal ».

Il suffit, au reste, de parcourir les inventaires de Charles V, de son frère Louis Ier d'Anjou, de Charles VI, du roi René, etc., pour voir de quelle profusion de richesses, même dans les temps les plus troublés, le faste royal était susceptible. D'un autre côté, de tous les princes de sa dynastie, Louis XI est peut-être le seul qui n'ait pas cherché dans ces coûteux atours, les marques de la puissance suprême; et le dédain que les chroniqueurs, tout comme les historiens de son temps, témoignent de sa petite mine et de son « pauvre état », l'étalage qu'ils font du luxe de Philippe le Bon, la complaisance qu'ils mettent à énumérer les trésors d'art possédés par Charles le Téméraire, montrent assez que ce roi positif, en agissant de la sorte, brisait en visière avec les préjugés les plus enracinés de son siècle.

Avec Charles VIII et Louis XII, le faste royal, débordant, écrasant, reparut. Les équipements du premier mari d'Anne de Bretagne, lorsqu'il part pour conquérir l'Italie, sont d'une magnificence incomparable. Les dépenses de Louis XII, à Blois, et celles de son principal ministre, le cardinal d'Amboise à Gaillon, montrent qu'on était revenu aux plus somptueuses traditions de la monarchie, et ce luxe éblouissant, ne craignons pas de le redire, était alors si bien considéré comme une conséquence inéluctable du rang suprême, que toutes les lois somptuaires, édictées tour à tour pour réfréner les dépenses des particuliers, font des réserves expresses en ce qui concerne les princes de la famille régnante et leur entourage immédiat.

C'est même là un point d'histoire d'un intérêt considérable, et sur lequel nous demandons la permission d'insister, parce qu'il ne nous paraît pas avoir jamais été complètement mis en lumière. Rien n'est plus curieux, en effet, que de suivre, à travers les âges, les manifestations périodiques de ces tendances restrictives du luxe privé. Suivant les époques, elles revêtent des formes spéciales, et dévoilent une organisation sociale absolument différente. Depuis Charlemagne jusqu'à Charles VIII, elles présentent un caractère hiérarchique fortement accentué. Une ordonnance de Philippe le Bel, édictée en 1294, mérite surtout d'être citée. Elle entre, à ce sujet, dans les détails les plus minutieux. Elle règle, suivant le titre et la fortune de chacun, toutes les particularités du costume et de l'ameublement. Le nombre des robes, lui-même, est limité. Les ducs, comtes et barons de 6000 livres de rente peuvent en avoir quatre par an, et leurs femmes autant; et, ce nombre va en décroissant pour les chevaliers, prélats, clercs et bourgeois, ces derniers n'en pouvant avoir qu'une. Le prix des étoffes est, lui aussi, réglé. Il est établi à 25 sols tournois l'aune pour les ducs et comtes et diminue jusqu'à 12 sols pour les clercs et bourgeois. Nul bourgeois, ni bourgeoise, nul clerc ne peut faire usage de torche de cire, etc. Et cette ordonnance si détaillée est sanctionnée par une pénalité spéciale d'amendes, qui, elles aussi, se proportionnent au titre et à la fortune du délinquant. Deux siècles plus tard, sous Charles VIII, les idées économiques étaient encore les mêmes. Elles n'avaient pas abdiqué leurs tendances hiérarchiques. Un édit signé à Melun, le 17 décembre 1485, interdit à tous les sujets du roi l'usage des étoffes de luxe, des fourrures, des draps d'or, d'argent, ou de soie. Mais il fait exception en faveur des nobles de bonne et ancienne famille vivant noblement. Il permet aux chevaliers ayant 2000 livres de rente, l'usage de toutes sortes de tissus de soie indistinctement, et aux écuyers ayant un même revenu, celui des damas et satins figurés, leur interdisant toutefois le velours.

Ces particularités méritent d'autant mieux d'être retenues, qu'avec

François Ier et sa dynastie, les lois restrictives changent brusquement de caractère.

A l'avènement de ce monarque, elles cessent tout à coup d'associer la noblesse au prestige et au luxe royal. Elles réservent exclusivement pour le roi et pour sa famille, tout ce qui est propre à donner de l'éclat. La personne souveraine, les princes du sang sont désormais les seuls à pouvoir officiellement et légalement faire usage des tissus de prix. La déclaration de François Ier, du 18 décembre 1543, marque une vraie révolution dans les mœurs et surtout dans la constitution politique du pays. Elle porte « très expresses deffenses à tous princes, seigneurs, gentilshommes, et à tous autres subjects du Roy, de quelque état et qualité qu'ils soyent, à l'exception des deux princes Enfans de France, le Dauphin et le Duc d'Orléans, » de faire usage de draps ou toiles d'or, de broderies, de passements d'or, de velours, d'étoffes de soie barrées d'or ou d'argent, et cela à peine de mille écus d'or d'amende. Ajoutons que tous les édits restrictifs qui suivirent furent conçus dans le même esprit étroit. Par sa déclaration du 19 mai 1547, Henri II étendait aux femmes qui n'avaient point été comprises dans les défenses de François Ier, l'effet de cette prohibition draconienne. Il n'exceptait que « les princesses, les dames et les demoiselles, qui estoyent de la suite de la Royne et de Madame sœur du roy ». Un autre édit, postérieur de deux années (12 juillet 1549), légitime ces mesures restrictives par ce fait qu'il « est raisonnable que les princes et princesses soyent distingués des autres » par le luxe de leur parure et de leurs habits.

Ce serait assurément une curieuse étude à faire, que celle de cette législation, si en dehors de nos idées, et qui nous semble aujourd'hui si singulière. Nous relèverions au milieu des Déclarations, des Ordonnances, des Édits qui, à partir de cette époque, se multiplient, certaines dispositions législatives allant jusqu'à régler la couleur des robes et les dimensions des vertugadins. Et, pendant tout le XVIIe siècle, ce sont encore ces mêmes conceptions économiques et sociales qui dictent tous ces Arrêts, Édits et Déclarations contre le luxe des particuliers, dont Louis XIV fut plus prodigue peut-être qu'aucun autre roi de sa race. A ce moment, l'idée qu'on se fait du prestige royal est encore ce qu'elle était sous François Ier, et pendant que le roi renouvelle, avec un faste sans précédent, le mobilier de ses palais, une législation spéciale réglemente minutieusement les prodigalités de ses sujets, limite leurs dépenses, réduit les dimensions des

pièces d'orfèvrerie qu'il leur est permis de posséder et oblige ceux qui en ont, à porter à la Monnaie les meubles d'argent qu'ils ont fait faire pour se conformer à l'exemple donné par le monarque lui-même.

Toutefois, en politique comme en économies, il est certaines mesures dont le sort, en quelque sorte fatal, est d'être difficilement applicables. Les lois somptuaires sont de ce nombre. On ne réforme pas à coup d'Ordonnances, les passions de l'humanité ni les mœurs d'un peuple. Les rois, même les plus absolus, ne se faisaient guère d'illusions, sans doute, sur l'efficacité de leurs résolutions, et eussent-ils été tentés de s'en faire, la multiplicité même des Déclarations qu'ils étaient obligés d'édicter périodiquement, ne devait pas laisser place à un doute bien sérieux dans leur esprit, quelque prévenu qu'il pût être en faveur de leur toute-puissance.

De cette difficulté de faire exécuter les Édits somptuaires, naquit une préoccupation nouvelle, qu'on voit se manifester à la Cour raffinée de François Ier et qui apparaît, du reste, à cette époque, dans toute l'Europe. C'est le moment psychologique où, chez les plus grands princes, l'art commence à devenir un besoin, où la puissance se double du goût, où la connaissance du Beau devient un signe distinctif de l'élévation et de la grandeur. Ne pouvant empêcher leurs sujets de posséder des tableaux, des statues, des tissus et des meubles de prix, les souverains font en sorte que personne ne puisse en avoir d'aussi parfaits que ceux qu'ils possèdent eux-mêmes. Dès lors ils s'efforcent d'attirer à leur cour les artistes les plus en renom, et de les retenir à leur service. A Florence, à Rome, à Mantoue, à Venise, à Milan, à Urbin, une ère nouvelle, brillante comme une aurore, s'ouvre pour les artistes. Cette Renaissance du goût se manifeste, dans toute l'Europe occidentale, avec une admirable expansion. Les plus illustres et les plus puissants donnent l'exemple. Léon X se laisse rudoyer par Michel-Ange. Charles-Quint se rend à l'atelier du Titien et ramasse son pinceau, pendant que François Ier, qui a peuplé Fontainebleau de peintres et de sculpteurs italiens, ouvre ses bras à Léonard de Vinci rendant son dernier souffle.

Bien mieux, les plus grands princes tiennent à se faire, sinon les collaborateurs, du moins les inspirateurs des artisans de génie qu'ils ont fixés auprès de leur personne. Il n'est pas de semaine où François Ier ne visite Benvenuto Cellini et la colonie de ciseleurs et d'orfèvres qu'il a établie à l'hôtel de Nesle. Henri II encourage de ses subsides et de ses conseils les artistes de tous métiers, qu'il a groupés dans l'enceinte de la Trinité. Catherine de Médicis installe, aux Tuileries même, son céramiste en titre, Bernard Palissy, et Henri IV obéit à des préoccupations identiques en créant, à la Place royale et ensuite aux galeries du Louvre, ces fameux ateliers destinés à « l'embellissement et à l'enrichissement de son royaume », et surtout à peupler ses résidences préférées de chefs-d'œuvre de toutes sortes.

On le voit, Louis XIV, en instituant une *Manufacture royale des meubles de la Couronne*, ne faisait que se conformer à une foule de précédents augustes. Il restait dans les traditions des rois ses prédécesseurs, avec cette différence, toutefois, que Henri IV semble avoir pressenti, dans une certaine mesure, les bienfaits qui pouvaient résulter pour le pays tout entier, d'une innovation entièrement consacrée, en son principe, à augmenter le faste de la monarchie ; alors que Louis XIV, dans tout le cours de son interminable carrière, semble n'avoir eu aucune prescience du bien qui pouvait sortir d'une pareille institution.

Il faut lire, en effet, dans les *Œconomies royales* de Sully, la dispute mémorable entre ce grand ministre et le roi son maître, dispute provoquée par l'établissement, en France, des premières manufactures de tissus de soie. La préoccupation « d'oster l'oysiveté de parmi ses peuples » est un des arguments qu'Henri IV appelle à son secours, qu'il met en avant avec insistance ; et un demi-siècle plus tard, cette même expression typique se retrouve sous la plume de Colbert, couvrant non seulement Paris, mais la France de manufactures.

L'inspiration, du reste, coulait si bien de source, que — particularité curieuse — si l'on rapproche l'Édit, concernant la fondation de la *Manufacture royale des meubles de la Couronne*, des Lettres patentes accordées par Henri IV à de Comans et à de la Planche, on est frappé non seulement par la concordance des idées, par la similitude des considérations, mais encore par l'emploi, dans ces deux documents, d'expressions identiques.

Ainsi, tandis que Louis XIV, obéissant à un besoin de faste traditionnel, ne songeait qu'à peupler ses palais de merveilles de toutes sortes, son ministre, en paraissant seconder ses vues magnifiques, s'essayait, sous son couvert, à une entreprise autrement grande, infiniment plus durable, et surtout plus profitable au pays. Il s'efforçait de créer, tout d'une pièce, une industrie artistique, nationale, supérieure à celle de tous les autres états voisins. C'était là une de ces tentatives audacieuses qui demandent presque du génie pour être menées à bien et qui exigent la participation de collaborateurs exceptionnels. Ces collaborateurs, hâtons-nous de le constater, ne firent pas défaut au grand ministre. Tout d'abord, Colbert fut aidé dans son entreprise hardie par Louis XIV, lui-même, par cet autocrate absolu qui, croyant n'écouter que ses goûts personnels, se laissait guider par l'ambition ardente de réaliser tout ce qui pouvait rehausser le faste de son règne et assurer la grandeur de son nom.

Ce maître, élevé par Mazarin, dont la passion pour les œuvres d'art devait coûter si cher à la France, avait, pour ainsi dire, dès le berceau, vécu au milieu des statues, des tableaux et des meubles de prix. Les deux inventaires de Mazarin, dressés en 1653 et 1661, nous disent quelles merveilles possédait ce premier ministre, et sa correspondance nous apprend quelle passion il apportait à augmenter ses collections. Si le royal élève n'acquit pas, dans cette fréquentation, cette délicatesse de goût et cette subtilité de connaissances, qui constituent le véritable amateur, du moins il apprit, dès son extrême jeunesse, à se plaire au milieu des ouvrages d'art et des meubles de prix.

Faut-il rappeler que Colbert s'était formé dans ce même milieu ? D'abord il avait parcouru la France, s'intéressant à l'industrie, visitant les manufactures, s'inquiétant de leurs besoins, puis, tout jeune encore, et grâce à la protection de Saint-Pouange, il était entré chez Le Tellier, secrétaire d'Etat. Le Tellier le garda peu. Il le donna à Mazarin, et celui-ci, — le personnage peut-être de tout son siècle qui se connût le mieux en hommes, — devina ce génie naissant, se l'attacha, le fit travailler avec lui, et lui accorda bientôt sa confiance la plus entière. Intendant de la maison du cardinal, agent secret de sa correspondance, son intermédiaire dans presque toutes les transactions difficiles, dès 1650 Colbert s'initia, lui aussi, à la culture de ces beaux-arts qu'il devait un jour protéger avec tant d'efficacité. Envoyé par Mazarin, à Rome, à Florence, à Gênes, à Turin, s'il échoua parfois dans les missions diplomatiques dont il était chargé, du moins ne négligea-t-il aucune occasion d'accroître les richesses artistiques de celui dont il représentait au dehors et les goûts fastueux et la politique astucieuse.

On sait le mot de Mazarin à Louis XIV, lorsque celui-ci vint le voir à Vincennes, quelque temps avant sa mort: « Je vous dois tout, Sire, mais je crois m'acquitter en quelque sorte avec Votre Majesté, en lui donnant

Colbert. » On conçoit dès lors quelle influence un homme aussi bien doué, aussi habile, dut prendre sur l'esprit d'un monarque habitué à tout voir par les yeux de ce cardinal, qui faisait de son protégé un pareil éloge. Le président Hénault va jusqu'à dire qu'on doit compter parmi les services de Mazarin, l'action d'avoir tellement préparé sur la fin de sa vie la confiance du roi pour Colbert, qu'elle se trouva tout établie quand le cardinal mourut. Il suffit du reste de rappeler la chute de Fouquet survenue peu après, pour montrer la part que le nouvel intendant des Finances avait dans la confiance de son jeune maître.

Or c'est dans cette confiance absolue, qu'il faut chercher, avant tout, la force de ce ministre arrivant à créer, au milieu des complications les plus redoutables, et presque sans que son maître s'en doutât, cette industrie artistique jugée par lui, dès la première heure, indispensable pour la grandeur de son pays. En 1665, ayant acquis la charge de Surintendant des Bâtimens du Roi, il donne plein essor à son génie et développe brusquement toutes les fondations qu'il avait dû, jusque-là, laisser à l'état embryonnaire. Les Gobelins, où il réunit toutes les industries du mobilier, tapissiers, ébénistes, brodeurs, lapidaires, orfèvres ; la fabrique du faubourg Saint-Antoine, où l'on commence à faire les glaces et les miroirs, qu'on tirait auparavant d'Italie ; un redoublement d'activité imprimé aux draperies d'Abbeville, d'Elbeuf et de Louviers ; la fameuse manufacture d'étoffes d'or et d'argent, établie à Saint-Maur sous la direction de Charlier ; de nombreux ateliers d'étoffes de soie installés à Lyon et à Tours ; l'établissement sur divers points du territoire de fabriques de dentelles, « de la manière des Points de Venise, Gennes, Raguse et autres païs étrangers » ; la création de la dentelle appelée point de France ; toutes ces conquêtes industrielles sont l'œuvre de quelques années.

Et ce qui donne la mesure de cette vaste intelligence, c'est l'effroyable faisceau de résistances que le grand ministre dut briser une à une, pour mener à bien l'énorme labeur qu'il avait entrepris. Colbert, en effet, fut loin de trouver auprès de ses concitoyens une déférence aussi flatteuse et un concours aussi actif, que ceux que lui accordait le roi dans l'exécution de ses patriotiques projets. Le pays n'était point mûr encore pour les grandes questions économiques et industrielles. Dans sa province d'élection même, où son influence devait être considérable, il ne réussissait pas, en dépit des efforts les plus acharnés, à secouer l'indolence des habitants.

« Comme la ville d'Auxerre, écrivait-il un jour à son frère, évêque du diocèse, veut retourner dans la fainéantise et l'anéantissement dans lesquels elle a été, et qu'elle ne veut pas profiter des moyens que je lui ai donnés pour sortir de ce méchant état, les autres affaires dont je suis chargé, et ma santé qui n'est pas telle que je puisse autant travailler que j'ai fait autrefois, m'obligent à l'abandonner à sa mauvaise conduite. » Bien mieux en Normandie, il se produisit des émeutes d'ouvrières, refusant obstinément de se servir de nouveaux métiers, d'accepter les tarifs nouveaux de fabrication, et Poitiers opposa un mauvais vouloir invincible à toutes les tentatives faites pour fonder dans la contrée un centre industriel.

Colbert triompha de tous ces obstacles. Il vainquit toutes les résistances, et parvint à faire prévaloir sa volonté, ou plutôt celle qu'il savait insuffler à son maître, car ce fut là encore une marque de sa profonde habileté, et non la moindre. Il eut toujours soin de se reléguer au second rang, assumant sur sa tête les responsabilités, mais laissant à son maître tout-puissant le profit et la gloire. C'est cette habileté qui lui fit, pendant de longues années, donner à la *Manufacture des meubles de la Couronne* toute son attention. Les goûts fastueux du roi trouvaient trop bien leur compte dans cette institution, pour que le ministre ne marquât pas pour elle une préférence spéciale. On peut dire que l'établissement des Gobelins fut son enfant chéri. Il lui donna tous ses soins ; il en organisa tous les rouages administratifs et artistiques avec une précision géniale. Aussi l'institution devait-elle résister, pendant plus de deux siècles, à tous les changements qui ont bouleversé notre pays ; et si elle ne présente plus aujourd'hui la même complexité de production, si elle n'embrasse plus la même variété de travaux, encore a-t-elle conservé intacte cette grande école de tapisserie, qui fait l'admiration et excite l'envie de toutes les nations du globe.

Louis XIV ne pouvait manquer, en effet, de porter un vif intérêt à ces Gobelins qui secondaient si bien ses habitudes de somptuosité et son amour de la magnificence. A l'instigation de son ministre, il consentit à donner des témoignages publics de sa bienveillance, en visitant à diverses reprises la manufacture. En 1663, 1664, 1665, 1666 et 1667 il vint aux Gobelins.

La *Muze historique* de Loret rend compte ainsi de la visite qui eut lieu le 22 novembre 1664 :

> Le Roy, qu'un chagrin accompagne
> Pour les langueurs de sa compagne,
> Luy voyant quelque amendement,
> Alla, par divertissement,
> Voir les superbes broderies,
> Peintures et tapisseries,
> Que l'on fait pour Sa Majesté
> En certain logis écarté
> Clair, plaizant, et point du tout sombre,
> Où des ouvriers, en grand nombre,
> Travaillent l'hyver et l'été
> Avec grande assiduité.
>
> . . . .
>
> Et dont ce rare personnage
> Auteur de maint charmant ouvrage,
> Monsieur Le Brun est directeur,
> Et le suprême ordonnateur,
> Etant pour de pareils ouvrages
> Un de nos plus grands personnages
> Et qui, de l'esprit et des mains
> Fait de plus transcendans desseins.

La dernière de ces visites, qui précéda de quelques jours seulement la signature du célèbre édit constitutif, destiné à donner une existence officielle à la *Manufacture royale des meubles de la Couronne*, — visite que Colbert ne craignit pas de compter parmi les événements les plus mémorables du règne, car il en fit le sujet d'une tapisserie exécutée sur les cartons de Lebrun et de Van der Meulen, comprise dans la série de l'*Histoire du roi*, et qui figure encore aujourd'hui à la place d'honneur dans le musée des Gobelins, — cette visite, disons-nous, est racontée par la *Gazette de France* de la façon suivante : « Le 15 de ce mois (octobre 1667), le Roy alla aux Gobelins voir les manufactures qui s'y fabriquent et particulièrement celles qui se sont faites pendant la campagne, et que S. M. avoit ordonnées avant son départ. Le sieur Colbert lui fit remarquer de quelle sorte on avoit suivi ses pensées et les desseins qu'elle avoit résolus : et le dit sieur Le Brun, qui en a la conduite particulière, avoit fait ranger les ouvrages, avec tant d'industrie, qu'il ne se peut rien trouver ensemble et si riche et si bien ordonné. L'entrée de la Cour où est le pavillon estoit ornée de tableaux, de statues, de trophées et d'inscriptions, qui formoyent une espèce d'arc de triomphe très magnifique ; et la grande Cour estoit tendue de superbes tapisseries qui s'y fabriquent, avec un bufet de neuf

LES GOBELINS.

toises de long et élevé de douze degrés, sur lequel estoyent disposéz, d'une manière aussi ingénieuse que magnifique, les riches ouvrages d'orphèvrerie qui se font dans ce même lieu. Ce buffet estoit composé de 24 grands bassins, chacun avec son vase, d'autant de brancars pour les porter, de deux cuvettes, chacune de 5 à 6 pieds de diamètre, de quatre grands guéridons, de 24 vases à mettre des orangers et de plusieurs autres pièces, le tout d'argent cizelé, mais d'un travail qui passoyt encor le prix de la matière, quoique du poids de plus de 25,000 marcs. Lorsque le Roy entra dans la cour, il y fut reçeu au bruit des Tambours, des Trompettes et des Boëttes, par lesquelles les ouvriers témoignèrent leur joye ; et après avoir considéré tant de belles choses, Sa Majesté alla dans tous les endroits où l'on fait les tableaux, les ouvrages de sculpture, de mignature, et de bois de rapport, comme aussi, les tapisseries de haute et basse lice et les tapis façon de Perse. Elle veid pareillement, plusieurs pièces d'orfèvrerie d'un autre bufet, commancé d'un dessein différant ; ce qui la surprit agréablement, ainsi que le Prince de Condé et le duc d'Enguyen, qui l'accompagnoyent, avec grand nombre de Seigneurs : lesquels ne pouvoient assez admirer la grandeur de ce monarque, qui parmi les travaux de la guerre fait si glorieusement fleurir les beaux arts que nourrit la paix. »

Quelques jours plus tôt, l'abbé Rospigliosi (neveu du pape Clément IX) avait visité les Gobelins et admiré, dit la *Gazette*, « les riches et belles manufactures qui s'y font par ordre du Roy ». Le branle était donné. La Cour suivit l'exemple du monarque. Tous les grands personnages de passage à Paris se conformèrent au précédent créé par le neveu du pape, et tinrent à honneur de visiter les Gobelins. A partir de cette époque, on y conduisit en grande cérémonie les rois, les princes et les ambassadeurs étrangers, auxquels il était remis, en présent royal, des tapisseries tissées dans la manufacture[1].

C'est ainsi que Colbert parvint à donner à sa création une notoriété européenne ; et la gloire que ce grand établissement allait promptement acquérir, en rejaillissant sur la France, devait assurer sa conservation. Nous venons de montrer de quelle façon intelligente il était parvenu à s'assurer la souveraine protection du roi, mais le bon vouloir royal ne suffisait pas, il fallait encore au grand ministre des collaborateurs d'une

---

[1] Au cours de cet ouvrage on trouvera le récit de ces visites historiques.

autre sorte et d'un mérite transcendant. Nous allons parler maintenant d'un de ces collaborateurs, moins haut placé dans la hiérarchie officielle, mais dont le concours ne fut pas moins précieux au grand ministre. Cet autre collaborateur c'est Charles Le Brun, dont, à l'instant, Loret vantait les mérites. C'est de lui que nous nous occuperons dans le chapitre qui va suivre.

III

LES ARTISTES DES GOBELINS

LE BRUN ET SES PRINCIPAUX COLLABORATEURS

I Colbert pouvait, dans la grandeur de son esprit, concevoir l'institution d'un établissement aussi considérable que la *Manufacture royale des meubles de la Couronne*, s'il pouvait indiquer les grandes lignes de cette création géniale, en mesurer les effets, en prévoir la féconde influence, par contre il lui était impossible d'en prendre en mains la direction effective. D'autres soins plus graves absorbaient ses instants. La fortune de la France dépendait en partie de sa bonne administration. Il lui fallait veiller à tous les besoins d'argent d'un roi étonnamment prodigue, prévoir ses fantaisies dispendieuses, satisfaire ses goûts fastueux et régler ses dépenses, en un mot administrer, aussi sagement que possible, le budget de l'Etat. C'était là une charge assez lourde, pour que le grand ministre ne fût pas tenté de la compliquer de préoccupations nouvelles.

Dans une sphère moins élevée, la direction de la *Manufacture royale* ne laissait pas, en effet, de présenter, elle aussi, de singulières complications. Pour être à la fois l'inspirateur et le conducteur d'un établissement mettant en œuvre autant d'industries artistiques, et des professions si variées, une sorte de compétence universelle sur tout ce qui touche à l'art et une connaissance spéciale de chaque branche en particulier étaient nécessaires. Pour faire converger tous ces efforts vers un résultat unique, pour amalgamer, si l'on peut dire ainsi, tant de talents différents comme origine et comme nature, on devait, en outre, avoir une singulière autorité sur tout ce monde d'artistes de valeur, pleins d'ambitions, d'amour-propre et de jalousie professionnelle, *genus irritabile*. En un mot, pour commander à cette armée composée d'éléments si divers, étrangers les uns aux autres, comme nationalité et comme genre de talent, il fallait un homme de tout premier mérite, sachant imposer le respect par sa haute situation, la confiance par sa supériorité artistique indiscutée, la discipline par la précision de ses vues, par la justesse de ses idées et par l'honorabilité de son caractère. Colbert fut assez heureux pour rencontrer cet homme dans Charles Le Brun.

A l'époque de la création de la *Manufacture royale*, Le Brun avait atteint sa quarante-troisième année. Il était dans toute la maturité de son talent et déjà en possession de la réputation et même de la gloire. Né en 1619, tout jeune encore, il avait eu ce rare bonheur d'être distingué par le chancelier Séguier, qui le plaça d'abord chez Vouet, puis l'envoya plus tard à Rome. Il demeura six ans dans la ville éternelle, vivant aux frais de son protecteur, travaillant pour lui, recevant les conseils du Poussin, dont il avait su se concilier la sévère amitié, et déjà célèbre par ses envois à Paris, avant même d'avoir quitté les bords du Tibre. Le *Crucifiement de saint André*, le *Martyre de saint Etienne*, *Moïse frappant le rocher*, qu'il peignit vers le même temps, achevèrent de donner à sa réputation une assiette solide. Rentré en France en 1648, il avait été, à son arrivée, admis à l'Académie de peinture, qu'il allait bientôt transformer, et dont il devait, dans la suite, être tour à tour recteur, chancelier et directeur. L'année suivante, il était associé à Le Sueur pour la décoration de l'hôtel Lambert, et les peintures dont il orna la grande galerie de cet hôtel obtinrent un tel succès, que Fouquet, amateur éclairé s'il en fut, résolut de mettre la main sur un artiste aussi magnifiquement doué et de l'attacher à sa personne.

Ce fut le commencement de la très haute fortune du peintre. Logé au château de Vaux, dans un appartement artistement meublé, ayant dans sa chambre, tendue de tapisserie, des bustes de bronze, une figure de marbre et treize tableaux dont neuf de Bassan [1], disposant d'une vaste garde-robe qui lui servait d'atelier et qu'encombraient des œuvres d'art mêlées à des ébauches, il se trouva dès lors en relation avec tout ce que la Cour comptait de grand, de puissant et d'illustre. C'est là qu'il connut ou mieux qu'il charma Mazarin, au point que celui-ci voulut le présenter lui-même à Louis XIV. Ajoutons qu'à Vaux, Le Brun ne trouva pas seulement des relations et la fortune, — Fouquet lui servait une pension de 12.000 livres, et payait à part ses tableaux et ses dessins, — le grand artiste trouva, pour la première fois, l'emploi de ses facultés si nombreuses et l'occasion d'utiliser sa verve décorative. Il dessina, en effet, des jardins, disposa des terrasses, combina des ensembles, fournit aux architectes des projets d'ornementation intérieure et exécuta des maquettes pour les tapissiers que le surintendant avait groupés à Maincy.

Personne donc, mieux que Le Brun, n'était préparé, par ses travaux antérieurs, à prendre la direction de la *Manufacture royale des meubles de la Couronne*. C'était en quelque sorte un homme unique, ayant déjà la pratique de cette administration compliquée, s'étant exercé au maniement des artistes, sachant la façon dont il fallait diriger le personnel difficile qui allait se trouver sous ses ordres.

Colbert n'eut garde de laisser échapper une aussi favorable occasion. Il démêla du premier coup d'œil tous les services qu'on pouvait attendre d'un semblable collaborateur. Dès lors il se l'attacha par des faveurs exceptionnelles. Il le fit nommer premier peintre du roi, lui fit accorder une pension égale à celle que lui servait Fouquet. Le Brun est, en effet, porté sur les *Comptes des bâtimens* de 1668 à 1675, comme touchant une somme de 12,000 livres pour « la conduitte et direction de la Manufacture des tapisseries des Gobelins ». Il recevait, en outre, une somme de 4,800 livres « pour la direction de touttes les peintures des maisons royales », ceci, indépendamment des ouvrages considérables dont il était spécialement chargé. Enfin Colbert obtint pour son protégé des lettres de noblesse. De la sorte, non seulement Le Brun se trouva lié d'une façon indissoluble au service du roi, mais quand il fut mis par son nouveau protecteur à la tête des Gobelins, il avait déjà la supériorité de situation, le prestige, l'autorité, nécessaires pour imposer ses avis aux artistes qui allaient se trouver placés sous sa haute direction.

[1] *Inventaire du château de Vaux*, dans le *Surintendant Fouquet* d'Edmond Bonnaffé, pages 90 et 91.

Hâtons-nous de constater que Colbert n'eut qu'à se louer de son choix et que Le Brun se montra à la hauteur de sa tâche. Non seulement on le vit travailler avec une ardeur sans pareille à la décoration et à l'embellissement des palais royaux, non seulement il peignit la grande galerie de Versailles, y représentant l'histoire du roi depuis sa majorité jusqu'à la paix de Nimègue [1], non seulement il déploya toutes les richesses de son talent de décorateur dans la composition et l'exécution de ces *Batailles d'Alexandre*, qui constituent peut-être l'épopée la plus étonnante qu'ait produite l'art moderne; mais il devint immédiatement l'inspirateur absolu et incontesté de tous les artistes qui l'entouraient. En outre, il ne se reposa jamais sur personne d'aucune partie de la direction de la manufacture. On le vit tout ordonner, surveiller tout, contrôler tout. Les tapisseries, les meubles, les orfèvreries, les carrosses, les gondoles, exécutés dans les ateliers, c'est lui qui en fournit les modèles ou qui en donna l'idée première. Il n'est pas jusqu'aux exemples de dessin pour l'école de la Manufacture, qu'il ne voulût tracer lui-même, et l'on consulte encore aujourd'hui avec intérêt ses *Conférences sur l'expression des différents caractères des passions* et son curieux *Traité de la physionomie*. L'inventaire après décès, qui fut dressé aux Gobelins, de tous les dessins, esquisses et projets laissés par lui, occupe dix longues vacations. C'est par centaines qu'on les compte, entassés à la Manufacture, dans la chambre dite de l'Horloge, chez la veuve de Bonnemer, à l'hôtel de Grammont, proche le vieux Louvre, dans la maison des Fossés Saint-Victor, au petit château de Montmorency. L'imagination reste stupéfaite de tant de fécondité et de tant de travail accumulé. Il ne fallait du reste rien moins qu'une pareille activité, jointe à l'ascendant qu'exerçait un talent aussi reconnu, pour créer cette remarquable cohésion, cette unité singulière, qu'on ne peut manquer de constater dans toutes les œuvres enfantées pendant près de trente années, par tant d'artistes doués d'une façon si différente. Ces créateurs transformés en interprètes, d'une habileté prodigieuse, ces tempéraments divers si bien fondus ensemble, que la part de chacun d'eux est aujourd'hui à peu près impossible à établir, l'harmonie singulière qui se dégage de ce curieux alliage d'efforts divisés, impriment à l'œuvre de Le Brun un caractère pour ainsi dire unique dans l'histoire de l'art. Son influence

---

[1] La description de ce magnifique et immense ensemble décoratif a été publiée sous le titre *Peinture de la galerie de Versailles et des deux Salons qui l'accompagnent* en 55 planches. — Paris, 1752.

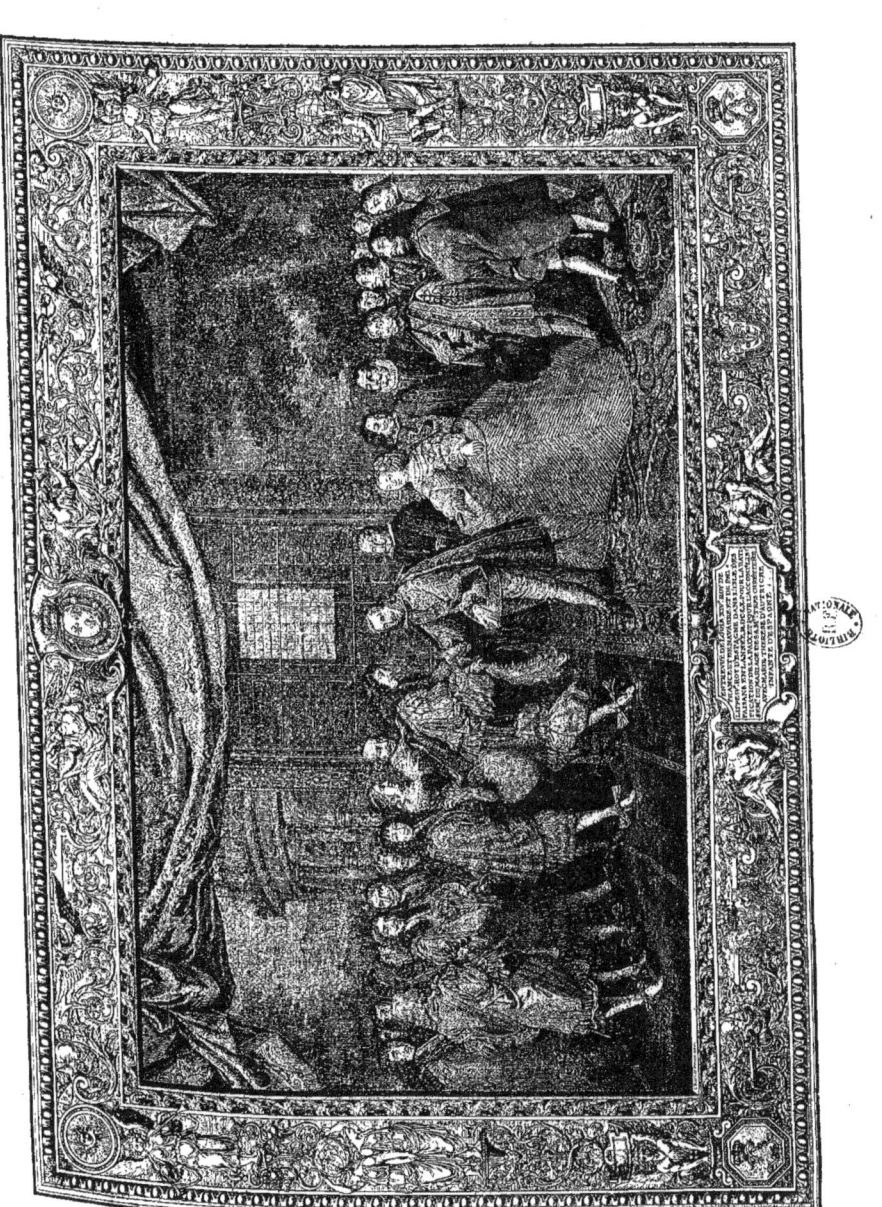

LES GOBELINS.

Comme tous les consciencieux artistes que nous venons de passer en revue, après avoir travaillé dans les palais du roi, il fut enrôlé aux Gobelins, mais il n'y finit point ses jours. Chargé de la conservation des tableaux déposés à l'hôtel de Grammont, il fut reçu membre de l'Académie le 15 avril 1673, puis nommé directeur de l'école de Rome en 1704, et plus tard, appelé à Madrid par Charles II, qui le combla de travaux et d'honneurs et le retint à sa cour. Avant cela, toutefois il avait été, conjointement avec Bonnemer, employé à repeindre les huit grands tableaux, « représentant les hommes et animaux des Indes, pour faire en tapisserie ». Il a laissé ainsi une trace précieuse de son passage à la Manufacture, car cette suite des tapisseries des Indes fut une de celles qui, pendant deux siècles, occupèrent le plus régulièrement les nombreux métiers de cet établissement.

Son collaborateur, Bonnemer, aussi habile que lui, à coup sûr, ne fut pas moins apprécié par Le Brun, qui l'employa à une quantité de travaux extrêmement variés. Envoyé, en 1665, à Rome, avec une pension du roi, « pour se rendre capable de servir Sa Majesté », Bonnemer revint de la ville éternelle muni d'une profusion de talents peu ordinaires. Tour à tour peintre à l'huile, à la détrempe, à la fresque ou sur étoffe, il exécuta directement aux Gobelins des « tapisseries de peinture en teinture » puis des « tapisseries en peinture » sur gros de Naples, gros de Tours et moire de soie. Il se vit ensuite chargé de conduire à bien les fresques de Versailles, de veiller à « l'entretenement des peintures » qui garnissaient le palais, puis, sans cesser de combiner des dessins de broderie pour le roi, il brossa d'énormes compositions, la *Conquête de la Franche-Comté*, l'*Histoire de Deucalion*, *Jupiter foudroyant les géants*, ainsi que le plafond du cabinet du dauphin, mêlant ainsi l'allégorie et les tableaux d'histoire, aux ouvrages plus modestes de simple ornementation. On comprend quel parti un homme comme Le Brun sut tirer d'un artiste aux talents aussi variés, et d'un collaborateur aussi souple.

Il s'en servit moins, toutefois, que de Baudouin ou Baudrin Yvart, auquel il nous tarde d'arriver, non sans avoir rapidement nommé Platemberg (dit Platte-Montagne), élève de Ph. de Champagne et académicien, Georges Lallemand, élève de Vouët, Michel Corneille et son fils, Jean Nocret, Paillet et Tiercelin, qui, eux aussi, furent de l'Académie, Mosnier, Pierre Boël, élève de Snyers et peintre d'animaux, Regnard de Saint-André, Georges Charmeton, Nicasius Besnard, peintre d'animaux ;

Francart, ornemaniste de premier ordre, qui donna la maquette du tapis de la galerie d'Apollon [1] ; Genoels, auquel on demandait les fonds de paysage et de verdure ; François Verdier et le portraitiste Cussac, peintres appointés l'un et l'autre à 300 livres, comme faisant partie du personnel des Gobelins, et dont nous avons déjà relevé les noms ; Bon Boulongne, que nous voyons exécuter de nombreux tableaux sous la direction du maître ; Claude Nivelon, qualifié « désignateur aux Gobelins » et attaché à cet établissement aux gages de 1,100 livres par an, et finalement Despeches et Bailly, qui peuvent compter parmi les dessinateurs que Le Brun occupa le plus régulièrement à tracer des cartons pour ses tapissiers.

Quant à Yvart, par lequel, avons-nous dit, nous voulons terminer cette nomenclature, il paraît, si nous en croyons les *Comptes des Bastimens*, avoir été de beaucoup sinon le plus distingué, du moins le plus actif des collaborateurs que Le Brun s'adjoignit. C'est, en effet, à lui que sont versées les plus grosses sommes. De 1664 à 1680 il touche plus de deux cent mille livres. En la première de ces années, il lui est payé plus de 14,000 livres ; en 1666, plus de 13,000 ; en 1668, plus de 16,000, et ce chiffre s'élève jusqu'à 21,000, et même 22,000 en 1670 et 1671, pour retomber à 14,000 en 1674 et en 1680 à 13,678 livres et 7 sols. Ce sont là des preuves palpables, en quelque sorte sonnantes, d'une collaboration de tous les instants. Ajoutons que ces sommes considérables s'appliquent uniquement au paiement des cartons de tapisseries et autres modèles exécutés pour les Gobelins ou la Savonnerie. Le libellé des dépenses royales en fait foi, et les comptes de Manufactures de France, en l'année 1670, ne laissent aucun doute à cet égard. Nous y relevons l'article suivant : « A Baudrin Yvart, peintre, sçavoir : 18,334 l. 19 s. pour les peintures et desseins qu'il a faits l'année dernière pour lad. manufact. des Gobelins, et 2721 livres pour 75 aunes et demy du tapy de pied de la gallerie du Louvre [2]. » Douze mois plus tard (1671), nous voyons payer « au Sr Yvart, peintre, pour les ouvrages de peintures et desseins qui ont esté faicts pend^t lad^e année, pour lesd. tapisseries, 22,564 l. ». On peut juger par là si son titre de « peintre des Gobelins » était pour Baudrin Yvart une vaine parure.

---

[1] Francart livra, en la seule année 1669, « 65 aunes et demie demy quart du dessein du tapis de pied de la grande gallerie du Louvre » et toucha pour ce labeur énorme la somme de 2.263 l. 10 sols.

[2] Ces tapis étaient exécutés à la Savonnerie.

L'abbé de Marolles ne manque pas de chanter ses louanges :

> Yvart est jeune aussi, la ville de Boulogne
> Aura de sa peinture un aussi grand honneur,
> Que pour luy-mesme un jour il croîtra son bonheur,
> Tandis que de son art l'ignorance s'éloigne.

Jeune, Baudrin Yvart, cependant, ne l'était plus guère au moment où écrivait l'abbé de Marolles ; il avait la cinquantaine passée, quand l'étrange poésie que nous citons vit le jour. Mais on pouvait assurément, grâce à son étonnante activité, se faire illusion sur son âge. Indépendamment de ses cartons et dessins, faits spécialement pour les Gobelins, et qui l'occupèrent jusqu'au déclin de sa vie, il fut appelé à exécuter, lui aussi, de grandes peintures décoratives. En outre, nous le retrouvons mêlé, soit comme collaborateur direct, soit comme surveillant, soit même comme fournisseur, à une foule de travaux exécutés ou entrepris par d'autres artistes. Si bien qu'il semble avoir été pour Le Brun une sorte d'aide de camp, une manière de factotum. Lorsque le grand artiste, voulant payer au chancelier Séguier, qui avait été pour lui un bienfaiteur si éclairé, en même temps que le protecteur de l'Académie, le tribut des regrets que cette illustre Compagnie et lui-même éprouvaient de sa perte, fit élever dans l'église de l'Oratoire ce merveilleux catafalque que tout le monde fut admirer, et dont Mme de Sévigné parle avec tant d'enthousiasme, Le Brun chargea Yvard de la conduite des travaux. Ce fut lui qui régla la dépense et en tint un journal exact. L'Académie lui alloua 250 livres « pour plus d'un mois de son temps, qu'il a employé tant à prendre soin, qu'à ayder à faire les ouvrages dudit catafalque, et distribuer l'argent pour toutes les despenses ». Son fils qui l'aida dans cette circonstance solennelle devait, lui aussi, par la suite, être attaché aux Gobelins. Son acte mortuaire dressé le 12 décembre 1690 porte, en effet, la mention suivante : « Hypolyte Joseph Yvart, peintre ordinaire du Roy et garde des tableaux de S. M. dans la Manufact^{re} royale des Gobelins. » Quant à Baudrin, dont l'activité et le dévouement furent si utiles à Le Brun, c'était non seulement un collaborateur empressé mais encore un peintre d'un talent apprécié et personnel. Avant d'entrer à la Manufacture royale des meubles de la Couronne, il jouissait déjà d'une grande notoriété et, le 11 août 1663, il avait été nommé membre de l'Académie royale de peinture.

« La Compagnie connoissant le mérite et capacité du Sr Yvar, disent les *Procès-verbaux*, l'a resceu en calité d'académisien dont il a prêté sermen en la manière accoutumée. »

Cette revue rapide permet de se rendre compte de quel état-major de peintres habiles Le Brun avait su s'entourer, et sur quels collaborateurs zélés il lui était permis de faire fonds, pour tout ce qui regardait les dessins, maquettes, cartons de ses grands ouvrages. Nous allons voir maintenant que les artistes chargés de traduire ses hautes conceptions, n'étaient ni moins nombreux, ni surtout moins capables.

IV

LES GRAVEURS, STATUAIRES, CISELEURS

ET LAPIDAIRES

A seconde place parmi ses collaborateurs, Le Brun l'assignait aux graveurs en taille-douce, et ce n'était que justice. Après ceux qui l'aidaient dans l'enfantement de ses vastes « desseins », devaient venir naturellement ceux qui étaient chargés de les répandre, de les populariser, de généraliser l'enseignement qui en découlait, et de leur assurer l'immortalité en plaçant leur image fidèle en dehors des causes de destruction pour ainsi dire irrémédiables, qui s'attaquent à toutes les œuvres d'art.

L'excellent abbé de Marolles ne mentionne que trois graveurs attachés aux Gobelins; les *Comptes des Bastimens* n'en signalent pas davantage. Au premier rang, l'abbé poète place Gilles Rousselet, figure un peu effacée aujourd'hui, mais qui avait alors le double prestige du talent reconnu et de l'âge. Au second, il cite Girard Audran et Sébastien Le Clerc, l'un et l'autre plus connus de nos contemporains. Voici, du reste, en quels termes le bon abbé s'exprime :

> Les graveurs sont ceux de qui la renommée
> Ne dit rien au-dessus de ce qui leur est dû
> L'œuvre de Rousselet est partout entendu
> Et l'unique au burin d'une force estimée.....

Audran, Leclerc, de Metz, travaillent à l'eau-forte.
Leur poinçon est exquis, l'on en fait de l'estat,
Le Brun même leur donne aussi de son éclat,
Et dans ses beaux dessins chacun d'eux se comporte.

Sans vouloir diminuer en rien le mérite de ses deux collègues, Le Clerc est assurément celui de ces trois éminents artistes, dont le nom est demeuré le plus étroitement lié à l'établissement des Gobelins. Il le doit, en premier lieu, à ses admirables gravures des tapisseries des *Elémens*, des *Saisons* et des *Maisons royales*. Il le doit aussi à ce qu'il s'est fait l'interprète des solennités qui eurent lieu à différentes reprises dans cet établissement. On en trouvera des preuves dans ce livre même. Faut-il ajouter que Sébastien Le Clerc, indépendamment de ses fonctions aux Gobelins, était appointé par le roi aux gages annuels de cent livres « pour servir généralement dans toutes les Maisons royales et Bastimens de S. M. » ? Cette distinction dit assez en quelle estime était tenu son talent agréable.

Pour Audran, il passa plus de dix années de sa féconde existence à graver « d'après les tableaux du S^r Le Brun ». On peut donc le regarder, lui aussi, comme un collaborateur très assidu du grand peintre. Mais Le Brun ne se borna pas à employer les graveurs inscrits sur les rôles des Gobelins. Dix autres lui prêtèrent le concours de leur pointe ou de leur burin, et l'on ne saurait nier que son influence se fit sentir sur tous ceux d'entre eux qui l'approchèrent. Ce fut Edelinck qui grava, et l'on sait avec quelle maîtrise, son *Histoire d'Alexandre*. Jeaurat acheva sous ses yeux plusieurs planches de son *Histoire du roi*. Quant au miniaturiste Bailly, graveur à ses heures et graveur d'une finesse rare, il exécuta au burin « trente huit tant planches que devises des tapisseries des quatre Élémens et des quatre Saisons », et reproduisit ces mêmes tapisseries en délicieuses miniatures, formant un album unique, conservé encore aujourd'hui, dans la réserve du cabinet des Manuscrits de la Bibliothèque nationale, sous le titre de *Tapisseries du Roy*. Il faut également citer Berain, qui grava les décorations de la galerie d'Apollon, Chauveau, auquel on doit les belles planches représentant les ornements des Tuileries, Le Pautre, dont les débordantes compositions nous troublent encore à l'heure actuelle. Chez tous ces grands artistes, on retrouve l'inspiration féconde du Maître.

Il n'est donc pas imprudent d'affirmer que ces différents graveurs dont

LES GOBELINS.

les planches étaient, pour la plupart, tirées aux Gobelins même, dans l'atelier de Jean Goyton, ont subi l'influence décisive de Le Brun ; et que tous appartiennent à ce qu'on pourrait avec beaucoup de raison appeler son école.

Après les graveurs viennent les statuaires, moins nombreux que les peintres assurément, mais non moins illustres. L'abbé de Marolles n'en cite que deux comme ayant été attachés d'une façon spéciale aux Gobelins : Coysevox et Tubi. On pourrait mentionner encore Michel Rousseau, Jean Legeret, Perrin et quelques autres qui travaillèrent, plus ou moins assidûment, à la *Manufacture royale*. Mais laissons la parole à notre bon abbé :

> Jean-Baptiste Tubi, Cosvau[1] pour la sculpture
> De Rome et de Lyon excellent en cet art.
> Les portraits du dernier ne sont point de hazard,
> En son œuvre égalant la plus docte peinture.

Coysevox est justement célèbre et son histoire, en quelque sorte classique, est trop connue pour que nous la rapportions ici en détail. On sait que, né à Lyon, il quitta, tout jeune, sa ville natale, où il s'était fait connaître par une remarquable statue de la Vierge, pour venir se perfectionner à Paris sous les ordres de Lerambert. De nombreuses statues du roi et du dauphin, celle notamment de Louis XIV qui était à l'hôtel de ville de Paris, les superbes chevaux ailés qui jadis ornaient Marly et qu'on voit aujourd'hui à l'entrée des Champs-Élysées, la *Saône* et le *Rhône* qui ornent l'hôtel de ville de Lyon, le *Neptune* et l'*Amphitrite* de Versailles et cent autres ouvrages de premier mérite, assurent à son nom l'immortalité. Son incomparable talent l'avait naturellement désigné, presque dès ses débuts, à l'attention de Le Brun, qui sut tirer de lui tout le parti qu'on en pouvait attendre, non seulement dans les œuvres d'art pur, mais aussi dans celles de simple décoration.

Qui le croirait aujourd'hui, à voir la tournure qu'ont prises les idées des artistes, ce sculpteur de tout premier ordre, dont le souffle puissant animait le bronze, et qui savait faire jaillir du marbre d'admirables figures, ce statuaire émérite, arrivé au comble de la réputation et de la fortune, ne

---

[1] Par un hasard singulier, il est peu de noms d'artistes qui aient été plus régulièrement estropiés que celui de Coysevox.

croyait pas déroger en employant son incomparable talent à composer des vases, à combiner des trophées, à décorer des piédestaux ou des chapiteaux de colonne. Bien mieux, il était si loin de considérer ces travaux comme étant au-dessous de lui, que sa reconnaissance se traduisit, pour ceux qui les lui avaient confiés, en deux magnifiques tombeaux, considérés avec raison comme deux chefs-d'œuvre. Les monuments qu'il exécuta pour Colbert et pour Le Brun sont, en effet, rangés, par les historiens d'art et les amateurs, au nombre des ouvrages hors ligne.

Rien n'est plus curieux et nous dirons même, rien n'est plus édifiant, que de voir ce grand et noble artiste, au talent si français, travailler avec Marc d'Arcis, Houzeau, Magnier, sous les ordres de Le Brun, à la décoration de Versailles, peupler la terrasse et le parc de statues, et, en collaboration avec Tubi, orner, de trophées admirables et de cartouches magnifiques, ce grand escalier du palais, si justement célèbre; et, spectacle non moins surprenant, ce Tubi, étranger à la France, transplanté sur notre sol, y devient si Français, que dans leurs œuvres communes il est impossible de démêler la part qui revient à Coysevox, et celle que peut revendiquer son rival.

Car Tubi, comme tant d'autres artistes employés par Le Brun, était Italien d'origine; de là ce surnom de « Le Romain », sous lequel il est désigné dans les *Comptes royaux*, quand ceux-ci, avec la douce familiarité alors en usage, ne se bornent pas à l'appeler simplement Baptiste, tout comme Monnoyer, avec lequel il pourrait être confondu, n'était la différence des travaux qui leur sont confiés. Artiste d'infiniment de talent, surtout d'une souplesse merveilleuse, Tubi est assurément, parmi les collaborateurs de Le Brun, un de ceux qui se sont le mieux laissé pétrir — si l'on peut dire ainsi — par le Maître. Il se façonna, du reste, spontanément aux exigences de son inspirateur ; aussi fut-il certainement un des sculpteurs préférés par Le Brun pour exécuter ses conceptions, et ce qui le prouve, c'est que pendant trente années, le talent de Tubi fut mis à contribution pour toutes sortes de travaux. Vases, fontaines, pilastres, colonnes, niches, piédestaux, bas-reliefs, médailles, corniches, bassins, arcs de triomphe, masques, alternant avec des figures, des groupes, des allégories, il n'est presque rien dont on n'ait chargé ce virtuose, aux facultés si variées, dont le talent ne connut ni défaillances, ni obstacles. Bronze, pierre, marbre, plomb, stuc, plâtre, tous les matériaux lui étaient familiers. Praticien émérite autant qu'artiste zélé, c'est lui que Le Brun chargeait, en 1673, d'établir aux Gobelins une fonderie modèle.

Disons encore que Tubi paraît avoir été aussi acccommodant d'humeur que de talent. Nous le voyons, en effet, au cours de ses ouvrages sans nombre, collaborer avec Anguier, Pierre Mazelines, Henri Legrand, Thomas Regnaudin, Philbert Bernard, Le Gendre, Magnier, Le Hongre, Temporiti, Cucci et Caffieri, tous sculpteurs comme lui, et ces trois derniers ses compatriotes, car ils avaient, eux aussi, vu le jour au delà des Alpes. Hâtons-nous de constater toutefois, que, malgré leur origine étrangère, ces trois artistes, attirés en France par le cardinal de Mazarin, étaient également devenus promptement Français d'inspiration, de cœur et de talent. C'est qu'ils appartenaient aux Gobelins. Or c'était le propre des artistes des Gobelins de ne former qu'une seule et même famille, au sens le plus étroit et le plus exact du mot. On en pourra juger, par les exemples qui suivent.

En 1660, lorsque Caffieri, destiné à faire chez nous souche d'artistes de mérite, arrivait à Paris précédé d'une grande réputation, Le Brun ne se borna pas à lui ouvrir à deux battants la porte de la Manufacture, il l'accueillit dans sa propre maison. En 1665, le sculpteur italien épousa Françoise Renault de Beauvallon, la cousine germaine du grand peintre. Ce mariage, auquel assistaient comme témoins, Le Brun, Cucci et le tapissier Jean Jans, l'aîné, et qui valait à notre artiste ses lettres de grande naturalisation généreusement accordées par le roi, ce mariage fut fécond; Caffieri n'eut pas moins de onze enfants, et au baptême de cette postérité nombreuse nous voyons figurer, outre Le Brun, Jean Jans et Domenico Cucci, déjà nommés, les peintres Vander Meulen, René Houasse, François Verdier, Guillaume Anguier, en compagnie de Rochon, qui cumulait alors les fonctions de concierge et de trésorier de la Manufacture.

Ce n'est point tout. Caffieri, qui mettait à si forte contribution l'amitié de ses collègues, figure à son tour, comme témoin, au mariage du sculpteur Jean Legeret avec Elisabeth Yvart, la fille du peintre Baudrin Yvart dont il a été longuement question au précédent chapitre, et il remplit le même rôle lors du mariage de Cucci avec la demoiselle Anguier, sœur des sculpteurs et du peintre de ce nom. Ce n'était point là, au reste, un fait extraordinaire. Ces unions entre les familles des « Gobelins » (c'était le nom qu'on donnait dès cette époque aux artistes de la Manufacture) étaient, au contraire, étonnamment fréquentes. Les registres de la paroisse de Saint-Hippolyte, dont dépendait cet établissement privilégié en font foi. Les mentions de ce genre s'y rencontrent par douzaines. On y voit le sculpteur Tubi, épouser la nièce de la femme de Le Brun, Suzanne Butoy, et Verdier obtenir, l'autre nièce du grand peintre. Le 21 novembre 1673, Sébastien Le Clerc célèbre son mariage — il avait alors trente-deux ans — avec Charlotte van Kerkhove, fille de Josse van Kerkhove, « teinturier ordinaire du Roy aux Gobelins », et sa première fille a pour parrain Le Brun ; son premier garçon, Vander Meulen ; sa seconde fille, Catherine-Charlotte Branchi, « fille à M. Brancqui, lappidaire en pierre fine manière de Florence, travaillant pour S. M. en l'hostel des Gobelins ». Le peintre Bonnemer, dont nous avons vanté les multiples talents, épouse, vers le même temps, Catherine Mosin, fille du maître tapissier de ce nom. Le sculpteur Lespagnandel obtient la main de Perrine Proult, fille du menuisier des Gobelins, véritable artiste dans son genre et collaborateur assidu de Caffieri, et le fils de ce même menuisier épouse Suzanne Tubi, la fille du célèbre statuaire.

Ces unions, après avoir établi des liens très étroits entre tous les ascendants, se renouvellent entre les enfants, serrant ainsi les mailles de cette parenté artistique et la rendant plus étroite et plus intime. Sébastien Slodzt, le sculpteur, épousera plus tard Madeleine Cucci, et la sœur de celle-ci, Catherine Cucci, deviendra la femme de René Chauveau, autre sculpteur du roi « en sa maison des Gobelins ». Le sculpteur Jean Legeret, que nous avons vu épouser la fille de Baudrin Yvart, mariera l'une de ses filles à Sauveur Lecomte, élève de Vander Meulen, et l'autre, au peintre François Francart. René Houasse accordera à l'orfèvre François de Villers la main de sa nièce Anne Lebée, qui, elle-même, est petite-nièce de la mère de Le Brun, née Julienne Lebée. On pourrait multiplier ces curieux exemples. Ceux-ci suffisent à prouver combien nous disions juste, en montrant cette réunion d'artistes émérites, comme composant une seule et même famille. Cette curieuse parenté explique aussi l'étonnante unité qu'on trouve dans les œuvres sortant de ce milieu fécond. Tout ce petit peuple de peintres, de sculpteurs, de tapissiers, d'orfèvres vit, en effet, dans l'union la plus constante. Toutes les ambitions, toutes les joies et toutes les douleurs y sont communes. Un succès artistique enorgueillit cinquante artistes, une naissance touche dix familles, et une mort met en deuil la colonie tout entière. Comment s'étonner, après cela, de la communauté d'inspiration ? On aurait pu comparer à cette époque la *Manufacture royale de la Couronne* à un vaste creuset, où venaient se fondre les talents les plus divers, pour aboutir à une œuvre unique.

Pour en revenir à Caffieri et à Cucci, il semble plus facile, après ces constatations, de s'expliquer comment leur talent est si rapidement devenu français. Nommé sculpteur « pour servir aux Maisons royales et Bastimens de S. M. » aux appointements de 150 livres, et attaché, en outre, à la manufacture des Gobelins, Caffieri est employé par Le Brun aux ouvrages les plus divers. Il sculpte tour à tour des bordures de tableaux, des panneaux de portes, des chambranles de cheminées, et des guéridons, que dore La Baronnière. A une époque, où les modèles des fondeurs étaient souvent exécutés en bois, il sculpte des modèles de chapiteaux, de corniches, de contre-cœur de cheminée, et jusqu'à des portes de bronze. Avec Lespagnandel et Legeret, il travaille aux ouvrages de stuc de la grande galerie de Versailles. Avec Mazelines et Noël Jouvenet, il couvre de sculptures la menuiserie des petits appartements ; avec Le Clerc, il décore l'appartement de Mme de Montespan, et sculpte entre temps les proues des chaloupes qui sillonnent la pièce d'eau des Suisses.

Ce que Caffieri fait en bois, Domenico Cucci l'exécute en métal. C'est lui « qui fait toutes les garnitures de bronze doré des portes et croisées des Maisons royales ». Tel est, du moins, l'emploi qui lui est assigné dans les *Comptes royaux ;* et nous le trouvons occupé au Louvre, aux Tuileries, à Versailles, à la Bibliothèque du roi, à remplir sa charge avec une ponctualité sans seconde. Serrures, targettes, crémones, verrous, sortent tous de ses mains. Ses appointements étaient modestes ; il ne touchait que 60 livres de gages, mais cela provenait plutôt de son genre de travail qui l'assimilait aux serruriers, que de l'estime où son talent était tenu. Ajoutons qu'en dehors de ces menus travaux, très nombreux, qu'il exécutait dans sa fonderie des Gobelins, Cucci se vit confier, à diverses reprises, l'exécution d'œuvres considérables, attestant la haute opinion qu'on avait de son habileté et la confiance qu'inspirait son mérite. C'est lui qui fut chargé de fondre et de ciseler les bronzes magnifiques, dont était décorée la cuve des bains du roi. Dans les *Comptes des Bastimens* nous ne relevons pas moins de 28,000 livres, qui lui sont versées en diverses fois, pour la balustrade en bronze doré du grand escalier de Versailles. En outre, deux grands cabinets, appelés *Cabinets d'Apollon et de Diane* et représentant, l'un le temple de la Gloire, l'autre celui de la Vertu, lui furent payés 27,658 livres. Ce qu'étaient ces meubles magnifiques, nous aurions quelque peine à nous le figurer aujourd'hui, si, par un de ces hasards heureux comme l'histoire de l'art en compte quelquefois, la description ne nous en avait pas été conservée par un inventaire du Mobilier de la Couronne. Voici en quels termes cet inventaire décrit ces deux ouvrages d'une richesse sans seconde : « Un grand Cabinet, appelé le Cabinet d'Apollon, au-dessus duquel est représenté le Roy, sous la figure d'Apollon, qui conduit quatre chevaux, et plus bas, dix sept figures de relief, le tout de bronze doré, orné par devant de deux grandes colonnes d'aventurine, avec leurs bases ou chapiteaux de bronze doré d'ordre [de] corinthe et de diverses autres pierres, et dans l'arcade du milieu, du trépied d'Apollon, aussy de bronze doré, porté sur un pied de thermes d'hommes et de pilastres, haut de douze pieds, sur huit pieds de large et deux pieds et demy de profondeur. » « Un autre grand cabinet, appelé le cabinet de Diane, de même grandeur et dessein que le précédent, au-dessus duquel la Reyne est représentée sous la figure de Diane qui conduit quatre cerfs ; les deux colonnes du dit cabinet tout de jaspe. » Après ces descriptions, on comprend mieux les titres de doreur, de fondeur, d'orfèvre, d'ébéniste, « d'ouvrier en cabinet » qui sont successivement attribués à Domenico Cucci dans les documents officiels ; et, en effet, si l'abbé de Marolles, dans son énumération poétique, parle de ce grand artiste seulement comme d'un sculpteur en bois, émule de Caffieri,

> Pour la sculpture en bois là sont venus de Rome
> D'entre les bons sculpteurs Philippe Caffieri
> Et du mesme païs Dominique Cussi
> Que partout en leur art justement on renomme,

par contre, les Lettres de grande naturalisation, accordées à Domenico, sont beaucoup plus explicites [1]. Elles constatent qu'établi depuis plusieurs années aux Gobelins, il y travaille « avec succès aux ouvrages des grands cabinets d'ébène, sculture, mignature, pierreries, orphevrerie et autres ornemens pour l'embellissement des châteaux et maisons royales ». Et cette mention est d'autant plus à retenir que Caffieri, dans ses lettres de naturalisation, est simplement désigné comme « sculteur ordinaire des meubles de la Couronne [2] ». Quant à Francesco Temporiti, cet autre

---

[1] Ces lettres, publiées dans les *Archives de l'Art français*, année 1873, p. 242, furent accordées à Cucci en novembre 1664. Elles établissent que cet habile artiste était né à Todi et non à Rome, comme le dit l'abbé de Marolles.

[2] *Archives de l'Art français*, année 1873, p. 244.

LES GOBELINS.

camarade de Cucci que les *Comptes royaux* se bornent souvent à désigner, d'une façon toute familière, sous son prénom francisé de Francisque, les lettres de naturalisation qui lui furent accordées en 1674, l'appellent « notre sculteur ordinaire natif de Milan [1] » et ne lui donnent point d'autre titre.

Nous venons de voir que les grands travaux confiés à Domenico Cucci embrassaient des ouvrages de « pierreries, orphévrerie et autres ornemens »; et les deux descriptions qu'on a lues, nous apprennent que sur les bâtis en menuiserie, exécutés par Proult, notre artiste plaquait des mosaïques de pierres rares et précieuses. Mais ces pierres dures, quoique façonnées, taillées et polies aux Gobelins, ne sortaient pas directement des ateliers de Cucci. En même temps que des sculpteurs et des ciseleurs, Colbert avait fait venir d'Italie d'habiles lapidaires. La capitale de la Toscane était à cette époque et fut, du reste, un peu de tout temps, justement réputée pour ce genre de travaux. C'était à Florence qu'on avait emprunté ces artistes.

> Horace et Ferdinand, deux frères de Florence,
> Lapidaires tous deux, nomméz Megliorini
> Et leur compatriote l'ingénieux Branchi,
> Pour pièces de rapport sont merveilleux en France.

A ces trois maîtres émérites, il convient d'ajouter Jean Ambrogio Gachetti, né comme eux sur les bords de l'Arno, puis trois Français : Jean Dubois, André Dubois et Claude Louette, eux aussi lapidaires expérimentés qui travaillèrent conjointement avec les artistes italiens, que nous venons de nommer, d'abord à ces beaux cabinets, — tant qu'en dura la mode, c'est-à-dire jusqu'au jour où le génie de Boulle eut révolutionné le mobilier français, — et plus tard à ces brillantes tables de mosaïque, qui devaient constituer, pendant près de deux siècles, une des curiosités des châteaux et palais, où le roi de France aimait à séjourner.

Les inventaires, que nous signalions à l'instant, décrivent un certain nombre de ces tables magnifiques, avec un soin et une précision qui montrent assez en quelle estime on les tenait.

Ajoutons que plusieurs de ces superbes ouvrages sont encore, à l'heure actuelle, conservés dans nos musées nationaux, — au Louvre notamment, dans la galerie d'Apollon, — où la foule ne se fait point faute de les admirer, sans se douter, toutefois, des sommes énormes que coûtèrent ces beaux

---

[1] *Archives de l'art français*, année 1873, page 247.

meubles. « Colbert, dit un de ses biographes, fit travailler aux Gobelins à des ouvrages de pierre de rapport, dont le pied au carré revient à plus de 1,000 écus. » Ces chiffres se passent de commentaires.

Ce rapide aperçu établit, croyons-nous, d'une façon péremptoire, que les Gobelins, sous l'administration de Le Brun, méritèrent bien leur titre de *Manufacture royale des meubles de la Couronne*. On peut dire, en effet, que la parure de presque tous les palais royaux vit le jour dans cette enceinte artistique. Les ornements de la grande galerie de Versailles y furent exécutés, ainsi que ceux de la grande galerie du Louvre. On y fondit des statues, des vases, des fontaines et tous les bronzes d'ameublement des châteaux royaux. C'est là que furent sculptés, peints et dorés, les carrosses de la Cour aux allures majestueuses; ceux que Colbert envoya au grand Mogol, pour concilier à la compagnie des Indes la haute bienveillance de ce prince, furent également exécutés aux Gobelins. Les gondoles qui sillonnaient le grand canal de Versailles sortaient des mêmes ateliers. C'est là enfin que ces meubles, admirablement sculptés par Caffieri et somptueusement dorés par La Baronnière, que ces bordures de miroirs, ces cabinets, ces tables de mosaïque si coûteuses, furent créés et virent le jour. Ce que la fabrication de tous ces chefs-d'œuvre absorba d'argent, on le devine assez. Toutefois, les sommes dépensées dans tous ces ouvrages, quelque dispendieux du reste qu'ils aient été, n'approchent pas de celles englouties dans la fabrication des somptueuses orfèvreries qui sortirent des Gobelins sous le règne de Louis XIV. Ce n'est plus par centaines de mille livres, qu'il faut alors compter. De 1666 à 1680, dans un espace de moins de quinze années, plus de deux millions, rien que pour les façons, furent payés aux orfèvres de la Couronne. Quant au métal employé, il ne s'élevait pas à moins de 90,000 marcs, soit plus de 22,000 kilogrammes. C'est de cette partie de la production de la *Manufacture royale des meubles de la Couronne* que nous allons nous occuper dans le prochain chapitre, avant d'aborder les tapisseries, la seule de toutes ces spécialités artistiques qui devait survivre à l'administration de Le Brun et à la fortune du Grand Roi.

V

LES ORFÈVRES

i l'on peut, à la rigueur, et grâce à quelques meubles qui nous ont été conservés, se figurer approximativement ce que pouvaient être les chefs-d'œuvre de Domenico Cucci, de Caffieri et de leurs émules ; s'il nous est permis, grâce aux mosaïques qu'on admire encore au Louvre, au garde-meuble, et dans quelques palais nationaux de nous rendre compte de l'habileté des Migliorini, de Gachetti et de Bianchi ; nous n'avons plus, il faut le reconnaître, aucun échantillon des somptuosités d'orfèvrerie, qui de 1664 à 1685 sortirent, d'une façon constante et régulière, des ateliers des Gobelins.

Pour nous faire une idée très relative de ces splendeurs, il nous faut remonter aux récits du temps, aux révélations du *Mercure*, aux indiscrétions des mémoires et des correspondances. Contrôlés par les contemporains, ces divers récits sont forcément exacts. Question de courtoisie et de flatterie à part, on n'eût point osé décrire avec une emphase par trop exagérée des richesses que chacun pouvait contempler, et les lecteurs eussent certainement protesté contre les inventions des gazetiers ou de leurs correspondants, si elles se fussent éloignées de la vérité d'une façon trop flagrante.

Eh bien, pour peu que nous consultons le *Mercure* de ce temps, nous sommes pris de véritables éblouissements, car nous y trouvons la preuve d'un faste, qui dépasse tout ce qu'il est permis d'imaginer à l'heure présente. En faut-il quelques exemples? Ils sont faciles à trouver. En 1679, Mademoiselle, fille du duc d'Orléans, épouse le roi d'Espagne. A cette occasion, et pour qu'elle puisse recevoir dignement les hommages de la Cour et de la Ville, on installe, au Palais royal, un cabinet d'audience qui lui est spécialement réservé. Dans ce cabinet d'audience, on voit (c'est le *Mercure*[1] qui parle) : « un miroir orné de grandes figures d'argent d'un prix extraordinaire..... douze grands bras en forme de plaques, un grand lustre à double rang, quatre miroirs non moins grands que celuy dont je viens de parler, plusieurs guéridons avec girandoles, tout cela d'argent..... Ce qui est ordinairement de bois aux sièges en estoit aussi..... Ainsi on peut dire qu'on ne voyoit qu'or et argent dans ce cabinet. »

Dix-huit mois plus tard, le *Mercure galant*[2], nous conduisant à Saint-Cloud, où Monsieur attend le roi son frère, nous montrera une salle d'audience, qu'on vient d'achever et qui n'est guère moins somptueuse. « Ce n'estoient qu'ouvrages d'argenterie de toutes manières, dit-il. Ce qui est ordinairement de bois aux sièges, tables et fauteuils, estoit d'argent, et on voyoit une très belle broderie d'or qui relevoit tous les meubles jusques aux portières. »

Eh bien, toutes ces richesses n'approchent pas du spectacle qui nous attend à Versailles. Suivons notre guide complaisant; pénétrons avec lui (décembre 1682) dans la galerie des Jeux, où le Grand Roi, à l'apogée de sa gloire, tient son appartement : « Huit brancards d'argent, portant des girandoles, sont entre quatre quaisses d'orangers d'argent, portéz sur des bazes de mesme métal, et garnissent l'entre-deux des fenestres, et huit vazes d'argent accompagnent les brancards qui sont aux costéz des portes. Quatre torchères dorées portent dans les angles de grands chandeliers d'argent. Huit girandoles d'argent sont sur des guéridons doréz,

[1] *Mercure galant*, n° de septembre 1679.
[2] *Ibid.*, n° d'avril 1681

poséz au milieu des fenestres de glace ; aux deux bouts pendent deux lustres d'argent à huit branches, etc. » Dans le salon qui suit la galerie, le *Mercure* signale encore : « Huit grands brancards d'argent, portant des chandeliers de deux pieds, deux vazes de mesme hauteur accompagnant chaque brancard. » Dans les angles de la pièce on voit : « des vazes d'argent poséz sur quatre guéridons or et azur. Un grand chandelier d'argent à huit branches pend au milieu de ce sallon, et au-dessous il y a un foyer d'argent, de deux pieds de haut sur trois et demy de diamètre. » Dans la chambre du trône « la table, les guéridons, la garniture de la cheminée et le lustre sont d'argent..... Un trône d'argent de huit pieds de haut est au milieu..... aux deux côtés du Trône, sur l'estrade, deux scabelons d'argent portent deux carreaux de velours... Quatre girandoles, portées par des guéridons d'argent de six pieds de haut, parent les quatre coins de la chambre, etc. » Faut-il ajouter que les autres pièces sont à l'avenant? Dans la chambre du lit : « une balustrade d'argent de deux pieds et demy de haut, sur laquelle posent huit chandeliers de mesme matière et hauts de deux pieds chacun, » entoure l'estrade ; dans les angles sont des scabelons d'argent portant des cassolettes de cinq pieds de hauteur; des bassins de trois pieds de diamètre soutiennent des vases proportionnés. Les chenets mesurent quatre pieds, le lustre compte dix-huit bougies, les cadres des miroirs n'ont pas moins de neuf pieds de haut, et tout cela est en argent.

Dans la chambre dite de Mercure, destinée aux joueurs, la profusion n'est pas moins grande. On y voit des cuvettes d'argent de quatre pieds de haut sur six de large, des seaux, de même hauteur, et des buires de six pieds de haut. Dans la salle de Diane, dans celle de Vénus, dans le salon où sont dressés les buffets, ce ne sont que guéridons, lustres, candélabres, brancards, vases, cassolettes et caisses d'oranger en argent. Jamais prodigalité ne fut poussée plus loin, et le journal auquel nous empruntons ces détails ajoute : « Il n'y a point de morceau d'argenterie qui ne soit historié. Des chandeliers représentent les douze mois de l'année. On a fait les saisons sur d'autres, et les travaux d'Hercule en composent une autre douzaine. Il en est de mesme du reste de l'argenterie; tout a été fait aux Gobelins et exécuté sur les desseins de M. Le Brun. »

Ici le *Mercure* commet une erreur qu'il importe de rectifier ; la plupart des objets merveilleux qui viennent de défiler sous nos yeux avaient bien été exécutés, en effet, sur les croquis ou d'après l'inspiration de Le Brun, mais tous ne sortaient pas des Gobelins. Nous savons, en effet, les noms des orfèvres qui travaillèrent à ce fastueux mobilier ; dans le nombre figurent plusieurs maîtres parisiens établis au centre même de la grande ville. L'illustre Claude Ballin, dont Voltaire a dit qu'il avait mérité d'être mis au rang des plus célèbres artistes, pour la beauté de son dessin et l'élégance de son exécution, Ballin est de ceux-là. Avec Marcadé, il exécuta la série des pièces décoratives qui portaient le nom de *Fables d'Esope*, et il travailla, pendant près de dix ans, à ce que les *Comptes des Bastimens* appellent d'une façon générale « les grands ouvrages », c'est-à-dire qu'il exécuta des bassins, des vases, des brancards enrichis de figures. Or Claude Ballin était établi au Louvre, et avait même reçu du roi un subside de 1,000 livres pour y faire construire une forge et une petite fonderie[1].

Gravet, qui fournit à Louis XIV sa merveilleuse nef d'or, était également logé au Louvre depuis l'année 1643, où il avait obtenu le « logement et la boutique » occupés précédemment par l'orfèvre La Barre. Thomas Merlin, qui travailla, lui aussi, « aux grands ouvrages » et livra à Versailles d'énormes bassins, des brancards et des vases, s'était vu attribuer en 1660, dans ce même palais, l'atelier du sculpteur Jacques Sarrazin. Viaucourt, Lorrain d'origine, naturalisé en 1669 et mort en 1674, Gérard, Débonnaire et du Teil, qui sont également compris parmi les auteurs des « grands ouvrages », tenaient boutiques d'orfèvres dans Paris. Verbeck et après lui sa veuve, Cousinet et Guillaume Loir fournirent, eux aussi, à Versailles, des caisses d'orangers, des chandeliers, des grands bassins, des vases et « autres meubles » et n'en figurent pas moins au nombre des maîtres parisiens. En fait d'orfèvres établis à demeure aux Gobelins, l'abbé de Marolles ne cite, au reste, que deux noms, celui d'Alexis Loir et celui de Claude de Villers, ce dernier assisté de ses fils:

> De Vilers et ses fils sont dans l'orfèvrerie
> Des hommes achevés, Alexis Loir comme eux,
> De Paris, tous les quatre ont des dessins heureux,
> Mêlant à ce qu'ils font une rare industrie.

Mais l'abbé se trompe quand il écrit : « tous quatre de Paris ». Si

---

[1] En 1679, à la mort de Ballin, son atelier au Louvre fut attribué au sculpteur Girardon, qui céda le sien à l'orfèvre Nicolas Delaunay..... Delaunay fut également occupé au mobilier de Louis XIV. En 1698, G. Brice le qualifie « orfèvre qui conduit ordinairement les ouvrages magnifiques que le roi fait faire ».

LES GOBELINS.

Loir appartenait à une famille d'orfèvres parisiens[1], il n'en était pas de même, en effet, de son collègue de Villers. Avant d'être installé aux Gobelins, celui-ci était établi à Londres. En 1665, Colbert l'avait fait venir à Paris avec sa famille, « pour travailler pour S. M. ». On a même la note des dépenses de ce voyage, montant à 375 livres, dépenses qui furent remboursées à l'artiste par la cassette royale. Colbert, au reste, n'eut pas à se repentir d'avoir fait traverser la Manche à cette intéressante famille. De Villers et ses fils exécutèrent, sous la direction de Le Brun, et avec une verve incomparable, les pièces les plus considérables comme dimensions et les plus chargées comme décor. Dans le nombre, on peut citer deux grandes cuvettes pesant 2,311 marcs. Rien que par le poids on devine quelle devait être la taille de ces orfèvreries. Quant à la richesse de leur décoration, l'admirable tapisserie, représentant la *Visite de Louis XIV aux Gobelins*, nous en donne une idée suffisamment exacte. Ce magnifique brancard, supporté par quatre satyres, qu'on remarque au premier plan, ce vase gigantesque que trois compagnons orfèvres parviennent à peine à dresser ; ce volumineux bassin que porte péniblement un autre ouvrier, tout comme le guéridon, à demi renversé, dont on découvre une moitié sur la gauche du tableau, ces pièces magnifiques justifient l'émerveillement du *Mercure* et donnent un corps à ses descriptions fastueuses.

Quant au groupe, placé presque au centre de la composition et dans le voisinage du duc d'Orléans, il offre pour nous un intérêt d'un autre ordre. Ces deux artistes bien vêtus, à la figure distinguée, à la physionomie intelligente, qui présentent au roi un vase de forme tourmentée, avec une anse faite d'une chimère et un pied porté par des tritons, ces deux personnages importants sont vraisemblablement Loir et de Villers ; tout comme on est fondé à voir Domenico Cucci, dans cet artiste aux bras nus qui ordonne de découvrir un cabinet superbe et les Migliorini ainsi que leur compatriote Gachetti, dans les trois personnages qui portent des tables de mosaïque. On peut donc dire que si les Gobelins n'ont point à revendiquer la fabrication intégrale de ce mobilier unique dans sa splendeur, cependant ils en fournirent une très large part. Ajoutons qu'il serait aisé de trouver, dans quelques autres documents de même nature, des renseignements presque aussi curieux et aussi certains sur les formes, le décor et les

---

[1] Indépendamment d'Alexis Loir et de Guillaume Loir qui travaillèrent aussi aux « grands ouvrages du roi », on connaît encore Louis Loir qui obtint, en 1668, un brevet de logement au Louvre en qualité d'orfèvre. Tous étaient vraisemblablement de la même famille.

dimensions des meubles et des orfèvreries qui virent le jour à la *Manufacture* pendant cette seconde période. La suite des tapisseries qui porte le nom de *Maisons royales*, offre, dans ses premiers plans, toute une collection de vases d'argent et de vermeil, d'urnes, d'aiguières, de bassins, de cassolettes au chiffre du roi, qui vraisemblablement ont une origine semblable.

De même encore pour certaines tapisseries de la suite dite l'*Histoire du roi*. Celle notamment, qui représente l'audience accordée au légat, nous montre les meubles principaux qui garnissaient à cette époque la chambre royale. Derrière le roi et le légat, mais très en évidence néanmoins, on aperçoit, placé contre la paroi, un cabinet dont la corniche d'argent, ornée d'une frise de feuilles d'acanthe enroulées et de guirlandes de fleurs, est soutenue par quatre pilastres ioniques en lapis-lazzuli. Dans le panneau central, et s'enlevant sur un fond bleu, se trouve un bas-relief d'argent. Non loin de là, sur le buffet, un grand vase d'argent, orné de bas-reliefs, et des buires de même métal arrondissent leurs formes opulentes. Le vase se détache sur un tableau représentant un paysage, dont le cadre est d'argent. Aux murs sont trois appliques à monture de vermeil et réflecteur d'argent, formées d'une sorte de cartouche accosté de quatre génies sonnant de la trompette et portant la couronne royale. A gauche, à l'angle de la tapisserie, se dresse un guéridon d'argent, dont la tige est composée de trois figures de femmes demi-nues, et debout sur un piédestal très orné. Peut-être faut-il voir dans cette dernière pièce d'orfèvrerie à la plus fière allure, un de ces trépieds dont les *Comptes des Bastimens du Roy* nous signalent l'exécution par Loir et les frères de Villers, ouvrage de haute valeur, dont la fabrication, avec celle de deux autres meubles semblables, ne coûta pas moins de 50,114 livres 15 sous. Les pièces d'orfèvrerie qu'on admire également dans la tapisserie du triomphe d'Alexandre (l'*Entrée à Babylone*) pourraient bien avoir une origine identique ; leurs formes comme leur décoration donnent à penser que si jamais elles existèrent, c'est aux artistes des Gobelins qu'il faut en faire honneur. Enfin, si nous savons par la *Gazette de France* que Louis XIV, visitant les Gobelins le 15 octobre 1667 [1], put contempler au milieu de la cour un buffet d'orfèvrerie, composé de 24 grands bassins, nous avons par les *Inventaires* du grand roi la description d'un certain nombre de ces pièces d'une richesse et d'une variété d'ornementa-

---

[1] Voir chapitre II, page 35.

tion vraiment extraordinaires. On y voit figurés : les planètes faisant cortège à Apollon, la Richesse, la Renommée, les Arts, la Paix, des trophées alternant avec les armes du roi, des tritons, des monstres marins, les quatre éléments, les quatre saisons, des griffons, les attributs d'Apollon accompagnés de six figures de femme représentant les vertus ; des

Bassin en argent repoussé, d'après une pièce des *Maisons royales* représentant le château de Fontainebleau.

chasses, la bataille de Constantin, des grotesques, etc., etc. Mais la suite la plus importante, assurément, était celle qui représentait l'*Histoire du roi*. Ici, il nous faut céder la parole aux *Inventaires :* « Un grand bassin ovalle, fait par Merlin, ciselé dans le fond de la figure du Roy debout, accompagné de ses officiers d'armée, qui considère un cavalier renversé d'un coup de canon près de Sa Majesté au siége de Douay, et sur le bord de diverses actions de guerre ; dans quatre cartouches des armes du Roy et de plusieurs figures, long de 3 pieds 7 pouces, large de 2 pieds 8 pouces, pesant 117 marcs 3 onces 0 grain. » « Un autre bassin dont la longueur, largeur et les bordures sont semblables à celles du précédent, ciselé dans le milieu, de l'entrée du Roy dans la ville de Tournay, où l'on veoit, sur le devant, la figure de Sa Majesté à cheval et dans l'enfoncement la ville de Tournay, pesant 116 marcs 2 onces. » « Un autre bassin ovalle, de mesme grandeur que le précédent, ciselé dans le fond du magistrat de la ville de Douay à genoux devant le carrosse de la Reyne pour lui présenter les clefs de leur ville, et sur les bords, des armes, des chiffres et de la devise de Sa Majesté sur huit globes, couronnés, accompagnéz de figures d'hommes et d'enfans assis, pesant ensemble 126 marcs 3 onces. » D'autres représentaient la prise de Dunkerque, celle de Dôle, celle de Marshal, le mariage du roi, le renouvellement de l'alliance avec les cantons suisses, l'audience donnée par le roi à l'ambassadeur d'Espagne, le sacre du roi, etc., etc.

Malheureusement, toute médaille, quelque brillante qu'elle puisse être, a son revers. Ce qui fit, en tout temps, le prix de l'argenterie a été aussi de tout temps la cause de sa perte. Immobilisé, aux jours prospères, dans d'admirables ouvrages, dès que le ciel s'assombrit, le métal précieux dépouille ces formes somptueuses et rentre dans la circulation. C'est en 1682 que le *Mercure galant* nous a montré Versailles dans toute sa splendeur. Huit ans ne se seront pas écoulés, que toute ces merveilles auront cessé d'exister.

Comme on pouvait s'y attendre, le Grand Roi éprouva d'amers déboires dans la refonte de ces meubles incomparables. « Il s'étonna, nous dit Voltaire, que les 6 millions employés à meubler Versailles, ne lui rendissent que la moitié de cette somme. » Le procès-verbal des opérations de fonte, qui eurent lieu sous les yeux et par les soins de M. du Metz et durèrent du 9 décembre 1689 au 19 mai 1690, nous a été conservé[1]. Il mentionne un produit en poids de 82,322 marcs 5 onces 9 gros, équivalant à 2,505,637 livres 4 sols 9 deniers. Le roi n'avait pas compté sur l'anéantissement des façons. C'est en effet là ce qui rendit, à tous égards, cette mesure désastreuse. Le monde artistique eut à déplorer « la perte et le dommage inestimables de toutes ces admirables moulures, gravures, ciselures, de ces reliefs et de tant d'ornements achevés, dont le luxe avoit chargé la vaisselle de tous les gens riches et de ceux du bel air [2] ». Louis XIV regretta

---

[1] *Archives nationales*, cote K, 121, n° 13.
[2] Saint-Simon, tome VIII, page 310.

surtout l'argent qu'avait coûté tout ce travail disparu. Malgré cela, la flatterie ne perdit pas ses droits. Elle signala ce désastre comme un bienfait. Le roi fut censé avoir fait un sacrifice pour le bonheur de son peuple et le *Mercure* de février 1690, sous le titre du *Luxe détruit*, osa montrer le roi chassant lui-même ses meubles précieux et renonçant volontairement à ces superfluités.

> Dans les riches appartemens
> De Versailles, l'objet de ses amusemens
> LOUIS avoit fait voir la grandeur de la France.
> Le luxe, à la faveur de la magnificence,
> Devenu plus hardy, redoubloit son éclat,
> Car il se doutoit bien qu'on le prendroit pour elle,
> Et qu'il pourroit du Magistrat
> Suspendre sous son nom le zèle.
> . . . .
> Quel remède? LOUIS qui faisoit son plaisir
> De ce lieu qu'esleva, qu'embellit son loisir
> Resva quelques momens sur ce triste remède,
> Enfin il se résout, il cède
> Et laissant de son cœur échapper un soupir,
> Ouy, Bonté, dit-il, vous estes la maistresse
> Montrez à ces sujets ingrats, fastueux,
> Ce que me coûte la tendresse
> Que votre seul conseil me fait prendre pour eux ;
> Et faites leur sçavoir qu'à leurs besoins propice
> Je consens à ce sacrifice........
> A ces mots guéridons, tables, miroirs, chenets,
> Vases, balustres, feux, urnes et cabinets,
> Furent jetés par la fenêtre.
> Et de ses grands appartemens
> Quel prodige ! on vit disparoître
> Ces précieux ameublemens,
> Dont l'art surpassoit la matière.

En dépit des regrets comme aussi en dépit des flatteries, l'épreuve désastreuse, par laquelle l'argenterie royale avait passé en 1690, se renouvela vingt ans plus tard. Le Grand Roi, au déclin de sa sombre carrière, vit une seconde fois disparaître le mobilier somptueux qui l'entourait; les pièces qui avaient survécu à la première refonte, comme celles qu'il avait fait refaire depuis, prirent à leur tour le chemin de la Monnaie. Ce nouveau sacrifice, ce double holocauste porta, tout naturellement, un coup terrible à la *Manufacture royale des meubles de la Couronne*.

A quoi bon, en effet, entretenir aux Gobelins des artistes incomparables, du moment que leurs plus beaux ouvrages étaient condamnés à une irrémédiable destruction? A quoi bon les pousser à produire à grands frais d'admirables chefs-d'œuvre, alors que ceux-ci ne pouvaient prétendre qu'à une existence éphémère? Après ce double désastre, la fabrication des meubles continua bien encore pendant une période assez longue, mais elle ne devait plus, elle ne pouvait plus avoir le même éclat qu'au beau temps du règne de Louis XIV.

La fermeture de la Manufacture, pendant quatre années consécutives, à l'époque de la guerre d'Allemagne, amena plus tard la dispersion du personnel. La plupart des artistes étrangers se trouvant sans emploi, reprirent le chemin de leur pays d'origine, avec le petit pécule qu'ils avaient amassé. Les artistes français profitèrent du privilège que leur conférait l'édit de 1667. Cet édit leur donnait la qualité de maîtres[1], et la liberté de s'établir où bon leur semblerait. Plusieurs demeurèrent à Paris, les autres portèrent leur industrie en province. Plus tard, on essaya de reconstituer les divers ateliers dont la réunion composait un groupement unique. Le mémoire relatif aux Gobelins, présenté en 1745 par l'architecte Robert de Cotte à M. Lenormand de Tournehem, mentionne encore des sculpteurs, des orfèvres, des graveurs, des bijoutiers, des menuisiers, des serruriers, etc., parmi les hôtes de cet établissement. En 1750, l'orfèvre Claude Perron obtenait un brevet de logement à la Manufacture « à cause de sa capacité ». En 1754, un brevet de même nature était accordé à Jean-François Oeben, « ébéniste élève de Boulle ». Mais c'étaient là bien plus des privilèges personnels, octroyés à des artisans exceptionnellement doués, que le groupement systématique de collaborateurs voués à une œuvre commune. Le temps, au surplus, de ces ouvrages de grand luxe, qui réclamaient la coopération des orfèvres, des ébénistes, des sculpteurs, des doreurs, des lapidaires, était passé. A la mort du Grand Roi, la coquetterie avait remplacé la somptuosité, et un besoin d'élégance s'était substitué à l'amour du grandiose. Au lieu de meubles d'argent ou de vermeil, on exécuta des meubles laqués. Dès 1713 le sieur Dagly, Liégeois de naissance, avait obtenu, par lettres patentes, le privilège d'appliquer sur les meubles de bois des vernis analogues à ceux de la Chine, et dont il avait mis, disait-il, quarante ans à trouver.

---

[1] L'application de cette clause de l'édit royal donna lieu, presque jusqu'à la Révolution, à des protestations très vives de la part de la Communauté des Orfèvres. Les Archives nationales contiennent de nombreux dossiers sur cette question.

LES GOBELINS.

le secret[1]. Son procédé qui prit le nom de vernis des Gobelins, continua d'être exploité même longtemps après sa mort. Le duc de Luynes, en ses *Mémoires*, mentionne le décès du sieur de Neumaison, qui « mourut, nous dit-il, aux Gobelins les premiers jours de ce mois (mai 1752), étant directeur des ouvrages de la Chine en peinture et dorure pour le Roi[2] ». Indépendamment de ce personnage, dont l'inventaire nous apprend qu'il peignait surtout des voitures et des chaises à porteurs, — ces délicieux véhicules dont nous admirons encore aujourd'hui la décoration délicate — on a également conservé le souvenir de Pierre Leroyer (1752), d'Antoine Igon (1753) et de Charles-Louis Gervaise, qui excellèrent dans ce genre d'ouvrages. Ce dernier, qui mourut à l'âge de quatre-vingts ans (29 avril 1790) logé dans cette manufacture célèbre où s'éteignirent tant d'artistes du plus haut mérite, s'intitulait « peintre sur toile à la manière chinoise ».

On voit que presque jusqu'à la Révolution, les Gobelins conservèrent en apparence et dans une mesure limitée, les traditions de leur organisation primitive. Nous avons sous les yeux un *état*, dressé en 1784, des principaux artistes encore en exercice dans cet établissement. Cet *état* ne mentionne pas moins de trois maîtres orfèvres et de huit « apprentifs du roi en orfèvrerie », de deux maîtres horlogers et d'un apprenti en horlogerie, d'un compagnon et d'un apprenti en ébénisterie, et d'un apprenti en menuiserie, tous employés et presque tous logés dans la Manufacture. Mais l'époque des maîtres célèbres combinant leurs diverses spécialités pour arriver à produire un chef-d'œuvre unique, avait cessé d'être.

Les logements accordés par la faveur, et non plus réservés exclusivement au mérite, avaient perdu leur signification honorifique d'autrefois. Les artisans réunis dans cet enclos privilégié continuaient, comme par le passé, de vivre en bonne intelligence et de s'unir entre eux, mais sans qu'aucune solidarité existât désormais dans leurs travaux, sans qu'un même souffle les animât et présidât à l'enfantement de leurs ouvrages. Seule, la fabrication des tapisseries, dont nous allons nous occuper maintenant, avait conservé son antique renom et maintenu son incomparable prestige. Seule elle devait, par la suite, sauver de l'oubli ce nom des Gobelins que le XVIIe siècle avait rendu si fameux à des titres divers. Seule, enfin, elle devait perpétuer en ce siècle, les traditions

---

[1] Piganiol de la Force. *Description historique de la ville de Paris*, tome V, page 236.
[2] *Mémoires*, tome XII, page 9.

du grand règne et justifier l'espérance de Colbert, en maintenant à un niveau exceptionnellement élevé le bel art de la haute lice. En sorte que dès le milieu du xviii° siècle, si l'on était heureux de constater — en contemplant les admirables tissus qu'elle ne devait jamais cesser complètement de produire — que la Manufacture des Gobelins existait encore, par contre, il fallait reconnaître que la *Manufacture royale des meubles de la Couronne* n'existait déjà plus.

AIGUIÈRE EN VERMEIL
(D'après la tapisserie des *Maisons royales*, représentant le château de Chambord.)

VI

LES TAPISSIERS

oïncidence très remarquable, la seule de toutes les industries artistiques qui, nous venons de le dire, devait survivre à l'effondrement de la *Manufacture royale des meubles de la Couronne*, fut précisément celle qui avait précédé toutes les autres sur le domaine fécond des Gobelins. Nous avons vu, dans notre premier chapitre, que, dès le règne d'Henri IV, la tapisserie avait prospéré sur les bords de la Bièvre. En 1607, Marc de Comans et François de la Planche étaient venus chercher, dans ces parages encore peu peuplés, l'espace qui leur faisait défaut dans l'intérieur de Paris. L'énorme développement que ne pouvait manquer de donner à leur industrie naissante l'ensemble de privilèges concédés par le roi, exigeait qu'ils eussent autour d'eux de la place pour s'étendre. D'autant plus que les deux industriels flamands, tout en profitant des avantages considérables qui leur étaient accordés, n'avaient absolument rien abdiqué de leur liberté, et, si l'on peut dire ainsi, de l'autonomie de leur entreprise. Ils restaient maîtres de leur production, et libres d'accepter des commandes de qui bon leur semblait. Leurs métiers étaient prêts à fonctionner pour quiconque voulait employer leur talent, et leur

budget en recettes et dépenses, indépendant de tout contrôle officiel, était à l'abri de toute intrusion extérieure.

Ces particularités étaient à noter, parce que l'organisation qu'elles nous révèlent, organisation si différente de celle d'aujourd'hui, subsista, non seulement après que Colbert eut englobé les fabriques de tapisseries dans la *Manufacture royale des meubles de la Couronne,* mais encore presque jusqu'à la fin de l'ancien régime. Jusqu'à la réorganisation définitive des Manufactures Nationales, en effet, les ateliers de tapisserie furent dirigés par des entrepreneurs responsables de leurs actes seulement vis-à-vis d'eux-mêmes, dont l'initiative par conséquent n'était entravée par aucun joug officiel, et dont l'activité, largement utilisée par le gouvernement, trouvait un supplément de profit à satisfaire les coûteuses fantaisies des riches particuliers.

La preuve, au reste, que ce système avait du bon, c'est l'énorme succès qu'obtinrent les deux associés flamands. De Comans et de La Planche, pendant tout le temps qu'ils demeurèrent à la tête de la première manufacture des Gobelins, produisirent beaucoup, vite et bien. Malgré le prix relativement modeste auquel se trouvaient taxés leurs produits, ceux-ci étaient très promptement devenus supérieurs à la production flamande. Un rapport, adressé en 1630 au cardinal Barberini, constate cette supériorité de la façon la plus flatteuse. Ce rapport fort curieux nous apprend, en outre, que dès cette époque, les matières textiles employées aux Gobelins étaient toutes tirées de notre propre territoire et teintes à la Manufacture même. A ce propos, le correspondant du cardinal Barberini fait naturellement allusion aux vertus tinctoriales depuis longtemps attribuées à la Bièvre. Toutefois, le diplomate italien ne se berce pas d'illusions déplacées; il sait faire la part du soin, de l'habileté, de l'expérience qui déjà distinguaient les teinturiers parisiens.

Mais si la supériorité de l'établissement, créé et administré par de Comans et de La Planche, était facile à constater; si ces deux maîtres avaient su améliorer leur production au point de la rendre préférable à tous égards à celle des ateliers flamands et brabançons, ils n'avaient point, cependant, porté leur travail à un tel point de perfection, qu'il pût satisfaire entièrement les juges particulièrement difficiles. Il faut se souvenir, en effet, que le genre de tapisserie, pratiqué par de Comans et de La Planche, était celui de la tapisserie de la marche ou de la basse lice, procédé plus rapide, plus expéditif que celui de la haute lice, mais regardé par cela même, comme moins artistique. Et à ce sujet il est bon de rappeler la protestation que firent entendre, à l'arrivée des artistes flamands, le prévôt des marchands et les échevins, gardiens attitrés des intérêts de l'industrie parisienne. Ces magistrats, profondément habiles jusque dans leur opposition aux fantaisies royales, laissèrent de côté les questions de personne et se gardèrent bien de discuter la valeur des nouveaux arrivants. Ils se bornèrent à mettre simplement en regard les deux procédés « d'aultant, disaient-ils, que la tapisserie de haute lisse, qui a cy devant fleury en ceste dicte ville est beaucoup plus précieuse et meilleure que celle dont ils usent au Païs bas, qui est celle que l'on veult à présent establir [1] ».

On sait qu'il ne fut pas tenu compte de cette protestation, mais d'autre part il ne faut pas être surpris que, lorsque le goût se fut affiné, lorsque la passion des belles choses eut pris, sous l'impulsion de connaisseurs et de délicats tels que Richelieu et Mazarin, une importance réelle dans la vie de tous ceux qui se piquaient de bon ton, on soit revenu insensiblement à préférer les produits de la haute lice à ceux des tapissiers de Saint-Marcel. Mazarin surtout aida à cette évolution en faisant rechercher dans toute l'Europe les plus belles tapisseries fabriquées pendant les deux siècles précédents. C'étaient là des termes de comparaison redoutables. Il est clair que les ouvrages des ateliers parisiens ne pouvaient guère briller à côté de ces échantillons des grandes époques. L'enthousiasme qu'excitait la fabrication de de Comans et de de La Planche s'en trouva certainement atteint. On souhaita d'avoir des produits plus parfaits et ce n'est peut-être pas s'aventurer trop loin dans le champ des suppositions, que de regarder comme une conséquence en quelque sorte naturelle de ces comparaisons dangereuses, la création, par le surintendant Fouquet, de l'éphémère manufacture de Maincy.

Il est à remarquer, en effet, que dans l'établissement dont Nicolas

[1] Plus tard, quand de Comans et de La Planche eurent transformé la production parisienne, la qualité de tapissiers hauteliciers fut contestée aux artisans de la capitale. On lit, en effet, dans un très curieux *Mémoire pour les manufactures royales de tapisserie d'Aubusson et de Felletin*, imprimé à Paris par Jacques-François Grou, rue de la Huchette, au Soleil d'or et cité par M. Léop. Gravier dans une lecture à la Sorbonne. « Il ne leur appartient pas (aux tapissiers parisiens) de surveiller à la fabrique de ces manufactures. Qu'ils se contentent de veiller sur leurs propres ouvrages, ou plutôt qu'ils commencent par apprendre leur métier. Ils usurpent la qualité de tapissiers hautelissiers... Il a été nécessaire en 1607, de faire venir des Païs-Bas, à leur confusion, deux étrangers nommez Comans et de la Planche pour former leur établissement et leur aprendre leur métier, ils n'ont pas sçu en profiter, etc. » C'est ainsi qu'on écrit l'histoire.

Fouquet jeta les fondements, et qui ne devait pas survivre à sa disgrâce, la haute lice était surtout en honneur. Si dans le nombre des ouvriers réunis par ses ordres, on voyait figurer quelques artisans accourus de Bruxelles et d'Enghien, par contre il s'en rencontrait aussi de bien Français, notamment Lourdet, que nous retrouverons plus tard à la Savonnerie, et Lefèvre dont le nom figure sur les registres de la *Manufacture royale des meubles de la Couronne.* Enfin, pendant que Fouquet, à Maincy, s'essayait dans son ingénieuse tentative, Mazarin faisait venir à grands frais, de Florence, un autre Lefèvre, celui-là nommé Pierre de son prénom, et qui s'était acquis une réputation considérable comme directeur de l'atelier du Grand-Duc.

Ce Pierre Lefèvre, homme d'un talent éprouvé, ne demeura pas aussi longtemps à Paris que l'eût souhaité le cardinal. Après trois ans de séjour il quitta la France pour n'y plus revenir, mais en partant il nous laissait son fils Jean Lefèvre, qui, logé dans les galeries du Louvre, s'appliqua aux beaux ouvrages de la haute lice, conjointement avec Laurent et Dubourg, qui soutenaient encore vaillamment les hautes traditions de la fabrication parisienne. Plus tard, le 3 juillet 1655, Jean Lefèvre obtint la concession d'une « grande boutique et atelier de longueur de onze thoises, à construire dans la place vuide, qui reste depuis et joignant le magazin de bois de S. M. au jardin des Thuilleries, le long du quay, tirant vers le gros pavillon du bout de la gallerie du Louvre », et c'est là qu'il demeura, jusqu'au moment où il passa aux Gobelins pour diriger un des ateliers de la haute lice.

Vers la même époque arrivait à Paris un autre artiste qui allait prendre à cette renaissance de la tapisserie d'art une part prépondérante. Nous voulons parler de Jean Jans, dit Jans l'aîné, originaire de Bruges, selon Piganiol de la Force [1], d'Audenarde, selon d'autres auteurs, qui vint de cette dernière ville avec son fils connu sous le nom de Jans le jeune, et qui, quatre ans plus tard (20 septembre 1654), fut nommé par brevet, maître tapissier du roi. Jans n'avait, en Flandre, travaillé qu'à la basse lice, aussi ses débuts à Paris ne furent-ils pas des plus goûtés. Nous en trouvons la preuve dans le *Journal du Voyage du Cavalier Bernin en France* [2]. « M. Colbert, y lisons-nous à propos de cet artiste, a dit

---

[1] *Description de Paris*, tome V, p. 235.
[2] *Gazette des Beaux-Arts*, 2ᵉ période, tome XXIII, p. 277.

LES GOBELINS.

qu'au commencement il n'étoit que très médiocre ouvrier, qu'il avoit copié des tapisseries, mais fort mal, qu'il avoit voulu le chasser des Gobelins, [et qui l'eût fait] sans qu'il priât qu'on l'y laissât encore quelque temps, pendant quoi il espéroit faire voir ce qu'il savoit faire, disant qu'il s'étoit accommodé au temps courant, où l'on ne connoissoit pas trop les belles choses, ni ne les payoit on pas plus que les mauvoises. » Colbert ensuite ajoutait que le père et le fils s'étaient beaucoup perfectionnés. On était alors en 1663. Dès cette époque, en effet, les deux Jans dirigeaient avec une activité et un talent supérieurs l'atelier de haute lice, qui allait devenir le plus occupé des Gobelins. Mais il n'était pas inutile de constater le désarroi dans lequel ces habiles tapissiers s'étaient trouvés dans le principe ; car cet embarras est une preuve nouvelle de la substitution d'un travail perfectionné, obtenu par des moyens artistiques, à une production de moins haute valeur. S'il fallait, au reste, d'autres preuves de cette transformation dans la main-d'œuvre, qui assigne à l'établissement des ateliers de tapisseries de la Couronne son véritable caractère, elles ne nous feraient pas défaut.

Tout d'abord il nous faudrait tenir compte du rapprochement de dates, qui existe entre la fermeture des ateliers de Maincy et l'ouverture de ceux des Gobelins. C'est en 1661 qu'a lieu l'arrestation de Fouquet et dès 1662, c'est-à-dire dès l'année suivante, Colbert qui avouait au Cavalier Bernin avoir « pensé aux tapisseries, dès le temps qu'il n'étoit pas Surintendant des Batimens[1] », non seulement s'empresse d'acquérir l'hôtel de la famille Gobelin que le sieur Leleu lui cède pour 40,775 livres, mais procède encore à huit acquisitions successives, qui portent le prix d'achat total du sol à 90,242 livres 10 s. Une fois les terrains achetés, on se hâte d'aménager des bâtiments, et dès 1664 ils sont assez avancés pour abriter les ouvriers. Alors on se dépêche de ramasser dans la ville les métiers de haute lice qui peuvent fonctionner. Anne Jollin, la veuve du célèbre Maurice Dubourg, cède pour 120 livres les « quatre roulleaux à faire de la tapisserie » qui avaient servi à son mari. Jean Lefèvre reçoit 230 livres pour « six métiers et six corterets, qu'il a fourny », et l'on paye à Jean Jans 358 livres pour quatre autres métiers, etc.[2]. A ce moment on est du reste si pressé de former des artistes

[1] *Loc. cit.*
[2] *Comptes des Bastimens*, année 1664.

capables de travailler à la haute lice, que le Surintendant entretient des élèves chez les maîtres qui lui offrent le plus de garantie. En 1664 Jean Lefèvre touche 250 livres pour l'apprentissage du nommé Gilles Lesgaré, et Henri Laurens 337 livres 10 sols pour la nourriture de trois apprentis. L'année suivante, en un temps où les bâtiments ne sont pas encore achevés, et où l'on est forcé de rembourser au concierge Rochon une somme de 1,485 livres « pour le logement des ouvriers tapissiers, qui ont été logés hors de la maison des Gobelins » nous voyons encore payer 212 livres 10 s. à Laurent pour trois apprentis « qu'il a auprès de luy » ; à Lefèvre, 243 livres 15 sols pour quatre apprentis ; à Jans l'aîné, 550 livres pour huit apprentis, indépendamment de 50 livres qui lui sont allouées pour « la nourriture de deux tapissiers qu'il a près de luy, pour s'instruire à travailler pour le Roy ». Ces petits faits, on ne saurait le nier, jettent une grande lumière sur un côté de l'institution des Gobelins qui n'a jamais été soigneusement étudié. Ajoutons que d'autres observations non moins probantes viennent encore corroborer ces premiers indices.

Delacroix, qui, à cette époque, est établi aux Gobelins dans l'atelier même qu'occupait antérieurement de Comans, et qui, demeuré debout, forme encore aujourd'hui le côté droit de la cour d'honneur, Delacroix, qui travaille à basse lice, ne reçoit aucune subvention pour ses apprentis.

Cependant son atelier est en pleine activité. En 1664, il fournit à lui seul pour 20,201 livres 4 sols 4 deniers de tapisseries au Mobilier de la Couronne, alors que Jans n'en livre que pour 10,987 livres 8 sols 4 deniers, Jean Lefèvre pour 6,529 livres 1 sol, Henry Laurens pour 2,767 livres ; c'est-à-dire que Delacroix à lui seul produit plus que tous les autres ensemble.

En 1665 sa supériorité s'affirme encore d'une façon écrasante. Ses fournitures dépassent 16,000 livres, et ses trois concurrents réunis atteignent à peine le chiffre de 18,000.

En 1666, il commence à être contre-balancé par Jans et Lefèvre, qui exécutent chacun pour près de 11,000 livres de commandes, alors que l'atelier de Delacroix en produit pour 18,563. Puis, à partir de 1667, c'est Jans qui prend la tête. Il atteint le chiffre de 23,595 livres, et Delacroix ne fabrique plus que pour 13,302 livres.

En 1669, l'écart est encore plus accentué. Jans dépasse 35,000 livres et Delacroix tombe à 9,600, et cette différence se maintient d'une façon assez régulière. En 1673, nous trouvons à l'actif des quatre ateliers les chiffres suivants :

```
Jans. . . .   20,828 l. 18 s.
Lefèvre. . .  14,445 l.  3 s.
Mosin . . .   13,544 l.  1 s. 3 d.
Delacroix . .  6,682 l.  9 s. 1 d.
```

En 1675, la différence n'est pas moins sensible.

```
Jans. . . .   22,063 l.  8 s. 1 d.
Lefèvre. . .  11,019 l.  9 s. 7 d.
Mosin. . . .  11,153 l.  5 s. 3 d.
Delacroix . .  7,397 l. 13 s.
```

L'écart, que nous constatons dans le chiffre de la production, se retrouve également dans les prix qui sont payés à ces divers artistes. Le tableau suivant qui s'applique à l'année 1668 établit clairement la distinction que l'on faisait dans l'estimation de la main-d'œuvre, non seulement suivant le plus ou moins de difficultés que présentait l'exécution de certains sujets, mais encore suivant le procédé employé par l'artiste.

NOMS DES ATELIERS		SUJETS DES TAPISSERIES							
		ACTES DES APÔTRES	HISTOIRE DU ROI	HISTOIRE D'ALEXANDRE	LES ÉLÉMENTS	LES SAISONS	LES MOIS	HISTOIRE DE MÉLÉAGRE	ENTRE-FENÊTRES
Haute lice	Jean Jans	200[1]	450[1]	210[1]	230[1]	230[1]	230[1]	180[1]	»
	Girard Laurent	230	400	210	230	230	»	»	»
	Lefèvre	200	400	210	»	»	230	»	»
Basse lice	Delacroix	»	»	»	127	127	»	»	127[1]

Ainsi la même tapisserie qui, exécutée en haute lice, était payée 230 livres, au sortir des ateliers de Jean Jans et de G. Laurent, n'en valait que 127 quand c'était un atelier de basse lice qui l'avait produite.

Dans ce tableau ne figure pas Jean Mesin ou Mozin dont nous avons cité le nom plus haut. Né à Audenarde, ce tapissier nous est désigné par son acte de naturalisation [1] obtenu en février 1672, comme ayant été « amené dès son bas-âge à Paris, où son père, Jean Mozin, travailloit sous la conduite de feu sieur de Comans, dans la Manufacture de tapisserie où il l'a instruit dans son métier ». Il était donc, avec Delacroix, le représentant des procédés de fabrication employés primitivement aux Gobelins. L'abbé de Marolles, en outre, nous le désigne comme étant de son temps à la tête d'un des deux ateliers de basse lice, qui existaient sur les bords de la Bièvre.

> Le Fevre tapissier excelle en haute lice.
> Jean Jans excelle aussy dans un pareil employ,
> Suivant les grands desseins qu'on a faits pour le Roy ;
> Tout le monde admirant un si grand artifice.
> Quant à la basse lice, où la règle est plus seure,
> Deux artistes flamants, Delacroix et Mozin,
> Qui seuls pourroient fournir un royal magazin,
> N'y mettroient pas un fil sans sa juste mesure.

En dépit de l'estime limitée dans laquelle étaient tenus leurs produits, les ateliers de basse lice continuèrent donc de fonctionner aux Gobelins non seulement sous l'administration de Le Brun, mais encore sous celle de ses successeurs, et s'il existait sur ce point le moindre doute, une lettre du duc d'Antin, conservée parmi les papiers de l'architecte Robert de Cotte [2], nous en fournirait la preuve. C'était, du reste, sainement agir, car tous les sujets ne réclamant pas la même perfection de travail, et toutes les tapisseries n'étant pas destinées à des usages identiques, ni à figurer dans un milieu aussi relevé, il était prudent de proportionner leur prix de revient à leur emploi, précaution aujourd'hui très fâcheusement négligée par l'administration de nos Manufactures nationales. Mais Delacroix et Mozin, qui demeurèrent chargés de la direction de ces deux ateliers, surent leur donner une impulsion assez personnelle, pour que le souvenir des de Comans, leurs prédécesseurs, s'effaçât rapidement. A partir de 1663, en effet, il n'est plus question de ces maîtres de la première heure. Leur nom ne figure que dans des actes de cession de terrain ; à plus forte raison à partir de 1667, quand la *Manufacture des meubles de la Couronne* est officiellement et solennellement constituée. C'est aussi en cette année 1667,

---

[1] Publié dans les *Nouvelles archives de l'Art français*. Année 1873, p. 261.
[2] Au cabinet des estampes de la Bibliothèque nationale.

que nous rencontrons pour la dernière fois dans les *Comptes des Bastimens* le nom de de la Planche, à propos d'un paiement de 89,175 livres 8 sols 9 deniers effectué « au Sʳ Delaplanche, directeur de l'une des manufactures des tapisseries de S. M. pour l'entier et parfaict paiement de sept tantures de tapisseries qu'il a livrées pour le service de S. M. ». Il semble que ce versement clôture l'existence de cette seconde manufacture dont les ateliers, à partir de cette année, furent réunis à ceux des Gobelins. Du reste, en 1667, la condition des tapissiers employés dans la Manufacture royale se trouva fixée d'une façon définitive. Dès cette époque, les maîtres et les ouvriers logés aux Gobelins même, ayant chacun en partage un de ces petits jardins, qui ont encore aujourd'hui tant d'attraits pour leurs successeurs, constituaient cette grande et intéressante famille dont nous parlions dans un précédent chapitre.

Protégés contre l'importation en France de produits similaires fabriqués à l'étranger, ils étaient assurés, bien qu'ils n'eussent pas d'appointements fixes comme les tapissiers de nos jours, de ne pas manquer de travail et par conséquent de salaire. Aidés par soixante jeunes gens entretenus aux frais du roi, qui, en échange de l'éducation qu'on leur donnait, devaient les servir pendant six ans en qualité d'apprentis et pendant quatre ans comme compagnons, ces artisans d'élite jouissaient en outre de privilèges enviables.

Après avoir travaillé sans discontinuation pendant dix ans, ils pouvaient, sur un simple certificat du Surintendant et sans autre preuve de leur savoir, aspirer à la maîtrise. Les bâtiments qu'ils occupaient, les maisons qu'ils habitaient étaient exemptés du logement des gens de guerre et considérés comme « sauve-gardes », c'est-à-dire qu'aucun agent de police judiciaire n'en pouvait franchir le seuil sans un ordre spécial. Eux-mêmes étaient, en outre, libres de toutes tailles et impositions, et il leur suffisait d'en exprimer le désir, pour être également délivrés de toute tutelle, curatelle, garde de ville et autres charges publiques ou personnelles. Bien mieux, pour qu'ils ne fussent point dérangés de leurs travaux par les procès qu'eux, leur famille ou leurs domestiques pouvaient avoir dans des juridictions éloignées, la connaissance de tous ces procès était, par mesure d'exception, attribuée en première instance aux maîtres de l'hôtel du roi, et en appel au Parlement de Paris. Enfin il n'était pas jusqu'à la bière — on sait qu'un grand nombre d'entre eux étaient originaires du Nord — qu'ils n'eussent le droit de faire brasser sur leur domaine des Gobelins, sans que les brasseurs pussent intervenir ni le fisc percevoir aucune redevance.

Tous ces privilèges, fort enviés à cette époque, et qui faisaient alors de l'enceinte des Gobelins une sorte de petit paradis terrestre, aidèrent beaucoup, cela se comprend, à peupler la Manufacture d'artistes et d'artisans de choix.

Ajoutons que certains autres privilèges assuraient encore le recrutement de ce personnel d'élite. Ainsi les enfants, à leur entrée dans la maison, étaient mis en pension dans ce qu'on appelait le *Séminaire* du directeur. Là ils commençaient par apprendre à dessiner et par recevoir une éducation artistique assez étendue; après quoi ils étaient mis en apprentissage chez un des maîtres de la Manufacture. Cet apprentissage, ainsi que nous venons de le dire, durait six ans; il était suivi par un service de quatre ans comme compagnon et après cela, il leur était délivré par le Surintendant un certificat qui leur permettait d'exercer leur profession et de tenir boutique à Paris et dans toutes les villes du royaume, sans avoir d'autres formalités à remplir que de se présenter devant les Gardes du métier qu'ils prétendaient exercer, lesquels étaient tenus de les admettre sans frais au nombre des maîtres de leur Communauté. Quant aux étrangers, il leur suffisait d'être enrôlés aux Gobelins pour être considérés comme *regnicoles*, c'est-à-dire comme jouissant de toutes les aptitudes civiles et de tous les droits afférant à la qualité de sujet français. Bien mieux, quand ils avaient travaillé dix ans à la Manufacture, ils étaient « censés vrais et naturels François » et pouvaient remplir toutes les formalités judiciaires « sans avoir besoin de Lettres de Naturalité, ni d'autres actes, que de l'extrait du présent édit et du certificat du Surintendant des Bastimens ».

Enfin, pour la distribution des salaires, le mode de paiement adopté par Henri IV continua d'être en usage. Ainsi que nous l'avons expliqué, les chefs d'atelier travaillaient chacun à leur compte. Sous la dénomination d'*étoffes*, la Couronne leur fournissait les matières premières, soie, laine, fils d'or et d'argent, dont elle retenait le montant sur le prix des tapisseries qui lui étaient livrées. Ces prix étaient fixés d'après un tarif arrêté à l'avance et qui variait — nous l'avons vu plus haut — suivant la finesse et la beauté de l'ouvrage. En outre, ne craignons pas de revenir et d'insister sur ce point, les chefs d'atelier avaient toute liberté d'accepter les commandes qui leur étaient faites soit par des marchands, soit par de

LES GOBELINS.

riches particuliers, et ce n'était pas là le moindre de leurs avantages.

Les prix de la façon étaient également réglés entre les chefs d'atelier et leurs ouvriers, suivant un tarif fixé d'avance. Ce tarif, qui ne laissait pas que d'être assez compliqué, variait naturellement suivant la difficulté du travail. Les fleurs, les fruits, les feuillages, les draperies, les chairs, les figures, les mains étaient payés à des prix fort différents. L'opération de la rentraiture était faite par des artistes spéciaux. Un des premiers qui remplit ces fonctions aux Gobelins fut Pierre Vessier, qui paraît avoir joui d'une certaine réputation dans ce genre de travail. Il fut aidé ou suppléé dans sa tâche délicate par Philippe Féraud, Louis Bastier, Isaac Guimont, dont les noms figurent à différentes reprises dans les *Comptes royaux*. Vessier était, en outre, chargé de faire les assortiments de soie et de laine, et appointé spécialement pour cela. La teinture des *étoffes* était surveillée d'une façon particulière par Josse van den Kerchove, à qui incombait également « le soing de marquer les ouvrages de tapisserie qui se font aux Gobelins »; et Kerchove touchait, de ce chef, un appointement de 1,500 livres. Quant aux ouvriers répartis dans les divers ateliers, leur nombre total variait de 200 à 250. L'atelier de Jean Jans, le plus considérable, et celui qui produisit les plus beaux et les plus difficiles ouvrages, en comptait de soixante à soixante-dix.

On a retenu les noms de quelques-uns de ces modestes coopérateurs. Parmi les artisans de la première heure, il faut citer Le Sieur, « pauvre ouvrier en haute lice des Gobelins », qui reçut, en 1674, une gratification de cent livres à cause de son extrême vieillesse. Parmi les plus habiles, une mention est due à Jean Vavoque, Parisien d'origine, qui entra dans l'atelier de Jans à quatorze ans et ne tarda pas à être chargé des ouvrages les plus difficiles. Vavoque fit souche aux Gobelins, car sa famille était encore, en ce siècle, représentée à la Manufacture. Ce fait au reste est bien loin d'être unique. En 1831, il existait, en effet, aux Gobelins des descendants de Claude Simonnet, qui fut admis dans ce même atelier de Jean Jans en 1680, et Jacques Ostende, qui travaillait à la même époque à la Manufacture, comptait également un descendant logé en 1853 aux Gobelins — Mathurin Texier, lui aussi, fut un contemporain de Vavoque, et comme lui, un artiste de valeur. Saint-Souet entra à la Manufacture en 1668, à l'âge de quinze ans, et J.-B. Gaucher en 1683. Parmi leurs collaborateurs on cite encore Corneille de Vos, François Lasnier, Barthélemy Dubois. M. Jules Guiffrey cite plusieurs de ces artisans dans son intéressante histoire de la Tapisserie. Dans d'autres ateliers on a recueilli les noms des tapissiers Ambroise van der Busch, Barthélemy Benoist, Jacques Benseman, Guillaume Duchesne, Gabriel Dumontel, tous artistes de mérite, ou artisans intelligents et laborieux, dont nous allons maintenant tout à loisir pouvoir étudier les œuvres.

VII

LES GRANDES TENTURES HISTORIQUES DES GOBELINS

e précédent chapitre démontre, croyons-nous, d'une façon péremptoire, que la grande réforme opérée par Colbert, en établissant les ateliers des Gobelins, consista surtout à substituer le travail de la haute lice, à celui de la basse lice qui y avait été uniquement pratiqué par de Comans et de la Planche.

On sait en quoi diffèrent ces deux procédés de fabrication. Le travail à la haute lice s'exécute sur une chaîne dressée verticalement, alors que pour le travail à la basse lice on emploie une chaîne disposée d'une façon horizontale. Dans la haute lice, l'ouvrier prend soin de décalquer son sujet sur sa chaîne de manière à avoir un trait qui le guide, mais son carton, dont il doit donner une copie fidèle, demeure placé derrière lui. Il est donc forcé de se retourner chaque fois qu'il le veut consulter, et par conséquent, il est obligé le plus souvent de travailler de mémoire. On comprend sans peine, que pour arriver à faire un œuvre parfaite dans de pareilles conditions, il faille être un dessinateur consommé et un coloriste rempli d'expérience.

Dans la basse lice, au contraire, le carton est disposé horizontalement comme la chaîne, et placé sous celle-ci. De cette manière, il sert de guide naturel au tapissier, et le dispense d'une mémoire et d'une éducation artistique, dont son confrère de la haute lice ne saurait se passer. En sorte qu'on peut dire de celui-ci qu'il est forcément un interprète, alors que le travail de celui-là le rapproche davantage du copiste. Les avantages de la basse lice sont toutefois assez nombreux. Elle permet surtout de produire vite et à un bon marché relatif. Dans le travail de haute lice, en effet, l'ouvrier ayant la main gauche employée à la recherche, à la séparation et à la croisure des fils, ne peut travailler que de la main droite. Dans le travail de basse lice, l'ouvrier, faisant usage de pédales qui servent à croiser les fils, a ses deux mains libres et ses dix doigts à lui, pour passer dans la chaîne les flûtes chargées de fils de couleur. L'économie de temps qui résulte de cette liberté d'action est d'environ un tiers.

Hâtons-nous d'ajouter que l'habileté des tapissiers de basse lice est parfois telle, que le tissu sortant de leurs mains égale comme finesse et comme régularité les produits les plus remarquables de la haute lice. Les juges les plus compétents déclarent même qu'il est impossible de distinguer, *a priori*, le procédé d'après lequel une tapisserie soignée a été exécutée, et l'on a été jusqu'à prétendre que le seul *criterium* qui permît de porter un jugement certain, consiste dans la présence de cheveux ou de poils de barbe, qui se rencontrent parfois tissés avec la soie ou la laine dans les tapisseries de basse lice. Suivant cette prétention, ces débris humains, se détachant de la figure ou de la tête des ouvriers pendant le travail, seraient naturellement arrêtés par la basse lice sur laquelle l'ouvrier est penché, alors que dans la haute lice ils tomberaient forcément à terre. Nous donnons cette explication pour ce qu'elle vaut, en faisant observer qu'elle doit être d'un mince secours, quand il s'agit d'un temps où les hommes ne portaient pas la barbe, et portaient presque tous des perruques. Mais si comme perfection de tissu, la confusion entre les deux modes de fabrication est possible, il s'en faut de beaucoup qu'il en soit de même pour la perfection du dessin et de la coloration.

Les tapisseries, qu'elles soient de haute ou basse lice, — personne n'ignore cette particularité, — s'exécutent toujours à l'envers. Or dans le travail de la basse lice, il résulte de la disposition même de la chaîne, que le tapissier ne voit pour ainsi dire jamais son ouvrage. La face de celui-ci, en effet, est appliquée sur le carton, et il faudrait démonter continuellement le métier, pour pouvoir s'assurer de la bonne marche de l'exécution. On est donc obligé de travailler un peu en aveugle, ce qui n'arrive pas pour la haute lice, où l'artiste pouvant toujours contrôler l'avancement de son travail, non seulement procède avec une sûreté beaucoup plus grande, mais encore peut se rectifier, chaque fois qu'il constate une erreur commise ou un défaut dans sa traduction.

Enfin, travaillant la face de sa tapisserie posée sur la face de son carton, il se produit dans l'ouvrage du basse-licier cette autre particularité curieuse, que le tissu exécuté de cette manière renverse la disposition de l'œuvre originale : ce qui dans celle-ci est à droite se retrouve, en effet, à gauche dans la tapisserie et *vice versa*. L'inconvénient de cette transposition peut être déjà assez considérable, quand il s'agit de bouquets, d'arabesques, d'ornements plus ou moins fantaisistes, puisque l'équilibre et la symétrie cherchés par le peintre, peuvent ainsi se trouver rompus et la beauté décorative de l'œuvre diminuée. Mais, quand il s'agit de reproduire de grands tableaux, des compositions religieuses, ou de vastes pages d'histoire, le danger peut devenir énorme. Or, il ne faut pas oublier que c'est justement à un peintre d'histoire que Fouquet s'était adressé pour fournir de modèles son atelier de Maincy, et que c'est à ce même peintre d'histoire que la direction des Gobelins fut confiée par Colbert.

Le Brun n'était pas resté inactif au service de Fouquet. Parmi les pièces exécutées à Maincy, pendant la très courte existence de cette manufacture, nous comptons, L'*Histoire de Constantin* et les *Chasses de Méléagre et d'Atalante*, dont il avait fourni les compositions. Ces belles suites, qui furent achevées aux Gobelins et répétées à plusieurs exemplaires par le célèbre établissement, peuvent être considérées, comme étant en quelque sorte le prélude de ces merveilleuses séries qui portent les noms de : l'*Histoire du Roi*, des *Résidences royales*, des *Saisons*, des *Eléments*, de l'*Histoire d'Alexandre*, etc. Mais, pour que ces belles décorations pussent prendre place parmi les ouvrages plus parfaits qu'ait jamais produits le bel art de la tapisserie, il était indispensable que Le Brun eût sous la main un personnel d'élite et des procédés aussi accomplis qu'il le pouvait souhaiter. De là l'installation en quelque sorte obligée de métiers de haute lice, quitte lorsque ceux-ci avaient donné une traduction irréprochable de l'œuvre, à abandonner ensuite cette même reproduction aux procédés plus expéditifs de la basse lice, pour lesquels on faisait exécuter par des copistes habiles un carton transposé.

Pendant la période de l'administration de Le Brun, période qui s'étend de la fondation effective de la *Manufacture royale des meubles de la Couronne* jusqu'à l'année 1690, les ateliers des Gobelins n'exécutèrent pas moins de 19 tentures complètes en haute lice, d'une surface totale de 4110 aunes carrées et de 34 tentures de basse lice, mesurant 4294 aunes carrées. Si on additionne toutes les pièces de ces diverses tentures, on arrive au chiffre considérable de 95 compositions qui sont attribuées administrativement à Le Brun, et dont celui-ci donna, sinon les cartons, du moins le plan et la composition. Ajoutons que presque toutes ces tentures sont regardées avec raison comme des chefs-d'œuvre indiscutables.

La plus célèbre à tous les égards est la tenture de *l'Histoire du Roy*, qui compte seize pièces dont la hauteur varie de $4^m,80$ à $5^m,10$ et la largeur de $5^m,80$ à $7^m,20$. Elle est tissée en soie et en or. Nous avons cru intéressant de produire ici les titres de ces seize compositions. Nous les donnons par ordre chronologique des événements, en indiquant la date à laquelle chacune d'elles fut exécutée, et en joignant, chaque fois que cela a été possible, les noms des peintres qui travaillèrent aux cartons.

1° Le Sacre de Louis XIV, Roy de France et de Navarre, fait en l'Eglise Notre-Dame de Reims le 7 juin MDCLIV. Le carton peint par Baudrin Yvart, d'après Le Brun (Musée de Versailles, n° 1995); la tapisserie fabriquée de 1665 à 1671. Hauteur 5 mètres, largeur $6^m,80$.

2° L'Entrevue de l'île des Faisans. Le carton dessiné par Le Brun; la tapisserie de mêmes dimensions que la précédente a dû être exécutée à la même époque.

3° La Cérémonie du mariage de Louis XIV, Roy de France et de Navarre, avec la sérénissime Infante Marie-Thérèse d'Autriche, fille aînée de Philippe IV, Roy d'Espagne en MDCLIX. Le carton peint par Testelin, d'après Le Brun (Musée de Versailles, n° 1976); la tapisserie fabriquée de 1665 à 1672. Hauteur 5 mètres, largeur $6^m,55$.

4° L'Entrée du Roy Louis XIV dans Dunkerque le deuxième Décembre MDCLII, après avoir retiré cette ville des mains des Anglois. Carton de Mathieu d'après Le Brun et Vander Meulen (Musée de Versailles, 1067); la tapisserie fabriquée de 1669 à 1673. Hauteur 5 mètres, largeur $6^m,90$.

5° Le Renouvellement d'alliance entre la France et les Suisses fait dans l'Eglise Notre-Dame de Paris avec les Ambassadeurs des XIII cantons et de leurs alliez le XVIII° Novembre MDCLXIII. Le carton peint par de Sève d'après Le Brun (Musée de Versailles, n° 1990); la tapisserie fabriquée de 1667 à 1672. Hauteur 5 mètres; largeur $6^m,90$.

LES GOBELINS.

6° La Réduction de la ville de Marsal, en Lorraine, au premier bruit de l'approche du Roy Louis XIV, en l'année MDCLXIII. Carton peint par H. Testelin d'après Le Brun; la tapisserie fabriquée de 1669 à 1673. Hauteur 5 mètres, largeur 6^{m}80.

7° L'Audience donnée par le Roy Louis XIV, à Fontainebleau, au cardinal Chigi, neveu et légat *a latere* du pape Alexandre VII, le XXIX juillet MDCLXIV, pour la satisfaction de l'injure faite dans Rome à son ambassadeur. Le carton peint par Antoine Mathieu d'après Le Brun; la tapisserie fabriquée de 1665 à 1672. Hauteur 5 mètres, largeur 7^m,10.

8° Le Siège de Douai en l'année MDCLXVII, où le roy Louis XIV sortant de la tranchée, le canon tue le cheval d'un garde du corps proche de Sa Majesté. Le carton peint par Yvart d'après Le Brun et Vander Meulen (Musée de Versailles, n° 1994); la tapisserie fabriquée de 1668 à 1672. Hauteur 5 mètres, largeur 7 mètres.

9° La Deffaite de l'Armée espagnole près le canal de Bruges, sous la conduite de Marsin, par les troupes du roy Louis XIV, en l'année MDCLXVII. Le carton peint par de Sève le jeune; la tapisserie fabriquée de 1670 à 1675.

10° Le Siège de Tournai en l'année MDCLXVII, où le Roy Louis XIV estant dans la tranchée se lève au-dessus et s'expose au feu des ennemis pour reconnaître l'estat de la place. Le carton peint par de Sève, d'après Le Brun et Vander Meulen (Musée de Versailles, n° 1993); la tapisserie fabriquée de 1671 à 1676. Hauteur 5 mètres, largeur 6^m,70.

11° Le cardinal Barberini, grand Aumônier de France, fait en MDCLXVIII les cérémonies du baptême de Monseigneur le Dauphin, tenu sur les fonts par le Cardinal de Vendôme, légat *a latere* au nom du pape Clément XI, et par la princesse de Conti, au nom d'Henriette-Marie de France, reine d'Angleterre, à Saint-Germain-en-Laye. Le carton peint par Yvart, d'après Le Brun; pièce signée en bas *L. La Tour*. Hauteur 5 mètres, largeur 6^m,55.

12° Le Roy Louis XIV visitant les manufactures des Gobelins, où le sieur Colbert, le surintendant de ses bâtiments le conduit dans tous les ateliers pour lui faire voir les divers ouvrages qui s'y font. Peint par de Sève d'après Le Brun (Musée de Versailles, n° 2017); tapisserie fabriquée de 1673 à 1679.

13° L'Entrée de Louis XIV et de Marie-Thérèse à Douai. Le carton exécuté d'après les dessins de Le Brun, date de fabrication non indiquée.

14° Prise de Dôle. *Ib.*

15° Prise de Lille. *Ib.*

16° L'Audiance donnée par le Roy à l'ambassadeur d'Espagne pour déclarer au nom du Roy son maistre qu'à l'avenir les Ambassadeurs d'Espagne n'entreront plus en concurrence avec les Ambassadeurs de France. Carton de Le Brun, date d'exécution non indiquée.

Cette première tenture, soie et or, coûta à Louis XIV la somme de 166,700 livres.

Plus tard cette suite de tableaux incomparables, dont quelques-uns étaient restés sur le métier pendant plus de cinq années, s'accrut encore de la *Construction de l'hôtel des Invalides* et du *Duc d'Anjou recevant la couronne d'Espagne*. Ajoutons que ces belles compositions, chargées d'immortaliser son règne, séduisirent tellement le Grand Roi, que celui-ci les fit reproduire non seulement en tapisserie, mais encore en peinture sur étoffe de soie. Bonnemer, entre autres, fut chargé d'exécuter de ces copies sur du gros de Tours[1] et le mobilier national possède des échantillons précieux de ces curieuses reproductions.

L'enthousiasme de Louis XIV était, au reste, des plus justifiés. Nous avons dit plus haut que ces tentures pouvaient passer pour de véritables chefs-d'œuvre. Cet éloge n'a rien d'exagéré. Le peintre et le tapissier, en effet, ont résolu dans leur féconde collaboration, un problème presque insoluble. S'emparer de scènes réelles, où, par la nature même du sujet et par la qualité des personnages représentés, la fidélité était imposée jusque dans les plus minutieux détails, et tirer de cette réalité une suite de décorations magnifiques. Jamais difficulté plus ardue ne fut vaincue avec plus de bonheur.

On ne sait, en effet, ce qu'on pourrait reprendre dans ces ouvrages uniques en leur genre. La disposition des masses, le groupement des personnages, la vérité des expressions individuelles, la richesse des costumes, les accessoires nombreux et variés, les meubles, les tentures pour les scènes d'intérieur, pour celles qui se passent en plein air, la profondeur de la campagne, la transparence du ciel, la fumée des canons; des armées entières au premier plan, dans le fond des villes vues en

---

[1] Les compositions de la tenture de l'*Histoire du Roy* ont été exécutées par Bailly et Bonnemer sur du gros de Tours ; le mobilier national possède encore une pièce de cette série, la *Prise de Douai*. L'Inventaire des meubles de la Couronne sous Louis XIV fait mention également d' « une tenture de tapisserie peinte sur fond de toille d'argent trait, représentant partie de l'histoire du Roy, desscin du S' Le Brun, dans des bordures différentes parties remplies des armes de France et des chiffres du Roy, avec ornements et fleurs peintes au naturel, contenant quatorze aunes et demy de cours, en huit pièces, sur deux aunes un sixième de haut. »

perspective, tout en ces admirables tapisseries est rendu avec une justesse et une exactitude surprenantes, sans que cependant l'œuvre perde son caractère de décoration [1].

Ajoutons que les bordures les plus merveilleusement combinées, les plus curieusement inventées, enveloppent de leurs complications ingénieuses, empruntées à la plus pure fantaisie, ces scènes de la vie officielle, sans jurer aucunement avec elles. Des femmes, représentant les quatre parties du monde, des sphinx, des aigles, des esclaves accroupis, des armoiries, des monogrammes, des médailles, des emblèmes, s'encadrant dans des trophées et dans des rinceaux distribués avec un goût parfait, entourent ces personnages dans leur action, ces portraits copiés sur le vif, ces paysages dessinés d'après nature, sans que la moindre discordance se produise, entre ce qu'on peut regarder d'une part comme des pages d'histoire exacte, et d'autre part comme le produit de la plus délicate et de la plus habile invention. C'est là, ne craignons pas de le dire, un incomparable tour de force, dont on chercherait, croyons-nous, vainement dans l'histoire des arts décoratifs l'analogue ou l'équivalent.

Après la tenture de l'*Histoire du Roy*, les plus célèbres, et celles qui ont été le plus souvent reproduites, en raison de leur originalité de composition et de leur caractère décoratif, sont les *Éléments* et les *Saisons*.

La tenture des *Éléments* comprend quatre pièces de 3^m,30, 3^m,35, et 3^m,55 de haut sur 2^m,40 et 2^m,50 de large, avec quatre entre-fenêtres dont le sujet se raccorde avec celui de la tapisserie principale qu'ils accompagnent. Le sieur Yvart, le père, si nous en croyons M. Lacordaire, renseigné du reste par un document original, aurait peint les tableaux des *quatre éléments*. Quant aux entre-fenêtres, le sieur Dubois aurait peint le *Feu*, et les trois autres seraient de la main du sieur Genouëls, le tout, du reste, exécuté sur les dessins et par les ordres de Le Brun. Disons encore que les bordures sont de Miolon Delarque et de Duhamel.

Les sujets représentent allégoriquement : le *Feu*, symbolisé par les Forges de Vulcain ; l'*Air*, par Junon et Iris sur des nuages ; la *Terre*,

[1] Une seconde suite de l'*Histoire du Roy* a été peinte et tissée sous Louis XV ; elle comprend 7 pièces dont on trouvera l'énumération au chapitre concernant la période du règne de ce prince. Elle se distingue aisément de la première par son exécution inférieure et par la bordure, laquelle consiste en une guirlande de fleurs et de fruits enroulés autour d'un bâton brun, semé de fleurs de lis d'or ; les chiffres du roi, qui, dans la bordure de la première série, sont aux angles du bas, se trouvent, dans la seconde, placés au milieu de la bande verticale.

par Cybèle et Cérès sur un char traîné par des lions; l'*Eau*, par le triomphe de Neptune et d'Amphytrite.

La première tenture des *Éléments* fut exécutée par Lefèvre, Laurent, Jans le père et Jans le fils; elle coûta 30,202 livres et fut offerte en présent par Louis XIV au prince de Toscane.

L'érudition elle-même trouva place dans l'exécution de ces belles compositions. Les légendes latines, qui figurent sur la bordure en bas du sujet et qui l'expliquent, sont de Perrault. A ce propos, nous trouvons dans les *Mémoires* de ce savant, un passage curieux : « Ayant porté à M. Colbert 48 devises pour une tapisserie, 16 de l'abbé de Bourzeis, 16 de l'abbé Cassagnes et 16 de ma façon, toutes mêlées les unes avec les autres, afin qu'il en choisît 16 sans savoir qui en étoit l'auteur, il s'en trouva 14 des miennes. Dans la joie que j'en eus, je ne pus m'empêcher de le lui dire; sur quoi il me demanda quelles étoient les deux autres devises de ma façon qui n'étoient pas adoptées. Les lui ayant marquées : Ces deux-là, me dit-il, me semblent aussi bonnes que les deux que j'ai mises à leur place; il faut les joindre avec les autres et qu'elles soient toutes de vous. » Quant aux inscriptions latines des boucliers, aux angles de la bordure, elles furent fournies par ce pauvre abbé Cassagnes, garde de la bibliothèque du roi, si fort malmené par le sort, au grand bénéfice de l'amour-propre de Perrault.

On a constaté que la tenture des *Éléments* ne fut pas reproduite moins de six fois au xviie siècle, et il est fort vraisemblable — tant son succès fut grand — que les ateliers de Flandre, de Felletin et d'Aubusson ne se privèrent pas d'en faire des copies. La tenture des *Saisons*, qui paraît avoir été exécutée pour servir de pendant aux *Éléments*, car elle présente des sujets de même proportion et offre les mêmes dispositions décoratives, n'est pas d'un intérêt moins haut comme valeur artistique et moins digne d'admiration. Les sujets composés par Yvart le père, Houasse et Sève le Cadet, sous la direction de Le Brun, sont : le *Printemps*, symbolisé par Mars et Vénus assis sur des nuages et acceptant des fleurs que leur présente l'Amour; l'*Été*, symbolisé par Apollon et Minerve sur des nuages, tenant entre leurs mains un tableau ovale où est figuré le château de Fontainebleau, séjour de la Cour pendant les mois chauds de l'année; l'*Automne*, par Bacchus et Diane, présentant un tableau de chasse, le fond du tableau montrant le château de Saint-Germain; l'*Hiver*, par Saturne et Hébé soutenant un tableau où est figurée une scène de bal.

La composition de ces quatre pièces présente une originalité rare, avec une science profonde des conditions essentielles de l'art de la tapisserie. Leurs auteurs ont mis à contribution tout ce que la nature peut, aux diverses époques de l'année, offrir comme éléments décoratifs en formes et en couleurs variées. Des arbres aux luxuriantes frondaisons, aux troncs et aux branches desquels s'enlacent des pampres chargés de raisins d'or, des guirlandes fleuries ou des grappes de fruits limitent ces frais tableaux. Au premier plan, sur le sol, sont étalés les fleurs et les fruits les plus délicieux que chaque saison prodigue à l'homme; au centre de la composition, un groupe allégorique, formé de personnages de la fable, mêle l'éclat des carnations rosées des déesses, aux chauds reflets des costumes brillants, se détachant au milieu d'accessoires emblématiques sur un fond clair de nuages.

La première suite des *Saisons*, exécutée probablement par les mêmes ateliers que la tenture des *Eléments*, coûta 31,117 livres. Il en a été fait, depuis, en haute et basse lice, de nombreuses répétitions. Sur le même pied que les *Saisons* et les *Eléments*, il convient de placer la suite dite des *Mois* ou des *Maisons royales* qui ne le cède en rien, ni comme composition, ni comme exécution, aux tentures dont nous venons de donner une description sommaire. En outre, cette suite présente, au point de vue archéologique, un intérêt d'un ordre spécial. Elle constitue, pour l'histoire de l'art français, un ensemble de documents du plus haut prix. Nous y trouvons, en effet, représentés d'après nature : 1° des monuments d'architecture qui ont été détruits depuis; 2° un grand nombre de pièces d'orfèvrerie, œuvres capitales, sorties vraisemblablement des ateliers des Gobelins, et qui ont disparu dans les creusets de la monnaie; 3° enfin des reproductions de tapis, de cette époque, et d'étoffes de grand luxe dont on n'a plus d'autres spécimens. On voit de quelle importance, à tous les points de vue, sont ces belles tapisseries. Ce fut, comme pour la plupart des œuvres précédentes, Charles Le Brun qui conçut l'idée de ce majestueux ensemble, et qui en donna les dessins. Il s'adjoignit comme collaborateurs Guillaume Anguier, qui fut chargé des architectures, et Yvart le père, qui exécuta les grandes figures symboliques; Boels, dont les croquis spirituels appartiennent au Louvre, peignit les animaux; Baptiste Monnoyer fit les fleurs; Vander Meulen, Genoëls et Baudouin s'occupèrent des paysages et des petites figures. Les tableaux exécutés par ces artistes sont conservés, à Versailles dans les longues et basses galeries des Attiques. L'énumération rapide de chacune des pièces démontrera, au reste, l'ingéniosité de ces compositions, dans lesquelles les douze résidences préférées du roi se trouvent associées à des scènes de chasse, à des promenades, des spectacles, des cavalcades et des bals, appropriés à la température du mois et aux plaisirs que la Cour goûtait plus spécialement dans chacune de ces résidences :

Janvier : Le Louvre. Représentation d'un Opéra.
Février : Palais-Royal. Un ballet donné par le roi.
Mars : Madrid. Le roi à la chasse.
Avril : Versailles. Promenade du roi.
Mai : Saint-Germain. Promenade du roi avec les dames de la Cour.
Juin : Fontainebleau. Le roi à la chasse.
Juillet : Vincennes. La chasse du roi.
Août : Marimont en Hainaut. Chasse.
Septembre : Chambord. Marche du roi.
Octobre : Tuileries. Promenade du roi dans les jardins.
Novembre : Blois. Promenade du roi.
Décembre : Monceaux. Le roi à la chasse.

Les dimensions de ces douze tapisseries sont, en hauteur, de 4 mètres et, en largeur, elles varient de $6^m,45$ à $6^m,70$. Deux tentures en furent exécutées consécutivement : la première coûta au roi 78,590 livres, la seconde 79,981 livres. Six autres répétitions, tant en haute qu'en basse lice, furent faites avant l'année 1682. « Aucun des modèles inventés par la féconde imagination de Le Brun, écrit M. J. Guiffrey dans son *Histoire de la tapisserie*, ne fut aussi souvent recopié aux Gobelins que la suite des *Résidences royales*... Évidemment le roi prenait un plaisir singulier à répandre dans les pays étrangers des compositions qui devaient inspirer une haute idée de sa magnificence et de son luxe. » Pour l'exécution en basse lice, comme les compositions devaient être transposées et que de nouveaux modèles étaient nécessaires, Le Brun confia l'exécution de ces cartons à d'autres artistes ; Manoury fut chargé de l'architecture, Yvart le fils des figures et des draperies, Genoëls et Martin des paysages, etc.

Conçue dans un sentiment décoratif différent de celui qui avait inspiré si heureusement les œuvres précédentes, la tenture de l'*Histoire d'Alexandre* n'en constitue pas moins par les mérites de la composition et la perfection de l'exécution technique, un véritable monument de l'art de la tapisserie.

LES GOBELINS.

Le sujet qui paraissait se rapporter, dans ses allusions on ne peut plus directes, aux principaux événements de la vie du Grand Roi, lui valut une faveur spéciale à la Cour et une certaine popularité dans le public. C'est ce qui explique comment cette tenture ne fut pas reproduite moins de quatre fois aux Gobelins pendant le règne de Louis XIV, et copiée avec des succès divers par les ateliers de Bruxelles, d'Audenarde, de Felletin et d'Aubusson. Le Brun non seulement en donna l'idée et la disposition à ses collaborateurs, mais il en peignit lui-même cinq tableaux entiers. Un d'eux, la *Famille de Darius aux pieds d'Alexandre*, fut exécuté en présence du roi à Fontainebleau [1]. Les autres furent peints sous sa direction par Houasse, Yvart le fils, Revel, Lichery et Testelin.

Cette nouvelle suite comprend onze pièces, tissées de laine et de soie, rehaussées d'or. Les bordures horizontales sont à frises de marbre avec cadres d'oves et fleurs de lis; elles renferment en haut les armes de France et en bas un cartouche avec des inscriptions latines. Les compositions fondamentales qui constituent cette suite sont : la *Bataille d'Arbelles*, la *Bataille d'Issus*, *Porus devant Alexandre*, les *Reines de Perse aux pieds d'Alexandre*, l'*Entrée d'Alexandre à Babylone*, etc. Laurens, Jans le père et Jans le fils exécutèrent successivement les quatre répétitions dont nous venons d'indiquer la fabrication aux Gobelins. La première coûta 58,230 livres, la deuxième 66,060; la troisième 57,747; et la quatrième 59,404. Ces différences de prix pourraient surprendre, si l'on ne savait que cette suite comprenait un nombre variable de pièces, et qu'on pouvait augmenter ou diminuer les panneaux suivant les besoins, à l'aide d'une certaine quantité de fragments étroits. Le Mobilier national possède quatre exemplaires de cette tenture, variant de 200 à 209 pieds de cours et mesurant 14 pieds de haut. Une des suites des *Batailles d'Alexandre* fut envoyée, en présent, par Louis XIV, au duc de Lorraine [2].

Parmi les tentures exécutées durant cette féconde période, il nous faut mentionner aussi les *Triomphes*, qui comptent, non sans raison, parmi les tapisseries les plus intéressantes qu'aient produites les Gobelins. Cette suite se distingue des précédentes par sa disposition et son arrangement

---

[1] (Lettre de Jans, 5 mars 1694.)
[2] « Le roi a fait présent à ce prince (le duc de Lorraine) d'une tapisserie rehaussée d'or, de la manufacture des Gobelins, représentant les batailles d'Alexandre. Cette tapisserie a près de 60 aunes de tour; ainsi on peut juger de sa valeur par sa beauté, le grand nombre de pièces qu'elle contient et sa richesse. Ce présent convient à un grand prince et surtout après que le roi lui a donné un lit extrêmement riche. » (*Mercure* de décembre 1699.)

en manière d'arabesques. Elle nous montre, en effet, des représentations de personnages emblématiques, encadrées dans une légère et gracieuse décoration, architecturée avec beaucoup d'élégance et de goût. L'ordonnance en fut inspirée par deux remarquables tapisseries, le *Triomphe de Vénus* et le *Triomphe de Bacchus*, exécutées à Bruxelles au siècle précédent, et d'après des modèles italiens, qu'on a longtemps, et sans preuves, attribués à Mantegna. Ce fut Noël Coypel qu'on chargea de rajeunir cette donnée en l'accommodant au goût de l'époque ; et les deux tapisseries originales, conservées actuellement au Mobilier national, permettent d'affirmer que cet habile artiste s'est tiré avec infiniment d'adresse et de bonheur de la tâche qui lui était départie.

Les deux interprétations qu'on a de lui des triomphes de Bacchus et de Vénus, tout en conservant, avec beaucoup d'exactitude, la disposition d'ensemble des œuvres initiales, appartiennent cependant, d'une façon indiscutable, au grand style français du xviie siècle ; et rien n'est plus intéressant que de voir comment un artiste expérimenté a su se mouvoir dans le domaine étroit qu'on lui avait imposé, et faire œuvre de créateur, sans sortir du programme rigoureux qui lui était tracé. Ajoutons que, toujours dans le même esprit et sans s'écarter sensiblement de ses modèles, Coypel compléta la suite qui lui était demandée par cinq autres compositions, représentant le *Triomphe de la Foi*, le *Triomphe de la Philosophie*, le *Triomphe de Mars*, le *Triomphe de Pallas* et le *Triomphe d'Hercule*.

Ce n'est pas, au reste, le seul exemple de motifs de tapisseries et de sujets anciens exécutés aux Gobelins sous la direction de Le Brun. Nous avons vu dans un précédent chapitre que, dès l'année 1668, les ateliers de Jean Jans, de Girart Laurent et de Lefèvre étaient occupés à la reproduction des actes des apôtres. La plupart des modèles de ces belles tapisseries furent fournis par notre école de Rome. Une lettre de Colbert, nous apprend que les élèves de l'Académie de France les avaient exécutés d'après les tapisseries originales du Vatican, tissées par Van Aelst de Bruxelles, qui avait été le tapissier de l'archiduc Philippe le Beau, sur les cartons mêmes de Raphaël. « J'ai esté bien ayse, écrivait Colbert au duc de Chartres, le 7 mars 1670, de voir par la lettre que vous avez pris la peine de m'écrire le 11 du mois passé, que les soins que le sieur Errard a pris de faire copier les tapisseries de Raphaël ayt votre approbation. » Colbert avait fait peindre par les mêmes élèves la suite des tapisseries des *Scènes de la Vie du Christ*[1], en 11 pièces, également tissées dans les ateliers de Van Aelst sur des cartons des élèves de Raphaël d'après des esquisses du maître; mais la reproduction en tapisserie des Gobelins ne fut pas ordonnée. Quant aux peintures des *Actes des apôtres*, elles sont actuellement à la cathédrale de Meaux. On sait que les cartons originaux font partie des collections de Hampton Court.

Deux séries, chacune de dix tapisseries des *Loges du Vatican*, eurent la même origine. Copiées avec intelligence par les pensionnaires de l'Académie de France à Rome, elles furent traduites par Jans et Lefèvre avec un talent qu'on peut encore apprécier aujourd'hui, car le Mobilier national les possède l'une et l'autre. Ces belles tentures, tissées en or et soie, ne mesurent pas moins de 264 pieds de cours sur 15 de haut. On juge par ces chiffres, de l'importance de ce travail. Dans ce même genre de reproductions, il faut ranger également l'*Histoire de Constantin* d'après Raphaël et Jules Romain, et l'*Histoire de Moïse* d'après le Poussin; mais ici les compositions originales avaient été revues et corrigées par Le Brun lui-même.

On n'en était pas encore arrivé, en effet, à cette conception singulière, qui consiste à faire copier directement des tableaux par des tapissiers. On était alors persuadé que la peinture et la tapisserie constituent deux arts forts distincts, dont non seulement les procédés diffèrent, mais aussi les effets. Colbert, tout le premier, était pénétré de ces idées profondément justes. Dès 1665, si nous en croyons l'auteur du journal du *Cavalier Bernin en France*[2], on avait proposé au grand ministre de mettre le Poussin en tapisserie, et bien qu'il eût pour ce peintre illustre la plus profonde admiration, — ou peut-être même à cause de cela — Colbert n'avait fait à cette proposition qu'un très froid accueil. « Durant le chemin, écrit M. de Chantelou, j'ai proposé à M. Colbert une pensée qu'il y a longtemps qui m'est venue, qui est de faire faire pour le roi une tenture de tapisserie sur divers tableaux de M. Poussin qui sont à Paris, de l'histoire de Moïse, laquelle pourroit être appelée la tapisserie du vieux Testament. Elle seroit composée de *Moïse exposé sur les eaux* qui est chez Stella, du *Moïse trouvé* qu'a M. de Richelieu, de la *Manne* qu'avoit M. Fouquet, du *Frappement du rocher* de M. Stella, de *Moïse foulant aux pieds la*

---

[1] Les tableaux figurent dans l'Inventaire général des tableaux du roi, rédigé en 1709 et 1710 par Bailly, inventaire remis en lumière par M. le commandant Paillart.

[2] Voir *Gazette des Beaux-Arts*, loc. cit.

couronne de Pharaon qu'a Cotteblanche, de la *Rebecca* qu'a M. de Richelieu, de la *Reine Esther* de Cerisier, et du *Jugement de Salomon* qu'a Rambouillet. Il n'a pas goûté cette proposition pour les difficultés, a-t-il dit, de réduire ces sujets en grand, qui ne sont exécutés qu'en petites figures. » Plus tard, Colbert revint à d'autres sentiments, mais il ne consentit à ce qu'on confiât aux tapissiers des Gobelins l'œuvre du grand maître français, que lorsque sa traduction eût été rendue possible par une interprétation savante de Le Brun. Quant à l'*Histoire de Constantin*, pour des raisons analogues, Le Brun fut également chargé d'en faire les cartons, et de cette collaboration entre Raphaël, Jules Romain et l'auteur de l'*Histoire du Roy*, naquit une suite de pièces remarquables, exécutées avec rehauts d'or, qui coûta à la Couronne 21,500 livres.

Avec la tenture de *Scipion* et avec celle des *Chasses de Maximilien*, l'embarras était moindre. Ces tentures existaient au garde-meuble royal. Leur copie était donc facile. On sait, en effet, que François Ier avait acquis une tapisserie merveilleuse, représentant l'*Histoire de Scipion l'Africain*, sujet alors des plus à la mode. Les *acquits au comptant* de son règne nous apprennent que le peintre Francisque Boulongne fut chargé par lui d'aller en Flandre, pour surveiller l'exécution de ces tapisseries et, de son côté, Félibien nous raconte que cet admirable ouvrage, commencé d'abord pour Charles-Quint, passa entre les mains du roi très chrétien, par suite de la difficulté, où se trouvaient les tapissiers, d'obtenir de leur impérial débiteur les acomptes qui leur étaient dus au cours de la fabrication. Quant à l'estime dans laquelle les contemporains tenaient cette belle œuvre, il suffit de lire les éloges pompeux qu'en fait Brantôme pour être édifié sur l'enthousiasme qu'elle excitait. On ne peut donc que louer Le Brun d'avoir fait copier, dans les ateliers de Leblond et de Delacroix, un certain nombre de pièces de cette tenture, représentant les sujets suivants :

1° *Fragment de bataille et incendie*, signé E. Leblond dans la lisière. Haut. 4^m,45, larg. 3^m,40.

2° *Fragment de combat de cavalerie*, signé L. Croix P. dans la lisière. Haut. 4^m,45, larg. 3^m,40.

3° *Scipion force et brûle le camp numide*. Haut. 4^m,30, larg. 6^m,40.

4° *Entrevue de Scipion et d'Annibal*. Haut. 4^m,30, larg. 5^m,45.

5° *Scipion fait voile pour la Sicile*. Haut. 4^m,35, larg. 5^m,45.

6° *Prise de Carthage*. Haut. 4^m,40, larg. 6^m,35.

7° *Scipion reçoit les envoyés de Carthage.* Haut. 4^m,30, larg. 6^m,70.
8° *Scipion poursuit l'armée d'Asdrubal postée sur des collines.* Haut. 4^m,35, larg. 6^m,40.
9° *Bataille de Zama.* Haut. 4^m,30, larg. 7^m,35.

Quant aux *Chasses de l'empereur Maximilien*, qui portèrent pendant longtemps le nom de *Belles chasses du duc de Guise*, elles n'étaient guère moins célèbres. Propriété de la maison de Guise avant d'entrer au Mobilier de la Couronne, les descripteurs de Paris en parlent dans des termes extrêmement louangeurs. « Après celles du Louvre et du Vatican, écrit Sauval, ce sont les tapisseries les plus belles du monde et les plus estimées de la chrétienté ; les couleurs en sont plus nettes, mieux choisies et conservées que celles du Louvre, et ont été exécutées par un tapissier plus savant et meilleur dessinateur. » Germain Brice, de son côté, parlant de l'hôtel de Guise, dit : « Autrefois l'on y voioit des meubles magnifiques, entre lesquels estoit une tenture de tapisserie qui représente les douze mois de l'année, d'un très rare ouvrage. Elle est à présent au garde-meuble du roy, et feu M. Colbert en a fait faire une très belle copie. » Faut-il ajouter que ces tapisseries dont la fabrication à la basse lice coûta 35,170 livres, montrent à quelle perfection de travail la manufacture des Gobelins était alors parvenue, même dans ceux de ses ateliers qui n'employaient pas les procédés les plus parfaits et dont la production était cotée le moins cher? Jamais fidélité plus scrupuleuse ne fut apportée à la reproduction de tapisseries anciennes. Ici, l'imitation est tellement parfaite, que les copies ont été souvent confondues avec les originaux. Ces belles compositions, dont les Inventaires royaux attribuent la paternité à Albert Durer, que Sauval indique comme étant l'œuvre de Rogier Van der Weyden et qui sont beaucoup plus vraisemblablement celle de Bernard Van Orley, ont trouvé, en effet, dans les ateliers de Delacroix, des interprètes si habiles que, n'étaient les signatures et les encadrements simulant des bordures dorées, on serait parfois très embarrassé pour fixer exactement leur provenance. Remarquons, en outre, que, si elles prouvent, chez ceux qui furent chargés de les exécuter, des aptitudes merveilleuses et un rare talent, elles attestent aussi l'incomparable activité qui régna aux Gobelins pendant toute cette féconde période.

« Nous avons, à l'aide de documents authentiques, écrit M. J. Guiffrey, dressé un tableau des paiements annuels depuis 1664, jusqu'en 1694.

Pendant cet espace de trente ans, réduits à vingt-six par suite de l'omission de la dépense des manufactures dans les registres de 1671, 1672, 1677, 1679, Jans reçut la somme totale de 769,830 livres, Lefèvre 348,924 livres ; Henri Laurent et Mozin qui remplace Laurent à partir de 1670, se partagent 312,849 livres ; enfin Delacroix eut pour sa part 280,159 livres ; soit une dépense totale de 1,711,762 livres, ou 2 millions en chiffres ronds, en tenant compte surtout des quatre années sur lesquelles les renseignements font défaut. »

Ces sommes relativement considérables, dépensées par des administrateurs habiles, avaient permis, entre les années 1662 et 1685, de faire fabriquer, dans les ateliers des Gobelins, trois *Histoires de Constantin* (une composée de 5 pièces, une autre de 6 et la 3ᵉ de 8) ; trois suites des *Muses* (2 en 10 pièces, 1 en 8) ; une *Histoire de Méléagre* (en 8 pièces) ; 6 tentures des *Elémens* (composées de 8 pièces chacune) ; une *Histoire de Moïse* (en 3 pièces) ; 4 tentures des *Saisons* (3 en 8 pièces, 1 en 6) ; 2 *Histoires du Roi* (chacune en 12 pièces), 5 *Histoires d'Alexandre* (2 en 11 pièces, 1 en 8, 1 en 6 et 1 en 3) ; 8 tentures des *Résidences royales* (3 en 12 pièces, 1 en 10, 1 en 8, 2 en 6, et 1 en 4) ; ceci sans compter les pièces isolées comme le *Château de Fontainebleau* et le *Siège de Douai*, qui furent fabriqués séparément, et sans tenir compte d'ouvrages de moindre importance, comme les *Enfants jardiniers* que nous rencontrons au nombre de 6 pièces, les *Festons et Rinceaux* qui en fournissent 8, ainsi que 38 entre-fenêtres marchant avec diverses tentures et 24 portières (12 aux *Armes du roi* ; 6 aux emblèmes de Mars, et 6 dites du char de triomphe).

On voit que durant cette brillante période, les ateliers des Gobelins firent preuve d'une rare activité. Malheureusement, ces succès ne devaient pas se continuer longtemps. En 1683, Colbert était mort, et Louvois devenu tout-puissant. Les sombres jours allaient commencer de luire. Le fatal orgueil de ce roi qui avait choisi modestement le soleil pour emblème, avait fatigué la fortune. L'heure des préoccupations douloureuses était venue.

Dans le *Mercure galant* de mars 1673, nous trouvons une description des Gobelins, fort gaie, très vivante et curieusement pittoresque, qui nous fait connaître avec une rare exactitude la physionomie toute particulière et si originale de la *Manufacture royale des meubles de la Couronne ;* elle est extraite d'une lettre de Doneau de Visé et nous croyons

bien faire en la reproduisant ici ; c'est en effet un tableau curieux des Gobelins durant cette brillante période, qui, hélas ! allait prendre fin.

« Comme il estoit déjà tard, nous estions sur le point de nous retirer lorsqu'un jeune Allemand, qui logeoit dans l'auberge d'un des messieurs de notre compagnie, vint se mêler à nous, et après que nous luy eusmes fait beaucoup de questions sur plusieurs choses qui regardoient son pays, il nous demanda à son tour des nouvelles de ce qui estoit dans le nostre et nous parla des Gobelins, dont les Allemands, qui estoient retournez en son paÿs, luy avoient dit des choses surprenantes. Il nous demanda si tout ce qu'ils en avoient rapporté estoit véritable et en quoy consistoient ces manufactures. Toute l'assemblée dit que c'estoit quelque chose de beau ; mais quoyque chacun parlât tous les jours des Gobelins, il ne s'en trouva pas un qui en pût rien dire de particulier, et nous avouâmes, à notre honte, que les étrangers estoient mieux instruits que nous de ce que nous avions de rare. On en seroit demeuré là, si un Italien, qui venoit souvent aux nouvelles, et qui depuis plusieurs années fait son séjour en France, ne fût arrivé pour nous apprendre ce que nous devions mieux sçavoir que luy. Il en estoit d'autant mieux instruit qu'il alloit souvent voir aux Gobelins plusieurs Italiens de ses amis, qui travailloient depuis longtemps dans cette célèbre maison. Nous le priâmes de nous en apprendre ce qu'il en sçavoit. Il répondit fort civilement à nos prières et, pour satisfaire nostre curiosité, il nous parla de la sorte :

« Quoyque depuis longtemps, nous dit-il, les Gobelins soient en vogue, ils ne florissent que depuis dix ou douze ans, c'est-à-dire depuis que le plus grand Monarque de l'univers tient luy mesme le timon de son Estat. L'illustre M. Le Brun, dont l'esprit est universel, qui peut avec justice passer pour un des plus grands peintres de notre siècle, et qui n'est pas moins fameux par mille et mille ouvrages qui sont sortis de sa main, que par un million d'autres dont il a donné les dessins, est chancelier et recteur de l'Académie de peinture et de sculpture, et directeur général de tous les ouvrages qui se font dans les Gobelins. Le bâtiment qui pourroit passer pour une petite ville, contient quatre ou cinq grandes cours. Il y a dans cette maison un portier et une concierge, et les ouvriers n'y sont pas seulement logéz, mais encore leurs femmes et leurs enfants, et tous ceux qu'ils font travailler, ce qui va jusques à l'infiny, les maîtres ayant quelquefois chacun quarante ou cinquante personnes qui travaillent sous eux, de manière qu'il y a quantité de villes qui sont moins peuplées que cette grande maison qui contient tant de ménages. Ils prennent tous ensemble d'honnêtes divertissements et se traitent les uns après les autres, ce qui les empêche d'aller faire la débauche autre part. C'est une des raisons pour lesquelles on les a tous logéz ensemble. Il y en a maintenant une beaucoup plus forte, et l'on dit que c'est afin que M. Le Brun puisse voir leurs ouvrages à tous moments, qu'il les puisse corriger et qu'il voye s'ils avancent et s'ils ne perdent point leur temps. On peut ajouter à toutes ces raisons qu'il est plus glorieux à ce grand prince, qui fait agir tant de testes, mouvoir tant de bras, de voir dans un mesme lieu tous ceux qu'il fait travailler, que s'ils estoient disperséz chacun chez eux. Ils y gagnent aussi beaucoup davantage ; car outre que leur logement ne leur coûte rien et que le Roy leur paye tous leurs ouvrages, ils ont tous pension de Sa Majesté, laquelle leur est donnée en considération de leur mérite seulement. Non, s'écria alors une personne de la compagnie, quand je considère toutes ces choses si glorieuses et si utiles, je ne puis me lasser d'admirer M. Colbert ; car enfin c'est luy qui fait refleurir tous les beaux-arts en France et je ne doute point qu'ils ne rendent son nom immortel. »

VIII

LES GOBELINS DEPUIS LA MORT DE COLBERT

JUSQU'A L'AVÈNEMENT DU DUC D'ANTIN

'est à propos de Colbert que Lemontey a écrit : « Il imagina d'acheter la charge de Surintendant des bâtiments qui le mettait en contact avec les goûts et les passions du monarque [1]. » Colbert aurait fait ce calcul qu'il ne faudrait pas s'en montrer autrement surpris. Esprit grave, réfléchi, prévoyant, toujours maître de lui et tellement froid en apparence que Mme de Sévigné, dans sa correspondance, l'appelle parfois le *Nord* et qu'un poète crut l'avoir assez désigné par le nom de *Vir marmoreus;* si impassible et si impénétrable qu'une femme impatiente lui cria un jour : « Au moins faites-moi signe que vous m'entendez », ce grand ministre n'était point homme à rechercher un emploi sans en avoir pesé le fort et le faible, sans avoir estimé les avantages et les inconvénients de toute charge nouvelle, et sans avoir, aussi, exactement prévu tout le parti qu'il en pouvait tirer.

La preuve, au reste, que ces fonctions lui valaient une part prépondérante d'influence sur l'esprit du roi, c'est que du jour où Louvois, son adversaire implacable, son irréconciliable ennemi, crut pouvoir réussir à

[1] Voir dans ses *Œuvres complètes*, Paris, Sautelet, 1829, t. V, p. 245, *pièces justificatives*.

le battre en brèche, ce fut sur ce terrain qu'il établit ses batteries. Dès 1676, à une époque où Colbert pouvait se croire encore tout-puissant, nous voyons Louvois provoquer dans l'esprit du maître un parallèle adroit entre ses services et ceux de Colbert, et s'efforcer de rendre celui-ci suspect de prévarication.

Entraîné par Louvois dans le Nord, Louis XIV en était revenu extrêmement satisfait de la grandeur des ouvrages que son ministre lui avait montrés, et du peu qu'ils avaient coûté relativement à leur importance. Au retour il s'en ouvrit avec son Surintendant. « Je viens de voir, lui dit-il, les plus belles fortifications du monde et les mieux entendues ; mais ce qui m'a le plus étonné, c'est le peu de dépense qu'on y a faite. D'où vient qu'à Versailles nous faisons des dépenses effroyables et que nous ne voyons presque rien d'achevé ? Il y a quelque chose à cela que je ne comprends point[1]. » « M. Colbert, écrit Charles Perrault, auquel nous devons ces détails, fut visiblement blessé de ce reproche, et quoiqu'il rendît au roi de très bonnes raisons de la différence qui se trouvoit entre les ateliers de l'armée, où les soldats ne reçoivent qu'une très petite paye, et les ateliers de Versailles, où l'on paye de fortes journées aux paysans qui y travaillent ; que les ouvrages des fortifications se voyent d'un seul coup d'œil et sont tous d'une même espèce, que ceux de Versailles sont répandus en mille endroits et presque tous d'espèces différentes, il crut que ce Monarque avoit été prévenu sur cet article, et qu'assurément on lui avoit fait entendre qu'on payoit trop cher tout ce qui se faisoit à Versailles. »

Colbert ne se trompait pas. Lui-même, au temps où il s'appliquait à ruiner Fouquet dans l'esprit du roi, il avait trop bien ouvert l'intelligence malléable de Louis XIV à la suspicion, pour que les insinuations semées par son rival ne produisissent point le fruit que celui-ci en attendait. Tous les biographes de Colbert ont raconté sur la foi de M. de Monthyon[2] la dernière conversation de ce grand ministre avec Louis XIV. Lorsqu'il rendit compte au roi de ce qu'avait coûté la grille qui ferme la grande cour de Versailles, celui-ci trouva cette dépense beaucoup trop élevée et, après plusieurs choses très désagréables, dit au Surintendant des bâtiments : « Il y a de la friponnerie. » — Ce à quoi Colbert répondit : « Sire je me flatte, au moins, que ce mot-là ne s'étend pas jusqu'à moi. » — Non,

---

[1] Charles Perrault. *Mémoires*, p. 93.

[2] *Particularités et observations sur les ministres des finances de France les plus célèbres de 1660 jusqu'en 1791*, art. Colbert, p. 78.

répondit le roi, mais il falloit y avoir plus d'attention, » et il ajouta : « Si vous voulez savoir ce que c'est que l'économie, allez en Flandre, et vous verrez combien les fortifications des places conquises ont peu coûté. »

Usé de travail, accablé de chagrin et de préoccupations, sentant que le roi se dégoûtait peu à peu de lui, il ne put supporter cette comparaison humiliante et le triomphe de son rival. Il rentra chez lui, se mit au lit, et s'éteignit en peu de jours. Quelques heures avant sa mort, on lui avait apporté un pli du roi. De sa main défaillante il le repoussa, refusant de l'ouvrir. « Je ne veux plus en entendre parler, murmura-t-il ; qu'au moins à présent il me laisse en paix. Si j'avois fait pour Dieu ce que j'ai fait pour cet homme-là, je serois sauvé dix fois et je ne sais ce que je vais devenir. » Ce furent ses dernières paroles. A peine avait-il fermé les yeux, que Louvois s'emparait de la surintendance des bâtiments malgré la survivance donnée au second fils de Colbert[1].

Mais il ne suffit pas de se saisir d'un poste, quelque considérable qu'il soit, ou d'un emploi quelque avantageux qu'il puisse paraître, pour acquérir en même temps les capacités, les talents et le goût qui ont fait jusque-là défaut. « Quelles aptitudes naturelles ou acquises, écrit un savant historien, M. Camille Rousset, Louvois apportait-il à ces nouvelles fonctions? Quelle était la somme de ses connaissances et la mesure de son goût dans les arts? En fait d'architecture, il avait surtout bâti des fortifications ; il est vrai qu'il avait aussi vu construire l'hôtel des Invalides ; et ce fut même là son principal titre pour emporter la surintendance ; mais il tenait plutôt du maçon que de l'architecte. Pour ce qui est de la peinture et de la sculpture, il n'y entendait rien, de son propre aveu. En 1682, ayant à décorer le château et le parc de Meudon qu'il venait d'acquérir, il chargeait un connaisseur, qui s'en allait en Italie, d'acheter pour lui quelques statues. « Comme je ne suis point curieux, c'est-à-dire que je ne me connois point en peinture ni en statues, lui écrivait-il, je ne vous demande point des statues chères par leur antiquité ; et j'aime mieux une belle copie d'un maître bien posé, qu'une antique qui a le nez ou un bras cassé. Je vous prie de ménager ma bourse sur les statues, et en ne les prenant pas extrêmement mauvoises, de ne pas aussi chercher une extrême beauté qui les renchérisse considérablement. » Une pareille lettre suffit à faire juger l'homme qui l'a écrite ; et l'on

---

[1] Dumesnil. *Histoire des plus célèbres amateurs français*, t. II, p. 381.

s'étonne moins, après l'avoir lue, que la seule trace personnelle qu'ait laissée Louvois dans l'administration des Gobelins, soit le fameux édit de 1689, qui envoyait à la refonte toutes les merveilles d'orfèvrerie sorties depuis quinze ans de la Manufacture royale.

Mais s'il n'apportait dans ses nouvelles fonctions aucune des aptitudes indispensables, le nouveau Surintendant, par contre, y apportait cette puissance de haine, cette persistance de rancunes, qui étaient comme le fond de son caractère. Tous ceux qui avaient paru attachés à son prédécesseur ne tardèrent pas à en ressentir les effets. Le Brun particulièrement, eut, pendant six ans, à supporter les conséquences de l'amère jalousie que Louvois avait nourrie contre Colbert; et il ne fallut rien moins que l'amitié du roi pour son peintre préféré, et la haute protection dont il honorait le directeur des Gobelins, pour que celui-ci ne fût pas sacrifié à de bas ressentiments. Les humiliations toutefois et les tracasseries ne lui manquèrent pas. En 1686, Louvois donna brusquement l'ordre d'interrompre l'exécution d'une suite de l'*Histoire du Roy*, dont Le Brun avait fourni lui-même les dessins, espérant sans doute, après cet éclat, que le peintre donnerait sa démission. Puis, quand il se fut convaincu qu'il ne pourrait aisément se défaire de ce grand artiste, il chercha à l'atteindre par une voie détournée. Ce fut sur le peintre Verdier, propre neveu de Le Brun, qu'il s'acharna d'une façon particulière. Il défendit qu'on mit sur les métiers un *Enlèvement d'Hélène* que Verdier avait peint en grand d'après un dessin de Raphaël, et que Louvois déclarait exécrable, alors que tous les artistes des Gobelins prétendaient y reconnaître la main extraordinairement habile de Le Brun.

Indépendamment de cette haine sourde mais implacable, que le Surintendant des bâtiments nourrissait à l'endroit du directeur des Gobelins, d'autres causes non moins puissantes ne tardèrent pas à entraver la production de cet établissement célèbre. La *Manufacture royale des meubles de la Couronne* coûtait cher à l'Etat. Chaque année, cette institution unique en son genre, où les moindres artisans étaient presque des artistes, exigeait des sommes relativement considérables, et les dépenses qu'elle occasionnait, cadraient mal avec les vues du ministre qui en avait la haute surveillance et la haute direction. Décidé qu'il était à maintenir son crédit par tous les moyens imaginables, Louvois estimait qu'il n'était pas de procédé plus sûr pour se rendre indispensable au roi, que de lancer la France dans d'interminables aventures militaires. Or, en ces

LES GOBELINS.

temps où la détresse financière commençait à se faire sentir, le secrétaire d'Etat à la guerre avait beau être Surintendant des bâtiments, il ne pouvait voir que d'un mauvais œil la continuation de travaux qui absorbaient une partie des ressources devenues indispensables pour tenir son armée en campagne. C'est là qu'il faut chercher le point de départ des économies plus ou moins fâcheuses, par lesquelles son administration ne tarda pas à se signaler.

A partir de 1685, on supprime, en effet, les fils d'or et d'argent dans des tapisseries, qui jusque-là n'avaient jamais été exécutées que rehaussées de métal précieux. Les *Fruits de la guerre* d'après Jules Romain, les *Chasses de Maximilien,* les *Mois,* les *Portières de Mars,* les *Chars du Triomphe* sont fabriqués simplement en laine et en soie. Il en est de même pour la *Tenture des Indiens et animaux des Indes,* mise alors pour la première fois sur le métier, et dont nous aurons occasion de reparler tout à l'heure. En 1690, quand Le Brun mourut, abreuvé de dégoûts, en dépit de la résistance du grand artiste pour maintenir les traditions des Gobelins, la main de fer de Louvois avait imprimé une direction nouvelle à la marche de cet établissement célèbre.

S'il fallait, au reste, une preuve évidente de la résistance de Le Brun aux innovations de Louvois, nous la trouverions dans l'ardeur violente que le Surintendant apporta à le frapper encore après sa mort. A peine le grand artiste a-t-il fermé les yeux que l'on dresse un inventaire de tout ce qu'il possède. Il meurt le 12 février 1690 et le 14, Jean Prioust « commissaire enquesteur et examinateur au Chastelet de Paris », assisté du peintre René Houasse, dont il a requis le concours, se présente au domicile de Mme Vve Le Brun et procède à l'apposition des scellés. Alors commence la rédaction minutieuse d'un récolement méticuleux, qui ne sera terminé que le 30 octobre, et dans lequel les œuvres d'art, à elles seules, occupent plus de soixante pages.

Si Louvois, en faisant procéder de cette façon soupçonneuse, s'était proposé de blesser cruellement la veuve et la famille du grand artiste que la France venait de perdre, il y réussit admirablement. Mais l'œuvre du commissaire enquêteur Prioust, en traversant les siècles, devait atteindre un résultat sur lequel le ministre vindicatif n'avait certes pas compté. Cette enquête, avec son parfum d'inquisition, nous initie, en effet, mieux que toutes les oraisons funèbres, mieux que tous les panégyriques, à l'effort gigantesque produit par ce décorateur incomparable, par cet infatigable génie, effort dont on chercherait vainement l'équivalent dans une autre école et dans un autre temps.

Le Brun, par suite de ses multiples fonctions, occupait à Paris même plusieurs logements. Il en avait un au vieux Louvre, à l'hôtel de Gramont où se trouvaient déposés les tableaux du roi. Il en possédait un second aux Gobelins, tout rempli d'esquisses, d'études, de croquis exécutés par lui ou par ses élèves, de modèles pour les meubles de la Couronne, de cartons de tapisserie, de projets de décoration, et c'est là qu'il nous est permis d'admirer tout à l'aise l'étonnante puissance créatrice de celui qui fut non seulement le premier peintre du roi, mais encore l'inspirateur de son temps. C'est l'existence entière de Le Brun qui défile sous nos yeux grâce à l'inventaire détaillé des commissaires; c'est son œuvre immense qui se trouve réuni, entassé, condensé dans cette chambre dite de l'Horloge, dont on aperçoit encore les fenêtres dès qu'on pénètre dans la cour intérieure des Gobelins. Mais tout n'est pas là, et il faut encore que les sieurs Prioust et consorts se transportent chez la veuve Bonnemer, où sont déposés vingt et un cartons pour l'exécution de tapisseries ou peintures sur moire.

Outre ces deux logements, Le Brun possédait sur les fossés Saint-Victor une maison dans laquelle il habitait avec sa famille, et à Montmorency un petit château qu'il tenait de la haute bienveillance du prince de Condé[1]. Que Louvois ait réclamé, au nom du roi, les tableaux conservés à l'hôtel de Gramont, rien de plus juste et de plus naturel; ils étaient la propriété de la Couronne. Que les commissaires se soient emparés de tous les dessins, esquisses, cartons, études et projets qui se trouvaient aux Gobelins, on le comprend à la rigueur. Cela était assurément excessif; mais on pouvait prétendre, non sans quelque apparence de raison, que ces travaux avaient été exécutés pour le compte du roi, qu'ils étaient afférents à la charge de directeur des Gobelins, qu'ils étaient indispensables pour la conduite et l'achèvement des travaux en cours, enfin que Le Brun avait été payé pour les faire, et que dès lors ils ne lui avaient jamais appartenu en propre. Mais qu'on ait fait main-basse sur toutes les œuvres d'art qui garnissaient sa maison des fossés Saint-Victor et son petit manoir de Montmorency, qu'on se soit saisi de celles de ses œuvres qu'il avait exécutées avant d'être au service du roi, qu'on ait impitoyablement con-

---

[1] J.-J. Rousseau dans ses *Confessions* rappelle, en parlant de Montmorency, le souvenir du peintre de Louis XIV.

fisqué ses études personnelles, dont il avait disposé par testament en faveur de ses élèves, les dessins qu'il avait achetés dans sa jeunesse, les croquis de maîtres qu'il avait rapportés d'Italie, c'est ce qu'on ne peut expliquer que par la haine implacablement persistante de Louvois et par

Portière en tapisserie aux armes du Roi.

le besoin qu'éprouvaient ses créatures de lui faire leur cour, en servant son infatigable ressentiment.

En vain la veuve infortunée du grand artiste adressa-t-elle à l'inflexible ministre une supplique pour demander qu'on lui laissât au moins un souvenir de celui dont elle avait été la fidèle compagne, et dont elle était si fière de porter le nom. En vain dans ces *Très humbles remons-*

trances dont la copie nous a été heureusement conservée[1], implore-t-elle Louvois d'accorder aux héritiers de son mari deux esquisses, l'une de la *Flagellation*, et l'autre « première pensée » de la *Nativité*, comme « estant le seul ouvrage de la main et dessein dudit sieur Le Brun, par lesquels il puisse rester dans la famille quelque marque qu'il ayt esté peintre ». En vain explique-t-elle que ces tableaux ont été « faits à ses heures de loisir, pendant près de trente années qu'il a eu l'honneur de servir le Roy ». En vain déclare-t-elle que « la pensée de la Nativité est un présent que ledit deffunt a fait à sa veuve » et qu'elle « espère de la bonté de Monseigneur qu'il ne la privera pas de cette consolation ». Rien n'y fait. Le ministre demeure inexorable et l'on peut lire, en tête de cette humble supplique, une double note qui ne laisse aucun doute sur l'insondable rancune qui animait Louvois contre ce mort.

La première de ces notes est de la main du marquis de Villacerf. On ne la peut souhaiter plus dure et plus laconique : « Monseigneur de Louvoi (*sic*) ne veut rien accorder du présent mémoire. A Versailles, ce 19 novembre 1690. » La seconde, de la main de M. de la Chapelle Bessé ajoute « du 22 novembre 1690, j'ai montré cet ordre à M⁶ Guérin, l'homme d'affaires de Mme Le Brun, à qui j'avois dit plusieurs fois la même chose que Monseigneur de Louvois m'avoit dit, ce qui est porté cy-dessus dans l'escrit de M. de Villacerf ». De pareils documents se passent de commentaires.

Ces deux noms de Villacerf et de la Chapelle Bessé sont au reste à retenir. L'un et l'autre vont jouer, dans l'histoire des Gobelins, un certain rôle. Grâce à l'ardeur qu'ils avaient mise à seconder Louvois, ils allaient tous deux se partager les dépouilles de Le Brun, occuper la haute situation qu'il avait illustrée, et que leur incompétence relative et leur insuffisance absolue devaient seules empêcher d'être aussi brillante.

La Chapelle Bessé, dont le nom n'est guère connu que d'un petit nombre d'érudits, bien qu'il ait joui en son temps d'une certaine notoriété et que l'archéologue Baudelot de Dairval ait parlé de lui avec éloge dans un de ses livres[2], la Chapelle Bessé, architecte sans talent, inspec-

---

[1] Voir *Archives de l'art français*, 2ᵉ série, t. IV, p. 152.

[2] Voir *De l'utilité des voyages et de l'avantage que la recherche des antiques procure aux savants*, 1686, 2 vol. in-12. Dans cet ouvrage on lit : « Il est impossible que M. de la Chapelle-Bessé ne puisse communiquer de belles choses. La longue étude qu'il a faite des belles lettres et de l'Antiquité auprès d'un des plus sçavans magistrats du monde, qui

teur des bâtiments du roi, sans caractère, sans autorité, écrivain sans originalité et sans mérite[1], fut appelé à suppléer, à la tête de la Manufacture, le peintre Mignard qui venait d'en être nommé directeur ; car Mignard n'avait pas moins de soixante-dix-huit ans, quand ce très lourd fardeau fut confié à ses débiles épaules.

Louvois avait eu hâte, en effet, de remplacer, à la tête des Gobelins, celui dont il détestait jusqu'à la mémoire. Pour bien conduire la Manufacture, il eût assurément suffi de prendre un des élèves ou un des collaborateurs de Le Brun. Imbu de ses idées, nourri dans ses principes, Houasse eût fait l'affaire, Yvart également. Mais, sinon pour effacer, du moins pour contre-balancer le souvenir du grand artiste, il fallait opposer à son nom un autre nom retentissant. Il fallait un peintre au talent consacré, à la réputation bien assise, ayant déjà l'honneur de la familiarité du roi. Mignard, depuis vingt ans rival de Le Brun, remplissait admirablement ces conditions peu communes. En dépit de ses soixante-dix-huit ans, il eut donc, sinon la place, du moins le titre. Où un décorateur de génie était nécessaire, ce fut un peintre précieux qu'on choisit. Aussi le passage de Mignard aux Gobelins se trouve-t-il moins marqué par de belles et grandes productions, que par l'institution d'une Académie de dessin d'après l'Antique et le modèle vivant, arrière-grand'mère de l'école actuelle[2]. Quant à la Chapelle Bessé, le directeur effectif, son action se perdit dans le rayonnement du nom de Mignard, et son nom devait demeurer inconnu des générations qui suivirent.

Si la postérité se montra tout aussi oublieuse pour Villacerf qu'elle l'avait été pour la Chapelle Bessé, il en faut bien conclure, sans doute, qu'une situation, si haute qu'elle puisse être, a moins d'importance à ses yeux que le talent et la valeur personnels. Villacerf, en effet, fut appelé à succéder à Louvois dans ce poste si recherché de

---

l'honoroit de son estime et de sa confiance, et les emplois qu'un grand Ministre luy confie aujourd'hui, ne sçauroient rien faire penser de médiocre de ses lumières et de ses recherches. »

[1] On lui attribue *Les relations des campagnes de Rocroy et de Fribourg*, in-12, publiées à Paris en 1673, sans nom d'auteur.

[2] Mignard ne perdit pas un instant pour la fondation de son école. C'est en 1690 qu'il prit la succession de Le Brun, et dès 1691 nous relevons dans les *Comptes des Batimens* la mention suivante, démontrant que l'Académie était déjà en pleine activité : « Aux ouvriers et autres cy-devant nommez, pour leurs appointemens des six premiers mois 1691, y compris CL livres aux sieurs Tuby, Coisevox et Le Clerc, pour le soin et conduite qu'ils ont de l'Académie des Gobelins, pour le modèle et instruire les élèves de ladite Académie, à raison de 300 livres par an cy..... 1375 livres. » L'année suivante le peintre Verdier était adjoint à Le Clerc.

Surintendant des bâtiments qui ouvrait à son titulaire toutes les portes de Versailles, lui valait de constantes relations avec le roi et, par l'usage, le mettait dans la familiarité du monarque. Sa nomination eut lieu le 28 juillet 1691, douze jours, par conséquent, après la mort de Louvois, car l'ennemi acharné de Colbert et de Le Brun n'avait pas joui longtemps de son triomphe. A peine débarrassé de celui-ci, il avait vu son crédit s'ébranler. Sentant la confiance de Louis XIV se retirer, ayant vu le prince irrité contre lui au point de saisir des pincettes pour le frapper — ce qu'il eût fait sans la présence de Mme de Maintenon — malade par excès de travail, rongé d'inquiétudes, on a dit de remords, Louvois, le 16 juillet 1691, sortait du cabinet du roi se soutenant avec peine, se rendait en chancelant à l'hôtel de la Surintendance, et expirait une demi-heure plus tard sans avoir pu embrasser aucun de ses enfants ni sa femme qui était absente. La rapidité de cet événement inattendu, la certitude que, le soir même, Louvois devait être arrêté et conduit à la Bastille, enfin, les haines sans nombre que sa hauteur et son caractère vindicatif lui avaient suscitées, provoquèrent dans cette cour de Versailles des rumeurs singulières. « Une mort si prompte fait supposer qu'il pourroit y avoir du poison, » écrivait Dangeau le soir même[1].

Douze jours plus tard, nous venons de le dire, le marquis de Villacerf obtenait la charge de Surintendant des Bâtiments, par commission, avec 10,000 écus d'appointements. La haute direction de la Manufacture royale des Gobelins continuait à dépendre de sa charge[2]. Et c'est ainsi que cet établissement, par un de ces jeux singuliers auxquels se plaît la fortune, se trouva de nouveau sous la main d'un Colbert.

Villacerf, en effet, était fils d'un frère de Colbert, connu sous le nom de Saint-Pouenge, qui avait été marié à une sœur du chancelier Letellier et se trouvait de la sorte allié à Louvois. De cette union étaient nés deux fils qui, lorsque la rivalité éclata entre leurs oncles, prirent parti pour le frère de leur mère. « Ils avoient répudié les Colbert pour les Letellier, écrit Saint-Simon, ils en avoient pris les livrées et suivi la fortune[3]. » Et, bien que Saint-Simon qualifie Villacerf de « très bonhomme et fort homme d'honneur », nous avons vu que ce neveu obéissant n'avait pas hésité à épouser les ressentiments de son protecteur

---

[1] Voir *Journal*, t. III, p. 260.
[2] Les autres manufactures passèrent alors dans le département de M. de Pontchartrain.
[3] Voir *Mémoires*, t. I, p. 335.

et dans certaines circonstances particulièrement odieuses à se faire l'exécuteur de ses haines.

Lorsque Villacerf obtint la Surintendance des bâtiments, Mignard avait depuis dix-huit mois remplacé officiellement Le Brun comme directeur des Gobelins, et comme chancelier de l'Académie de peinture. Villacerf, incapable de donner aucune impulsion à la Manufacture, laissa la Chapelle Bessé diriger, sous le nom du vieux Mignard, les affaires à sa guise. On devine ce que dut produire une pareille administration. Malgré la force des traditions qui continuaient de se faire sentir, en dépit de cette vitesse acquise qui soutient les travaux d'art entrepris par des hommes de valeur, alors même qu'une direction intelligente vient brusquement à manquer, on ne compte guère de la mort de Le Brun à celle de Mignard que deux ouvrages nouveaux de réelle importance, qui aient été mis sur les métiers : La *Tenture des Indes* et la *Galerie de Saint-Cloud*.

La tenture des Indes comprenait huit pièces : Les *Pêcheurs Indiens*, le *Cheval pommelé*, le *Cheval rayé*, l'*Eléphant*, un *Combat d'animaux*, un *Roi porté par des Maures*, le *Chasseur Indien*, les *Deux taureaux*. Elle fut exécutée sur des adaptations faites par Monnoyer, Houasse, Bonnemer et Yvart, de tableaux donnés à Louis XIV par le prince Jean Maurice de Nassau, et représentant, d'après l'Inventaire du garde-meuble dressé en 1684, « des figures d'hommes et de femmes grandeur naturelle, plusieurs plantes et fruits, oiseaux, animaux, poissons ou paysages du Brésil ». La première suite, exécutée aux Gobelins, coûta seulement 28,000 livres. Malgré son prix relativement modeste, le sujet plut tellement que, pendant un siècle et demi, cette *Tenture des Indes* fut constamment remise sur les métiers et qu'elle figure au nombre de celles envoyées en 1708 à l'empereur de Russie. Quant à la *Galerie de Saint-Cloud*, elle consistait dans la reproduction des peintures décoratives exécutées par Mignard pour la grande galerie de ce château, et comprenait six compositions : 1° la *Naissance d'Apollon*; 2° *Apollon accompagné par les Muses*, symbolisant le Printemps ; 3° l'*Hymen de Zéphire et de Flore*, figurant l'Été ; 4° *Un sacrifice en l'honneur de Cérès*, représentant l'Automne ; 5° le *Triomphe de Bacchus*, allégorie de l'Hiver ; 6° et enfin *Cybèle, déesse de la terre, implorant le retour du soleil*. Le plafond central ne fut point reproduit. Les copies furent faites par Baptiste, Remondon, L. Dequoy et Bourguignon. Blain de Fontenay donna les modèles de la bordure, formée de riches rinceaux or et argent sur fond bleu clair avec écoinçons et écussons à attributs, guirlandes de fleurs et signes du zodiaque. Cette première tenture, tissée de laine et soie et rehaussée d'or, est l'œuvre de l'atelier de Jans, dont la signature est placée dans la lisière ; elle coûta, à raison de 260 livres l'aune carrée, 36,455 livres. Jans, cette première suite achevée, en recommença immédiatement une seconde.

En 1692, en effet, nous trouvons Jans occupé de nouveau à la pièce du *Printemps*, tandis que dans les ateliers de basse lice, les entrepreneurs Mozin et Lacroix faisaient tisser d'autres suites de la même tenture.

Ajoutons que la *Galerie de Saint-Cloud* est une des belles tentures qui ont été exécutées aux Gobelins. Les compositions présentent un véritable caractère décoratif; elles répondent exactement par l'ordonnance des groupes, par la répartition des lumières, aux conditions de l'art du tapissier. Les carnations alternent heureusement avec les étoffes, la flore et la faune, s'associant aux tons éclatants des draperies, les frondaisons éparses des arbres, les guirlandes qui s'entrelacent, forment des oppositions très harmonieuses. Partout il y a de belles clartés douces et des incidents heureux, pittoresques, qui rendent l'ensemble de ces sujets agréable à l'œil et plaisant à l'esprit.

En 1695, le dimanche 29 juin, « le Bonhomme Mignard mourut à Paris, il avoit quatre-vingt-quatre ans », écrit Dangeau[1] ; et, en même temps que ce grand peintre disparaissait pour toujours, on vit se briser le dernier lien, qui retenait encore cette famille d'artisans modèles, que Le Brun avait pris tant de peine à réunir. L'argent, du reste, manquait ; la guerre avait tout épuisé. Depuis près d'une année, on ne payait plus les appointements des artistes. Les travaux furent suspendus et peu après on licencia le personnel. Vingt ouvriers s'engagèrent dans les armées ; c'étaient, d'après un état conservé aux archives nationales, J.-B. Matou, Pierre Morain, Arnoult, Jacquemart, François Deblois, François Alais, Charles Guyon, Pierre Gauthier, Louis Rombault, Jean Legendre, Nicolas Ollivier, Jean Simonnet, Jean-Baptiste Laroque, J.-J. Coignet, Antoine de Liancourt, Louis Barbier, Parisien, Antoine Falaise, Jean Lorrain et Roger Charles. Vingt-trois, qui étaient des Flandres, retournèrent dans leur pays natal. La Manufacture royale de Beauvais, alors dirigée par Behagle,

---

[1] *Journal*, t. V, p. 212.

PORTRAIT DU MARQUIS DE VILLACERF
(Fac-similé de la gravure d'Edelinck, d'après Mignard.)

en recueillit quelques-uns, les plus habiles sans doute, qu'on ne voulait point voir se disperser complètement ou s'expatrier pour toujours. Le célèbre Jans, lui-même, dut quitter la Manufacture [1], et avant de partir, il adressa à M. de Villacerf la lettre suivante :

« Monseigneur,

« Jans, tapissier, suplie très humblement Votre Grandeur, d'avoir la bonté de demander au Roy la permission de se retirer à Bar le duc ; ne pouvant vivre à Paris, avec sa nombreuse famille, sans y dépencer de son fond, étant très certain que depuis la cessation de son travail, il a dépencé deux cens pistolles, au delà de ses revenus ; promettant qu'au premier ordre qu'il aura l'honneur de recevoir de Vous, Monseigneur, il prendra la poste, pour venir l'exécuter ; et cependant il laissera un de ses ouvriers et son parant dans la maison qu'il occupe aux Gobelins, qui aura soin des ouvrages qui sont sur les metiers de ses atteliers ; il continuera ses prières pour la santé et prospérité de Votre Grandeur. »

La copie de la lettre porte au bas la mention : « Approuvée par le Roy, du 11 mars 1695. »

La *Manufacture royale des meubles de la Couronne* cessa donc de produire. Elle demeura fermée jusqu'à la fin de la guerre, c'est-à-dire jusqu'au traité de Ryswick, signé en 1697, peut-être même jusqu'en 1699, époque à laquelle Villacerf se vit obligé de se démettre de sa charge. « On sut, écrit Dangeau le 6 Janvier de cette dernière année, que le bonhomme Villacerf avoit envoyé au roi sa démission de la surintendance des bâtimens, l'état misérable de sa santé ne lui pouvant plus permettre de faire cette charge [2]. » Les termes assez peu respectueux dont, contre son habitude, Dangeau se sert ici, nous sont expliqués par un passage de Saint-Simon. « Villacerf, nous dit-il, essuya un grand dégoût par le désordre qui se trouva dans les fonds des Bâtimens. Un nommé Mesmin, son principal commis, en qui il se fioit de

[1] Les Archives nationales possèdent le certificat, en date du 29 mars 1695, qui lui fut délivré à son départ. Ce document précieux est à retenir. Il constate que « Jean Jans a été employé, sans discontinuer, en qualité de tapissier aux ouvrages de tapisserie faits pour le Roy dans la Manufacture des Gobelins, depuis son établissement en 1662, qu'il a toujours eu ses atteliers et son logement en l'hôtel de la Manufacture et qu'ils lui sont conservés actuellement, quoique les ouvrages y soient suspendus, pendant lequel temps sa Majesté a permis aud. Jans de se retirer à Bar le Duc, à condition de se rendre aud. hôtel des Gobelins, au premier ordre qu'il en recevra ».

[2] *Journal*, t. VII, p. 3.

tout, abusa longtemps de sa confiance, les plaintes des ouvriers et des fournisseurs longtemps retenues par l'amitié et par la crainte éclatèrent enfin ; il fallut répondre et voir clair. Villacerf, dont la probité étoit hors de tout soupçon, et qui pouvoit s'en rendre témoignage à lui-même, parla haut, mais quand ce fut à l'examen, Mesmin s'enfuit et il se trouva force friponneries [1]. »

Ainsi, cette haute main sur la direction de la *Manufacture des meubles de la Couronne*, qui était l'objet de tant d'intrigues et la source de tant de crédit, ne porta guère bonheur à ceux qui avaient fait tant d'efforts pour l'obtenir. Mais, fait extrêmement remarquable, Louis XIV, dont l'esprit soupçonneux se figurait volontiers des malversations partout, — nous l'avons vu pour Colbert, nous allons bientôt le voir pour Mansart — Louis XIV, lorsqu'il se trouva en face d'une malversation réelle, n'éprouva aucune colère et ne montra aucune rigueur. Villacerf, convaincu d'imprudence et congédié, reçut une pension de 12,000 livres sur laquelle il ne comptait guère, et le roi donna sa charge à Jules-Hardouin Mansart.

Nommé Surintendant et Ordonnateur général des bâtiments, jardins, arts et manufactures de Sa Majesté, Mansart s'adjoignit comme directeur particulier des Gobelins l'architecte Robert de Cotte. La Manufacture était désorganisée, son personnel dispersé, ses ateliers vides et déserts ; tout presque était à refaire. Il ne faut donc pas se montrer surpris que l'administration de Robert de Cotte et de Mansard n'ait pas laissé une trace aussi brillante que celle de certains de leurs prédécesseurs. Du reste, les temps étaient durs, l'argent rare, les ressources limitées. L'avenir, en outre, se présentait trop incertain pour qu'on osât entreprendre des travaux de longue haleine. On en fut donc réduit à l'économie et à préférer les ouvrages rapides. Les entre-deux de fenêtres et les portières occupèrent le plus grand nombre des métiers. Les *Mois grotesques* et les *Saisons grotesques* d'Audran furent, avec la *Tenture des Indes*, presque les seules suites importantes qu'on osa fabriquer. Néanmoins, Mansart trouva moyen de marquer son passage à la Surintendance des Bâtiments par une réforme importante. Il adjoignit à l'administration de la Manufacture un emploi nouveau, celui de peintre inspecteur, obligé à résidence aux Gobelins, et chargé de surveiller au point de vue artistique l'exécution

---

[1] *Mémoires*, t. II, p. 274.

des tapisseries ; il nomma à ce poste le sieur Mathieu, membre de l'Académie royale de peinture. C'était augmenter les chances de bonne fabrication sans exposer le Trésor royal à des dépenses considérables. Malgré cette prudence, toutefois, Mansart se heurta encore à des difficultés douloureuses autant qu'imprévues.

En 1708, il se vit refuser par le contrôleur général Desmarets toute nouvelle avance, jusqu'à ce qu'il eût rendu compte des sommes qui lui avaient été versées. Piqué au dernier point par une prétention aussi inattendue, qui masquait, sous une apparence de bonne administration, le dénuement auquel le Trésor aux abois se trouvait réduit, Mansart alla se plaindre au roi de ce qu'on dénaturait le droit de sa charge. Comme Surintendant, en effet, il était ordonnateur et point du tout comptable. Mais brusquement éconduit par le roi qui, jusque-là, l'avait traité avec une bienveillance unique, il se retira désespéré, et fut, comme Colbert et Louvois, emporté par une « colique de douze heures » qui « fit beaucoup parler le monde [1] ».

Malgré cette fin tragique et ces tristes précédents, la charge de Surintendant n'en aurait pas moins été recherchée, ambitionnée, sollicitée, disputée même par un grand nombre de personnages de tout premier mérite, si Louis XIV, par une de ces fantaisies de vieillards qui se croient d'autant plus aptes à tout qu'ils sont plus affaiblis par les années, n'avait résolu d'exercer lui-même ces fonctions si difficiles et si complexes. A la mort de Mansart, il se déclara donc le Surintendant et l'Ordonnateur de ses bâtiments dont il se réserva les signatures. C'était la répétition de ce qui s'était passé avec Colbert, lors de la chute de Fouquet. Malgré cette diminution d'attributions, le nombre des candidats fut encore considérable et les noms des plus hauts personnages furent prononcés : Voysin, Chamillart, Pelletier, Desmarets furent tour à tour désignés par le public comme aspirant à cet emploi de confiance. MM. de la Vrillière et d'Antin se mirent franchement sur les rangs. C'était la première fois qu'on voyait de pareils seigneurs, tenant par leurs titres ou par leurs alliances à ce que la Cour avait de plus illustre, aspirer officiellement après un aussi modeste emploi. La surprise en fut grande à Versailles, d'autant plus que ces fonctions ainsi réduites réclamaient uniquement la compétence d'un artiste éprouvé ou d'un administrateur habile. On pouvait dès lors

---

[1] Saint-Simon. *Mémoires*, t. VI, p. 178. Pour Mansart, il fut également parlé de poison : « l'enflure démesurée de son corps aussitôt après la mort et quelques taches qui se trouvèrent à l'ouverture donnèrent cours à ces propos vrais ou faux ».

espérer que Louis XIV, puisqu'il prenait en mains la haute direction de ce service, tiendrait à s'assurer le concours d'aides expérimentés. Il n'en fut rien. A la mort de Le Brun, on avait vu un peintre de mérite succéder à un décorateur sans égal ; cette fois, ce fut un courtisan qu'on choisit pour succéder à un architecte.

D'Antin emporta de haute lutte cette nomination en faisant intervenir le grand dauphin et en obtenant qu'il sollicitât en personne. Ambitieux sans scrupule, impatient de n'être rien, taxé de poltronnerie, au point que la malice publique plaçait dans sa bouche ce vers burlesque :

> Pour conserver mes jours, j'évitois des batailles,

si compromis de réputation qu'il passait pour voler au jeu [1], suspect au roi et à Mme de Maintenon à cause de sa mère, Mme de Montespan, dont il était le seul fils légitime, d'Antin dissimula si peu sa joie d'obtenir ce que Saint-Simon appelait dans son langage imagé « les restes, en tout estropiés d'un apprenti maçon », qu'il en fit presque scandale dans une cour, où pourtant rien de ce qui avait une apparence de faveur ne scandalisait plus personne.

Ajoutons que d'Antin était trop habile pour protester contre l'amoindrissement de la charge qui lui était donnée. Bien loin d'avoir l'air de vouloir empiéter sur la part que le roi s'était réservée, il était bien décidé au contraire à profiter de la collaboration presque journalière qui lui était imposée et de l'état de subordination où il allait se trouver, pour se rapprocher du maître et pour être de tout. Il se montra donc extrêmement empressé auprès d'un monarque, qui estimait l'empressement au-dessus de toute chose, et il sut amuser un vieillard rassasié de pouvoir et gavé d'orgueil, que l'ennui commençait à envelopper de toutes parts. En outre, il se servit de sa charge pour rendre mille petits services au grand dauphin, au duc et à la duchesse de Bourgogne et même à ses frères et sœurs, les bâtards légitimés du grand roi. Il se multiplia en un mot, au point qu'un contemporain écrit, en parlant de lui :

« Quatre corps n'eussent pas suffi à sa vie de tous les jours. »

---

[1] Une chanson de 1717 lui fait dire :

> Puis je me fis larron
> Et trompai çà et là
> En jouant à Versailles.

Saint-Simon affirme qu'il fut surpris par le grand dauphin volant de l'or, que celui-ci jetait dans un chapeau qu'il lui avait donné à tenir.

Trois rapports adressés au roi et datés de Versailles, des 3 et 6 juillet 1708 et de Paris du 8 du même mois, nous montrent dans quels détails minutieux il entrait pour tout ce qui regardait ses fonctions nouvelles, et les annotations que Louis XIV a tracées de sa royale main en marge de ces rapports prouvent que le vieux roi prenait également son nouveau rôle très au sérieux. Mais, dans le fond, cette participation du monarque était plus apparente qu'effective. En accablant le roi des signatures que donnait avant lui le Surintendant, il lui faisait aisément croire qu'il ordonnait tout, tandis que lui-même conservait toute la puissance de faire ce qu'il jugeait convenable, avec cette sécurité en plus d'être couvert dans tous ses actes par la signature du roi. Colbert, du reste, n'avait pas agi autrement lors de la suppression du poste de Fouquet. D'Antin se borna à imiter Colbert, à la fidélité près, comme cela parut dans la suite et par son administration et dans son testament; aussi serait-il injuste de ne pas reconnaître que c'est uniquement à d'Antin qu'il faut faire remonter tout l'honneur du relèvement des Gobelins, tombés si bas à la mort de Jules-Hardouin Mansart.

IX

LES GOBELINS SOUS L'ADMINISTRATION
DU DUC D'ANTIN ET D'ORRY

'IL était infatigable pour tout ce qui pouvait le mettre en relation directe avec le roi, ne laissant jamais rien faire aux autres de ce qui devait le faire bien venir non seulement de Louis XIV, mais encore des princes de sa famille, le duc d'Antin ne montrait plus le même empressement à payer de sa personne et calmait sa dévorante activité, dès qu'il s'agissait d'occupations ou de travaux incapables de le mettre en relief. C'est ce qui explique comment il abandonna à l'architecte Jules Robert de Cotte fils, dans lequel il avait placé toute sa confiance, la direction effective de la *Manufacture des meubles de la Couronne*, confiance que, du reste, il n'eut pas à regretter, car, nous venons de le dire, l'administration du duc d'Antin, qui dura jusqu'en 1736, fut, grâce à son collaborateur, relativement brillante. On lui doit, en effet, entre autres productions : 1° une suite de l'*Histoire de Louis XIV*, en six pièces, comprenant : la *Prise de Namur*, d'après Martin et Lecomte ; la *Soumission du doge de Gênes*, d'après Hallé ; *Louis XIV rendant grâce à Dieu de sa guérison*, d'après Vermantal ; le *Baptême du Dauphin*, d'après Christophe ; la *Naissance du duc de Bourgogne* et le *Mariage du duc de Bourgogne*, d'après Dieu ; 2° une nouvelle suite de la *Tenture des Indes* ; 3° l'*Ancien Testament*,

d'après Coypel[1], en 8 pièces de 4^m,80 de hauteur, avec largeurs variant de 5^m,50 à 6^m,50 et dont voici l'énumération : 1° *Evanouissement d'Esther*, le cartouche porte « Esther » ; cette tenture est signée Jans dans la lisière ; 2° *Joas est proclamé roi des Hébreux*, le cartouche porte « Attalia » (également signée Jans dans la lisière); 3° *Joseph reconnu par ses frères;* le cartouche porte « Joseph se fratribus manifestat Genesis xlv » (signée dans la lisière Lefebvre, avec un G suivi d'une fleur de lis) ; 4° *Jephté et sa fille devant l'autel du sacrifice*, le cartouche porte « Jephté » (signée Jans dans la lisière) ; 5° *Suzanne devant ses juges;* le cartouche porte « Suzanna » ; 6° *Le Jugement de Salomon;* le cartouche porte « Salomon » ; 7° *Tobie;* le cartouche porte « Tobias » (signée Jans dans la lisière) ; 8° *Laban* (même signature).

L'*Ancien Testament* appelait naturellement une réplique ; ce furent Jouvenet et Restout qui furent chargés de la fournir. Ils composèrent le *Nouveau Testament*. Cette tenture, qui comprenait huit pièces, d'une hauteur de 5^m,10 sur 7^m,40 de largeur (dans quelques pièces ces dimensions varient un peu), fut tissée par Lefebvre et Monmerqué. Elle était évaluée 75,323 livres. Ces deux suites présentent une très réelle valeur artistique. Les compositions ont une grande allure décorative, et leur perfection comme tissu peut soutenir la comparaison avec les plus belles œuvres du xvii° siècle. Les amateurs et le public leur firent un chaleureux accueil, qu'avaient du reste devancé les plus augustes et les plus flatteuses approbations. Sur le bruit qui s'était fait autour des compositions de Jouvenet et de Restout, Louis XIV, qui était alors au déclin de sa longue carrière, avait eu la curiosité de les voir. Il se fit apporter les tableaux à Trianon et en fut si charmé qu'il donna lui-même l'ordre à d'Antin de les faire porter aux Gobelins et mettre de suite sur les métiers[2].

C'est sous la direction du duc d'Antin que furent fabriquées les premières tentures dites des Chancelleries, qui, pendant une assez longue période, ont constitué une fabrication spéciale aux Gobelins. Ces tentures étaient destinées exclusivement aux gardes des sceaux, à qui le roi en

---

[1] Il fut fait de cette tenture deux répétitions, l'une à 346 livres l'aune, et l'autre à 363, terminées vers 1724. Ces tentures furent prêtées à M. de Saint-Aignan, ambassadeur à Rome, en 1731, et à l'archevêque de Bourges, en 1744.

[2] Cozette fit de cette tenture une reproduction qui coûta 65,092 livres. De 1759 à 1761, il en fut exécuté une répétition en basse lice, du prix de 22,504 livres.

faisait présent, au sortir de la charge, comme souvenir, et en témoignage de haute satisfaction. Le fond, par tradition, était bleu et semé de fleurs de lis ; l'ornementation se composait des armes du roi, de celles du titulaire et d'emblèmes relatifs à sa fonction. Elles comprenaient de 8 à 10 pièces, de dimensions variant de 28 à 34 aunes de cours, sur 3 de hauteur, et d'une valeur de 13 à 24,000 livres. La première tenture qui figure sur les registres des Gobelins fut donnée, en 1716, au chancelier Voisin ; elle avait coûté 13,650 livres. En obtinrent successivement : en 1720, d'Aguesseau (7 pièces, 16,013 livres); en 1721, d'Argenson (8 pièces, 17,257 livres) ; en 1731, Chauvelin (6 pièces, 18,072 livres); en 1723, d'Armenonville (8 pièces, 18,183 livres) ; en 1730, Chauvelin (9 pièces, 15,645 livres); en 1761, Lamoignon (21,597 livres); en 1767, de Maupeou (23,683 livres); en 1774, de Maupeou (15,111 livres). La coutume se modifie à cette époque ; la manufacture cesse de faire des tentures spéciales. En 1783, de Machault reçoit six pièces de *Don Quichotte*, d'une valeur de 31,324 livres ; en 1787, il est offert à de Lamoignon cinq pièces de la série des *Théâtres*, plus un meuble, le tout d'une valeur de 13,421 livres. La Révolution supprima complètement le service des Chancelleries sous une forme quelconque.

Deux ans après la mort du Grand Roi, lorsque Pierre le Grand vint à Paris, il n'eut garde de manquer la visite à la *Manufacture des meubles de la Couronne*, visite qui était alors de rigueur pour tous les personnages considérables de séjour à Paris.

Une chronique du temps nous a conservé le récit pittoresque de cette visite et des impressions que ce souverain parut éprouver :

« Le 12 de mai 1717, le Czar alla à l'hôtel roial des Gobelins. Quoique M. le duc d'Antin n'eut été prévenu que la veille à onze heures du soir, il donna néanmoins des ordres si précis et si prompts que tout fut prêt à tems. Ce lieu est particulièrement renommé pour les belles tapisseries qui s'y font ; et il y en a une telle quantité, que non seulement on en tendit toutes les cours, mais qu'on les mit doubles, afin de les pouvoir exposer toutes, ce qui ne put se faire dans une nuit qu'à force de monde. Il vint de grand matin un détachement de soldats avec quatre sergents pour garder la porte. A sept heures et demie le Czar arriva. Il fut reçu par M. le duc d'Antin et M. le marquis de Bellegarde, accompagnés de M. de Cotte, premier architecte du roi, intendant général des jardins, arts et manufactures de Sa Majesté, et de M. de Cotte son fils, controleur des batimens du roi et directeur de la manufacture roiale des Gobelins. Ce prince fut d'abord conduit dans les Cours, et à mesure qu'il avançoit, on abaissoit avec des poulies les tapisseries qu'il avoit vues pour découvrir celles de dessous ; de sorte qu'en revenant il trouva les Cours tendues de nouvelles tapisseries ; ensuite on lui fit voir les grands ateliers où se font les tapisseries de haute et basse lisse. Il s'arrêta longtemps, parla aux ouvriers et les regarda travailler avec beaucoup de satisfaction ; surtout de petits enfans qui n'ont pas plus de sept ans, comme il parut par les caresses qu'il fit à un de ces enfants qu'il embrassa. Le Czar passa après dans l'endroit où se teignent les laines dont on fait les tapisseries. On teignit en sa présence et il fit plusieurs questions au teinturier homme très habile dans cet art, que sa famille exerce dans ce lieu de père en fils, depuis l'établissement de la manufacture. Enfin Sa Majesté Czarienne vit les ouvrages de ce beau vernis ploiable, nouvellement inventé, et ils lui plurent beaucoup. Il était midi quand le roi sortit des Gobelins, si satisfait qu'il a souhaité d'y revenir une seconde fois, qui fut le 15 de juin et les choses s'y passèrent comme la première fois. »

L'enthousiasme du czar fut très vif, en voyant les belles pièces du *Nouveau Testament*, qui venaient d'être achevées. On dit que, pressenti sur ce qui pourrait, comme présent, lui être particulièrement agréable, Pierre le Grand déclara qu'il n'accepterait rien qui fût en or ou en argent. Il aurait même refusé une épée enrichie de diamants que le jeune Louis XV devait lui remettre personnellement en lui demandant de ne jamais la tirer contre la France[1]. On conclut de ces refus que les tapisseries qu'il avait vu achever aux Gobelins l'avaient séduit, et on lui offrit quatre admirables pièces, faisant partie de la suite du *Nouveau Testament*, et représentant la *Pêche miraculeuse*, la *Madeleine aux pieds du Sauveur*, la *Résurrection de Lazare*, et *Jésus-Christ chassant les marchands du Temple*[2]. Le czar témoigna sa reconnaissance à d'Antin en lui envoyant son portrait entouré de diamants[3]. Ce n'était point, au reste, le seul service que d'Antin avait rendu au souverain du Nord que de deviner son secret désir et de lui faire attribuer le présent dont il avait

---

[1] *Cabinet historique*, p. 11.

[2] *Mémoires sur les membres de l'Académie royale de peinture et de sculpture*, t. II, p. 27. Les autres pièces furent données au roi de Prusse, en 1736.

[3] Dangeau. *Journal*, t. XVII, p. 108.

LES GOBELINS.

surtout envie. Au grand détriment de nos industries d'art, il avait consenti à ce qu'un certain nombre de tapissiers des Gobelins se rendissent en Russie, pour y fonder une manufacture analogue à celle qui faisait alors la gloire de Paris et de la France [1]. Ce pays était encore trop neuf industriellement, pour que cette immigration produisît tous les fruits qu'on en attendait. La manufacture de Saint-Pétersbourg, dont la durée fut limitée, ne fit jamais une concurrence sérieuse à notre grand établissement artistique. Mais les Gobelins n'en perdirent pas moins un certain nombre de tapissiers de premier mérite, qui ne purent être remplacés que longtemps après.

Ce désintéressement du duc d'Antin n'est pas pour nous surprendre. Le régent, qui le connaissait de longue main pour avoir suivi à Versailles tous ses manèges de courtisan et qui cependant l'employa et parut lui accorder sa confiance, disait de lui qu'il était « un homme sans honneur et sans humeur ». Le duc de Luynes, de son côté, écrit qu'il « avoit toujours cherché à faire plaisir ». Plaire à tous : était en effet le but suprême que se proposait le duc d'Antin. Personne ne s'y trompait

[1] Cette période de l'histoire de la Manufacture fut en effet marquée par l'émigration en Russie de plusieurs artistes tapissiers. En 1716, sur l'initiative de notre compatriote le général Lefort, son ministre, Pierre le Grand décidait de créer à Pétersbourg une manufacture de tapisseries sous la dénomination de *Fabrique de tapisseries et d'étoffes*, et sur le type des Gobelins. François Lefort, le neveu du général, qui avait été envoyé en France pour recruter des artistes dans toutes sortes de professions emmena, en même temps que l'architecte Le Blond, le peintre Jean-Marc Nattier et Louis Caravaque, le portraitiste. Toute une colonie d'artistes des Gobelins, Rançon, un *chef de tête* très habile, Beguignèle, Gaucher, Grignon, Vaucq et Bourdin firent partie de cet exode. Nous possédons le texte du certificat de congé qui fut accordé à ces habiles tapissiers. Il est ainsi conçu : « Je soussigné, tapissier hautelissier ordinaire du Roy en la Manufacture royale des Gobelins, consens que les sieurs Gaucher, Grignon, Vaucq et Bourdin aillent travailler où bon leur semble, avec la permission du duc d'Antin et de M. de Cotte, estant content de leurs services, bons ouvriers et honnestes gens. — Aux Gobelins, le 11 Avril 1716. — JANS. » L. Caravaque était spécialement engagé pour donner les dessins des modèles de tapisserie. En 1755, la manufacture russe fut retirée de l'administration de la cour impériale pour être placée sous la surveillance du Sénat ; le directeur se nommait alors Lobanof. En 1762, l'empereur créait une direction spéciale et indépendante qui fut confiée au comte Schouvalof. La maison impériale absorba cette direction vers 1802. La production de cette manufacture rivale ne paraît pas avoir été très importante. Dans les inventaires des palais impériaux et du musée historique des voitures impériales, nous ne trouvons que 43 pièces sorties des ateliers de Pétersbourg. Les deux suites les plus importantes sont la tenture exécutée d'après les tableaux de Guido Reni, représentant l'*Aurore*, l'*Alliance de l'Amour*, la *Nuit*, *Apollon*, le *Triomphe de Bacchus*, le *Triomphe de l'Amour* et *Junon* ; et la *Tenture des Indes* avec le monogramme de Pierre le Grand.

Précédemment il s'était produit une émigration assez considérable d'artistes des Gobelins en Lorraine. Le duc Léopold avait attiré un certain nombre de tapissiers, qu'il installa près de son palais à Nancy et qui tissèrent les *Batailles du duc Charles V*, en 25 pièces, d'après les cartons de Charles Harbel et les *Douze mois*, en 12 pièces. Toutes ces tapisseries furent transportées à Florence en 1737, lorsque la dynastie de Lorraine succéda en Toscane aux Médicis. Plusieurs artistes les y suivirent et formèrent un nouvel atelier à Poggio Impériale.

et dans la série des portraits qui couraient alors sous le manteau, nous trouvons celui-ci, qui montre assez que son jeu était connu de tous et que ses complaisances ne faisaient de mystère pour personne :

> D'un trait de hardiesse
> Entra le duc d'Antin
> Disant : A ma souplesse
> Je dois tout mon destin.
> . . . .
> Je fis assez connoître
> Que je n'étois pas sot,
> Quand, pour plaire à mon maître,
> Je jouai le dévot ;
> La mode ayant changé, ferme dans mon principe,
> Je me fis sans façon
> Sitôt qu'il gouverna
> Maq... de Philippe.

Où d'Antin excellait surtout et où il se montrait courtisan sans pareil, c'était à ne jamais marquer la moindre contrariété, quelque événement qui vînt à se produire. Après la mort de Louis XIV, le duc d'Orléans, qui, cependant, n'avait point les vastes appétits artistiques du roi son oncle et qui ne s'intéressait que médiocrement aux détails d'un luxe extrêmement coûteux, rétablit au profit de d'Antin la surintendance des bâtiments, telle que l'avaient possédée Colbert, Louvois, Villacerf et Mansart[1]. Mais plus tard, le cardinal de Fleury, dont l'avarice aimait à voir clair partout, réduisit cette surintendance à une direction générale. Les Académies, les Médailles et l'Imprimerie royale en furent distraites, pour être confiées à M. de Maurepas. Le coup était rude et l'humiliation cruelle. D'Antin n'en laissa rien paraître. Le soir du jour où le cardinal lui signifia cet amoindrissement administratif, il devait aller souper à son château de Petit-Bourg. Il craignit que ce départ ne fît croire à un mécontentement caché. Il se rendit chez le cardinal, au moment où celui-ci allait se mettre à table et lui dit : « Monseigneur, je n'ai pas voulu partir sans venir auparavant boire avec vous le vin du marché que nous avons fait ce matin[2]. »

D'Antin devait cependant se sentir d'autant plus péniblement atteint

---

[1] Saint-Simon. *Mémoires*, t. XIII, p. 133.
[2] *Ibid.*

L.-A. DE PARDAILLAN DUC D'ANTIN.
Fac-similé de la gravure de N. Tardieu,
D'après le tableau de H. Rigaud.

qu'étant donnée sa naissance, s'il avait consenti à accepter une place pareille, c'était uniquement à cause de la « privance » qu'elle lui donnait auprès de Louis XIV, roi peu abordable s'il en fût. Il mourut, du reste, peu de temps après cette réduction de ses attributions. Le 20 octobre 1736, il fut emporté par une fièvre continue, qui s'était compliquée d'un érysipèle, laissant à peu près 500,000 livres de dettes, bien qu'on lui reprochât d'avoir abusé de sa situation pour s'enrichir, d'avoir détruit des résidences royales et coupé les arbres du Cours la Reine, pour s'emparer des matériaux et remplir ses caves de bois de chauffage [1].

Ainsi que le remarque le duc de Luynes, « la place de Surintendant des bâtimens n'avait point été occupée par des seigneurs, avant M. le Duc d'Antin [2] » ; elle ne le fut pas davantage dans la suite. Le cardinal de Fleury témoigna bien le désir de prendre, pendant quelque temps, connaissance de ce qui se faisait dans cette charge ; mais, à la fin de mars 1737, Philibert Orry était nommé directeur général des bâtiments, avec 40,000 livres d'appointements. A Louis Antoine de Pardaillan de Gondrin, duc d'Epernon, puis duc d'Antin, succédait un contrôleur général des finances.

Orry, tout financier qu'il était, ne laissa pas que de donner aux travaux artistiques de la Manufacture royale une impulsion heureuse. Il fit refaire la plupart des modèles du règne de Louis XIV qui, noircis, mutilés et devenus hors d'usage, ne pouvaient plus guider sûrement les tapissiers qui s'en servaient. Pour les travaux de la basse lice, en effet, ces tableaux étaient divisés en bandes de 0^m,90 environ qui se plaçaient sous la chaîne du métier, et y restaient pendant toute la durée du travail. On comprend facilement en quel état ces bandes devaient être, quand on les sortait de là, après plusieurs mois de séjour. Pour les travaux de haute lice, les modèles étaient un peu moins maltraités, mais encore, en les appliquant sur la chaîne pour en calquer directement les

---

[1] Ce dernier reproche fut mis en chanson. Nous lisons dans un *Noël* de l'année 1720 :
<pre>
       Saisi de la froidure,
       Joseph souffle en ses doigts,
       Et tout bas il murmure
       De voir le Roi des Rois.
N'ayant pour se chauffer que les seules haleines
       Du bœuf et de l'ânon,
       Pendant que Dantin a
       De bois ses caves pleines.
</pre>

[2] *Mémoires du duc de Luynes*, t. I, p. 121.

contours, on ne manquait pas de les briser en tous sens. Au bout de peu de temps, la peinture s'écaillait, il fallait les réparer et renouveler fréquemment cette opération délicate. En 1737, un très habile tapissier, dont nous aurons occasion de parler longuement au chapitre suivant, eut l'idée de se servir d'un calque dessiné sur papier transparent, au lieu de la peinture elle-même. Cette innovation heureuse permit dès lors de conserver les modèles en bon état.

Indépendamment des copies qu'il fit exécuter des cartons anciens, le contrôleur général s'efforça d'approvisionner la Manufacture de modèles nouveaux. Sur sa demande, de Troy compose l'*Histoire d'Esther*, en sept tableaux dénommés comme suit : la *Toilette d'Esther*, le *Repas*, l'*Evanouissement*, le *Dédain de Mardochée pour Aman*, le *Couronnement d'Esther*, le *Triomphe de Mardochée*, *Aman arrêté par ordre d'Assuérus*. La clarté du coloris, la modernité des types, la fantaisie heureuse qui règnent dans toutes les compositions, furent extrêmement goûtées. L'*Histoire d'Esther*, exécutée par Audran et Monmerqué, obtint un si vif succès que la Manufacture dut en faire de nombreuses répétitions[1] et que les ateliers de province en exécutèrent également des imitations plus ou moins réussies.

La tendre tragédie de Racine, toujours à la mode, en dépit des prédictions de Mme de Sévigné, peut expliquer dans une certaine mesure cet engouement. Les éditions nombreuses qui se succédaient, ornées de gravures, en avaient popularisé les types principaux et les scènes les plus attendrissantes. Le public, on le sait, s'intéresse toujours de préférence aux sujets qui lui sont connus. Toutefois, ce n'est pas au seul Racine et à son drame biblique qu'il faut faire les honneurs de ce succès. A toutes les époques, cette histoire si charmante, qui permet à la fois les allégories galantes et le déploiement d'un luxe royal, inspira les artistes français. Il est peu de sujets historiques qui furent, plus souvent que l'*Histoire d'Esther*, mis en tapisseries. Durant tout le Moyen Age et la Renaissance, cette gracieuse légende ne quitta pour ainsi dire pas les métiers. On la rencontrait chez presque tous les grands personnages. L'inventaire d'Anne de Bretagne fait mention d'une tenture en 6 pièces représentant l'*Ystoire du Roy Assuérus et de la Royne Hester*. La cathédrale de Sens possède une tapisserie de la fin du xve siècle, or et soie, où

---

[1] Le mobilier national possède sept suites sans or, de six à huit pièces. La tenture originale, de 36 aunes de cours, terminée en 1745, avait coûté 49,768 livres.

est figuré le *Couronnement d'Esther par Assuérus*. L'inventaire du château d'Aigueperse au duc de Bourbonnoys (1507) contient une tenture de six pièces, l'*Ystoire d'Ester*. Tout récemment encore, à Lyon, nous avons pu admirer un *Repas d'Esther* remontant au milieu du xv° siècle. De Troy ne fit donc, en rajeunissant ce sujet si goûté, que se conformer à de très nombreux et très illustres précédents.

Ajoutons que ce n'est pas seulement en France que son travail fut vivement apprécié. Une des répétitions de la tenture des Gobelins fut offerte au roi de Danemark dans des circonstances assez piquantes, que Bachaumont a consignées dans ses *Mémoires*. «...Le roi de Dannemarc ne perd aucun moment dans ce pays-ci et visite avec le plus grand soin tous les lieux qui peuvent lui présenter des objets dignes de sa curiosité ou de son instruction ; il est allé hier aux Gobelins ; il a admiré cette manufacture. Mais dans les différens ouvrages qu'il a vus, une tenture représentant l'*Histoire d'Esther et d'Assuérus* d'après les dessins du fameux Vanloo[1] a surtout attiré son attention. Ce monarque a été saisi d'étonnement et dans son admiration il a demandé pour qui étoit destiné cet ameublement. — Pour Votre Majesté, lui a répondu le duc de Duras. »

En considération du succès considérable obtenu par l'*Histoire d'Esther*, Orry demanda à de Troy une autre tenture, et l'habile artiste, à l'imagination féconde, au pinceau facile, exécuta la suite de *Jason et Médée* en sept pièces, dont les sujets sont : *Jason engage sa foi à Médée ; Jason dompte les taureaux ; Jason enlève la toison d'or ; Les soldats nés des dents du dragon ; Jason épouse Créuse dans le temple de Jupiter ; Créuse consumée par la robe empoisonnée ; Fuite de Médée*. Cette tenture obtint une faveur presque égale à celle qui avait accueilli la précédente et fut reproduite plusieurs fois par les métiers des Gobelins. Le Mobilier national en possède huit suites, de six à sept pièces. Une tenture complète décore la salle de bal du château de Windsor. Il en existe encore dans une des galeries de ce même château une autre non moins belle. Enfin c'est sous la direction d'Orry que commença la fabrication de la célèbre tenture de *Don Quichotte*, qui allait devenir aussi populaire, peut-être même plus, que la *Tenture des Indes*. Le *Don Quichotte* ne comprend pas moins de 23 pièces : 1° *Don Quichotte conduit par la folie* ; 2° *Don*

---

[1] Bachaumont, auquel nous empruntons cette anecdote (*Mémoires secrets*, t. IV, p. 184, année 1768), se trompe. La tenture dont il s'agit ici était composée par de Troy et non par Vanloo.

LES GOBELINS. 21

Quichotte suspendu à la grille de l'hôtellerie ; 3° Don Quichotte armé chevalier ; 4° La vieille Rodrigue demandant à Don Quichotte de venger l'outrage fait à sa fille ; 5° Don Quichotte et les enchanteurs ; 6° Don Quichotte se battant contre une outre ; 7° La Conquête de l'armet de Mambrin ; 8° Le combat des marionnettes ; 9° Sancho à cheval sur le bât ; 10° Don Quichotte au Château de la Prudence ; 11° Rencontre de Don Quichotte et de la duchesse ; 12° Don Quichotte servi par les dames ; 13° La princesse Micomigon aux genoux de Don Quichotte ; 14° Don Quichotte combattant la tête enchantée ; 15° Le Chevillard ; 16° Don Quichotte au bal de Don Antonio ; 17° Chasse de Don Quichotte ; 18° Don Quichotte blessé par un chat ; 19° Sancho nommé gouverneur ; 20° Le repas de Sancho dans l'île de Barataria ; 21° Le triomphe de Sancho ; 22° Le jugement de Sancho ; 23° Les noces de Gamache.

Ch. Coypel avait peint les modèles de ces amusantes tapisseries d'après de vieilles compositions de l'Ecole espagnole, qu'il rajeunit et qu'il compléta par des bordures nouvelles. On a eu fréquemment l'occasion de voir, notamment au palais de l'Industrie, pendant les expositions de l'Union centrale, des pièces de cette tenture. Comme originalité, elles sont des plus remarquables. Coypel apporta, dans l'exécution de ces sujets variés, une verve charmante et un humour du meilleur goût ; les figures dessinées avec un esprit rare et une fantaisie picaresque des plus heureuses, font de cette illustration artistique la traduction la plus vivante et la plus pittoresque qui ait jamais été donnée du chef-d'œuvre de Cervantès.

Mais ce n'est point seulement à cause de cela que le *Don Quichotte* des Gobelins doit être considéré comme une création d'une importance considérable. Les petits tableaux de Coypel, si gaiement fantaisistes, d'un coloris si spirituel, sont encadrés par des alentours et des bordures, où l'ornemaniste s'est montré le digne collaborateur du peintre de genre et a fort habilement complété son œuvre par une composition décorative non moins originale. On tient, en effet, non sans raison, les alentours et les bordures de cette tenture comme des modèles du genre. On en compte quatre types différents. Le premier, dont l'auteur n'est pas connu, se compose ainsi : Le tableau central est encadré dans une bordure à rinceaux exubérants, surmontée d'un casque à plumes et enguirlandée de roses. Un cartouche, qui ne se rattache point au tableau, porte l'inscription du sujet de la scène représentée ; à droite et à gauche sont placés des armures et des étendards. Du sommet d'un médaillon, contenant la figure d'un des personnages du poème, partent des guirlandes de fleurs qui s'accrochent aux angles du cadre extérieur et se terminent par une panoplie d'armes variées. Une large rosace relie la bordure du tableau et celle de la tapisserie. Le fond est formé de pointes de diamants. Le second type, qui est le plus simple, mais non le moins remarquable, comprend un large support à volutes qui soutient le tableau rattaché à la base par un écu sur lequel se détache une figure de guerrier. Des guirlandes de fleurs légères relient le tableau à la bordure de la tapisserie en forme de cadre à baguettes, d'un travail très délicat. Un paon, les ailes éployées, surmonte le cadre intérieur du tableau ; le fond est garni d'un semis de rosaces. Lemaire le cadet donna les dessins de cet alentour. Au même artiste est dû le troisième type qui tient, comme éléments de décoration, à la fois du premier et du deuxième. Contre le support du second sont placées les armures qui se voient dans le premier alentour ; on y a joint des animaux, moutons et chiens, que contemplent des singes suspendus dans les guirlandes ; le cadre extérieur est formé de losanges. Enfin le quatrième alentour, pareil pour tout le reste au précédent, s'en distingue cependant par l'addition d'enfants couchés sur la partie haute de l'encadrement, de chaque côté du paon.

La couleur du fond varie suivant les éditions ; elle est tantôt jaune, tantôt cramoisie ; les rinceaux également sont ou rouges ou bleus ; le fond jaune indique une édition de basse lice, le fond cramoisi une édition de haute lice. Celle-ci coûta 34,882 livres ; l'autre 21,884 livres. Le Mobilier national possède 14 pièces de chacune, mais il n'a aucun spécimen de la première édition, de celle où l'alentour est meublé d'armures et surmonté d'un médaillon[1]. Audran, Lefèvre, Cozette et Neilson sont les maîtres tapissiers auxquels on doit ces diverses éditions.

C'est peu après l'histoire de *Don Quichotte*, qui venait d'obtenir un si durable et si franc succès, que Coypel exécuta pour les Gobelins la tenture dite des *Opéras*. Les sujets des six pièces étaient : *Rodogune et*

[1] A l'exposition des tapisseries en 1876 M. le marquis de Venneville exposa trois pièces de cette édition.

Quatre pièces de cette tenture furent données en 1788 à M. Cosway, en même temps qu'un tapis de la Savonnerie de 13 pieds de largeur sur 11,8 de hauteur, comme témoignage de remerciements pour le présent vraiment princier que cet amateur anglais avait fait à Louis XVI, de cartons de Jules Romain. En 1745, une tenture entière fut donnée au prince de Campo-Floridor, ambassadeur d'Espagne en France.

ROBERT DE COTTE

Fac-similé de la gravure de Pierre Drevet,

D'après le tableau de H. Rigaud.

Cléopâtre, d'après la scène du cinquième acte de la tragédie de Pierre Corneille ; *Roxane et Attalide*, inspirée par la tragédie de Racine ; *Hercule ramenant Alceste à Admète*, de Quinault, *Psyché abandonnée* ; le *Sommeil de Renaud* et l'*Evanouissement d'Armide*.

Indépendamment de ces tentures déjà fort nombreuses, on a retrouvé la trace de divers modèles exécutés, vers ce même temps, pour les Gobelins par les artistes les plus en renom et qui montrent quelle préoccupation on avait de se procurer des sujets nouveaux. C'est dans les livrets des Salons que ces indications si précieuses se rencontrent et M. Guiffrey, auquel nous devons la réimpression de ces livrets, les y a relevées avec le plus grand soin.

Dès 1737, on voit exposées deux toiles de Desportes, représentant des *Fleurs et animaux étrangers*, où il est d'autant moins difficile de démêler deux fragments de la célèbre *Tenture des Indes*, qu'en 1738, Desportes exposera une *Voiture chargée de cannes à sucre traînée par deux taureaux*, un *Tigre combattant un cheval rayé* et, en 1739, un *Combat d'animaux* et une *Négresse portée dans un hamac*, appartenant à la même suite. On sait en effet que François Desportes avait été chargé de refaire les modèles de la célèbre *Tenture des Indes*, exécutés par Bonnemer, Houasse et Monnoyer sous Louis XIV. Ces modèles, dont nous avons dit l'étonnant succès, avaient été si souvent employés qu'ils tombaient en lambeaux. Mais Desportes, qui était un artiste extrêmement ingénieux, ne se contenta point d'en faire de simples copies, il imagina des compositions nouvelles, que le Louvre possède actuellement et qui ne durent pas être moins goûtées que celles dont il vient d'être question. C'est d'après les peintures de Desportes que fut exécutée la tenture en 8 pièces, signée Le Blond et payée 32,000 livres, qui servit de modèle aux suites exécutées presque sans interruption dans les ateliers des Gobelins jusqu'en 1830. Le Salon de 1738 montrait encore, à destination des Gobelins, le *Couronnement d'Esther*, faisant partie de la tenture dont nous avons fait plus haut un si juste éloge, et Charles Coypel exposait au jugement du public une des pièces de sa suite des *Opéras*, l'*Évanouissement d'Armide*. Dans le livret de 1739, nous notons une composition de Boucher, intitulée *Psyché conduite par Zéphyr dans le palais de l'Amour*, une page historique de Restout, *Alexandre donnant à Apelle sa maîtresse Campaspe*, enfin sous le nom assurément peu connu de Dandré Bardon est exposé *Jason domptant les taureaux*. Mais nous avons vu plus haut que ce même sujet avait été traité par de Troy dans sa *Tenture de Jason*, qui est une de ses œuvres les plus appréciées. Que cette composition ait dû être traduite en tapisserie, on n'en peut pas douter puisque le catalogue accompagne sa description de la remarque suivante : « Les actions y sont à gauche pour venir à droite dans la tapisserie. » Cette peinture était donc spécialement destinée à des métiers de basse lice. Faut-il en conclure avec M. Guiffrey que l'œuvre de Dandré Bardon n'ayant pas satisfait le directeur de la manufacture, de Troy, qui venait de remporter avec l'*Histoire d'Esther* un si franc succès, fut chargé de suppléer à l'insuffisance de son collègue ? L'explication est au moins ingénieuse.

Au Salon de 1740, furent exposés : la septième pièce de la *Tenture des Indes*, le *Repas d'Esther*, le *Triomphe de Mardochée*, enfin l'*Arrivée de Roger dans l'île d'Alcine*, par Collin de Vermont. En 1741, nous ne relevons que deux compositions exécutées en vue de leur traduction en tapisserie, appartenant l'une et l'autre à la Tenture des Indes. L'année suivante, de Troy complétait l'*Histoire d'Esther* et Boucher envoyait huit esquisses de dessins chinois, destinées à la manufacture royale de Beauvais.

Ce dernier Salon nous conduit à la fin de l'administration du contrôleur général Orry. Le 1er décembre 1745, cet administrateur, « d'un caractère droit, aimant la vérité, mais la disant souvent un peu durement[1] », fut frappé de disgrâce. Les marchés des frères Paris pour la fourniture des armées du roi lui ayant paru excessifs, il fit des difficultés pour les signer, et ceux-ci, piqués au vif, menacés dans leurs intérêts, firent usage du crédit qu'avait Mme de Pompadour, leur amie et leur associée, pour obliger le contrôleur général à se démettre de sa haute charge. Il le fit avec une sérénité parfaite, « quittant le contrôle général, dit Barbier, avec grande réputation » et emportant dans sa retraite l'estime de tous les honnêtes gens ; ses adversaires personnels avouant eux-mêmes qu'il n'avait retiré « du maniement des finances aucune *paraguante* pour son compte [2] ».

Au point de vue de l'art, la postérité lui doit au moins autant d'estime que ses contemporains en montrèrent pour sa rare probité. Le caractère général des productions des Gobelins pendant son administration

---

[1] Duc de Luynes, *Mémoires*, t. VII, p. 136.
[2] *Mémoires du marquis d'Argenson*, t. II, p. 360.

LES GOBELINS.

et du reste pendant toute cette première partie du règne de Louis XV, peut se résumer en un goût délicat et dans une entente remarquable de la décoration. Si Le Brun n'est plus là, si ses collaborateurs et même ses élèves commencent à disparaître, les grandes traditions se maintiennent encore et le souffle du fécond initiateur ne cesse pas d'animer ceux qui continuent son œuvre. Lorsqu'ils abordent les sujets historiques, les peintres qui donnent les modèles savent conserver à leurs compositions une ordonnance architecturale de grande allure. Les plans bien distribués et nettement accusés excluent toute confusion. Les personnages, toujours peu nombreux, groupés avec art, s'enlèvent en vigueur sur des fonds harmonieusement choisis. L'imagination de l'inventeur, sans rien abdiquer de sa force créatrice, s'affine en outre et s'épure au contact des élégances mondaines et de la galanterie du jour. La grâce succède à la force, mais sans tomber dans l'afféterie. Dans les sujets de genre, la fantaisie légère, pittoresque, ingénieuse, enfante de véritables petits chefs-d'œuvre. Elle se dépense dans la composition de sujets aimables, dans la combinaison d'ornements gracieux et charme les yeux sans que pour cela l'esprit soit désintéressé de ses créations. Enfin, durant cette période, on possède encore la parfaite entente des conditions essentielles de l'art de la tapisserie. Les peintres savent combiner des modèles et les tapissiers n'en sont pas réduits à copier en trompe-l'œil des portraits de personnages ou des tableaux d'histoire.

Une seule critique est à faire dans les tapisseries de cette époque. Des cadres simulés sont substitués presque partout aux admirables bordures du siècle précédent. Ces cadres dorés, exécutés en tapisserie, sont assurément une grosse erreur. Mais il serait injuste d'en rendre l'administration du duc d'Antin et de Philibert Orry complètement responsable. Le cavalier Bernin recommandait à Colbert cette déplorable innovation; elle avait donc mis assez longtemps à entrer dans le domaine des faits. Nous devons encore rappeler, à l'éloge d'Orry, que le premier soin du directeur général fut de rétablir l'*Académie* ou École de dessin des Gobelins, qui n'était plus que l'ombre d'elle-même, et de mettre à sa tête un peintre de mérite, membre de l'Académie, Leclerc, qui, jusqu'en 1763, gouverna cette école avec un soin tout spécial, et y forma d'excellents élèves.

On le voit, l'administration d'Orry, considérée dans ses résultats, fut heureuse. La gloire toutefois ne doit pas en remonter tout entière jusqu'à lui. Une bonne part doit en revenir à l'architecte de Cotte fils, qui fut chargé plus spécialement de la direction des Gobelins et aux nombreux artistes de mérite dont celui-ci sut s'entourer. Mais il n'en faut pas moins savoir un très grand gré au contrôleur général de n'avoir pas paralysé les heureux efforts de ses subordonnés, et d'avoir laissé agir en toute liberté de Cotte et ses collaborateurs.

X

LA MANUFACTURE ROYALE SOUS Mme DE POMPADOUR

OUDRY AUX GOBELINS

A marquise de Pompadour, en obligeant le roi à se priver des services du contrôleur général Orry, servait assurément les intérêts des frères Paris, qui passaient du reste pour faire une part assez large à la favorite dans leurs entreprises. Mais elle était trop habile pour ne pas tirer de cette disgrâce tout le parti possible, et pour ne pas faire servir l'événement à son intérêt particulier. Mieux que personne, elle savait de quelle influence indirecte disposait le directeur général des Bâtiments; comment il se trouvait à même, par sa situation, de rendre des services sans nombre à tout ce qui avait une parcelle de pouvoir, un titre, un nom, un emploi près du roi; comment il avait ses entrées partout, pénétrant où bon lui semblait, et pouvant, sous prétexte de sa charge, s'immiscer dans tous les intérêts et dans toutes les affaires. Avoir quelqu'un à sa dévotion dans un poste pareil, c'était la certitude d'être exactement renseignée sur tout ce qui se passait à la cour; c'était aussi le moyen de faire sentir ses préférences ou son mécontentement jusque dans les plus petites choses, d'obliger ou de désobliger, sans en avoir l'air, tous ceux qui avaient un logement à Versailles ou qui se voyaient invités à Marly, Fontainebleau, Compiègne ou Saint-Germain. Et, mieux que tout cela, c'était la possibilité de pouvoir établir, à un moment donné, une confusion heureuse entre les richesses mobilières de l'État et les siennes propres, et de faire ainsi reconstruire, décorer, meubler ses résidences personnelles, sans avoir à débourser quoi que ce soit, et surtout sans avoir l'air de le faire aux dépens d'une royale faiblesse.

Voilà pourquoi nous lisons dans le *Journal* de Barbier, à la suite du passage où il raconte la retraite forcée d'Orry : « On avoit dit qu'elle (la place de directeur des Bâtiments) seroit remplie par M. le comte d'Argenson, ministre de la guerre en 1743 ; mais cela n'est pas. Le roi l'a donnée à M. Le Normant de Tournehem, qui étoit fermier général, oncle de M. Le Normant d'Etiolles, mari de Mme la marquise de Pompadour. Il a prêté le serment la semaine dernière. La place de fermier général appartiendra à M. d'Etiolles, qui est en tournée pour quelque temps apparemment. On disoit même que le sieur Poisson, frère de Mme la marquise de Pompadour, qui est un jeune homme, avoit la survivance de la place de directeur général des Bâtiments, mais cela n'est pas dans la *Gazette* d'aujourd'hui 25 de ce mois (décembre 1745). »

Ainsi donc, du même coup, Mme de Pompadour trouvait moyen, en obligeant les frères Paris et en se servant elle-même, de caser brillamment toute sa famille.

Ce que Barbier ne dit pas, en effet, c'est que M. de Tournehem était non seulement l'oncle par alliance de Mme de Pompadour, mais qu'il avait été de tout temps le grand ami de Mme Poisson et passait dans le public pour le père de la divine marquise et de son jeune frère. Mme de Pompadour, au reste, nourrissait ouvertement pour cet intime de sa mère, une tendresse exceptionnellement filiale. On rencontre dans les *Mémoires* du duc de Luynes, à la date du 24 décembre 1745, ce petit passage tout plein de révélations pour qui sait lire entre les lignes : « Samedi dernier, on sut enfin à qui le roi a donné la place de directeur des Bâtimens ; c'est à M. de Tournehem, fermier général ; il est fort ami de Mme de Pompadour ; elle passoit sa vie chez lui et faisoit les honneurs de sa maison. » Le duc de Luynes ajoute que « M. de Tournehem vint le lendemain faire son remerciement. M. Gabriel, dit-il encore, qui était premier architecte, a été fait inspecteur général des Bâtimens. C'est tout l'arrangement qu'on sait, mais il y en a un autre qui n'est pas absolument public. C'est que M. de Vandières[1], frère de Mme de Pompadour, à la survivance de la charge des Bâtimens[2] ».

Le duc de Luynes était bien renseigné. Un mois ne s'était pas écoulé que le jeune de Vandières était admis à souper avec le roi chez Mme de Pompadour, prêtait serment comme directeur général des Bâtiments, le roi lui ayant donné la survivance de cette charge, et le jour même était présenté en cette qualité à la Cour. De cette façon Mme de Pompadour s'assurait la direction des Bâtiments, non seulement durant la vie de son père putatif, mais encore durant celle de son jeune frère; elle dotait celui-ci d'un poste influent et lui fournissait une situation en vue à la Cour. Enfin il n'était pas jusqu'à son mari « en tournée pour quelque temps apparemment », comme le remarque finement Barbier, qui ne trouvât le prix de sa complaisante longanimité, dans la situation que lui abandonnait M. de Tournehem.

Ajoutons que, fidèle à son programme, la marquise ne négligea aucune occasion pour faire pénétrer son oncle et son frère dans l'intimité de Louis XV. Nous venons de voir que, la veille même de son élévation, le jeune Poisson avait été admis à souper en petit comité avec le roi. Bientôt il fut admis à dîner avec ce prince. « Ce ne fut pas sans étonnement, écrit le duc de Luynes, à la date du 15 mai 1748, qu'on vit au premier voyage de Crécy qu'après qu'il eut servi le Roi quelques moments, le roi ordonna à M. de Vandières de se mettre à table[3]. » « Le roi dîna avant-hier au Dragon qui est un nouveau petit jardin de la Marquise, écrit de son côté le marquis d'Argenson. Il y étoit en tête à tête avec MM. de Tournehem et de Vandières. Il s'égaya de son mieux[4]. » Quant à la façon dont les Paris et M. de Tournehem surent témoigner à l'habile marquise leur reconnaissance et leur dévouement, nous en trouvons l'explication dans les *Mémoires* du temps. C'est en 1745 qu'avait eu lieu le petit coup d'État qui enlevait au contrôleur général la direction des Bâtiments et dès le mois de mai 1746, Mme de Pompadour était mise en possession de cette belle terre de Crécy qui coûtait plus d'un million, rapportait 25,000 livres de rentes, et allait, sans que sa nouvelle châte-

---

[1] Mme de Pompadour, qui trouvait son nom patronymique de Poisson médiocrement euphonique, avait pourvu son frère du marquisat de Vandières; de là le nom sous lequel le jeune Poisson est désigné ici, nom qu'il changea plus tard contre celui de marquis de Marigny, parce que la malignité publique s'obstinait à l'appeler le « marquis d'Avant-Hier ».
[2] *Mémoires*, tome VII, p. 151, 152.
[3] *Mémoires*, tome IX, p. 205.
[4] *Mémoires*, tome III, 27 février 1749.

laine eût rien à débourser, devenir une des plus merveilleuses résidences des environs de Paris. « Lundi matin (2 mai 1746) Mᵐᵉ de Pompadour partit avec M. de Montmartel (l'un des frères Paris) et M. de Tournehem pour aller à Crécy, d'où elle revint hier au soir. C'est un beau château très bien meublé avec une terrasse, que l'on dit avoir coûté 100,000 écus[1]. » Montmartel, homme pratique, avait trouvé moyen de faire payer à la charge de trésorier des écuries l'acquisition de cette terre considérable à tous les titres.

Ces intrigues étaient utiles à connaître pour se faire une juste idée des influences et des préoccupations qui dirigèrent, pendant plus de quinze années, la production des Gobelins. On peut, grâce à elles, constater qu'à partir de 1745 la Manufacture royale des meubles de la Couronne se trouva placée d'une façon latente sous la haute main de Mᵐᵉ de Pompadour. M. de Tournehem, en effet, ne pouvait guère avoir d'idée ou de projet qui fût en contradiction avec les intentions de son illustre protectrice. Celle-ci, d'autre part, aimait trop les arts, et se piquait trop ouvertement d'être artiste[2] pour se désintéresser d'une institution aussi célèbre que les Gobelins. Ce serait nier la lumière que de contester l'influence qu'elle exerça sur la *Manufacture royale des meubles de la Couronne*, pendant toute la durée de ce qu'elle appelait, elle-même, son *règne*. Nous verrons tout à l'heure si notre grand établissement eut beaucoup à se louer de cette ingérence féminine.

Les directeurs, au reste, bien qu'ils fussent gens d'expérience et de talent, étaient tenus dans une dépendance assez grande pour qu'on n'eût pas à redouter de leur part les effets d'une initiative trop audacieuse. A partir de 1699, où Robert de Cotte prit la direction des ateliers, il était devenu de tradition de confier ces hautes fonctions à un architecte. Lui-même avait occupé, jusqu'en 1735, ce poste de confiance. Il l'avait alors transmis à son fils, qui le détenait encore, lorsque M. de Tournehem fut appelé à la direction générale des Bâtiments et qui le conserva jusqu'en 1747. De Cotte fils eut pour successeur Garnier d'Isle. Celui-ci dirigea la Manufacture de 1747 jusqu'à 1755 et après lui vint Soufflot, compagnon de voyage, ami et conseiller du jeune Poisson ; il demeura en place

---

[1] *Mémoires du duc de Luynes*, tome VII, p. 303.

[2] On sait que Mᵐᵉ de Pompadour était élève de Bouchardon et qu'elle dessinait et peignait avec un certain talent ; elle grava d'après les camées de Gay l'histoire de son royal amant.

jusqu'en 1780. Pour remédier à ce que ces hommes de talent pouvaient laisser à désirer au point de vue des connaissances techniques, on leur avait adjoint (nous l'avons expliqué plus haut) un peintre chargé de guider les ouvriers dans leur travail artistique et de surveiller l'exécution des modèles. Or, à ce moment, où les peintres de talent n'étaient point rares, il était facile d'en trouver un qui fût l'expression aussi complète que possible des préférences et des goûts de la grande inspiratrice des arts. C'est ainsi qu'à Oudry, on vit succéder, aux Gobelins, François Boucher, l'interprète par excellence de ce qu'on est convenu d'appeler le style pompadour.

L'inspectorat de ces deux artistes constitue dans l'histoire de la Manufacture royale une période des plus intéressantes, très agitée, mais féconde.

Dès 1733, on avait mis sur les métiers des Gobelins une tenture intitulée les *Chasses de Louis XV* et dont Oudry avait peint les modèles. Cette tenture, qui fut montrée au roi, à Versailles, en mai 1738, se composait de huit pièces : la *Vue de Compiègne*, les *Rochers de Fontainebleau*, le *Rendez-vous du roi*, le *Limier*, le *Relai*, la *Meute*, l'*Etang Saint-Jean* et *le Cerf*. C'était sur le désir exprimé par Louis XV lui-même qu'elle avait été commandée à Oudry. Le jeune roi, qui comptait la chasse parmi ses préoccupations les plus sérieuses et ses plaisirs les plus ardents, s'était naturellement épris du talent d'un peintre, qui, après avoir débuté sans grand succès dans la peinture d'histoire et dans les allégories mythologiques, s'était adonné spécialement à la peinture cynégitique, Oudry fut donc invité aux chasses royales de Fontainebleau et l'on rapporte que le roi passait souvent de longues heures dans son atelier, se plaisant fort à le voir peindre. C'est ainsi que furent commencés les tableaux de chasse qui devaient être exécutés aux Gobelins et que le roi destinait à décorer soit sa chambre à coucher, soit la salle du Conseil, à Compiègne.

Le duc d'Antin, toujours empressé auprès de ceux dont il devinait la faveur naissante, avait invité, vers la fin de l'année 1735, Oudry à surveiller lui-même l'exécution de ses modèles. Le peintre s'acquitta fort régulièrement de cette mission délicate; tous les lundis de chaque semaine, il se rendait aux Gobelins, où il passait plusieurs heures avec les entrepreneurs et les ouvriers. A la fin de l'année, Orry chargea Oudry de suivre de la même manière l'exécution des tapisseries commencées d'après les tableaux de J.-F. de Troy, qui venait d'être nommé directeur de l'Académie de France à Rome. Entre temps, Oudry s'occupait de réformes artistiques intéressant la Manufacture; il obtenait d'Orry et de Jules de Cotte le rétablissement de l'Académie des Gobelins; il inventait la mise au trait des modèles de tapisseries, qui prévenait ainsi l'altération des originaux; il communiquait un secret, qu'il avait acheté d'un Flamand, pour nettoyer les vieux modèles, et dont l'essai fut fait sur un tableau des *Jeux d'enfants*, de Le Brun.

Il fut créé ainsi, implicitement, à son intention, une sorte de fonction nouvelle d'inspecteur, sans préjudice de l'inspectorat ordinaire institué antérieurement sous la direction de Mansart, et dont le titulaire actuel se trouvait être le peintre Chastelain, successeur de Mathieu, dont il a été parlé plus haut. Cette fonction était, il est vrai, gratuite. Un mémoire fort curieux d'Oudry[1] contient ses doléances pour être remboursé des frais occasionnés par ses voyages et indemnisé de ses pertes de temps, pendant les sept années qu'il remplit cette fonction. En 1744, Orry lui offrit une gratification de 3,000 livres; le peintre refusa énergiquement et demanda à être dispensé de ce service trop onéreux pour lui; c'était le moyen de se faire attacher à la Manufacture d'une façon définitive. L'entrée en fonctions d'Oudry ne laissa pas toutefois que de provoquer des protestations très vives. Il était, depuis longtemps déjà, associé à l'entrepreneur de la manufacture de Beauvais. Cette situation anormale donna naissance à un conflit qui dura de longues années et qui tient dans l'histoire de la Manufacture royale une place importante. Il se rattache en effet, à des questions d'organisation artistique et professionnelle de la plus haute gravité, et les documents nombreux dont il provoqua la rédaction, nous font connaître avec exactitude la situation de l'industrie de la tapisserie dans cette période du xviii° siècle. Pour bien saisir l'importance de ces contestations, il ne faut pas craindre de faire un retour en arrière de quelques dizaines d'années.

La direction des Gobelins n'étant plus confiée depuis P. Mignard à un peintre, les artistes qui peignaient des modèles pour les tentures, avaient été admis à en surveiller eux-mêmes la reproduction. Pendant de longues années, les choses marchèrent de la sorte, sans qu'on eût à constater trop de tiraillements. Peintres et tapissiers, encore imbus des grandes idées de

[1] Archives Nationales.

Le Brun, façonnés à la discipline qu'il avait introduite dans le travail, sachant se faire des concessions mutuelles et se faciliter leur besogne réciproque, semblent s'être assez bien entendus. Une lettre de Charles Coypel viendrait, au reste, nous renseigner sur ce point, si nous avions quelque doute. « Je vais si souvent visiter les tapissiers des Gobelins, écrivait-il, que si chacune de mes visites vous coûtoit la lecture d'une de mes lettres, je recevrois bientôt un ordre de votre part d'en faire moins souvent. Cette réflexion m'a fait prendre le party de joindre dans une seule pièce d'écriture la relation de deux voyages à cette manufacture. Je fis le premier le 1ᵉʳ janvier et je fus très satisfait de la tête de ce petit amour qui embrasse les genoux de Renaud. Autant qu'il peut m'en souvenir, je parlay de façon à encourager les ouvriers; enfin je sortis des Gobelins, non seulement content de ce que j'y avois vu, mais mesme de ce que j'y avois dit, chose qui ne m'est pas ordinaire. J'avois promis au Sieur de Monmerqué de le revoir le samedy 1ᵉʳ février et je n'ay eu garde de manquer à ma parole ; je n'ay trouvé de nouveau dans la pièce du départ de Renaud qu'un bras d'Armide dont le coloris estoit trop rouge ; mais le tapissier qui l'avoit fait, se doutant bien que je le trouverois tel, s'occupoit, en m'attendant, à le supprimer pour le recommencer, et si je n'ay pas été satisfait de son ouvrage, j'ay du moins esté très-content de la prompte justice qu'il luy rendoit. » Mais pour Oudry, les choses ne se passèrent pas avec cet empressement et cette douceur. Le peintre des chasses du roi apportait aux artistes des Gobelins des modèles très compliqués comme tons et comme nuances, dont les colorations fondues offraient une grande difficulté de traduction. Les détails minutieux des robes d'animaux et des uniformes de chasse y jouaient un rôle considérable et réclamaient dans l'exécution une précision inexorable. De pareils modèles qui sortaient du travail ordinaire devaient, cela se conçoit, être froidement accueillis. Habitués par Le Brun et ses collaborateurs à travailler sur des peintures franchement décoratives, aux plans nettement accusés, au coloris vigoureux et plein d'éclat, ne nécessitant qu'une palette limitée, les tapissiers se refusaient à adopter cette nouvelle manière qui modifiait complètement les conditions de leur travail, rendaient celui-ci plus délicat, plus long, plus difficile et par conséquent beaucoup moins rémunérateur.

Les entrepreneurs, d'autre part, ne se montraient pas mieux disposés. Ils objectaient que ce nouveau genre de travail bouleversait complètement leurs tarifs, et qu'il devenait par suite impossible de pouvoir établir exactement le devis d'une tenture.

Oudry, de son côté, répondait en opposant les intérêts de l'Art à ceux des entrepreneurs. Il montrait les prétentions des tapissiers à substituer au coloris des tableaux le coloris dit de tapisserie, à subordonner le peintre à l'ouvrier, comme remplies de menaces pour l'avenir, et, fort de la bienveillance royale, il adressait à Lenormant de Tournehem la lettre suivante, extrêmement curieuse, dont l'intérêt est d'autant plus grand que les questions qu'elle soulève n'ont jamais été radicalement tranchées. « Nous avons vu un temps, disait-il, où l'abandon des principes de l'Art a porté de fâcheuses atteintes à sa réputation (celle de la Manufacture), où le malheureux terme de *coloris de tapisserie*, accordé à une exécution sauvage, à un papillotage importun de couleurs âcres et discordantes, ayant séduit jusqu'au premier supérieur, étoit substitué à la belle intelligence et à l'harmonie qui fait le charme de ces ouvrages aux yeux instruits comme aux autres, et où la partie de la correction n'étoit pas moins négligée que celle de ce bel accord. L'erreur d'où naissoit cette défectuosité subsistera toujours, tant que l'on ne formera pas l'ouvrier à l'application de ces principes qui seuls peuvent produire le vrai beau. La résistance qu'ont trouvée de ce côté tous nos habiles maistres, auteurs des tableaux qui ont été exécutés aux Gobelins depuis une trentaine d'années, montre combien l'on y est encore éloigné de la connoissance et du goût de ces principes : résistance qui a été telle qu'aucun d'eux n'a pu y tenir. Tous se sont trouvés éconduits par l'ouvrier sur des prétendues raisons de fabrique, qui n'ont servi qu'à leur faire voir que le mal étoit sans remède, sans le secours de l'autorité et les ont laissés dans la douleur et le découragement de voir exécuter leurs ouvrages avec des non valeurs des plus humiliantes pour eux. Si vous avez entendu, Monsieur, sur ce point nos maîtres vivants, vous savez combien ils en sont pénétrés de déplaisir... Feu M. le duc d'Antin m'ordonna, en 1733, de prendre en ladite Manufacture la conduite des ouvrages qui s'y exécutoient d'après mes tableaux. M. Orry, en 1737, me commanda de continuer ce soin ; et peu après me le fit étendre à la tenture de l'*Histoire d'Esther* d'après M. de Troy. Vous sçavez ces faits, Monsieur, vous connoissez cette tenture ; elle forme une preuve frappante de mes soins en cette occasion. Ces succès furent dûs particulièrement à la docilité que je trouvai alors chez les ouvriers et à la parfaite conciliation avec laquelle leurs chefs voulurent bien s'assujettir à l'application des véritables règles de l'art et, à donner à leurs ouvrages tout l'esprit et toute l'intelligence des tableaux, en quoi seul réside le secret de faire des tapisseries de toute beauté. »

Là-dessus, les entrepreneurs répliquaient, dans leurs mémoires adressés au Directeur général : « On ne peut disconvenir que ce ne soit à l'entrepreneur à conduire ses propres ouvrages, personne ne peut avoir une connoissance plus exacte que lui de ce qui est nécessaire pour les porter à leur perfection. Et supposé qu'il ait besoin de conseil, il lui est toujours aisé de s'aider de celui des plus habiles peintres d'histoire. Bien peindre, et bien faire exécuter des tapisseries sont deux choses absolument différentes. Ce ne sont point des termes de peinture dont il faut se servir avec les ouvriers ; il faut leur parler également, en termes clairs, sur la tapisserie comme sur les tableaux, et avec connoissance sur ledit métier ; et c'est à nous de leur tenir ce langage, en suivant l'avis du peintre dont nous exécutons le tableau. Il y a, au garde-meuble de la couronne, d'anciennes tentures exécutées sous la conduite des seuls entrepreneurs qui étoient alors, les sieurs Jans, Lefèvre, Leblond et Lacroix ; elles étoient, pour la couleur, du ton dont les tapisseries doivent être, étant plus colorées que les tableaux ; elles ont résisté à l'air, au temps, et sont encore dignes de l'admiration qu'elles ont excitée lorsqu'elles ont été faites, nommément celles des arabesques de Raphaël que vous avez vu dans les magasins du Roy. On a travaillé à Beauvais depuis ; on y a exécuté des tentures sous la conduite du sieur Oudry ; que sont-elles aujourd'hui ? Quel air de vieillesse n'ont-elles pas au bout de six ans ? Il ne suffit pas, pour être en état de conduire une manufacture, d'avoir la théorie, mais il faut avoir pratiqué pendant de longues années ; aussi s'aperçoit-on aisément que ce qui sort de ses mains n'est pas de longue durée. On a fait couper tout récemment, sur une pièce de M. Coypel, la teste d'Armide dans l'hatelier (*sic*) du Sieur Monmerqué ; la seconde a esté conduite sous les yeux du sieur Oudry et cette seconde a esté trouvée mal faite, avec vérité, par M. Coypel même ; nous ne pouvons ignorer que la première estoit mieux, ce qui ne prouve que trop le peu de connoissance du sieur Oudry pour cette partie. »

Les adversaires, on le voit, ne se ménageaient guère et pour qui connaît l'extrême politesse et l'étonnante retenue du langage de ce temps, c'est un objet de profond étonnement que cette polémique virulente. Bientôt, des insinuations plus ou moins mordantes, on passa aux aigres personnalités et les invectives vinrent se mêler à des questions d'art et à des discussions d'ordre purement technique. Oudry, qui se sentait appuyé en haut lieu, trouvait dans la faveur dont il était assuré comme un encouragement à se montrer intraitable. En marge du mémoire que les entrepreneurs, Audran, Monmerqué, Le Blond et Cozette adressèrent au directeur général Le Normant de Tournehem, et que conservent les Archives Nationales, on relève des annotations de la main du peintre qui, répond, paragraphe par paragraphe, aux imputations de ses adversaires et dans lesquelles il donne libre cours à son ressentiment. « Si le sieur Oudry, lisons-nous dans une de ces notes, n'a nulle connoissance du mérite des ouvrages de tapisserie, pourquoi sort-il de si belles choses de la Manufacture de Beauvais ? Et si le moindre des ouvriers des Gobelins en sçait plus que le sieur Oudry, pourquoi la Manufacture des Gobelins produit-elle tant de choses pitoyables qui dégoûtent les peintres de travailler pour elle ? » Plus loin, à la requête des entrepreneurs de confier à chacun des peintres la surveillance directe de ses modèles, l'annotateur riposte : « Si l'on doit abandonner aux entrepreneurs la conduite des ouvrages, l'on a eu grand tort jusqu'ici de donner à un peintre l'inspection de la Manufacture des Gobelins. Il n'est que trop prouvé qu'aucun des entrepreneurs ne sçait dessiner, et que très peu connoissent l'artifice des couleurs ; comment donc n'auroient-ils pas besoin des avis d'un bon peintre ? Mais, disent-ils, nous consulterons ceux dont on exécute les ouvrages. Tous les peintres qui sont dans ce cas conviennent qu'ils y perdent leur tems et leurs soins, et que n'étant point au fait du méchanisme de la tapisserie, les entrepreneurs les payent de mauvaises raisons, dont le sieur Oudry ne s'accommoderoit point. Enfin monsieur le Directeur général peut consulter là-dessus ceux qui font des tableaux pour estre exécutez en tapisserie : tous conviennent qu'ils sont très satisfaits que la conduite des tapisseries qui se font d'après eux soit entre les mains du sieur Oudry. »

Cette lutte si fâcheuse ne laissait pas que de contrarier vivement le placide Directeur général. Le Normant de Tournehem était arrivé à un âge où les querelles sont peu goûtées. Il est à croire que, s'il eût été libre, il aurait jeté Oudry par-dessus bord. Mais, nous l'avons dit, Oudry avait su se concilier la bienveillance du roi. Il était bien venu du dauphin, qui daignait lui indiquer des sujets de tableau. La reine elle-même écoutait ses avis ;

LES GOBELINS.	24

au point qu'en 1749 elle fit enlever cinq panneaux, que Pierre avait exécutés pour son petit cabinet, et qu'elle les remplaça par cinq paysages d'Oudry figurant les *Cinq Sens*. Elle estimait, en outre, tellement son talent que, s'étant mise à la peinture, elle voulut copier elle-même un paysage de sa main et l'offrit au roi son mari[1]. Enfin, mieux que tout cela, Oudry, avait la protection de Mme de Pompadour. C'était plus qu'il n'en fallait pour que le Directeur général prît le parti du peintre. Oudry fut maintenu dans ses fonctions et pour éviter la désertion des ateliers, le directeur des Gobelins, Garnier d'Isle, reçut l'ordre de rassurer les entrepreneurs, mais sans rien changer au fonctionnement de la Manufacture ni à l'organisation des services. On espérait que le temps apaiserait le différend et que son action lénitive adoucirait les haines. Il n'en fut rien. M. de Tournehem mourut le 19 novembre 1751, après deux jours de maladie, sans avoir pu rétablir la paix entre les parties. Trois ans plus tard, le jeune de Vandières, qui avait recueilli sa succession, devait intervenir à son tour. Il le fit par un ordre énergique, dont le texte nous a été conservé :
« Paris, le 30 juin 1754. M. Oudry se plaint, Messieurs, que vous êtes rarement présents à ses visites d'ouvrages de la Manufacture. Il importe cependant au bien du service et à la décence que vous y assistiez. Les lumières d'un bon artiste peuvent vous être d'une grande utilité, et quoique votre capacité me soit connue, vous devez à sa place et à son habileté l'attention de le consulter et de l'entendre. — De Vandières. »

La persistance de ce ressentiment surprend de prime abord; mais en y réfléchissant un peu, on est amené à penser que ce grand débat pourrait bien avoir été alimenté par d'autres considérations que par celles derrière lesquelles les parties s'abritaient. Peut-être trouverait-on, en cherchant bien, au fond des éloquentes périodes que nous venons de citer, des questions d'intérêt, dissimulées sous des questions techniques, et cette grande dispute dont l'Art paraît faire tous les frais n'est probablement qu'une querelle de boutique. Aux yeux des entrepreneurs, Oudry était certainement un révolutionnaire, bouleversant toutes les habitudes de la Manufacture, rompant en visière avec les traditions; mais il apparaissait aussi quelque peu comme un concurrent industriel. Sa qualité

---

[1] De Luynes. *Mémoires*, (tome X, p. 40, et tome XIII, p. 130). Le tableau d'Oudry est au Louvre et la copie exécutée par Marie Leckzinska est dans la grande galerie du grand Trianon. Elle est signée *Marie, reine de France, fecit* 1753. La bordure, qui coûta 60 louis (1,440 francs), est ornée de branches de chêne et de lis, mêlées d'oiseaux et de reptiles.

d'associé directeur de la manufacture de Beauvais n'était sans doute pas étrangère à l'opposition acharnée que lui faisaient les entrepreneurs des Gobelins. Vers 1748, ceux-ci avaient formé une association pour la fabrication des tapisseries destinées à garnir les meubles, spécialité qui jusque-là avait appartenu à la manufacture de Beauvais. Ajoutons que cette transformation dans la production était imposée par la difficulté du temps. Les ateliers de basse lice ne pouvaient plus guère exécuter de grandes tentures historiques, les ouvriers habiles commençant à faire défaut. Les *officiers de tête* (c'était le nom qu'on donnait aux maîtres tapissiers, auxquels était confiée l'exécution des parties les plus difficiles, les têtes des personnages et les carnations) ne formaient plus d'élèves depuis longtemps. En fabriquant des sièges, on se proposait d'occuper ainsi à des travaux de second ordre, exigeant moins d'habileté professionnelle et de goût, les ateliers en décadence. Ch. Coypel et un peintre du nom de Perrault donnèrent des modèles de meubles. Une clientèle d'élite s'était laissée séduire par cette innovation. Les Gobelins avaient une telle réputation qu'on était bien aise de posséder de leurs produits. Un grand nombre de personnages, haut placés, avaient répondu aux propositions des entrepreneurs, et Mme de Pompadour, la première, avait commandé de ces meubles pour elle et pour son royal amant. Oudry, qui jusque-là s'était servi de la faveur dont il jouissait pour faire prévaloir les produits de Beauvais, se trouvait ainsi directement atteint dans ses intérêts les plus chers. De là, des exigences plus grandes vis-à-vis des artisans soumis à son inspection ; de là aussi une sévérité inattendue, qui déroutait les entrepreneurs déjà mal disposés, suscitait les conflits que nous venons de raconter et qui tournèrent à l'aigu, lorsque les entrepreneurs des Gobelins, s'appuyant sur les précédents, invoquant les privilèges accordés par Henri IV à de Comans et à de La Planche et confirmés par Louis XIII, sollicitèrent un édit royal, interdisant de fabriquer et de vendre à Paris des tapisseries autre part que dans l'enceinte de leur Manufacture.

Quoi qu'il en soit de leur véritable origine, tous ces tiraillements produisirent les plus désastreux résultats. Le sort de la Manufacture fut une fois de plus remis en question. Dès 1747, le personnel des ateliers de tapisserie, mal payé, occupé à des travaux inférieurs, où les satisfactions d'amour-propre ne compensaient même point la dépréciation croissante des salaires, se laissa aller à un découragement tel qu'un certain nombre d'ouvriers songèrent à partir, et en manifestèrent nettement leur intention. Quelques-uns même, attirés par des promesses sérieuses, émigrèrent en Angleterre, où l'on voulait fonder une manufacture de tapisseries, en concurrence des Gobelins. Le promoteur de cette idée, lord Queensbury, fit même faire des propositions à Oudry, dont il avait apprécié les talents d'administrateur et d'artiste à la Manufacture de Beauvais, où il avait commandé une tapisserie. Oudry aurait fixé lui-même son traitement, garanti préalablement par une consignation de titres de rentes. La tentative était hardie et le péril pour la manufacture évident. On fit tout au monde pour retenir les déserteurs. On alla jusqu'à lancer la maréchaussée sur leurs traces. Un certain nombre de ces fugitifs furent arrêtés en route, aux environs d'Amiens; et ceux qui les avaient embauchés furent invités à réfléchir, sous les verrous, à la gravité de leur entreprise. Des industriels portugais renouvelèrent la tentative au mois de septembre 1748; mais le subdélégué de l'intendant de police au Havre faisait mettre la main au collet des quatre ouvriers des Gobelins qui se disposaient à passer en Portugal, munis d'un passeport délivré par l'ambassadeur de ce pays à Paris. Le péril n'était pas conjuré pour cela. Quelques années plus tard, la Manufacture eut à subir un assaut plus violent encore. Deux marchands d'Aubusson et de Felletin, nommés Descarteaux et Roger, fondaient une maison de vente rue de la Huchette, à Paris, et débauchèrent 10 ouvriers tapissiers. Enhardis par ce premier succès, excités par la concurrence que d'autres marchands commençaient déjà à leur faire, en embauchant à plus haut prix des ouvriers de la Manufacture, ils conçurent le projet de ruiner complètement les Gobelins, à leur profit, par un coup de main d'une audace rare. Il ne s'agissait de rien moins que d'engager tous les ouvriers à leur compte et de les emmener immédiatement à Aubusson. Des sommes variant de 300 à 900 livres furent distribuées comme primes, on engagea un jeune peintre des Gobelins pour copier les nouveaux tableaux exécutés pour les ateliers royaux. Tout était préparé et combiné d'une façon extrêmement habile. L'entreprise n'échoua que par l'énergie de la direction des Gobelins, et grâce à l'autorité morale d'un des entrepreneurs, qui sut ramener les dissidents restés à Paris, par son éloquence persuasive et par des promesses d'amélioration de salaires. La police à Aubusson arrêta Descarteaux et deux des ouvriers qu'il avait débauchés. Elle fit ramener ceux-ci à Paris par la maréchaussée.

Telles étaient les conditions fâcheuses dans lesquelles se trouvait la

Manufacture des Gobelins quand M. de Vandières fut appelé à recueillir la succession de son oncle.

A cette date, 23 décembre 1745, le personnel de la Manufacture comprenait les fonctionnaires, artistes et ouvriers, dont les noms suivent :

Bel, inspecteur et garde des tableaux ; Cozette, concierge et entrepreneur en haute lice ; Audran fils, entrepreneur en haute lice ; Neilson, entrepreneur en haute lice ; Bellanger, chapelain ; Rocquert, chirurgien ; Leclerc, peintre et professeur pour l'Académie du dessin ; Boisot, peintre et chargé des traits pour la Manufacture ; Leflamant, peintre chargé des impressions ; Tessier, peintre de fleurs ; Vavoque, rentrayeur des tapisseries pour la Manufacture ; Audran père, graveur ordinaire du roi ; Linfant, peintre de l'Académie royale ; Martin, peintre ; Bethon, peintre ; Dequay, peintre ; Egret, peintre ; Tremblin, peintre ; Leboiteux, Hallet, Perron, Lambert, orfèvres ; OEben, ébéniste ;

François, Duruy[1], Beaupin, Lanié, Rondet, Cessin, Duval, Duchesne, Lecoq aîné, Devone aîné, Devone cadet, Simonet, Morel, Gauthier, Vavoque, Nivelon, Folliot, ouvriers de l'atelier Audran ; Dubois, Farcey, Solier, Henry aîné, Henry cadet, Daigne jeune, Rondet, Lebras, Guyot, Nouzon, Daigne aîné, Michel, Grignon père, Achille Tessier, Létourneau, ouvriers de l'atelier Cozette ; Rançon aîné, Rançon jeune, Henry jeune, Cornillon aîné, Cornillon jeune, Vendrix, Crenore, Cadot, Rondet, Lefranc, Perrier, Langlois, Jacquemont, Kerchove, ouvriers de l'atelier Neilson.

Soixante-douze personnes, artistes, ouvriers, femmes, veuves, enfants d'ouvriers, étaient logées dans l'hôtel des Gobelins.

---

[1] Le tapissier de ce nom est un aïeul de M. Victor Duruy, l'illustre ministre de l'instruction publique du second Empire, membre de l'Académie française.

XI

ADMINISTRATION DE M. DE MARIGNY
BOUCHER AUX GOBELINS

'administration plus que nonchalante et l'incompétence non discutable de M. de Tournehem avaient, ainsi que nous venons de le voir, amené la Manufacture des Gobelins à un état de crise intérieure aussi aigu que possible. Tout semblait à la veille d'une dislocation générale. Les ateliers, cependant, produisaient encore, et les tapisseries nouvelles, grâce au goût du temps et à la main-d'œuvre qui s'était conservée extrêmement remarquable, continuaient d'être recherchées, — nous aurons à revenir, dans ce chapitre, sur les nouveaux modèles dont s'enrichit le Garde-meuble de la Couronne, pendant cette période d'une administration si peu favorable ; — mais les interminables querelles suscitées par les exigences d'Oudry, la pénurie du Trésor qui faisait attendre pendant des années entières aux chefs d'atelier le remboursement de leurs avances et, peut-être plus encore que tout cela, l'absence d'initiative, l'ignorance de Garnier d'Isle[1], avaient amené la situation à une tension qui ne pouvait durer. Heureusement, la mort du Directeur général en 1751 et

---

[1] M. d'Isle avait en matière artistique des idées singulières. Il écrivait un jour à un fonctionnaire des Bâtiments du roi : « L'art de la tapisserie, attendu le brillant des étoffes, est d'assez bien nuancer les couleurs pour que les tapisseries deviennent supérieures à la peinture et imitent le pastel qui est le vray ton de la nature. »

surtout celle de l'intraitable Oudry en 1755 vinrent apporter un complet apaisement à ces querelles intestines. Le marquis de Vandières, appelé par le fait même de la *survivance* que lui avait fait obtenir sa sœur, à remplacer son oncle, M. de Tournehem, n'était pas aussi incompétent en matière d'art et d'administration que son prédécesseur. Mme de Pompadour, qui joignait à une insatiable ambition un jugement affiné et un certain sens politique, avait voulu, dans l'intérêt de son frère et aussi dans le sien propre, que le jeune Poisson se trouvât en état de remplir les devoirs de sa charge. Pour cela, dès qu'elle l'avait jugé apte à comprendre les beautés des œuvres consacrées, elle l'avait expédié en Italie. Ce voyage, qui s'était fait avec une certaine pompe, avait été critiqué sévèrement dans le public et à la Cour. Le train du jeune Poisson contrastait un peu trop vivement avec la modestie de ses origines et avec la pénurie évidente du Trésor. « M. de Vandières, frère de la marquise, et reçu en survivance de M. de Tournehem, écrit d'Argenson à la date du 10 décembre 1749, part enfin vendredi pour son grand voyage de l'Italie où il doit aller se former le goût pour nous faire de belles choses en France. Mais ce voyage doit coûter cher à l'État. On lui donne des historiographes de bâtimens, des conseils, des gouverneurs, des dessinateurs. Enfin ne verra-t-on que folie sur folie et rien de salutaire aux peuples[1] ? »

La mauvaise humeur publique, ne se traduisait pas simplement en petites notes mécontentes de chroniqueurs, mais en amusantes chansons. C'est par là, au reste, que tout finit, et nous trouvons en France cette même année (1749), dans le *Recueil de Clairambault-Maurepas*, une suite de couplets intitulés *Poissonnades*, qui ne laissent aucun doute sur la façon dont on accueillait cette mise en scène déplacée :

> Les grands seigneurs s'avilissent;
> Les financiers s'enrichissent,
> Tous les *Poissons* s'agrandissent,
> C'est le règne des vauriens ;
> On épuise la finance
> En bâtimens, en dépense
> L'État tombe en décadence.
> Le roi ne met ordre à rien, rien, rien, rien.

Tout en admettant le bien fondé de ces protestations, condamnées par la force des choses à demeurer à l'état platonique, on ne peut

[1] *Mémoires du marquis d'Argenson*, tome III, p. 303.

LES GOBELINS.

méconnaître que Mme de Pompadour avait très sagement choisi les mentors de son jeune frère. L'architecte qui accompagnait le marquis de Vandières n'était autre que le fameux Soufflot[1], le futur auteur du Panthéon; le dessinateur se nommait Cochin[2] et l'historiographe l'abbé Le Blanc[3]. On voit que le directeur général des bâtiments ne pouvait être en de meilleures mains.

A son retour en France, le jeune marquis de Marigny (c'est le nom que devait porter, à partir de 1754, le frère de Mme de Pompadour et celui sous lequel il est le plus connu), était donc mieux préparé qu'aucun de ses prédécesseurs à remplir les fonctions délicates de sa charge. Son extrême jeunesse, qui, dans d'autres circonstances, aurait pu être un obstacle à son autorité, lui facilita au contraire ses rapports avec ses subordonnés. On lui fit volontiers crédit. Les conseils de ses mentors, qu'il continua de suivre et qui ne manquèrent pas d'être excellents, l'aidèrent à se faire bien venir de tous. Aussi, dès son entrée en fonctions, recevait-il les doléances des entrepreneurs, réclamant avec insistance ce qui leur était dû : Audran 40,331 livres, Cozette 33,250 livres, et Neilson 14,774. Ceux-ci déclarent que, s'ils n'ont point satisfaction, c'en est fait de la Manufacture « dont l'établissement fait le plus d'honneur à l'État et à toute l'Europe ». Enfin ce qui acheva de redonner confiance aux tapissiers des Gobelins, ce fut la nomination, en remplacement de l'intolérant Oudry, de Boucher, homme aimable et facile s'il en fût un au monde.

Les entrepreneurs avaient fort intelligemment demandé à M. de Marigny cette nomination. Le 10 mars 1754, ils adressaient au nouveau directeur des Bâtiments une longue lettre dans laquelle, après avoir renouvelé leurs doléances au sujet de leur situation financière

---

[1] Soufflot, né en 1714, était, à ce moment, déjà célèbre. Divers monuments exécutés par lui à Lyon, avaient établi sa réputation. En outre, il connaissait à fond le pays où il allait conduire le jeune Poisson, l'ayant habité dans sa jeunesse et ayant poussé ses voyages jusqu'en Asie Mineure.

[2] Cochin, d'un commerce doux, d'un esprit cultivé, de relations agréables, était lui aussi un précieux compagnon de route. Il donna à son élève de très bonnes notions sur les arts ; il tira grand parti de son voyage, car, à son retour, il fut admis à l'Académie et, en 1752, devint garde des dessins du cabinet du roi, en remplacement de Coypel.

[3] L'abbé Le Blanc était à peu près le seul de ces mentors qui fût médiocrement choisi. Son *Poème sur les gens de lettres de Bourgogne*, imprimé en 1726, ses *Élégies* publiées en 1731, son *Abensaïd*, tragédie représentée en 1735 à la Comédie-Française, ses *Lettres sur les tableaux exposés au Louvre* en 1747 sont des ouvrages très imparfaits. Il avait su par sa basse flatterie capter la bienveillance de Mme de Pompadour et c'était peut-être là son meilleur titre à la mission dont il avait été chargé.

fort critique, ils formulaient habilement une requête sur la question artistique de la fourniture des modèles et demandaient que Boucher fût attaché, dans ce but, aux Gobelins :

« Le second objet sur lequel Monsieur est prié de faire une attention particulière est la disette de tableaux dont les suppliants sont denués depuis longtems. Il est certain que cet article qui est la base et le soutien de la Manufacture manquant, il est impossible quelle puisse conserver la supériorité quelle a toujours eu sur les autres établissements ou l'on travaille en tapisserie. Cette disette est cause que l'on ne peut avoir d'ouvrage de particuliers et oblige les entrepreneurs, pour ne point renvoyer des ouvriers qui leur ont couté bien des peines et des soins pour les former et ne pas les exposer à passer chez l'Etranger de les employer pour le service du Roy et faire plus d'ouvrage qu'il n'en est nécessaire, faute de tentures de sujets gratieux et de peu de figures auxquelles les particuliers peuvent mettre le prix.

« Qu'il soit permis aux exposants de vous représenter, Monsieur, que la manufacture de Beauvais ne s'est soutenue depuis près de 20 ans que par les tableaux gratieux que luy à fait le s^r Boucher et que le s^r Charon qui est actuellement à la teste de cette manufacture traitte avec luy pour qu'il fasse des sujets de tenture qu'il forme le dessein de présenter au Roy, son intention étant de ne rien épargner pour la rendre plus florissante que jamais, ce qui luy sera d'autant plus aisé, qu'étant appuyé du crédit de M^r le Controlleur général, il ne le laissera pas manquer de fonds pour les travaux. Que ces ouvrages soient bien ou mal, le particulier peu connoisseur donnera toujours la préférence à la nouveauté et se contentera des sujets traittés de la composition et du goût dudit s^r Boucher.

« Pour prévenir la decadence de la Manufacture des Gobelins dont vous étes, Monsieur, le protecteur et le soutien, il seroit nécessaire d'y attacher le s^r Boucher et de luy joindre quelques uns des peintres de l'Academie, capables de faire des tableaux pour tentures tels que les s^{rs} Dumont le Romain, Jaurat, Hallet, Challe, Vien, et autres, les principaux peintres étant occupés pour longtems a de grands sujets. Nous espérons que vous ne désaprouverés pas le zèle qui nous fait parler. Il n'a rien que de conforme aus vues sages qui animent votre administration et les représentations que nous prenons la liberté de vous faire passant par votre canal pour arriver au Roy n'en acquereront que plus de poids. Il s'agit de maintenir la Manufacture Royale des Gobelins dans son ancien lustre et quelle conserve toujours la supériorité qu'elle a toujours eu en ce genre sur les autres manufactures. Les suppliants qui connoissent le gout que Monsieur a pour les arts et qui sont intimement persuadés de ses bontés pour eux, osent espérer que vous voudrés bien leur accorder les deux graces qu'ils vous demandent.

« Ils ont l'honneur d'être avec un très profond respect, Monsieur, Vos très humbles et très obéissants serviteurs.

« Audran, Cozette et Neilson. »

Cette requête ne pouvait qu'être agréée ; elle répondait très exactement aux intentions de M. de Marigny. Boucher fut nommé sur-inspecteur des Gobelins. Les entrepreneurs de la Manufacture ne cachèrent point leur satisfaction. Le 21 août 1755, Audran, Cozette et Neilson prirent sur eux, — ce qui, à notre connaissance, ne s'était jamais fait, — d'adresser au directeur général une lettre de félicitation, et cette lettre qui nous a été conservée, respire un contentement voisin de l'enthousiasme. « La satisfaction que nous ressentons de la nomination de Mr Boucher aux lieu et place de Mr Oudry, écrivent-ils, nous est trop agréable, Monsieur, pour ne pas vous en marquer une sincère reconnoissance : il nous a dit qu'il avoit refusé les offres avantageuses qui lui ont été faites de la part des Directeurs de la manufacture de Beauvais, pour s'attacher entièrement à nous : au moyen de quoy nous marcherons tous d'un pas égal, sans aucun sujet de jalousie, et ne lui cacherons rien de la manutention de nos ouvrages et des différentes difficultés dont l'art de la tapisserie est susceptible ; le tout pour parvenir ensemble au plus haut degré de perfection où il nous soit possible d'atteindre, et cela pour seconder les vues qui vous font agir, Monsieur, pour le soutien de notre Manufacture et notre bien personnel. »

Boucher n'était point un étranger pour les tapissiers des Gobelins. Dès 1739, il avait exécuté pour la Manufacture des modèles appréciés et, au moment où sa nomination était signée, les métiers d'Audran et de Cozette portaient deux grandes tapisseries de lui, le *Lever* et le *Coucher du soleil*. Les chefs d'atelier et les ouvriers avaient donc pu apprécier le caractère affable du peintre et la facilité que présentait l'interprétation de ses compositions.

Ajoutons que M. de Marigny, bien qu'il professât pour Boucher une grande estime, et qu'il lui sût un gré infini d'être le peintre préféré de sa sœur, eut le bon esprit de ne point chercher à l'imposer d'une façon trop étroite aux entrepreneurs des Gobelins. Les contestations et les dissentiments qui s'étaient produits sous l'inspectorat d'Oudry étaient encore trop présents à sa mémoire, pour qu'il risquât, par un acte d'autorité mal compris, de les renouveler. Le ton de la réponse qu'il fit à la lettre d'Audran, de Cozette et Neilson montre, avec une grande modération dans la forme, beaucoup de politique dans le fond. « En donnant cette place à M. Boucher, écrit-il, j'ay compté que la mutuelle communication de ses lumières et des vôtres ne manqueroit pas de porter la tapisserie à ce degré de perfection que nous désirons tous, et j'attends cet effet de votre mutuel concours. Je luy ay écrit que je comptois aussi sur ses ouvrages, qu'il les verroit exécuter avec plus de précision qu'il ne l'ont été ailleurs; enfin que lorsque les autres peintres donneront des tableaux à la Manufacture, ceux-cy auront la liberté d'aller les voir exécuter, de vous communiquer leurs sentiments, sans que pour cela il puisse regarder, comme une atteinte portée à sa place, la visite et les conférences que vous aurés avec eux... »

Il faut reconnaître, au reste, que Boucher ne pouvait être, pour les entrepreneurs de la Manufacture, un inspecteur bien gênant. La surveillance de cet art de la tapisserie, où le travail est d'une lenteur qui semble tenir de l'éternité, où l'ouvrier apporte, dans la traduction des modèles, une grande part d'inspiration personnelle, ne devait point convenir au tempérament ardent de ce virtuose incomparable, de cet improvisateur sans égal, doué d'une rapidité de production extraordinaire, ne demandant qu'à son imagination intarissable et à sa mémoire prodigieuse les éléments de ses compositions, se préoccupant assez peu d'être exact et tenant en mince estime l'étude patiente de la nature. Il ne devait pas exiger de ses collaborateurs une fidélité de traduction aussi méticuleuse que celle réclamée par l'incorruptible Oudry. La tapisserie était, en outre, à peu près impuissante à rendre avec exactitude la richesse de sa lumineuse palette, les tons irisés de ses carnations, les clartés pâles et vaporeuses de ses nuées et toute cette gamme des tons roses, ambrés et bleu céleste, sur lesquels se détachent les corps de ses galantes déesses, de ses nymphes lascives et de ses amours joufflus. Par contre, il apportait une qualité fort précieuse et qu'aucun de ses prédécesseurs n'avait possédée à un degré même approchant. Les travaux obscurs de sa jeunesse l'avaient familiarisé avec cet art de l'ornementation si difficile, dont la connaissance parfaite et la pratique constante sont indispensables pour la composition de bons modèles de tentures. En réalité, Boucher ne fut qu'un inspecteur général. Le directeur des Gobelins, dès l'entrée en fonctions du premier peintre du roi, s'occupa de lui chercher un sous-ordre qui serait chargé de faire matériellement la besogne. Cochin fut prié de trouver l'artiste, à qui on pourrait confier ce sous-inspectorat. Il proposa Joseph-Ignace Parrocel, agréé à l'Académie, qu'il ne faut point confondre avec Joseph Parrocel, le peintre de batailles. La lettre de recommandation de Cochin est piquante : « Je suis certain, écrivait-il au directeur des Gobelins, que la meilleure partie de l'académie se joindroit à moy pour la demander si cette proposition étoit connue, car il y est aimé et estimé de tout le monde. C'est un très honnête homme et qui a touttes les qualités des anciennes épistres dédicatoires, bon père, bon mari, bon citoyen, bon amy, d'ailleurs c'est un homme actif et intelligent, quoi qu'il ne soit pas du premier ordre dans la peinture d'histoire, il a cependant beaucoup de talent, et il y a des parties de l'art ou il réussit très bien, il paroit qu'il seroit très propre à être sous M. Boucher, et en état de le seconder en cas de maladie. » Quels furent, au point de vue technique, les résultats du sur-inspectorat de Boucher, il serait assez difficile de le dire, d'autant que les progrès réalisés par la Manufacture pendant le temps qu'il passa aux Gobelins ne lui sont pas personnellement imputables. Dans le personnel de ce grand établissement figurait alors un homme, dont nous avons eu maintes fois déjà l'occasion d'écrire le nom et qui peut compter parmi les artisans les plus remarquables du xviiie siècle, le chef d'atelier, Neilson.

C'était presque un enfant de la maison que ce tapissier, qui devait par la suite acquérir dans son art une si légitime notoriété. Le duc d'Antin, qui s'intéressait indirectement à sa famille, l'avait placé, tout jeune encore, dans l'atelier du célèbre Jean Jans. Breveté apprenti du roi en 1732, puis admis comme tapissier deux ans plus tard, Neilson n'avait pas tardé à devenir un des plus habiles hauteliciers de la Manufacture. Une fois maître dans son métier, il avait voulu étendre le cercle de ses connaissances. Il abandonna pendant quelque temps l'atelier pour prendre des leçons de peinture et se perfectionner dans un art qui lui semblait, avec raison, de la première utilité. Il reçut ainsi des conseils de Chastelain et puis travailla sous Charles Coypel, Parrocel et La Tour. On se fait une idée de la supériorité que Neilson acquit de la sorte sur ses camarades et de l'autorité que lui valut ce surcroît de connaissances.

En 1749, Monmerqué, qui dirigeait le premier des ateliers de haute lice, vint à mourir. Cozette, entrepreneur, très remarqué, d'un des ateliers de basse lice, obtint de le remplacer. Il fallait lui trouver un successeur. Neilson n'eut qu'à poser sa candidature pour obtenir le poste envié. Plus tard Le Blond, le second entrepreneur de la basse lice, étant venu à son tour à mourir, son atelier fut réuni à celui de Neilson et ce n'était que justice, car M. d'Isles, et après lui Soufflot, n'eurent pas de collaborateur plus intelligent et de chef d'atelier plus habile.

Mais Neilson ne se contenta pas de diriger ses deux ateliers avec une expérience et une activité exceptionnelles. Il transforma encore la fabrication de basse lice, en introduisant, dans le mécanisme des métiers, des perfectionnements d'une importance considérable. Nous avons dit plus haut qu'une des causes de l'infériorité de la basse lice sur la haute lice provenait de l'impossibilité où se trouvait l'ouvrier de contrôler son ouvrage au cours de l'exécution. Non seulement, il lui fallait ôter la table qui portait le modèle d'après lequel il travaillait et retirer celui-ci, mais encore il était forcé de passer sous le métier. C'est dans cette position extrêmement gênante qu'il voyait le travail exécuté, et encore celui-ci était-il si mal éclairé que, de l'aveu même des gens les plus compétents[1], on ne pouvait juger des défauts de la pièce qu'après la sortie des métiers, et alors qu'il n'était plus temps d'y remédier. Neilson, le premier, pensa qu'il était possible de supprimer cette imperfection grave, en disposant les rouleaux qui tendent la chaîne, non plus sur des traverses fixes, comme cela avait été fait jusque-là, mais sur un châssis mobile, se redressant de façon que la partie supérieure du métier pût quitter sa position horizontale et devenir verticale, chaque fois qu'on voulait contrôler l'avancement du travail et se rendre compte de la façon dont il était conduit.

Vaucanson était alors fort célèbre comme mécanicien. Soufflot, sur les

---

[1] Dans une lettre à M. de Marigny, en date du 20 mai 1757, où se trouvent signalés les inconvénients de la basse lice, telle qu'elle existait alors, Soufflot s'étend longuement sur l'impossibilité où l'on est de contrôler l'ouvrage avant qu'il ne soit terminé.

LES GOBELINS.

conseils de Neilson et avec l'autorisation du marquis de Marigny, s'adressa à lui. Une pareille transformation était un jeu pour un homme rompu à tous les problèmes de la mécanique. Trois mois lui suffirent pour combiner et faire exécuter le nouveau métier, qui se trouva être si parfait que, en dépit des progrès industriels réalisés depuis un siècle, c'est encore celui dont aujourd'hui les ouvriers de Beauvais font usage. Une lettre de Soufflot à M. de Marigny, en date du 8 décembre 1757, nous donne des renseignements intéressants sur l'accueil fait à l'invention de Vaucanson :

« Monsieur, j'arrive des Gobelins où j'ay passé la journée avec M. Vaucanson; nous y avons établi le nouveau métier de basse lisse; et, chose rare, et à laquelle nous ne nous attendions pas entièrement, il a eu une approbation générale de tous les ouvriers de ce genre et de ceux même de la haute lisse; MM. les entrepreneurs sont également satisfaits et on le regarde comme l'époque de la perfection de la basse lisse; ceux qui la font répugnoient fort à mes idées quand je les leur proposay et murmuroient sur une innovation qui les fatiguoit d'avance; ils m'assuroient que si depuis soixante ans il y avoit eu quelque chose de mieux que les métiers actuels, on l'auroit trouvé; je ne me suis pas rebuté et avec votre approbation, Monsieur, j'ay été en avant. Aujourd'huy ils m'ont fait réparation publique et bien des remerciements, pour moy j'en ay fait beaucoup à M. Vaucanson, qui a bien voulu exécuter avec tant de perfection mes idées informes et y ajouter les siennes qui ont asseuré l'entière réussite . . . .

« Soufflot. »

Neilson, qui, avec les anciens métiers était arrivé à faire exécuter des ouvrages presque irréprochables, porta bientôt, grâce à l'invention de Vaucanson, le travail de la basse lice à une perfection qui n'avait pas encore été atteinte et qui n'a jamais été dépassée.

Mais, ce premier progrès si heureusement réalisé, Neilson ne se trouva pas encore satisfait. Il fit faire à la teinturerie des Gobelins des progrès considérables, dont on trouvera l'exposé complet dans l'article consacré à cet atelier.

L'infatigable artiste ne fut récompensé de son dévouement et de son intelligente initiative qu'au point de vue de l'amour-propre. En 1760, lorsque les nouveaux métiers, fabriqués sur ses indications, eurent fonctionné et produit des travaux suffisamment soignés, M. de Marigny fit exposer simultanément dans son hôtel quatre pièces de tapisserie. Sur ces quatre pièces, deux avaient été exécutées par Cozette père et par Audran, entrepreneurs de haute lice; les deux autres étaient l'œuvre de Neilson. Le directeur des Bâtiments invita les plus célèbres amateurs et les peintres les plus en renom à donner leur avis. Cet avis fut entièrement favorable à Neilson. On trouva ses tapisseries aussi belles que celles qui avaient été fabriquées en haute lice et même d'une perfection plus grande dans les sujets délicats, dans les fleurs, les animaux à poil et à plume. C'était un beau triomphe artistique. En 1773, le Dauphin et la Dauphine ayant visité les Gobelins, Neilson leur fut présenté et reçut des compliments extrêmement flatteurs de celui qui, quelques années plus tard, devait prendre le nom de Louis XVI[1]. En 1777, l'empereur d'Allemagne, Joseph II, vint lui aussi visiter la Manufacture et, frappé de l'impulsion que Neilson avait donnée à l'atelier des teintures, il se fit montrer les registres d'expériences. Il les examina en détail et dit à Soufflot et aux artistes qui l'entouraient : « Voilà, messieurs, le fondement inaltérable de votre Manufacture[2]. » Aucun éloge ne pouvait être plus sensible à ces travailleurs acharnés et consciencieux. Malheureusement ce furent là à peu près les seules récompenses que Neilson put obtenir. En 1784, quand on le déchargea, sur sa demande qu'il ne cessait de renouveler depuis trois ans, de la surveillance de l'atelier de teinture, sa modeste fortune était fortement entamée. En 1788, il dut se retirer, tout à fait miné par l'âge et par les infirmités; mais il était au-dessous de ses affaires de plus de 100,000 livres. Les dossiers des Manufactures, aux Archives nationales, sont pleins de lettres de doléances, qu'il adressait continuellement au directeur des Bâtiments du roi pour être payé ou tout au moins pour recevoir de temps en temps quelques acomptes sur ses nombreuses créances. Ses collègues, les entrepreneurs Cozette et Audran, n'étaient guère plus heureux financièrement et souffraient beaucoup de la pénurie du Trésor royal. Une pétition collective, adressée à Souf-

---

[1] Une particularité curieuse de cette visite, c'est que le fonctionnaire chargé de faire tendre les galeries, reçut l'ordre d'éviter avec soin qu'on étalât les tapisseries représentant les conquêtes de Louis XIV sur la maison d'Autriche et même sur celle de Lorraine; on tenait à éviter tout ce qui aurait pu froisser la Dauphine.

[2] En souvenir de sa visite, Louis XVI fit cadeau à l'empereur, son beau-frère, de quatre pièces de Watteau, de huit des *Nouvelles Indes* et de quatre *Pastorales*.

flot, nous fait connaître, en termes éloquents, la situation cruelle qui leur était faite :

« Ils vous supplient de représenter à Mʳ le directeur général que la fâcheuse circonstance des temps va porter les plus funestes coups à ce bel établissement. Il est cependant d'autant plus essentiel de prévenir sa chute qu'inutilement voudroit-on le relever dans un temps plus heureux si on souffroit que les conjectures présentes en sappassent les fondements. En effet quels moyens de songer à réparer ce malheur ? Si les fonds continuent à manquer aux entrepreneurs, leurs ressources sont épuisées, les travaux vont cesser par l'impossibilité de payer les ouvriers, les meilleurs se rebuteront les premiers, la supériorité du talent rend plus sensible à la privation du salaire, la plupart passeront chez l'étranger, les autres prendront le parti des armes et non seulement des sujets qui coûtent un temps infini à former seront en un instant perdus pour cette Manufacture, mais encore les plus habiles, qui, surs d'en être bien reçus, auront été mettre leur industrie à la solde de nos voisins amis ou ennemis, augmenteront la somme des contributions que des transfuges de toutes espèces ne les aident déjà que trop à lever sur nous. Que de regrets superflus n'auroit-on pas alors ? » Les entrepreneurs proposaient à M. de Marigny la combinaison financière suivante : Les soixante fermiers généraux feront passer tous les mois à la caisse des Bâtiments une somme de 14,000 livres, destinée à l'entretien de la Manufacture ; ils déduiront de leurs comptes avec le contrôleur général les 168,000 livres que produira à la fin de chaque année ce fonds de 14,000 livres par mois, sur la totalité de ce qu'ils doivent remettre au Trésor royal et ils en seront déchargés sur les quittances du trésorier des Bâtiments. « Quand au bout de plusieurs années, ajoutaient-ils, on seroit en fonds de tableaux pour faire des tentures pour le particulier et pour l'étranger, on pourroit alors les vendre au profit de Sa Majesté, et l'argent qui en reviendroit rentreroit dans la caisse des Bâtiments, en sorte que par la suite du temps la Manufacture ne seroit point à charge au Roy. » Cette combinaison financière, d'une très grande simplicité d'application en principe, mais non en fait, ne pouvait être acceptée ; il ne fut, comme bien on pense, donné aucune suite administrative à la pétition d'Audran, Cozette et Neilson.

En 1773, après avoir subi beaucoup de dégoûts, M. de Marigny, qui, à la mort de sa sœur (1764), avait hérité du marquisat et du château de Ménars et profité de l'aubaine pour changer encore une fois de nom, se démit de sa place, dont l'abbé Terray, alors tout-puissant, se hâta de s'emparer [1].

L'abbé Terray ne jouit pas longtemps de la charge. Affreusement discrédité dans le public, traité de voleur et de scélérat dans tous les pamphlets du temps [2], il dut à son tour se démettre de ses fonctions à l'avènement de Louis XVI et fut remplacé par le comte de la Billarderie d'Angiviller.

[1] Le marquis de Marigny était devenu immensément riche par la mort de Mme de Pompadour. Il ne mourut qu'en 1781, à l'âge de cinquante-quatre ans. Cochin, qui avait été son mentor pendant le voyage d'Italie, prononça son éloge funèbre, qui fut inséré au *Journal de Paris*.

[2] On trouve dans le *Recueil Clairambault Maurepas* le quatrain suivant, daté de 1776, qui donne la mesure des polémiques du temps à son égard :

> Pour vous, monsieur l'abbé, digne de plus d'éclat,
> Entre tous ces messieurs si chers à la patrie,
> Vous fûtes le moins sot et le plus scélérat ;
> Montfaucon doit payer votre rare génie.

XII

LA MANUFACTURE SOUS LOUIS XVI

E comte d'Angiviller fit son possible pour intéresser le roi et Marie-Antoinette à la Manufacture des Gobelins. Nous racontions à l'instant la visite que le Dauphin et la Dauphine firent au célèbre établissement, ainsi que celle de Joseph II, en 1777. Nous apprenons, par la *Gazette de France*[1], qu'en cette même année, le directeur général fit exposer à Versailles un certain nombre de pièces, qui obtinrent les suffrages de la famille royale : « Les sieurs Cozette père et fils, entrepreneurs des ouvrages de la Couronne aux Gobelins, présentés par le comte de la Billarderie d'Angiviller, directeur général des Bâtimens du Roi, ont eu l'honneur de faire voir à leurs Majestés et à la famille royale le portrait de Henri IV et celui du duc de Sully, exécutés en tapisserie de haute lisse, ainsi que deux autres petits tableaux, exécutés de la même manière, l'un représen-

[1] *Gazette de France*, n° du 7 juin 1777, page 409.

tant la *Petite laitière* d'après Boucher, et l'autre le *Petit boudeur* de Greuze. Ces ouvrages, qui ont paru faire plaisir à leurs Majestés et à la famille royale, ont mérité aux sieurs Cozette père et fils des témoignages de satisfaction. » Mais ces marques d'une bienveillance trop platonique n'étaient pas suffisantes pour relever la Manufacture qui s'effondrait de toutes parts. Le malaise datait déjà de loin. Soufflot, bien qu'absorbé par les travaux du Panthéon, n'avait pas été cependant sans en constater la progression, mais il n'en avait pris aucun souci. Noël Hallé, sur-inspecteur, était sans autorité et, qui pis est, sans goût. Enfin la mode abandonnait les tapisseries. La révolution qui s'était opérée dans l'aménagement des habitations leur avait été funeste. La substitution des petites pièces, confortables, aux grandes chambres d'apparat, les avait fait proscrire des murailles. Les mœurs efféminées qui avaient pris le dessus leur faisaient préférer les satins, les taffetas et les velours de Gênes.

Un moment, pour parer à la pénurie de la caisse des Bâtiments qu'alimentait le budget des Gobelins et à l'abandon de leur clientèle française, les entrepreneurs avaient obtenu la permission de prendre des commandes de l'étranger. Les Anglais surtout paraissent avoir profité de cette licence inattendue. Parmi les nouveaux clients de la Manufacture royale, nous voyons figurer le duc de Northumberland, lord Coventry, lord Fife, le duc de Richmond, lord Stanley, M. John Stewart, M. Widall, c'est-à-dire la plus haute aristocratie et la riche bourgeoisie du Royaume-Uni. Cela s'explique aisément. Comme les droits d'entrée des tapisseries en Angleterre étaient énormes, — pour une tenture de 20,000 livres le fisc n'en réclamait pas moins de 5,000, — on avait recours à l'intermédiaire de hauts personnages anglais et français, qui jouissaient de la franchise ou étaient à même de la faire obtenir pour les produits des Gobelins. Le comte de Guine, ambassadeur de France à la cour d'Angleterre, le duc de Bedfort, le duc d'Hartford, etc., paraissent avoir été au nombre de ces intermédiaires obligeants. C'était là, toutefois, une ressource bien aléatoire et que la rupture avec l'Angleterre allait rendre plus précaire encore. Pour combler le déficit, on vendit un certain nombre de tentures, qui avaient été exécutées pour le mobilier de la Couronne. Mais elles se vendirent mal et la situation alla toujours en empirant.

En 1782, lorsque Pierre, premier peintre du roi, prit la succession de

LES GOBELINS.

Soufflot, on se flattait qu'il pourrait, dans une certaine mesure, enrayer le mal. Il connaissait la maison et il était apprécié des entrepreneurs et des ouvriers, ayant été sur-inspecteur des travaux, de 1765 à 1770[1], à une époque qu'on pouvait regarder comme relativement prospère. Mais il semble au contraire que ces relations antérieures aient donné aux malheureux tapissiers la légitime audace de faire entendre leurs justes plaintes et de montrer toute l'étendue de leurs souffrances imméritées.

Assailli par des réclamations de toutes sortes et ne sachant à qui entendre, Pierre, dès sa première visite aux Gobelins comme directeur, le 10 janvier 1782, invita les entrepreneurs et les ouvriers à formuler leurs griefs par écrit. Ceux-ci demandèrent qu'on supprimât le régime du paiement à la tâche, parce qu'il était impossible d'établir une juste proportionnalité de rémunération entre les divers travaux, qui chaque jour se compliquaient davantage. Ils faisaient remarquer que, malgré les tarifs supérieurs alloués pour les ouvrages difficiles, « un ouvrier mis sur un ouvrage commun gagnoit une forte semaine, tandis que l'ouvrier de tête n'en gagnoit qu'une très faible; de là la tentation irrésistible de hâter l'ouvrage aux dépens de la perfection[2] ». Comme conséquence les ouvriers proposaient d'être soumis à une solde fixe.

Le système du paiement à la tâche, n'était guère plus favorable, aux entrepreneurs. Sa complication en rendait, d'ailleurs, l'application difficile pour des travaux d'aussi longue durée. Le fonctionnement de ce système est assez peu connu pour que nous en donnions ici une explication rapide. Les comptes entre la Couronne et les entrepreneurs se faisaient à l'entreprise et à des prix variant suivant la difficulté du travail et le genre de tapisserie, haute ou basse lice. Pour cela, le modèle était préalablement décomposé en autant de parties qu'il y avait de genres de travail : carnations, étoffes, etc. Chacune des parties découpées était mesurée, suivant une unité, le bâton de France, sixième partie de l'aune carrée, et son prix d'exécution était calculé à un taux fixé d'avance, par le règlement officiel. On ajoutait à la somme, par aune carrée, 6 livres pour l'or. Le maître recevait, en outre, 30 livres, pour la conduite du travail et pour la valeur des étoffes, c'est-à-dire les soies et les laines fournies par la Manufacture.

[1] Il avait succédé, à cette époque, à François Boucher et, cinq ans plus tard, il cédait la place à Noël Hallé, quand il fut, à son tour, nommé premier peintre du roi.
[2] *Rapport* adressé par M. de Montucla au directeur général.

Ce premier calcul fait, l'entrepreneur traitait avec ses ouvriers. La dimension de la pièce était toujours la base admise pour l'évaluation, mais l'unité de mesure était différente. Au bâton de France, on substituait le bâton de Flandres, qui représentait seulement le tiers du bâton français, et le compte s'établissait d'après le règlement officiel. L'entrepreneur retenait la moitié de la bande bleue sur chaque tapisserie, comme indemnité pour la rentrée de la pièce, pendant le temps des relais, pour la perte des chaînes, en commençant et en finissant le tissage, pour les lissures, broches et bobines. Dans une pièce mesurant douze aunes carrées, cette retenue se montait environ à 50 livres.

Un Mémoire d'Audran, Cozette et Neilson sur la manière de fixer le prix de chaque tableau neuf pour être exécuté en tapisserie, nous fait connaître exactement l'état financier d'une pièce de tapisserie, en l'année 1783 :

« EXEMPLE DE LA TENTURE DE JASON. — *Jason recevant de Médée l'herbe enchantée.*

Déboursé pour la main-d'œuvre.	1648 l.	17 s.	11 d.
Déboursé pour la main-d'œuvre des bordures.	853	2	6
Total du déboursé pour l'ouvrier	2502 l.	» s.	5 d.
Étoffes et conduites pour l'entrepreneur. . . .	1495	6	3
Total	3997 l.	6 s.	8 d.

Ladite pièce, contenant en carré, 12 aunes, 6 pouces et 7 lignes, au prix fixé de 360 l. l'aune, donne la somme de 4485 l. 18 s. 9 d. ; l'entrepreneur se trouve donc en bénéfice, sur cette pièce, de 488 l. 12 s. »

Le prix fixé pour la haute lice faisait la règle pour la basse lice, à la diminution d'un tiers environ pour la main-d'œuvre[1].

On comprend combien ce système compliqué devait, en un temps où le Trésor avait été mis à sec par les prodigalités de Mme Dubarry, prêter aux atermoiements et ouvrir la porte aux difficultés, dans les règlements de

---

[1] Cette diminution n'avait pas toujours été d'un tiers. Au XVIIe siècle, elle s'était élevée à la moitié. Ainsi la *Galerie de Saint-Cloud*, qui fut payée aux entrepreneurs en haute lice 34,445 livres, ne fut payée en basse lice que 17,080. À l'époque où nous sommes parvenus et surtout depuis les perfectionnements apportés par Neilson au travail de la basse lice, les prix étaient de 360 livres pour l'aune en haute lice et de 220 livres en basse lice.

compte. Aussi, les entrepreneurs réclamaient-ils, avec insistance, qu'on leur fît au moins quelques avances sur ce qui leur était dû. Cozette était à la veille de suspendre ses travaux et de fermer son atelier. Audran se trouvait complètement ruiné. Quant à Neilson, en 1785, on lui devait 118,749 livres; il ne pouvait même obtenir qu'on lui en servît les intérêts. Dans l'impossibilité de continuer à travailler, les entrepreneurs en étaient réduits, eux aussi, à demander à n'être considérés que comme de simples chefs d'atelier, avec appointements fixes.

Cette subalternisation de leur situation, qui leur aurait paru inadmissible cinquante ans plus tôt, et contre laquelle ils eussent protesté, alors, avec la plus vive énergie, avait au moins le mérite de mettre fin à de très lourdes responsabilités. La caisse des Bâtiments, en effet, ne payait même plus les pensions des vieux ouvriers, fixées à 200 livres, ni les autres pensions de 150 livres, appelées les « petits gages », qui étaient accordées, depuis l'institution de la Manufacture, aux maîtres tapissiers et teinturiers, à titre de commensaux de la maison du roi. Sous peine de laisser ces braves gens mourir de faim, les entrepreneurs étaient obligés de venir à leurs secours, et ces secours, il semblait qu'il les leur dussent, à cause des bénéfices réalisés, à leur avis, sur la main-d'œuvre. De là, une suite d'avances faites aux ouvriers malades, très lourdes pour les finances des entrepreneurs, et l'obligation de garder les vieillards dans les ateliers, alors qu'ils n'étaient presque plus capables de travailler.

Aussi, les uns et les autres étaient-ils unanimes pour réclamer la reprise des ateliers par l'Etat et la mise de tout le personnel à une solde fixe. C'était là, semblait-il, l'unique remède à tant de maux. De son côté, Pierre était loin de se montrer hostile à cette réforme. Dans de nombreuses lettres, il fait part, au directeur général des Bâtiments du roi, de ses griefs contre les entrepreneurs, dont il considère l'installation comme la vraie source de toutes les calamités qui ont fondu sur l'établissement royal. « La fermentation que présente la Manufacture des Gobelins, écrit-il un jour, est un très ancien vice qui a éprouvé des calmes et des accès de convulsion. On en peut dater l'origine à l'époque où les chefs d'ateliers ont quitté la main-d'œuvre et se sont trop distingués de leurs anciens camarades. De *primi inter pares*, ils sont devenus des supérieurs. Ils ont remplacé la confiance que leur valait une supériorité méritée et nécessaire, par un despotisme ignorant et déplacé. » En conséquence, Pierre proposait de remettre les entrepreneurs sur le pied où ils étaient autrefois, c'est-à-dire simples chefs d'ateliers; d'établir qu'ils n'auraient plus la liberté de travailler pour leur compte, qu'ils auraient des intérêts communs et se représenteraient les uns et les autres, dans la Manufacture, vis-à-vis des ouvriers et de l'administration; il demandait en outre la suppression du séminaire des élèves de basse lice. Mais il mourut sans pouvoir mettre à exécution son projet de réorganisation.

L'architecte Guillaumot lui succéda en avril 1789[1] et, le 23 décembre 1790, les ouvriers furent placés sous le régime à solde fixe. Une ère nouvelle allait commencer pour les Gobelins; nous en retracerons les phases dans les prochains chapitres.

On voit par quelle suite d'épreuves variées avait passé la Manufacture royale des meubles de la Couronne, depuis l'année 1745, où le contrôleur général Orry avait cédé la place à M. de Tournehem. On pourrait croire que, pendant une période si troublée, il ne sortit pas grand'chose de beau ni de bon de ces ateliers, où régnait en quelque sorte la famine. Il n'en est rien cependant. En passant la revue des tapisseries fabriquées dans les cinquantes dernières années, nous y trouverons un nombre considérable d'œuvres très recommandables.

Les livrets des Salons nous fournissent des renseignements précieux. En 1731, nous notons une composition historique de Restout : *Didon faisant voir à Énée les bâtiments de Carthage*. En 1753, Boucher expose, comme nous l'avons dit plus haut, le *Lever* et le *Coucher du Soleil*, destinés aux ateliers de Cozette et d'Audran, et Restout, en 1755, un *Triomphe de Mardochée*, destiné également aux ateliers de haute lice. L'année 1757 est particulièrement abondante : nous relevons une composition de *Neptune et Amymone* par Carle van Loo, les *Forges de Vulcain* de Boucher, l'*Arrivée de Cléopâtre* de Natoire, faisant partie d'une suite à trois pièces, relatives à Marc-Antoine et Cléopâtre, l'*Enlèvement d'Europe* par Pierre, et *Proserpine rencontrée par Pluton* de Vien. On voit qu'il était difficile de se montrer plus éclectique. En 1759, Restout figure seul, avec un *Mardochée refusant les honneurs réclamés par Aman;* mais au Salon de 1761, Noël Hallé et J.-J. Bachelier entrent en scène, celui-ci, avec les *Amusements de l'Enfance*, celui-là avec les *Génies de la poésie*, de l'*Histoire*, de la *Physique* et de l'*Astronomie*. En 1763, on voit se produire, pour la première fois, un

---

[1] M. d'Angiviller proposa à Vien la succession de Pierre : mais l'artiste refusa sous le prétexte qu'il était trop âgé et qu'il ne voulait point abandonner son art.

fait qui ne saurait passer inaperçu. Un certain nombre de tapisseries des Gobelins furent exposées, à la suite des tableaux envoyés par les peintres. Si l'on se rappelle les luttes soutenues par Oudry pour amener les haute-liciers à la copie fidèle des tableaux qui leur étaient donnés en modèle, on peut voir qu'en dépit de leur opposition véhémente, Audran et Cozette étaient entrés dans cette voie.

Audran avait exposé, le *Portrait du Roi*, d'après Michel Van Loo, entre une peinture de Restout représentant *Orphée descendant aux Enfers* et une composition de Pierre, intitulée *Mercure changeant Aglaure en caillou*. En 1765, Cozette envoya le *Portrait de M. Paris de Montmartel* d'après La Tour, et une allégorie de la *Peinture* d'après Carle Van Loo, qui furent placés à côté de la *Course d'Hippomène et d'Atalante* de Hallé et du *Grand prêtre Corésus se sacrifiant pour sauver Callirhoé* de Fragonard. En 1769, Cozette montre de nouveau un *Portrait du Roi* d'après Van Loo, et un *Portrait de la Reine* d'après Nattier, exécutés l'un et l'autre pour l'École militaire, pendant que Hallé expose un *Achille à la cour de Lycomède*, destiné aux Gobelins. Ce même peintre, en 1771, présenta au public un *Silène barbouillé de mûres par Eglé*, qui, avec *Psyché et l'Amour endormis* de Belle, prit le chemin de la Manufacture. Enfin, en 1773, Amédée Van Loo, dit van Loo de Prusse, faisait figurer au Salon la première pièce de la suite de la *Sultane*, qu'il complétait, en 1775, par quatre autres compositions, tirées du même sujet.

Indépendamment des ouvrages dont les modèles avaient été envoyés aux Salons, les Gobelins exécutèrent, pendant cette période, un nombre considérable de pièces isolées d'après Boucher, *Amynthe et Sylvie*, tirée de la tragi-comédie du Tasse, en haute lice ; le *Secret*, l'*Amour rallumant son flambeau*, basse lice par Neilson, *Vénus sur les eaux*, les *Diseurs de bonne aventure;* deux tentures d'après Jeaurat, l'une de sept pièces, *Histoire de Daphnis et Chloé*[1], l'autre de quatre pièces, représentant des *Fêtes de village*, atelier Audran et commandes particulières ; une tenture appelée les *Amours des Dieux*, dont les modèles avaient été fournis par les peintres Pierre et Vien ; l'*Entrée de l'ambassadeur turc aux Tuileries* et la *Sortie de l'ambassadeur*, par Parrocel, ateliers Lefèvre et Monmerqué, du prix de 30,390 livres; l'*Aurore et la nuit*, par Boizal ; les *Noces d'Angélique et de Médor*, par

---

[1] Deux suites en ont été exécutées, l'une vendue en 1755, 6,800 livres, l'autre déposée au Mobilier de la Couronne.

Coypel, et enfin une suite nouvelle de l'*Histoire de Louis XIV*, comprenant six pièces, d'après Martin, Lecomte, Hallé, Vernansal, Christophe et Dieu. On voit que dans la seconde partie du règne de Louis XV et en dépit de la crise terrible qui sévissait sur les Gobelins, les ateliers n'étaient pas restés inactifs.

Sous le règne de Louis XVI et quoique leur situation ne se fût guère améliorée, les Gobelins continuèrent de produire; mais le goût qui les guidait avait changé. Les allégories aimables, galantes, gracieuses, avaient cessé de plaire. Les dieux de l'Olympe, les déesses aux carnations nacrées et les nymphes rougissantes, étaient désormais proscrits par les austères connaisseurs. La crise financière s'était complétée d'une véritable crise artistique. Le beau temps de Boucher, de Coypel et de de Troy était passé. Les portraits exposés par Audran et Cozette, en 1763 et 1765, avaient fait sortir la tapisserie de sa voie naturelle. Elle allait désormais se poser en rivale de la peinture et avec le vent de grave sensibilité qui soufflait, elle était fatalement condamnée à devenir l'interprète de la peinture historique. On demanda, en effet, à cet art des Gobelins, si luxueux, si débordant d'éclat et de richesse, deux tentures dites de l'*Histoire de France*. La première comprenait cinq pièces, d'après Vincent : *Sully aux pieds d'Henri IV; Henri IV prenant congé de Gabrielle d'Estrées; Evanouissement de la belle Gabrielle; Henri IV soupant chez le meunier Michaut; Henri IV faisant entrer des vivres dans Paris*. Les modèles de la seconde, qui ne comptait pas moins de huit pièces, furent commandés à plusieurs artistes. Ménageot peignit la *Mort de Léonard de Vinci*; Rameau, la *Continence de Bayard*; Brenet, les *Honneurs rendus à Duguesclin par les ennemis après sa mort*; Suvée, la *Mort de Coligny*[1]. Barthélemy donna les autres, qui représentaient le *Siège de Calais*, la *Reprise de Paris par le connétable de Richemont*, la *Mort d'Etienne Marcel*. La première de ces deux tentures fut entreprise en 1787. Il est vraisemblable que la seconde resta inachevée.

On peut s'étonner à bon droit de cette production persistante, au mi-

[1] Une lettre de Vien à M. d'Angiviller, en date de mai 1790, dit qu'on était prêt à cette date à recommencer sur les métiers libres les tableaux de *Maillart* par M. Barthélemy et de *Coligny*, par M. Suvée : mais d'après quelques observations faites par le roi sur le sang qui est répandu dans ces tableaux, on crut devoir en cesser l'exécution. M. d'Angiviller répondit qu'il goûtait peu de son côté les *Manlius*, les *Metellus*, les *Dames romaines* et qu'il préférait *Enée et Créuse*.

LES GOBELINS.

lieu de difficultés aussi nombreuses; d'autant plus que l'exécution de toutes ces pièces, de caractères si variés, est extrêmement remarquable et qu'on ne peut guère leur reprocher qu'un seul défaut, l'altération du coloris et encore ce défaut est-il bien plus imputable à l'atelier de teinture qu'aux ouvriers de haute ou basse lice. L'explication la plus plausible peut-être qu'on ait à donner de cette fécondité si remarquable, c'est la constitution même des Gobelins en une grande famille. On pouvait, en effet, attendre un dévouement sans bornes d'artistes, dont les ancêtres avaient toujours vécu dans cette enceinte privilégiée et qui, eux-mêmes, après y être nés, n'avaient pas de désir plus vif que d'y demeurer paisiblement et de travailler avec ardeur jusqu'à leur heure dernière.

Pour les chefs d'atelier, cette hérédité de profession est facile à établir. Le vieux Jans, le célèbre hautelicier, eut pour successeur son fils, qui demeura, jusqu'en 1731, à la tête de l'atelier. De même Jean Lefèvre laissa à son fils la direction de l'atelier de haute lice, qu'il avait gardée jusqu'en 1700 et que celui-ci conserva jusqu'en 1736. Michel Audran, qui succéda à Jans fils, en 1733, était fils d'un graveur du roi, Jean Audran, qui mourut aux Gobelins en 1756, âgé de quatre-vingt-neuf ans, et en 1772, quand Michel se retira, ce fut à son fils qu'il céda son poste. Cozette, après avoir travaillé trente-neuf ans, eut également son fils pour successeur.

Ainsi, pendant un espace de cent cinquante ans, un des deux ateliers de haute lice n'avait compté que quatre chefs différents, les deux Jans et les deux Audran, et l'autre cinq, les deux Lefèvre, Monmerqué et les deux Cozette. Cette permanence de fonctions dans un certain nombre de familles, qui se retrouvait jusque dans les rangs les plus obscurs de ces vaillants et habiles « Gobelins », doit être considérée comme une des causes les plus puissantes de la vitalité de ce grand établissement.

A côté des ateliers de tapissiers, continuaient à fonctionner les ateliers d'autres artistes industriels, fondés par Colbert. Sans doute, ils avaient perdu beaucoup de leur importance; il ne sortait plus guère de chefs-d'œuvre d'orfèvrerie, d'ébénisterie, etc., des Gobelins, et à plus exactement définir leur caractère, ces ateliers n'étaient que des écoles de maîtrise. A la date de 1767, d'après l'état des artistes et ouvriers, dressé par la direction, il y avait, dans le vieil hôtel, comme orfèvres, quatre maîtres, quatre compagnons et cinq apprentis. Les maîtres étaient : 1° Le Rousseau, installé le 4 mars

1761, successeur de Lambert et de S. de Villers, qui a pour compagnons Pierre-Joseph Archaimbourg, entré en 1763, Dutry, placé en 1762 et pour apprentis Artz et Rauman; 2° Machi, installé le 29 mai 1764, en remplacement de Le Brun, qui a pour compagnon son frère Machi et Jean-Joseph Neveu comme apprenti; 3° Deschamps, installé le 29 octobre 1765, successeur de Gouget, dont le compagnon est Marchand, et Antoine-François Dusautoir, l'apprenti; 4° Gobert, installé le 15 novembre 1765, remplaçant Hallé, avec un apprenti du nom de Guillaume-Julien Serane, sans compagnon.

Le maître ébéniste est OEben, qui a succédé à son frère et qui forme comme apprenti Noël Mongé. Desachy, l'autre maître, vient de mourir laissant un apprenti, Louis-Pierre Caillot, qui continue son apprentissage avec le maître menuisier Lechaudel, en compagnie de l'apprenti Blondeau. Le deuxième maître menuisier est Gaultier, installé le 29 juin 1764, en remplacement de C. Desachy; il a pour compagnon un nommé Louis Gervais et un apprenti, Nicolas-François Serane. Enfin il y a un maître horloger, Ménard, et un maître serrurier, Fomaine, avec un apprenti, Louis-François Caillot.

A cette date, l'hôtel des Gobelins contenait, comme artistes et ouvriers en tous genres, cinquante-huit personnes.

Le nombre des orfèvres, ébénistes et autres artisans ira toujours en diminuant. La corporation des orfèvres, devenue très puissante, lutte avec énergie contre le privilège des Gobelins pour la délivrance de la maîtrise. Les protestations contre la facilité avec laquelle sont accordés les brevets se multiplient. Dans un fort curieux *Mémoire* adressé à M. d'Angiviller, en l'année 1778, la Communauté des orfèvres fait une proposition qui, sous prétexte de réformes d'abus, ne tend rien moins, qu'à supprimer virtuellement ce privilège. Elle demande qu'on astreigne à l'avenir « les gagnans maîtrise dans la manufacture des Gobelins : 1° à se faire inscrire au bureau des orfèvres et à y indiquer dans quels ateliers ils travaillent ; 2° à être présentés par eux à la Cour des Monnoyes ; 3° à faire leur chef-d'œuvre au bureau des orfèvres ; 4° à ne recevoir leur certificat du directeur général qu'après celui des maîtres gardes qui leur auront vu faire ce chef-d'œuvre. » M. d'Angiviller répliqua longuement. Tout d'abord, le Directeur général fait l'aveu « qu'on ne peut pas se dissimuler qu'il a pu dans certains temps régner quelques abus, occasionnés par des circonstances particulières, peut être un peu de relâchement dans quelques uns des chefs de la Manufacture; mais en général ces abus ont été infiniment moindres que ne le représente la Communauté. Par des informations sévèrement faites à la Manufacture, on s'est assuré qu'un

La toilette d'Esther, d'après de Troy, tapisserie tissée en 1745.

grand nombre de ceux qu'on représentait comme n'y ayant pas travaillé y ont réellement travaillé le temps requis, et que, s'ils ont fait quelques absences, elles ont été compensées par une prolongation de temps passé à la Manufacture. Des dix-sept qu'on cite comme étant parvenus à la maîtrise sans avoir séjourné assidument à la Manufacture, il n'y en a que cinq ou six à qui l'on puisse faire ce reproche avec fondement, mais c'est absolument à l'inçu des chefs et surtout du controlleur et de l'inspecteur de la Manufacture qui ont refusé plusieurs fois les certificats pour raison d'absence ou de mauvaise conduite. » M. d'Angiviller ajoute, en forme de conclusion, qu'il n'est point en son pouvoir « de renoncer à des droits qu'il a plu à Sa Majesté d'attribuer à sa place et à son administration, ainsi qu'à la Cour des Monnoyes »; il s'engage toutefois, « pour prévenir toute plainte de la Communauté des orfèvres, à prendre des mesures d'ordre et de discipline qui consisteront surtout à diminuer successivement le nombre des gagnans maîtrise dans l'art d'orfèvrerie en vertu des priviléges des Gobelins, et pour cet effet il n'y admettra désormais en qualité de maîtres et de compagnons, que des hommes de tenue et de bonne conduite, propres enfin à faire honneur à la Communauté et pour l'apprentissage que des jeunes gens qui auront eu dans leurs familles ou dans leurs protecteurs de bons répondans de leur conduite et d'une éducation honnête. »

Insensiblement, en effet, les ateliers spéciaux virent diminuer le nombre des maîtres et des apprentis, si restreint déjà, et à la Révolution, il n'est plus fait mention d'orfèvres, de menuisiers ni d'ébénistes, dans les états du personnel de la Manufacture.

XIII

LES GOBELINS SOUS LA RÉVOLUTION
ET LE PREMIER EMPIRE

HARLES-AXEL GUILLAUMOT, qui succéda au peintre Pierre, comme directeur des Gobelins, était un architecte de grand talent, en même temps qu'un homme de tête et de cœur. Né en 1730, à Stockholm, de parents français, il s'était fait connaître à Paris par la construction d'un certain nombre d'édifices publics, qui passèrent alors pour être remarquablement aménagés et qui furent surtout construits avec une louable économie. Les casernes de Courbevoie, de Rueil et de Saint-Denis, notamment, avaient rendu son nom presque populaire. Les immenses travaux de consolidation du ciel des catacombes achevèrent de fixer l'attention sur lui. Membre de l'Académie d'architecture, il avait été nommé intendant des Bâtiments du roi. En avril 1789, on lui offrit la direction des Gobelins, qui ne pouvait alors être, en aucune façon, regardée comme une sinécure. La situation du personnel, que nous avons vue si compromise, s'aggravait de jour en jour. L'organisme de la Manufacture se détraquait. A bout de ressources, l'administrateur précédent avait, peu de jours avant sa mort, pris deux mesures désastreuses : La suppression de l'académie où les

jeunes gens apprenaient le dessin, et celle du séminaire des apprentis. C'était provoquer à bref délai la fermeture des Gobelins, car le recrutement des ouvriers devenait de cette façon à peu près impossible. Guillaumot, administrateur habile, se préoccupa, dès son entrée en fonctions, de rendre confiance aux ouvriers et à leurs chefs. Tout le personnel de la Manufacture, comme nous l'avons dit précédemment, fut mis à solde fixe. On partagea les artistes tapissiers en quatre classes, d'après leur valeur personnelle, et on mit à leur tête, dans chaque atelier, un chef qui remplaça l'ancien entrepreneur. Ce nouveau régime, — celui-là même qui fonctionne encore aujourd'hui, — fit l'objet d'un règlement, qu'on appliqua, à partir du 23 décembre 1790.

Cette transformation, qui constituait une véritable révolution administrative, fut alors diversement jugée, et depuis, si elle a trouvé des partisans convaincus, elle a rencontré aussi des adversaires implacables. Sans vouloir trancher ce débat souvent agité, nous devons faire remarquer, que, au moment où elle se produisit, la transformation eut pour résultat immédiat de sauver la Manufacture d'une ruine imminente. Sans cela tout était perdu. Obtint-on ce qu'on espérait surtout, c'est-à-dire une main-d'œuvre plus soignée que par le passé? Le fait est probable. Par contre, l'activité et l'ardeur du personnel parurent se trouver un moment très attiédies par cette certitude de toucher les mêmes émoluments, quelle que fût l'importance du travail exécuté. Aussi, serait-on disposé à blâmer la mesure, si l'on n'était convaincu que l'assurance d'un salaire modeste sans doute, mais certain et régulier, était à peu près le seul moyen à cette époque de retenir aux Gobelins des artistes de grande valeur, d'une habileté unique, que, sans cela, l'industrie privée, émancipée par la Révolution, n'aurait pas manqué d'attirer à elle. C'est encore à cette indépendance relative, à cette existence calme, simple, exempte de toute occupation étrangère à leur art, et conforme aux traditions de la maison, qu'il faut attribuer l'inébranlable fidélité de tant d'artistes, d'un talent exceptionnel, rétribués bien au-dessous de leur mérite. Aujourd'hui, si, après un siècle de bouleversements sociaux, politiques et administratifs, les Gobelins possèdent encore un personnel d'élite, unique au monde, on ne peut nier que ce soit à cette organisation particulière que nous en soyons redevables.

Mais le mal si pressant, auquel Guillaumot avait paré par son éner-

gie, n'était pas le seul danger qui menaçât la Manufacture royale. A ce moment, où toutes les institutions du pays étaient remises en question, il ne faut pas être surpris que l'utilité des Gobelins ait été discutée. Dès 1790, les plus ardents novateurs avaient donné l'assaut à cet établissement déclaré monarchique.

« On n'a nulle idée chez l'étranger, écrivait Marat dans l'*Ami du peuple*[1], d'établissements relatifs aux beaux-arts, ou plutôt de manufactures à la charge de l'Etat; l'honneur de cette invention était réservé à la France. Telles sont, dans le nombre, les manufactures de Sèvres et des Gobelins : la première coûte au public plus de deux cent mille francs annuellement, pour quelques services de porcelaine dont le roi fait présent aux ambassadeurs; la seconde coûte cent mille écus annuellement, on ne sait trop pourquoi, si ce n'est pour enrichir des fripons et des intrigants. On y entretient d'ordinaire vingt-cinq ouvriers qui emploient au total douze livres de soie au travail d'une tapisserie qui est quelquefois quinze ans sur le métier. »

Est-il nécessaire de dire que la passion qui emportait Marat lui faisait avancer à propos des Gobelins presque autant d'erreurs qu'il traçait de lignes. La manufacture de tapisseries occupait encore, à ce moment, 116 ouvriers et son budget était loin d'atteindre trois cent mille francs. Même en ce temps, où le travail était devenu plus difficile en raison de la multiplicité des teintes, l'exécution d'une tapisserie de 43 aunes carrées, comme l'*Ambassadeur turc aux Tuileries*, exigeait à peine trois années. La tenture de *Marc-Antoine et Cléopâtre*, en trois pièces, d'après Natoire, n'avait pas occupé les métiers pendant cinq ans. Toutefois, en dépit de ces inexactitudes, les critiques violentes émises par l'*Ami du peuple* ne manquèrent pas de faire leur chemin. Le 29 septembre 1792, une loi enlevait la direction et les produits des Manufactures à l'administration des Domaines et de la liste civile. On commença à se préoccuper de la possibilité de réduire ces institutions au rôle d'établissements industriels et de les faire subsister, en exécutant des commandes pour le compte des particuliers.

C'est uniquement en faisant espérer à la Convention nationale une solution de ce genre, que le ministre Roland obtint les subsides nécessaires pour le fonctionnement de la Manufacture pendant les six premiers mois de 1793.

[1] N° du 17 août 1790.

« Pour tirer de ces deux manufactures le parti le plus avantageux, disait-il dans son rapport, il est une mesure à prendre dont je crois le succès certain, c'est d'y en réunir une troisième dans le même genre, mais plus commune, telle, par exemple, que celle de Beauvais ou d'Aubusson, à qui elle prêtera sa réputation, quelque chose même de son goût et de sa perfection, et qui, en échange, lui rendra sur le bénéfice particulier à celle-ci, l'aliment que la première ne pourrait pas tirer de son propre fonds... Une révolution commune à faire subir à ces établissements serait de les soumettre, s'il est possible, à une régie intéressée. La base première d'un tel système serait d'associer non seulement l'entrepreneur en chef, mais les sous-ordres, mais jusqu'aux derniers ouvriers mêmes, aux pertes comme aux bénéfices de l'entreprise commune.

« Il suffirait, par exemple, pour remplir ce but, à l'égard de ces ouvriers, ajoutait le ministre, de les mettre constamment à la tâche ou à la pièce dans les trois manufactures (Sèvres, les Gobelins, la Savonnerie), comme je l'ai décidé pour les Gobelins, et de joindre aux prix qui leur seraient alloués une prime proportionnée à la masse des ventes dont le registre serait ouvert à tous. »

C'était là, on le voit, une conception toute nouvelle, bien éloignée de celle de Guillaumot, et de la rétribution fixe qu'on avait établie deux années plus tôt. Roland ne se contenta pas de développer ses idées devant la Convention; il voulut les mettre à exécution. Dès le 4 septembre 1792, il commença par remercier les trois peintres attachés à la Manufacture, en déclarant leurs services inutiles. Le chimiste auquel était confiée l'inspection de l'atelier de teinture fut également congédié. L'école de dessin avait été fermée antérieurement. L'architecte Guillaumot fut remplacé par le tapissier Audran, l'un des trois chefs d'atelier des Gobelins.

Roland aurait sans doute continué cet épurement du personnel, en vue de la transformation industrielle rêvée, si la politique lui en eût laissé le loisir. Mais, à ce moment, les hommes d'État avaient des préoccupations plus graves que de refondre le personnel des Manufactures. Le trouble était partout, et l'incertitude du lendemain forçait aux mesures les plus radicales. Les tumultes de la rue n'avaient pas manqué, du reste, d'avoir leur contre-coup dans cette maison, autrefois si paisible et si laborieuse. La politique, jadis ignorée de tous ces travailleurs vivant en famille, avait pénétré parmi eux et accompli son œuvre de discorde.

Après moins d'une année d'exercice, le directeur Audran se voyait soupçonné d'*incivisme*, dénoncé par la section dite du Finistère et incarcéré d'office par les zélés sans-culottes.

Bien qu'on ne pût relever contre lui aucun chef sérieux d'accusation, Audran, n'en fut pas moins destitué et Augustin Belle, fils de l'ancien sur-inspecteur du même nom, recueillit sa succession.

Il s'agissait pour le nouveau directeur de ne pas imiter la timidité de son prédécesseur. Belle fit peindre sur la porte des ateliers cette inscription : « Ici on se tutoye. » Il ne descendait dans la cour et ne se montrait aux ouvriers qu'en carmagnole. Ces allures, qui nous peuvent paraître quelque peu singulières, mais qui étaient commandées par les idées et les mœurs du temps, sont fort excusables, étant donnés la crise intense que traversaient alors Paris et la France, et le républicanisme très sincère et très ardent de Belle. Ce qui le fut infiniment moins, c'est l'étrange façon dont ce directeur des Gobelins entendait la conservation des œuvres d'art qui lui étaient confiées. Neuf jours ne s'étaient pas écoulés depuis son entrée en fonctions que, le 13 novembre 1793, pour faire montre de son civisme, Belle sollicitait du ministre de l'intérieur l'autorisation d'ériger un arbre de la liberté, dans la cour de la Manufacture et de brûler, au pied de cet arbre, les tapisseries ornées de fleurs de lis, de chiffres royaux et des ci-devant armes de France. Cet holocauste devait avoir lieu en l'honneur des martyrs de la liberté, Marat et Lepelletier de Saint-Fargeault. Le ministre, bien qu'il ne pût guère ignorer que la presque totalité des anciennes tapisseries portaient les ci-devant armes de France dans la bordure, et que cet acte de vandalisme allait amener la destruction d'une quantité de chefs-d'œuvre, accorda la permission demandée.

Fier de son succès, Belle voulut donner une certaine solennité au sacrifice public, dont il allait être le grand prêtre. Le 29 novembre, à la tête d'une députation des employés et des artistes des Gobelins, il quitte la Manufacture, descend vers la Seine et se présente à la barre de la Convention. Admis en présence de la souveraine assemblée, il fait jurer à son personnel de n'employer désormais ses talents « qu'à transmettre à la postérité les images des héros et martyrs de la liberté ainsi que les actions mémorables des Français régénérés et républicains ». Puis, il invite la Convention à se faire représenter au grand acte de justice du lendemain. Celle-ci décide que les représentants Dupuys et Boucher assisteront à la destruction des œuvres condamnées. Et c'est en leur présence que, le 30 novembre 1793, à neuf heures du matin, on brûla solennellement, dans la grande cour des Gobelins, une tenture dite de la *Chancellerie*, la pièce représentant la *Visite de Louis XIV à la Manufacture des meubles de la Couronne* et un grand nombre d'entre-deux et de portières [1].

Pendant que ces faits monstrueux se produisaient aux Gobelins, des idées plus saines, plus pratiques surtout que celles émises par Roland, commençaient à prévaloir en haut lieu. Le ministre Paré, dans une lettre fort curieuse, adressée, en janvier 1794, au représentant Gillet, chargé par le comité des finances de la Convention de faire des recherches sur l'administration des Bâtiments, caractérisait, d'une façon très précise et dans des termes excellents, le danger des théories économiques affirmées par son prédécesseur. Il reconnaissait, tout d'abord, que des établissements consacrés à des productions exclusi-

---

[1] La réaction inaugurée par Belle contre les traditions de la Manufacture fut aussi rapide que violente. Quatre mois avant l'entrée en fonctions du nouveau directeur, les Gobelins exposaient encore en plein faubourg Saint-Marcel, dans les rues que devait suivre la procession de la Fête-Dieu, se conformant à un usage très ancien. Dans son *Tableau de Paris*, Mercier nous a laissé une description pittoresque de l'exposition annuelle en plein vent, faite par la Manufacture, de ses nombreux chefs-d'œuvre, anciens et nouveaux.

« Il faut voir, écrit-il, les tapissiers le jour de la Fête-Dieu, monter et glisser le long de leurs échelles. Toutes les portes sont tapissées. La procession défile et la queue est encore dans la rue, que voilà les hommes clouant et les tapisseries mythologiques qui dégringolent tout ensemble. Elles sont ployées, emportées en un clin d'œil, car elles doivent servir ailleurs.

« Le miracle est, qu'à travers tant d'échelles qui courent, droites et hautes, tant de marteaux qui sont en l'air, tant de passants qui heurtent les échelons et leurs bases boiteuses, il n'y ait pas quelque martyr de la tenture et du pieux empressement des tapissiers, qui, ce jour-là, regardent toutes les têtes comme des pavés.....

« Ce jour a une double physionomie; le matin c'est une fête; les maisons sont tapissées, la ville est ornée, mais dès que la procession est passée, les échelles se dressent, les tapisseries tombent, les reposoirs se décomposent, les boutiques s'ouvrent; la foule travaillante se meut; les pyramides de savon de l'épicier, l'étau du fourbisseur, la forge du serrurier, l'escabelle du cordonnier, le mortier et les vipères du pharmacien, se montrent à travers un reste de décoration ; dans une demi-heure la ville a totalement changé de face. On aperçoit encore de loin le dais et les boutiquiers ont repris leurs fonctions. »

En 1789, le jour de l'octave de la Fête-Dieu, on avait exposé, de six heures du matin à midi, sur le quai du Louvre, depuis la rue du Petit-Bourbon jusqu'au second guichet des Tuileries, les 14 pièces de l'*Histoire de Louis XIV*, 12 pièces de l'*Histoire d'Alexandre*, 10 pièces des *Chambres du Vatican*, 8 pièces des sujets de l'*Ancien Testament*, les 7 pièces des *Actes des Apôtres*, les *Fruits de la guerre* en 8 pièces, l'*Histoire de Scipion* et l'*Histoire de Constantin*, l'une en 10, l'autre en 12 pièces, en tout 91 tapisseries, mesurant ensemble 3 à 400 mètres de longueur.

C'étaient là de véritables expositions, pour lesquelles l'administration des Gobelins faisait même imprimer des catalogues, mis à la disposition des visiteurs.

A la date du 7 août 1793, le *Journal de Paris* publie l'avis suivant :

« Le directeur de la Manufacture nationale des Gobelins prévient nos frères des départements, qu'en conséquence des ordres du ministre de l'intérieur, les 11 et 12 du présent mois d'août, les tapisseries seront tendues depuis huit heures du matin jusqu'à huit heures du soir, dans la principale cour de ladite Manufacture et dans la galerie seulement, si le tems ne permettoit pas de tendre la cour. »

vement de luxe pouvaient avec difficulté se prêter à des spéculations commerciales. Passant ensuite en revue les propositions présentées de divers côtés pour utiliser ces Manufactures, il écrivait : « Toutes m'ont paru ne tendre qu'à leur destruction, » et, avec beaucoup d'intelligence et d'esprit pratique, il ajoutait : « Fabriquez, disait-on, des tapisseries dont le prix diminue par le rétrécissement des dimensions, par l'économie dans le choix des sujets, dans les richesses d'exécution, et auquel les maisons et les fortunes ordinaires puissent atteindre ; faites, disait-on encore, des porcelaines moins parfaites, moins riches en ornements ; faites de la porcelaine commune, faites des imitations de la terre anglaise... C'était substituer les tapisseries d'Aubusson aux tapisseries des Gobelins, et convertir la manufacture de porcelaine de Sèvres en une manufacture de faïence. Je pense qu'il faut que les deux Manufactures restent ce qu'elles sont ; mais en diminuer, s'il est nécessaire, les fabrications ou du moins les proportionner aux diverses commandes qui pourraient en être faites, ou au débit qu'on aura lieu d'en attendre. »

Le problème se trouvait donc posé sur des bases nouvelles. Deux alternatives se présentaient : Ou fermer la Manufacture et congédier le personnel, ou reprendre les idées de Guillaumot et conserver aux Gobelins leur rôle d'établissement national, chargé d'exécuter pour l'État de coûteux mais incomparables chefs-d'œuvre. C'est pour cette dernière alternative que se prononce Paré ; mais en même temps il faisait preuve d'infiniment d'adresse, en s'appuyant principalement sur des considérations d'humanité et de charité démocratique. « Je me permettrai aussi de penser, poursuit-il, qu'il serait inconvenable, sous plusieurs rapports, de diminuer le nombre des ouvriers actuellement employés à vos trois Manufactures ; ce serait d'abord ôter le pain à cinq ou six cents ouvriers, la plupart chargés de famille, étrangers à tout autre talent, et hors d'état, par conséquent, de se procurer d'autres moyens d'existence... ; ce serait, en outre, intercepter la tradition ou la succession des talents rares et précieux, qui y sont mis en œuvre. »

Grâce à une suite de décisions habiles, les excellentes propositions de Paré ne tardèrent pas à prendre corps. La première chose à faire pour redonner aux ateliers un peu d'activité, c'était d'approvisionner la Manufacture de modèles. Cette nécessité se montrait d'autant plus pressante que les anciennes peintures, d'après lesquelles les tapissiers avaient continué de travailler jusque-là, avaient été solennellement condamnées comme antipatriotiques. On se souvient, en outre, qu'artistes et ouvriers avaient juré de ne consacrer désormais leurs talents qu'à reproduire des sujets républicains. Depuis lors, ils avaient adressé à la Convention une pétition rédigée dans le même sens; c'est ce que rappelait, avec un certain à-propos, Thibaudeau, dans le long rapport présenté par lui, le 10 mai 1794 à la Convention, au nom du Comité d'instruction publique. « Les artistes ouvriers de la Manufacture des Gobelins, disait-il, désirent employer leurs talents à retracer les images des martyrs de la liberté et les actions héroïques de ses défenseurs. Trop longtemps, ils les ont consacrés à flatter le despotisme et à orner les salons dorés de l'aristocratie; ils veulent à l'avenir se dévouer entièrement à propager la Révolution par leurs ouvrages. Ces artistes demandent que la Convention leur fasse remettre des copies des tableaux de *Marat* et de *Lepelletier* pour être exécutés en tapisserie. Vous avez renvoyé leur pétition à votre comité d'instruction publique. Cet objet lui a paru digne de votre attention..... Dès que le gouvernement est déterminé à conserver la Manufacture des Gobelins qui est la seule en Europe qui ait acquis un aussi grand degré de perfection, il faut s'empresser de la tirer de son engourdissement, de la mettre en activité et de donner à tous ses ouvrages la teinte des mœurs républicaines et du caractère national. Mais il ne suffirait pas pour atteindre ce but de donner à ces artistes des copies des tableaux de *Marat* et de *Lepelletier :* votre comité vous propose une mesure plus étendue : Le comité de Salut public a fait un appel solennel à tous les artistes de la République et leur impose la tâche honorable d'imprimer à leur choix sur la toile les époques les plus glorieuses de la Révolution française. Décrétez que tous les tableaux qui auront, d'après le jugement du Jury des arts, obtenu des récompenses nationales, seront exécutés en tapisserie à la Manufacture nationale des Gobelins. »

Déjà, le ministre Paré avait pris les devants. Il avait écrit au peintre David pour lui faire part des idées des artistes des Gobelins et lui dire l'accueil qu'il entendait faire à leur pétition. Il lui demandait, en outre, avec insistance, de procurer à ces patriotes des sujets originaux répondant à leur civisme. « Ne pourrais-tu m'y aider ? Les tableaux de *Lepelletier* et de *Marat* seraient intéressants à multiplier; ils vaudraient bien, dans les auditoires des tribunaux et dans les salles d'assemblée des corps constitués, les *tristes crucifix* et les portraits des *rois harnachés*, dont notre gothique superstition avait continué de les parer. »

LES GOBELINS.

David, alors dans toute l'effervescence de son républicanisme, n'eut garde de refuser le concours actif qu'on sollicitait de lui ; et dès le 10 mai 1794, la Convention nationale rendait le décret suivant : « Les tableaux qui, d'après le jugement du Jury des arts, auront obtenu les récompenses nationales, seront exécutés en tapisserie à la Manufacture des Gobelins. Il sera fait incessamment, sous la surveillance de David, des copies soignées des deux tableaux de *Marat* et *Lepelletier*, pour être remises à cette Manufacture et y être exécutées. »

Une fois entré dans cette voie nouvelle, on ne s'arrêta plus. Quinze jours ne s'étaient pas écoulés qu'un arrêté du Comité de Salut public plaçait les trois Manufactures des Gobelins, de Sèvres et de Beauvais, sous la surveillance et la direction de la Commission d'Agriculture et des Arts (24 mai 1794). Deux mois plus tard, un nouvel arrêté du Comité de Salut public instituait un jury composé de Prudhon, Ducreux, Percier, Bitaubé et Legouvé, qualifiés hommes de lettres, Monvel, acteur et publiciste, Vincent, peintre d'histoire, et Motte, auxquels étaient adjoints Belle, directeur des Gobelins, et Duvivier, ancien entrepreneur de la Savonnerie. Ce jury avait pour mission d'examiner les modèles existant aux Gobelins et à la Savonnerie, de choisir ceux d'entre eux qui, à raison de leur perfection, méritaient d'être exécutés, d'exclure au contraire ceux qui, par la nature du sujet ou par les emblèmes dont ils étaient ornés, devaient être rejetés, et enfin de classer les ouvriers suivant leurs aptitudes et leur mérite. Le mois suivant (18 août 1794), parut un troisième arrêté ordonnant la réouverture et la remise en activité de l'atelier de teinture des Gobelins, qui, le 8 novembre de la même année, se trouva placé sous la direction du teinturier Galley. Ainsi, dans le cours de cette seule année 1794, quatre arrêtés, pris successivement par le Comité du Salut public, avaient rendu aux Gobelins une partie de leur activité disparue et de leur vitalité si gravement compromise.

Bien qu'on ne puisse, sans injustice, nier l'excellence des intentions qui avaient présidé à ces mesures variées, il s'en faut de beaucoup qu'elles aient toutes porté de bons fruits. L'arrêté qui instituait le jury spécial, dont nous venons de donner la composition, eut surtout des résultats déplorables. Le 10 septembre 1794, ce jury se transporta aux Gobelins et commença ses travaux par l'examen des tapisseries en cours d'exécution. Son travail ne dura pas moins de quinze jours et occupa seize séances. Douze tapisseries, encore sur les métiers, furent condamnées à être abandonnées, comme représentant des sujets anti-républicains. Le *Siège de Calais*, d'après la peinture de Barthélemy, est rejeté, parce que « le pardon accordé aux bourgeois de Calais n'est arraché que par les larmes et les supplications d'une reine et des fils d'un despote. » L'*Héliodore chassé du Temple*, d'après Raphaël, est un « sujet consacrant les idées de l'erreur et du fanatisme ». Quelques tapisseries doivent recevoir des modifications ayant pour but de faire disparaître les emblèmes de la royauté ; ainsi, dans la *Robe empoisonnée*, par de Troy, on décide la suppression des deux diadèmes qui sont sur la tête de Créuse et sur celle de son père ; dans le *Jason domptant les taureaux*, il demeure entendu qu'on ne tissera point les personnages de Médée et du roi son père, qui blesseraient les yeux d'un républicain. 120 modèles sur 324 sont éliminés comme réactionnaires et immoraux. *Mathatias tuant les impies*, par Lépicié, est déclaré « sujet fanatique ». La *Veuve du Malabar*, par Lagrenée, est rejetée comme « présentant des idées atroces ». Le jury qualifie *Cléopâtre au tombeau de Marc Antoine*, par Ménageot, de « sujet immoral », etc. Enfin 136 tableaux, tout remplis de cette grâce un peu maniérée mais si charmante, qui est en quelque sorte l'estampille du xviiie siècle, sont repoussés comme appartenant à un art trop frivole. De toute cette réunion de compositions si variées, si précieuses à divers titres, qui constituait le fond des modèles des Gobelins, c'est à peine si une vingtaine trouvèrent grâce devant le rigorisme du jury, institué par la Convention nationale.

Une fois ces tableaux détruits, il fallut en toute hâte approvisionner la Manufacture de nouveaux et nombreux modèles, dont on ne pouvait se passer. Pour cela, on résolut d'ouvrir un concours. Le 6 octobre 1794 ce même jury fut chargé d'en fixer les conditions. Cette fois encore, il se montra inspiré des doctrines du plus pur civisme et du républicanisme le plus austère. Pour les sujets historiques, il recommandait aux artistes de s'inspirer, avant tout, des grandes scènes de la Révolution française, « des actions héroïques des guerriers qui, depuis 1789, ont combattu pour le salut de la Patrie ». « Il faut rappeler à nos descendants, ajoute-t-il, tous les actes de vertu qui, parmi nous, et chez les nations anciennes et modernes, ont honoré l'humanité ; égayer l'imagination par des sujets agréables, puisés dans la fable et dans les poèmes qui, depuis tant de siècles, sont en possession de notre estime; couvrir une vérité utile du voile ingénieux de l'allégorie, charmer les yeux, plaire à l'esprit et l'instruire; respecter les mœurs et la sévérité des principes républicains... Voilà, dit-il en terminant, ce qui doit animer les artistes qui voudront consacrer leur talent à la régénération de cet établissement qui, sous tous les rapports, réunit l'utilité, l'agrément et la magnificence. »

L'appel était éloquent. Néanmoins le concours ne donna pas tous les résultats qu'on en attendait. Le jury, il est vrai, choisit les tableaux suivants : *Borée et Orythie*, par Vincent; l'*Etude ramenant le Temps*, par Ménageot; l'*Education d'Achille*, par Regnault; la *Paix ramenant l'Abondance*; l'*Innocence se réfugiant dans les bras de la Justice*, par Mme Vigée Le Brun; il y ajouta quatre tableaux anciens : *Déjanire et Nessus*, du Guide; l'*Antiope*, du Corrège; les *Muses*, de Lesueur. Mais aucun de ces tableaux, de mérites divers, ne fut exécuté, non plus que le *Marat dans sa baignoire* et le *Lepelletier sur son lit de mort*, de David, dont un décret cependant avait ordonné la reproduction par les artistes des Gobelins.

On voit que, si l'année 1794 fut, dans une certaine mesure, extrêmement favorable à la Manufacture, puisque c'est à elle qu'il faut faire honneur de la reconstitution des ateliers et de la réorganisation du personnel, elle ne favorisa guère, par contre, son développement artistique; elle brisa les traditions du goût. L'année 1795 devait être sous ce dernier rapport, moins fâcheuse que celle qui l'avait immédiatement précédée. Elle vit congédier le trop zélé Augustin Belle, qui subordonnait âprement aux scrupules d'un patriotisme exagéré les véritables intérêts de l'art. Le 14 avril, un arrêté de la Commission d'Agriculture et des Arts rétablit Audran dans sa situation de directeur. Le 7 juin suivant, le peintre Clément Belle, qui avait exercé sous l'ancienne administration, la charge d'inspecteur des travaux d'art et de professeur à l'école de dessin, reprit ces doubles fonctions, et le 20 juin, Audran étant venu à mourir, fut remplacé, neuf jours après, par l'ancien directeur Guillaumot, dont il avait, en 1792, pris la place.

Avec Guillaumot, la Manufacture se trouvait replacée sur des bases nouvelles. La chaîne des traditions artistiques et administratives était en quelque sorte renouée. La direction des ateliers allait être remise en des mains fermes et soumise à un contrôle à la fois sévère et compétent. Malheureusement, avant de voir s'ouvrir devant eux une nouvelle période florissante et glorieuse, les Gobelins avaient encore quelques étapes douloureuses à franchir.

Nous avons vu qu'en 1794 la Commission d'Agriculture et des Arts avait chargé le jury institué par ses soins de classer les ouvriers de la Manufacture en quatre catégories. Le premier résultat de ce classement avait été l'établissement de salaires proportionnels. Ceux des ouvriers de la première catégorie étaient fixés à 7 livres par jour, ceux des ouvriers de la seconde à 6 livres, et ceux des deux autres à 5 et à 4 livres. Enfin il était accordé aux apprentis, divisés, eux aussi, en trois catégories, des indemnités de nourriture de 2 fr., 1 fr. 50 et 1 fr. 25 par jour. Ces rémunérations qui, au cours de l'époque, étaient assez considérables, auraient assurément suffi aux laborieux artistes des Gobelins, si elles eussent été versées en espèces; mais on payait tout alors en assignats et chaque mois, chaque semaine, presque chaque jour, ceux-ci subissaient une dépréciation plus grande et plus rapide. Aussi les pauvres gens, réduits à la plus affreuse misère, imploraient-ils une augmentation d'appointements, que la dureté des temps ne justifiait, hélas! que trop.

Dès le 20 août 1795, ils adressaient à la Commission une pétition touchante, dont les termes méritent d'être rappelés : « Le prix de tous les objets de consommation, disent-ils, est augmenté dans d'effrayantes proportions : le pain coûte de douze à seize sous la livre, la viande vaut de huit à dix francs la livre, un boisseau de pommes de terre vingt-quatre à trente francs (il a valu jusqu'à quarante-huit francs), une chemise coûte deux cents francs, un chapeau cent cinquante, une paire de souliers cent à cent trente francs, une voie de bois de quatre à cinq cents francs. Le prix de tous ces objets est, en général, décuplé; le traitement des ouvriers de la Manufacture devrait donc être augmenté dans cette proportion ; cependant il n'est que triplé, ce qui les met dans la plus grande détresse. Les ouvriers du dehors sont beaucoup mieux traités; les simples manœuvres employés dans les carrières gagnent quinze francs par jour; les Limousins dix-huit francs, les carriers, vingt et un francs ; les commis vingt-quatre francs. »

Il fallait que les réclamations des tapissiers des Gobelins fussent à la fois bien éloquentes et très fondées, car malgré la pénurie du Trésor, on y fit droit. Le 5 septembre 1795, leurs appointements étaient portés pour la première catégorie à 20 fr. 33 par jour ; pour la seconde à 19 francs; pour la troisième à 17 fr. 66, et pour la quatrième à 16 fr. 33. En outre, un arrêté du Comité de Salut public, en date du 23 octobre 1795, leur accordait une prestation en nature, consistant en une livre de pain et une demi-livre de viande par tête et par jour, complétée par l'allocation à chaque chef de famille d'un boisseau de pommes de terre, au prix de 11 francs.

Cette prestation, qui devait durer pendant un an, semblait, avec leurs appointements surélevés, devoir permettre aux artistes des Gobelins, sinon de vivre largement, du moins de ne pas mourir de faim. Malheureusement pour eux, la prestation cessa bientôt d'être livrée régulièrement et sa suppression coïncidant avec la dépréciation croissante des assignats, plongea tout le personnel de la Manufacture dans une telle détresse que la plupart des artistes durent déserter les ateliers. Cette désertion ne s'accomplit pas, on peut le croire, sans que les infortunés aient d'abord recouru aux supplications les plus touchantes, pour obtenir au moins le règlement de l'arriéré qui leur était dû. Ces plaintes si légitimes sont parvenues jusqu'à nous. On n'en pourrait citer de plus désolées et de plus émouvantes. Ils ont tout réalisé pour vivre, ils ont vendu jusqu'aux draps de leurs lits. Ils n'ont plus aucun crédit chez leurs fournisseurs. Ils sont sans pain, sans linge, sans vêtements, et on leur doit cent trente-cinq jours de salaire. « Nous sommes au désespoir, ajoutent-ils en terminant, nous vous prions de nous donner les moyens d'aller exister ailleurs, si vous ne pouvez nous faire exister ici. » Cette pétition est datée du 3 septembre 1797. Pour empêcher ceux qui sont restés à Sèvres de mourir d'inanition, on en est réduit à vendre à vil prix une quantité considérable de tapis de la Savonnerie et de tapisseries des Gobelins[1]. Les autres s'enrôlent dans l'armée et trouvent sous les drapeaux une mort glorieuse. Après un si douloureux exposé de tant de souffrances imméritées, on pourrait croire que les ateliers avaient complètement cessé de fonctionner, et que les métiers étaient abandonnés par ces affamés. Eh bien, non. En ces années 1797 et 1798, on travailla à un certain nombre de pièces : l'*Enlèvement de Proserpine* par Vien, la *Mort de Duguesclin* par Brenet, la *Mort d'Etienne Marcel* par Barthélemy, et l'on acheva une *Clytie* de Belle le père et *Silène et Eglé*, de Hallé. Guillaumot était parvenu, en dépit de la crise terrible qui sévis-

[1] Le gouvernement, entre autres opérations de cette nature, paya aux Etats-Unis un convoi de grains, avec des collections du *Moniteur* et une série de tapisseries des Gobelins.

sait, à conserver à la Manufacture un souffle de vie et quand des jours moins agités vinrent à luire, il se trouva encore, grâce à sa persévérance, à la tête d'un personnel assez expérimenté pour pouvoir, en quelques mois faire reprendre aux Gobelins le rang élevé, qu'ils ont continué d'occuper depuis lors.

Le 3 décembre 1800, cet habile administrateur réussit à faire rétablir les pensions servies aux élèves et aux apprentis, et supprimées par le ministre Roland. Huit fils de maîtres prirent place immédiatement dans les ateliers, et assurèrent le recrutement du personnel actif. Le 27 septembre 1803, Guillaumot obtint qu'un chimiste distingué, Roard, professeur à l'Ecole centrale du département de l'Oise, fût mis à la tête de l'atelier des teintures. Désormais, on allait pouvoir travailler avec plus de sécurité. Enfin, en 1804, la Manufacture, placée dans les attributions de la Maison de l'empereur, reçut de cette mesure un élan nouveau. Elle fut chargée de travailler exclusivement pour le Mobilier de la Couronne, et comme il s'agissait de remeubler tous les palais impériaux, on peut se faire une idée de l'activité soudaine qui régna aux Gobelins.

S'inspirant d'un passé qui l'avait ébloui, jaloux de ressusciter les traditions de l'ancienne royauté et de relever à son profit les prérogatives de la monarchie disparue, Napoléon plaça toutes les Manufactures sous l'autorité directe de l'intendant général de sa Maison. C'était le comte Daru qui remplissait alors ces hautes fonctions. Nous avons retrouvé, aux Archives nationales, des traces nombreuses de sa sollicitude constante à faire servir les Gobelins à la gloire du nouveau régime. « Sa Majesté est dans l'intention de meubler son palais avec la magnificence qui convient à l'Empereur des Français, écrit-il à Guillaumot, le 9 août 1805; la perfection où les arts sont portés en France, permet de mettre dans cet ameublement un luxe noble et qu'aucun autre souverain ne pourrait égaler; la Manufacture des Gobelins que vous dirigez avec tant de zèle, doit lui en fournir les moyens; les tableaux que vos ouvriers reproduisent avec une perfection inimitable seront désormais le principal ornement des maisons impériales... Sa Majesté désire que vous vous occupiez à reproduire les tableaux qui représentent des sujets pris dans l'Histoire de France et particulièrement de la Révolution; et comme son règne en sera l'une des époques les plus glorieuses, je ne doute pas que vous ne choisissiez pour modèles les tableaux qui

LES GOBELINS.

retracent ou ses victoires ou ses bienfaits; c'est ainsi que les arts doivent reconnaître la protection dont Sa Majesté les honore. »

Pour satisfaire à ce désir, qui, venu de si haut, ressemblait à un ordre, on mit immédiatement sur les métiers un certain nombre d'ameublements destinés aux Tuileries. Dès le mois de février 1806, une nouvelle lettre de Daru informait Guillaumot que l'Empereur avait daigné approuver qu'on commençât la série des *Scènes de la Révolution*, par la reproduction du tableau des *Pestiférés de Jaffa* et du *Napoléon à cheval traversant le mont Saint-Bernard*. C'était le point de départ d'une tenture, qui devait compter plus de vingt pièces dont voici les principales : la *Reddition de Vienne*, par Girodet; *Napoléon donnant ses ordres, le matin de la bataille d'Austerlitz*, par Carle Vernet; *Napoléon donnant la croix à un soldat russe*, par Debret; *Préliminaires du traité de paix de Léoben*, par Léthière; le *76e de ligne retrouvant ses drapeaux dans l'arsenal d'Inspruck*, par Meynier; *Napoléon passant la revue des députés de l'Armée*, par Serangeli; *Clémence de Napoléon envers la princesse Hatzfeld*, par Charles de Boisfremont; *Napoléon recevant à Tilsitt la reine de Prusse*, par Berthou; *Entrevue des empereurs Napoléon et Alexandre sur le Niémen*, par Gautherot; *Napoléon pardonnant aux révoltés du Caire*, par Guérin; la *Prise de Madrid*, par Gros; *Napoléon rendant au chef d'Alexandrie ses armes*, par Mulard; l'*Ambassadeur persan, Mirza, reçu par Napoléon au camp de Finkenstein*, par Mulard; la *Mort du général Desaix*, par Regnault; l'*Entrevue de Napoléon et de l'Empereur d'Autriche; Napoléon distribuant des sabres d'honneur aux grenadiers de la garde*, d'après Gros, etc. Ces compositions plus ou moins heureuses, mais toutes à la gloire de l'Empereur, constituent une sorte de réédition de cette fameuse *Histoire du Roi*, qui avait tant occupé les Gobelins au lendemain même de la fondation de la Manufacture royale; c'est ainsi que Napoléon Ier, en ayant l'air de s'inspirer des idées du fameux jury institué par la Convention, copiait tout simplement Louis XIV.

Guillaumot n'eut pas la satisfaction de voir se terminer cette belle entreprise. Il mourut en 1810, et eut pour successeur le peintre Lemonnier [1], qui, lui non plus, ne réussit point à doter l'art moderne d'une

---

[1] Lemonnier ne fut nommé qu'en 1811. Pendant une année, après la mort de Guillaumot, les fonctions de directeur des Gobelins furent remplies par le secrétaire général Chanal.

œuvre, aussi importante que celle de Le Brun. En 1814, en effet, un grand nombre de ces tapisseries étaient encore sur le métier quand l'ordre vint d'en interrompre la fabrication. En 1833 et 1834, on pensa, un instant, à les reprendre et à compléter les fragments qui existaient dans les magasins; mais les tableaux n'étaient plus à la Manufacture. On les avait envoyés au musée de Versailles et ce projet, qui présentait du reste de nombreuses difficultés, ne put être mis à exécution [1].

Indépendamment des quelques pièces de cette tenture qu'on pourrait avec raison appeler l'*Histoire de l'Empereur*, les Gobelins fabriquèrent, entre 1806 et 1814, un nombre considérable de tapisseries, représentant des portraits de la famille impériale. Nous citerons : Le portrait en pied de Joséphine, d'après Gérard, du prix de 16,000 fr; les bustes de l'Empereur et de Marie-Louise, par Bosio et Canova, entourés de guirlandes de fleurs par Van Pol; l'Empereur et l'Impératrice en habits impériaux, par Guérin et Gérard, tapisserie de $2^m,33$ de haut sur $1^m,61$ de largeur, évaluée 10,000 fr.; le portrait en buste de Napoléon, d'après Gérard (2,250 fr.). Les états de fabrication de cette période, en outre, mentionnent comme étant sur les métiers ou dans les magasins : une tapisserie représentant des *Canards et un vautour*, d'après Desportes (4,373 fr); le *Combat de Mars et de Diomède*, par Ledoyen (36,384 fr.); *Cornélie, mère des Gracques*, par Suvée (20,764 fr.); *Offrande à Palès*, par le même; *Méléagre entouré de sa famille*, par Ménageot; le *Combat de Marcel et Maillart* et la *Mort de Duquesclin*, de la série de l'*Histoire de France; Aria et Petus*, par Vincent (13,220 fr.). Presque toutes ces tapisseries furent données en présents, à l'occasion des grandes fêtes impériales, le Sacre, le Mariage de Napoléon avec Marie-Louise, le Baptême du roi de Rome, etc. Enfin, il convient de porter à l'actif de la Manufacture, pendant cette période, un grand nombre de pièces d'ameublement. Dans ce nombre nous citerons : une série de portières de Dubois, destinées au cabinet de l'empereur et à la galerie de Diane, aux Tuileries : La *Renommée*, la *Victoire*, les *Sciences et les Arts*, le *Commerce*, l'*Agriculture*, l'*Europe*, l'*Asie*, l'*Afrique* et l'*Amérique*. Les ateliers de basse lice continuaient à rééditer la *Tenture des Indes*, faisaient des petites pièces de natures mortes, sur des dessins de Mme Valayer-Coster et exécutaient des ameublements pour les palais nationaux,

---

[1] Lacordaire. *Loc. cit.*, p. 113.

dont les deux principaux, celui du cabinet de Napoléon, composé de deux fauteuils « impériaux », six fauteuils de princes, six chaises de princesses, vingt-quatre pliants, six feuilles d'écran et deux tabourets, d'après les modèles de David, achevé en 1811, coûta 56,300 fr. ; et celui du grand cabinet, en laine rehaussée d'or, sur fond rouge est coté sur les états de fabrication 59,100 francs.

Peut-être le lecteur sera-t-il surpris de voir David, le grand David, condescendre à des travaux de ce genre, et du même crayon qui traçait le *Léonidas* et les *Sabines*, dessiner des modèles de fauteuils, de paravents et de tabourets ; cependant rien n'est plus certain que cette collaboration, attestée du reste par des pièces officielles. « Le dessin que M. David a pris la peine de faire pour les fauteuils de représentation, écrit le comte Daru à Lemonnier en 1811, paraît être d'un bon effet. » Cet étonnement, toutefois, cesse quand on découvre que, si Napoléon se souvenait de la gloire artistique de Louis XIV, David, lui, pensait à la grande situation si brillamment occupée autrefois par Le Brun. Arrivé au comble de la faveur, et l'on peut presque dire de la familiarité impériale, David n'hésita pas à demander qu'on créât, en sa faveur, le titre de « premier peintre de l'empereur ». Dans le tableau qu'il trace lui-même des prérogatives de ces fonctions nouvelles, il englobe tous les services qui rentraient jadis sous la surveillance et la direction de Lebrun, notamment les Manufactures devenues impériales. « Le premier peintre, écrivait-il, fera exécuter et dirigera, sous la surveillance de M. l'intendant général de la Maison de S. M. Impériale et Royale, tout ce qui a rapport à l'art du dessin, peinture, sculpture et gravure, dans les établissements de sa Majesté, tels que le Musée Napoléon et celui de Versailles, les Manufactures des Gobelins, de Sèvres, de la Savonnerie et de Beauvais. » C'était, on le voit, ressusciter la charge de Le Brun. Cette ambition semble avoir obsédé David pendant cette période de sa vie. Les lettres qu'il écrit à ce moment portent la trace d'une préoccupation constante à ce propos. Pourvu du titre par Napoléon, il en réclame impérieusement les prérogatives complètes, en se basant sur les précédents historiques. « Les premiers peintres, mes prédécesseurs, écrit-il à l'intendant général de la Maison de l'empereur, ont participé à cette même faveur (être officier de la Maison du souverain), et notamment le peintre Le Brun sous Louis XIV, ce qui le mettait à même de recevoir les ordres de son souverain, pour tout ce qui avait rapport à son art et de se concerter avec M. l'intendant général pour les mettre à exécution. » Malheureusement, pour de si beaux projets, l'exception qu'invoquait David fut retournée habilement contre lui ; on ne lui concéda que les fonctions remplies sous la royauté par le premier peintre ordinaire, « Le Brun, objectait avec malice l'intendant général, n'ayant dû qu'à son grand talent les diverses prérogatives exceptionnelles qui lui avaient été accordées. »

Ces tendances envahissantes étaient d'autant plus à signaler que David, comme Le Brun, exerça sur son époque une influence décisive. Les Gobelins eux-mêmes, quoique placés en dehors de son action immédiate, n'en portèrent pas moins l'empreinte de sa dictature artistique. Nous verrons, au chapitre suivant, s'ils eurent particulièrement à s'en louer.

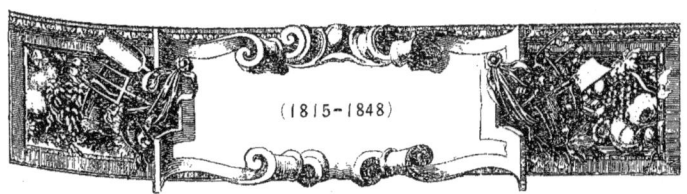

(1815-1848)

XIV

LA MANUFACTURE SOUS LA RESTAURATION
ET SOUS LE GOUVERNEMENT DE JUILLET

AVID avait une trop haute opinion de son génie, de sa personne et de son art, pour penser un seul instant que la peinture dût dans la confection des modèles, tenir compte des exigences de la tapisserie. C'était à cette dernière à se modeler sur les caprices de l'artiste créateur, et le suprême de la perfection, à laquelle elle pouvait atteindre, était, aux yeux du maître et de ses élèves, de copier l'œuvre originale, au point de créer une flatteuse confusion.

Du haut en bas de la hiérarchie artistique, ces idées ne tardèrent pas à être admises comme une sorte de dogme ; aussi, à cette époque, les tapissiers ne poursuivent-ils qu'un idéal, dans l'exécution de leurs œuvres, la copie exacte de tableaux, qui sont eux-mêmes des peintures et non pas, comme autrefois, des modèles de tapisseries, exécutés par des artistes spéciaux. L'innovation de M. de Marigny, consistant à faire tisser par les Gobelins des portraits du roi et de la reine, et à acheter des ouvrages au Salon pour les faire reproduire ensuite ; la prétention d'Oudry que la tapisserie doit arriver au trompe-l'œil de la peinture, sont devenues, grâce à David, la règle étroite de la fabrication. On l'appliqua si strictement qu'aucune des compositions de la tenture de l'*His-*

toire de l'Empereur, énumérées au précédent chapitre, ne fut peinte en vue de la reproduction en tapisserie. Si un doute existait à ce sujet, il serait facile de le lever, car ces peintures sont encore visibles au musée de Versailles. Les idées anciennes et justes sur le rôle que doit jouer la tapisserie dans la décoration monumentale et mobilière étaient d'ailleurs si complètement renversées ; on la considérait si bien comme une forme particulière de la peinture d'histoire ou de genre que Napoléon donnait l'ordre de faire décorer toute la galerie de Diane, aux Tuileries, de « tableaux des Gobelins encadrés ». De son côté, la Manufacture entra si profondément dans cette hérésie artistique, qu'à la fin de 1814 le directeur Lemonnier, en envoyant à M. de Blacas deux morceaux de tapisserie, *Henri IV faisant entrer des vivres dans Paris assiégé*, *Sully aux pieds d'Henri IV* et un buste de Louis XVIII, d'après Gérard, destinés à être offerts au roi à l'occasion du jour de l'an, n'hésite pas à écrire qu'à son avis, « ces différentes pièces réunies mettront S. M. à portée de juger jusqu'à quel point l'art de l'imitation est arrivé pour tous les genres dans sa Manufacture ».

On verra bientôt, au chapitre spécialement consacré à l'atelier des teintures, que ces exigences de copie présentèrent, au point de vue de la fabrication, d'autres inconvénients non moins graves. Le chef de cet atelier, Roard, ne se fit pas faute d'expliquer aux peintres et à David lui-même, que la multiplicité des nuances, exigées par l'imitation servile de la peinture, présentait des dangers sans nombre, au point de vue de la conservation des valeurs. Il leur démontra que les demi-tons et les couleurs tendres étaient appelés à disparaître à courte échéance et que l'harmonie qui existait au moment de la sortie de l'atelier se trouverait ainsi complètement détruite. On ne tint aucun compte de ces sages avis et Roard reçut, au contraire, l'invitation d'augmenter de nuances nouvelles et fugitives, la palette déjà beaucoup trop riche en couleurs incertaines, dont on faisait usage aux Gobelins.

On pouvait espérer qu'une fois l'Empire écroulé et David banni comme régicide, une réaction salutaire viendrait donner un autre cours aux préoccupations artistiques. Il n'en fut rien. Cela était cependant d'autant plus facilement réalisable que, se conformant aux précédents inaugurés par la Révolution, l'administration nouvelle fit interrompre de suite la fabrication de toutes les pièces qui rappelaient le régime déchu. M. de Blacas avait, pendant la période de 1814 à 1815, échangé avec

LES GOBELINS.

l'administrateur des Gobelins une volumineuse correspondance, pour faire remplacer, sur les tentures en cours de fabrication, les emblèmes impériaux et les armes de Napoléon par les armes du roi. M. le comte de Pradel, qui lui succéda, alla encore plus rondement en besogne ; il fit enlever des métiers toutes les tapisseries impériales, au nombre de 16 et les fit transporter au Garde-meuble. Il ordonna en outre de détruire quatre pièces contenant des bustes ou portraits en pied de Napoléon et du roi de Rome ; il ne garda aux Gobelins que deux portraits de Joséphine, un buste de l'impératrice Marie-Louise, et deux tapisseries, la *Mort de Desaix* et les *Pestiférés de Jaffa*.

L'année suivante, revenant sur ses premières décisions, M. de Pradel livra au feu 13 morceaux de tapisserie, évalués à une somme de 20,000 francs. De cette façon, la Restauration n'avait rien à reprocher à l'administration révolutionnaire. Le baron des Rotours, ancien officier supérieur d'artillerie, qui avait succédé à Lemonnier qu'on s'était empressé de destituer, se montrait aussi mauvais conservateur de chefs-d'œuvre que l'avait été Augustin Belle [1]. En remplacement des tentures impériales, il fit mettre sur les métiers, d'après des modèles anciens et nouveaux, 12 tapisseries, dont voici les titres : la *Mort de Coligny*, par Suvée, le *Combat de Marcel et de Maillart*, par Brenet, qui, pendant toute la Restauration, semble jouer le rôle de la tapisserie de Pénélope, la *Mort de Duguesclin*, par le même artiste, la *Mort de Léonard de Vinci*, par Ménageot, le *Président Molé insulté*, par Vincent, la *Famille de Darius*, par Le Brun, *Léonidas et Cléombrote*, par Lemonnier, toile commandée au peintre en compensation de son renvoi de la Manufacture ; l'*Enlèvement d'Orythie par Borée*, de Suvée, le *Miracle de la Messe de Bolsène*, et le *Parnasse*, d'après Raphaël, *Marie-Antoinette et ses enfants*,

[1] On recherchait avec soin, pour les faire disparaître, toutes les tapisseries qui se rapportaient directement à la glorification des régimes précédents. Mᵐᵉ de Genlis, dans ses *Mémoires*, rapporte à ce propos un fait très curieux :

À l'époque qu'on a appelée la *Terreur Blanche*, Mᵐᵉ de Genlis fut sommée de se rendre sans délai chez le Prévôt de la Seine. Elle s'y transporta et le Prévôt l'ayant fait entrer dans son cabinet ; « il me pria, dit-elle, de me rappeler toutes les *tapisseries* que j'avois vues au Palais-Royal, et, entre autres, celle qui représentoit un roi de France avec un *bonnet rouge*..... Il ne me fut possible de répondre que par des moqueries. Par exemple, je lui annonçai que j'allois lui conter l'histoire de Daphnis et Chloé..... M. le Prévôt me répéta d'un air sévère, qu'il ne s'agissoit pas de divaguer, je lui répondis que je ne divaguois point, parce que l'histoire dont je lui parlois formoit une *tapisserie*, que j'avois vue autrefois au Palais-Royal, mais qu'elle avoit été faite sur les dessins de M. le régent et que je n'avois jamais vu d'autres tapisseries au Palais-Royal » (*Mémoires de Mᵐᵉ de Genlis*, édition Ladvocat, 1825, t. VI, p. 110, 111).

par Mᵐᵉ Vigée-Lebrun, enfin le *Czar Pierre le Grand sur le lac Ladoga*, par Steuben [1], cette dernière pièce destinée par Louis XVIII à l'empereur de Russie, en témoignage de reconnaissance.

A propos de l'exécution de cette importante série d'œuvres nouvelles, nous trouvons, dans les archives des Gobelins, une intéressante lettre de M. des Rotours au comte de Pradel, en date du 30 juin 1816. Cette lettre, un peu longue et médiocrement rédigée, a, toutefois, une valeur documentaire considérable, car elle précise les idées artistiques qui régnaient alors et les préoccupations dominantes de la nouvelle direction des Gobelins. On y trouvera la preuve que tous les changements apportés dans le choix des sujets n'avaient exercé aucune influence sur les théories précédemment en honneur, et qu'elles se rapprochaient singulièrement de celles du règne précédent. Cette lettre fait nettement prévoir que l'on est disposé à suivre avec énergie des errements identiques, et que la production devra se traîner constamment dans la même ornière. Elle est ainsi conçue :

« Monsieur le Comte, l'exécution de quelques-unes des tapisseries qui sont maintenant sur les métiers est vraiment regrettable sous le rapport du choix des tableaux ; mais elle ne peut être abandonnée sans qu'il en résulte une perte considérable de travail, de temps et des frais, et cette considération ayant prévalu j'avois pensé que tous les ouvrages commencés pouvoient être continués ; de nouvelles réflexions et l'avis de tous les chefs de l'administration que j'ai assemblés pour les consulter sur cette opinion, me la font abandonner.

« Le choix des tableaux s'est fait jusqu'à présent avec trop peu d'attention et de soin, ou plutôt les intérêts particuliers, les petites passions de coterie y ont eu trop de part : j'espère que nous parviendrons à le soustraire à leur influence, car je pense qu'il doit être le résultat des délibérations de l'administration de la Manufacture royale des Gobelins et de la direction des Musées royaux. L'avis motivé de cette espèce de Jury vous seroit déféré, monsieur le Comte, et votre décision détermineroit chaque année les tableaux qui seroient copiés pour les Gobelins. Un fonds spécial étant affecté à ces copies, j'ai eu l'honneur de vous demander provisoirement par ma lettre du 4 mai dernier, celles qui me sont nécessaires

---

[1] Le modèle de cette tapisserie est actuellement au Palais de Péterhof, près de Pétersbourg, et la tapisserie au Palais d'hiver.

pour faire exécuter en tapisserie les portraits de LL. AA. RR. M. et Mme la duchesse d'Angoulême, peints par M. Gros. Je sais, Monsieur le Comte, que l'exécution des portraits en tapisserie a quelques détracteurs, qu'elle est peut-être menacée de proscription; qu'on la représente comme étant pour le moins inutile, en observant qu'on peut se procurer à moins de

Henri IV faisant entrer des vivres dans Paris, tapisserie exécutée en 1814.

temps et à moins de frais des copies en peinture qui seroient à quelques égards préférables. Mais la même objection pourroit s'appliquer à tous les tableaux que représentent celles de nos tapisseries qui ne peuvent servir à l'ameublement des palais de S. M.; et si la Manufacture royale des Gobelins, en ne faisant pas de ces ameublemens l'objet exclusif de ses travaux, s'est écartée de ses statuts, du but de son institution, les succès si brillants qui se rattachent à ces abus les ont tellement légitimés, tant de splendeur et de célébrité se rattachent à ces admirables superfluités, que la Manufacture Royale des Gobelins ne peut plus, sans déroger en quelque chose, se réformer sous ce rapport. Certes, ce n'est pas satisfaire à trop grands frais le sentiment d'orgueil national, si justement flatté par l'admiration, que les étrangers de toutes les classes ne cessent de manifester à la vue de la copie en tapisserie des portraits de L. L. M. M. l'Empereur et l'Impératrice de Russie, et surtout du portrait du roi peint par Gérard; ce n'est pas acheter trop cher cette admiration que de consacrer à l'entretenir et même à l'augmenter en perfectionnant, s'il est possible, le genre dont je crois devoir embrasser la défense, le travail et le talent de deux artistes dont le traitement ne s'élève pas à 1,200 francs par an, et dont chacun peut faire, pendant ce temps, au moins deux portraits en tapisserie. Ces portraits ont, au surplus, un but et un mérite d'utilité bien réelle, puisque ce sont des présents très précieux sous le rapport du talent et de la difficulté vaincue, et que S. M. destine aux princes de sa famille ainsi qu'aux souverains étrangers. »

L'avis de M. des Rotours prévalut, car les Gobelins exécutèrent, pendant toute la Restauration, de nombreux portraits en tapisserie, notamment : *Monsieur, comte d'Artois, en colonel de carabiniers*, par Gérard; *Louis XVIII en costume royal*, ainsi que Mme *la duchesse de Berry et ses enfants*, d'après le même artiste ; le *Portrait en buste du Dauphin*, d'après Lawrence; *Louis XVI*, d'après Callet. Pour les autres ouvrages, la plupart copies serviles de tableaux, ils furent nombreux et l'on peut citer comme principales tentures de cette période : La *Vie de saint Bruno*, de Le Sueur, en 6 pièces, de 1^m,85 de haut sur 1^m,40 de large, d'une valeur de 31,080 francs, terminée en 1824, et destinée à être offerte en présents diplomatiques à l'occasion du sacre; une nouvelle suite de l'*Histoire de France*, en 8 pièces; *François Ier armé chevalier par Bayard*, de Fragonard; *François Ier et Charles-Quint à Saint-Denis*, de Gros; la *Bataille de Toloza*, de H. Vernet; la *Dernière communion de saint Louis*, de Gassies; *Saint Louis recevant les députés du Vieux de la Montagne; Saint Louis arbitre entre le roi d'Angleterre et les barons; François Ier confiant la garde de sa personne aux Rochellois; François Ier refusant l'hommage des Gantois révoltés*, par Rouget. Cette tenture, qui coûta à la maison du roi le prix considérable de 369,437 francs, fut terminée en 1828; elle était destinée à la décoration de la salle du Trône, aux Tuileries. On compléta, en outre, par deux nouvelles pièces

Henri IV présentant Crillon à sa cour, et *Henri IV présidant les États de Rouen*, par Rouget, la *Tenture d'Henri IV*, commencée sous Louis XVI.

Comme pièces séparées, les ateliers tissèrent : *L'entrée d'Alexandre à Babylone*, de Le Brun (22,682 francs) ; *Phèdre et Hippolyte*, par Guérin (27,700 francs) ; *La conversion de saint Paul*, par Strangue (27,600 francs) ; *Combat d'animaux*, de Desportes (37,500 francs) ; *Une fête au dieu Pan*, par Mignard (33,125 francs) ; *Offrande à Esculape*, de Guérin (25,900 fr.) ; *Un cheval dévoré par des loups*, de Sneyders (24,000 francs) ; *Combat de taureaux*, de Sneyders (28,500 francs) ; les *Pécheurs*, par Desportes, en basse lice (25,540 francs) ; *Héliodore chassé du temple* (47,300 fr.) ; *Andromaque et Pyrrhus*, de Guérin (52,352 francs) ; la *Sainte Famille*, de Raphaël (11,795 francs) ; *Consternation de la famille de Priam*, les *Adieux d'Hector et d'Andromaque*, par Vien (24,000 francs) ; *Sainte Geneviève*, panneau pour l'église de ce nom, par Guérin (6,550 francs) ; *Saint Germain*, par Gros (on en fit une bannière). Enfin dans l'avant-dernière année du règne de Charles X, M. des Rotours commença la fabrication d'une tenture, qui, par les mérites exceptionnels de son exécution, peut être mise au premier rang de toutes les œuvres sorties des Gobelins, depuis le commencement du xviiie siècle jusqu'en 1870 : *L'Histoire de Marie de Médicis*, d'après l'admirable suite des peintures de Rubens, que possède le Louvre. Cette tenture, qui fut terminée seulement en 1840, comprend 14 pièces, dont les dimensions varient de 3m,90 à 4m,05 en hauteur et de 3 mètres à 3m,20 en largeur ; le prix de fabrication s'éleva à près de 700,000 francs. Jusqu'à la chute du second empire, elle décora les salons de réception du château de Saint-Cloud. A la veille de l'investissement de Paris, on s'empressa de l'enlever et de la transporter au Garde-meuble. Ajoutons encore la *Prédication de saint Etienne*, par Abel de Pujol, et le *Centenier*, d'après Boullongne, etc. Pendant la même période, on fabriqua, dans les ateliers de basse lice, quelques ameublements, de nombreux devants d'autel et des chasubles, ainsi que des tapis de mosquée, d'après Laurent, ces derniers destinés au pacha d'Egypte.

En outre de ces ouvrages, il convient encore de porter à l'actif de la direction de M. des Rotours un certain nombre de réformes intéressantes. Dans le nombre nous citerons : La création d'une école spéciale de tapisserie en remplacement du séminaire ; la réunion de la Manufacture de la Savonnerie à la Manufacture des Gobelins, et la suppression des ateliers de basse lice, transportés définitivement à Beauvais. Cette période de l'histoire de la Manufacture fut, on le voit, très féconde. Celle qui suivit compte également parmi les plus actives. Les ateliers des Gobelins, pendant le règne de Louis-Philippe, produisirent, en effet, les ouvrages qui suivent :

En 1832, *Jésus-Christ et le paralytique*; le *Saint Etienne*, de Mauzaize (1,550 francs), converti depuis en bannière; la *Reddition de Vienne*, une des rares pièces des tentures impériales, qui furent conservées (15,348 francs); en 1835, *Philippe V roi d'Espagne*, d'après Gérard, copie de Marigny (80,369 francs); en 1836, la *Mort de Méléagre*, par Le Brun (68,468 francs); la *Chasse d'Atalante*, d'après le même (69,964 francs); en 1837, un *Chien blanc, Deux chiens lévriers*, d'après Oudry, un *Combat de coqs*, d'après Desportes; en 1838, la *Conjuration des Strelitz*, d'après Steuben (81,407 francs); la *Famille de Darius aux pieds d'Alexandre*, d'après Le Brun (88,244 francs); les *Cendres de Phocion*, d'après Meynier (62,984 francs); en 1839, des *Chiens*, d'après Desportes (18,436 francs);

En 1840, une tenture des *Actes des apôtres*, d'après Raphaël, exécutée sur des copies conservées dans la cathédrale de Meaux, et comprenant cinq pièces : *Saint Pierre et Saint Jean* (102,097 francs), la *Mort d'Ananie* (123,474 francs), la *Prédication de Saint Paul* (94,100 francs), *J.-C. donnant les clefs à Saint Pierre* (115,695 francs), offert à la cathédrale de Paris, la *Pêche miraculeuse* (103,649 francs); puis dans un esprit plus profane : la *Lice et sa compagne*; le *Loup et l'Agneau*, d'après des compositions d'Oudry; en 1843, un *Portrait de Louis-Philippe*, d'après Gérard (29,130 francs); une deuxième copie du *Saint Etienne*, de Mauzaize; en 1844, le *Massacre des Mameluks*, d'Horace Vernet (112,984 francs), qui obtint, à l'exposition universelle de 1851, un succès considérable; un nouveau *Portrait de Louis-Philippe*, d'après Winterhalter (19,895 francs) et le *Christ au tombeau*, d'après Sébastien del Piombo.

Tel est le bilan de cette seconde période. On voit que, comme nombre, elle peut également compter parmi les plus productives. Quant à l'esprit qui dirigea pendant ce temps, la Manufacture, il semble avoir été le même que précédemment. Nous connaissons déjà les idées précises de M. des Rotours, maintenu par la monarchie de Juillet dans les fonctions dont l'avait chargé la Restauration. M. Lavocat son successeur, qui

demeura à la tête de l'établissement jusqu'en 1848, n'a pas laissé de traces bien profondes comme administrateur. En tout cas, il ne fut assurément pas un novateur ; il se contenta de suivre les errements du fonctionnaire qui l'avait précédé. Un moment, cependant, une certaine réaction parut à la veille de se produire contre les idées dominantes. L'heureuse idée qui inspira l'*Histoire de Marie de Médicis*, et le succès considérable que cette tenture obtint auprès des connaisseurs, faisaient prévoir une réforme artistique. Si l'on rapproche cette tentative de la commande faite à Alaux et Couder d'une suite de modèles, destinés à décorer le salon dit de famille, aux Tuileries, commande qui rappelait, comme conception, la fameuse tenture des *Résidences royales,* exécutée avec tant de bonheur au xviie siècle[1], on est amené à penser que la direction eut, un moment, la notion exacte de la voie fausse, dans laquelle elle marchait. On peut encore trouver la trace de cette notion dans un long rapport que M. Lavocat soumettait en 1835 à M. de Montalivet, alors ministre de la Maison du roi. Comme conclusion de ce rapport, il demandait au ministre « de donner aux Gobelins un but d'utilité, en leur rendant leur destination spéciale ». Il émettait le désir qu'on confiât à la Manufacture la décoration d'un appartement des Tuileries, de façon que les modèles fussent exécutés en vue de la traduction en tapisserie et en tenant compte de l'emplacement à décorer. M. de Montalivet avait maintes fois témoigné l'intention de réduire aux Gobelins la copie des tableaux d'histoire, pour y développer les travaux d'ameublement proprement dit; M. Lavocat le lui rappela avec esprit. La commande faite à Alaux et Couder semble avoir été la conséquence de ce plaidoyer fort opportun. Mais à cela se borna son effet. Le pli était pris; on s'était habitué à voir les Gobelins copier des tableaux dans la perfection. Pour la plus grande gloire de la fabrication, les tapissiers mettaient leur orgueil à produire cette inutile illusion et non seulement le public, mais encore les artistes applaudissaient à leurs efforts. Ceux-ci, en effet, se conformant aux anciennes traditions, continuaient de surveiller leurs compositions sur les métiers. Bien que M. Cassard, jusqu'en 1827, et après lui, M. Mulard jusqu'en 1848, aient été char-

---

[1] La suite commandée à Alaux et Couder représentait les principales résidences royales. Elle se composait de six pièces : 1° le palais de Saint-Cloud; 2° le château de Pau; 3° le Palais-Royal; 4° le château de Fontainebleau; 5° le palais de Versailles; 6° le Louvre et les Tuileries.

gés de l'inspectorat artistique de la Manufacture, ils étaient restés les juges définitifs de la traduction de leurs œuvres. Or, Guérin écrivait, en 1833, au directeur, à propos de sa composition d'*Andromaque et Pyrrhus* : « Je me reproche d'avoir différé de deux jours à vous témoigner ma satisfaction de la manière dont vos artistes des Gobelins (car ce sont de vrais artistes) ont traduit mon tableau. Je ne puis que me féliciter de voir mes ouvrages reproduits avec cette exactitude, je puis même dire avec cette perfection... » Et Horace Vernet, lorsqu'il vit le *Massacre des Mameluks*, disait aux tapissiers qu'ils « avaient mieux fait que lui ». Pouvait-on demander de changer leur manière à des artistes, qui recevaient de pareils hommages, et qui étaient encouragés à persévérer dans leurs errements par des peintres de cette valeur et de cette réputation ?

XV

LES GOBELINS DE 1848 A 1888

e gouvernement de la République fit entrer les Manufactures royales dans les attributions du ministère de l'Agriculture et du Commerce. Armand Marrast, nomma comme administrateur des deux Manufactures des Gobelins et de Beauvais, M. Badin, qui s'était créé une réputation méritée comme peintre de genre. Mulard, qui occupait les fonctions d'inspecteur d'art depuis de longues années, fut mis à la retraite. Il eut comme successeur M. Muller. A ce moment, on vit se renouveler contre les Gobelins et contre Beauvais les turbulentes protestations qui, cinquante-huit ans plus tôt, avaient fait leur apparition dans les colonnes de l'*Ami du Peuple*. Un certain nombre de publicistes attaquèrent avec violence les Manufactures de l'État. Emile de Girardin, entre autres, en réclama la suppression, comme constituant des institutions inutiles au développement des

industries nationales. Le gouvernement s'émut de ces attaques. Il chargea une commission spéciale d'étudier les réformes à apporter dans l'organisation administrative et artistique des Gobelins. Ingres, Delaroche, le duc de Luynes, Sechan, Feuchères, Viollet le Duc, Chevreul, Klagmann furent choisis pour la composer. Pendant de longs mois, les commissaires discutèrent les questions d'esthétique et de technique, intéressant la fabrication des tapisseries. A voir quels hommes éminents le gouvernement avait nommés pour mener à bien cette délicate entreprise, on pouvait se flatter du légitime espoir qu'il sortirait de ces délibérations des idées nouvelles et capables d'ouvrir à nos Manufactures des voies encore inexplorées. La déception fut complète. Sur la proposition d'Ingres, la commission adopta le principe de la reproduction des tableaux de maîtres, en leur assignant, au préalable, une destination spéciale et en donnant la préférence aux œuvres anciennes. C'était consacrer d'une façon solennelle le système, qui avait été déjà si fatal aux Gobelins. Quelques améliorations heureuses, entre autres, la restauration de l'école des apprentis tapissiers furent toutefois réclamées. Pour donner du travail aux ouvriers, on mit sur les métiers l'*Olympe*, de la Farnésine, la *Psyché*, pendentif de la décoration du même palais, et un médaillon pour la bibliothèque Sainte-Geneviève, l'*Etude surprise par la Nuit*, d'après Balze.

L'Empire vint modifier profondément l'organisation, dont la seconde République avait doté les Gobelins. La Commission de perfectionnement se trouva dissoute. Les deux Manufactures furent de nouveau séparées administrativement. M. Badin reçut la direction de Beauvais et M. Lacordaire, ingénieur, obtint celle des Gobelins. La liste civile eut dans ses attributions la direction générale des deux établissements. Mais s'il supprima la commission instituée par le gouvernement républicain, l'Empire n'en appliqua pas moins ses idées, en matière d'art. Après l'achèvement de la pièce, *Le Louvre et les Tuileries*, d'après Couder, qui figurait dans la suite des *Châteaux royaux*, commencée sous Louis-Philippe et dont on modifia la bordure pour l'orner des emblèmes du nouveau régime, la Manufacture entreprit toute une série de reproductions de tableaux de maîtres.

Ce furent d'abord le portrait de *Le Brun*, d'après Largillière; celui de *Colbert*, d'après Robert Le Fèvre; et le portrait en pied de *Louis XIV*, d'après Hyacinthe Rigaud, destinés à la décoration de la galerie d'exposition des Gobelins. On exécuta ensuite des reproductions du *Christ au tombeau* de Philippe de Champaigne, de la *Transfiguration de Raphaël*, pièce de 4^m,42 de hauteur, sur 2^m,80 de largeur, évaluée 34,545 francs; de la *Sainte famille*, d'après Raphaël (copie de Lucas), tapisserie du prix de 10,130 francs, donnée au musée de South-Kensington; de la *Vierge au Poisson*, de Raphaël, terminée en 1861; de l'*Assomption*, d'après Titien, grande pièce de 7^m,14 de hauteur, sur 3^m,60 de largeur, achevée en 1858; de la *Mise au tombeau*, du Caravage, 3^m,02 de hauteur sur 2^m,10 de largeur, évaluée 10,130 francs, donnée en présent diplomatique, lors du baptême du prince impérial. Les tapissiers copiaient en même temps d'anciennes compositions de Boucher, une *Confidence*, *Amynthe et Sylvie*, avec bordures nouvelles de Godefroy; la *Diseuse de bonne aventure*, pièce d'une valeur de 12,986 francs, offerte en 1866 par l'impératrice à la reine de Prusse et une *Scène de pêcheurs*, évaluée 14,388 francs.

En 1855, on eut l'idée de faire reproduire en tapisserie vingt-quatre portraits d'artistes français de la Renaissance, du siècle de Louis XIV et du Premier Empire, et quatre portraits de souverains, pour la décoration de la galerie d'Apollon, au Louvre. Le système préconisé par Ingres, en 1848, était appliqué, on le voit, avec une suite et une vigueur remarquables. Les peintres auxquels on confia l'exécution des modèles étaient : MM. Larivière, Charvet, Boulanger, Duval-Lecamus, Brisset, E. Giraud, Abel Lucas, Duval, Auguste Hesse, Baume, Duverdoing, Appert, Lecomte, Tissier, Jobbé-Duval, Hoffer, Marquis, Fauvelet, Vauchelet et Biennoury. Le prix de tissage de ces divers portraits, qui occupèrent les artistes des Gobelins jusqu'en 1863, dépassa la somme de 150,000 francs.

Comme tapisseries exécutées sur des modèles nouveaux, pendant cette période, nous signalerons, en outre, deux suites de portraits de l'*Empereur* et de l'*Impératrice* d'après Winterhalter, mis sur les métiers en 1857 et terminés en 1860 et 1861 [1]; l'*Enlèvement d'Orythie par Borée*, et la *Beauté emportée par le Temps*, d'après Alaux et Couder, deux pièces d'une valeur de 22,000 francs, qui furent incendiées en 1871; et le portrait de Pierre Ier, d'après Steuben, vendu au prince Demidoff.

En 1860, Lacordaire se retira et M. Badin lui succéda, réunissant de nouveau entre ses mains la direction des Gobelins et de Beau-

---

[1] Quelques années plus tard, la Manufacture exécutait une nouvelle série de ces portraits, transformés en bustes par Lucas, et entourés, de guirlandes de fleurs, à la façon de Van Pol, par Galland.

vais. Sous son administration intelligente, les ateliers commencèrent à modifier un peu le caractère de leur production. Si la copie des anciens modèles ne fut pas encore tout à fait abandonnée, on se préoccupa cependant de les rajeunir, en les entourant de bordures commandées à des artistes, pénétrés d'un réel sentiment de la décoration. Ainsi, quatre tapisseries d'après Boucher, la *Naissance de Vénus*, *Calisto surprise par Jupiter*, le *But* et *la Pêche* reçurent un encadrement original, exécuté spécialement par MM. Petit et Fouquet. Ce dernier artiste compléta l'*Aurore*, du Guide (copie de Leroux), les *Muses*, de Lesueur (copie de Lucas), par des alentours, dont le tissage seul coûta 26,823 francs. M. Dieterle entoura également l'*Amour sacré et profane*, du Titien (copie de Leroux), d'une bordure, payée aux tapissiers 6,275 francs.

Toutes ces tapisseries étaient destinées à la décoration du palais de l'Elysée, nouvellement restauré. En vue de la même destination, la Manufacture entreprit une tenture, les *Cinq sens*, comprenant cinq panneaux principaux, sept dessus de portes et sept trumeaux, dans la manière des *Portières des Dieux* d'Audran, dont M. Baudry peignit les figures, M. Dieterle, les ornements, M. Lambert, les animaux et M. Chabal-Dusurgey, les fleurs. Cette tenture constitue, dans l'histoire contemporaine des Gobelins, la première phase d'une évolution artistique très importante. Sous l'influence du mouvement extérieur d'idées qui poussait déjà à la renaissance des arts de la décoration, la Manufacture tentait un retour hardi dans la voie des grandes traditions du xviie siècle et du commencement du xviiie. Elle demandait enfin à des artistes, ayant fait la preuve de leur science et de leur goût dans la décoration monumentale, des modèles où les éléments les plus variés se trouvaient mis à contribution et ingénieusement combinés en vue d'un effet exclusivement décoratif. Les peintres, pour la première fois depuis un siècle, consentaient à tenir compte, dans la conception de leurs modèles, des conditions techniques particulières à l'art de la tapisserie. De cette façon, ils associaient les tapissiers à leur œuvre, réclamant d'eux une véritable collaboration d'originalité et d'invention, au lieu d'une imitation servile. De cette tenture terminée en 1869, à l'exception d'une seule pièce, il ne reste plus aujourd'hui que deux tapisseries; les autres ont été détruites par l'incendie, en 1871.

Après le 4 septembre, le gouvernement de la Défense nationale rattacha au ministère de l'Instruction publique et des Beaux-Arts la Manufacture

LES GOBELINS. 34

des Gobelins qui, pendant le second Empire, avait, tour à tour, relevé du ministère d'État, de la Maison de l'empereur, du Maréchalat du palais, du ministère de la Maison de l'empereur et des Beaux-Arts et enfin, à la veille de la guerre franco-allemande, du ministère des Lettres, des Sciences et des Beaux-Arts, institué pour M. Maurice Richard. M. Badin fut maintenu dans ses fonctions de directeur des Gobelins et de Beauvais.

Pendant le siège de Paris, la Manufacture, cela se conçoit assez, ne produisit guère. Les préoccupations, en ces heures terribles, n'étaient point aux beaux-arts; les tapissiers des Gobelins firent patriotiquement leur devoir. La plupart prirent du service dans les bataillons de marche et combattirent aux avant-postes. La Manufacture, veuve de son personnel, avait été convertie en poudrière, en magasins de vivres et de munitions et en hôpital militaire. La grande salle d'exposition fut affectée à ce dernier service; par précaution, l'administrateur fit rouler et emmagasiner au-dessous, dans l'école, les grandes tapisseries qui en garnissaient les murs. Les petites, recouvertes de châssis, furent logées dans l'atelier des peintures. Plus tard, la chute d'obus allemands ayant imposé le transfert de l'ambulance dans l'école, on transporta les tapisseries qui s'y trouvaient, dans un grand magasin situé tout auprès. La période du siège se passa sans incident notable.

Au 18 mars, M. Badin étant à Beauvais, Raoul Rigault délégua aux fonctions de contrôleur et agent comptable, un ancien employé de la liste civile nommé Billoquet, garde-magasin de la Manufacture. Le fonctionnaire qui occupait ce poste, M. Campenon, avait été congédié, après plusieurs jours de détention. Enfin, un aide préparateur de chimie, M. Bourgougnou, s'était nommé lui-même conservateur des Gobelins et la Commune ratifia spontanément cet arrêté intime. M. Bourgougnou put ainsi, à plusieurs reprises, faire officiellement les honneurs de l'établissement aux délégués du Comité central et aux membres de la Fédération des artistes. Ajoutons que le personnel sous ses ordres était réduit à sa plus simple expression. La plupart des employés, pour échapper au service de la garde nationale fédérée et ne point prendre part à la guerre civile, avaient abandonné la Manufacture et réussi à quitter Paris.

Ce furent MM. Feyen-Perrin, Aubin et Poitevin que la Fédération des artistes délégua à la surveillance des Gobelins. Leur mission très passive, essentiellement protectrice et conservatrice, qui ne constitua point, d'ailleurs, aux yeux des Conseils de guerre une usurpation de fonctions publiques, se borna à des visites très courtes, ayant pour but très louable d'assurer le respect des ateliers et des collections. Toutefois à ce moment, comme à tous les changements brusques de régime, l'utilité de la Manufacture fut mise encore en discussion; les Gobelins se virent l'objet d'un projet de décret de réorganisation fédérative, dont on a retrouvé le texte dans les papiers de la Commune.

Ce décret ne comprenait que deux articles ainsi libellés :

« Article 1. — La manufacture des Gobelins cesse d'être régie et entretenue par l'État.

« Article 2. — Les artistes tapissiers considérés comme simples locataires de la Commune se fédèrent, règlent leurs intérêts, etc., etc. »

Nous en savons assez, sur l'existence des Gobelins, pour comprendre qu'une transformation pareille eût amené la ruine non seulement de l'établissement, mais de l'admirable industrie, qui, depuis plus de deux siècles, inspire à l'Europe une admiration persistante. Elle eût, en outre, constitué pour le personnel un désastre à la fois immérité et irréparable. Les événements, fort heureusement n'allaient pas laisser le temps au gouvernement de l'Hôtel de Ville de réaliser cet étonnant projet.

Dès les premiers jours de la bataille autour de Paris, des troupes de l'armée de la Commune s'installèrent aux Gobelins. Les commandants militaires, Serizier et Gentelet, en firent leur quartier général. Le magasin aux poudres s'augmenta d'un nombre considérable de bombes incendiaires. Dès lors, la Manufacture était menacée de ruine. Le 23 mai, les chefs fédérés, apprenant que l'armée de Versailles, après avoir occupé le Luxembourg, se dirigeait rapidement vers le quartier des Gobelins, firent évacuer tous les bâtiments, expulsèrent les employés qui sous une grêle de balles durent se réfugier dans l'enclos près de la Bièvre, où se trouvent leurs jardins. Pendant ce temps, les hommes commandés par Serizier, entassaient dans la salle d'exposition tous les meubles, toutes les étoffes qu'ils purent trouver, tous les papiers militaires ou compromettants qu'ils possédaient, versaient des bidons de pétrole sur le tout, et y mettaient le feu, aux cris de : vive la Commune ! Puis cet acte commis, ils se retiraient, abandonnant les Gobelins à une destruction irrémédiable et ne laissant derrière eux qu'un seul des leurs, animé d'une folie héroïque et qui avait résolu de mettre le feu à la poudrière, au moment même où les soldats entreraient dans l'établissement. Longtemps, on le vit penché légèrement hors du mur de clôture, guettant l'arrivée de la troupe qui tardait trop à son gré. Une balle qui le frappa au front mit fin à la mission qu'il s'était donnée. Pendant ce temps, les

Panneau décoratif composé par M. GALLAND. (Palais de l'Elysée.)

employés de la Manufacture se mettaient résolument à combattre l'incendie, qui de la galerie d'exposition gagnait l'école, et menaçait le reste des bâtiments. On avait caché la pompe à bras de l'établissement, pour la soustraire aux réquisitions des fédérés, qui s'en seraient servis pour inonder de pétrole. On la mit en batterie pour arrêter la marche du fléau; mais en dépit du concours de la troupe, le feu détruisit la galerie d'exposition, un atelier renfermant six métiers, trois salles contenant des broches chargées de laines teintes, l'école de tapisserie, un atelier de peinture et une partie du magasin des plâtres destinés à l'enseignement du dessin, soit un ensemble de constructions s'étendant sur une longueur de 80 mètres. Soixante-seize tapisseries furent brûlées tant dans les magasins que sur les métiers.

Dès le mois de juin 1871, la Manufacture, à moitié détruite, rouvrit ses portes; les ouvriers qui avaient quitté Paris rentrèrent. Le ministre de l'Instruction publique et des Beaux-Arts, pris au dépourvu, confia l'administration provisoire des Gobelins à l'infatigable et toujours dévoué M. Chevreul; puis, à la fin de l'année, quand l'ordre et le calme commencèrent à se rétablir dans l'administration, un de nos plus savants écrivains d'art, M. Alfred Darcel, fut chargé de la délicate mission de reconstituer l'établissement national.

La première préoccupation du nouvel administrateur fut de donner du travail aux tapissiers. Les métiers qui avaient été épargnés par l'incendie ne portaient que deux pièces des *Éléments*, la *Terre* et l'*Eau*. Une pièce, l'*Amynthe et Sylvie*, de Boucher, était presque achevée. La Direction des Beaux-Arts mit à la disposition des Gobelins des copies du *Saint Jérôme* du Corrège, de la *Charité* d'Andrea del Sarto, par M. Lucas, deux figures de Raphaël, *Comitas* et *Justicia*, copiées par M. Clère. On demanda à MM. Maillart et Dieterle des bordures pour le *Saint Jérôme*, et à M. Lameire les entourages des Raphaël. Ces trois dernières pièces étaient achevées en 1872; *Comitas* et *Justicia* furent vendues à l'exposition universelle de Vienne en 1874, et le gouvernement donna, en 1877, au pape, la *Charité*.

Une fois ce premier soin accompli, et les métiers en pleine activité, M. Darcel, qui apportait aux Gobelins des idées de progrès, et dont le programme annonçait une reprise des traditions fécondes du xviie siècle, s'occupa activement des réformes à introduire dans le travail des ateliers. Pour rendre à la production son véritable caractère, il résolut de ne plus faire travailler les tapissiers que sur des modèles nouveaux, exécutés spécialement en vue de la traduction en tapisserie, par des artistes expérimentés, et possédant à fond le sentiment et la science de la décoration. M. Mazerolle reçut la commande de sept panneaux destinés à orner la rotonde du pavillon du buffet de l'Opéra : le *Vin*, les *Fruits*, la *Chasse*, la *Pâtisserie*, le *Thé*, les *Glaces*, le *Café* ; M. Lechevalier-Chevignard fut chargé de peindre les modèles de quatre tapisseries, à sujets allégoriques, pour le salon central du Musée céramique de Sèvres : *Tornatura*, *Sculptura*, *Pictura* et *Flamma*. On commençait en même temps une réplique des deux figures de Raphaël avec un fond et une bordure de M. Lameire, pour la décoration de la grande salle restaurée du palais de justice de Rouen. M. Maillart donna ensuite une *Pénélope à son métier*, M. François Ehrmann, le *Vainqueur* ; et M. J. Machard, la *Séléné*, exposée au Salon de 1874. Toutes ces œuvres accusent nettement, dans la composition et dans le coloris, sinon un retour à la manière des peintres des Gobelins sous Louis XIV, du moins des préoccupations artistiques et une simplicité de tons, qu'on chercherait vainement dans les tapisseries des périodes précédentes. L'intelligence des grandes lignes décoratives, des tonalités éclatantes et simples y est évidente, et si, au point de vue des résultats définitifs de la traduction en tapisserie, ces tentatives de résurrection du grand art d'autrefois sont encore incomplètes, on ne peut nier qu'un sensible progrès ait été déjà réalisé.

Pour imprimer à ce mouvement de renaissance artistique une impulsion nouvelle, et surtout pour assurer sa continuité, le ministre de l'Instruction publique institua, par un arrêté en date du 31 octobre 1876, une commission de sept membres, architectes, peintres et décorateurs, chargée de donner son avis, au point de vue de l'art et de la technique, sur les modèles, sur la conduite du travail, et en général sur tout ce qui peut intéresser le perfectionnement de l'art de la tapisserie, et la prospérité des Gobelins. Cette Commission, composée de MM. Duc, Ballu, Denuelle, Baudry, Cabanel, Puvis de Chavanne et Lavastre, se mit immédiatement à l'œuvre. Elle consacra de nombreuses séances à l'étude de toutes les questions théoriques et pratiques qui lui furent soumises. Ses travaux firent l'objet d'un rapport rédigé par M. Denuelle, rapport, dont les conclusions furent adoptées à l'unanimité par les membres de la Commission. Ces conclusions, conformes en tout point aux idées et aux projets de M. Darcel et qui méritent d'être méditées, car elles sont devenues la Charte actuelle de la Manufacture, étaient ainsi conçues :

« 1° A l'avenir on n'exécutera plus de tapisseries aux Gobelins que d'après des modèles ou des cartons composés en vue de cette exécution spéciale.

« 2° Les compositions de ces tapisseries seront mises, autant que possible, au concours. Ce concours, qui sera public, sera jugé par la Commission, qui en fixera le programme.

« 3° Un concours aura lieu chaque année entre les élèves des Gobelins ayant fait trois ans d'apprentissage. L'Administration des Beaux-Arts facilitera au lauréat les moyens de suivre, pendant deux ans, les cours de l'École des Beaux-Arts.

« 4° A la Manufacture, on donnera plus d'extension au cours de dessin et l'on y enseignera les principes théoriques qui doivent diriger l'art de la tapisserie.

« 5° Réforme des procédés d'exécution des tissus qui, à l'avenir, devront être beaucoup plus simples.

. . . .

« 8° Rétablissement du cours de chimie appliquée à la teinture et du laboratoire où les élèves du dehors pourront être admis.

« 9° Création à la Manufacture d'un musée où seront exposés les modèles anciens et nouveaux, conjointement avec les anciennes tapisseries du Garde-meuble. Ces tapisseries figureront par séries renouvelables, pour servir à l'étude. »

Dans ces dernières années, on a appliqué un certain nombre de ces réformes. Un arrêté ministériel, en date du 3 février 1885, a organisé administrativement le musée de tapisseries et de tapis ; on dresse en ce moment l'inventaire des modèles anciens et nouveaux. L'école de tapisserie a reçu une plus grande extension dans son programme artistique ; et pour déterminer exactement son caractère nouveau, on lui a donné le titre d'*Ecole pratique d'art décoratif et de tapisserie*. L'école comprend : 1° l'enseignement des sciences et des arts qui servent de base à l'art du tapissier ; cet enseignement est donné dans trois cours, cours élémentaire, cours supérieur, et académie de dessin ; 2° l'école spéciale de tapisserie et de tapis, qui est divisée en deux classes : Les élèves stagiaires et les élèves appointés, nommés les uns et les autres par le ministre, sur la présentation de l'administrateur de la Manufacture. Enfin, par arrêté en date du 28 avril 1879, le ministre de l'Instruction publique et des Beaux-Arts a institué le concours dit « prix des Gobelins ».

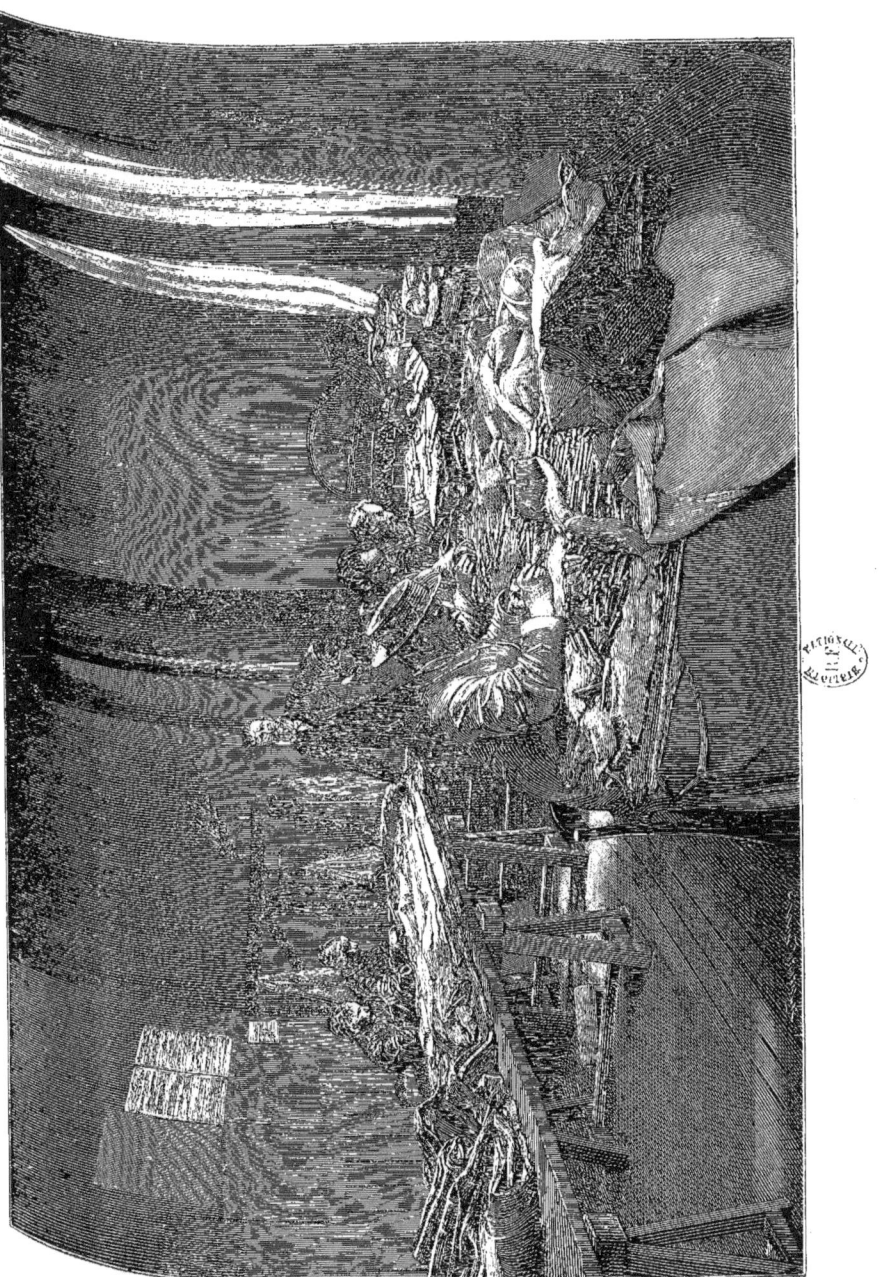

LES GOBELINS.

Le premier concours eut lieu le 6 novembre de la même année. Son programme comprenait l'exécution d'un modèle d'une tapisserie avec bordure, qui, destinée à la chambre de Mazarin (Bibliothèque nationale), devait représenter les Arts, les Sciences et la Littérature dans l'Antiquité. M. François Erhmann remporta le prix et fut chargé postérieurement de l'exécution de deux panneaux destinés à compléter cette décoration : l'*Imprimé* et le *Manuscrit*, actuellement en cours de tissage.

Depuis ce temps, les concours se sont succédés, suivant les exigences de la fabrication, mais avec des intermittences de résultats suffisantes pour qu'on ait pu se demander si l'institution fort démocratique de ces concours répond bien exactement aux conditions de l'organisation artistique de la Manufacture. Il semble, en effet, démontré, par une expérience déjà longue, que l'exécution des modèles de tentures exige une science approfondie de la technique de la tapisserie, et une pratique constante de ses ressources. Sous Louis XIV et sous Louis XV, les peintres qui donnèrent les modèles de l'*Histoire du Roy*, des *Maisons Royales*, de l'*Histoire de Don Quichotte*, etc., étaient attachés à la Manufacture, et se livraient assidûment à ce genre de travaux. La plupart des compositions fournies, dans les périodes suivantes, par des artistes extérieurs et de grand renom, subissaient, avant d'être mises sur le métier, une sorte d'adaptation qui les rendait conformes aux exigences du métier, et achevait de leur donner le caractère artistique particulier à la tapisserie. Le Conseil de perfectionnement sentait, au reste, si bien de quel avantage étaient cette pratique et cette connaissance approfondie de la technique pour la confection de bons modèles, qu'il demanda l'institution d'un concours annuel entre les élèves tapissiers des Gobelins ayant trois années d'apprentissage, en stipulant que le lauréat de ce concours passerait deux années à l'École des Beaux-Arts, pour apprendre la composition décorative. C'était préparer pour l'avenir une pépinière de peintres habiles, au courant des besoins de la tapisserie, et pour la Manufacture, c'était la quasi certitude de posséder avant peu des modèles facilement exécutables, dessinés par des artistes compétents. Faut-il ajouter que les considérations, dont M. Denuelle appuyait, au nom de la Commission, cette demande si rationnelle, étaient empreintes d'un grand sens pratique ? Depuis longtemps il n'avait rien été écrit d'aussi remarquable sur ce sujet délicat.

La Commission justifiait cette réforme essentielle par l'état défectueux de la fabrication des Gobelins au point de vue artistique. « Nous avons le regret de dire que notre première impression ne fut pas favorable ; tout en reconnaissant que la Manufacture possède des exécutants très habiles, et que la perfection d'exécution n'a jamais été poussée plus loin, nous sommes d'avis que les résultats obtenus laissent beaucoup à désirer par suite du faux esprit, dans lequel sont conçues la plupart des compositions qui servent de modèles, et par suite du mode d'exécution qui est absolument contraire au principe de l'art de la tapisserie ; errements contre lesquels l'administrateur actuel cherche en vain à réagir. » Des progrès importants ont été faits aux Gobelins depuis que cette critique, à la fois sévère et juste, a été écrite. On a donné aux tapissiers des modèles nouveaux, plus conformes au caractère de l'art de la tapisserie.

L'incendie de 1871 avait détruit les modèles et les tapisseries de la tenture des *Cinq sens*, de MM. Baudry, Dieterle et Chabal-Dusurgey, destinés, comme nous l'avons dit, à la décoration de l'Elysée. L'administration fit exécuter par M. Galland les modèles d'une nouvelle suite destinée à les remplacer. Cette suite, composée de dessus de porte et de panneaux de diverses dimensions, représentant chacune des *Neuf Muses*, *Pindare*, *Virgile*, la *Poésie satirique*, le *Poème héroïque*, *Pégase*, etc., à laquelle on travaille encore à l'heure présente, est non seulement conçue dans un esprit fort gracieux, mais encore dans un sentiment très décoratif. Une grande composition de M. Mazerolle, la *Filleule des fées*, qui, par le style, tient un peu des *Triomphes*, est également sur le métier, où elle a heureusement remplacé l'*Apothéose d'Homère* d'après Ingres, dont la fabrication continuait la néfaste routine de l'imitation des tableaux.

En 1885, M. Gerspach, chef du bureau des Manufactures à la Direction des Beaux-Arts, succéda à M. Darcel, nommé conservateur du Musée de Cluny et des Thermes. Le nouveau directeur s'est appliqué, avec le plus grand zèle, à poursuivre les réformes si heureusement commencées par son prédécesseur, et à donner à la fabrication une haute impulsion artistique.

Actuellement, la Manufacture des Gobelins possède quatre ateliers : un atelier de haute lice, occupé à la fabrication des tapisseries ; l'atelier de la Savonnerie, où se tissent des tentures décoratives, — la fabrication des tapis de pied ayant été abandonnée comme trop coûteuse; — l'atelier des rentraitures, qui fait les réparations, et enfin l'atelier des teintures.

Chaque atelier est placé sous la surveillance d'un chef. Aux teintures, ce chef prend le nom de directeur. Le chef de la haute lice est M. Colin, conseiller municipal de la ville de Paris, qui occupe ce poste depuis l'année 1875, et compte plus de cinquante ans de résidence à la Manufacture. Il a sous ses ordres 2 sous-chefs, 20 tapissiers et 25 apprentis. L'atelier de rentraitures possède 1 chef et 3 ouvriers. L'atelier des teintures se compose d'un directeur, d'un sous-directeur, d'un préparateur, d'un sous-chef et de trois ouvriers compagnons. Nous faisons connaître l'organisation de l'atelier de la Savonnerie, au chapitre consacré spécialement à son histoire. En ce moment 110 personnes constituent le personnel de la Manufacture. Le nombre des tapissiers, devons-nous ajouter, est très variable; il se produit fréquemment parmi eux des vacances, par suite de changements de profession. Ainsi, en 1883, 18 tapissiers ont quitté les Gobelins pour devenir professeurs de dessin dans les écoles de la ville de Paris. Cette situation nouvelle, absolument inconnue jusqu'ici, n'est point sans danger pour l'établissement, qui perd ainsi subitement des artistes fort habiles, dont le remplacement exige un temps très long. Enfin depuis quelques années, l'administration a fait revivre, sous un titre nouveau, l'ancien sur-inspectorat. M. Galland, l'éminent peintre décorateur, remplit ces fonctions importantes, sous la dénomination de Directeur des travaux d'art de la Manufacture.

Le budget annuel des Gobelins s'élève au chiffre de 236,000 francs. Les appointements des chefs d'atelier varient de 4,100 à 5,000 francs; ceux des sous-chefs, de 3,300 à 4,000 francs. Les artistes tapissiers reçoivent de 1,600 à 3,250 francs, et les apprentis, de 900 à 1,500 francs. Aux teintures, le directeur a 4,000 francs; le sous-directeur, 3,000 francs, et les compagnons, de 1,800 à 2,200 francs. Les salaires pour les chefs d'emploi n'étaient pas, au temps de Louis XIV, sensiblement inférieurs à ceux de l'époque actuelle. Il est accordé des primes de travail, qui varient annuellement de 50 à 250 francs. La plupart des ouvriers sont logés dans la Manufacture; ceux qui n'ont pas de logement reçoivent une indemnité de 200 francs; généralement leur famille exerce extérieurement quelque petit commerce. Chacun a la jouissance d'un jardin, dans un immense terrain de plusieurs hectares, situé sur les bords de la Bièvre, et qui donne au milieu de ce quartier industriel et populeux, l'illusion charmante d'un enclos champêtre, empli de fleurs, de verdure et de soleil. Ces jardins, très bien entretenus et très fréquentés pendant la belle saison, où les ménagères peuvent établir des cultures de légumes et récoltent à l'automne des fruits en abondance contribuent à maintenir entre tous les ouvriers des relations constantes, intimes, et à conserver dans chaque ménage les habitudes de la vie de famille. Les traditions du passé sont encore vivantes dans cette Thélème artistique, qui par son organisation sociale seule présenterait une piquante originalité et constituerait une véritable curiosité parisienne. Ce que nous écrivions dans le quatrième chapitre de cet ouvrage sur le personnel de la *Manufacture royale des meubles de la Couronne*, nous pourrions le redire à propos des artistes actuels. C'est une grande famille d'artisans, qui continuent à se consacrer exclusivement à la pratique d'un art séculaire, spécial à notre pays, et qui, à travers les bouleversements sociaux, les révolutions politiques, les transformations économiques et industrielles, transmet régulièrement, aux générations qui se succèdent dans ce vieil hôtel, la passion de leur métier et le goût d'une vie calme, recueillie et modeste. La moitié environ des tapissiers actuels sont nés dans les bâtiments des Gobelins; ils se tiennent tous par quelque lien, et se marient entre eux, comme au XVIIe siècle. Beaucoup de familles sont là depuis le commencement du siècle, et quelques-unes même, comme celle des Duruy, peuvent s'enorgueillir de compter parmi leurs ancêtres, des artistes qui figurent sur les états de la Manufacture, sous le règne de Louis XV. Ces braves gens ont, en outre, organisé entre eux une société de secours mutuels, qui assure aux veuves et aux orphelins une retraite et un abri honorables, aux malades et aux infirmes, les soins et les secours médicaux. Tout ce personnel d'ailleurs est soumis à la loi de 1853 sur les pensions civiles, et se trouve ainsi assimilé aux fonctionnaires et aux employés de l'État.

Le travail est doux et intéressant; il dure de huit heures du matin à cinq heures du soir en été et à quatre heures en hiver, avec une heure de repos pour le déjeuner. La discipline, qui présente un caractère paternel, est dans les attributions de l'administrateur. On s'est demandé bien souvent, avec une curiosité légitime, quel était le travail de tapisserie qu'un ouvrier pouvait accomplir dans son année. La moyenne idéale est 1 mètre carré. Des artistes exceptionnellement doués ont tissé annuellement 2^m,50 ; mais ce sont là, qu'on nous permette le mot, des phénomènes. En 1887, la Manufacture a produit 36^m,25 ; en 1877, avec un nombre égal d'artistes, elle n'avait pas dépassé 23 mètres. Ces différences considérables tiennent à la qualité des modèles ; aujourd'hui, que l'on a repris les traditions des maîtres du xviie siècle, procédant plus simplement, avec moins de recherche de tonalités et de lignes compliquées, le travail est plus facile et plus rapide. Nous avons même tout lieu d'espérer que si aucune réaction funeste ne se produit contre cette utile réforme, la Manufacture pourra bientôt fabriquer des tapisseries dans les mêmes conditions de rapidité, de bon marché et de bon goût que sous Le Brun. Qu'on n'attende point de nous des chiffres comparatifs à propos des prix auxquels reviennent les tapisseries ; il est impossible matériellement de les établir, avec une exactitude même approximative. On ne doit jamais perdre de vue qu'aujourd'hui la Manufacture n'est plus une entreprise industrielle et commerciale, mais une sorte de Conservatoire de l'art de la tapisserie avec musée, école d'apprentissage, école de dessin, etc. L'état d'une tapisserie supporte proportionnellement toutes les charges financières afférentes à ces divers services très onéreux. Il n'est donc point extraordinaire qu'elle revienne au triple et au quadruple du prix auquel une tapisserie similaire était cotée autrefois.

Les métiers de haute lice en usage sont au nombre de 11. Sauf quelques modifications légères l'organisme en est le même que celui des métiers employés au xviiie siècle ; quelques-uns, d'ailleurs, remontent à cette époque. Ils se composent d'une paire de cylindres en bois de chêne ou de sapin, dits *ensouples*, disposés horizontalement, à une distance de 2^m,50 à 3 mètres, et dont le cylindre supérieur est supporté par des montants en bois de chêne, appelés *cotrets* dans le langage des tapissiers. La chaîne de la tapisserie se fixe sur les ensouples, dans une situation absolument verticale, le fil arrêté par une tringle en bois, le *verdillon*, qui est logé dans une rainure. Cette chaîne, laine, coton ou soie, à quatre, cinq ou six brins, se divise en deux nappes, dont l'écartement est maintenu par une ficelle de croisure et par un bâton en bois ou en verre, dit *bâton d'entre-deux*. A chaque fil de la nappe d'arrière est passée la lice, une cordelette, en forme d'anneau. La lice, est fixée sur une forte perche, dite *perche des lices*. C'est en tirant ces lices que le tapissier peut ramener les fils d'arrière en avant et opérer le croisement de la chaîne et de la trame, celle-ci étant enroulée sur une broche qui remplace la navette du tisserand. L'artiste décalque préalablement sur la chaîne les grandes lignes du modèle à reproduire, un trait noir marquant les contours extérieurs et un trait rouge le détail des carnations. Ce décalque, qui ne s'applique qu'à de petites parties du modèle, est complété par la prise de points généraux de repère.

Pour former le tissu de la tapisserie, l'ouvrier, placé derrière le métier, à l'envers et devant le modèle dont il doit reproduire les formes, saisit une broche chargée de la laine ou de la soie teinte de la couleur déterminée; il arrête l'extrémité du fil de la trame sur le fil de chaîne, puis mettant la main gauche entre les deux nappes séparées par le bâton de croisure, il écarte les fils que doit recouvrir la trame de même nuance. La main droite passant entre les fils va chercher à gauche la broche qu'elle ramène à droite; après ce temps, la main gauche, saisissant la lice, fait revenir en avant les fils d'arrière et la main droite lance la broche au point d'où elle était partie. Ces deux passées constituent une *duite*. A chaque duite, l'artiste rapproche avec le bout aigu de la broche les fils de la trame du tissu et au bout d'un certain nombre de passées, complète l'opération au moyen d'un lourd peigne d'ivoire, dont les dents pénètrent entre les fils de la chaîne et compriment régulièrement ceux de la trame.

Ce sont les contours du dessin, les diverses nuances du coloris à reproduire qui indiquent l'étendue et le nombre des duites. La gradation de ces nuances, leur légèreté, leur transparence sont obtenues au moyen du procédé nouveau des hachures, inconnu avant 1812. Cette opération consiste à mélanger ensemble des fils teints de couleurs différentes, de façon à ce que ce mélange arrive à produire un fil dans la nuance exacte qu'on désire. Autrement dit, au lieu de mêler dans la cuve des couleurs qui souvent s'amalgament difficilement, pour en teindre les écheveaux de laine ou de soie dans une nuance unique, on mêle dans des proportions scientifiquement étudiées des fils entre eux de façon à produire, à distance, le même résultat. Les premiers essais de cette nouvelle méthode, furent faits vers 1812 par un artiste travaillant à la basse lice, nommé Deyrolle. Il l'appliqua d'une manière restreinte, mais en obtint de si bons résultats que son fils, M. Gilbert Deyrolle, chef d'ate-

LES GOBELINS.

lier, l'expérimenta en grand, en montra les effets à M. Louis Rançon, et que tous deux convertissant ces essais pratiques en théorie scientifique, appliquèrent celle-ci d'une façon générale. Ce procédé nouveau amena ce qu'on avait cherché vainement auparavant, un accord durable entre les nuances employées. Il permit aussi, avec un nombre de nuances infiniment moins considérable, d'arriver dans la traduction du modèle à une exactitude bien supérieure de coloris. Enfin, la tapisserie perdit son ton mat, pour prendre un aspect vibrant et une transparence qu'elle n'avait pas eus jusque-là.

En 1826, quand les ateliers de basse lice furent supprimés aux Gobelins, MM. Deyrolle et Rançon transportèrent leur procédé dans les ateliers de haute lice. Mais il fallut de longs tâtonnements et une persistance singulière pour arriver à la perfection qu'on avait obtenue si rapidement dans les ateliers de basse lice, et surtout pour triompher d'habitudes séculaires. Ce n'est qu'après sept ou huit ans d'expériences sans cesse renouvelées, que la supériorité du travail de hachures à deux et trois nuances fut admise sans contestation. L'exécution de l'*Histoire de Marie de Médicis*, par MM. Buffet, Gilbert Deyrolle et Lucien Deyrolle, aida singulièrement à la diffusion de ce procédé qui est aujourd'hui à peu près le seul employé. C'est à peine, en effet, si l'on trouve aux Gobelins un ou deux artistes pour soutenir théoriquement l'ancien système, qu'ils considèrent comme plus sévèrement artistique.

On s'est également préoccupé, comme nous l'avons dit, d'assurer le recrutement des tapissiers, très compromis depuis quelques années, et pour cela l'on a créé une école de tapisserie.

Cette école est alimentée par les fils de tapissiers ou par des élèves libres, auxquels on fait signer un engagement de dix années, pour éviter des désertions malheureusement trop nombreuses. Les élèves, on le sait, sont divisés en deux classes : élèves à l'essai ou stagiaires, et élèves appointés. Au moment de leur admission comme élèves définitifs, les stagiaires non rétribués touchent une indemnité de 100 francs; à partir de la deuxième année, il leur est alloué 400 francs et la troisième ils reçoivent 900 francs. A leur entrée dans l'atelier, les apprentis sont employés aux travaux les plus simples. A titre d'encouragement, ils sont admis à voir figurer leurs noms sur les tableaux d'exposition des pièces auxquelles ils ont collaboré. Actuellement, l'école de tapisserie compte 6 élèves.

L'école de dessin annexée à la Manufacture est beaucoup plus nombreuse : Elle ne compte pas moins de 50 élèves, apprentis des Gobelins ou jeunes gens venus du dehors. Les professeurs sont : MM. Galland, Cléret et Tourny.

Telle est, au moment où nous écrivons, l'organisation de la Manufacture nationale des Gobelins, dont les œuvres, incomparables, uniques, font l'admiration du monde entier.

Par une disposition toute naturelle de l'esprit humain et qui répond à un sentiment inné d'harmonie universelle, tous ceux qui ont contemplé quelques-unes de ces splendides tapisseries, sans être jamais venus à Paris, aiment à se représenter le lieu où ces chefs-d'œuvre d'art voient le jour, comme une sorte de palais habité par des fées et digne, par ses nobles proportions, par son magistral aspect, des trésors d'art qu'on y fabrique. Il n'en est rien. Jamais contraste plus frappant n'a existé entre un établissement de cette sorte, et ses merveilleux produits, jamais désillusion n'a été plus grande que celle des visiteurs qui, pour la première fois, pénètrent dans ces cours solitaires, au milieu de ces bâtiments disparates, dont les murailles lépreuses semblent suinter la tristesse et l'abandon.

Plusieurs constructions des Gobelins, nous l'avons dit plus haut, furent détruites en 1871, pendant l'agonie de la Commune. Celles qui sont demeurées debout et dont la plupart remontent au xvii° siècle, sont dans un lamentable état. L'atelier des teintures, la plus ancienne partie de l'édifice central, partie qui date probablement de Henri IV, menace ruine depuis de longues années et on a dû l'étayer fortement avec d'épais madriers, qui obstruent la plupart des pièces affectées à cet important service. Le laboratoire de chimie est un dédale de chambres obscures, étroites, reliées par des escaliers de meuniers et par des couloirs où l'on a peine à marcher deux de front. L'atelier de la Savonnerie reçoit un jour parcimonieux d'arrière-cour, qui se convertit en longs crépuscules, pendant les saisons d'hiver et d'automne. La haute lice habite stoïquement un long boyau de constructions, où la lumière semble filtrer par des abat-jour de prison. L'école de tapisserie et l'atelier de rentraiture sont installés dans un bâtiment étroit qui date vraisemblablement de la direction de de Comans et de de La Planche et d'une solidité douteuse, mal distribué, insuffisant comme espace. Enfin il n'est pas jusqu'à certains des bâtiments neufs, la salle d'exposition notamment, qui n'aient l'air de hangars ou d'abris provisoires, indignes des richesses qu'ils contiennent et des étrangers qui accomplissent un pieux pèlerinage dans ce sanctuaire de l'art.

Les amateurs de pittoresque, de vieilles pierres, du Paris historique, pourront regretter, il est vrai, l'hôtel des Gobelins, si jamais il est donné suite au projet de le démolir et de le remplacer par un édifice neuf, mieux approprié. Il y a là des coins de paysages urbains, d'une singulière originalité de physionomie, des souvenirs artistiques précieux. Une des salles d'exposition de tapisserie était l'atelier de Le Brun. Le premier directeur de la Manufacture habitait là, à côté du magasin des modèles, un de ces pavillons aux pierres grises, dont la charmille en contrebas de la terrasse supérieure, étroite, sombre, est au printemps toute fleurie de lilas et de cerisiers. Dans la grande cour, solitaire, pleine d'herbes entre ses pavés, entourée de bâtiments trapus, avec des toits aigus qui montrent leurs tuiles rouges, tapissées de mousses et de pariétaires, et des murs à crépi couturé comme l'habit d'un vieux mendiant, on rêve de deux siècles en arrière. On a la sensation d'être le contemporain des Jans et des Delacroix. Mais, en dépit du regret qu'on éprouve toujours à voir disparaître les vestiges d'un passé, dans lequel ont vécu des hommes que nous admirons et aimons, comme étaient ces vaillants artistes des Gobelins dont nous venons de retracer l'histoire, il nous semble infiniment préférable de placer les artistes contemporains dans un milieu digne de leur talent, et aussi des belles œuvres qu'ils exécutent.

Évidemment, un pareil état de délabrement de la Manufacture ne saurait se perpétuer. Depuis longtemps, tout le monde est d'accord pour y mettre fin. En 1877, l'Administration des Beaux-Arts fit dresser un projet de reconstruction des Gobelins ; mais ce projet, dont le Parlement a été saisi, s'est trouvé à diverses reprises ajourné, par suite de considérations financières, qui n'admettaient pas de réplique. Au mois d'octobre 1886, le ministre de l'Instruction publique et des Beaux-Arts laissait entrevoir que le transfert de la Manufacture au château de Compiègne, où elle serait réunie à celle de Beauvais, pourrait présenter une solution, à la fois économique et satisfaisante. Les incidents politiques ont fait abandonner cette proposition, contre laquelle, d'ailleurs, le Conseil municipal de Paris avait protesté énergiquement.

Une autre raison s'oppose à ce transfert. Nous voulons parler du refus des artistes d'abandonner Paris où ils possèdent leur famille, leurs amis, et où ils trouvent en dehors de leurs heures de travail des occupations lucratives, qui leur permettent de remédier en partie à l'insuffisance indiscutée de leurs appointements. Or s'il est un personnel au monde qui a droit à des égards spéciaux, c'est bien celui des Gobelins. Le spectacle qu'offre cet établissement est unique au monde; car en notre temps un peu trop prosaïque, on chercherait vainement une autre collectivité d'artistes aussi justement célèbres, vivant dans le recueillement, et résolus à ne trouver dans un travail incessant et d'une prodigieuse difficulté que la satisfaction d'enfanter des chefs-d'œuvre.

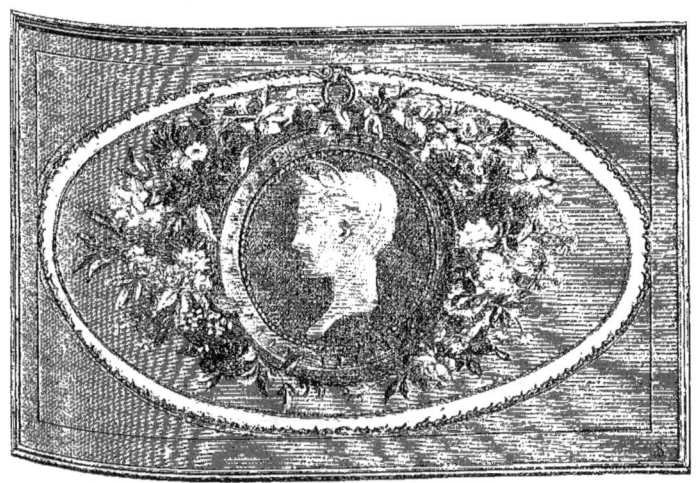

XVI

L'ATELIER DE TEINTURES

ET atelier, bien que son fonctionnement ait toujours été entouré d'un certain mystère, a joué, dans l'établissement et dans l'existence de la *Manufacture royale des meubles de la Couronne,* un rôle trop considérable, pour que nous n'essayons pas, en dépit des obscurités qui l'enveloppent, d'en retracer l'histoire.

Lorsque de Comans et de La Planche vinrent installer leurs métiers de basse lice dans le faubourg Saint-Marcel, il étaient, sans aucun doute, déterminés par des raisons impérieuses. Des industriels aussi avisés ne devaient rien faire à l'aventure. Ils furent évidemment attirés dans cet endroit, relativement écarté, par la présence des teintureries qui, nous l'avons vu au commencement de cette étude, existaient déjà, depuis de très longues années, sur les rives de la Bièvre. La renommée des Gobelins, des Canaye et de leurs successeurs était telle que le populaire, toujours ami du merveilleux, après avoir supposé longtemps qu'un pacte secret avait mis le diable dans l'affaire, s'était arrêté définitivement à cette idée plus raisonnable en apparence, mais tout aussi peu fondée en réalité, que les eaux de la Bièvre possédaient pour la teinture des vertus spéciales, que n'avaient point les autres cours d'eau[1]. Depuis lors, on est revenu à une appréciation plus juste, et il a été permis de constater scientifiquement que la légende de ces vertus secrètes était aussi fausse que celle de certaines séquestrations, dont nous avons longuement parlé dans notre premier chapitre. Depuis longtemps, en effet, on ne se sert plus, dans l'atelier de teintures des Gobelins, que d'eau de Seine filtrée ou d'eau de source, et l'eau de la Bièvre, bien loin d'être recherchée à cause de ses qualités spéciales, est, au contraire, soigneusement écartée comme impure et chargée de matières nuisibles. Mais au temps où de Comans et de La Planche vinrent s'installer à la place qu'occupe la Manufacture, le préjugé était admis et vraisemblablement entretenu avec grand soin, les Gobelins ayant un intérêt très sérieux à ce qu'on attribuât l'excellence de leurs teintures à la position topographique occupée par eux et qu'on ne pouvait usurper, plutôt qu'à certains tours de main faciles à découvrir et à mettre ailleurs en pratique. Nos deux tapissiers s'installant au faubourg Saint-Marcel à côté de ces teinturiers illustres, avaient certainement l'espoir que la grande réputation des Gobelins deviendrait aux yeux du public une garantie de la solidité de tons de leurs tapisseries; enfin le voisinage immédiat des ateliers existants procurait des avantages incontestables à des industriels, dont toutes les matières premières étaient préalablement soumises à la teinture.

On est amené tout naturellement par ces considérations à supposer que le premier atelier de teintures de la Société de Comans et de La Planche fut précisément celui de Nicolas Gobelin, dont l'emplacement est aujourd'hui englobé dans les bâtiments de la Manufacture. C'est là que très vraisemblablement ont été teintes, pendant tout le premier quart du xvııe siècle, les laines employées par nos deux industriels, car les soies leur venaient d'Italie avec leurs couleurs définitives.

Les teinturiers du faubourg Saint-Marcel continuèrent de jouir pen-

---

[1] Le préjugé favorable aux eaux de la Bièvre était encore dans toute sa vigueur aux xvııe et xvıııe siècles. L'auteur d'un rapport adressé, en 1631, au cardinal Barberini constate que les eaux des Gobelins sont considérées comme les meilleures que l'on puisse employer pour la teinture, et attribue cette vertu aux nombreux détritus végétaux qu'elles charrient. Le sieur J.-C. Nemeitz, dans son *Séjour de Paris* (Leide, 1727), écrit (page 378) : « L'on prétend que la petite rivière qui la baigne (la Manufacture), je veux dire l'eau des Gobelins, a la vertu de donner à l'écarlate une couleur haute et éclatante, effet qu'on n'attribue pas aux autres eaux de Paris. »

LES GOBELINS.

dant longtemps d'une réputation unique, car, en 1662, lorsque Colbert eut la première idée d'établir, sur les bords de la Bièvre, une Manufacture royale des meubles de la Couronne, le maintien du fameux atelier de Gobelin en ce lieu s'imposa immédiatement à son attention. Confiant dans la valeur des traditions qui s'y étaient conservées, il résolut de l'agrandir et de lui donner une mission professionnelle. Dans l'édit de fondation il est fait mention, en effet, de teinturiers entre les divers artisans, dont la surintendance des Bâtiments, et le directeur doivent tenir la Manufacture pourvue. Bien mieux, de nos jours, un savant illustre et parculièrement bien placé pour parler avec autorité de ces choses, M. Chevreul, a écrit qu'à côté des éléments artistiques et technologiques que le génie du grand ministre avait introduits aux Gobelins, il fallait placer l'élément scientifique, dont il avait prévu l'influence future et auquel il avait su préparer une place importante.

M. Chevreul cite, à l'appui de son opinion, un livre publié par Colbert en 1671, quatre ans après le règlement de la Manufacture des Gobelins, sous le titre d'*Instructions générales pour les teintures des laines et manufactures de laines de toutes couleurs, et pour la culture des drogues ou ingrédients qu'on y emploie*. « Cette instruction, dit-il, renferme plus de vues générales sur l'administration, l'économie des arts et la teinture, qu'on n'en trouve dans la plupart des écrits, auxquels cet art a donné lieu dans le XVIII° siècle et même dans le nôtre, bien entendu, en tenant compte de l'institution des jurandes et maîtrises, nécessité des temps où elle parut... Elle montre à tous que l'institution des deux Manufactures des Gobelins et de Beauvais et l'extension de la Manufacture de la Savonnerie n'avaient pas seulement pour but de meubler les palais royaux, mais de donner encore à l'industrie française l'impulsion la plus puissante. »

Ces faits étaient à noter, non seulement parce qu'ils expliquent l'établissement de la Manufacture en cet endroit, mais encore parce qu'ils viennent à l'appui de la thèse que nous avons soutenue dans notre premier chapitre : à savoir que, dans l'institution des Manufactures royales, Colbert poursuivait, avant tout, le développement sérieux des industries artistiques en France, alors que Louis XIV n'y voyait que le moyen de se procurer, pour ses châteaux et ses palais, des meubles d'une beauté incomparable et des tapisseries d'une absolue perfection.

Dès 1665, l'atelier de teintures était pourvu comme les autres ateliers, d'une organisation officielle. Il était placé sous la direction de Josse Kerchove, ou de Kerkhove, gratifié du titre de teinturier de la maison des Gobelins, titre qu'il échangea, en 1669, contre celui de « teinturier et marqueur des ouvrages de la Manufacture ». Kerkhove recevait un appointement de 1,500 livres, payé par la surintendance des Bâtiments, et un gage de 50 livres, porté plus tard à 100 livres, comme petit officier au service du roi, et comme artiste travaillant pour la Couronne. Il était logé aux Gobelins, et on lui fournissait le bois et toutes les drogues nécessaires. Les inconvénients de cette manutention spéciale ne tardèrent point à paraître ; la direction crut mieux faire de traiter, à tant par livre de laines teintes. Cozette succéda au fils de Kerkhove. Lorsqu'il mourut, son fils, qu'il avait gardé avec lui aux Gobelins, comme compagnon, au traitement de 600 livres par an, refusa la succession ; la situation de chef d'atelier était devenue très médiocre au point de vue financier. Cozette fils s'établit à son compte dans Paris. Le sieur Ménil qui fournissait les soies teintes et les laines blanches, depuis un long temps, fut invité à se charger de la teinture des laines ; il prit pour compagnon un Kerkhove, petit-fils de Josse Kerkhove.

C'est à peu près tout ce qu'on sait sur le fonctionnement de l'atelier de teintures des Gobelins, pendant cette période, toutefois il ne paraît pas qu'on ait eu beaucoup à se louer de la qualité de ses produits ; nous voyons, en effet, les entrepreneurs des ateliers de haute et basse lice protester très vivement, contre la fragilité de certaines couleurs qui leur étaient fournies. La responsabilité du défaut de solidité de quelques nuances doit-elle incomber tout entière à celui qui dirigeait alors l'atelier des teintures ? Vraisemblablement non. Nous avons raconté plus haut la grande querelle d'Oudry et des chefs d'ateliers de haute et basse lice. On se souvient que le peintre favori de Louis XV voulait obliger ces derniers à renoncer à ce qu'il traitait avec mépris d' « exécution sauvage ». Il prétendait leur faire abandonner leur « papillotage importun de couleurs âcres et discordantes », qu'il qualifiait dédaigneusement de « coloris de tapisserie », pour suivre les gradations et les dégradations de la peinture. Mais, pour obtenir ces gradations et ces dégradations, Oudry avait dû exiger des teinturiers la composition de nuances très légères. Or ces nuances, les teinturiers d'alors, qui procédaient encore par moyens empiriques, ne pouvaient les obtenir qu'en multipliant les opérations chimiques et en surchargeant les laines de principes colorants divers. La lumière avait vite raison de ces sophistications. Les nuances nouvelles s'altéraient rapidement, et en quelques années elles disparaissaient, rompant ainsi toute l'harmonie de la tenture.

En dépit des belles théories d'Oudry, il y avait là un péril, dont personne ne pouvait nier la gravité. Kerkhove se montrait tout à fait insuffisant comme praticien. Sa conduite privée, en outre, donnait lieu à des scandales fréquents. Soufflot dut lui chercher un remplaçant. Il s'adressa à Cozette fils, qui consentit à rentrer aux Gobelins. On lui assura 800 livres de traitement annuel, dont la moitié était reversible sur la tête de sa veuve en cas de décès, et on lui donna un compagnon, qui se trouva être encore un Kerkhove, l'oncle du dernier qu'il remplaçait.

En 1769, une nouvelle réorganisation de l'atelier des teintures eut lieu ; Soufflot en confia la direction à Audran, Cozette et Neilson, c'est-à-dire précisément aux trois chefs d'ateliers, qui s'étaient montrés les adversaires les plus résolus d'Oudry. Mais les entrepreneurs de la haute et de la basse lice se sentaient médiocrement compétents en une matière, qui, plus que toute autre, réclame des études scientifiques sérieuses et des connaissances spéciales. Aussi Audran et Cozette ne tardèrent-ils point à donner leur démission, abandonnant à Neilson le soin d'accomplir les réformes, dont ils réclamaient la réalisation. Neilson, nous l'avons vu, était un de ces hommes, rares en tous temps, qui, connaissant à fond leur profession, savent la pousser énergiquement dans la voie du progrès. A une intelligence exceptionnelle, il joignait une activité sans seconde. Les teinturiers qui travaillaient alors pour les Gobelins, se trouvaient aux prises avec des difficultés spéciales prenant naissance dans les tonalités légères et tendres, que les peintres d'alors avaient mises à la mode, et dans l'imitation la plus minutieuse des modèles par les tapissiers. La palette des peintres s'était, en effet, singulièrement éclaircie. Entre les tableaux de François Boucher, de Natoire, de Carle Vanloo et ceux de Le Brun, du Poussin, de Van der Meulen, l'écart comme vigueur de coloris était considérable. Or, le propre des laines et des soies teintes dans les nuances très légères, c'est d'être d'une coloration beaucoup moins fixe, que celles teintes dans des nuances vigoureuses. En outre l'influence d'Oudry, malgré la lutte que les chefs d'atelier avaient entreprise et soutenue contre lui, n'avait pas été sans donner quelques résultats. On en était arrivé à une copie beaucoup plus scrupuleuse de la peinture.

Il y avait là pour les teinturiers toute une série de problèmes délicats à résoudre, et les obstacles à vaincre étaient assez nombreux pour rebuter les plus résolus. Neilson ne se laissa arrêter par aucune considération de fatigue ni de dépense. Il apporta dans ses nouvelles fonctions son esprit d'initiative et son énergie; il s'y était préparé, d'ailleurs, par des études profondes, faites, avant sa nomination d'entrepreneur, sous la direction d'un chimiste, le P. Castel, qui a laissé un nom dans l'histoire de la science de ce temps. Son arrière-petit-fils, M. Albert Curmer, dans une notice qu'il a publiée sur lui, signale plusieurs ouvrages de Neilson dans cet ordre de travaux, notamment une *Physique complète de l'art de la teinture fondée sur l'histoire naturelle des trois règnes*, en 6 volumes in-4°, et un *Manuel de la manipulation*. Deux collaborateurs exceptionnels lui permirent, en outre, d'entreprendre des expériences très sérieuses, qui ne durèrent pas moins de dix années. L'un était son fils, Daniel-Marie Neilson, agréé comme entrepreneur de basse lice en survivance de son père, et l'autre, Quémiset, le savant que nous avons déjà fait connaître, engagé aux appointements de 600 livres.

Pendant dix ans, Quémiset travailla avec passion aux Gobelins, se privant du nécessaire pour acquérir les ouvrages récemment parus, qui pouvaient lui suggérer des idées nouvelles, et faisant sans cesse des expériences dont il ne manquait jamais de publier les résultats. M. de Montucla, secrétaire de la direction des Bâtiments, écrivait de lui au directeur général : « Quémiset a l'enthousiasme de son métier et s'il savoit qu'il y a à Berlin un homme qui a un procédé particulier pour une teinture qu'il ne sait pas faire, il abandonneroit la Manufacture pour y courir à pied et apprendre son secret. » Malheureusement, Neilson, jalousé par ses collègues, ne trouva pas dans l'autorité supérieure l'appui qu'il était en droit d'en attendre. Ce n'est pas que son dévouement et ses grands services aient été entièrement méconnus. M. de Montucla, chargé, en 1772, avec l'illustre chimiste Macquer et avec Soufflot, directeur des Gobelins, de l'examen des résultats obtenus par Neilson et Quémiset, n'hésita pas dans son rapport, très détaillé, à rendre pleine et éclatante justice à ces deux hommes de mérite.

La considération dont ils jouissaient permettait à nos deux inventeurs d'espérer de grandes récompenses. M. d'Angiviller pensa s'acquitter en accordant à Quémiset une gratification de 2,400 livres pour quatre années de recherches incessantes et d'efforts couronnés de succès. Quant à Neilson, il dut se contenter du remboursement de ses avances, représentant le prix de 3,291 livres de laines teintes. Une rémunération aussi maigre pour des travaux poursuivis avec tant de zèle et d'un résultat aussi utile, ne pouvait attacher aux Gobelins un homme du caractère de Quémiset. Josse de Kerkhove était mort sans faire connaître ses procédés et sans laisser d'élèves après lui; avec Quémiset il en fut de même. Un soir de l'année 1783, le savant quitta clandestinement la Manufacture et l'on apprit, peu après, qu'il était mort dans une affreuse misère. Neilson qui, dès l'année 1781, à la suite de la mort de son fils, avait demandé avec insistance d'être relevé de ses fonctions, et qui, découragé et ruiné, n'était retenu aux Gobelins que par l'espoir toujours déçu de se voir payer les sommes importantes dues par la caisse des Bâtiments, Neilson se retira à son tour, pour aller finir ses jours dans la gêne et dans l'abandon. Audran essaya de lui succéder avec l'aide du chimiste Cornette. Le choix paraissait heureux. C'était Cornette, en effet, qui avait fourni à l'*Encyclopédie* l'article sur la teinture des laines et des soies employées dans les tapisseries. Mais il eût fallu presque du génie pour relever ce malheureux atelier, et quand, en 1792, le ministre Rolland crut devoir le supprimer officiellement, depuis bien des mois déjà, il avait cessé de rendre des services appréciables.

De son passage à l'atelier de teintures, Quémiset avait laissé deux traces précieuses : Un tableau de toutes les couleurs que l'on pouvait exiger, et un manuscrit explicatif, en trois volumes, indiquant les procédés à l'aide desquels on pouvait obtenir toutes les nuances tracées sur ce tableau. La question de propriété de ces documents donna lieu à des contestations violentes entre Neilson et l'inspecteur Belle. Neilson les réclamait comme sa propriété privée, en raison de sa collaboration active avec Quémiset et des sommes qu'il avait déboursées pour les expériences. On lui objecta qu'il n'avait été qu'un collaborateur très secondaire, que ses idées vagues n'auraient eu aucune valeur pratique sans l'intervention de Quémiset et que le roi, ayant fourni les fonds d'entretien de l'atelier, était seul propriétaire des documents. Vaincu, Neilson demanda qu'on lui laissât les manuscrits, pendant le temps nécessaire pour qu'il put en achever la rédaction incomplète. Belle refusa, et les trois volumes furent enlevés au vieil entrepreneur de la Manufacture. On consentit à lui abandonner les copies qu'il en avait faites. « On les croit nulles, » lui fut-il dit, en manière dédaigneuse de concession.

Le 18 août 1794, quand l'atelier fut rétabli, ces deux documents, d'un prix inestimable, existaient encore. Un rapport, adressé, en 1795, par Augustin Belle à la Commission d'Agriculture et des Arts, nous apprend que le tableau était intact, et que le manuscrit se trouvait entre les mains de Darcet, qui avait été inspecteur de l'atelier de teintures, de 1787 à 1792, et qui « travailloit à trouver la clef desdits procédés ».

La Commission invita Darcet à déposer le manuscrit entre ses mains, et il le fit sans doute, quoiqu'on n'ait pu savoir, depuis cette époque, ce que ce précieux document était devenu. Quant au tableau, son sort fut peut-être encore plus lamentable. L'impossibilité de comprendre le sens de cette œuvre, sans la description qui lui servait d'explication et de complément, fut cause qu'il demeura dans un regrettable abandon, et en 1824, lorsque le jeune M. Chevreul fut appelé à la direction de l'atelier de teintures des Gobelins, il ne restait plus que des débris informes de ce grand travail, qu'il rechercha avec une vive curiosité, mais sans succès.

Longtemps avant cela, du reste, la tradition des découvertes de Quémiset était oubliée. Le teinturier Galley, nommé en 1792, n'essaya point de les ressusciter, et quand, en 1803, l'élément scientifique reparut dans l'atelier, quand Roard, professeur de chimie et de physique, fut nommé directeur de l'atelier de teintures, on dut recommencer toute une suite de longues et délicates expériences, pour arriver à déterminer de nouveau les meilleurs procédés de teinture des laines et des soies employées et les matières les plus solides pour obtenir des nuances durables. De 1803 à 1816, Roard procéda, en effet, à un grand nombre d'essais, notamment sur l'emploi de l'indigo, du bleu de Prusse, de la garance, etc. Il s'occupa aussi beaucoup des mordants. Il publia des mémoires sur l'*Alunage et l'influence des divers états des laines en teinture*, sur l'*Influence de l'alun de Rome comparé à ceux de France*, sur le *Décreusage de la soie*, etc. Roard, était non seulement un travailleur infatigable, un chimiste expérimenté ; il y avait en lui un observateur, à l'esprit subtil et ingénieux. Aussi ne tarda-t-il pas à se rendre compte des difficultés spéciales, contre lesquelles les tapissiers se débattaient. Un curieux mémoire qui nous a été conservé, nous le montre aux prises avec les plus grands peintres de son temps, comme jadis Neilson avec Oudry, et n'obtenant guère plus de succès que son illustre prédécesseur. « La Manufacture des Gobelins, écrit-il, n'avait dans le principe, à exécuter que des tableaux de couleurs très intenses et très tranchées, se prêtant à une parfaite exécution

LES GOBELINS.

en tapisserie, couleurs qui, alors, conservaient toute leur fraîcheur et leur harmonie. Les nuances de laine et de soie, assez distantes les unes des autres, ne se composaient chacune (des demi-teintes aux couleurs les plus foncées) que de dix à quinze couleurs. Mais, quand il a fallu exécuter les tableaux de David et de ses élèves, Gérard, Gros, Guérin, Girodet, ces habiles artistes nous ont forcé, malgré nos observations, à augmenter d'une manière considérable notre ancienne palette, et à faire des nuances très rapprochées entre elles, qui alors se composaient, à partir du blanc, de trente à trente-six couleurs. Comme je connaissais assez particulièrement tous les grands peintres, je leur ai fait observer que, pour nous rapprocher le plus possible de leurs tableaux, nous ne pouvions donner aux tons si clairs qu'ils demandaient la même solidité et la même durée à l'air, que celles des demi-teintes et des couleurs foncées ; qu'après un temps assez court, l'harmonie qui existait primitivement serait détruite, et qu'enfin, par leur faute, on dirait plus tard que l'art de la fabrication des tapisseries a rétrogradé, malgré les perfectionnements nouveaux et très importants apportés tant dans cette même fabrication que dans les teintures. Cependant, on ne tint aucun compte de ces motifs si positifs ; l'administration des Gobelins fut obligée de céder au désir de ces grands peintres et de se conformer à leurs exigences. Pendant que M. David s'occupait de terminer son tableau du Sacre, qui devait être exécuté en tapisserie, j'allais assez souvent dans son atelier, place de la Sorbonne. En admirant le côté droit de son tableau, dans lequel sont groupés l'empereur, le pape et tous les maréchaux : « Nous ferons, lui disais-je, pour cette partie une très belle tapisserie, attendu la beauté, la richesse et la variété des costumes ; mais comment voulez-vous que nous, dont les moyens d'exécution en couleurs solides sont très bornés, nous puissions faire quelque chose de bien durable pour le côté gauche, dans lequel se trouvent l'impératrice, les princesses et les dames de sa suite, toutes habillées de blanc? — Vous ferez comme vous le pourrez, me répondit ce grand peintre ; mais vous n'aurez jamais autant d'ennuis que j'en ai éprouvés pour ce tableau de commande, dans lequel j'ai été obligé de placer mes personnages d'après un programme officiel. » Dès l'année 1804, j'avais reconnu que la fabrication des tapisseries a des limites, qui sont celles de la palette du teinturier en couleurs solides, limites qu'elle ne doit jamais dépasser, si l'on ne veut pas courir la chance de voir ces magnifiques produits qui d'abord, en sortant de dessus nos métiers, ne laissent rien à désirer, perdre ensuite, après quelques années de leur exposition à l'air, une grande partie de leur fraîcheur et toute leur harmonie. »

On sait que l'événement s'est chargé de prouver combien les appréhensions de Roard étaient justifiées, et que beaucoup de tapisseries, exécutées d'après des tableaux de l'école de David, n'ont pas tardé à présenter le fâcheux désaccord prévu par le chimiste. Roard créa aux Gobelins une école pratique d'où sortirent un certain nombre d'habiles teinturiers.

Le comte de Laboulaye-Marillac qui, le 1er janvier 1817, succéda à Roard, n'a pas laissé de traces sérieuses. Le nouveau titulaire s'était fait connaître par deux œuvres littéraires qui ne devaient pas lui survivre. En collaboration avec Tonnelier, le naturaliste, il avait donné une traduction du dernier voyage de Pallas en Sibérie; un mémoire sur les *Couleurs inaltérables*, adressé par lui à l'Académie des sciences, avait à peine fixé l'attention de l'illustre Compagnie. C'étaient là tous ses titres. Sa direction fut sans éclat, et son enseignement dépourvu de tout prestige.

Heureusement, il n'en fut pas de même de son successeur, M. Chevreul, qui, le 9 septembre 1824, prit possession du laboratoire de la Manufacture. S'il fallait d'ailleurs une preuve de l'état de délaissement dans lequel était tombé le service des teintures, sous la direction de M. de Laboulaye-Marillac, l'illustre savant dont nous venons d'écrire le nom nous la fournirait, dans le récit même des difficultés qu'il éprouva à le réorganiser. « A mon entrée aux Gobelins, écrivait un jour M. Chevreul, je ne trouvai ni baromètre, ni thermomètre, ni balances de précision, ni vaisseaux de platine, ni cuve à mercure, ni réactifs; une espèce d'écurie ou de cuisine, pavée et humide, était, disait-on, le laboratoire. Heureusement, M. Sosthènes de La Rochefoucault, directeur des Beaux-Arts, fit tout ce qui était en son pouvoir pour faciliter les recherches scientifiques du directeur des teintures. Le ministre de l'Intérieur, M. de Corbière, ne partagea pas cette manière de voir; sous le prétexte qu'il n'avait pas concouru à ma nomination, il supprima le crédit qui, depuis l'Empire, avait été accordé par tous les ministres de l'Intérieur à l'école de teinture. En conséquence le cours dut cesser. M. Sosthènes de La Rochefoucault, appréciant l'utilité dont il pouvait être, m'engagea à le reprendre à des conditions fort différentes de celles qu'on avait faites à mon prédécesseur, mais n'ayant rien à lui refuser, je les acceptai, et depuis lors jusqu'en 1852, je n'ai pas cessé de faire chaque année, au moins trente leçons sur la teinture, et, à partir de 1830, j'en ai fait bénévolement tous les deux ans sur le contraste et l'harmonie des couleurs. Ces leçons, d'abord au nombre de trois, furent portées au nombre de douze et quinze ; par des motifs que je tais, j'ai cessé de les faire en 1852. »

Avant d'aller plus loin, empressons-nous de constater que les travaux de M. Chevreul sur l'harmonie et le contraste des couleurs devaient avoir le plus heureux effet sur le développement de l'atelier de teintures. Le grand grief soulevé contre cet atelier visait surtout le peu de solidité donnée aux laines de nuances intermédiaires, livrées aux magasins de la Manufacture. Or ces nuances intermédiaires étaient obtenues par des procédés empiriques et notamment par l'opération qu'on nommait le *rabattage*. Pour rabattre un ton, c'est-à-dire pour diminuer son intensité, on commençait par teindre la laine dans une couleur franche, puis on la plongeait dans un liquide nommé *rabat*, composé de sel de fer, étendu d'eau et mêlé d'un astringent. Ce sel de fer donnait un ton gris plus ou moins prononcé à la couleur franche, et produisait ainsi une de ces demi-teintes, dont on était si friand. Mais, ensuite, quand les tapisseries étaient mises à l'air, le fer contenu dans les sels qui avaient servi à composer le rabat, passait à un degré d'oxydation plus avancé et les tons gris tournaient au brun et au noir. De là un aspect enfumé, rendu plus choquant encore par la coloration des nuances franches qui n'avaient pas été rabattues[1].

Une des grandes améliorations qui furent introduites aux Gobelins, grâce à M. Chevreul, consista précisément dans le fait d'amener les teinturiers à renoncer à ces pratiques vicieuses, et de substituer aux procédés empiriques l'observation scientifique des effets produits par le rapprochement des couleurs et l'utilisation méthodique de leur contraste ou de leur harmonie. Dans la préface de son ouvrage sur la *Loi du contraste simultané des couleurs*, M. Chevreul expose, avec une simplicité éloquente, toute la genèse de ces travaux, qui devaient produire une véritable révolution scientifique dans l'industrie des tissus. La citation suivante résumera, avec plus de précision que nous ne pourrions le faire, ce cycle

[1] C'est dans les tapisseries de fabrication étrangère, surtout dans celles de Kyoge, en Danemark et de Pétersbourg, où les teintures étaient inférieures, qu'on peut se rendre compte de ce phénomène singulier ; ces tapisseries paraissent avoir été simplement tissées en deux tons, gris et noir.

de soixante ans de découvertes, provoquées successivement par la même idée géniale. « Dès que je fus appelé à la direction des teintures des Manufactures royales, écrit l'illustre savant, je sentis l'obligation de donner à la teinture des bases qu'elle n'avait pas, et qu'il fallait en conséquence que je me livrasse à des recherches de précision, dont je prévoyais bien le nombre, mais non pas la variété ; et ce qui augmentait encore les difficultés de ma position, c'est que, des questions m'étant présentées par l'administration, j'étais forcé d'ordonner mes travaux autrement que si j'eusse été libre de tout engagement. En recherchant quelles pouvaient être les causes des plaintes élevées sur la qualité de certaines couleurs préparées dans l'atelier de teintures des Gobelins, je ne tardai point à me convaincre que si les plaintes concernant le peu de stabilité des bleus et des violets clairs, des gris et des bruns étaient fondées, il y en avait d'autres, particulièrement celles concernant le défaut de vigueur des noirs employés pour faire des ombres dans les draperies bleues et violettes, qui ne l'étaient pas ; car après m'être procuré des laines teintes en noir dans les ateliers les plus renommés de la France et de l'étranger, et après avoir reconnu qu'elles n'avaient aucune supériorité sur celles qu'on teignait aux Gobelins, je vis que le défaut de vigueur reproché au noir tenait à la couleur qu'on y juxtaposait, et qu'il rentrait dans le phénomène du contraste des couleurs ; il me fut alors démontré que j'avais deux sujets absolument distincts à traiter, pour remplir les devoirs de la place de directeur des teintures : le premier était le contraste des couleurs considéré dans toute sa généralité, soit sous le rapport scientifique, soit sous celui des applications ; le second concernait la partie chimique de la teinture. Tels ont été, en effet, les deux centres où sont venues converger toutes mes recherches depuis dix ans. »

C'est en s'inspirant de ces idées si justes et si fécondes, que l'on est arrivé à révolutionner la fabrication d'un grand nombre de tissus et à les doter d'une coloration presque inaltérable. Pour les Gobelins, notamment, l'observation du contraste simultané des couleurs a permis d'obtenir des effets inconnus auparavant, et cela avec un nombre de couleurs sagement limité, et dont la résistance était depuis longtemps constatée. Ces travaux immenses, M. Chevreul les a poursuivis jusqu'à ce jour, grâce à la virilité inébranlable de son intelligence, entassant découvertes sur découvertes. L'illustre savant, dont Paris tout entier fêtait il y a deux ans le centenaire, occupe encore aujourd'hui honorairement les fonctions dont il fut chargé en 1824. Le modeste laboratoire des Gobelins, comme celui, non moins modeste, du Collège de France, a été, pendant soixante ans, le théâtre d'expériences, qui tiennent une place importante dans l'histoire de la science. En 1883, sur la proposition de J.-B. Dumas, le ministre nommait M. Chevreul, alors âgé de quatre-vingt-dix-sept ans, directeur des hautes études pour l'observation et l'analyse des couleurs de teintures. En même temps, M. Decaux, sous-directeur des teintures depuis 1849, lui succédait dans la direction de l'atelier. M. Decaux, élève de J.-B. Dumas et de Brongniard, avait débuté à la Manufacture de Sèvres, et était ensuite entré aux Gobelins comme préparateur de M. Chevreul. Chimiste de haute valeur, il a fait des travaux d'un mérite reconnu. C'est à son initiative qu'était due la création du Musée des produits tinctoriaux, détruit dans l'incendie de la Commune, musée où se trouvaient réunis plus de 1,500 échantillons de toutes les matières colorantes du globe, recueillis à l'Exposition universelle de 1855 et aux expositions postérieures. Chacun des échantillons avait été l'objet d'analyses scientifiques, qui doublaient la valeur de ces collections, dont la perte est fort regrettable.

En 1858, M. Decaux conçut le projet de restaurer l'École professionnelle de teinture, théorique et pratique, qui avait existé sous le premier Empire, de 1804 à 1816. Les Chambres de commerce, consultées sur l'opportunité de cette restauration, émirent, à deux exceptions près, des vœux favorables et très pressants. Chacune devait envoyer aux Gobelins un pensionnaire, pour y recevoir une instruction scientifique complète, pendant deux années, au bout desquelles il lui aurait été délivré un diplôme d'études. L'exécution de ce projet présentait une réelle urgence ; on venait de découvrir toute une série de couleurs nouvelles, extraites de la houille, et il importait d'assurer la conservation des teintures anciennes, que cette découverte menaçait de faire disparaître. Certaines circonstances imprévues firent obstacle à la réalisation de l'idée de M. Decaux. Elle mériterait d'autant plus d'être reprise que, si le laboratoire de chimie des Gobelins a constitué, pendant tout le temps de la direction de M. Chevreul, une sorte d'école, l'enseignement y a toujours conservé un caractère privé. Il nous faut constater, en outre, que, depuis bon nombre d'années, M. Chevreul ne fait plus de cours et qu'en cela il a été fâcheusement imité par le directeur actuel de l'atelier de teintures. Ces cours, s'ils eussent été continués, n'auraient, du reste, présenté que des rapports fort éloignés et purement accidentels avec l'enseignement si pratique et si utile, que Roard avait inauguré et que M. Decaux souhaitait de rétablir. Emporté par l'ampleur de son savoir et par l'étendue de ses recherches, M. Chevreul faisait porter les leçons et les expériences sur des sujets étrangers aux questions se rattachant aux teintures industrielles. Pendant ce temps, l'atelier des Gobelins voyait chaque jour se rétrécir le cercle de ses travaux. Si, en effet, on y rencontre encore, à l'heure actuelle, des ouvriers habiles, rompus à la pratique de leur métier, familiarisés par leur expérience avec ses secrets, le personnel ne forme plus d'élèves, et son recrutement n'est plus assuré. Sur les quatre ouvriers, chargés d'exécuter les teintures, trois ont fait leurs études en dehors des Gobelins. L'atelier n'a plus d'apprentis et ne s'occupe qu'à teindre les laines et les soies nécessaires aux deux Manufactures des Gobelins et de Beauvais. Ajoutons encore à toutes ces causes de décadence, l'insuffisance des salaires. Alors que tout a augmenté, que les prix de toutes choses ont quintuplé, les salaires sont restés à peu près les mêmes qu'au temps de Louis XIV, si bien qu'on se demande, avec étonnement, comment l'industrie, qui fait la part si belle aux contre-maîtres instruits et aux chefs d'ateliers capables, n'a pas encore enlevé, à notre Manufacture nationale, ces artisans de mérite, qui perpétuent, au milieu des difficultés sans nombre, les glorieuses traditions des premiers Gobelins.

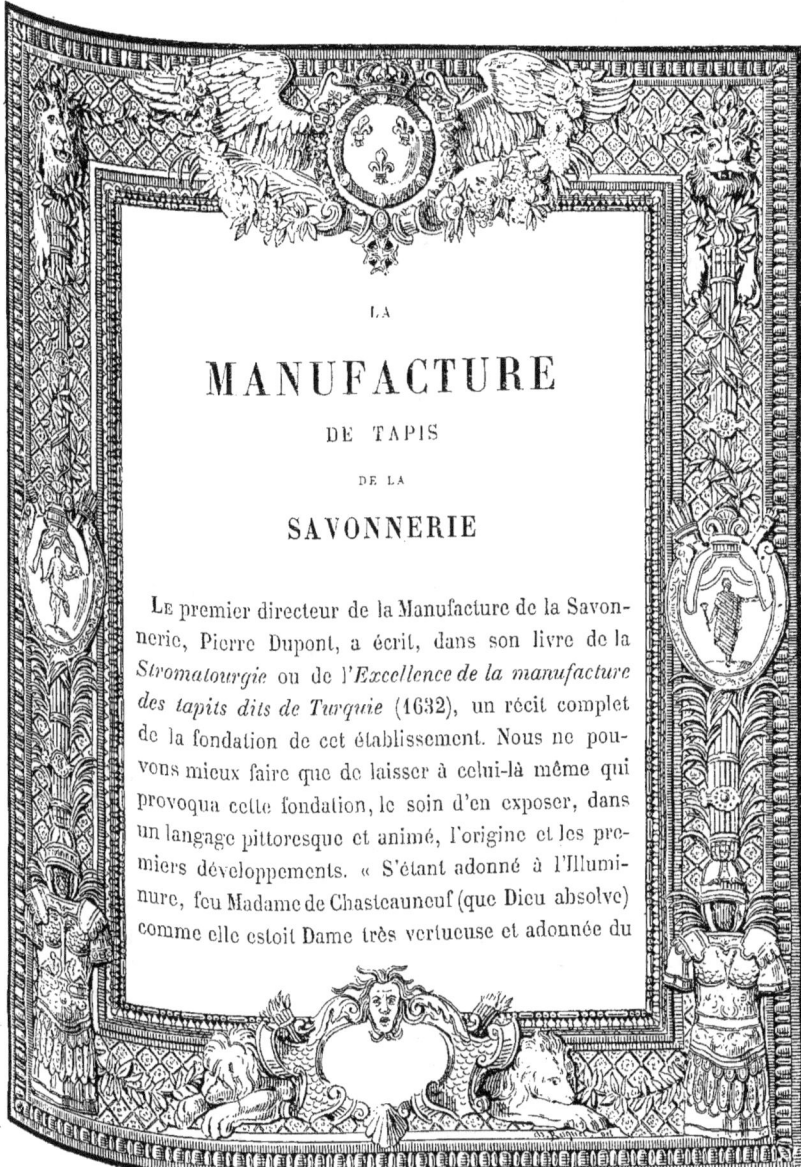

LA MANUFACTURE
DE TAPIS
DE LA
SAVONNERIE

Le premier directeur de la Manufacture de la Savonnerie, Pierre Dupont, a écrit, dans son livre de la *Stromatourgie* ou de *l'Excellence de la manufacture des tapits dits de Turquie* (1632), un récit complet de la fondation de cet établissement. Nous ne pouvons mieux faire que de laisser à celui-là même qui provoqua cette fondation, le soin d'en exposer, dans un langage pittoresque et animé, l'origine et les premiers développements. « S'étant adonné à l'Illuminure, feu Madame de Chasteauneuf (que Dieu absolve) comme elle estoit Dame très vertueuse et adonnée du tout à la piété et dévotion, prit ledit Dupont à son service pour luy faire quelque paire d'heures d'Illuminure, et autres ouvrages. Dequoy s'estant fidellement acquité, il fit veoir aussi à la dite Dame quelque temps après (comme à la plus curieuse de Paris) quelques eschantillons de toutes sortes d'ouvrages de Turquie faicts d'or, d'argent, de soye et laine, lesquels comme chose non encore veuë, elle présenta à la Royne mere, qui les fit voir tout à l'heure au feu Roy : Lequel peu de jours après allant voir les peintures de sa Gallerie, et de sa sale des antiques, que feu M. Bunel son peintre faisoit alors, et entrant en la maison dudit Bunel, vid un fonds de chaise faict d'ouvrage de Turquie, que ledit Dupont y avoit laissé, et se resouvenant de ce que feuë Madame de Chasteauneuf, en avoit rapporté à la Royne commanda à feu M. de Fourcy, Intendant de ses bastimens et manufactures, de faire venir ledit Dupont en sa présence, ce qu'il fit le lendemain en la Gallerie haute.

« Venu donc ledit Dupont, il présenta à Sa Majesté un quarreau faict de soye et or avec une chaire faicte de laine dudit ouvrage de Turquie, que Sa Majesté eut très agréable, et commanda sur l'heure au dit sieur de Fourcy de faire bastir un des logis de dessous sa gallerie, avec un attelier à costé pour ledit Dupont : pour estre comme une pépiniere d'ouvriers de ladite manufacture, ce fut en l'an 1604. Auquel lieu il a tousjours fait sa demeure depuis le temps, et y a instruit plusieurs apprentifs, suivant le commandement qu'il en avoit receu de Sa Majesté, ainsi qu'il fait encore à présent.

« Or le feu Roy venant un jour veoir un emmeublement qui se faisoit alors pour son service, qui estoit d'or et de soye, et qui est aujourd'hui dans l'hostel de Luxembourg : promist en la présence de beaucoup de Seigneurs d'establir ladite manufacture par toute la France, ainsi qu'il avoit faict celle des tapisseries de Flandres, de l'or de Milan, des estoffes de draps d'or et de soye et d'autres : affin (comme il disoit) d'empescher le transport de l'or et de l'argent qui se fait hors du pays, par le traffic continuel desdites estoffes, et par ainsi enrichir la patrie, et faire travailler une infinité de faineans et vagabonds.

« Mais la mort funeste de ce grand Monarque ayant donné fin à ses braves et généreux desseins, arresta par [le] mesme moyen ledit Dupont en ses entreprises : Toutesfois sçachant que les Roys ne meurent point, il s'adressa au Roy à present régnant en l'année 1626, venant veoir les ouvrages qui se faisoient pour sa Majesté, et luy fit entendre quelle avoit esté la déliberation du feu Roy, pour l'establissement de ladite manufacture, luy en proposant les moyens faciles, par la métode d'enseigner audit art les enfans qui demeuroient dans les hospitaux, et les filles pareillement en plusieurs autres ouvrages, ce que ledit Dupont promettoit et promet encore faire.

« Auquel Sa Majesté commanda d'en adresser la Requeste à son Conseil, affin d'y estre meurement pourveu. Ce qu'ayant délibéré faire ledit Dupont, et jugeant qu'il ne pourroit exécuter luy seul une charge si onereuse, n'ayant encore aucun de ses enfans en aage compétant pour luy ayder : s'associa un qui avoit esté son apprenty, nommé Lourdet, avec lequel et conjoinctement il présenta ladite Requeste au Conseil.

« Et pour parvenir à cest effect, ledit Dupont et Lourdet allèrent trouver M. de Fourcy qui avoit la charge de feu son pere, lequel les presenta à M. Aubery Conseiller d'Estat, avec ladite Requeste, pour en faire son rapport audit Conseil : ce qu'il fit et a fait depuis avec tant de probité et d'équité, et avec tant de circonspection au bien public de la patrie, qu'il s'est montré un rempart tellement inexpugnable contre les orages de l'envie et de la mesdisance de quelques uns, qu'il en a obtenu les articles et arrests suivans, par sa seule diligence, ainsi qu'ils se peuvent icy voir, avec la suite d'une infinité de traverses qu'ils ont rencontréz en quelques endroits. »

Pierre Dupont et Simon Lourdet sont, en effet, les vrais fondateurs de la Savonnerie ; mais, bénéficiant de l'antériorité de brevet, Dupont doit en être considéré comme le premier directeur. Quelque prolixe qu'il soit, l'auteur de la *Stromatourgie* commet, dans son curieux récit de la fondation de la Manufacture, un oubli très volontaire mais fort explicable, en raison de l'intérêt personnel qui le provoquait : C'est qu'il avait été précédé dans cet ordre de projets par un certain Jehan Fortier, qui proposait vers 1603 à la « Commission consultative sur le fait du Commerce général et de l'Establissement des Manufactures dans le Royaume », instituée par Henri IV, d' « establir en ceste ville de Paris et aultres de ce royaume la manufacture de tapis de Turquie, querins (du Caire) persiens et aultres de nouvelle invention, embelliz de diverses figures d'animaux et personnaiges jusques icy incognues ». Dans sa séance du 23 juillet 1604, la Commission approuva la proposition de Jehan Fortier ; mais il n'y fut pas donné d'autre suite.

Lorsque Dupont émit la prétention d'avoir inventé le premier l'art de faire des tapis façon de Turquie et de Perse, Jehan Fortier en réclama l'honneur, et obtint de la Commission précitée que la mention de la priorité en sa faveur, fût portée en marge de la délibération officielle. L'un et l'autre cherchaient à s'arroger la gloire et les bénéfices d'une invention. qui, cependant n'était rien moins que nouvelle à cette époque.

Depuis longtemps, on connaissait en France les tapis velus ou sarrazinois. Au temps de saint Louis, il existait une corporation parisienne de tapissiers sarrazinois. Etienne Boileau enregistrait, au XIIIe siècle, dans le *Livre des Mestiers*, à côté des statuts des ouvriers en tapis sarrazinois, ceux de la corporation des « tapissiers de tapis nostrez », tapis du pays. De nombreux inventaires d'églises et de châteaux, notamment celui du château des Baux, en Provence, rédigé en 1426, font mention de tapis velus, à long poil, décorés de fleurs et d'armoiries. M. Darcel nous dit avoir entrevu, un jour, un fragment de tapis velouté, représentant un cygne, avec des ornements qui lui ont paru appartenir au XIVe siècle. Il a perdu, malheureusement, la trace de cette pièce curieuse. On est donc autorisé à conclure de ces faits que Jehan Fortier, aussi bien que Dupont, furent initiés, par quelque descendant de ces tapissiers sarrazinois, à la pratique de leur industrie oubliée depuis longtemps et qu'ils l'ont simplement fait revivre sous un autre nom et au moyen de quelque procédé technique nouveau.

Une fort intéressante particularité marque toutefois la fondation de la Manufacture de la Savonnerie. Son berceau fut un hôpital, et l'éducation professionnelle de pauvres orphelins, le but poursuivi par ses fondateurs. La charité a ainsi couvert de son haut patronage l'institution naissante. L'arrêt du Conseil royal, en date du 17 avril 1627, portant que « le Roy, en son Conseil, a accordé audit Pierre du Pont et Simon Lourdet, la fabrique et manufacture de toutes sortes de tapis, aultres ameublements et ouvrages du Levant en or, argent, soye, laine, pour dix-huit années à commencer du 1er jour de Juillet 1627 », contient la clause suivante : « Dans toutes les villes du royaume où les entrepreneurs s'établiront, ils seront tenus d'instruire dans leur art, un certain nombre d'enfants pauvres, à eux confiés par les Administrateurs des hopitaux. Ces enfants, au nombre de cent, pour la ville de Paris, seront logés dans la maison de la Savonnerie, près Chaillot, entretenus des deniers donnés par le Roy pour les pauvres, et au besoin sur les revenus des hopitaux. Leur apprentissage durera six ans; ils jouiront, à son expiration, du droit de maîtrise, sans être astreints à faire chef d'œuvre et à payer un droit, mais à la charge par eux de se présenter devant le Procureur du Roy des lieux où ils auront fait leur apprentissage, pour prêter entre ses mains le serment dudit mestier, le tout sans frais. »

La Savonnerie, ainsi que l'indique son nom, était une de ces manufactures qu'Henri IV avait créées pour affranchir le royaume de l'industrie étrangère. La mort du Roi la fit abandonner. Afin d'utiliser le vaste local, loué par la Couronne à un sieur Isaac-Martin Mannoir, pour une longue période de temps, Marie de Médicis y établit un hôpital d'orphelins et enfants abandonnés, comme en témoignait publiquement une plaque de marbre, placée sur la porte de la chapelle, et portant l'inscription suivante :

LA TRÈS AUGUSTE MARIE DE MÉDICIS MÈRE DE LOUIS XIII
POUR AVOIR, PAR SA CHARITABLE MUNIFICENCE
DES COURONNES AU CIEL COMME EN LA TERRE, PAR SES MÉRITES
A ESTABLI CE LIEU DE CHARITÉ, POUR Y ÊTRE REÇEUS
ALIMENTEZ, ENTRETENUS ET INSTRUITZ
LES ENFANTS TIREZ DES HOPITAUX DES PAUVRES ENFERMEZ
LE TOUT A LA GLOIRE DE DIEU, L'AN DE GRACE 1615

Le brevet de fondation de l'établissement stipule, en effet, que les enfants y seront « instruits en la crainte de Dieu et à faire plusieurs ouvrages de toile et autres ». En 1626, la propriété était achetée définitivement à Mannoir, alors conseiller du roi et secrétaire de la Marine de France, qui donnait quittance de 50,000 livres « pour remboursement de la maison de la Savonnerie près Chaillot, pour l'élargissement de Simon Lourdet, tant pour soi loger que pour mettre des métiers en plus grande quantité ». Les débuts de l'association industrielle de Dupont et Lourdet sont marqués par une série de procès administratifs, de protestations et d'oppositions tant du prévôt des marchands que de la corporation des tapissiers hauteliciers et sarrazinois, contre les privilèges qui leur étaient accordés. La situation des deux associés était en outre assez bizarre et il existait entre eux moins que de l'entente et de la cordialité. C'était à qui monopoliserait les privilèges et évincerait l'autre. Une commission de deux conseillers maîtres de la Chambre des comptes, chargée de faire une enquête minutieuse sur l'affaire toujours pendante de la « Manufacture de Chaillot », constate, à la date du 20 décembre 1630, que Simon Lourdet habite seul la Savonnerie, qu'il n'y emploie que soixante-dix apprentis dans une salle haute, au lieu de cent. La Chambre des comptes, sur le rapport qui lui en est fait, ordonne que le sieur Dupont sera tenu de résider dans les trois mois à la Savonnerie, dans une partie du logement de son associé, et déclare que la pension de 3,000 livres ne sera payée à l'un et à l'autre que sur un certificat constatant l'exécution de cette clause. Dupont, contraint de quitter son logement et ses ateliers de la galerie du Louvre, en obtint la concession pour son fils aîné, avec transfert, en cas de mort, au frère de celui-ci. Mais Lourdet ne voulut point donner l'hospitalité à son associé dans la maison de la Savonnerie, qu'il prétendait être trop exiguë pour deux manufactures. Il objectait aussi que leur co-installation était de nature à troubler le bon ordre, à exciter des rivalités entre les ateliers. Dupont dut adresser à la Cour des comptes une requête pour être mis en possession des locaux qui lui étaient destinés, et la Cour ordonna de nouveau à Lourdet de ne travailler que dans l'atelier du premier étage, et à Dupont de monter ses métiers dans la salle basse. Lourdet refusa d'exécuter cet arrêt, et sur de nouvelles instances réciproques, la Cour du Parlement intervenant, lui donna raison en le maintenant seul dans les locaux en litige, et en laissant Dupont libre de se pourvoir d'autres lieux, dans le même hôpital, pour y établir sa demeure. L'analyse des démêlés nouveaux que provoqua cette décision, de la procédure interminable qui s'engagea devant toutes les juridictions imaginables, des requêtes adressées au roi qui accorde des lettres patentes en contradiction complète avec les arrêts différents de la Cour, nous entraînerait à de trop longs développements. Ces fastidieux débats judiciaires qui durèrent dix ans entre Simon Lourdet et Pierre Dupont prirent fin par des lettres patentes de Louis XIII, en date du 30 septembre 1637, aux termes desquelles, Dupont fut dispensé de s'établir à la Savonnerie, maintenu dans la galerie du Louvre et admis à toucher directement sa pension, dont pas un seul terme n'avait été encore versé aux deux associés depuis 1627, en raison de leurs démêlés et de la non-exécution des clauses de l'arrêt de cette année. Le roi prolongea même de vingt ans la pension de Dupont avec reversibilité sur ses héritiers et conservation du logement au Louvre, s'ils continuaient la fabrication des tapis dits de Turquie.

De son côté, par lettres patentes datées du 25 mars 1643, Simon Lourdet, qualifié « entrepreneur de la manufacture des tapis de Turquie et du Levant », obtenait une prolongation de privilège pour dix-huit années, à partir du 17 avril 1645, date de l'expiration de son premier brevet.

En même temps qu'il réorganisait la Manufacture des tapisseries des Gobelins, Colbert donna à celle de la Savonnerie une constitution nouvelle. Un traité intervint, dans ce but, entre lui, Simon Lourdet, assisté de son fils Philippe et les administrateurs de l'hôpital de Paris. Il portait les conditions principales suivantes : Les administrateurs fourniront chaque année 60 enfants de l'hôpital général, âgés au moins de dix ans, auxquels Lourdet enseignera son art, qui ne se borne pas à la fabrication des tapis, mais à la confection des lits, matelas, courtes-pointes. — Il est évident, que la corporation des tapissiers de tous genres, qui comprenait dans ses attributions la fabrication des courtes-pointes, n'était point restée étrangère à la rédaction de cette clause. — L'apprentissage sera de six années, au bout desquelles les apprentis auront toute liberté d'aller où il leur conviendra. L'entrepreneur paiera à l'hôpital général 136 livres par apprenti, dont 100 livres pour l'hôpital et 36 livres pour l'apprenti à sa sortie de la Manufacture. Deux des directeurs de l'hôpital général, nommés par le surintendant des Bâtiments, administreront la Savonnerie; ils auront soin que le service divin y soit célébré, le catéchisme enseigné et que les prières y soient dites, comme dans les hôpitaux. Un peintre de l'Académie royale inspectera chaque mois les modèles, et enseignera le dessin à ceux qu'il jugera capables de l'apprendre. Les apprentis seront entretenus, nourris et soignés en cas de maladie, par l'hôpital, qui paiera aussi le traitement des officiers de la Manufacture, soit le chapelain, le concierge, le portier et deux garçons de dortoir.

Les ouvriers de Simon Lourdet ne tardèrent pas à acquérir une assez grande habileté et leurs ouvrages à être assez appréciés, pour que le roi dût rendre, à la date du 16 août 1658, une ordonnance au sujet des tentatives de débauchage des tapissiers de la Savonnerie, qui se multipliaient et dont plusieurs avaient été suivies d'effet.

Lourdet mit, dès l'année suivante, sur les métiers, deux tapis pour la reine et, en 1665, un tapis pour la galerie d'Apollon payé à raison de 138 l. l'aune carrée. Trois ans après, Philippe Lourdet, qui avait succédé à son père, fit commencer l'exécution du célèbre tapis de la grande galerie du Louvre, dont Baudrin, Yvart et Francart avaient donné les modèles peints aux Gobelins. Ce tapis, œuvre colossale, dont l'achèvement ne put avoir lieu que vers la fin du règne de Louis XIV, se composait de 92 pièces variées, comprenant : médaillons, armoiries, trophées, paysages, fleurs, de 7 aunes et demi de longueur sur 4 à 5 de largeur chacune, et formant dans l'ensemble une vaste composition générale. L'*Inventaire du mobilier de la Couronne* de 1690 donne la description d'un certain nombre de ces pièces : « 1° Un grand tapis à fond brun, sur lequel il y a un grand compartiment fond blanc, orné des armes de France et de Navarre, dans le milieu un rond bleu avec un soleil ; 2° pièce : Un grand tapis fond brun, représentant un griffon sur un écu rempli de trophées d'armes, rainceaux, cornes d'abondance et festons de fleurs, avec deux paysages aux deux bouts ; 10° pièce : Un tapis fond brun, sur lequel il y a un grand compartiment fond blanc, ayant un trophée d'armes à chacun des quatre coins et aux costéz des testes d'Hercules et des mufles de lions, au milieu un octogone couleur de rose seiche remply d'un entrelas d'LL couronnés, et deux paysages aux deux bouts dans des ovales, etc. » Les 11° et 22° pièces furent distraites et envoyées en présent au roi de Siam, en 1685. D'après des articles du *Compte de dépense*, en date du 3 juin 1683, le prix des tapis livrés par la veuve Lourdet seule pour la grande galerie du Louvre, depuis l'année 1664 jusqu'à novembre 1683, s'élevait à 280,591 liv. La manufacture des Dupont y collaborait également. On tissait, entre temps, des meubles, des sièges, des paravents, et des portières.

Philippe Lourdet mourut en 1671 ; sa femme, Jeanne Haffrey, lui succéda avec le titre de « Tapissier et Directeur de la Manufacture de la Savonnerie ». En 1672, d'après les *Comptes des bâtiments du roi*, Louis Dupont, qui avait hérité des privilèges de son père et dirigeait la Manufacture du Louvre, s'installa à la Savonnerie et travailla dans des ateliers distincts de ceux de la veuve Lourdet, « à divers ouvrages de tapisseries façon du Levant », pour lesquels ses fournitures, du 4 juillet 1672 au 26 janvier 1673, s'élèvent à 5,500 livres. Les comptes pour 1674 prouvent qu'il exécuta, à partir de cette date, des pièces du tapis de la grande galerie du Louvre. Il reçut, cette année, en à compte 9,256 livres ; en 1675, 5,500 livres ; en 1676, 8,812 livres 15 sous. A partir de 1678, Dupont fut qualifié, dans les documents officiels « Tapissier et Directeur de la Savonnerie ».

Un passage du *Journal de voyage à Paris* de deux jeunes Hollandais, MM. de Villiers[1], nous fait connaître quelques détails curieux de l'installation des ateliers des Dupont, au Louvre et à la Savonnerie : « Nous

[1] Publié par M. Faugère, Paris, 1863.

LA SAVONNERIE.

allasmes écrivent-ils, à la galerie d'en bas (la galerie du Louvre), qui est d'environ sept cents pas et aussi grande que celle d'en haut. Les plus excellents artisans de l'Europe y travaillent et c'est le Roy qui les y loge. Henry IV l'avoit destinée pour des Flamands ou des Hollandois qu'il y vouloit attirer, à cause qu'ils sont d'ordinaire plus propres et plus industrieux que ceux des autres nations. Devant chaque porte il y a un escriteau du nom du maistre qui y demeure. Ayant rencontré celle d'un homme qui s'appelle Dupont (le fils), nous y entrasmes pour voir une espèce de tapisserie qu'il nomma façon de Turquie, parce qu'elle en approche fort, mais est bien plus belle ; les figures y sont si bien représentées et les couleurs si bien couchées, que le pinceau d'un excellent peintre ne sçauroit mieux faire. Il nous monstra quelques pourtraictz qu'il avoit faictz, entre autres ceux des trois roys qui vinrent saluer nostre Seigneur, deux ou trois paysages et un bouquet à fleurs. Nous les prismes de prime abord pour des tableaux de véritable peinture et fusmes longtemps en cette imagination ; mais nous en estant approchés de plus près, nous vismes enfin que tout estoit faict de laine. Le père de cet excellent ouvrier en apporta le secret de Perse où il avoit passé quelques années, et ce fut luy qui en establit la facture à la Savonnerie, où quantité de petits enfants sont entretenus avec un insigne avantage du public, parce qu'en outre qu'on les empesche de gueuser, on faict fleurir un art qui n'est guères connu en l'Europe qu'en cet endroict. Ce maistre pourtant s'en est réservé la délicatesse et la perfection et il a faict les plus belles pièces. Quand nous y fusmes, il avoit deux apprentis qui travailloient à un tapis de pied ; ils avoient une toile pendue en long, et le patron du dessin au-dessus de leur teste : Ils regardent toujours à ce patron, et avec des bobines où il y a des laines de toutes les couleurs qu'il leur faut, ils forment les figures de ce qu'ils veulent représenter. Dès qu'ils ont fait une centaine de poincts, ils prennent un fer denté avec lequel ils serrent leur ouvrage ; après quoi ils le tondent pour le rendre égal et ils font cela d'une vitesse incroyable. »

La crise terrible qui frappa si cruellement les Gobelins, atteignit également la Savonnerie. De 1689 à 1694, on y travailla très peu. Les comptes font mention de quelques milliers de livres pour les ouvrages exécutés et pour les appointements des « officiers de l'établissement ». Les ouvriers adressaient au directeur des Bâtiments du roi de fréquentes plaintes contre

Dupont, qui ne les payait pas ou les payait mal, en réduisant le prix de la main-d'œuvre. Le duc d'Antin fit un règlement ordonnant à l'entrepreneur de payer 12 deniers pour les ouvrages ordinaires et 15 pour les ouvrages fins. De plus, il se préoccupa activement de rendre à la Manufacture son ancienne prospérité. Dans un rapport adressé au roi, à la date du 8 juillet 1708, nous lisons : « Je fus de là à la Savonnerie. Cette belle Manufacture est sur le point de sa chute; je ferai dès ce matin ce qu'il faut pour la soutenir suivant l'état que votre Majesté a réglé. » Le roi écrivit en marge : *Bon*. En 1711, la Savonnerie reçut la commande, pour la chapelle de Versailles, de six tapis qui occupèrent les métiers pendant dix années, sans nuire toutefois à la production courante des ameublements, chaises, tabourets, paravents, etc., dont Audran, Blin de Fontenay, Desportes, Ch. Coypel avaient donné les modèles. Une modification dans l'organisation de la Manufacture marque cette période. Robert de Cotte, architecte et contrôleur des Bâtiments du roi, fut nommé directeur de la Savonnerie, en même temps que des Gobelins; mais la réunion des deux directions ne semble avoir été qu'une fiction administrative. Les directeurs réels de la Savonnerie échangèrent simplement ce titre contre celui d'entrepreneurs des ouvrages de la Manufacture.

A la mort de la veuve Lourdet, survenue en 1713, un nommé Sauvain dirigea, pendant un an, son atelier; puis Louis Dupont réunit sous sa main tous les services et resta unique directeur. Jacques de Noinville succéda, en 1721, à Dupont, auquel il était apparenté. Un procès-verbal d'apposition de scellés, en date du 13 janvier 1740, nous fait connaître qu'il avait épousé une dame Geneviève-Cécile Dupont, petite-fille ou petite-nièce de l'associé de Lourdet, fondateur de la Manufacture des tapis de Turquie. Sous cette direction, qui dura vingt-deux ans, la Savonnerie produisit, comme œuvres principales : Un tapis pour la chambre du roi (1724), un tapis pour la salle du trône à Versailles (1726), un tapis pour la salle du trône à l'Académie de France à Rome (1731), un tapis pour la chambre de la reine (1731), un tapis pour un salon de la Muette (1733), quatre tapis pour la chapelle du château de Fontainebleau et plusieurs pièces envoyées en cadeau au Sultan qui, émerveillé, commandait en 1744 « un tapis de la même étendue que le plus grand que le Cte de Castellane avait apporté à Constantinople, en observant de n'y pas mettre des fleurs de lys dans les ornements ».

En 1743, Duvivier succéda comme entrepreneur à de Noinville, démissionnaire pour cause d'infirmités. Barbier, le premier inspecteur, étant mort en 1751, Gibert, valet de chambre et tapissier de madame la Dauphine, obtint cette fonction importante. La Manufacture, à cette époque, comprenait 20 ouvriers et 9 apprentis, l'entrepreneur, l'inspecteur, un chapelain, un concierge et un portier. Elle exécuta, pour Trianon et Choisy, des tapis dont Gravelot, Chevillon et Tessier avaient fourni les modèles; pour la marquise de Pompadour un meuble très important, composé de 2 canapés de 14 pieds de long, 8 fauteuils et 1 écran, d'après des dessins de Chevillon. En 1761, Soufflot prit l'initiative d'une innovation dans les travaux de la Savonnerie, qu'il expliquait ainsi dans une lettre adressée, le 18 août, à M. de Marigny : « Je travaille à y introduire un équivalent de la basse lisse; et je vais en avoir des essays sur lesquels je vous prieray de jetter les yeux; cette espèce d'ouvrage pourra se faire par les apprentifs et les ouvriers trop avancés sur les autres ouvrages. M. Duvivier qui ne goûtoit pas d'abord mon idée, sent à présent, aussi bien que moy qu'elle peut luy être avantageuse, et je désirerois, Monsieur, faire renaître un avantage qui me paroit légitime, et qui seroit un soulagement pour luy dans le nouveau projet; je crois que vous y réussirez aisément dans le moment présent. » Dans sa réponse, M. de Marigny se déclara très satisfait de l'initiative de Soufflot, et l'en félicita, dans l'espérance que l'entrepreneur de la Manufacture y trouverait un avantage réel, qu'ile mit en état d'attendre les payements du roi. La situation financière, en effet, n'était rien moins que florissante. En 1763, M. de Marigny chargea Soufflot de rechercher les moyens les plus propres à réduire le prix des travaux. Le directeur des Gobelins fit une sérieuse enquête à ce sujet. Après avoir constaté que dans l'exécution des tapis, la finesse de la chaine et celle de la trame étaient les seuls objets susceptibles d'être modifiés en vue d'économies, il démontra la nécessité de changer le genre des dessins et des tableaux employés comme modèles, « afin de vaincre les difficultés des lignes courbes sur une chaîne plus forte avec des points plus gros ». En suite de cette enquête, il demanda à Bachelier plusieurs modèles de tapis, pour lesquels ce peintre devait recevoir une pistole par aune de travaux exécutés d'après ses dessins au gros point. La réforme donna de bons résultats; elle réduisit de moitié les anciens prix. Mais Bachelier ne fut point récompensé de son zèle et de son talent; il ne put parvenir à toucher la moindre pistole. En 1775, il adressait encore au surintendant des Bâtiments du roi un mémoire pour être payé de ses dessins, mémoire qui resta, comme toujours, sans réponse. En dépit de tous ces efforts et des améliorations réalisées, la situation ne s'améliorait point. La caisse des Bâtiments était vide et le duc d'Antin devait autoriser la vente d'un certain nombre de tapis, au prix de 100 livres l'aune carrée, prix assurément très minime. La même mesure fut prise sous la direction de M. d'Angiviller. Bellanger, membre de l'Académie, fut chargé en 1778, de donner les modèles de deux grands tapis. A ce propos, Duvivier, dans une lettre adressée au directeur général des Bâtiments du roi, « se félicite que les travaux se renouvellent dans le goût moderne et que cela va ranimer l'émulation des ouvriers ». Mais la tentative généreuse de l'entrepreneur ne fut pas suivie de résultats satisfaisants ; il ne put vaincre la mauvaise fortune qui s'acharnait sur la Manufacture. En 1780, il se plaignait amèrement de n'avoir pas reçu, depuis six ans, la commande officielle d'un seul tapis.

Pendant cette période, il fut question du transfert de la Savonnerie aux Gobelins, sur un projet de l'inspecteur Belle, qui entra même en pourparlers pour l'acquisition de la maison du *Grand Louis*, contiguë aux vieux bâtiments de la Manufacture. L'inspecteur faisait valoir, pour justifier son projet, le mauvais état des bâtiments de la Savonnerie, la commodité pour les curieux et les acheteurs de voir en même temps les produits des deux Manufactures, l'émulation qui en résulterait pour les ouvriers de l'une et de l'autre, la suppression d'un inspecteur et d'un aumônier. Le directeur des Bâtiments du roi objecta, d'une manière assez plausible, que changer pour changer, il vaudrait encore mieux établir les Gobelins près de la Savonnerie, car « il est à croire, dit la note de sa main apposée au bas du projet, que si les Gobelins n'étoient pas comme ils sont dans un quartier perdu, ils seroient fréquemment visités par les gens qualifiés et opulents, qui sont sans cesse sur la route de Paris à Versailles ». La maison du *Grand Louis* fut achetée, mais la Manufacture des tapis resta à la Savonnerie.

En résumé, la Savonnerie, depuis sa fondation jusqu'à la Révolution, a tenu dans l'industrie nationale une place très honorable, mais de second ordre, au point de vue de l'importance de la production. Grâce aux documents des Archives nationales, nous avons pu faire le compte général de cette production, de 1743 à 1766 ; il s'élève à 1,061,274 livres.

Pendant la Révolution, la situation de la Manufacture de la Savonnerie fut la même que celle des Gobelins, dont elle partagea, d'ailleurs, en tout temps, la bonne et la mauvaise fortune. La plupart des artistes s'engagèrent dans les armées ; d'autres, avec une autorisation en bonne et due forme, allèrent fonder au dehors des ateliers privés. Ceux qui restèrent, souffrirent de la misère la plus profonde. On ne les payait plus. En l'an IV, ils adressèrent pétitions sur pétitions au gouvernement, pour obtenir quelques subsides, afin de ne pas mourir de faim. A défaut d'argent, on leur distribua du pain, de la viande et des pommes de terre. Là, comme aux Gobelins, comme à Sèvres, ces modestes artistes firent preuve du courage le plus admirable, du patriotisme le plus pur.

En 1792, Restout, conservateur du Mobilier national, fut chargé par la Commission des Arts et de l'Agriculture de procéder à une enquête sur la Manufacture de la Savonnerie. Il adressa à la Commission un rapport intéressant, dont voici le texte :

SAVONNERIE

RAPPORT « 17 décembre 1792, 1er de la République.

« Examen fait de la Manufacture de la Savonnerie, elle me paroit mériter d'être conservée. Nul luxe ne s'y est jamais montré et l'importance dont elle est pour ses dépenses, pour peu qu'elle produise, ne peut être onéreuse à la nation.

« Suivant les états fournis par M. Duvivier dont l'honnêteté, la probité et le désintéressement me sont connus, on voit que la dépense monte à peu près dans l'année pour les ouvriers à 22.916 l.; il s'emploie des matières pour 8,770 l. Il y a ensuite un chapelain que l'on peut supprimer, lequel a 1,300 l.; L'inspecteur a 1,000 l.; Le plus ancien des ouvriers a une pension de 200 l.; le second 200 l. Les douze plus anciens touchent ensemble, à raison de 40 livres chacun pour leur logement. 480 l.; Enfin, deux autres ouvriers ont en tout 330 l.; l'un 180 livres, l'autre 150 livres de gratification. Plus, le portier a 400 livres, à quoi il conviendroit de joindre pour l'habillement qui lui étoit donné 200 livres, ensemble 600 l.; A quoy on peut joindre les honoraires du directeur qui a étudié les arts et fabriqué lui-même ; si on lui donnoit moins ou que les ouvriers fussent de moindre nombre, on pourroit compter sur 3,000 l.

« On pourroit faire des tapis moins dispendieux, plus à la mode, et de meilleur genre, alors il faudroit donner de nouveaux deniers et y occuper quelque artiste qui pourroit coûter encore mille écus, ce qui feroit environ quarante mille francs, mais en cherchant un genre neuf et moins dispendieux, plus facile et plus prompt pour l'exécution, le meuble atteindroit peut-être un débit qui couvriroit les dépenses.

« Il n'y a rien de surchargé dans cette Manufacture ; je n'y vois point d'abus ni d'inutilités ; ses tapis sont renommés ; la sobriété qui y règne annonce qu'on peut, au moins sans risques, essayer de la soutenir jusqu'à ce qu'elle aille de ses propres ailes ; sauf, dans le cas où on verroit qu'elle ne prospère pas, à l'abandonner.

« Mais si l'on fait attention qu'en la transférant aux Gobelins, on bénéficiera sur le terrain où elle est située qui est d'un grand prix, en comparaison surtout de celui où elle seroit transférée et que là elle auroit quelques avantages de localités par la communication des teintures ; car quant aux autres matières, elles ne paroissent pas propres au service également de l'une et de l'autre.

« Néantmoins il faudroit bien se tenir en garde contre le projet de les réunir dans la même direction et le même régime ; celle-ci est simple, elle peut prospérer avec de l'attention et en lui laissant sa liberté et sa bonne conduite.

« Jamais je n'y ai entendu les blâmes ou les agitations dont souvent et dès longtems j'ai sçu les Gobelins travaillés.

« C'est pourquoy si on la transferoyt près de ceux-ci, il est à désirer qu'elle leur porte ses mœurs et ne se gâte point de celles de l'autre.

« Pour ce qui est des tapis, paravents, écrans, banquettes, tabourets et autres meubles, dont le prix est porté à 151,803 livres, il faut en provoquer la vente et s'en deffaire fut-ce à moitié ou un tiers en moins et renouveller un genre de dessein d'un goût plus pur et plus agréable.

« Les ustensiles propres à la fabrication ne seroient pas d'un grand prix, s'il falloit s'en défaire et comme la Manufacture est montée, il ne s'agit que de l'entretenir.

« Restout. »

Les tapis en magasin furent, conformément à ce rapport mis en vente, mais sans aucun succès. Duvivier, l'entrepreneur, écrivant à Guillaumot, lui fait part de sa déception complète à ce sujet.

LA SAVONNERIE.

« Ils veulent bien vendre aussi comme vous l'aviez projetté, les tapis de magazin à trois quarts de perte. Mais personne n'y mord. Voilà déjà trois personnes qui, ayant entendu dire qu'on les vendoit à bon marché, ont été rebutées lors que je leur ai dit qu'un tapis de la valeur ci-devant 5 mille livres, leur coûteroit 15 à 18 cens livres ; ils en ont tout de suite été dégoûtés, malgré le bon marché, parce que, disent-ils, ils en auront d'Aubusson pour 4 cens livres.

« Voilà la plus forte crise où cette Manufacture se soit encore trouvée. Qui sait comment nous nous en tirerons ? Si vos lumières pouvoient m'offrir quelques moyens, comme vous vous en estes occupé, je vous prirois de me les communiquer, tant pour l'avantage de la Manufacture que de celui qui a l'honneur d'être, Monsieur, votre dévoué,

« DUVIVIER. »

Se référant aux conclusions du rapport de Restout, la Commission des Arts et de l'Agriculture proposa la conservation de la Manufacture de la Savonnerie, mais avec modification de son organisation. L'entreprise fut supprimée. Les ouvriers reçurent une classification, par ordre de mérite, déterminée par un jury spécial. On les répartit en 4 classes, avec appointements ainsi établis : 1re classe, 24 livres par semaine ; 2e classe, 21 livres ; 3e classe, 18 livres, et 4e classe, 15. La journée fut fixée de 6 heures du matin à 7 heures du soir, pendant les mois d'avril, mai, juin, juillet, août, septembre ; pour les autres mois elle était basée sur l'apparition du jour et la tombée de la nuit. Les veillées ne pouvaient avoir lieu que dans la période comprise entre la Toussaint et la Chandeleur. L'inspectorat fut confié à un ouvrier portant le nom de « semainier », choisi au scrutin secret par ses camarades. Cette nouvelle organisation rappelait, dans ses principales dispositions, un projet qui avait été soumis, en 1787, à M. d'Angiviller par les ouvriers de la Manufacture.

Le Jury des arts institué, le 17 juillet 1794, par le Comité de Salut public pour examiner les tableaux existant dans les Manufactures nationales, et faire le choix de ceux qui pouvaient être employés comme modèles, se rendit à la Savonnerie, après son enquête aux Gobelins. A l'exception de deux tableaux de Malaine représentant des fleurs sur fond mordoré, elle ordonna la destruction de toutes les compositions en peinture ou en dessin, comme présentant des emblèmes anti-républicains Nous avons trouvé aux Archives nationales une pièce officielle relative à la suppression des emblèmes royaux sur un certain nombre de tapis ; elle est intéressante en raison des signatures. En voici le texte : « Le Comité de Salut public, sur la proposition de la Commission des Relations extérieures, arrête que la Commission d'Agriculture sera prévenue de faire disparaître les signes de féodalité sur les 8 tapis de la Savonnerie qui seront choisis par le citoyen Menière, pour être envoyés en présent aux puissances barbaresques, et que ces signes de féodalité seront remplacés par d'autres ornements, ainsi que l'on en conviendra avec le citoyen Duvivier, directeur de la Manufacture de la Savonnerie. La Commission des Relations extérieures est chargée de l'exécution du présent arrêté. Les membres du Comité de Salut public : Cambacérès, Pelet, Carnot, Richard, Marec, L.-B. Guyton, J.-B. Chazal, A. Dumont. »

Le 3 octobre de cette année, le même Jury des Arts institua un concours pour la création de nouveaux modèles destinés à la Savonnerie, comme il l'avait fait pour les Gobelins. Le programme rédigé dans le style emphatique et sentimental du temps, invite les concurrents : « A suivre dans leurs compositions le bon goût et le beau style antiques, dont l'architecture et tous les arts se rapprochent en général. De plus, comme le mécanisme des travaux de la Savonnerie consistant en meubles de divers genres, tels que banquettes, canapés, chaises, fauteuils, tabourets, paravents, portières, écrans, tapis, dans le genre des mosaïques artistiques et dont les formes et mesures différentes comportent différents procédés, ne permet pas l'exécution des détails minutieux, les artistes auront soin de ne proposer dans leurs projets que des formes prononcées et d'un goût simple et grand, et de n'y point mêler des figures humaines, qu'il serait révoltant de fouler aux pieds dans un gouvernement où l'Homme est rappelé à sa dignité, ne comprenant toutefois, dans cette acception, aucune espèce de chimère, telle que centaures, tritons et autres monstres. » En dépit des encouragements éloquents du Jury, le concours ne donna aucun résultat satisfaisant.

Le Consulat ramena un peu d'activité dans la Manufacture, et l'Empire lui rendit toute sa prospérité du XVIIe siècle, par des commandes multiples et par l'octroi d'un budget régulier et considérable. Percier, Fontaine et Lagrenée fournirent les modèles des grands ouvrages qui y furent exécutés, de 1804 à 1814 : Le tapis du grand cabinet de l'empereur, allégorie des cohortes de la Légion d'honneur, dont quelques fragments décorent aujourd'hui le palais de la grande chancellerie, le tapis de la chambre de l'impératrice à Saint-Cloud, le tapis de la salle dite des Enfants de France, aux Tuileries, qui fut achevé sous la Restauration, le tapis de la chapelle des Tuileries. En 1812, Napoléon ordonna de porter à 40 le chiffre des ouvriers, qui n'était que de 20 et que le duc de Cadore, grand maître de la Maison de l'empereur, chargé de la direction supérieure des Manufactures impériales, estimait insuffisant pour exécuter les ouvrages projetés. A cette époque, Duvivier fils eut l'idée d'apporter des modifications dans l'organisation industrielle de la Savonnerie; il proposa, entre autres innovations, d'y faire exécuter des tableaux de genre et des portraits. Il y avait certainement quelque malice dans cette proposition, car les Gobelins s'étaient mis, depuis peu, à fabriquer de l'ameublement pour l'empereur. Le duc de Cadore la repoussa énergiquement, en déclarant que la Manufacture devait se livrer exclusivement à la fabrication des tapis et des meubles. Le budget de la Savonnerie, pendant cette période, varie de 65 à 76,000, francs, absorbés pour les deux tiers par les salaires du personnel. La Restauration l'éleva progressivement à 93,000 (1817), 109,000 (1818), 111,600 (1820) et 118,600 (de 1820 à 1825). Saint-Ange, sous l'Empire et la Restauration, fut le grand fournisseur des modèles et Dubois, le chef d'atelier, à qui l'on doit l'exécution des œuvres les plus remarquables. La Savonnerie rappelle à ce moment comme activité, les plus beaux jours de l'époque de Louis XIV ; mais au point de vue artistique, la production ne fut guère brillante. La correspondance échangée entre l'entrepreneur et M. de Pradel, directeur général du Ministère de la Maison de l'empereur, contient continuellement les plaintes les plus vives sur ce que la Savonnerie exécute, sans destination préalable, des tapis d'après de vieux modèles, fort laids et de très mauvais goût.

Le 15 février 1826, la Manufacture royale de la Savonnerie quittait les vieux bâtiments de Chaillot. Elle avait été réunie, par ordonnance du roi en date du 4 mai 1825, à la Manufacture des Gobelins, où elle devint un simple atelier spécial, sous une direction unique. Duvivier résigna ses fonctions de directeur-entrepreneur entre les mains de des Rotours. A partir de ce moment, l'histoire de la Savonnerie se confond avec celle des Gobelins. L'assimilation est non seulement administrative mais artistique. Plus encore que par le passé, la fabrication des tapis subit l'influence du caractère de la production de la Manufacture des Gobelins. Le mauvais goût exerce, ici et là, par réflection, ses ravages profonds.

Pendant que les ouvriers de celle-ci, ayant perdu la véritable notion de l'art de la tapisserie et les traditions du xvii° siècle, font des tableaux en laine ou en soie, les ouvriers de celle-là tissent des tapis où l'imitation du relief et le rendu du modèle sont poussés à un tel point, que Louis-Philippe, qui ne passait pas pour un souverain d'esprit bien méchant, ne put s'empêcher, lors d'une visite dans l'atelier de la Savonnerie, de faire une critique impitoyable de ce système. On avait étalé devant lui un tapis nouveau. Le roi affectait de tourner autour. Invité à y poser les pieds, il refusa en souriant, sous le prétexte qu'il ne voulait point courir le risque de se blesser à toutes les armes dangereuses, dont la composition était hérissée.

Les registres de fabrication de l'atelier font mention d'ouvrages très importants exécutés sous le règne de Louis-Philippe. Nous signalerons entre autres :

Année 1833 : le grand tapis du chœur de Notre-Dame de Paris, mesurant près de 200 mètres carrés et estimé 356,000 francs, dessiné par Saint-Ange et de Vertus ;

Année 1840 : un tapis pour la salle du trône aux Tuileries, de $15^m,97$ de largeur sur $9^m,80$ de hauteur, dont le prix est fixé à 253,171 francs. Un inventaire le décrit ainsi : « Milieu à rosace rose et dorée sur fond bleu, entourée d'une couronne de feuilles de laurier vert ; côtés à guirlandes de fruits, arabesques sur fond cramoisi, avec encadrement de fleurs de dahlias sur fond blanc ; bordures d'arabesques sur fond abricot et grecque sur fond chocolat. »

Année 1841 : un tapis en trois parties pour la salle des concerts des Tuileries, milieu à lyre portée par des cygnes, avec guirlandes de fleurs et de fruits sur fond cramoisi ; côtés à losanges fond blanc ; bordure à rosaces sur fond blanc et liserons du fond marron ; $22^m,58$ de large sur $9^m,75$ de haut, prix : 333,699 francs.

Année 1843 : un tapis pour la salle du conseil à Saint-Cloud, milieu à casque d'or et acier avec panache rouge et deux branches de laurier vert sur fond blanc, entouré d'une couronne de fleurs et de fruits ; côtés à boucliers et casques or et acier, arabesques, guirlandes de roses, cornets de fruits, bordure à rosace d'or sur fond rouge et dessin en bordure sur fond vert ; $9^m,10$ de large sur $8^m,80$ de haut, prix 147,200 francs.

Des Rotours demanda encore à Alaux et Couder le modèle d'un grand tapis, pour le salon Louis XIV aux Tuileries, qui fut achevé en 1849. Arban peignit celui d'un tapis pour le palais de Fontainebleau, dont l'exécution exigea dix-sept années de travail. Lucien Deyrolle et Constant collaborèrent pour un tapis destiné au pavillon de Marsan et Titeux et Lamy fournirent des compositions pour des meubles. Si la production de cette période n'a pas fort accru le bagage artistique de la Savonnerie, elle témoigne du moins d'une grande fécondité industrielle.

Sous le Second Empire, Dépléchin, Dieterle, Séchan et Chabal-Dussurgey modifièrent, fort habilement, le caractère de cette production qui devint, grâce à eux, d'un goût sensiblement meilleur. De 1869 à 1882, l'atelier de la Savonnerie fut exclusivement occupé à l'exécution de deux grands tapis pour le salon et la chambre à coucher du pape, au palais de Fontainebleau, d'après des modèles de Dieterle, tapis évalués 453,193 francs. Un de ces ouvrages a figuré à l'Exposition universelle de 1878, dans le pavillon des Manufactures nationales.

L'avènement de la République, en supprimant les fastueuses prodigalités des listes civiles, consacrées à l'aménagement ou à la décoration des résidences impériales ou royales, a provoqué un changement radical d'application des produits de la Savonnerie. Au lieu de faire des tapis de pied, désormais inutiles, l'atelier n'exécute plus désormais que des tentures décoratives, destinées aux édifices publics et au palais du chef de l'État. Ainsi les ouvriers de cet atelier sont actuellement occupés au tissage de plusieurs tentures pour l'Elysée : *Les Arts, les Sciences et l'Industrie, la Guerre et la Marine*, d'après Ch. Lameire ; *Les Arts et les Lettres*, panneaux et dessus de porte, d'après Lavastre.

La technique de la Savonnerie diffère essentiellement de celle des Gobelins. Le tapis qu'elle fabrique constitue un velours. Le métier est de même forme que le métier de haute lice ; mais l'ouvrier travaille à l'endroit, ayant devant lui, à hauteur d'œil, le modèle à copier. Voici comment il procède :

Ayant choisi la broche chargée de la laine, dont la couleur correspond au coloris du modèle, le tapissier saisit, avec la main gauche, le fil de chaîne sur lequel il doit commencer son travail ; il l'attire à lui et fait passer derrière la broche qu'il tient de la main droite. Au moyen de la lice, il détache de la seconde nappe de chaîne un autre fil et l'enveloppe, avec dextérité, d'un nœud coulant, qu'il serre vigoureusement. Entre ces deux *passées*, le fil de trame forme, au-devant de la chaîne, un anneau qui s'enroule, au fur et à mesure de la fabrication, sur un tranche-fil, dont le manche de calibre varié donne la hauteur du poil du velours. En tirant cet instrument tous les anneaux se trouvent coupés et le velours est formé. Lorsqu'une rangée de nœuds, ou *points* (le vrai terme technique), se trouve terminée, l'ouvrier les joint par un fil de chanvre très fort, appelé *duite,* posé entre les deux nappes de la chaîne ; mais cette *duite* étant incapable de former un tissu solide, il lie encore entre eux les fils de la chaîne, par un fil de chanvre et « enchaîne » pour ainsi dire les *points* de velours, en serrant les uns et les autres au moyen d'un peigne. Vient ensuite la *tonte,* qui se fait au moyen de ciseaux à branches recourbées. Le métier de tapissier de la Savonnerie exige des aptitudes particulières, qui le rendent très difficile et très délicat. L'artiste tout autant, sinon plus que celui des Gobelins, doit posséder à fond la science du coloris et doit être un excellent dessinateur. Aussi, cet atelier, bi-séculaire, qui complète si heureusement la Manufacture nationale de tapisseries, a-t-il produit de véritables merveilles d'art. Sa disparition, si elle venait à se produire, comme le fait est à craindre en raison des difficultés du recrutement du personnel, serait un désastre artistique pour notre pays.

Vue de la *Savonnerie* au xviie siècle, d'après une gravure d'Israël Sylvestre.

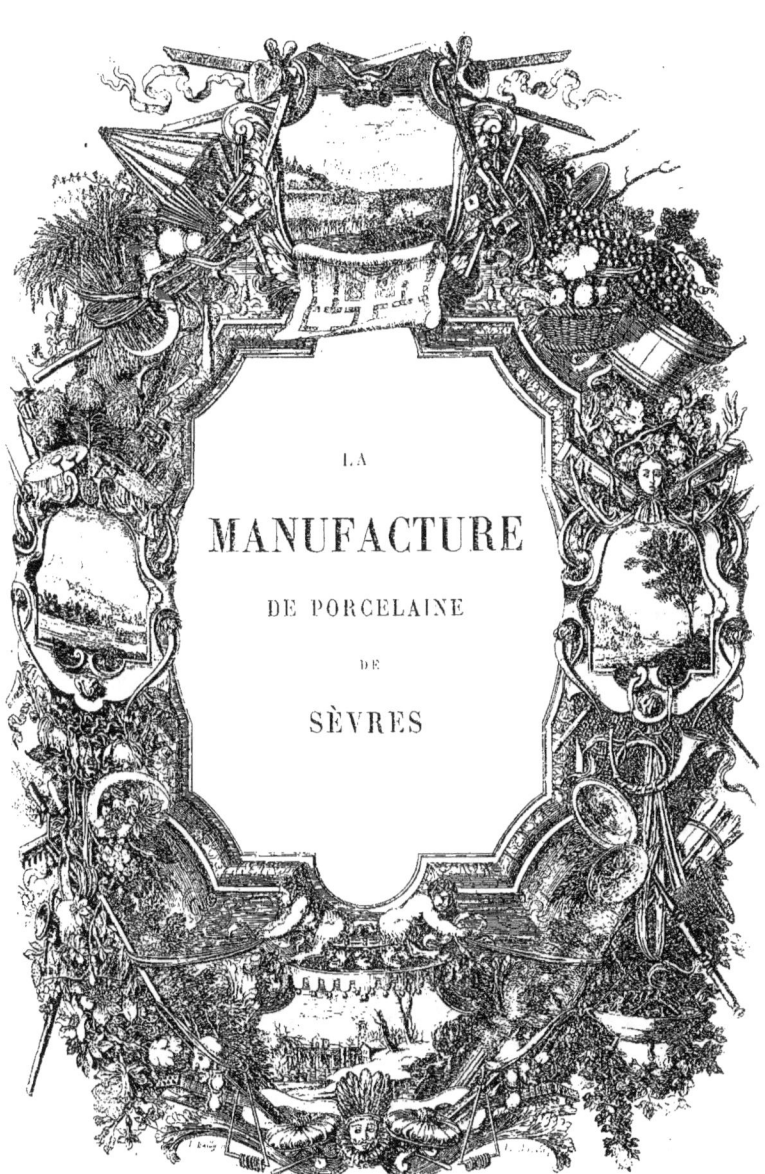

I

LA MANUFACTURE DE VINCENNES

1740-1753

Les origines de la *Manufacture de porcelaine de Sèvres* sont loin d'être aussi brillantes que celles de la *Manufacture des meubles de la Couronne*, établie par Colbert aux Gobelins. Son berceau est relativement humble. Ceux à qui elle dut le jour étaient de simples ouvriers, très obscurs, médiocrement estimables, dont l'ambition terre à terre ne poursuivait rien moins qu'un but élevé d'intérêt général ou de grandeur nationale. Des préoccupations toutes personnelles guidaient seules les promoteurs de cet établissement, qui cependant, lui aussi, devait conquérir, en quelques années, une réputation européenne et devenir un des plus beaux fleurons de la couronne artistique de la France.

La manufacture de porcelaine de Chantilly, dirigée par un sieur Siroux occupait, en 1740, deux frères du nom de Dubois. C'étaient l'un et l'autre des ouvriers d'une réputation douteuse. Le premier pratiquait le métier de sculpteur; le second était tourneur. Chargés, pendant quelque temps, des opérations de la pâte, de la couverte et du choix des terres, ils parvinrent facilement à pénétrer le secret de Siroux pour préparer les pâtes de porcelaine. Vers ce même temps, ils se trouvaient accablés de dettes, et leur inconduite les fit renvoyer de Chantilly. Alors mettant tout scrupule de côté, ils songèrent à tirer parti des recettes, dont ils avaient été dépositaires. Ils se réfugièrent au château de Vincennes, dans la tour du Diable, où pendant un certain temps, ignorés de Ciroux qui avait perdu leurs traces, et à l'abri par conséquent de toute poursuite, ils procédèrent à des essais. Dès les premiers jours, ils furent aidés dans leur exploitation secrète, par un troisième ouvrier fort habile, du nom de Gérin, originaire de Chantilly comme eux, et qu'ils étaient parvenus à débaucher. Ce Gérin, qui construisit même un four, de forme très originale, inventé pour donner un feu doux aux peintures et aux dorures, leur fut d'un grand secours. Grâce à lui, ils purent fabriquer quelques pièces assez réussies qu'ils vendirent en cachette, à Paris, à des amateurs de porcelaines.

Un jour, un des clients des Dubois, le marquis du Châtelet, montra à Orry de Fulvy, frère du directeur des Bâtiments du roi, quelques spécimens de cette fabrication nouvelle. Ce dernier, qui, depuis longtemps déjà, avait cherché infructueusement à fabriquer de la porcelaine, fut très étonné des résultats obtenus par les trois réfractaires. Il s'enquit des conditions dans lesquelles ces pièces avaient été exécutées, visita l'atelier des nouveaux porcelainiers et, les trouvant fort mal installés dans la tour du Diable, leur fit obtenir une partie des bâtiments de l'Intendance, et s'engagea même à leur procurer des fonds, pour monter une manufacture plus importante. A peu près vers la même époque, les frères Dubois entrèrent en relations d'affaires avec un sieur Gravant, ci-devant épicier à Chantilly, que la passion de la porcelaine tourmentait également et qui se trouvait, lui aussi, fort mal dans ses affaires. Ce Gravant possédait, ou du moins prétendait, comme Siroux, posséder un secret ; ils l'associèrent à leur exploitation. Mais les procédés de Gravant n'étaient point sensiblement supérieurs à ceux pratiqués jusque-là par les frères Dubois. La fabrication se bornait toujours à produire une porcelaine très commune. Aussi, bien que l'influence d'Orry de Fulvy eût fait obtenir aux associés le manège du château de Vincennes pour leurs ateliers et un logement dans les bâtiments de la Surintendance, bien que leur protecteur eût obtenu du roi un subside de 10,000 livres comme avances, l'entreprise était loin de prospérer. La fabrication demeurait tellement incertaine que, sur des fournées de 600 à 700 pièces, on n'en obtenait guère que 100 à 150 de bonnes. Parfois, la proportion descendait au-dessous de 10 p. 100[1]. Une pareille situation ne pouvait durer.

Les frères Dubois, devant l'imminence d'une banqueroute, quittèrent clandestinement Vincennes, abandonnant matériel, installation et produits à leurs créanciers. Fort découragé par cette disparition, dégoûté par ses relations avec ce personnel douteux, Orry de Fulvy songea à se retirer complètement de l'entreprise. Le passif laissé par les déserteurs s'élevait à 50,000 livres, non compris les 10,000 livres, dont le roi leur avait fait l'avance. C'était là une lourde responsabilité financière. En outre, jamais il n'avait pu obtenir d'eux le moindre éclaircissement sur leurs procédés et rien n'indiquait qu'ils fussent en possession de véritables recettes. Son mécontentement était donc sur le point d'éclater de la façon la plus vive, et il allait réclamer contre eux des poursuites judiciaires, lorsque Gravant lui proposa de continuer encore, pendant quelque temps, pour son compte, les expériences et promit d'arriver promptement à obtenir de la porcelaine fine. Cette promesse n'était point illusoire. Profitant des fréquentes ivresses des frères Dubois, Gravant, homme très intelligent et peu scrupuleux, avait pris copie de leurs notes sur la composition des pâtes et de toutes leurs observations sur la cuisson de la porcelaine[2]. Devenu seul chef de la fabrication, il débaucha d'autres ouvriers de Chantilly, les attira par de brillantes promesses et les retint ensuite par des menaces. Vers le même temps, un sieur Caillat vendit à Orry de Fulvy le secret de la composition et de l'application de certaines couleurs. Le succès couronna bientôt tous ces efforts. En 1745, la Manufacture produisait des pièces assez réussies, pour qu'Orry de Fulvy pût constituer une Société d'exploitation dont les membres étaient tous intéressés dans les Fermes[3]. Le fonds social fut fixé à 90,000 livres et le roi fit généreusement abandon des sommes qu'il avait avancées aux frères Dubois.

L'acte d'association spécifiait « que le sieur Gravant, qui fournissait la pâte destinée à former les pièces de porcelaine, ainsy que la matière servant à les passer en couverte, donneroit par écrit le secret de ces deux compositions à M. Fulvy, qui vouloit bien avoir la bonté de se charger d'en

---

[1] Manuscrit de Millot, chef des fours. (Bibliothèque de la Manufacture de Sèvres.)
[2] Bachelier, *Mémoire historique* (1781).
[3] Les associés, d'après un manuscrit du siècle dernier, étaient MM. Bonfils, Verdun, Baudon, Belesquis (*alias* Ubeleski), Bouret, Calabre, de Gagny et Roussel.

faire les expériences, et que ces expériences faites, il déposeroit chez un notaire à Paris, un écrit contenant les drogues et matières qui entrent dans chacune de ces deux compositions et moyennant quoi, si la Manufacture se soutenoit pendant dix années, à compter du 1er janvier 1746, il scroit payé à Gravant à l'expiration des dix années seulement, pour récompense la somme de 24,000 livres et jusqu'à lors à compter du 1er janvier 1748, la somme de 1,200 livres par année[1] ».

La société constituée, Orry de Fulvy usa de l'influence de son frère pour obtenir d'utiles privilèges et pour s'assurer de puissantes protections. Le roi, par un arrêt du Conseil, daté du camp de Boost, 24 juillet 1745, octroya à la nouvelle Société un privilège exclusif de trente années, délivré au nom de Charles Adam, pour l'« établissement de la Manufacture de porcelaine façon de Saxe, au château de Vincennes ». Il accorda, en outre, au titulaire l'usage des bâtiments de la cour de la Surintendance, du manège couvert et de la ménagerie située à Bel-Air. C'était en quelque sorte, de la part de Louis XV, prendre la Manufacture nouvelle sous sa protection.

Orry de Fulvy, en possession de ces précieux concours, s'appliqua alors à réorganiser le personnel. Un sieur Boileau, qui avait travaillé comme commis principal dans les Fourrages, et qui avait fait preuve, dans cette situation, de grands talents d'administrateur, fut nommé inspecteur avec 1,800 livres d'appointements et le logement. On plaça Hellot, chimiste-métallurgiste distingué, à la tête de l'atelier de chimie. Duplessis, orfèvre du roi, qui allait se faire un nom célèbre à Sèvres, fut chargé de diriger les travaux des mouleurs, des tourneurs et des répareurs. La peinture et la dorure devaient être inspectées, tous les lundis, par Mathieu, émailleur du roi. Le sieur Blanchard fut nommé garde-magasin aux appointements de 1,200 livres. Enfin, la Compagnie fit un traité avec le frère Hippolyte, bénédictin du couvent de Saint-Martin-des-Champs, pour le secret d'appliquer la dorure.

En dépit du zèle et de l'habileté des administrateurs, la Manufacture de Vincennes, ne prospéra pas, du moins financièrement. Pendant longtemps, chaque exercice se soldait régulièrement par un déficit et presque à chaque page du registre des délibérations du conseil d'administration[2], on relève de nouveaux appels de fonds. Quelques chiffres, du reste, suffi-

---
[1] Archives nationales.
[2] Manuscrit de la bibliothèque de la Manufacture de Sèvres.

ront à prouver par quelles traverses passa l'établissement naissant. Rien n'est plus instructif que l'énumération de ces sacrifices d'argent répétés et la constatation de cette lutte sans trêve contre des difficultés innombrables.

Le 27 septembre 1746, on demande aux associés un nouvel apport de 100 livres par action. Le 4 janvier 1747, c'est 2,000 livres qu'on leur réclame; le 24 avril 1748, 2,000 livres; le 19 janvier 1749, encore 2,000, toujours par action. Le 11 décembre 1749, la Société contracte un emprunt de 12,000 livres. Le 30 mars 1750, ne pouvant acquitter un billet de 6,000 livres, elle se voit forcée de le renouveler. Le 29 avril 1750, le nombre des actions, fixé à 21 par l'acte social du 1er juillet 1745, est augmenté de 9, de manière à fournir un nouveau fonds de 126,000 livres. En 1747, le roi, pour éviter une liquidation ruineuse, accorde à la Société un subside de 40,000 livres ; en 1748, il donne encore 30,000 livres; et autant en 1749. Enfin, le 9 décembre 1750, les actions nominatives sont converties en actions au porteur, de 2,500 livres au nombre de 220, constituant un fonds de 550,000 livres. Les actionnaires principaux étaient, à cette date : Bonfils, Bouillard, de Verdun, Ubelisky, Gaudet, Le Roy, Saint-Martin, Souchet, de Bisseaux, et Calabre. Une pareille confiance, une si vigoureuse et si louable ténacité, la coopération du roi, aussi bien que le nom et le rang des personnes mêlées à l'entreprise et qui pour la plupart appartenaient à la haute finance, avaient, cela se conçoit, fixé les regards de la Cour et de la Ville, sur cette Manufacture déjà célèbre, avant même d'avoir enfanté des produits parfaits. La preuve de cette attention flatteuse nous est fournie par les *Mémoires du duc de Luynes*[1]. Ce haut personnage, très en vue, fort bien en cour, puisque la duchesse, sa femme, était dame d'honneur de la reine, ne craignit pas, en février 1749, c'est-à-dire précisément à l'époque où nous sommes parvenus, d'interroger Orry de Fulvy sur ce qui se passait à Vincennes et consigna par écrit les réponses que lui fit son interlocuteur. Rien ne montre mieux que cette double attention, l'importance considérable qu'avait déjà prise la nouvelle Manufacture. On nous saura gré de reproduire intégralement cette curieuse page d'histoire :

« Mr de Fulvy m'a dit aujourd'hui, écrit le duc de Luynes, plusieurs

---

[1] Voir *Mémoires*, t. IX, p. 329.

détails sur cette Manufacture (de Vincennes) qui méritent d'être écrits. Le premier établissement fut fait en 1741. Le roi leur donna le manége de Vincennes, qui n'étoit d'aucun usage depuis longtemps. C'est là que l'on a construit des ateliers pour les tourneurs, sculpteurs, peintres et autres ouvriers nécessaires pour la Manufacture, et les fours différents dont on a besoin. M. de Fulvy a choisi des entrepreneurs qui y ont dépensé jusqu'à présent 250,000 livres. Outre cela, le Roi donna, il y a deux ou trois ans, 40,000 livres pour aider à perfectionner l'établissement; et depuis Sa Majesté a fait encore donner 60,000 livres, en tout 100,000 livres. Jusqu'à ce moment il n'y a eu de dépense faite pour cette Manufacture que 320,000 livres; ainsi ils ont encore 30,000 livres devant eux. Il y a actuellement 100 ouvriers travaillant à cette Manufacture, les uns payés à tant par jour, les autres par pièces. Une des grandes difficultés est la terre pour les moules; il faut que cette terre ne soit mêlée d'aucun métal, car elle donne la teinture à la porcelaine; on en trouve de cette espèce, mais elle est si sèche qu'à chaque cuisson le moule casse et ne peut servir deux fois. Mr de Fulvy espère que cette Manufacture bien soutenue fera commerce de marchandises pour 7 ou 800,000 livres par an, dont environ 300,000 en France et le surplus dans les pays étrangers. On y en a déjà envoyé des pièces qui ont fort bien réussi, et qui font désirer avec impatience aux étrangers d'en pouvoir acheter. Mais M. de Fulvy ne veut pas que l'on débite publiquement avant le mois d'Août prochain, afin que les entrepreneurs aient le temps de remplir leurs magasins. Les Anglois ne demandent que de la porcelaine toute blanche. Mais comme ils pourroient en faire usage pour y ajouter des peintures, on leur vend cette porcelaine blanche aussi chère que si elle étoit peinte. » Ces détails, on le voit, sont fort curieux et précieux à retenir.

« Il y avoit plusieurs autres manufactures de porcelaine en France, continue le duc de Luynes, et même auprès de Paris, à Chantilly, Saint-Cloud, Villeroy, Sceaux, etc... Les entrepreneurs visitoient et envoient visiter celle de Vincennes pour s'instruire et tâcher de la contrefaire, et outre cela pour débaucher quelques bons ouvriers en leur promettant un gain plus considérable. Pour mettre fin à ces deux inconvénients, M. de Fulvy a obtenu un ordre pour que personne ne pût aller voir travailler les ouvriers dans la Manufacture. Ces visites fréquentes avoient au moins l'inconvénient de les détourner et de retarder l'ouvrage. Outre cela, il y

a eu un arrêt du Conseil qui fait défense à tous maîtres de manufactures de prendre aucuns ouvriers de celle de Vincennes à peine de 3,000 livres d'amende. Les ouvriers de cette Manufacture ne sont ni logés ni nourris. »

« M. de Fulvy, dit en terminant le duc de Luynes, pour être à portée de veiller de plus près à ce qui se passe, a obtenu un logement à Vincennes. C'est le bâtiment de la Surintendance de cette maison royale. C'est son frère feu M. Orry qui lui avait fait obtenir ce logement, étant directeur général des Bâtiments; mais il ne voulut jamais lui donner un brevet, de sorte qu'il a fallu qu'à sa mort il obtînt de M. de Tournehem la continuation de la même grâce, qui lui a été accordée. »

Ce que le duc de Luynes ne nous dit pas, dans ce curieux passage de ses *Mémoires*, c'est qu'à cette époque une innovation des plus originales avait déjà valu à cette fabrication nouvelle une notoriété presque européenne. Nous voulons parler de l'exécution des fleurs en porcelaine, dans laquelle les artistes de Vincennes ne tardèrent pas à acquérir une habileté extraordinaire, et firent preuve d'une rare délicatesse de travail et d'un goût exquis. Aussi la mode de ces jolies fleurs se répandit-elle partout. Chacun voulut posséder des bouquets de Vincennes; préoccupation fort excusable, car elle répondait au caractère aimable, galant et frivole de ce temps et s'harmonisait avec le mobilier coquet et gracieux de l'époque. Aussi n'est-il pas jusqu'aux poètes, même jusqu'aux hommes d'État, que ces fragiles productions n'aient intéressés; et Saint-Lambert commençait de la sorte une épître galante, insérée dans l'*Almanach des Muses* :

> Pourquoi m'envoyer pour étrennes
> Ce vase où les plus belles fleurs
> Au blanc émaillé de Vincennes
> Opposent leurs vives couleurs ?

M. d'Argenson en outre écrit dans ses *Mémoires* [1] : « Le roi a commandé à la Manufacture de Vincennes des fleurs de porcelaine peintes au naturel, avec leurs vases, pour plus de huit cent mille livres, pour toutes ses maisons de campagne et spécialement pour le château de Bellevue de la marquise de Pompadour. On ne parle que de cela dans Paris et, véritablement, ce luxe inouï scandalise beaucoup. » Ce goût de Louis XV pour les fleurs de porcelaine avait au surplus une origine

---

[1] *Mémoires du marquis d'Argenson*, t. VII, p. 122.

assez particulière pour être rapportée. Soulavie, dans un passage des *Mémoires du duc de Richelieu*, raconte que Mme de Pompadour, faisant les honneurs de sa résidence favorite à son royal amant, plaça sous les yeux du monarque un parterre complet de fleurs de Vincennes. « Elle l'attendoit un jour dans ce château enchanté de Bellevue, qui lui avoit coûté si cher, et comme il y entroit, elle le reçut dans un appartement, au fond duquel étoit une serre chaude immense et un parterre de fleurs pendant un hiver rigoureux. Comme les roses fraîches, les lys et les œillets y dominoient, le roi extasié ne pouvoit assez admirer la beauté et l'odeur suave de ce parterre. La nature y étoit jouée. Ces vases, ces fleurs, ces roses, ces œillets, ces lys et ces tiges, tout étoit en porcelaine et l'odeur suave de ces fleurs divines étoit l'effet de leurs essences volatilisées par l'art. » Qu'on aille, après cela, quand on est roi tout-puissant, insoucieux de l'avenir, désœuvré par profession, ennuyé par caractère, se défendre contre une surprise pareille. Louis XV se prit donc d'une belle passion pour ces délicates porcelaines et tout le monde à sa suite en raffola.

La dauphine, l'intelligente et spirituelle Marie-Josèphe de Saxe, qui s'efforçait par tous les moyens de plaire à son égoïste beau-père, et d'asseoir son crédit et son influence auprès de lui, fut des premières à adopter ces jolies fleurs. C'était, au reste, un devoir étroit pour elle; car, originaire du pays qui, jusque-là, avait produit les plus belles porcelaines européennes, elle passait pour avoir en ces matières une sorte de compétence. Ne s'amusait-on pas, à la cour de France, à baptiser les Etats de son père : « Royaume de porcelaine, » et elle-même, au moment de son mariage, n'avait-elle pas été qualifiée plaisamment de princesse de ce même nom ?

Marie-Josèphe de Saxe s'empressa donc de garnir ses appartements de ces produits de Vincennes, et par un de ces hasards, spécialement heureux, comme on en trouve trop rarement, nous savons, par un passage du *Livre Journal* de Lazare Duvaux, en quoi consistait la parure dont elle se plut à orner son cabinet. On y lit, en effet : « Madame la Dauphine : Posé à la cheminée de son cabinet à Versailles une paire de bras à trois branches, composés de branchages vernis imitant la nature, avec les fleurs de Vincennes assorties à chaque plante; le haut de ces bras d'une branche de lys, tulipes, jonquilles, narcisses et jacinthes bleues, les branches du milieu en roses, celles en dehors d'anémones et semi doubles, celles en dedans de giroflées rouges et violettes, la jonction des branches garnies de différentes fleurs, le bas, de boutons d'or et oreilles d'ours ; les bassins de la même porcelaine avec les binets dorés d'or moulu, 1200 liv. — Une autre paire de même grosseur posée en trumeau vis à vis, dont le haut de trois œillets doubles, barbeaux, branches de fleurs d'oranger, tulipes, campanules ; les branches du milieu d'anémones et semi doubles ; celles en dehors de jacinthes d'Hollande à quatre cœurs ; celles en dedans de jonquilles doubles ; la jonction des bras ornée de différentes fleurs, le bas de boutons d'or et grosses jacinthes à cœur de rose, avec les bassins de porcelaine et binets dorés, 1200 liv. »

Certes, parer ainsi son cabinet c'était déjà faire très habilement sa cour au roi, mais la gracieuse princesse voulut mieux faire encore. Jusque-là, la Saxe avait expédié des quantités énormes de porcelaine en France ; envoyer de la porcelaine de France en Saxe, n'était-ce pas, pour une Saxonne, proclamer de la façon la plus flatteuse la supériorité artistique de la France sur son pays natal ?

Un vase avec fleurs de porcelaine, offert par M. de Fulvy à la reine, le samedi saint, 13 avril 1748, avait été très fort admiré à la Cour. Ce vase, dont le bouquet ne comptait pas moins de 420 fleurs et qui était estimé plus de 100 louis, avait fait dire aux personnages les plus autorisés que c'était là « un ouvrage parfait en son genre, tant pour le blanc que pour l'exécution des figures et des fleurs et que cette Manufacture [de Vincennes] surpassait celle de Saxe pour les fleurs [1] ». Marie-Josèphe, très fine politique, pensa qu'il était adroit de paraître fière, aux yeux de son père, Frédéric-Auguste, roi de Pologne et électeur de Saxe, de ce que sa patrie d'adoption possédait une manufacture rivale de celle de Meissen. Elle réclama donc de M. de Fulvy un vase semblable, lui promettant de l'envoyer à Dresde.

Au mois de janvier 1749, le vase, étant exécuté, fut présenté à la dauphine. Celle-ci y attachait un si grand prix, qu'on songea d'abord à le faire transporter à Dresde, sur un brancard, par deux hommes « qui ne comptoient être que trente jours en chemin et avec lesquels le marché étoit fait à 100 sols par jour chacun ». Mais en présence des difficultés de ce mode de transport, on dut prendre le parti de démonter le vase et

---

[1] *Mémoires du duc de Luynes*, t. IX, p. 10.

de le faire accompagner par un ouvrier de la Manufacture, pour le mettre en état d'être offert au roi [1].

A défaut de ces témoignages officiels, l'intérêt que le public prit à ces délicats ouvrages est encore attesté par des chiffres, qui se passent de commentaires. La première année (1749) qu'on mit en vente des fleurs à Vincennes, le chiffre des achats s'éleva à plus de 36,000 livres, alors que pour les autres produits les registres de comptes ne font mention que de 7,269 livres 19 sols. Les fleurs à elles seules formaient donc les cinq sixièmes de la fabrication; c'est dire l'accueil qui leur était fait par les acheteurs. Cet engouement persista encore assez longtemps, devenant moins intense cependant à mesure que Vincennes développait et améliorait sa fabrication de porcelaine de table et de pièces de décoration.

A la recherche de tous les perfectionnements, la Compagnie, ainsi que nous l'avons dit plus haut, avait, sur la proposition de M. de Fulvy, traité avec le frère Hippolyte, pour acquérir le secret d'appliquer l'or sur la porcelaine. Elle avait payé ce secret une somme de 3,000 livres comptant et une rente viagère de 600 livres par an. D'autre part, le peintre Bachelier avait remplacé Mathieu à la tête de l'atelier de peinture et de dorure, et apporté à la Manufacture le concours précieux de son talent reconnu. Des innovations fécondes dans le domaine de l'instruction professionnelle permirent à tout un personnel de se former sous ses ordres. Il créa dans les ateliers des cours de dessin et de peinture, organisa des collections de modèles, donna des formes de vases, qui sont encore appréciées de nos jours. La collaboration de Duplessis mit, en outre, hors de pair Vincennes comme sculpture et assura à sa fabrication une supériorité constante [2].

C'est grâce à ces artistes habiles qu'en 1753 la Manufacture put exécuter un grand service de table, commandé par Louis XV, à fond bleu céleste, décoré de fleurs, service qui avait coûté 60,000 livres, et qui, exposé à Versailles pendant les fêtes de Noël, fit à la fois l'admiration et l'étonne-

---

[1] *Mémoires du duc de Luynes*, t. IX, p. 277 et 328.

[2] Duplessis ne fut pas seulement occupé à diriger les modeleurs. Il donna aussi une partie de ses soins aux montures en bronze doré des pièces de service et des vases; ces montures prirent même par la suite une importance assez considérable pour qu'on les fît entrer comme un appoint sérieux dans le chiffre de la production. Les ateliers de Vincennes et de Sèvres fabriquaient même les bronzes employés pour d'autres porcelaines. Nous trouvons, en effet, dans le *Livre journal* de Lazare Duvaux, la mention suivante qui ne laisse aucun doute à cet égard : « Mme de Pompadour : La garniture en bronze doré d'or moulu de deux urnes de porcelaine céladon, modèles faits exprès par Duplessis, 960 l. »

ment de toute la Cour. La Manufacture de Vincennes avait enfin trouvé la composition régulière d'une fort belle matière, se pliant par sa plasticité à toutes les formes les plus originales, les plus légères, les plus délicates ; capable de recevoir les décorations les plus fines et les plus variées et opposant aux couleurs vives sa blancheur immaculée.

Un Mémoire de la direction, datant de cette période, et déposé aux Archives nationales, nous a conservé la composition chimique et le mode de préparation de cette matière précieuse ; nous croyons devoir lui donner place ici.

« Pour faire une cuite de 6,264 livres, y est-il écrit, on mélange :

```
3,860 l. de sable de Fontainebleau à 6 den. la liv.      99 l.
1,200    de cristal minéral ou salpêtre ; 2 cuites.
         Les cuites se font à l'arsenal à 17 s. la liv.  1,020
         Pour un droit de certificat. . . . . .              14 s.
         Futailles. . . . . . . . . . . . .              7     4
         Voiturier. . . . . . . . . . .                   8
  438    de sel marin à 2 sols la livre. . . . .         43   16
  222    de soude d'alicante à 9 sols. . . . .           99   18
  222    d'alun de Rome à 16 sols . . . . . .           166   10
  222    de gypse ou rognure d'albâtre à 2 sols .        22    4
─────
6,264 l. . . . . . . . . . . . . . . .                1,467 l. 6 s.
```

« Lorsque le mélange est parfaitement bien fait, on en forme une couche d'à peu près un pied d'épaisseur sur un banc de sable, sous le four de fritte ; on fait un feu gradué pendant environ cinquante heures ; on pousse le four jusqu'au degré de couleur de citron. Il faut observer de le ménager beaucoup lorsqu'il est parfaitement rouge jusqu'à l'instant de le quitter ; il faut que la fritte soit bien blanche sans cependant être trop vitrifiée ; s'il se trouve des parties de fritte rougeâtres, c'est un signe assuré du trop peu de feu qu'elle auroit eu ; alors on repasse ces mêmes parties rougeâtres au four prochain et on les place sur la nouvelle composition.

« On pile ces matières que l'on voit suffisamment frittées, et quand elles sont réduites en poudre, on fait la composition suivante :

« On prend 900 livres de fritte en poudre que l'on met dans les tinettes de moulin avec 300 livres de marne d'Argenteuil ; le tout étant bien broyé ensemble, l'espace d'environ trois semaines, forme une pâte liquide que l'on fait sécher dans des auges destinées pour cela ; lorsqu'elle est sèche, on la porte au blutoir pour l'écraser avec des cylindres à main et la bluter, et ensuite on la porte dans un endroit où on forme des ballons en l'imbibant avec de l'eau seulement; c'est ce qu'on appelle *pâte neuve*.

« Les parties de pâte provenant des réparateurs, tourneurs et unisseurs, se réduisent en poudre et pour les faire reservir utilement, on les mêle avec un tiers de pâte neuve; pour imbiber le tout et lui donner du liant pour mouler tous les grands objets et la plâtrerie, on se sert de l'eau bouillante et du savon vert; on se sert aussi de ce moyen pour la pâte neuve quand on la destine à mouler de grands objets et la plâtrerie; sans cela, elle n'y serait pas propre. On appelle cette pâte *chimisée*. »

Pour la composition de la couverte, on employait les matières suivantes :

67 l. 1/2	de sable de Fontainebleau à 6 d. la livre.	1 l. 13 s. 9 d.	
90	de litharge à 10 sous	45	
24	sel de soude à 2 l. 12 s.	62	8
22 1/2	caillou noir ou pierre à fusil pris à Bougival à 6 d. la livre	12	
30	potasse à 13 s.	19	10
234 l.		129 l. 3 s. 9 d.	

« On mêle toutes ces matières ensemble, ajoute le rédacteur du *Mémoire*, et après les avoir passées au crible, on les met dans soixante creusets; on les place sous le four de biscuit de porcelaine tendre et quand on les retire, on les casse; on épluche bien scrupuleusement le cristal, on le pile au moulin; ensuite on le broye comme la pâte avec de l'eau, et pour l'employer on y met du vinaigre blanc qui le fait adapter ou prendre facilement sur la porcelaine en biscuit. »

En possession d'une matière première, souple, blanche, ductile, transparente, la Manufacture de Vincennes ne pouvait manquer de donner rapidement une grande variété à sa production. L'imitation servile des porcelaines de la Saxe et de l'Extrême-Orient fut bien vite abandonnée. Les artistes s'appliquèrent désormais à fournir des modèles français de forme, ainsi que de décoration, en services de table, garnitures de cheminées ou de meubles, figurines et groupes. L'analyse des registres de vente de la Manufacture et de divers documents : *Chroniques, Mémoires*, etc., nous permet de dresser le tableau suivant des principaux articles fabriqués à Vincennes, avec leur prix courant :

SÈVRES.

Caisses de porcelaine gros bleu, peintes à oiseaux à.	144 livres.
Assiettes peintes à figures et guirlandes, camayeux pourpres à	30 —
Fromagers et leurs plateaux en blanc, bleu et or à.	42 —
Fromagers assortis à fleurs à	48 —
Jattes à fleurs de relief et brocs à cartouches de fleurs à	600 —
Sucriers de table sur leurs plateaux peints à fleurs et filets bleus à	60 —
Sucriers ovales unis et leurs plateaux peints à fleurs à	42 —
Pots de sucre à fleurs à	15 —
Grands gobelets à anses en lapis et or à.	36 —
Beurriers à	48 —
Moutardiers couverts avec plateaux, peints à fleurs à.	30 —
Arrosoirs de porcelaine de . . . . 108 à 120	—
Baignoires pour les yeux — en blanc et filets d'or de 3 à 6	—
Bougeoirs de porcelaine à	18 —
Bras (3 paires de) à double branche, vernis, garnis en fleurs de Vincennes de toute espèce ; bassins en porcelaine, binets dorés, à différents prix, les trois paires.	2,015 —
Fleurs employées dans 24 vases de différentes grandeurs et 88 plantes	2,455 — 9 s.
Tabatières peintes à sujets de chasse, montées en or à	1,344 —
Figures de Vincennes en blanc (Enfants des Saisons) à	48 —

La *porcelaine tendre*[1] inaugura, ainsi, son règne artistique sous les auspices de la cour la plus galante et la plus amoureuse. Bientôt elle fit fureur. Les plus hauts personnages de ce temps considérèrent comme un devoir mondain d'avoir de belles pièces de la nouvelle Manufacture. Parmi ses clients les plus assidus, nous relevons, sur les registres, avec les noms du roi, de la reine, de la dauphine, de Mme de Pompadour, ceux de S. A. R. Mlle de Sens, de la duchesse de Mazarin, du marquis de Castries, de la duchesse de Brancas, de la duchesse de Luxembourg, de la marquise de Gontaut, de la duchesse de Lauraguais, de Mme de Berryer, de Mme de Gensin, de la marquise de Brignolle, de la comtesse de Maurepas, etc. Et cette belle passion dura jusqu'au jour, où, par un retour fatal des choses d'ici-bas, la *pâte dure* devint à son tour à la mode. Mais avant que cette modification de goût se produisît, de

---

[1] Dans son *Traité des Arts céramiques*, Brongniart avait, en opposition avec la porcelaine naturelle ou kaolinique, dite porcelaine dure, dénommé la porcelaine tendre : *porcelaine artificielle* ; mais cette appellation n'a point remplacé la première, qui est devenue historique et populaire.

grands événements allaient transformer la constitution de la Manufacture de Vincennes.

En 1751, Orry de Fulvy était mort, suivant de près dans la tombe son frère, le contrôleur général, dont la toute-puissante intervention avait été si utile à l'établissement. La Compagnie, aux termes d'une clause de son acte d'association, devait rembourser à ses héritiers la part qu'il possédait, mais la situation financière ne permettait point l'exécution de cette clause. Il fallut donc une fois encore s'adresser au roi pour réclamer sa protection. A la suite de cette requête, une nouvelle combinaison intervint.

Le 8 octobre 1752, Louis XIV retira à Charles Adam le privilège de la Manufacture, qui lui avait été concédé sept ans plus tôt et ce privilège fut transféré à Eloi Brichard, par arrêt du Conseil, en date du 19 août 1753. Cet arrêt mérite qu'on l'étudie; il a une importance historique exceptionnelle. On peut en effet le considérer comme constituant, en quelque sorte, la charte de la *Manufacture royale de porcelaine*.

Par l'article premier, Eloi Brichard est mis en possession du privilège de fabriquer « toutes sortes d'ouvrages et pièces de porcelaines peintes ou non peintes, dorées ou non dorées, unies ou de relief, en sculpture ou fleurs, pour en jouir privativement et exclusivement à tous autres, dans toute l'étendue du royaume, pays et terres de l'obéissance de Sa Majesté, et ce pendant l'espace de douze années trois mois, à compter du 1er octobre 1752. »

Par l'article 2, il est fait défense à toute personne, de quelque qualité et condition qu'elle soit, non seulement de fabriquer et vendre de la porcelaine, mais encore « à tous les fabricans de poterie à pâte blanche, de peindre les dites poteries en quelque couleur que ce puisse être. »

L'article 3 institue, en faveur d'Eloi Brichard, le droit de surveillance et de visite sur tous les fabricans et potiers, et lui donne accès, pour ses inspections, jusque dans les résidences royales.

La prohibition la plus absolue est, en outre, édictée par l'article 4, qui frappe de la confiscation et d'une amende de 3,000 livres tous ceux qui essayeront d'introduire en France des porcelaines produites dans les « Etats ou Souverainetés qui sont enclavés dans le royaume, ou limitrophes ».

L'article 5 est ainsi conçu : « Jouira le dit Brichard de tous les bâtimens appartenant à Sa Majesté et servant actuellement dans le château de Vincennes à l'exploitation de la dite Manufacture et *ce jusqu'à ce qu'elle puisse être transportée dans le nouvel établissement qui doit en être fait au village de Sèves*; passé lequel temps, Sa Majesté disposera des dits bâtimens de Vincennes ainsi qu'elle avisera bon être. »

Par l'article suivant, l'établissement d'Eloi Brichard est pourvu du titre de MANUFACTURE ROYALE, et de tous les droits et privilèges attribués à ce titre. « En conséquence, y est-il dit, il sera mis un tableau aux armes de Sa Majesté, tant sur la porte et frontispice des maisons et bâtimens servant à l'exploitation de la Manufacture, que sur celle des magasins de vente à Paris, contenant cette inscription : « *Manufacture royale de porcelaine.* »

L'article 7, non moins important, décide que « les pièces de porcelaine de la dite Manufacture seront marquées d'un double L, entrelacé en forme de chiffre, lequel sera la marque distinctive des ouvrages provenant de sa fabrication, à l'exception des fleurs sur lesquelles la dite marque ne pourrait être placée ».

Le sieur Brichard est mis, par l'article 8, en possession du droit de vendre et débiter à Paris et dans tout le royaume les produits de sa fabrication.

L'article 9 dit que « le secret des compositions qui entrent dans la fabrication, peinture et dorure de la porcelaine restera réservé à Sa Majesté, sans que le dit Brichard et les intéressés en sa Compagnie puissent prétendre en avoir aucune communication; et les dites compositions seront dirigées par la personne qui sera proposée à cet effet par Sa Majesté. »

Les quatre articles qui viennent ensuite, concernent l'exploitation et en règlent les conditions. Quant au personnel, il est visé par les articles de 14 à 19. On y remarque les dispositions suivantes : 1° les ouvriers et domestiques employés dans la Manufacture depuis au moins six mois sont exempts de « tutelle, curatelle, de collecte, de logement des gens de guerre, de guet et de garde et du service de la milice, » ainsi que des impositions ordinaires et extraordinaires; 2° les ouvriers étrangers employés dans la Manufacture sont, par ce seul fait, réputés « régnicoles » et jouissent des droits attachés à cette qualité; 3° par contre, il est interdit aux peintres, sculpteurs, graveurs, mouleurs, réparateurs et journaliers d'abandonner la Manufacture sans prévenir l'administration six mois au moins avant leur départ et ceux qui sont employés « aux compositions et manutentions secrettes » ne peuvent « quitter dans aucun cas, sans permission expresse de Sa Majesté » ; 4° ceux qui sortent de la Manufacture peuvent se retirer où bon leur semble, mais sans qu'il leur soit permis de « travailler en porcelaine ni imiter aucuns ouvrages de la dite Manufacture » ; 5° enfin, il est interdit aux autres fabricants de recevoir chez eux aucun artiste ou ouvrier ayant travaillé à la Manufacture royale, s'il n'est muni d'un congé et d'une permission rédigés dans la forme prescrite par l'article 14. Toutes ces dispositions ont naturellement pour sanction un certain nombre de peines plus ou moins graves.

L'article 20 rapporte tous les privilèges et toutes les permissions, accordés antérieurement à d'autres céramistes et, par l'article 21 et dernier, il est pourvu à la sécurité du commerce et des transactions d'Éloi Brichard, de ses successeurs et des « ayans cause dans la fabrication et débit de la dite porcelaine ».

Ces privilèges considérables, que nous serions tentés aujourd'hui de qualifier d'exhorbitants, en raison du progrès économique et social qui s'est accompli depuis ce temps, devaient faciliter singulièrement la formation d'une Compagnie nouvelle. Celle-ci fut constituée au capital de 800,000 livres, dans lequel le roi participa pour un quart d'intérêt. Les trois autres quarts furent ainsi répartis, suivant une liste dressée par le garde des sceaux, après approbation par le roi :

Baudon	3 actions.	30,000 livres.
Blondel de Gagny.	5 —	50,000 —
Bonfils	3 —	30,000 —
Bouret	5 —	50,000 —
Bouret d'Étigny	5 —	50,000 —
Bouillard	3 —	30,000 —
Calabre.	3 —	30,000 —
De la Bœxière	5 —	50,000 —
Douet fils	3 —	30,000 —
De Floisiac	3 —	30,000 —
Mazières	3 —	30,000 —
Papillon de Fontpertuis. . .	5 —	50,000 —
Parseval.	3 —	30,000 —
Roussel.	5 —	50,000 —
Saint-Martin.	3 —	30,000 —
De Verdun	3 —	30,000 —
	60 actions.	600,000 livres.

La nouvelle Compagnie renouvela en partie le personnel supérieur de la Manufacture. Elle choisit pour caissier le sieur Schonen ; un sieur Marmet fut chargé des écritures ; un chef d'atelier spécial fut adjoint à Bachelier, pour suivre les travaux en cours et faire exécuter les corrections jugées nécessaires ; enfin on mit près d'Hellot, chargé des analyses, le chimiste Macquer, dont le nom allait bientôt devenir justement célèbre. Grâce à l'adjonction de ces nouveaux collaborateurs, la fabrication ne tarda pas à atteindre une perfection inconnue jusque-là, et « l'exposition publique du service pour l'Impératrice reine en 1754, établit la supériorité de la porcelaine de France sur toutes celles de l'Europe »[1].

Mais, dès cette époque, la Compagnie était trop à l'étroit au château de Vincennes. Elle se trouvait surtout trop loin de Versailles et de la Cour. M. de Verdun, qui connaissait Mme de Pompadour, s'était fait un devoir de l'intéresser directement au sort de la Manufacture. Il lui avait demandé conseil sur le fait du désir de la Compagnie de se mettre plus à portée du roi, son bienfaiteur[2]. Ainsi qu'on l'a pu voir par l'article 5 des Privilèges, analysés plus haut, Sèvres ou Sève (suivant l'ancienne orthographe du nom de cette localité) avait été proposé comme siège du nouvel établissement artistique. Mme de Pompadour n'était pas étrangère à ce choix ; elle avait même indiqué un emplacement contigu à une verrerie, dont Louis XV lui avait donné, l'année précédente, le droit d'exploitation. Cette indication n'était pas absolument désintéressée, car la favorite rétrocédait cette propriété à la Société moyennant 30,000 livres[3]. La Compagnie acheta donc le vieux château appelé la Diarme, ancienne maison de campagne de Lully, et y installa ses fours et ses ateliers. Cette acquisition et ce transfert ne s'effectuèrent pas sans exciter de nombreuses et vives critiques. Celles-ci eurent même pour interprètes les personnages les plus haut placés. D'Argenson signale ainsi cet événement, à la date du 15 janvier 1753[4] : « L'on chasse de Vincennes tout ce qui y étoit ; la Manufacture de porcelaines va s'établir à Sèvres près de la verrerie de bouteilles. Notre roi artiste fournit des fonds pour tout, comme si Sa Majesté avoit beaucoup d'argent dans ses coffres. L'on met à la tête douze financiers, de quoi sont principalement

---

[1] Bachelier. *Loc. cit.*
[2] Millot, manuscrit à la bibliothèque de la Manufacture de Sèvres.
[3] Les bâtiments de la verrerie furent utilisés pour loger le personnel.
[4] *Mémoires du marquis d'Argenson*, t. VII, p. 351.

les amis de la Marquise et du garde des sceaux. Ces gens-là feront semblant d'avancer des fonds et n'avanceront rien. On achète le fond des porcelaines de l'ancienne Compagnie ; ce sera une ruine nouvelle pour le roi ; l'on dissipera, l'on donnera beaucoup de ces curieuses bagatelles et l'on présente à Sa Majesté l'appât du profit pour l'État qui n'existe pas ; l'on dit que cela épargnera deux millions annuels de notre argent qui va à l'étranger, et deux autres millions de l'étranger que cela nous attirera. Je n'en crois rien. »

D'Argenson était peut-être dans le vrai, mais que pouvaient ces observations, plus ou moins malveillantes, contre la volonté d'une femme alors toute-puissante? La translation eut lieu, dès que les bâtiments furent en état de recevoir les artistes et les ouvriers. La période de la Manufacture de Vincennes se trouve ainsi close ; désormais il ne sera plus question que de la Manufacture royale de Sèvres.

II

LES PRÉDÉCESSEURS

DE VINCENNES ET DE SÈVRES

Quelque rebelle que l'on soit aux impressions sentimentales, il est difficile de n'être pas frappé par la persistance, par la ténacité qu'apporta à l'établissement et à la prospérité de la Manufacture de Sèvres un groupe de personnages, qu'on se serait attendu à trouver plus frivoles et moins énergiquement déterminés à poursuivre un but aussi difficile à atteindre. On a vu que rien n'avait été capable d'arrêter ces champions de la première heure, ni les déceptions, ni les obstacles sans cesse renaissants, ni les déboires les plus inattendus, se produisant au moment où la réussite paraissait certaine. Ils avaient tous vaillamment payé de leur fortune ou de leur personne, et lorsqu'un d'eux venait à disparaître, il s'en était toujours trouvé d'autres, pour prendre dans le rang la place devenue vacante.

Cette vaillance et cette énergie auraient tout lieu de nous surprendre s'il s'agissait, dans l'espèce, d'autre chose que de céramique. Mais c'est le propre de cette artistique industrie d'avoir, à toutes les époques et dans tous les pays, constamment passionné ceux qui furent appelés à s'occuper d'elle, même d'une façon incidente.

Depuis l'antiquité la plus reculée, en effet, « l'Art de terre » fut particulièrement en honneur, chez tous les peuples. Les admirables monuments, découverts récemment par M. Dieulafoy dans les plaines de la Susiane, montrent quel cas les Perses et les Assyriens, contemporains de Xerxès, faisaient de ces belles briques vernissées et de ces faïences brillantes, dont ils bâtissaient des palais entiers.

En Grèce, à la plus belle époque de cet art incomparable, que nous considérons, à juste titre, comme classique, les céramistes étaient rangés au premier rang des artistes. La plupart signaient hardiment leurs œuvres, ce que le plus grand nombre des peintres et des sculpteurs n'osaient faire. A Rome, les choses ne se passaient pas autrement, et tous ceux qui se sont occupés d'archéologie latine savent que nous possédons par milliers des sigles de potiers romains, alors que les signatures des artistes qui vivaient en ces temps reculés sont extrêmement rares.

A l'époque de la Renaissance, quand le respect exclusif, professé par tout le Moyen Age pour le prix intrinsèque de la matière, fit place à une plus juste appréciation des beautés de la forme et des élégances du décor, la céramique reconquit la première place. En Italie, les admirables productions des Della Robbia, les ouvrages si décoratifs des faïenciers d'Urbino, de Gubbio, de Pezzaro, de Castel Durante, eurent pour premiers appréciateurs les princes les plus puissants, et pour acquéreurs les magistrats les plus riches. Ceux-ci ne se bornèrent pas à acheter des œuvres toutes faites ; ils se déclarèrent les protecteurs et les inspirateurs des maîtres ingénieux, qui ressuscitaient un art oublié. Bien mieux, cette noble passion fut assez contagieuse pour rayonner jusque sur ceux qu'on pouvait, à bon droit, regarder, sinon comme des ennemis déclarés, du moins comme des adversaires. François 1er en est la preuve éclatante. Après le désastre de Pavie, il s'empressa d'attirer en France Jérôme Della Robbia, et lui confia la décoration, si longtemps célèbre, du château de Madrid dans le bois de Boulogne [1], pendant que le connétable de Montmorency faisait exécuter par Masséot Abaquesne les admirables pavements de son château d'Ecouen.

François 1er mort, ces traditions se continuent. A Florence, c'est dans son palais du Casino que François de Médicis installe la manufacture de porcelaines qui devait, dans la suite, porter son nom, et c'est dans le

---

[1] Voir *Piganiol de la Force*, t. IX, p. 271.

jardin des Tuileries que Catherine de Médicis, digne nièce de ce prince, permet à Bernard Palissy de modeler et cuire ces *rustiques figulines*, qui sont aujourd'hui l'honneur de nos galeries d'art. Vers le même temps Louis de Gonzague, duc de Nivernais, installe, dans son duché, des faïenciers attirés d'Italie, et la gracieuse Hélène de Hangest fait fabriquer dans son château d'Oiron ces pièces, d'un aspect si charmant et si original, que s'arrachent aujourd'hui nos plus riches collectionneurs.

Si, du xvi° siècle, nous passons au siècle suivant, il nous est facile de constater que le goût de la céramique persiste avec la même intensité chez les plus hauts personnages. Le *Journal d'Héroard* ne nous laisse aucun doute sur la passion que Louis XIII, encore enfant, nourrissait pour ces menus objets en terre vernissée, qui se vendaient alors comme de simples jouets, et qui sont devenus aujourd'hui hors de prix. Nous détachons, en effet, de ce journal les notes suivantes : « 29 mai 1607 ; il [le Dauphin] va à la poterie où il prend plusieurs pièces, chiens, lions, taureaux, puis revient en sa chambre où, sur le tapis de pied, il les fait combattre. — 2 septembre 1607 ; il va à la poterie pour y acheter deux chevaux. — 20 mars 1608 ; il s'en va à la poterie ; on lui demande ce qu'il veut : « Attendez, j'y songe ; combien vendez-vous cela », dit-il, en montrant la figure du roy ; on lui en demande trois écus ; il commande de les bailler, prend l'effigie du roy, l'embrasse, la donne à porter à sa nourrice et revient à sa chambre. » On pourrait multiplier ces citations et les choisir au lieu de les prendre au hasard. Mais à quoi bon ? celles-ci, croyons-nous, suffiraient à démontrer, s'il était besoin, le goût déterminé du futur Louis XIII pour la céramique. Cette passion fut, on n'en peut douter, partagée par l'entourage du jeune roi et l'on peut juger si elle s'accrut encore, quand, à la place des faïences et des terres vernissées, on vit apparaître, sur les tables et chez les marchands, de véritables porcelaines.

C'est, vraisemblablement à la fin du xvi° siècle, que les poteries translucides de l'Extrême-Orient se répandirent en France et furent appréciées d'une façon un peu générale. Elles étaient connues toutefois, depuis près de cent ans, dans l'Europe occidentale. L'Inventaire de Marguerite d'Autriche (1523-1524), l'Inventaire des meubles et joyaux de la reine de Navarre (1534), l'Inventaire du cardinal d'Amboise, ceux des châteaux de Nevers et de Fontainebleau font, en effet, mention de vases en porcelaine, suffisamment décrits pour qu'aucune erreur ne soit possible. Un passage de l'ouvrage du père Dan se rapporte aux premières importations de ces belles céramiques venues des Indes. Rabelais, dans *Pantagruel*, nous apprend qu'un des navires de son héros avait pour devise : « Ung beau et profond hanap de porcelaine. » Autre part, il écrit : « Puys nous commanda estre hanapz, tasses et guobeletz présentez d'or, d'argent, de crystallin, de porcelaine. » Par Belon, nous savons en outre, que, dès le milieu du xvi° siècle, il se faisait au Caire un commerce considérable de ces beaux vases. Toutefois il convient de remarquer, que jusqu'aux dernières années du xvi° siècle, le nom de porcelaine, fut attribué à des substances aussi coûteuses que variées.

Ce nom, en effet, eut pour point de départ une curieuse assimilation. Les latins nommaient *Porca* et par diminutif *Porcella* un coquillage de forme bien connue, que les savants ont tour à tour appelé *Concha venerea* ou *Cyprœa* [1]. Les parties intérieures de ce coquillage sont de couleur laiteuse et fortement irisées ; et le Moyen Age, acceptant cette analogie un peu hardie, prit rapidement l'habitude de désigner sous le nom de *Pourcelaine*, traduction française de la *Porcella* romaine, toutes les coquilles de nacre, et même vraisemblablement un certain nombre de pierres laiteuses, qui présentaient, elles aussi, des reflets irisés.

C'est de cette façon qu'il faut expliquer et comprendre les descriptions si curieuses d'objets étonnamment précieux et singulièrement variés, qu'on rencontre dans les inventaires de Louis I°r duc d'Anjou (1360), du duc de Normandie (1363), de Jehanne d'Evreux (1372), de Charles V (1380). Il est clair, par exemple, que lorsque nous relevons dans ce dernier inventaire la mention d' « une petite pierre de porcelaine entaillée à petiz images garnye d'or » ou encore « ung tableau de porcelaine carré de plusieurs pièces et au mylieu l'Ymage nostre Dame garny d'argent doré à ouvrages d'outremer », il s'agit de plaques ou de fragments de nacre gravée. De même, quand dans l'inventaire de Charles-Quint (1536), nous remarquons « une couppe d'argent, couverte, dorée par dehors et par dedens, garnie de trente deux *pourchelains* en manière de camahieux taillés de plusieurs personnaiges et d'oiseaulx », il est indiscu-

---

[1] Poncet dans son *Histoire des Drogues*, publiée en 1692, écrit : « Ce que nous appelons Porcelaines en coquillage et les Latins *Concha Venerea*, sont de petites coquilles blanches qu'on nous apporte de plusieurs endroits des Indes; » et la phrase suivante que nous relevons dans le *Génie de la langue française*, ouvrage publié en 1705, montre à quelle variété d'objets ce mot était encore appliqué au commencement du siècle dernier : « Il y a des vases dorés et vernissés, il y en a de cristal et de verre, et tout cela est appelé porcelaine. »

table qu'il s'agit de ce que nous appelons aujourd'hui des camées de coquille.

Toujours par analogie, on commença, au xv° siècle, à donner la qualification de porcelaine à des ustensiles en terre vernissée, aux poteries hispano-moresques à reflets métalliques, et surtout aux objets en verre irisé, qui rappelaient les reflets de la nacre ou les tons laiteux de la *porcella*. C'est ainsi qu'au château de Chanzé, résidence favorite du roi René, nous trouvons, en 1471, « En la petite chambre dessus la saulcerie, plusieurs amiolles[1] de verre, garde mangers de terre, plaz de pourcelaine et autres choses de verre, dont y a plusieurs rompuz et caséz ». Il s'agit là certainement de plats et de vases de cristal; et l'on comprend, après cela, comment le nom de porcelaine fut appliqué, de suite et sans hésitation, aux belles céramiques de l'Extrême-Orient, dès que celles-ci apparurent dans l'ouest de l'Europe.

Nous avons dit plus haut qu'à la fin du xvi° siècle les porcelaines de Chine devinrent en France d'un usage à peu près régulier. C'est, en effet, vers cette époque, qu'elles font leur apparition à la foire Saint-Laurent et à la foire Saint-Germain, où elles étaient vendues par les importateurs portugais, en même temps que les autres « besognes de la Chine », dont ces marchands faisaient alors grand commerce. Longtemps ce fut là qu'on vint s'assortir de ces vases recherchés, et Scarron put encore écrire[2] :

> «... Menez-moi chez les Portugais,
> Nous y verrons, à peu de frais,
> Des marchandises de la Chine.
> Nous y verrons de l'ambre gris,
> De beaux ouvrages de vernis,
> Et de la porcelaine fine
> De cette contrée divine
> Ou plustôt de ce paradis. »

Dès 1603, on s'en servait couramment à la Cour, et l'anecdote suivante, que Jean Héroard place, à la date du 16 août 1607, dans son journal, montre que le dauphin en faisait quotidiennement usage[3].

« En prenant son bouillon dans son écuelle de porcelaine, on lui louait la porcelaine; je lui dis que le grand Turc buvait dans des vases de

---

[1] L'amiolle ou ampoule était une petite fiole de verre, une sorte de burette sans anse.
[2] Voir *Paris burlesque*, par le sieur Berthod.
[3] *Journal*, t. 1ᵉʳ, p. 280.

porcelaine : « Ho! dit-il, je veux plus prendre du bouillon là-dedans, » et il repousse son écuelle. » Mais ce caprice d'un prince très chrétien n'eut ni conséquences ni durée. A partir de 1630, on rencontre la porcelaine dans tous les repas de gala et dans tous les intérieurs luxueux. Vingt ans plus tard, elle était tellement répandue que, si nous en croyons Loret, M. de Lamothe-Houdancourt, pour consoler sa femme de son départ, lui fit cadeau de plus de deux cent mille livres :

> En écrans tant grands que petits
> En guéridons façon d'Ebeine,
> En grands vases de porcelaine [1].

Trois ans plus tard, c'est chez le cardinal de Mazarin que Loret constate la présence de ces précieuses céramiques.

> Mardy, Monsieur le Cardinal,
> Par un aprêt vraiment royal,
> En plats d'argent et porcelaines,
> Traita le Roy, traita deux Reines...

Et, dix ans plus tard, Anne d'Autriche et ses deux fils étant allés visiter l'hôtel, que « la sage dame de Beauvais » —, c'est toujours Loret qui parle, — avait fait construire au faubourg Saint-Germain, ne manquèrent pas d'admirer :

> Tant de diférentes merveilles,
> Tant de raretez sans pareilles,
> Tant de Tableaux bien coloréz.
> Tant de brillants Lustres doréz
> De Porcelaines et de Vazes
> Qui pouvaient cauzer des extases...

Si, maintenant, nous interrogeons le *Mercure*, ce curieux recueil nous apprendra qu'aux fêtes données, en octobre 1677, à Fontainebleau, « dans tout le tour de la table, estoient des porcelaines fines en hors d'œuvre remplies de toutes sortes de compotes ». Par ce même *Mercure*, nous saurons encore, qu'au repas de noce de M. de Berringhen avec Mlle d'Aumont, le dessert fut servi « dans des porcelaines fines qui estoient de toutes sortes ». En 1678, au mariage de M. de Launay et de Mlle de Trévegat, il n'en était pas autrement, et l' « on ne pouvoit

[1] *Muze historique*.

SÈVRES.

regarder sans plaisir l'arrangement d'une infinité de porcelaines remplies de tout ce qui estoit capable de flater le goust[1]. » Cette même année, un des grands attraits de la foire Saint-Laurent fut la mise en vente des porcelaines de la duchesse de Cleveland. « Il y en avoit d'admirables par leurs figures, par les choses qui y estoient représentées dessus, et par la diversité des couleurs. Les plus rares estoient montées ou d'or ou de vermeil doré et garnies diversement de la mesme matière[2]. » Ces porcelaines, de la plus grande beauté et du choix le plus rare, arrivaient directement de Londres où elles n'étaient pas moins à la mode qu'en France. Les plus hauts personnages faisaient profession de s'y connaître ; et nous savons par Dangeau[3] qu'à Versailles le roi d'Angleterre étonna Louis XIV et sa Cour, par la façon dont il parlait en connaisseur des cristaux et des porcelaines.

Le noble exilé avait de quoi exercer sa sagacité chez celui qui se faisait si généreusement son hôte; les inventaires du Mobilier de la couronne, dressés de 1673 à 1715[4], comptent un nombre considérable de pièces de la plus grande valeur. Leur chiffre, d'après un relevé que nous avons fait, ne montait pas à moins de 923 pièces de formes et de destinations variées : Aiguières, assiettes, bassins, bouteilles, buires, chandeliers, cornets, cruches, cuvettes, écritoires, flacons, gobelets, jattes, plats, pots, salières, saucières, tasses, urnes, vases de toutes sortes. Une partie de ces précieuses porcelaines prenaient place sur la table royale. Décrivant la façon dont le *fruit* est servi au grand couvert du roi, le P. Besongne écrit : « Ce fruit est composé de deux grands bassins de fruit crud dans des porcelaines, de deux autres plats de toutes sortes de confitures sèches, faites au goblet, aussi en porcelaines, de quatre compotes et confitures liquides et de quatre salades[5]. » Nous savons, en outre, que les officiers de la Bouche touchaient annuellement 350 livres, pour le remplacement de celles de ces porcelaines qui pou-

[1] *Mercure* de juin 1678.
[2] Extraordinaire du *Mercure*, quartier de juillet 1678.
[3] Voir *Journal*, t. II, p. 293.
[4] Publiés par M. Guiffrey.
[5] *Etat de France*, t. Ier, p. 103. Ce fut du reste, à cette époque, un usage généralement admis de servir le *fruit* dans des bassins de porcelaine. Nous en avons la preuve par le quatrain suivant de Senecé, intitulé le *Présent de fruits* :

    Tu recevras Philis, par le présent porteur,
    Des pêches de Corbeil, des melons de Tourraine
    Des figues, du muscat, de l'api, du choux fleur,
    Chaque espèce en sa porcelaine.

vaient être détériorées. C'était par Lorient que se faisait l'importation des pièces de service. Mme de Sévigné se trouvant dans cette ville en 1689, en admirait une profusion et écrivait : « Cela plaît assez¹. » Quant aux pièces de choix, elles étaient religieusement serrées et si secrètement conservées qu'en 1749, en voulant faire des réparations à Trianon pour y recevoir le roi de Pologne, « on trouva, dit le duc de Luynes, un espèce de petit trésor de porcelaines ». Ce « trésor » était enfermé dans « une armoire qui n'avoit pas été ouverte depuis Louis XIV », et cette armoire était remplie de pièces de toutes formes et toutes fort belles².

Faut-il ajouter que tous les membres de la famille royale étaient presque aussi bien pourvus que le roi. Le dauphin possédait un assortiment de vases superbes et des porcelaines de service en nombre respectable; le duc d'Orléans en 1689, à Saint-Cloud, en faisait des loteries au profit des dames de la cour, et nous pouvons juger par les beaux cornets de la galerie d'Apollon, qui sont à ses armes, de quels monuments céramiques ce prince aimait à parer sa résidence préférée.

Pour les simples particuliers, s'il était besoin d'établir l'intérêt qu'ils portaient à cette belle matière, on pourrait citer les longues et curieuses dissertations auxquelles le *Mercure* donnait alors asile. On y traitait, dans des termes qui certainement étonneraient nos céramistes modernes, de la nature de la pâte et de la cuisson. On y donnait libre cours aux plus phénoménales erreurs, aux préjugés les plus extravagants, et on allait jusqu'à affirmer que les porcelaines de Chine, pour acquérir leur translucidité, devaient demeurer enterrées pendant au moins un siècle³. On comprend quelle curiosité excitaient ces fabuleuses histoires et quel désir les gens du monde avaient de posséder de ces ouvrages si extraordinaires. Aussi voyait-on, aux foires Saint-Germain et Saint-Laurent, les plus gros marchands d'alors déballer, et notamment le fameux Lemaire, fournisseur de la Cour, auquel Louis XIV, du 10 juillet au 16 septembre 1691, avait acheté pour plus de 9,000 livres de porcelaine⁴, et chez lequel les plus hauts personnages, la duchesse de Bourgogne elle-même, ne

---

¹ *Lettres*, t. VII, p. 372.
² *Mémoires*, t. IX, p. 393.
³ Voir Extraordinaire du *Mercure*, quartier de juillet 1678. Il faut croire que quarante ans plus tard ce sujet n'avait rien perdu de son actualité, car on retrouve dans le *Mercure* de février 1731 et de mars 1738 des affirmations, moins singulières peut-être, mais de même nature.
⁴ Voir *Comptes des Bâtimens du Roi*.

craignaient pas d'aller faire leurs achats[1]. Indépendamment de ces déballages périodiques, un grand nombre de marchands tenaient, toute l'année, boutique ouverte; c'étaient les sieurs d'Hôtel, à l'entrée du quai de la Mégisserie, Fanagny, à la descente de la Samaritaine, Quenel, rue des Bourdonnois, Malafer et Varenne, quai de l'Horloge, la Franaye et Laigu, rue Saint-Honoré, près de l'Oratoire[2]. Chez ces marchands renommés, on trouvait les pièces rares, curieuses, les morceaux de valeur. La porcelaine plus ordinaire était vendue par Trincard, domicilié rue de la Verrerie, l'Hoste, porte Saint-Germain, Aubry, près la Comédie-Française, et Legrand, rue Saint-Denis. Ce commerce était, du reste, si important que, dès 1664, nous relevons dans le *Tarif général des Droits des sorties et entrées du Royaume* l'article suivant : « Porcelaine fine ou moyenne, grande ou petite, le cent pesant payera douze livres. »

Comme il arrive toujours en pareille occasion, l'importance prise par le commerce de la porcelaine, le goût décidé et persistant que le public montrait pour ce genre de céramique, la faveur dont les belles pièces jouissaient chez les personnages les plus considérables du royaume, poussèrent les industriels à essayer soit de contrefaire la porcelaine de Chine, soit de créer, à côté de cette production si parfaite, une matière de même sorte, offrant avec elle des analogies sérieuses. En outre, comme vaisselle d'apparat aussi bien que comme vaisselle d'usage, la porcelaine orientale était médiocrement commode. Ses formes n'étaient pas appropriées aux besoins occidentaux, son décor, un peu trop indépendant, jurait avec les lambris somptueux, mais très symétriques, sous lesquels elle était appelée à se produire. L'apparition de fabriques, donnant, à cette matière si fort appréciée, une forme et une ornementation en harmonie avec le goût du jour et avec les nécessités du temps, était vivement souhaitée. Il n'est donc pas surprenant que les plus énergiques tentatives aient été faites pour arriver à la réalisation de ce vœu général.

Ce furent les Hollandais, grands importateurs de céramique chinoise et japonaise, qui, les premiers, eurent l'idée de cette substitution. Le 4 avril 1614, Claes Wytmans obtenait des États de Hollande le privilège de fabriquer à La Haye de la porcelaine « semblable à celle des Indes ». On sait que cette porcelaine n'était autre chose que de la faïence très

[1] *Journal de Dangeau*, t. VI, p. 399.
[2] *Livre commode*, édition de 1691.

fine, et que Delft hérita du privilège accordé au céramiste de La Haye. En France, nos industriels se bornèrent tout d'abord à introduire des quantités considérables de faïence de Delft, dite « porcelaine de Hollande », ou encore « porcelaine contrefaite ». Cette sorte de céramique se répandit tellement dans la seconde moitié du xvii° siècle, qu'il n'est presque pas d'inventaire dressé à cette époque, où l'on n'en rencontre. Hâtons-nous d'ajouter que ces imitations, quelque parfaites qu'elles pussent être, ne jouissaient pas dans le monde des connaisseurs d'une très grande estime. Les amateurs, qui commençaient à collectionner la porcelaine véritable et à en mettre un peu partout [1], se piquaient alors non seulement de profusion, mais encore de raffinement. Ils ne toléraient chez eux et chez leurs amis que des porcelaines d'origine orientale bien authentique; et, dans une des comédies de Dancourt [2], il est précisément question d'une dame, qui casse impitoyablement chez une de ses connaissances « toutes ces porcelaines d'Hollande », en prétendant « qu'il n'en faut avoir que de fines ».

Cette sévérité devait porter des fruits. Elle poussa les industriels français dans une voie encore inexplorée. Ils essayèrent de fabriquer un produit nouveau d'une pâte plus fine, d'un grain plus délicat, et surtout présentant cette transparence, cette translucidité qui faisaient si fâcheusement défaut aux faïences même les plus belles. Le 24 avril 1664, Claude Révérend obtint des lettres patentes de Louis XIV, pour établir une manufacture de porcelaine de Chine auprès de Paris. C'est le premier document de ce genre, dont on retrouve la trace en France. Claude Révérend prétendait à cette époque avoir « trouvé un secret admirable et curieux qui est de *faire* la faïence et *contrefaire* la porcelaine, aussi belle et plus que celle qui vient des Indes orientales [1] ». On n'a toutefois aucune trace de l'établissement annoncé par Révérend, et comme ce premier inscrit arrivait alors de Hollande, il est à croire que son fameux secret consistait simplement à fabriquer de la faïence, analogue à celle de Delft. Les verbes *faire* et *contrefaire*, que nous avons soulignés plus haut

---

[1] La duchesse de Valentinois, d'après le rapport de Mme de Villedieu (voir *Journal amoureux*, t. X, p. 31), avait un « cabinet de rocaille », le plus agréable du monde, lequel « n'étoit meublé que de piles de carreaux de drap d'or et de vases de porcelaine remplis de fleurs ». Parlant du duc d'Aumont, Saint-Simon (*Mémoires*, t. X, p. 432) nous apprend que ce dissipateur voulant décorer son écurie l'orna « d'une corniche fort recherchée tout au tour, qu'il garnit partout de pièces de porcelaine. On peut juger par là, ajoute Saint-Simon, « de ce qu'il dépensoit en toutes choses ».

[2] *La Maison de campagne*, scène v (représentée pour la première fois le 27 janvier 1688).

ne peuvent, au surplus, que confirmer notre hypothèse. Quoi qu'il en soit, aucun document céramique n'est parvenu jusqu'à nous, pour nous édifier sur la valeur des procédés de Révérend, aussi bien comme fabrication de faïence que comme production de porcelaine, et nous avons établi autre part comment les pièces qu'on rencontre, dans le commerce de la curiosité, aux initiales A. R ² n'ont rien à démêler avec ce mystérieux céramiste.

Un autre fait semble également démontrer l'inanité des tentatives de Révérend, c'est l'octroi fait, le 31 octobre 1673, à Louis Poterat, sieur de Saint-Etienne, de l'autorisation de fabriquer, à Saint-Sever-lès-Rouen, de la véritable porcelaine de Chine. Si l'on veut considérer que le privilège de Révérend lui était concédé pour cinquante années, que nul ne pouvait, durant ce temps, faire de porcelaine dans un rayon de trente lieues de sa résidence, que Rouen se trouvait à une très courte distance du périmètre fixé à Révérend, et que malgré cela, dans l'autorisation accordée à Poterat, il n'est fait aucune réserve ; si l'on ajoute qu'un acte authentique, enregistré au parlement de Rouen et déposé au palais de Justice de cette ville, à la fin de cette même année 1673, désigne en outre le céramiste normand comme l'industriel, auquel l'honneur doit être réservé d'avoir le premier en France produit de la porcelaine, il faut bien se rendre à cette évidence que Révérend n'a pas su tirer parti des secrets qu'il prétendait posséder.

Plus heureux, en outre, avec Poterat qu'avec son prédécesseur, nous avons quelques échantillons de son savoir-faire ; les musées de Sèvres et de Rouen possèdent un certain nombre de pièces qui lui sont attribuées. Constatons encore que cet habile céramiste ne fut pas le seul alors à poursuivre la réalisation, si vivement cherchée, d'un problème jugé jusqu'alors insoluble. Pendant qu'à Saint-Sever, Poterat multipliait ses expériences, le sieur Perrot, propriétaire de la verrerie d'Orléans, parvenait également à fabriquer de la porcelaine. Le *Mercure*, de décembre 1686, nous révèle cette particularité. Il nous montre les ambassadeurs de Siam faisant un aimable accueil à « Mme Perrot, dame de la verrerie d'Orléans, qui estant venue avec Mr Hubin, fut reconnue des Ambassadeurs, parce qu'en venant à Paris, ils avoient eu la curiosité de voir la verrerie d'Orléans, où M. Perrot leur avoit fait admirer

---

¹ Voir les *Lettres patentes* accordées à Révérend ; *Archives de l'art français*, t. XI, p. 360.

² Voir *Histoire de la faïence de Delft*.

en ses ouvrages, tout ce que cet art produit de plus beau et de plus rare en Porcelaines ». « Ces sortes de porcelaines, ajoute le *Mercure*, imitent si bien celles d'Orient, que plusieurs personnes ont esté trompées à la veüe. »

Voilà qui est formel. Le plus curieux, c'est que ces produits de Perrot, dont personne jusqu'à ce jour, parmi les écrivains spéciaux, n'a paru soupçonner l'existence, furent mis dans le commerce. Le *Livre Commode* de 1691 en fait foi. Après avoir signalé les sieurs Trincard, rue de la Verrerie, L'Hoste, porte Saint-Germain, Aubry, près la Comédie-Française, et Legrand, rue Saint-Denis, qui « tiennent magasin de porcelaine », cette précieuse publication nous apprend que « le sieur Perrot, maître de la verrerie d'Orléans, a trouvé le secret de contrefaire l'agathe et la porcelaine avec du verre et des émaux[1] ». Elle ajoute également que « le sieur Saint Estienne, maître de la fayencerie de Rouen, a trouvé également le secret de faire, en France, des ouvrages en porcelaine ». Ainsi donc, à ce moment, on comptait, dans le royaume, deux manufactures qui produisaient de la véritable porcelaine. Enfin, à la même époque, on commençait également d'en fabriquer à Saint-Cloud. Bientôt même, celle-ci fut si réputée qu'elle éclipsa ses deux devancières, et que Voltaire, dans le *Siècle de Louis XIV*, n'hésitait pas à écrire : « On a commencé à faire de la porcelaine à Saint-Cloud avant qu'on en fît dans le reste de l'Europe. »

La vérité est qu'après s'être livré, pendant près de vingt ans, à des recherches incessantes, le faïencier Pierre Chicanneau était mort, en laissant à ses enfants des recettes éprouvées et des procédés certains, permettant à ceux-ci de produire, dès 1695, des ouvrages réguliers, qui peuvent être considérés comme les prototypes de la pâte tendre française. Cette découverte après laquelle tant d'industriels s'acharnaient alors, attira l'attention sur la manufacture de Saint-Cloud. Fidèles à cet intérêt historique, que les princes et princesses ont de tout temps porté d'une façon si particulière à la céramique, le duc d'Orléans et sa femme, la princesse palatine, honorèrent les fils Chicanneau de leur bienveillante protection. Ils vinrent, à différentes reprises, visiter la manufacture, qui était située dans le voisinage de leur admirable château. Ils parlèrent à Versailles de leurs protégés et des découvertes qu'ils avaient faites, si bien qu'en octobre 1700, la jeune duchesse de Bourgogne eut, à son tour,

[1] A Paris, le bureau du sieur Perrot était situé quai de l'Horloge du Palais, à la *Couronne d'or*.

SÈVRES.

l'envie de visiter cet établissement dont il était si souvent question. Nous connaissons par le *Mercure*[1], tous les détails de cette intéressante visite qui acheva de mettre la porcelaine de Saint-Cloud tout à fait à la mode. En 1704, le duc d'Orléans mourut, mais son fils, qui devait plus tard gouverner la France avec le titre de régent, ne retira pas sa protection aux héritiers de Chicanneau[2]. Fier de la faveur qu'il leur accordait et de la notoriété qui en rejaillissait sur lui, il sollicita pour eux et obtint des lettres patentes, leur permettant de jouir du bénéfice de leur héritage. La manufacture de Saint-Cloud prit alors, comme marque, un soleil et la devise : *nec pluribus impar* ; marque qu'elle conserva jusqu'au jour où son protecteur, voulant resserrer encore les liens qui l'attachaient à l'établissement présida au mariage de la veuve Chicanneau avec le sieur Trou, huissier de l'antichambre, attaché à sa Maison.

Tant que le régent vécut, personne ne s'avisa de marcher sur les brisées des céramistes de Saint-Cloud ; s'attaquer à eux, c'eût été s'attaquer à Philippe d'Orléans lui-même. Mais en 1723, le régent mourut. Il eut pour successeur Louis-Henri de Bourbon, prince de Condé, connu dans l'histoire sous le nom de Monsieur le Duc. Dès l'année suivante, un ouvrier de la manufacture abandonnait les héritiers de Chicanneau, emportant avec lui une partie des secrets de ses maîtres. Cet ouvrier allait s'établir à Chantilly, précisément, sur le domaine de Louis-Henri de Bourbon, et, sous la protection de ce prince, alors tout-puissant, édifiait une fabrique, destinée à faire à celle de Saint-Cloud une concurrence acharnée. Hâtons-nous d'ajouter qu'en dépit de la beauté de ces nouveaux produits, le public continua d'estimer la porcelaine de Saint-Cloud, et de lui faire bon accueil. Il est même à constater que Piganiol de la Force, qui, dès 1722, avait écrit : « Ne quittons point le bourg de Saint-Cloud sans remarquer que l'on y fait des porcelaines presque aussi belles que celles de la Chine[3], » ne fut démenti par aucun de ses continuateurs ; en 1755, Lazare Duvaux fournissait à Mme de Pompadour, à la protectrice avouée de Sèvres, « huit gobelets et soucoupes de Saint-Cloud et dix coquetiers ». C'est assez dire que cette fabrique jouissait encore d'une grande faveur. Cependant le

---

[1] Numéro d'octobre 1700.
[2] Peu de noms ont été aussi estropiés par les chroniqueurs et les historiens que celui de Chicanneau, qui tantôt est Chicoineau, tantôt Chicanot. L'orthographe que nous avons adoptée semble la plus exacte.
[3] *Description de la France* (t. II, p. 694). Cette même phrase se retrouve dans la *Description de Paris* (t. IX, p. 358), publiée sous son nom en 1765.

nouveau porcelainier de Chantilly n'avait rien omis pour distinguer ses produits. Il les avait marqués d'un chiffre spécial, un cor de chasse. Il avait établi un dépôt rue Sainte-Croix de la Bretonnerie ; enfin il avait rajeuni la fabrication de ses anciens patrons, en copiant avec assez de bonheur les formes de Saxe. C'était là assurément une innovation heureuse ; mais il était écrit que ce concurrent serait puni par où il avait péché.

Cet habile homme, en effet, n'était autre que Ciroux, dont il a été question dans le précédent chapitre, celui-là même qui avait à son service les frères Dubois, Gérin et Bardin. Ce fut Bardin qui le premier l'abandonna, et dès que Monsieur le Duc ne fut plus en état de protéger efficacement les céramistes établis sur son domaine, les ouvriers commencèrent à prêter l'oreille aux propositions qui leur venaient du dehors. C'est ainsi que, dès 1735, Bardin alla s'établir à Mennecy sur la propriété du duc de Villeroy, qui voulait, lui aussi, se donner l'honneur d'attacher son nom à une manufacture. Quant aux frères Dubois, nous avons raconté, plus haut, comment ils s'installèrent à Vincennes, entrèrent en relations avec Orry de Fulvy et purent faire leurs premiers essais, sous la protection du contrôleur général.

Ces précédents étaient, croyons-nous, utiles à rappeler, non seulement parce qu'ils marquent les premières étapes de la porcelaine en France, mais encore parce qu'ils expliquent d'une façon très nette, les raisons qui décidèrent tout un groupe d'hommes considérables à s'obstiner en des essais coûteux, à s'acharner à la solution de problèmes difficiles, à poursuivre avec une ténacité rare la réalisation d'une exploitation qui, en cas de réussite, devait les associer à une gloire précieuse, réservée jusque-là aux plus hauts personnages de l'État. Ils nous font aussi comprendre comment ces mêmes hommes, quand des obstacles imprévus eurent épuisé leurs ressources et un peu émoussé leur énergie, recoururent finalement au roi ; et comment celui-ci, après avoir encouragé leurs premiers efforts, et s'être associé à leurs premiers débours, n'hésita pas, se conformant à d'augustes exemples, à prendre à son compte une production, à la fois artistique et industrielle, qui avait joui en tout temps de ce privilège historique d'être spécialement protégée par les princes et subventionnée par les rois.

III

LA MANUFACTURE DE SÈVRES
ET MADAME DE POMPADOUR

C'est une opinion généralement répandue et passée presque en article de foi artistique, que la porcelaine de France, dite aujourd'hui porcelaine tendre de Sèvres, doit son existence et surtout ses admirables qualités plastiques et décoratives à la protection éclairée de Mme de Pompadour. « Quand Mme de Pompadour fut déclarée favorite, écrit un de ses panégyristes, la porcelaine n'étoit en France qu'une contre-façon maladroite et grotesque des figures, fleurs et personnages des porcelaines du Japon : là se bornoient ses efforts [1]. » « Une femme, dit, de son côté, M. Guy de Maupassant, une adorable femme, presque une reine, créa Sèvres, d'un baiser peut-être, dans un caprice de coquette. Louis XV avait acheté cette manufacture et il ne s'en occupait guère, quand Mme de Pompadour vit quelques produits sortis de ses ateliers et fut séduite. Elle aimait les arts, dessinait un peu, savait faire naître des modes charmantes. Elle fut en France la mère du Joli. Elle prit Sèvres sous son patronage, s'en occupa, se passionna, y appela des artistes, mit dans les pâtes,

[1] *Mémoires historiques et Anecdotes de la Cour pendant la faveur de Mme de Pompadour*, p. 269.

dans les adorables pâtes tendres, quelque chose de sa beauté, de son sourire et de son charme. Regardez-les, ces Sèvres Louis XV, gracieux, maniérés et délicieux. C'est bien là de la porcelaine de jolie femme, porcelaine née d'un caprice, faite pour les doigts légers et parfumés[1]... » Voilà assurément de fort jolies phrases, des pensées très galantes, exprimées dans une langue pleine de charme, mais nous savons déjà ce qu'il faut penser de leur exactitude.

Sans vouloir nier l'influence de la favorite sur les arts et les artistes de son temps, sans contester cette bienveillance et cette tendresse spéciales que la belle marquise dut éprouver pour une fabrication, dont la protection semblait constituer une prérogative princière, il importe, pour la vérité et par reconnaissance pour les vrais fondateurs de la *Manufacture royale de porcelaine*, de reconnaître que lorsque la translation de l'établissement s'effectua de Vincennes à Sèvres, on avait déjà obtenu des produits assez remarquables pour fixer l'attention de l'Europe entière. Si Mme de Pompadour accorda, un peu subitement, à la Manufacture naissante une large place dans ses préoccupations, c'est qu'elle avait, à la réussite de cette entreprise, par elle et par ses amis, des intérêts très divers, mais tous fort sérieux.

Ne craignons pas de le redire, longtemps avant qu'on songeât à abandonner Vincennes, la pâte et la décoration de sa porcelaine avaient atteint un degré de perfection déjà fort satisfaisant. Les nombreux spécimens qui nous restent de cette première période sont là pour l'attester. Dès 1749, c'est-à-dire à une époque où Mme de Pompadour était encore indifférente aux progrès de la céramique, on avait à Vincennes abandonné l'imitation du Japon et on avait créé un style propre. On possédait, en outre, la formule des principales couleurs. Sur une pâte d'une transparence agréable et d'un aspect velouté, on était parvenu à faire des fonds d'une couleur charmante. D'abord ç'avait été le splendide *bleu de roy*, marbré, veiné d'or ou uni et toujours aussi riche de ton qu'une pierre précieuse. Puis, en 1752, Hellot avait découvert ce bleu céleste si fin, qu'on nomme *bleu turquoise*. Longtemps auparavant, la Manufacture avait mis à profit l'invention de l'orfèvre Taunai, qui permettait d'appliquer sur la porcelaine cinq ou six nuances de rouge, l'incarnat, le pourpre, le rouge cerise et nous savons également que la Manufacture avait

---

[1] *L'Espion étranger à Paris* (1741), t. I, p. 59.

acquis du frère Hippolyte des procédés de dorure presque parfaits. Sous la direction de Duplessis il avait été créé une série de modèles charmants, d'une grâce, d'une élégance exquises, auxquels, trente ans plus tard, Bachelier ne trouvait à reprendre que leur forme légèrement baroque et un peu trop tourmentée[1]. Mais ces dispositions, assez naturelles chez un élève de Meissonnier, chez un collaborateur d'Oppenort et de N. Pineau, trop sévèrement jugés à l'époque où écrivait Bachelier, aujourd'hui nous apparaissent de nouveau comme le produit d'un art délicieusement original et vraiment français. Enfin n'oublions pas que, dès 1749, Bachelier avait proposé d'exécuter des petits groupes sans couverte, ce qui, tout d'abord et faute d'exemples antérieurs, avait fait taxer sa proposition de nouveauté fâcheuse, d'innovation condamnable, et qu'en 1751 il avait obtenu du ministre qu'on en fît l'expérience. Ainsi, c'est d'une époque où Mme de Pompadour ne songeait pas encore à faire transporter la Manufacture sur la route de Versailles, que datent ces délicieuses figures en biscuit, appelées à devenir si rapidement célèbres dans le monde entier. On le voit, avant que l'établissement de Sèvres existât, on était en possession d'une matière déjà extrêmement remarquable et d'éléments de décoration donnant des résultats presque irréprochables.

Du reste, à défaut d'autres arguments, il suffirait d'invoquer le tableau que nous avons dressé dans un précédent chapitre; il indique suffisamment le nombre et la variété des objets que Vincennes produisait couramment, alors que les prix, par leur élévation, établissent la perfection relative à laquelle on était déjà parvenu. Si la porcelaine de Vincennes d'ailleurs, eût été de qualité inférieure, aurait-on vu le roi, la reine, Mme de Pompadour, dépenser des sommes énormes pour parer leurs appartements de ses fleurs célèbres? La dauphine Marie-Josèphe de Saxe aurait-elle osé expédier à son père ces merveilleux bouquets, que nous avons décrits? Enfin on ne recueillerait pas chez les contemporains des notes dans le goût de celle-ci : « La porcelaine de Vincennes continue à se perfectionner....., mais les prix sont encore excessifs. Le roi a donné à Mme la dauphine un cabaret sur lequel il y a entre autres pièces un pot à sucre et un très petit pot au lait; ces deux seuls morceaux coûtent 28 louis[2]. » 672 francs pour ces deux petits objets !

[1] Voir : *Mémoire historique*, p. 19.
[2] *Mémoires du duc de Luynes*, t. XIII, p. 130.

En tenant compte de la dépréciation subie par l'argent depuis un siècle et quart, on peut presque dire que la porcelaine de Vincennes ne coûte pas plus cher aujourd'hui. En quelle estime était-elle donc tenue pour qu'on la payât un prix aussi exorbitant ?

Ce qui est nouveau par exemple, et un peu inattendu, c'est qu'à partir du moment où Mme de Pompadour s'intéresse à la Manufacture renaissante, celle-ci se transforme en établissement d'Etat et sa production en patriotique entreprise. A partir de ce jour, ce n'est plus à la satisfaction de gracieuses fantaisies, à la réalisation d'aimables caprices, que l'on est sensé travailler, mais à la création d'une industrie nationale, et l'on essaye de persuader au roi d'abord et ensuite au public, que le but exclusivement poursuivi est d'empêcher l'argent de sortir du royaume en même temps qu'on espère attirer celui de l'étranger.

Tout concorde, en effet, pour prouver que c'est à l'aide de ces beaux prétextes, de cette excuse très sérieuse en apparence, que Mme de Pompadour parvint à rendre moins abusive la coûteuse entreprise, qu'elle avait prise sous sa galante protection. Ses ennemis eux-mêmes, et les plus acharnés, nous signalent cette manœuvre bien féminine. « Mme de Pompadour, écrit d'Argenson[1], ne fait que prêcher le grand avantage qu'il y a pour l'Etat à faire de la porcelaine à la façon de Saxe, et même à l'avoir surpassée. On établit rue de la Monnoie un magasin royal pour cette porcelaine. On y voit un service que le roi envoie au roi de Saxe, comme pour le braver et le provoquer, lui disant qu'il a surpassé même sa fabrique. Aux soupers du roi, la Marquise dit que ce n'est pas être citoyen que de ne pas acheter de cette porcelaine autant qu'on a de l'argent. Quelqu'un répondit : Mais pendant que le roi a répandu tant de libéralités pour encourager cette Manufacture, on abandonne celles de Charleville et de Saint-Etienne pour la fabrication des armes qui nous sont bien autrement utiles, puisqu'il s'agit de la défense du royaume, et que les trois quarts des ouvriers passent à l'étranger. » Le raisonnement de d'Argenson ne manque pas de logique, mais il ne devait guère porter sur un monarque ne demandant qu'à être trompé, et sur une société qui aimait surtout à se nourrir d'illusions. Le prétexte fut, au reste, jugé suffisant, car la Manufacture ne tarda pas à s'élever près des bords de la Seine, adossée au coteau fleuri que domine Bellevue. « J'ai vu en

---

[1] *Mémoires du marquis d'Argenson*, t. IV, p. 165.

passant, dit d'Argenson, à la date du 13 janvier 1755[1], la magnifique folie d'une nouvelle manufacture de porcelaine françoise façon de Saxe. C'est un bâtiment immense et presque aussi grand que l'hôtel des Invalides. Il n'est bâti qu'en moëllons, et déjà commence à tomber avant d'être achevé. » Là, encore, les critiques de d'Argenson étaient justes et ne manquaient pas d'à propos. L'architecte choisi par Mme de Pompadour, un nommé Lindel, toiseur de son état, et qui faisait là ses premiers essais de construction, ne fut qu'à moitié heureux dans ses plans. Bachelier, qui vit la Manufacture sortir de terre, s'est fait l'écho des justes observations que la disposition malencontreuse des bâtiments suscita dès le premier jour. Au lieu de construire la Manufacture sur un terrain plat, avec un seul rez-de-chaussée, ce qui n'eût guère coûté plus de 200,000 livres, on édifia une sorte de château adossé à une montagne et s'élevant sur des terres rapportées. Dès lors, il fallut des fondations profondes et robustes, des contreforts solides pour soutenir la poussée des terres; et encore malgré ces précautions, dès la troisième année, on fut obligé d'étayer jusqu'au comble pour combattre l'infiltration des eaux qui minait les fondations, et rendait les ateliers malsains[2]. Enfin cette construction défectueuse ne coûta pas moins de 1,350,000 livres.

Mais peut-être jugeons-nous trop sévèrement Lindel. Son bâtiment au point de vue industriel était coûteux, mal construit, mal distribué; le fait est indiscutable. Les ouvriers obligés de monter, de descendre, perdaient un temps précieux; les risques multiples que couraient les pièces à voyager ainsi, au cours de leur fabrication, augmentaient dans des proportions singulières leur prix de revient. Toutefois, on se demande si le but qu'il poursuivait était bien celui que nous lui reprochons de n'avoir pas atteint. Peut-être obéissait-il à un autre programme. « Il semble, dit un contemporain parlant de la nouvelle Manufacture, qu'on y ait eu pour objet que l'agrément de la direction et nullement le service et la succession des travaux. » En pouvait-il être autrement? Louis XV, grand bâtisseur, comme tous les Bourbons, avait pris, pendant la période de construction, l'habitude « d'honorer les chantiers de sa présence » il prenait « beaucoup de goût à visiter les travaux »; écrit Bachelier. Ce monarque futile pouvait-il s'intéresser

---

[1] *Mémoires du marquis d'Argenson*, t. IV, p. 207.
[2] Bachelier. *Op. cit.*, p. 34.

vivement à la partie technique de la Manufacture et l'architecte n'avait-il pas pour mission principale de distraire et d'intéresser le roi ?

Cela est si vrai que l'on n'hésita pas à ménager dans les bâtiments un appartement complet pour Louis XV ; quoique vraisemblablement celui-ci ne dût guère aimer à séjourner au milieu d'ouvriers et d'artistes. Mais cette disposition audacieuse marquait la prise de possession de la fabrique par le royal amant de Mme de Pompadour. Dès lors c'était sa chose à lui, il ne pouvait laisser péricliter l'entreprise. « J'allai il y a quelque temps, écrit le duc de Luynes, voir cette Manufacture de Sèvres. Les entrepreneurs y ont fait faire un appartement pour le roi, composé d'une grande antichambre qui serviroit de salle des gardes. A gauche est une grande chapelle, dont l'autel peut se voir de toutes les pièces de l'appartement. A la suite de la chapelle est une grande chambre et un très grand cabinet[1]. » Ce que le duc de Luynes ne nous dit pas, mais ce que nous savons par d'autres[2], c'est que lors de la construction de la Manufacture on fit établir trois appartements, meublés avec beaucoup de goût et de soin, et destinés aux artistes qu'on prétendait « attacher à la manufacture par cette jouissance ». Or ces appartements changèrent rapidement de destination, et ne servirent « qu'aux amis du directeur qui n'étaient pas des artistes ». On avait du reste si peu le désir de grouper et de retenir les ouvriers autour de l'appartement royal, qu'on laissa tomber en ruines les bâtiments de la verrerie, que le roi avait donnés pour le logement des employés, et qu'on préféra payer à ceux-ci une indemnité leur permettant d'habiter en dehors de la Manufacture.

Si nous avons rappelé ces détails, c'est qu'ils permettent de voir combien le problème que Lindel avait à résoudre s'éloignait de ce que nous supposons généralement. Grâce au duc de Luynes, nous possédons encore d'autres renseignements sur l'installation de la Manufacture. « Sous cet édifice, écrit-il après avoir indiqué la disposition de l'appartement royal, sont de grands souterrains bien voûtés et fort clairs, et au premier étage un corridor d'une longueur prodigieuse qui distribue l'air et la lumière à différentes salles, plus ou moins grandes, suivant l'espèce et le nombre des ouvriers. Dans la salle des peintres, ils sont 60 qui travaillent chacun à différents ateliers, suivant leurs dif-

[1] *Mémoires du duc de Luynes*, t. XVI, p. 77.
[2] Bachelier. *Op. cit.*, p. 35.

férents talents. Ils sont payés à différents prix, aussi à proportion ; il y en a qui gagnent jusqu'à un louis par jour, et le premier peintre qui est à la tête de tout l'ouvrage gagne deux louis. Les ouvrages de peinture paraissent déjà portés à une grande perfection ; le blanc y est fort beau ; mais l'inconvénient jusqu'à présent est la trop grande cherté : la peinture bleue augmente cette cherté considérablement et c'est dans cette espèce de porcelaine qu'ils débitent davantage. Des vases pour mettre des fleurs dans une chambre s'y vendent 25 louis, des pots à oille 50 ; des tasses à café avec la soucoupe 2 louis. L'appartement du roi n'étoit pas encore meublé quand j'y fus il y a environ six semaines. On travailloit aussi à un magasin pour exposer les marchandises en vente et le public ne pouvoit encore y entrer. Il falloit un billet de M. le contrôleur général. Il y a actuellement environ 500 ouvriers qui doivent être logés dans le bâtiment quand il sera entièrement fini. Cela est encore bien différent de la manufacture de Saxe, où il y avoit avant l'invasion du roi de Prusse environ 1,400 ouvriers. »

Ajoutons que le duc de Luynes n'était pas le seul à taxer d'exagération les prix de la Manufacture. Nous lisons dans les Mémoires de d'Argenson des réflexions analogues : « La marquise de Pompadour y est intéressée, et y a intéressé le roi. Cependant on vend les pièces à un prix exorbitant. La porcelaine de Saxe est meilleure et à meilleur marché ; celle de la Chine et du Japon est à meilleur compte encore. On donne la nôtre à vendre à des marchands avec profit de 12 p. 100. Personne n'en achète. On y dépense beaucoup. Ainsi tout est-il conduit pour excéder les fonds de l'entreprise[1]. » Ce qui rendait la porcelaine de Sèvres particulièrement coûteuse pour le public, c'était, outre son prix de revient considérable, la façon dont elle était mise en vente. Douze dépôts étaient établis chez autant de marchands, auxquels on faisait une remise de 9 p. 100 et auxquels on accordait pour la réalisation des quantités vendues un délai, qui variait de six mois à un an. A une époque, où le taux de l'argent était extrêmement élevé, et où, commercialement, on empruntait couramment à 8 et 9 p. 100, c'était, avec les pertes et la casse, plus de 20 p. 100 accordés aux intermédiaires. La casse même ne tarda pas à s'élever à des proportions autrement importantes, car les marchands prirent l'habitude de louer secrètement, pour les repas de noce et pour

---

[1] *Mémoires du marquis d'Argenson*, t. IV, p. 207.

les dîners d'apparat, la porcelaine qu'on leur donnait en dépôt. De ces agissements résultaient un grand nombre de pièces dépareillées, qui devenaient d'un placement difficile, et constituaient pour la Manufacture des valeurs non réalisables.

En second lieu, l'estimation des diverses pièces au sortir des ateliers n'était pas fondée sur l'élégance de la forme, sur le succès de la cuisson, sur le goût de la décoration, en un mot sur le mérite de l'exécution, mais sur le genre et sur la grandeur. « Il y a à Sèvres, dit un contemporain, un livre sur lequel est écrit : Gobelet litron, 1ere, grandeur miniature fond de couleur, 120 liv. ; Gobelet bouillard, seconde grandeur, cartel, oiseaux, fond de couleur, 60 liv.; etc., Amour Falconnet, 96 liv. ; Hébé, 30 liv. C'est ainsi que tous les genres, grandeurs et formes sont appréciés. On conçoit qu'il est indifférent de qui est l'exécution. Le directeur suit la loi écrite, sa conscience est en repos. Il fait payer 120 livres des tasses barbouillées par un enfant, tandis qu'il se contente de 12 livres pour celles peintes avec l'intelligence du talent[1]. »

Les résultats de pareils abus se devinent. Les marchands favorisés ou certains amateurs, qu'on avait des raisons de ménager, s'empressaient d'acquérir, au prix du tarif et à l'instant où elles sortaient des ateliers, les pièces absolument parfaites, qui passant de suite en des mains amies allaient s'immobiliser dans les cabinets des curieux ou dans les boudoirs des élégantes, et prenaient ainsi une valeur excessive. Quant aux acheteurs ordinaires, ils devaient se contenter des morceaux de second et de troisième choix, qu'il fallait payer également aux conditions du tarif.

Néanmoins, le chiffre de la production de Sèvres à cette époque ne laissa pas que d'être important et la vente considérable. C'est qu'en dépit de cette administration défectueuse, la pâte tendre de Sèvres était devenue à la mode et méritait, par ses qualités de finesse et par son décor charmant, la vogue qui lui était acquise. Toute une pléiade d'artistes de première valeur donnaient leurs soins et dépensaient leur talent à la fabrication de ces porcelaines précieuses. Aux fleurs qui avaient fait le succès et la réputation de Vincennes, elle avait joint les vases de grande ornementation. La salle des modèles, que Riocreux a pris soin de réformer, peut seule donner une idée de l'importance, de l'élégance, de la variété et du nombre de ces belles pièces. Elle excellait

[1] Bachelier. *Loc. cit.*, p. 26.

désormais dans l'exécution de ces biscuits dont Boucher avait fourni les premiers motifs et qui, sous la direction de Falconnet, substitué, à Bachelier, en 1758, dans la direction de l'atelier de sculpture, allaient bientôt passionner toute l'Europe. Duplessis, dont nous connaissons les multiples talents, continuait à fournir les dessins de vases et les modèles de montures. D'autre part, la palette des peintres s'était considérablement enrichie. Au bleu de roi qui avait fait la réputation de Vincennes et au bleu turquoise découvert par Hellot en 1752, s'était ajouté en 1757 le rose carné dit *Pompadour*, obtenu par Xzrowet; puis, peu après, étaient venus le violet pensée, le vert pomme, le vert anglais, le jonquille, permettant d'obtenir des fonds d'une exquise fraîcheur et d'une prodigieuse richesse, sur lesquels le pinceau des peintres les plus habiles déposait des décorations d'un goût parfait.

Ces céramiques étaient tellement recherchées que Louis XV n'hésita pas à les offrir en présents diplomatiques. Jusque-là, ç'avait été un usage fidèlement observé d'offrir aux ministres et aux ambassadeurs étrangers des présents d'orfèvrerie. On a conservé la description du « Buffet de vaisselle d'argent plaine vermeille dorée », dont François Ier fit cadeau à Nicolas da Ponte et à Bernard Navaguerra, ambassadeurs de la Seigneurie de Venise. On sait que le service d'orfèvrerie offert à l'envoyé d'Angleterre, à l'occasion du baptême de François II, était « en valeur de cinq à six mil escuz », et que le service d'argenterie, dont Henri IV gratifia l'ambassadeur de cette même puissance, était en argent doré et pesait 200 marcs. Louis XV rompit avec ces vénérables usages. Au lieu d'argenterie, il offrit de la porcelaine, et ce qui prouve la passion de ce temps pour la belle céramique, cette transformation fut partout bien accueillie.

C'est au *Livre Journal*, si instructif et si curieux de Lazare Duvaux, que nous devons en partie la révélation de cette substitution. Nous y lisons en effet, qu'en juin 1757, l'habile marchand livra pour le compte du roi, à M. Rouillé « pour Copenhague, destiné à M. le comte de Moltke, un service en porcelaine de France en blanc, peints à fleurs et bords bleus, composé d'un pot à oille et deux terrines couvertes avec leurs plats ovales : 1,800 livres »; qu'en avril 1758, toujours pour le compte du roi, il fournit à « M. l'abbé, comte de Bernis », ministre des affaires étrangères, « pour Mme la princesse de Zerbft (parti le 26 janvier) : en porcelaine de France : un déjeuner à gros bleu sur un plateau carré 192 liv. — un gobelet à lait bleu céleste, dans sa jatte en corbeille, à jour :

300 liv. un grand pot pourri vert, d'une forme nouvelle couvert d'un groupe de fleurs, les cartouches peints à enfans : 1,200 liv. ». En février 1758, il expédia à l'évêque de Laon, ambassadeur de France à Rome : « un groupe de plusieurs figures d'après Boucher, de porcelaine de France en biscuit, avec un vase : 312 liv. — deux autres groupes moins forts dans le même genre, aussi à vases : 306 liv. — huit figures assorties par regard à 42 liv. : 336 liv. — quinze figures nouvelles plus petites aussi en regard à 36 liv. : 540 liv. — un petit groupe représentant une curiosité (sic) : 120 liv. — huit autres figures, différentes attitudes, représentant des blanchisseuses, laitiers, bouquetiers à 48 liv. : 384 liv. », etc. — Dans les *Registres des présents du Roi*, des Archives du Ministère des Affaires étrangères, on trouve les mentions suivantes de cadeaux de porcelaines : « *1ᵉʳ octobre 1761*; envoyé à la Reine d'Espagne, un service en porcelaine de France, 13,101 liv. — *28 janvier 1763*, au duc de Nivernais, un service en porcelaine de Sèvres, 10,710 liv. — *24 juin 1763*, à la duchesse de Bedfort, un service de Sèvres. — *5 janvier 1767*, au comte de Stahremberg, ambassadeur de L. M. I., un service en porcelaine de France, 32,532 liv.[1] » Et ce n'était pas seulement aux princes étrangers, que Louis le Bien-Aimé se plaisait à offrir des produits de Sèvres. Les personnes de son entourage officiel et de son service le plus secret participaient à ces générosités. « Toujours, au jour de l'an, écrit Mᵐᵉ du Hausset, en parlant du roi, il me donnoit pour 20 louis environ de porcelaines[2]. »

Ajoutons que Mᵐᵉ de Pompadour, après avoir été l'instigatrice du roi en cette matière, s'était faite son imitatrice fidèle. Elle aussi se plaisait à ces cadeaux. Bien mieux, s'étant fait représenter en biscuit sous les traits de la déesse de l'amitié, elle distribuait cette jolie statuette à ses intimes. Il était difficile, il faut le reconnaître, d'imaginer un présent plus délicat, quoiqu'on puisse estimer qu'il présentât l'amitié de la favorite sous une forme bien fragile. Ne dirait-on pas que la belle marquise s'amusait à provoquer dès cette époque le malicieux quatrain, que Bachaumont nous a conservé[3] :

> Fragiles monuments de l'industrie humaine,
> Vous êtes à nos yeux l'emblème de la cour;
> La faveur, le crédit, la confiance, l'amour
> Sont des vases de porcelaine.

---

[1] *Le livre des Collectionneurs*, par Maze-Sencier, page 439.
[2] *Mémoires de Mᵐᵉ du Hausset, femme de chambre de Mᵐᵉ de Pompadour*, p. 84.
[3] *Mémoires secrets*, t. I, p. 236.

SÈVRES.

Quant à elle-même, par qui sa charité très bien ordonnée l'invitait à commencer, elle ne négligeait pas de s'approvisionner de ces ouvrages délicats, où Sèvres excellait. Sous ce rapport, le *Livre Journal* de son fournisseur attitré est plein de révélations curieuses. On y trouve son nom presque à chaque page. Il est, du reste, en fort bonne compagnie. Nous relevons, au hasard, ceux des comtesse d'Egmont, princesse de Turenne, Mme de Villaumont, comtesse de Brionne, prince de Monaco, duchesse de Crussol, comtesse de Forcalquier, marquis de Beuvron, Sa Majesté la reine, duchesse de Mazarin, comte d'Usson, comtesse de Toulouse, président Hénault, milord Bolingbroke, duchesse de Chevreuse, princesse de Robecque, duc de Bourgogne, duc d'Aumont, Mme Victoire, comte de Bernis, duc des Deux-Ponts, M. de la Reynière, M. de la Live, comtesse de Valentinois, princesse de Condé, Mme de Montmartel, duc de Rohan, duc d'Orléans, Mlle de Sens, duchesse de la Vallière, comte de Stainville, le Dauphin, duc de Duras, etc. Cette clientèle d'élite se justifie, au surplus, par la grâce charmante, dont s'imprègne la fabrication de Sèvres, et par la nature des jolis objets qu'on y produit journellement, incomparables bibelots d'étagères, d'une élégance raffinée et d'un goût exquis, véritables bijoux d'art, qui sont la joie des collectionneurs délicats : tabatières représentant des sujets d'animaux, montées en or de couleur, d'une valeur de 1,500 livres; boîtes à bonbons, peintes à mosaïque, avec miniatures à l'intérieur, cotées de 4 à 500 livres pièce, petites boîtes de montre, avec montre et chaîne d'or, garnies de minuscules plaques de porcelaine, qu'on paye 471 livres; navettes en porcelaine de couleur lapis ou bleu céleste, peintes en camaïeux et garnies d'or; pots pourris, groupes représentant des sujets galants, boîtes à fiches, dés à coudre, boutons d'habits, étuis à aiguille, boîtes à mouches, pommes de canne, etc.

Enfin, ce qui, plus encore que tout le reste, devait amener à Sèvres une population considérable d'acheteurs, c'était la nécessité où l'on se trouvait, par suite des refontes périodiques de l'argenterie, de n'avoir plus de vaisselle de service en métal précieux. Nous avons vu, dans la première partie de cet ouvrage, à quelles hécatombes d'orfèvrerie on s'était livré sous le règne précédent. Après la seconde refonte de 1709, la cour elle-même s'était vue forcée de recourir à la céramique. Ce fut d'Antin, le fidèle et obséquieux courtisan, qui donna l'exemple de cette transformation dans le service de la table. « Dès qu'il eut vent de la chose, écrit Saint-Simon, il courut à Paris choisir force porcelaine admirable qu'il eut à grand marché et enlever deux boutiques de faïence qu'il fit porter pompeusement à Versailles [1]. » La Cour, on pouvait s'y attendre, n'hésita pas à se conformer à un si bon modèle, et peu à peu, des grands aux petits, des hauts personnages aux moindres des seigneurs et aux bourgeois, chacun prit l'habitude de manger en des services de porcelaine ou de faïence.

Dans les ménages modestes, la faïence jouait son rôle. Chez les puissants et les riches, c'était la porcelaine de Chine, la seule qui fût alors connue. Cette dernière, toutefois, était d'un prix tellement élevé qu'on n'avait guère d'économie à s'en servir de préférence à la vaisselle d'argent. Si nous en croyons le duc de Luynes, le Régent, dans ses heures de haute générosité, n'aurait pas payé pour moins de 1,800,000 livres de ces précieuses porcelaines à Mme de Parabère[2]. En 1739, Louis XV fut en villégiature à Ivry, chez « Monsieur le Premier », et l'on admira « la quantité immense de porcelaine ancienne » qui parut à cette occasion sur les tables[3]. En 1746, la belle Mlle Desmares ayant fait donation à Mlle Damours de son mobilier, on procéda à l'inventaire d'une profusion de porcelaine de grand prix, qui servaient à cette actrice célèbre. Mais ce fut bien autre chose quand, en 1759, Louis XV, à son tour, qui, six années plus tôt, à Trianon, avait mangé dans de la faïence et ne s'en était sans doute pas mal trouvé[4], invita, à l'exemple de son aïeul, ses fidèles sujets à porter leur vaisselle à la Monnaie. On vit la foule se presser de nouveau chez les marchands de faïence et de porcelaine. « Il y a depuis huit ou dix jours, écrit Barbier (novembre 1769), un grand concours de carrosses à un grand magasin de faïences plus ou moins recherchées, sur le quai St Bernard, au-dessus des Miramionnes. J'y allai le 30 octobre acheter des plats et assiettes et jattes comme les autres. Le ministre Pâris y étoit avec M. Bertin de Jumilhac, frère de M. le Lieutenant Général de police, et tous les jours à toute heure, c'est la même chose[5]. » Du coup, le pli était pris. La céramique allait s'emparer pour toujours de la place qu'elle occupe aujourd'hui dans le service de la

---

[1] Saint-Simon. *Mémoires*, t. VII, p. 312.
[2] *Mémoires du duc de Luynes*, t. VI, p. 304.
[3] *Ibid.*, t. III, p. 77.
[4] Barbier. *Journal*, t. V, p. 374.
[5] Barbier. *Journal*, t. VII, p. 201.

table, et, en 1762, son usage était déjà si bien implanté, que Destouches, dans son amusante comédie du *Tambour nocturne*, fait dire à la baronne par son fringant marquis : « Quant à vos quatre services de vermeil, je m'en déferai. Cela n'est plus de mode et je veux que nous mangions dans des assiettes de la Chine. » On peut juger si le nouvel établissement profita, dans une large part, de cette recrudescence de goût pour la porcelaine. Ainsi, il n'était pas jusqu'aux malheurs de la monarchie qui ne profitassent à Sèvres.

Il semble qu'après un succès si éclatant, la *Manufacture royale de porcelaine* aurait dû se trouver en pleine prospérité. Il n'en était rien cependant. L'installation à Sèvres avait coûté, nous l'avons vu, des sommes énormes. Dès le 27 mai 1753, les intéressés, — nous n'osons pas dire les actionnaires, quoique ce terme puisse sembler le seul exact — les intéressés avaient été obligés d'effectuer le dixième et dernier versement de leur apport social [1]. Au mois d'octobre, la Compagnie qui était fort obérée, dut contracter un emprunt de 20,000 livres. A la fin de cette même année, le Contrôleur général lui accorda, comme secours urgent, le bail des sous-fermes de la marque d'or et d'argent et des droits sur les suifs de la ville de Paris, sur le pied de 730,000 livres, dont le bénéfice devait être versé dans les caisses de Sèvres. Cette libéralité, toutefois, fut encore insuffisante. De novembre 1755 à janvier 1759, ce ne sont qu'emprunts s'élevant à près de deux cent mille livres, alternant avec des renouvellements de billets solidaires. Enfin, au mois de novembre de cette dernière année, la Compagnie se vit obligée de liquider, et le roi consentit à prendre l'entreprise à son compte.

Sur l'avis de son Conseil, Louis XV décida que toutes les parts seraient remboursées aux associés et qu'il resterait seul propriétaire de la Manufacture. En conséquence, le 19 de ce mois, le Contrôleur général informa la Compagnie de la décision royale. Pour la rembourser des fonds originaires, on créa des titres de rente portant intérêt à 5 p. 100, et pour mettre la manufacture en état de satisfaire à l'acquittement de ses billets et au payement des mémoires des entrepreneurs, il lui fut cédé 1,320,000 livres de contrats sur les Etats de Bretagne, et une somme de 80,000 livres en espèces, moyennant quoi le roi entra en possession de tous les bâtiments et effets de l'établissement. S'il fallait en croire toute-

---

[1] *Registre de la Manufacture de Sèvres.*

fois, certaines insinuations, cette prise de possession revêtirait un caractère quelque peu différent, et l'événement financier qui la précéda aurait bien pu être provoqué par un personnage que nous connaissons déjà, et qui joua dans toute cette affaire un rôle très compliqué et quelque peu louche.

Nous voulons parler du sieur Boileau qui, après avoir travaillé dans les Fourrages, avait été, l'on s'en souvient, attaché à la Manufacture de Vincennes par M. de Fulvy, en qualité de préposé à la comptabilité. La position de Boileau avait grandi avec le temps. Il était devenu une sorte de factotum dans la Manufacture. Toujours présent, c'était lui qui faisait les honneurs de la maison aux grands personnages qui la visitaient et aux étrangers de marque. « Les fréquentes visites du Roi, écrit Bachelier [1], l'intérêt qu'il prit à toutes les opérations de la porcelaine, et les marques particulières de bonté qu'il donna au sieur Boileau, allumèrent son ambition, et lui inspirèrent le désir de se rendre indépendant de la Compagnie pour être l'homme du Roi. Il employa à cet effet la protection de Mme de Pompadour. Son projet eut tout le succès qu'il pouvoit espérer. »

Quoi qu'il en soit, l'arrêt du 19 novembre, qui licenciait l'ancienne Compagnie fut suivi d'un autre arrêt du Conseil, rendu le 17 février 1760, par lequel Louis XV révoqua le privilège accordé à Eloi Brichard et ordonna qu'à l'avenir ladite Manufacture serait administrée pour son compte particulier, et sous l'autorité du sieur de Barberie de Courteille, conseiller d'État et intendant des finances.

L'article 8 de cet arrêt confirmait les précédentes interdictions des arrêts de 1745 et 1753. « Cette Manufacture, y est-il dit, continuera d'être exploitée sous le titre de *Manufacture de porcelaine de France;* elle jouira, conformément aux arrêts des 24 juillet 1745 et 19 août 1753, des privilèges exclusifs de faire et fabriquer toutes sortes d'ouvrages et pièces de porcelaines peintes et non peintes, dorées et non dorées, unies ou de relief, en sculpture, fleurs ou figures. Fait de nouveau Sa Majesté défenses à toutes personnes de quelques qualités qu'elles puissent être, de fabriquer et faire fabriquer, sculpter, peindre ou dorer aucun des dits ouvrages, sous quelque forme que ce puisse être, et de les vendre ou débiter, à peine de confiscation tant des dites porcelaines que des

---

[1] *Loc. cit.*, p. 9.

matières et ustensiles servant à leur fabrication, de la destruction des fours, et de trois mille livres d'amende pour chaque contravention, applicables un tiers au dénonciateur, un tiers à l'hopital général et l'autre tiers à la dite Manufacture royale. »

Ces dispositions léonines étaient toutefois mitigées par la clause suivante : « Sa Majesté, voulant néanmoins favoriser les privilèges particuliers qui avoient été ci-devant obtenus, et qui pourroient être dans la suite renouvelés, pour la fabrication de certaines porcelaines communes, permet d'en continuer la fabrication en blanc et de les peindre en bleu façon de Chine seulement ; leur fait sa Majesté très expresses inhibitions et défenses, sous les peines ci-dessus, d'employer aucune autre couleur et notamment l'or, et de fabriquer aucunes figures, fleurs de relief ou autres pièces de sculpture, si ce n'est pour garnir et coller aux dits ouvrages de leur fabrication. A l'égard des fabricants de poterie à pâte faïence, sa Majesté leur permet d'en continuer l'exploitation, sans néanmoins qu'ils puissent les peindre en fond de couleur, en cartouches, ou autrement, ni employer l'or, sous les mêmes peines ; à l'effet de quoi Sa Majesté a dérogé et déroge en tant que besoin et pour ce regard aux dits privilèges. »

Cette interdiction eut comme conséquence fatale l'arrêt et la ruine de plusieurs manufactures en pleine production. Elle entraîna en outre des modifications considérables dans le régime de quelques autres. Ainsi la manufacture de Mennecy, qui avait acquis une certaine célébrité, en s'inspirant des modèles de Sèvres, dut renoncer à ses travaux ordinaires et se vit bientôt contrainte de liquider [1]. Une autre manufacture, à Montereau-faut-Yonne, dirigée par Dogard, successeur de Rognon, dut renvoyer un grand nombre de ses ouvriers, et entre autres des doreurs d'une habileté rare. Ajoutons que cette manufacture, abandonnant la porcelaine, se rejeta sur la fabrication de la faïence anglaise, dite porcelaine opaque, qu'elle avait, la première, importée en France, avec succès, etc.

[1] C'est en 1766 que la fabrique de Mennecy cessa complètement de fonctionner et non pas en 1773, comme l'ont écrit MM. Jacquemard et Ris-Paquot, ou en 1775, comme l'écrit M. Demin. L'annonce suivante, relevée dans les *Annonces, Affiches et Avis divers* du 24 mars 1766, donne à la disparition de l'usine une date certaine. Elle informe le public de la « Vente par autorité de justice à Mennecy près de Villeroy, à l'issue de la messe, le 31 Mars, de belles porcelaines de la manufacture de Villeroy sçavoir : Tasses, Soucoupes, Vases à l'Antique, Groupes, Piédestaux, Moutardiers, Pots à jus, Ecuelles, couvertes, porte Huilliers, Boëtes à pâte, Boëtes à sucre, Sucriers de table et Corbeilles à fruits de différentes formes. »

Néanmoins, un certain nombre de manufactures de porcelaines durent persister à fabriquer des articles interdits à l'industrie privée par l'arrêt de 1760, puisque, le 26 mai 1763, le lieutenant général de police, M. de Sartines, rendit une ordonnance renouvelant les défenses portées par cet arrêt et confirmant les peines prononcées relativement à la fabrication, vente et débit de fleurs et autres pièces de porcelaines. Enfin, dernière disposition, et non la moins importante, Louis XV décida dans ce même arrêt que pour tenir lieu à la Manufacture des bénéfices sur différentes Fermes, qui lui étaient précédemment alloués, il lui serait fait annuellement par le Trésor un versement de 96,000 livres. Désormais c'était la cassette royale qui allait pourvoir à tout.

SÈVRES.

IV

DÉCOUVERTE DU KAOLIN DE FRANCE

LA PORCELAINE DURE A SÈVRES

Assumée d'un véritable monopole qui la garantit contre toute concurrence étrangère ou indigène, abondamment pourvue au point de vue financier, la *Manufacture royale des porcelaines de France* prend immédiatement un grand développement. L'administrateur a su grouper autour de lui des ouvriers habiles et des artistes de haute valeur. Boucher, le peintre en titre de Mme de Pompadour, donne de nombreux modèles aux décorateurs et aux sculpteurs, figurines, médaillons, paysages idylliques, scènes de genre, scènes de mythologie galante, bergeries, etc. Il exerce sur la production artistique de Sèvres la même influence féconde, que sur la peinture de cette période, influence qui se fera sentir par delà le xviiie siècle et dont toute la céramique française, particulièrement, recevra une originalité piquante. Un autre artiste, de moindre valeur assurément, moins connu surtout, mais dont le nom et les œuvres resteront célèbres à Sèvres, Dodin, apporte également à la Manufacture une collaboration précieuse. Il crée des modèles nouveaux, pleins de fantaisie et d'élégance, qu'on conservera avec soin. On pourrait mentionner beaucoup d'autres artistes, ayant travaillé avec succès auprès de ces deux maîtres; mais la gloire du premier, par une de ces fatalités si communes dans le domaine de l'art, a éclipsé leur renommée temporaire et leurs œuvres se sont fondues dans l'ensemble de sa production.

Les documents des Archives nationales et les chroniques du temps font mention de services considérables, d'une grande valeur, exécutés à cette époque. En avril 1760, le roi envoie à l'électeur palatin un service de table, mosaïque et oiseaux, comprenant 281 pièces, et dont le prix marchand est de 15,736 livres. En 1764, le ministre Bertin fait expédier, sur l'ordre du souverain, des porcelaines de Sèvres à l'empereur de Chine. Ce présent est typique ; il rappelle celui des produits de la Manufacture de Vincennes, fait par Marie-Josèphe de Saxe à son père ; on peut y voir un défi galant adressé par l'art français à l'art chinois. A cette époque, la préoccupation de surprendre les secrets techniques des céramistes de l'Extrême-Orient, de lutter industriellement contre Meissen, hante l'imagination de l'administrateur et des chimistes de Sèvres. C'est qu'en dépit de ses qualités brillantes, la porcelaine tendre est loin de présenter, au double point de vue artistique et commercial, les avantages des porcelaines de Chine et du Japon. Elle se laisse rayer avec une facilité désespérante ; le moindre choc la mutile ou la brise ; elle ne va pas au feu et sa décoration est limitée, comme couleurs et comme émaux. La préparation très compliquée de la matière première et les procédés de cuisson grèvent la fabrication de frais considérables, qui rendent le produit très cher. Le laboratoire de Sèvres se livre donc constamment, avec une patience et une ténacité remarquables, à des analyses chimiques sur les échantillons qu'il possède de porcelaines chinoises, pendant que l'administration s'ingénie à connaître la composition des pâtes et les méthodes professionnelles de la Manufacture de Saxe.

En 1753, un fabricant de porcelaines et de faïences de Hagueneau, bourgeois de Strasbourg, nommé Paul Hannong, proposa à Boileau de lui vendre les secrets de la porcelaine de Saxe qu'il prétendait posséder. Son offre fut accueillie avec empressement ; on l'invita à venir à Paris. Hannong mit à la communication de ces procédés des conditions qui furent repoussées : il exigeait 100,000 livres comptant et 12,000 livres de rente viagère. D'ailleurs, l'enquête à laquelle le gouvernement fit procéder immédiatement, prouva, contrairement aux assertions d'Hannong, que la matière première dont il se servait pour sa porcelaine ne se trouvait point sur le territoire français, mais provenait des environs de Passau. Comme l'exportation de cette matière première était interdite, ou tout au moins présentait de grandes difficultés et occasionnait des frais énormes, la concession de procédés de fabrication, basée sur son emploi, perdait sensiblement de son importance. Non seulement Hannong et Boileau ne s'entendirent point, mais il survint entre eux des dissentiments d'une nature tellement grave, que le directeur de Sèvres obtint facilement contre le fabricant d'Hagueneau, un arrêt en date de 1754 interdisant à celui-ci de continuer sa fabrication. Hannong dut s'enfuir et alla demander l'hospitalité à l'électeur palatin, qui lui donna l'autorisation d'établir ses ateliers à Frankental, dans un bâtiment dont la concession lui fut accordée moyennant 1,000 écus d'argent d'empire. L'affaire Hannong se poursuivit alors sous une autre forme. Deux de ses ouvriers, ne voulant point s'exiler, vinrent à Sèvres offrir la communication des secrets de la Manufacture d'Hagueneau. Dans son *Manuscrit*, Millot raconte comme suit cet incident : « M. Hanon ne pouvant plus travailler à Strasbourg s'est retiré à Fraquindal sous la protection de l'électeur palatin ; il est venu deux ouvriers de cette Manufacture qui se sont adressés à M. de Verdun pour faire la porcelaine dure comme en Allemagne ; on leur a loué une maison à la petite Pologne, là où ils ont fait deux fours et plusieurs fournées sans pouvoir faire une pièce de porcelaine ; cela a duré près de 18 mois et a coûté à la compagnie près de 20 mil livres, après quoi ils ont été renvoyés. Il est venu deux ouvriers de la Flandre qui avoient déjà travaillé à Vincennes. S'étoit Giles Dubois et Cadet Chanon qui sont venus trouver M. Boileau en lui disant qu'ils avoient une porcelaine dure immancable, et qu'ils répondoient la tête sur le bloc de réussir. M. de Verdun et M. Boileau ont loué à Sèvres le vieux château qui existoit avec la construction de ce grand bâtiment, mais malgré leurs grandes promesses, il n'ont pu venir à bout de faire une pièce de porcelaine. S'étoit seulement une espèce de terre d'Angleterre. »

Paul Hannong vint à mourir sur ces entrefaites, et par suite de la liquidation de sa succession, les négociations se rouvrirent entre Boileau et ses deux fils. L'ainé refusa de prêter l'oreille aux propositions qui lui étaient faites, mais le cadet, Pierre-Antoine Hannong, consentit à traiter. Boileau fut envoyé officiellement à Strasbourg et à Frankental. Il fit signer à Pierre Hannong un engagement de livrer à la Manufacture de Sèvres, par écrit et après des expériences décisives, les procédés de fabrication de la porcelaine dure, contre le paiement d'une somme de 6,000 livres versées comptant et une rente viagère de 3,000 livres. Pierre Hannong vint alors à Paris et fit des expériences qui donnèrent de bons résultats, mais le grand obstacle n'était pas vaincu. Le problème de la matière première demeurait intact et la difficulté de se procurer cette matière première, le kaolin, empêcha de tirer un parti pratique et commercial de la révélation des procédés employés à la manufacture de Frankental.

On dut liquider amiablement cette affaire; le gouvernement offrit et Pierre Hannong accepta 4,000 livres comptant et une pension viagère de 1,200 livres. Mais ni l'argent ni la pension ne furent jamais versés. Nous avons trouvé aux Archives nationales un volumineux dossier relatif aux réclamations de Pierre Hannong, avec les pièces du procès administratif, auquel ces réclamations donnèrent lieu, procès qu'instruisait encore en 1781 M. d'Angiviller. Hannong, dans la conclusion d'un de ses nombreux Mémoires, écrit : « Mon sort est très étrange ; on ne me paye pas un secret que j'ai vendu parce qu'on prétend qu'il n'est pas parfait, et j'essuye un procès de la part d'un frère parce que j'ai vendu le secret, et je suis privé, pour cette raison, des avantages de la succession de feu mon père. » Enfin, longtemps après, à force d'instances et de recommandations, Pierre Hannong obtint de Louis XVI la somme qui lui avait été allouée, ainsi que la pension qu'il fit reverser sur la tête d'un certain M. Reys, pour éteindre une dette de 18,000 livres.

Au commencement de l'année 1767, un autre incident se produisit, qui présente beaucoup d'analogie avec l'aventure de Hannong. Nous voulons parler de l'affaire Folard. La France entretenait à Munich un ministre accrédité près de l'électeur de Bavière, le chevalier Hubert de Folard, diplomate habile, ami des arts et des lettres, et très estimé dans les cours d'Allemagne, où il résida successivement de 1740 à 1776.

En 1767, le chevalier de Folard pensa pouvoir doter Sèvres des procédés de fabrication de la porcelaine dure, si longtemps cherchés. Il avait appris de Pfeffel, de Colmar, historien de mérite, alors attaché au duc des Deux-Ponts, qu'un M. de Limprünn, directeur de la manufacture de porcelaines créée à Munich par le comte de Haimhausen, président de la Cour des monnaies, connaissait le fameux secret, et qu'il était disposé à quitter son pays. Le chevalier de Folard s'empressa de s'enquérir si M. de Limprünn consentirait à passer au service du roi de France. Celui-ci déclara qu'il serait flatté d'occuper à Sèvres un emploi convenable. Le duc de Choiseul, ministre des Affaires étrangères, fut informé du fait. Une longue correspondance s'établit entre lui et M. de Folard, qui demanda et obtint des échantillons de porcelaine de Sèvres, ainsi que des spécimens de terres françaises, pour que le chimiste allemand pût se livrer à des expériences comparatives avec les produits dont il prétendait connaître le secret. Le dossier de cette affaire, dont les pièces ont été trouvées, grâce à un hasard assez inattendu, il y a quelques années, par M. Thuillier, dans le grenier d'une maison d'un village près de Melun, présente quelque intérêt. Dans la première lettre, en date du 29 mars 1767[1], M. de Folard propose à M. de Choiseul d'engager au service de S. M. M. de Limprünn, le chimiste, son frère aîné, directeur de l'hôtel des monnaies d'Amberg, « qui entend très bien cette partie et surtout la manière de monnoier à peu de frais » ; un troisième frère, « bien fait, très adroit à tirer les armes, qui entend très bien les mathématiques, le génie, le dessin ». En prenant les deux frères, ajoute le diplomate, ou tous les trois, on aurait le secret de la porcelaine à meilleur marché. Hâtons-nous d'ajouter que dans le Mémoire annexé à la première lettre, et rédigé par Pfeffel, il est dit : « Peut-être, en nous attachant M. de Limprünn, notre porcelaine, qui n'est encore qu'un objet de luxe vraiment royal, pourroit-elle en devenir un de commerce, comme celle de Munich le seroit infailliblement devenue, si elle n'eût essuyé des contradictions de plus d'une sorte et si elle n'étoit pas actuellement menacée d'une secousse que tous les établissements de cette nature ont éprouvée en Bavière. » Cette raison pouvait sembler plus plausible en effet que toutes les autres. M. de Folard ne se contenta pas d'écrire et d'adresser des Mémoires. Il envoya à M. de Choiseul une caisse contenant deux tasses de porcelaine de Munich, qui, dit-il, « constatent l'excellence de la pâte qu'on y emploie ; on a fondu dans l'une un gros débris de Sèvres et dans l'autre une demi-douzaine de clous de fer battu. » Un second Mémoire de Pfeffel, qui accompagnait cet envoi, nous fait connaître la valeur scientifique de M. de Limprünn. « La personne qu'on a eu l'honneur de proposer à M. de Folard, pour la faire entrer au service du Roy, possède à fond le secret de cette pâte par théorie et par pratique. Elle a présidé à la construction des fours et distribué aux peintres les couleurs dont ils ont

---

[1] Documents lus à la Sorbonne, en mars 1883, à la réunion des Sociétés de beaux-arts des départements.

besoin, qu'elle compose et mélange seule ; elle est ce qu'on appelle en Saxe l'*Arcaniste universel*. »

Il semble qu'à cette époque, et dans ce genre de négociations, on n'avait guère de hâte d'arriver promptement à une conclusion ; les pourparlers durèrent quatre mois et n'aboutirent pas. Le ministre d'État, Bertin, à qui ses attributions donnaient la haute main sur la *Manufacture royale de Sèvres* refusa les services du céramiste allemand. Il entrevoyait, sans aucun doute, le moment où, sans recourir aux lumières d'un étranger, on pourrait mener à bonne fin les essais tentés jusque-là avec plus de persistance que de succès. A partir de ce moment, en effet, les essais se multiplient chez nous. Pendant que cette correspondance s'échangeait entre M. de Folard et le duc de Choiseul, un chimiste, Maurin des Abiez, obtenait l'autorisation d'installer à Vincennes, dans les locaux mêmes où la fabrique de Sèvres avait pris naissance vingt-neuf ans auparavant, une manufacture royale de porcelaine à pâte dure, dont, il est vrai, on ne retrouve guère de traces en dehors des lettres patentes de 1767. Mais deux ans plus tard, en 1769, Sèvres fabriquait les premiers spécimens de porcelaine dure en pâte blanche translucide, parfaitement réussis. On avait trouvé en France des gisements de kaolin. Cette découverte qui a donné naissance à une légende pittoresque, mais inexacte, eut lieu dans les circonstances suivantes, racontées par ceux mêmes qui y jouèrent un rôle important.

En 1765, l'archevêque de Bordeaux, grand amateur de céramique, vint visiter la Manufacture de Sèvres. Boileau, lui ayant fait visiter les ateliers et les magasins, tint à honneur de montrer au prélat les résultats de ses nouveaux essais de terre d'Alençon et de blanc d'alun. Le prélat trouva les échantillons d'un très beau blanc et d'une pâte aussi transparente que celle de la porcelaine de Saxe. Il en félicita fort Boileau et Millot. A son départ, l'un et l'autre le prièrent de vouloir bien se charger d'un échantillon de cette terre d'Alençon, et de s'informer s'il n'en existait pas des gisements aux environs de Bordeaux. L'archevêque accueillit avec bienveillance la requête des directeurs de Sèvres, ajoutant qu'il se trouvait précisément à Bordeaux un apothicaire très instruit, ayant beaucoup voyagé, et qui peut-être connaîtrait dans les environs quelques gîtes de cette matière. L'apothicaire en question se nommait Villaris. L'archevêque lui soumit la terre qui lui avait été confiée par Boileau. Villaris fit plusieurs voyages dans les Cévennes et dans les Pyrénées pour s'y livrer

SÈVRES.

à des recherches qui restèrent sans résultats. A son retour, il lui vint à l'idée d'envoyer un fragment de l'échantillon de Sèvres à un chirurgien de Saint-Yrieix, nommé Darnet, avec lequel, en 1745, il avait voyagé en Allemagne. Darnet ne fut pas longtemps sans découvrir une terre peu différente. Il en envoya trois livres à Villaris, qui réexpédia immédiatement le tout à Boileau. Millot fit aussitôt des essais avec cette substance nouvelle. Il en obtint une porcelaine analogue à celle de l'ancien Japon, et le premier échantillon du nouveau produit fut un Bacchus, que l'on garde précieusement dans le musée de la Manufacture. On en fit également quelques gobelets et des soucoupes qui parurent très réussis. Sur la demande de Boileau, l'archevêque interrogea Villaris sur la provenance de la terre envoyée à Sèvres. Mais l'apothicaire, méfiant par nature, et craignant de n'être pas récompensé suffisamment pour cette révélation, s'obstina longtemps à ne rien dire de précis sur ce sujet. En présence de ce mutisme, Millot résolut de partir lui-même à la recherche de cette précieuse substance, et M. Bertin, informé par Boileau de tous ces incidents, décida que Millot et Macquer recevraient une mission dans le but de découvrir eux-mêmes les gisements, où se trouvait la terre de Villaris.

Les deux voyageurs se mirent en route le 22 août 1768. Ils s'arrêtèrent à Orléans, à Blois, à Tours, à Poitiers, à Angoulême. Partout ils laissèrent des échantillons de kaolin de Saxe entre les mains de personnes intelligentes, le plus souvent chimistes ou pharmaciens, avec promesse de récompense sérieuse, si, au retour, elles pouvaient leur remettre quelques spécimens d'une terre locale conforme à ces types ; et c'est ainsi qu'ils parvinrent au terme de leur voyage. Ici il nous faut laisser la parole aux explorateurs eux-mêmes. « En arrivant à Bordeaux, raconte Millot, nous sommes allés saluer Mgr l'archevêque, qui nous a reçus avec beaucoup de plaisir. Le lendemain le Sr Villaris est venu nous trouver à notre auberge, mais il n'a pas voulu nous dire où étoit cette terre, en disant que le ministre ne le récompenseroit pas de ses peines. Il a donc fallu écrire à M. de Bertin. Nous avons été neuf jours sans avoir de réponse. Une lettre arrivée nous a défendu de ne plus parler au S^r [Villaris], et ordonné de chercher dans les environs de Bordeaux et même d'aller jusqu'à Bayonne. Là, nous avons resté huit jours, et deux jours à Briaris (Biarritz) sans pouvoir trouver personne pour nous indiquer de pareille terre à nos échantillons. De Bayonne nous sommes revenus à Daxe où nous avons resté 28 jours, logés chez M. Mazin à *la Balance ;* nous avons fait plusieurs sorties dans les environs, du côté de Pouillon. Nous avons trouvé une espèce de blanc qui ressembloit à la craie et très réfractaire. J'en ai apporté plusieurs livres à Daxe. Je l'ai bien décomposée par les lavages. Après, j'en ai fait plusieurs petites plaques, que j'ai été cuire à la forge d'un serrurier nommé Sainte-Marie. Les premières plaquettes ont été un peu enfumées à cause des creusets qui étaient de mauvaise qualité. Nous avons été aussi chez M. Bordas, président de cette ville, pour lui demander, comme naturaliste, s'il connaîtroit pas des terres à creuzet qui résistent au plus grand feu. N'en ayant point trouvé dans son cabinet d'histoire naturelle, je me suis servi de la terre ou blanc que j'avois trouvée, près de Pouillon pour faire des creuzets. Le lendemain je me suis promené presque toute la journée sans apercevoir aucune bonne terre ; jé seulement trouvé une terre à plâtre, que jé apportée à notre auberge. Je l'ay cassée par morceaux, je l'ay mise ensuitte dans l'âtre du feu avec des charbons allumés dessus pendant une demi-heure. Après je l'ay bien pelée et passée au tamis, ce qui m'a fait un très bon plâtre. Je moulé la moitié d'un œuf qui m'a fait un petit moule qui ma servy pour tous mes essais. — Jé fais quelques petits godets et quelques petites plaques que je été cuire chez notre serrurier et qui m'ont beaucoup mieux réussis que la première fois ; chaque fois que je cuisois, je donnois 6^d au serrurier tant pour le charbon que pour son tems perdu. Toutes nos petites épreuves faites, nous avons party pour Bordeaux, avec une 40^{ne} de livres de terre toute décomposée, ainsi que tous nos petits essais de porcelaine faits à Daxe. »

De retour à Bordeaux, Macquer et Millot montrèrent à l'archevêque leurs essais. Villaris fut mandé le lendemain au palais épiscopal. On l'informa que les savants de Sèvres avaient trouvé, eux aussi, des gisements de kaolin. Cette nouvelle, à laquelle il ne s'attendait pas sans doute, fit sur lui une vive impression et produisit dans son esprit un revirement soudain. Il se mit aussitôt à leur disposition offrant de les conduire lui-même dans le pays, où gisait la matière dont il avait envoyé des échantillons à Sèvres. Il ajouta qu'il consentait à s'en remettre, pour la rémunération de la découverte, à la générosité de M. de Bertin. Quelques jours après, Macquer, Millot et Villaris arrivaient à Saint-Yrieix. Nous laissons ici, de nouveau, Millot décrire lui-même les incidents de leur séjour dans cette ville, et les résultats de leurs perquisitions.

« Nous étions logés dans le faubourg, écrit-il, chez un M. Dubourg, aubergiste et arpenteur. Villaris avoit choisi la maison la plus écartée de M. Darnet, chirurgien major de cette ville, pour ne point être vu de lui ; malgré qu'ils étoient amis, et que sétoit lui qui lui avoit envoyé le premier échantillon de kaolin à Bordeaux.

« S'étoit bien notre plus court de traverser la ville, mais comme il falloit passer devant la porte du Sr Darnet, Villaris nous a fait traverser tous les jardins hors de St Yrieix pour aller rejoindre le kaolin qui étoit vis à vis le cimetière de sa paroisse, faux-bourg de la Noillier, dans un petit chemin qui étoit si profond qu'à peine pouvoit-on nous voir.

« Comme nous étions occupés à fouiller, il a passé deux hommes qui nous ont apperçus, qui ont couru bien vite en faire le rapport à Mme du Montais, propriétaire du terrain. Elle a envoyé à l'instant son fils nous demander par quel ordre nous prenions sa terre, en nous disant que si ne cessions pas, il alloit faire sonner la cloche pour faire amasser le monde pour nous faire finir. Nous avons quitté dans l'instant, et M. Macquer a été chez le maire de ville lui communiquer les ordres que nous avions du ministre, pour la recherche des terres propres à la Manufacture des porcelaines du Roy. Nous en avons tiré un tonneau d'environ 400 livres en tout ce qu'il y avoit de plus blanc. Nous l'avons fait passer à la douane de Limoges pour être transporté à Sèvres.

« Singulière réflexion de M. Macquer sur notre route de Terrice à Limoges en disant : Des Marais de l'Académie et naturaliste, qui marche tous les jours sur le kaolin et qui ne le connoit pas ! »

Au retour des deux voyageurs, Boileau fit exécuter un certain nombre de pièces de porcelaine avec le kaolin qu'ils rapportaient de Saint-Yrieix. Les essais furent très satisfaisants. Au mois de juin de l'année 1769, Macquer lut, à l'Académie des sciences, un long mémoire, et présenta des pièces de la nouvelle porcelaine. Le mémoire en décrit minutieusement les caractères et les qualités, mais sans faire connaître les procédés pour la fabriquer industriellement. Le roi voulut féliciter l'heureux savant ; il l'invita à se présenter à Versailles. C'est de Macquer lui-même que nous tenons le récit de sa réception. « Le jour de St Thomas, à huit heures du matin, écrit-il à un de ses amis, je suis parti avec M. de Montigny pour Versailles... A onze heures et demie, M. Bertin qui étoit allé chez le roi, nous a envoyé chercher pour nous conduire dans les appartements où l'on avoit exposé la porcelaine de Sèvres comme à l'ordinaire, et sur une table particulière étoit la nouvelle porcelaine toute en blanc et or ; il en avoit environ soixante pièces, toutes très belles. Comme nous étions à les examiner, le roi est entré seul... Il nous a reçus fort gracieusement, et sans regarder l'ancienne porcelaine, il a été tout de suite à la nouvelle dont il a paru fort content. On avoit mis devant un grand feu trois cafetières de notre porcelaine. Le roi nous faisoit pendant ce temps là plusieurs questions, et nous contoit comme quoi il avoit fait l'épreuve, depuis peu, d'une casserole de la porcelaine de M. de la Borde sur un réchaud à l'esprit de vin, pour y bouillir de l'eau, et que cette casserole s'étoit cassée. Il en concluoit que le feu de l'esprit de vin étoit plus dangereux pour la porcelaine que le feu de charbon. Il y avoit là une casserole de notre nouvelle porcelaine qui étoit sur un réchaud à l'esprit de vin, dans laquelle l'eau commençoit à bouillir. Mais elle s'est cassée un instant après en présence de Sa Majesté qui s'est mise à faire un éclat de rire en reculant, en nous disant : « Monsieur ! monsieur ! » Après quoi il est sorti pour aller à la messe à laquelle nous avons assisté. »

Le savant, on peut le croire, fut consterné de cette mésaventure. Aussi voulut-il recommencer, le soir même, l'expérience qui, cette fois, réussit à merveille. Le roi l'en félicita chaleureusement devant toute la Cour. La porcelaine dure était trouvée, et son succès consacré officiellement par le royal protecteur de la Manufacture de Sèvres.

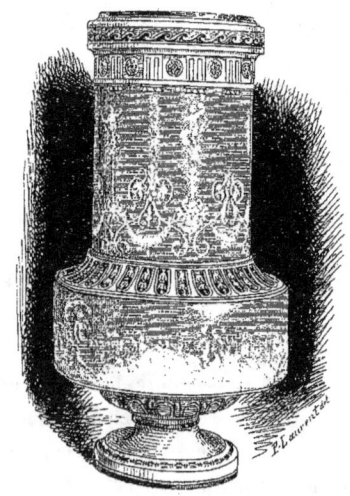

V

LA MANUFACTURE DE SÈVRES

PENDANT LA SECONDE PÉRIODE DU RÈGNE DE LOUIS XV

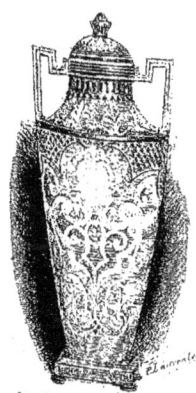

En 1764, Mme de Pompadour était morte. Si la création de Sèvres n'avait été, comme on l'a si souvent écrit, qu'un caprice de la favorite, la Manufacture, après sa mort, eût sinon disparu, tout au moins elle eût souffert et langui. Mais l'établissement artistique reposait sur des bases plus sérieuses; il répondait au développement de l'art et de l'industrie de la nation. Sa prospérité ne reçut aucune atteinte de la disparition de Mme de Pompadour. Le roi continua à Sèvres sa haute protection personnelle, s'intéressa passionnément à ses travaux, se préoccupant de ses besoins et surveillant ses progrès, avec une bienveillance persistante. Tous les ans, au mois de décembre, on exposait, dans une des salles du palais de Versailles, les produits nouvellement sortis des ateliers. Les Mémoires du temps font fréquemment mention de ces expositions fort suivies par la Cour et par la Ville. Une lettre en date du 2 janvier 1774, publiée dans l'*Espion Anglais*, nous montre le roi présidant lui-même à l'organisation de l'exposition. « Au jour de l'an, y est-il dit, on apporte dans la galerie de Versailles les porcelaines de Sève les plus belles, et S. M. en fait la distribution aux Seigneurs pour leur argent. Elle fixe le prix elle-même, qui n'est pas à bon marché. » Les nouvellistes et chroniqueurs du temps consignent, en outre, un certain nombre d'anecdotes curieuses relatives à ces expositions. Il en est qui sont fort instructives, et nous apprennent que les plus hauts personnages de ce temps ne se faisaient pas toujours remarquer par leur délicatesse et par leur discrétion. Un jour, Louis XV aperçut le comte de... qui, prenant une jolie tasse, la mettait lestement dans sa poche. Le lendemain, le comte voyait arriver chez lui un employé de Sèvres qui lui présentait, avec la facture, la soucoupe qu'il avait oubliée. Une autre fois c'est un abbé qui recule devant une acquisition, dont le prix lui paraît trop élevé pour sa bourse : et le roi, qui s'aperçoit de son hésitation, le décide, en lui promettant un bénéfice, etc.

Mais ce qui contribua surtout à donner de l'intérêt à ces expositions, c'est que la Manufacture traversait alors une de ses phases les plus brillantes. Sèvres, en effet, produisit, à cette époque, des pièces très importantes, des services considérables. Lorsque le roi de Danemark vint, à la fin de l'année 1768, visiter l'établissement, Louis XV lui fit présent d'un grand service de table, fond lapis caillouté, de 180 pièces, que Bachaumont n'estime pas moins de 100,000 écus. Ce service fut complété l'année suivante par la remise de 197 pièces secondaires, dont la fabrication figure, sur les registres de la Manufacture pour la somme de 32,918 livres[1].

Pendant cette même période, la Manufacture exécute les célèbres vases dits de Fontenoy[2], qui constituent un des types les plus précieux de sa fabrication, par leur forme et par leur décoration.

Comme pièce historique, il faut signaler encore le service à thé de Gresset, dit « édition de porcelaine de *Vert Vert* », que possède actuellement le musée d'Amiens. Vers 1770, le président de Rosset s'était mis en tête de composer un poème sur l'agriculture. Il désirait que cette œuvre, chargée d'immortaliser son nom, fût imprimée avec le luxe des plus beaux livres. Il l'adressa à son ami Bertin, alors ministre, pour que ce travail fût confié à l'imprimerie royale. Bertin lut le poème et le trouva faible, incorrect, peu digne d'être publié. Cependant, n'ayant pas le courage de résister au désir du président, il eut l'idée de faire revoir et corriger le poème par un bon poète. Il demanda ce service à

---

[1] Ce service est exposé actuellement dans la chambre dite de porcelaine, au musée historique de Rosenborg, à Copenhague.

[2] Vendus en 1881, à la vente Double, 170,000 francs. Cet amateur les avait payés 30.000 francs. Nous reproduisons plus haut un de ces beaux vases.

SÈVRES.

Gresset, l'auteur de *Vert Vert* et des *Imitations des Eglogues de Virgile* qui, reçu membre de l'Académie française après le succès du *Méchant,* s'était retiré à Amiens, sa ville natale. Gresset accepta, sans grand enthousiasme, cette tâche ingrate, et mit près de deux ans (1771 et 1772) à remanier le poème du président, à supprimer des vers, à en refaire d'autres. Il envoyait ses corrections au fur et à mesure au ministre, qui avait une peine incroyable à les faire accepter par Rosset, se croyant bien plus habile poète que son censeur inconnu. Pour remercier Gresset, Bertin, qui avait Sèvres dans ses attributions, lui fit présent d'un service à thé ou « cabaret » en porcelaine tendre, décoré de peintures, dont les sujets étaient empruntés au poème de *Vert Vert.* « J'ai reçu, écrivait Gresset, la traduction de mon poème en porcelaine. » Ce cabaret, offert à la ville d'Amiens par un membre de la famille Gresset, se composait primitivement de six tasses avec leurs soucoupes, d'un sucrier, d'une théière et d'un petit pot à crème. Malheureusement, pendant la guerre de 1870, lors de la transformation du musée en ambulance, trois des tasses furent volées par des soldats prussiens, qui avaient découvert l'endroit où l'on tenait cachées ces porcelaines historiques [1].

Cette période est aussi marquée par la création de formes originales, qui sont devenues classiques et qu'on exécute encore aujourd'hui. Ce sont : Le vase Duplessis, ovoïde, avec têtes d'éléphant, qui partant du col forment anse ; le vase Adélaïde, en forme d'œuf supporté par trois pieds faits de feuilles d'acanthe ; le vase Cobelet, d'une forme très typique, la panse effilée à profondes cannelures et insérée dans une sorte de large corolle, dont les branches amincies forment anses ; le vase Gardin, large panse, avec des masques de faunes aux anses et le couvercle surmonté d'une pomme de pin ; le vase Choiseul, large coupe naviculaire, à panse godronnée ; le vase La Rue, soutenu par deux tritons enlacés ; le vase Bachelier, en forme de tonnelet avec ceinture de médaillons en relief, etc. A cette époque, la Manufacture compte dans son personnel un certain nombre d'artistes de valeur, à l'esprit inventif et qui savent créer des modèles nouveaux. Un certain nombre de ces artistes sont attachés d'une manière permanente à l'établissement.

Le premier d'entre eux, par ordre chronologique, est Duplessis, dont la collaboration date de la période de Vincennes et qui prend dans les

---

[1] *Magasin pittoresque,* année 1886.

actes officiels le titre de « sculpteur, fondeur, ciseleur et doreur du roi ». Son œuvre considérable est extrêmement varié. Il excellait particulièrement dans la monture des vases et dans la ciselure. Au nombre de ses ouvrages les plus remarqués, on citait, de son temps, quatre candélabres de bronze doré, qui ornaient les angles du salon de M. de la Reynie, fermier général, ainsi qu'une croix en orfèvrerie à l'abbaye de Saint-Germain-des-Prés. Outre le bronze, Duplessis cisclait l'argent avec une rare perfection. Parmi les sculpteurs de grand renom, collaborateurs de Sèvres, à cette époque, on doit citer : Falconnet, qui donna le modèle du célèbre « vase à l'amour », œuvre charmante, et la réduction de sa fameuse *Baigneuse*, qui lui ouvrit les portes de l'Académie royale, et qui fut exécutée à la Manufacture en innombrables répétitions. Durut, son élève, fut attaché pendant quelques années à Sèvres; on peut lui faire honneur d'un groupe en biscuit, représentant *Pygmalion*, dont il existe également plusieurs éditions. Pajou fournit les modèles d'une série de bustes, parmi lesquels celui de la Dubarry, qui, en raison de son mérite, a droit à une mention spéciale.

Parmi les peintres décorateurs de ce temps, il en est quelques-uns dont les marques ont une grande valeur pour les amateurs de porcelaines. Le Guay, dont la signature consiste en une torche, peignait particulièrement des scènes d'enfants et des sujets chinois. Un cabaret, fond bleu, à scènes champêtres, composé de six pièces y compris le plateau, a atteint en 1857, à la vente Bernal, de Londres, la somme de 11,525 francs; à la même vente, une seule tasse gros bleu, ornée de ses figures chinoises, a été adjugée au prix de 2,675 francs. Drand signait : D. R. Ses sujets préférés représentent des chinoiseries. Ses œuvres, encore aujourd'hui, sont fort recherchées. Deux vases bleu turquoise, peints par Drand et Dodin, ont été payés 35,000 francs par le marquis d'Hertford. Aloncle, entré à la Manufacture en 1757, ne tarda pas à se distinguer par son habileté à peindre les animaux. Il a beaucoup produit et sa signature est hautement cotée. Aubert, de garçon perruquier, devint dessinateur et peintre de fleurs très habile. Il fut chargé de peindre la grande tasse aux dauphins, fabriquée à Sèvres à l'occasion du mariage du Dauphin avec Marie-Antoinette [1].

Les autres artistes, qui travaillaient à la Manufacture pendant cette pé-

Cette pièce a fait partie de la collection Double.

riode, et dont la marque est avantageusement connue, sont : Les peintres-décorateurs Armand jeune, Asselin, Barrat, Bouchet, Bouillat, Bulidon, Buteux père et fils, aîné et cadet, Chabry, Chappuis, Chulot, Commelin, Cornaille, Evans, Fallot, Laroche, Lebel, Lecot, Méraud, Micaud, Morin, Niquet, Néel, Pierre, Pithou jeune, Rosset, Sioux, Taillandier, Tandart, Tardy, Vieillard. Les sculpteurs se nomment Le Riche, Chaponet, Despérais, Devaux, Furet, Liance, Mathias, Perrotin, Ploèque ; les doreurs Le Guay, Beaudoin, Boulanger, Chauvaux père et fils, Prévost et Vincent.

La mode de la porcelaine de Sèvres qui, pendant le règne de Mme de Pompadour, avait gagné la Cour et la Ville, continua après sa mort. Les amateurs se firent même plus nombreux. Le précieux *Livre* de Lazare Duvaux nous fait connaître les noms des grands collectionneurs, qui recherchaient avec passion les œuvres de la Manufacture. C'est le marquis d'Argenson qui achète particulièrement de la porcelaine céladon, et les fait garnir de moulures de bronze doré. Duvaux le met en relations, dans ce but, avec Duplessis, qu'il charge de monter ses pièces de choix. Le président Ogier, ancien ambassadeur en Danemark, où il a importé l'usage de la porcelaine de Sèvres, orne avec goût les salons de l'hôtel de Lauzun, de vases achetés chez le célèbre marchand. Le duc d'Aumont, pair de France, premier gentilhomme de la Chambre, s'acquiert le renom du plus fin connaisseur en porcelaine de son temps. Tous ces nobles amateurs trouvent un concurrent redoutable en Bonnemer, ancien négociant, très riche, qui achète les plus belles pièces chez Duvaux et dans les ventes publiques. Enfin Mme Du Deffant, dans une lettre à Walpole, nous fait connaître la princesse de Talmont comme un collectionneur ardent de porcelaines : « Elle fait Mme Adélaïde sa légataire universelle, donne ses bijoux à toutes ses dames, ses porcelaines et une montre à M. de Maurepas. »

L'administration de la Manufacture avait installé à Paris, rue de la Monnaie, un dépôt de vente. Elle confiait également des porcelaines aux marchands de curiosités. Parmi les plus importants, figurent Mme Lair, Duluc et Poirier. Le mémoire de ce dernier atteignait, pour l'année 1772, 72,747 livres 10 sous; celui de Mme Lair dépassait 66,000 livres.

Cette période de 1669 à 1774 est assurément la plus brillante de l'histoire de Sèvres. L'art y fleurit avec éclat. Toutes les œuvres qui en sortent ont un cachet d'originalité et de haute élégance. Le roi protège activement la Manufacture, et s'intéresse à ses progrès. Un administrateur d'une rare intelligence en assure la prospérité financière. Enfin, il n'est pas jusqu'à

Mme Dubarry qui ne se montre aussi des plus passionnées pour les produits de la Manufacture et, afin de ne pas renoncer au titre de protectrice des arts, dont Mme de Pompadour a fait un des apanages des grandes favorites, elle lui fait des commandes considérables. Pour constater son goût pour ces fragiles ouvrages, il n'est besoin, au surplus, que de pénétrer chez elle. Dans le salon du pavillon de Luciennes, on voyait sur la cheminée une magnifique pendule à colonnes, ornée de figures de porcelaine ; au milieu, une superbe table, ornée de porcelaines de France, le dessus, qui était le morceau principal, représentant un tableau en miniature d'après Leprince. Une belle commode, richement garnie de bronzes dorés au mât, était ornée de cinq panneaux de Sèvres. Il y avait, dans la chambre à coucher, une autre commode plus belle encore, ornée de tableaux de porcelaine d'après Watteau et Van Loo, sans doute celle dont le roi avait fait présent à la favorite, et qu'on disait avoir coûté 80,000 livres. Plus loin, c'était un secrétaire-armoire, orné de porcelaines de Sèvres, fond vert, à fleurs et dont les bronzes étaient merveilleusement finis. Sur des meubles fournis par Gouthière, se trouvaient deux cuvettes à mettre des fleurs, fond vert, à miniatures représentant des marines et trois autres, fond gros bleu, caillouté d'or, décorées de sujets d'après Téniers. La cheminée du cabinet était ornée d'une pendule à vase et serpent en bronze doré d'or moulu, à cadran tournant, dont le pied était garni de porcelaines de Sèvres. On admirait dans la même pièce une très jolie table à gradins également en Sèvres, fond vert à cartouches de fleurs, sans compter un thermomètre et un baromètre de Passement, très richement montés en bronze, enrichis de panneaux de même porcelaine, et décorés d'enfants en miniature [1].

Mme du Barry fit faire à Sèvres un service à son chiffre, sur les dessins de Boucher. Elle demanda également à Saint-Aubin un service, dont le musée céramique possède une pièce, une assiette ornée de dix amours tenant des guirlandes de fleurs et des tambours de basque et portant au centre la figure de la Folie.

[1] Extrait des *Mémoires des fournisseurs de Mme Dubarry*, par Leroy.

VI

LA MANUFACTURE SOUS LOUIS XVI

Boileau mourut en 1775, laissant, nous l'avons dit, la Manufacture royale de Sèvres dans un état très florissant, aussi bien au point de vue financier qu'au point de vue artistique. A sa mort, on vit se produire des compétitions nombreuses à sa succession, compétitions qui démontrent suffisamment combien, en dépit des calomnies intéressées, sa gestion avait été féconde et heureuse.

Dans les *Mémoires secrets* dits de Bachaumont[1], nous trouvons la preuve des convoitises qu'excitait cet établissement déjà si connu dans l'Europe entière. « La Manufacture de porcelaine établie à Sève, sous la protection immédiate du Roi, y lisons-nous, est un objet fort onéreux à sa Majesté, malgré la cherté énorme de ces objets de luxe. On assure qu'une compagnie offre de la soutenir dans tout son éclat, pourvu que le roi veuille bien lui faire don de tous les bâtiments, terrains et établis, formés à grands frais dans cet endroit, et elle se chargera de payer les pensions de

---

[1] *Mémoires secrets*, t. XXIX, p. 279.

retraite qui seront accordées aux personnes qui étoient employées à la tête de cette Manufacture. On a tout lieu de croire que ces offres, si elles sont solides, seront acceptées. Cet établissement ne seroit plus à charge, il deviendroit, dans les mains de gens intelligents, très utile pour eux, et tout le monde y gagneroit. » Le roi, contrairement à ce pronostic, n'estima point que la Manufacture fût trop onéreuse pour sa cassette; il ne jugea ni prudent ni digne d'abandonner un établissement royal à des entrepreneurs n'ayant d'autres préoccupations que de le rendre « très utile pour eux », suivant l'expression un peu naïve de Bachaumont. Cette offre, en conséquence, ne reçut point un accueil favorable, et Boileau eut pour successeur Parent, homme audacieux, entreprenant, à vues larges et doué d'une grande activité, mais par contre d'une remarquable incapacité administrative.

Parent apporta des perfectionnements importants dans les procédés de fabrication; il conserva à la production son caractère artistique, mais au bout de trois ans, le nouveau directeur avait ruiné Sèvres financièrement, et se voyait incarcéré sous l'inculpation de malversations. En 1778, il était dû aux académiciens, chimistes et employés, 38,159 livres, sur leurs appointements, et plus de 85,000 livres aux fournisseurs. L'administration supérieure de Sèvres fut alors confiée au comte d'Angiviller, qui plaça comme directeur à la tête de l'établissement le sieur Régnier, auquel, l'année suivante, Jean-Jacques Hettlinger fut adjoint comme co-directeur.

Hettlinger, fort savant homme, était de nationalité suisse. Nommé chirurgien aux mines de Bagorry, à raison de 450 livres par an, plus la table, il avait, à force d'intelligence et de travail, conquis la situation de directeur de ces mines, et l'Académie de Lisbonne lui décernait en 1781 le titre de correspondant, en considération des connaissances géologiques qu'il possédait. Le comte d'Angiviller, pendant son séjour en Suisse, alors qu'il était ministre de France auprès de la Confédération, l'avait distingué et honoré de son amitié. Hettlinger, adjoint à la direction de la Manufacture, reçut un traitement de 6,000 livres, plus une part d'au moins 4,000 livres dans les bénéfices [1].

---

[1] Les transformations que M. d'Angiviller accomplit ne laissèrent pas toutefois que de susciter des critiques. Il eut à subir des attaques violentes et émanant de hauts personnages. Joly de Fleury, contrôleur général des Finances, vis-à-vis duquel M. d'Angiviller était tenu à de grands égards, demande que la Manufacture soit modifiée radicalement comme administration et comme fabrication. M. d'Angiviller résiste, avec une énergie

SÈVRES.

Un document des Archives nationales nous fait connaître avec précision l'état administratif de Sèvres à cette époque. La Manufacture comptait en 1783, en outre de la direction, 1 caissier, 1 garde-magasin, 71 peintres, 15 doreurs, 9 brunisseurs, 7 ouvriers en couleurs, 5 mouleurs en plâtre, 2 graveurs en plâtre, 7 mouleurs en pâte, 83 repasseurs, 18 sculpteurs, 2 tourneurs particuliers, 2 ouvriers pour la composition des pâtes et 50 manœuvres, soit 273 personnes. Le budget des dépenses s'élevait à 192,387 livres, 19 sous. Hettlinger et Régnier ne tardèrent point à apporter de sérieuses réformes dans l'administration et à réparer les erreurs financières de leur prédécesseur. Sèvres luttait énergiquement contre l'industrie porcelainière privée, qui avait pris une grande extension, à l'abri de la tolérance administrative et en raison de la désuétude des anciennes ordonnances, restrictives de la liberté industrielle. On essaya même de débaucher ses ouvriers pour les entraîner dans les manufactures particulières. Pour protéger Sèvres, Louis XVI dut, à la date du 16 mai 1784, rendre un arrêt en son Conseil d'Etat, confirmant les arrêts antérieurs, relatifs au privilège de la *Manufacture royale de porcelaine de France*. Dans le préambule de cet important document, il est dit : « Que les restrictions portées par les dits arrêts n'ont point été entièrement exécutées ; quelques unes de ces manufactures ayant obtenu des permissions particulières de décorer leurs ouvrages en or et toutes couleurs ; que même toutes celles qui se sont établies successivement se sont prévalues de cette tolérance, jusqu'au point d'entreprendre et de débiter, concurremment avec la Manufacture royale de France, toute espèce d'ouvrages, sans excepter ceux dont la fabrication exclusive lui avait été constamment réservée ; que, par une suite de cet abus, plusieurs se sont efforcés de gagner et attirer ses ouvriers dans leurs ateliers ; qu'il en est même qui se sont permis de contrefaire les marques de la fabrication ; qu'enfin ces manufactures se sont tellement multipliées

fort louable, contre ces prétentions, adresse au roi et au comité des Finances, rapports sur rapports pour défendre la Manufacture. Dans un de ces documents, daté du 28 août 1783, nous lisons le passage suivant qui fait grand honneur au directeur général des Bâtiments du roi : « On ne peut pas opposer à la Manufacture de Sèvres ce qu'on diroit d'un entrepreneur particulier, qu'il faut s'assujettir strictement au goût et aux facultés du plus grand nombre des consommateurs ; ce ne peut être là l'objet d'un établissement vraiment royal ; il faut faire avec le plus d'ordre et d'économie possible ce qu'on peut imaginer de plus parfait, et si ce n'eût pas été là le but et le caractère dominant de la Manufacture de Sèvres, en eût-on fait sortir pour Pétersbourg, dans moins de quatre mois, l'idée du présent le plus magnifique et le plus admiré, qui ait peut-être été fait en ce genre. » Ce sont là, on en conviendra, d'éloquentes et fières paroles.

dans la ville et aux environs de Paris, qu'il en résulte une consommation de bois préjudiciable à l'approvisionnement de la capitale, et que d'ailleurs la quantité de porcelaines qui se fabrique journellement, excède le débit qui peut s'en faire... »

Cet arrêt prohibitif fut signifié, les 16, 18 juin et 3 juillet, au domicile des propriétaires ou entrepreneurs des manufactures particulières, établies dans la ville et banlieue de Paris, dénommées en l'exploit original de signification de l'arrêt. Ces propriétaires étaient : Sauroux, rue de la Roquette, Locré, rue Fontaine-au-Roy, Jacques et Julien, au Bourg-la-Reine, Advenir et Lamarre, au Gros-Caillou, Lassia, rue de Reuilly, de Ruelle, à Clignancourt, Le Bœuf, rue Thiroux, Mignot, au Pont-aux-Choux, Stala, faubourg Saint-Denis, Dihl, rue de Paradis. Les propriétaires, menacés dans leurs établissements industriels, adressèrent au roi requêtes sur requêtes, pour faire ajourner l'exécution de l'arrêt et ne manquèrent pas d'en appeler à la protection de personnages puissants, qui s'interposèrent avec succès. Nous lisons, en effet, dans une lettre de M. d'Angiviller à M. de Calonne, en date du 24 juillet 1785[1] : « Ayant été informé que vous prenez intérêt à ce que l'arrêt du conseil du 16 mai 1784 relativement aux manufactures de porcelaine, éprouve quelque suspension, j'ai donné, au Directeur de la Manufacture du roi, l'ordre de suspendre pendant quelque temps l'exécution des dispositions de cet arrêt, d'après lequel ces manufactures n'avoient qu'une année pour achever leurs commandes et pour les débiter, ainsi que les ouvrages déjà faits et dont la fabrication leur est interdite pour l'avenir. » M. d'Angiviller ajoute qu'il envoie au ministre un Mémoire établissant que les propriétaires des manufactures menacées ne se disposent en aucune façon à obtempérer à l'arrêt du Conseil, et qu'en particulier la manufacture dite de M{sr} le comte d'Artois semble affecter d'en enfreindre les dispositions ; il conclue énergiquement en affirmant qu'il devient de toute nécessité de mettre un terme à la suspension de l'arrêt du 16 mai.

L'industrie privée triompha néanmoins, dans cette lutte entre la liberté commerciale et le monopole. Les grandes idées sociales et économiques, inspiratrices de la Révolution, avaient pénétré profondément dans les esprits et commençaient à s'affirmer publiquement. Un nouveau

[1] Archives nationales.

Mémoire de M. d'Angiviller à M. de Calonne, en date du 24 août de la même année, est déjà moins affirmatif. Il entretient le ministre d'oppositions nouvelles, que rencontre l'application de cet arrêt du 16 mai, dont il demeure cependant toujours partisan. « Un sieur Bourdon, dit-il, a sollicité non seulement d'estre affranchi de transporter son établissement à 15 lieues de Paris, mais encore d'avoir la permission de continuer sa contravention continuelle et soutenue aux privilèges de la Manufacture de Sèvres, en faisant toutes sortes d'ouvrages, même de sculpture, dans les genres les plus recherchés. » En présence de ces instances, dont on est forcé de tenir compte, l'administration supérieure de la Manufacture royale se préoccupe de préparer des concessions qui, tout en donnant satisfaction aux requêtes de l'industrie privée, consacreront, au moins sur certains points de la fabrication, le monopole de Sèvres. Ainsi l'art. 3 de l'arrêt, relatif à l'emploi de l'or, donne lieu à des interprétations très habiles de la part de certains industriels parisiens. Ceux-ci se font une arme de l'incertitude, qui résulte d'un texte incomplet, pour se prévaloir d'un droit qui paraît excessif. « On ne doit entendre par ces mots : Appliquer l'or en bordure seulement, écrit M. d'Angiviller, que le simple filet d'or et non pas tous les dessins plus ou moins compliqués qui peuvent être qualifiés de bordures » ; et il propose, comme solution compensatrice, que le Conseil autorise les manufactures privées à rester dans les lieux où elles sont établies, à condition que l'emploi de l'or, même en bordure et filet, leur sera retiré ; l'or restera ainsi un signe distinctif des ouvrages de Sèvres. Par ces concessions, la brèche était ouverte et la liberté industrielle n'allait pas tarder à triompher. Le Conseil rendait, le 17 janvier 1787, un nouvel arrêt, qu'on peut considérer comme la charte d'émancipation de l'industrie porcelainière parisienne. Tout en paraissant confirmer l'arrêt de 1784 et les prérogatives qu'il avait concédées à Sèvres, tout en défendant sous les peines les plus sévères, aux industriels de rien faire dans le même genre, et qui excédât des dimensions fixées, ce nouvel arrêt laissait une certaine latitude, pour la fabrication des beaux ouvrages, à quatre manufactures parisiennes, désignées nominalement, et arrêtait en principe l'organisation d'un concours annuel, grâce auquel, en raison des progrès artistiques réalisés par elles, les autres manufactures pourraient être admises, dans l'avenir, à jouir des mêmes avantages. L'arrêt révoquait enfin, d'une manière implicite, l'ordre d'éloignement porté contre les manufactures précitées. Treize ans après, Paris seul comptait trente fabriques de porcelaine, dont onze figuraient avec honneur à la première exposition de l'industrie française.

En dépit de cette infatigable concurrence, le règne de Louis XVI doit être considéré comme une des périodes les plus brillantes de l'histoire de Sèvres. Non seulement la Manufacture maintint sa haute réputation artistique, mais des progrès techniques considérables y furent réalisés. De cette époque, en effet, datent un certain nombre d'inventions originales, qui étaient appelées à un grand succès, et qui n'ont pas cessé, depuis lors, d'être appliquées d'une manière constante.

C'est ainsi qu'en 1774 la fabrication de la porcelaine dure entrait en pleine activité, et que l'on construisait, en vue de cette fabrication, le premier four vertical à quatre alandiers ou foyers. Six ans plus tard, en 1780, on exécutait pour la première fois des porcelaines décorées d'émaux; et le musée possède les matrices d'acier qui servirent à cette époque, pour estamper les feuilles d'or destinées à être appliquées sur la porcelaine en léger relief, et à être recouvertes d'émaux translucides imitant les pierres précieuses.

Les registres de ventes de la Manufacture, de 1780 à 1785, attestent, en outre, l'importance des travaux exécutés pendant cette période. Nous y avons relevé un grand nombre de mentions de pièces appartenant à ce genre de fabrication.

En 1782, on livrait à M. le comte de Vergennes un cabaret, beau bleu (miniatures, émaux), composé de 6 tasses, théière, pots à sucre et à lait, jattes, facturé 2,400 livres. La même année le comte du Nord faisait l'acquisition d'un *vase Bachelier*, beau bleu, émaillé, du prix de 1,800 livres; et une toilette, table et miroir en porcelaine, ornée d'émaux, offerte par le roi à la comtesse du Nord, était payée 7,500 livres.

Le 22 octobre 1784, nous notons le présent, fait par le roi au prince Henri de Prusse, d'un cabaret, enrichi d'émaux, valant 1,500 livres, de deux vases en pâte tendre, ornés d'émaux, et d'un service de dessert, fond vert, orné de fleurs, de fruits et de diverses pièces de sculpture, dont quatorze médaillons représentaient des Français illustres; le tout valant 28,052 livres. La fabrication des grands biscuits remonte également à cette époque. Le 13 juillet 1785, Hettlinger écrit au comte d'Angiviller[1] : « On vient d'exécuter à la Manufacture une figurine en

---

[1] Archives nationales.

biscuit, la *baigneuse*, de 26 pouces de hauteur; elle a été faite de la pâte que le Sr Tristan compose pour les grands vases, où il mêle à la pâte dure ordinaire une certaine quantité de terre de Dreux et de kaolin, passés au feu du dégourdi. Il résulte de cette espèce de ciment que la matière acquiert plus de consistance et est moins sujette à gauchir au grand feu, mais en revanche aussy n'est-elle pas de ce blanc éclatant de notre sculpture ordinaire; c'est un blanc de lait, tirant un peu sur le jaune et qui ne paroit pas du tout désagréable..... : « Sachant qu'il est de votre intention, Monsieur le Comte, ajoute Hettlinger, qu'on s'occupe à la Manufacture du Roy autant des progrès de l'art que de la régie économique, j'ay cru devoir vous informer de cet essay et ajouter que je le regarde comme un premier pas, qui nous démontre la possibilité d'exécuter de grands objets de sculpture de biscuit. Si vous nous permettez de faire d'autres essays progressivement dans une plus grande dimension, j'espère que nous finirons cette année avec une certitude raisonnable de pouvoir exécuter dans la prochaine quelque pièce de conséquence, comme seroyt par exemple la statue pédestre du Roy, de grandeur naturelle...

« Ayant été ces jours derniers dans l'attelier de M. Boizot voir le Racine qu'il modèle pour le Salon prochain, j'y ay vu un buste du Roy en plâtre, que M. Boizot m'a dit avoir fait en marbre, l'année dernière, pour M. le Comte de Vergennes, chez qui, sans doute, vous l'aurez vu. Ce buste me paroit d'une belle exécution et je voudrois bien, Monsieur le Comte, que vous nous autorisassiez, pour notre second coup d'essay, de le faire en biscuit; en s'y prenant dès à présent, il pourroit être fait pour l'exposition prochaine à Versailles. Il est un peu plus grand que nature, de façon qu'après la retraite qu'il subira au four, il viendroit à grandeur naturelle. »

A cette époque, Sèvres rêve constamment de faire grand, et cela dans tous les genres de production. C'est, en effet, de cette période que datent les vases de dimensions colossales. Métra, dans sa *Correspondance secrète*, nous fournit quelques renseignements à ce propos : « On a fabriqué, à la Manufacture royale de porcelaine de Sèvre, dit-il, un vase de cette matière qui est d'une forme très grande, d'environ 5 pieds de hauteur et d'un dessin qui ne laisse rien à désirer. Sur la coupe du vase, on voit la course d'Atalante, exécutée avec une perfection sans exemple. Ce morceau rare, dans la composition duquel il est entré pour septante mille livres de matière, étoit destiné, dit-on, pour une cour étrangère. Le roi se l'est réservé et en a commandé un second de même grandeur. Ils serviront l'un et l'autre à l'ornement du musée des galeries du Louvre[1]. » Le 15 mars 1785, Hettlinger informe le comte d'Angiviller que le vase-cloche sur une colonne tronquée, dont on vient de terminer l'exécution, est la plus grande pièce qu'on ait jamais faite en une seule partie. « On fera ensuite de la réussite de l'expérience, ajoute-t-il, un grand four qui permettra d'exécuter des choses plus grandes encore. » Une autre lettre contient des informations sur la fabrication des plaques de porcelaine, de dimensions exceptionnelles.

Cette préoccupation d'arriver à la fabrication des grandes plaques se rattachait, sans aucun doute, au désir qu'avait alors Hettlinger de faire reproduire des tableaux de vastes dimensions. Sèvres suivait, en cela, l'exemple des Gobelins, où la copie des tableaux, on le sait, était fort en honneur. Une lettre de Régnier, le co-directeur[2], informe, à la date du 22 janvier 1783, le comte d'Angiviller qu'il a envoyé chercher aux Gobelins un tableau de M. Pierre, la *Fête de la Sultane*, mais Belle (inspecteur des travaux d'art de la Manufacture des Gobelins) ayant répondu qu'on en avait besoin pour la tapisserie; il propose, en conséquence, de choisir un autre sujet qui « fera sûrement plaisir au roi, les *Honneurs rendus au connétable Duguesclin après sa mort*, que Pithou se charge de rendre à la satisfaction générale. » Déjà Hettlinger, doué d'un esprit fort inventif, — nous en donnerons de nouvelles preuves, — avait eu l'idée d'appliquer la porcelaine à la décoration des meubles, ou tout au moins d'en généraliser l'emploi dans l'ébénisterie de grand luxe, et de donner ainsi à la fabrication des plaques d'ornementation une extension considérable. Les catalogues des ventes artistiques du temps permettent de reconstituer descriptivement quelques-uns de ces meubles nouveaux, qui furent bientôt fort à la mode, en raison de leur originalité et de leur luxe gracieux.

Dans la vente de la célèbre Mlle Laguerre, on voit figurer : « Un secrétaire de forme cintrée, plaqué en bois de rose, s'ouvrant dans le milieu par un battant, orné de trois panneaux de porcelaine de Sève, dont un représente une corbeille de fleurs, soutenue par un nœud de

[1] *Correspondance secrète*, t. XVII, p. 164.
[2] Archives nationales.

SÈVRES.

rubans, les autres, des guirlandes de roses dans leurs cadres; le dessus de marbre blanc veiné, l'entablement avec balustre enrichi sur le pourtour de guirlandes de draperies; les côtés à deux tablettes de marbre blanc, aussi à balustre et ornemens; l'intérieur plaqué en bois de rose et fleurs de rapport, supporté par quatre gaines cannelées à fleurons, surmontées de trois panneaux de porcelaines à fleurs, dont un à tiroirs garnis d'autres ornements et accessoires en bronze doré; les tablettes de dessous en marbre blanc aussi à balustre; hauteur trois pieds quatre pouces, largeur trois pieds deux pouces. » A la même vente on remarque encore : « Une table de forme carrée, à pans, plaquée en bois de rose ouvrant à tiroirs, garnie de son encrier, le dessus orné d'un médaillon de porcelaine de Sève, représentant une corbeille de fleurs, soutenue par un ruban; les quatre autres en équerre, aussi à fleurs, entourés de leurs cadres; l'entablement à balustre, moulure et panneaux de même porcelaine, avec entrée, cadres, moulures et trophées sur les champs; supportée par quatre gaines cannelées à fleurons, et tablette au-dessous en marbre blanc veiné; hauteur deux pieds deux pouces, longueur deux pieds. »

La duchesse de Mazarin, fille du duc d'Aumont, possédait également un certain nombre de meubles ornés de porcelaines de Sèvres. Sa vente comprit, entre autres, comme pièces de grande valeur : « Un secrétaire orné de deux panneaux de porcelaine de Sèvres, avec dessins en mosaïque et bouquets de fleurs, encadrés de bronzes à feuilles de persil; une chiffonnière de bois de placage, le dessus orné d'un plateau de porcelaine représentant une ferme, où l'on voit une femme donnant du grain à des poules, des enfants et des animaux ornant les différents plans; un petit coffre de bois de placage, composé de treize morceaux de porcelaine; une table à tric-trac, de bois de palissandre sur quatre gaines, ornée de vingt-six panneaux de trois pouces, six lignes en carré de porcelaine à fond vert et cartouches semés de bouquets de fleurs sur fond blanc, et encadrés d'une bordure de bronze avec feuilles de persil. »

Après les meubles, ce furent les carrosses que l'on décora de plaques de porcelaine. Dans ses *Mémoires secrets*, Bachaumont raconte l'apparition à Longchamps, en 1780, d'un carrosse de porcelaine, qui fit, comme excentricité mondaine, une sensation profonde [1]. « La fameuse promenade de Longchamps, écrit-il, malgré la saison peu avancée cette année, n'en

---

[1] *Mémoires secrets*, t. XV, p. 106.

a pas été moins fréquentée. Hier, la file des voitures commençoit sans interruption depuis la place de Louis XV jusques à la porte Maillot... C'est le carrosse de porcelaine de madame de Valentinois qui a été décidé la plus belle voiture de la promenade. Cette jeune femme, fille de la duchesse de Mazarin, une des plus jolies de la Cour, attiroit tous les regards. Elle avoit quatre chevaux gris pommelés, avec des harnois en soie cramoisie, brodés en argent. Quoique les filles fussent en plus grande abondance que de coutume à cette promenade, elles n'ont pas brillé comme à l'ordinaire. On n'en a remarqué qu'une dont la voiture en porcelaine aussi luttoit contre la première : tous les amateurs ne connoissant pas cette courtisane, ont été à la découverte. Quelques uns vouloient que ce fût Mlle Renard, la maîtresse du prince de Montbarrey: enfin on a constaté que c'étoit une débutante dans la carrière, appelée Beaupré. »

Vers le même temps, Hettlinger inventa la tabatière en imitation d'agate. « Permettez, écrit-il à M. le comte d'Angiviller, que je vous montre quelques échantillons d'une idée qui m'est venue d'adapter mes agathes factices à des tabatières ou bonbonnières de porcelaine. Pour cet effet, j'ay l'honneur de vous envoyer trois boîtes que j'ay fait exécuter en porcelaine, avec un creux au couvercle pour y enchâsser, moyennant un cercle d'or, les dites agathes, et les boîtes seroient également garnies d'une gorge en or. »

Ces ingénieuses fantaisies n'empêchent pas, toutefois, l'infatigable directeur de poursuivre des idées plus artistiques. C'est le moment où l'imitation de l'Antiquité commence à tyranniser les gens de goût. Une lettre du 24 mai 1785 nous le montre préoccupé de la fabrication d'une tasse et d'une soucoupe en peinture étrusque, faites d'après un modèle fourni par Lagrenée. L'année suivante, il fait transporter à Sèvres une collection de vases étrusques, formée par Denon et comprenant 525 pièces de toutes grandeurs. « Il s'y trouve, écrit-il, plusieurs formes de vases, simples et élégantes, qui pourront être étudiées utilement pour la Manufacture, et au mérite de leur haute antiquité se joint celuy de leur vernis ou émail qui est admirable, car plusieurs vases ont un air si frais qu'on les croiroit faits tout nouvellement; mais je ne sçaurois admirer leur peinture ni en figures, ni en ornements, c'est bien peu de choses. »

Hettlinger et Régnier avaient su s'entourer d'artistes de première valeur. Caffieri, Pajou, Clodion, Boizot, Fragonard, Julien et Roland prêtaient à la Manufacture la collaboration précieuse de leurs talents variés et féconds. En outre, sur leur demande, le Surintendant des Bâtiments du roi avait pris une mesure excellente qui ne contribua pas médiocrement à alimenter les ateliers de bons modèles. Tous les statuaires, qui recevaient la commande de figures en marbre, destinées à orner les résidences royales, étaient tenus d'en fournir une réduction ou une esquisse en terre, pour être exécutée en porcelaine à Sèvres. Ces esquisses ont été conservées soigneusement ; on peut les voir aujourd'hui au musée céramique.

Mais tant d'intelligence, d'habileté, de dévouement seraient peut-être restés stériles, si le roi n'eût accordé à la Manufacture l'appui de sa haute bienveillance. Louis XVI, c'est une justice à lui rendre, porta toujours à Sèvres un grand intérêt; il avait hérité en cela des goûts de son grand-père. Il s'y rendait fréquemment, se préoccupait d'accroître l'outillage et de développer les progrès artistiques. Dans une lettre d'Hettlinger à son neveu Ott de Zurich[1], nous trouvons des renseignements curieux sur les expositions annuelles des produits de Sèvres, qui avaient lieu à Versailles : « Je t'ai déjà dit qu'une exposition de porcelaines a lieu tous les ans, de Noël jusqu'au jour des trois Mages ; c'est au château du roi même, où le public est admis à examiner et à acheter. Le roi occupe à Versailles, outre ses chambres de parade, des pièces dites les petits appartements, où se passe sa vie privée. Dans l'une il y a un billard, dans une autre une bibliothèque, une troisième sert de salle à manger et ainsi de suite. Au milieu du mois de décembre, on débarrasse trois de ces pièces de tout ce qu'elles contiennent pour y placer des tables, sur lesquelles sont exposées les porcelaines. Cette année le roi n'a pas attendu l'arrivée des ouvriers et s'est amusé à déballer lui-même, en cassant pas mal et en outre mêlant tellement tout, qu'il nous falloit des heures pour y remettre l'ordre. Le roi aime sa fabrique de Sèvres et a dit à une personne de son entourage : « Bientôt viendront nos braves gens de Sèvres ; il faut que je me hâte de leur tirer quelque gibier. » C'est le troisième jour que le ministre m'a présenté au roi en énonçant à haute voix mon nom et mes titres, et en y joignant, avec sa bonté habituelle, quelques éloges concernant mes connaissances et mon art, tout en me demandant si je n'avois rien de cela sur moi. Je lui montrai alors deux tabatières

---

[1] *Notizen der Schweizer Kulturgeschichte*, cité par Demmin.

ornées d'oiseaux, faits avec des plumes naturelles que le ministre remit au roi, qui admira mon travail et ma patience.

« Logés en ville aux frais du roi, nous pouvions nous rendre par un chemin couvert au château où nous prenions nos repas et où nous étions traités d'une manière splendide. Nous sommes rentrés à Sèvres le 19, l'estomac et les poches pleines. Le roi est venu nous voir tous les matins et s'est entretenu avec nous comme s'il étoit des nôtres, tout en nous aidant de ranger les porcelaines. Il étoit content si quelqu'un trouvoit quelque chose à dire qui le fît rire, et savoit s'entretenir avec tout le monde des moindres choses ; j'ai admiré qu'un si grand monarque prît de l'intérêt à de tels détails... Notre voyage a eu un bon succès, grâce à une idée ingénieuse qui me fit exécuter des porcelaines blanches, garnies d'insectes naturels et placés sous des globes en verre, par exemple un amour dans un char traîné par six papillons naturels et un autre amour à la chasse où le chien est représenté par un escarbot. Lorsque j'étois occupé de ranger ces objets, le roi est arrivé et a ri de bon cœur, en disant que cela devoit être de mon invention. Il me demanda comment j'élevois mes papillons et conservois les insectes, etc. L'approbation du roi donna de la valeur à ces escarbots qui se vendirent alors aussi cher qu'une vache en Suisse. »

Marie-Antoinette partageait pour Sèvres les goûts de son époux. Une jeune femme élégante, coquette, spirituelle, ne pouvait avoir de l'indifférence pour des œuvres aussi délicates, aussi gracieuses que celles de la Manufacture royale. Les chroniques mentionnent de fréquentes visites de la souveraine aux ateliers. Elle y fit de nombreuses commandes, à l'occasion d'événements importants. Lors de la naissance du premier dauphin, elle demanda à Pajou de modeler, pour la Manufacture, un groupe la représentant en train de montrer son fils à la France; elle y fit également à ce propos, exécuter une tasse superbe. Cette tasse, en porcelaine tendre, est légèrement évasée. Ses deux anses sont formées d'un dauphin doré, avec couvercle surmonté d'une couronne royale; la soucoupe est une trembleuse, dont le fond est bleu turquoise, et porte des rinceaux d'or au bord, des médaillons et des bouquets de fleurs en or, encadrés d'une couronne composée d'une branche de roses et d'une branche de lis en or [1].

[1] Vendue, en 1881, à la vente Double, 4,830 francs.

Les présents diplomatiques de porcelaines de Sèvres furent, sous Louis XVI, aussi nombreux que pendant le règne précédent. Les registres de la Manufacture font mention de services considérables et d'une très grande valeur, destinés à cet usage. En 1777, le roi envoyait à l'empereur d'Allemagne un service de table, fond vert, avec fleurs et fruits, un surtout de table et deux vases, ornés des portraits du roi, le tout évalué, 43,464 livres. Deux ans auparavant, la princesse des Asturies avait reçu un service de table, avec surtout orné de sculptures, du prix de 24,192 livres. Le 7 février 1778, il était offert à l'empereur du Maroc un service à thé, des soupières et des gobelets et à son ambassadeur trois déjeuners. En 1779, Bertin adressait à l'empereur de Chine, au nom du roi, un présent consistant en vases, pots et groupes d'après Boucher et Oudry et des statuettes représentant saint Louis, sainte Clotilde, saint Antoine, sainte Claire et sainte Thérèse! Lors de son voyage à Paris en 1784, au mois d'octobre, le prince Henri de Prusse était gratifié par le roi d'un cabaret en pâte tendre émaillée, de deux vases en pâte tendre émaillée, d'un service à dessert fond vert, orné de fleurs, de fruits et de diverses pièces de sculpture dont quatorze représentaient des Français illustres, présent estimé 23,052 livres. La même année, le duc de Saxe-Teschen recevait un service de table avec surtout, cabaret, les bustes du roi, de la reine et de l'empereur d'Allemagne, et des vases où était représentée l'histoire de *Renaud et Armide*. En 1786, le roi faisait présent à l'archiduc Ferdinand, gouverneur de la Lombardie Autrichienne et à l'archiduchesse sa femme, lors de leur voyage à Paris, de porcelaines diverses pour 24,073 livres. Le 12 septembre 1788, le ministre des Affaires étrangères envoyait à Tippo-Saïb, sultan de Mysore, par l'intermédiaire de l'ambassadeur de ce prince, un grand service de table avec des vases, des tableaux de porcelaine et des bustes, le tout d'une valeur de 33,126 livres.

Les souverains étrangers, enthousiasmés par la beauté des produits de Sèvres, n'attendaient pas qu'on leur en fît présent; ils commandaient ou achetaient directement à la Manufacture des services complets et des pièces importantes. Une lettre curieuse de Marmontel[1] adressée à un des directeurs de Sèvres nous fait connaître, dans tous ses détails, une commission de ce genre, dont le célèbre académicien fut chargé par

[1] *Archives de l'art français*, 1873, p. 385.

le roi de Suède. « On vous a dit, Monsieur, que j'ai été hier à votre Manufacture pour m'acquitter d'une commission du roi de Suède, qu'il s'agissoit d'assortir quelques morceaux de porcelaine dont S. M. veut faire présent à l'Impératrice de Russie, et qu'après avoir inutilement cherché à remplir ses vues pour un éloge allégorique, je me suis réduit à former une garniture de cheminée, où l'on pourroit glisser quelques traits relatifs à cette auguste souveraine. J'ai communiqué mon dessein au Baron de Stael, de qui j'avois reçu les ordres du roi. Il a tout approuvé. Vous pouvez donc regarder comme vendus pour le compte de S. M. S. les morceaux que j'ai choisis et que M^{rs} les commis du magasin vous auront sans doute indiqués :

« 1° Un grand vase, bleu de roi et or, avec un cartouche représentant une marine charmante. Dans ce petit tableau deux hommes sont occupés à lire dans un livre posé sur un tonneau. Je suis convenu avec le peintre, que sur le livre il écriroit ces mots que je vais tracer figurativement :

    NEUTRA-   CATHERINE II
     LITÉ
    ARMÉE   GUSTAVE III

« Il faut que ces caractères soient en émail et l'on m'a promis que cette petite besogne seroit faite aujourd'hui.

« 2° Deux groupes représentant Pigmalion et Prométhée. Je suis convenu aussi avec le peintre que, sur les piédestaux des deux groupes, il mettroit en émail les inscriptions que j'aurois l'honneur de vous envoyer. Les voici :

« Pour le groupe de Prométhée :

> Celle dont le génie éclaire les humains
> Et qui donne l'essor à leur âme exaltée
> Peut dire : Le sceptre en mes mains
> Est le flambeau de Prométhée.

« Pour le groupe de Pigmalion :

> Créatrice des mœurs, avec le don sublime
> De se faire obéir et de se faire aimer,
> Elle n'a qu'à vouloir que le marbre s'anime,
> Et le marbre va s'animer.

« 3° Deux vases, fond bleu de roi, avec des feuillages représentant des cornes d'abondance.

« Voilà, Monsieur, de quoi est composé l'assortiment que j'ai choisi. J'ai l'honneur de vous répéter qu'on m'a promis à la Manufacture que les

SÈVRES.

inscriptions seroient en émail cuit au feu, et qu'on profiteroit de la cuisson qui se fait aujourd'hui. Il n'y a pas un moment à perdre. Le roi de Suède attend ces morceaux à Spa, d'où il veut les envoyer en Russie, et il ne doit être à Spa que jusqu'au 8 du mois prochain. Dès que tout sera prêt, Monsieur, vous voudrez bien en donner avis à M. le Baron de Stael; il loge à l'hôtel de l'Ambassadeur de Suède, rue Grenelle, faub. St Germain.

« J'ai mis exactement aux inscriptions la ponctuation; [pour] l'ortographe, je vous prie de recommander qu'on y donne quelque attention.

« J'ai l'honneur d'être très parfaitement, Monsieur, votre très humble et très obéissant serviteur,

Ce 29 Août 1780.

MARMONTEL,
de l'Académie françoise.

Rue St Honoré, maison neuve des feuillants. »

Le prix de cette commande était de 1,896 livres.

En 1788, Catherine II commanda à Sèvres son fameux service en pâte tendre, fond bleu turquoise, composé de 744 pièces, ornées de camées lequel lui fut facturé 328,188 livres. L'impératrice trouva ce prix trop cher, et ses réclamations firent l'objet d'une longue correspondance diplomatique. A la suite d'un incendie au palais de Tsarkoë-Selo, le service fut dépareillé; à la faveur du désordre causé par ce sinistre, des voleurs s'introduisirent dans les appartements et enlevèrent un grand nombre de pièces. Elles furent portées en Angleterre et achetées par un marchand anglais du nom de Webb, qui les revendit quelques années plus tard, à Paul Ier[1].

Mais ce n'était pas seulement à l'étranger qu'on se passionnait alors pour ces fragiles objets d'art. La mode était plus que jamais aux porcelaines de Sèvres, parmi les belles dames de la Cour et de la Ville, parmi les gentilshommes et les bourgeois enrichis. Sur les états de ventes au comptant de la Manufacture, soit à Versailles pendant l'exposition annuelle, soit à Sèvres, nous relevons les noms de la Reine, du comte de Chabrillant, du duc de Fronsac, du comte de Maillé, du duc de Cossé, du comte de la Châtre, du prince de Rochefort, du comte de Vintimile, de la marquise de Caumont, de la comtesse de Tavannes, du duc de Luynes, de la princesse de Tinguy, du duc de Guiches, de la princesse de Beauveau, de Monsieur, de Mme d'Auti-

---

[1] Ces pièces font partie actuellement du musée de la Manufacture impériale de porcelaine. Une assiette de ce service figurait dans la collection Double.

champ, du marquis de Buzenval, de l'archevêque de Reims, du comte Guy de Lévis, de la comtesse d'Angiviller, du duc de Coigny, du comte de Boisgelin, de Mme Adélaïde, de la marquise de Douissan, de M. Pascal, du duc de Liancourt, du comte d'Affry, de M. de Salvert, du duc de Villequier, de la marquise de Coigny, du marquis de Castries, du duc de Polignac, de l'archevêque de Bourges, de la duchesse de Narbonne, de M. de Crussol, du marquis de Sourches, du marquis de Vernon, du comte des Essarts, de la duchesse de Lorges, du duc d'Avray, du comte de Rochechouart, du comte de Puységur, du vicomte de la Roche-Aymon, du marquis de Saisseval, du duc de Chabot, de la comtesse de Chalons, de la princesse de Lambesk, de la marquise de Caumont, du marquis d'Autichamp, de la comtesse d'Artois, du marquis de Saint-Sauveur, du duc de Luxembourg, du duc de Choiseul, de M. de Stainville, de la marquise de Tavannes, du comte de Vergennes, du premier président de Nicolaï, de la duchesse de Beauvilliers, etc., etc. En 1782, la vente au comptant à Versailles produisit 65,378 livres. Le roi y fit, le 3 janvier, des acquisitions pour plus de 10,000 livres. Quelques jours auparavant, il y dépensait 1,320 livres ; un groupe représentant l'*amour conduit par la folie* figurait dans ses achats ; et Mme la comtesse d'Artois achetait divers objets de toilette, dont un pot de chambre de 72 livres.

C'est à la participation du public dans les commandes et les achats, qu'il faut attribuer, en grande partie, la transformation subie, à cette époque, par la production de Sèvres. Celle-ci, en effet, se modela sur les sentiments particuliers qui animaient la société française. L'histoire artistique de Sèvres, sous le règne de Louis XVI, se divise en deux périodes très distinctes. Dans la première, qui va environ jusqu'à 1780, le caractère général des porcelaines, au point de vue du décor et de la forme, n'est point sensiblement différent de celui que nous avons déterminé pour l'époque de Louis XV. Les peintres continuent à s'inspirer de Boucher et de Watteau ; les médaillons sont consacrés à la représentation de sujets galants, de scènes champêtres et de galanteries idylliques. L'ornementation gracieuse et légère se compose de guirlandes de fleurs, de bouquets, de fruits aux délicates et claires colorations. Les figurines des biscuits représentent des marchandes d'amour, des baigneuses, de coquettes bergères, etc. Pajou et Clodion donnent aux modèles l'afféterie élégante, la grâce provocante de leurs nymphes de marbre. Peu à peu, une formule artistique nouvelle se manifeste. L'allégorie de galante devient philosophique ; sans doute cette philosophie est encore fort aimable; c'est l'épicurisme atteint de sentimentalité. L'Amitié tend la main à l'Amour, la Fidélité enchaîne la Grâce et la Jeunesse, l'Hymen conduit un jeune couple à l'autel. A la Mythologie amoureuse succède l'Histoire plus sévère, nous apportant tout son cortège, solennel et médiocrement gai, de dévouements civiques, de courages militaires, d'aventures héroïques ou morales. Une exécution habile, une pratique savante du métier appris à l'école des grands sculpteurs du règne précédent, donnent fort heureusement à cette production, d'idées et d'inspirations assez peu plastiques, une forme qui a encore de l'élégance et de la grâce. Mais aux sujets historiques et aux mièvreries sentimentales, un naturalisme mal inspiré ne tarde pas à associer des compositions grotesques, qu'on ne se serait pas attendu à voir traduire en une matière si précieuse. Parmi les modèles de Sèvres qui datent de ce temps, on remarque, non sans étonnement, les groupes des Jeannot, des Eustache Pointu, des Jérôme, et des Capitaine Laroche[1]. Puis viennent les savetiers, les gagne-petit, les marchands de mort-aux-rats, les taupiers. La fantaisie s'encanaille.

Les mêmes causes amènent, du reste, des effets identiques. A Sèvres comme aux Gobelins, on perd peu à peu l'habitude de créer. Les peintres ne font plus de dessins spéciaux pour la décoration céramique; on commence à emprunter aux tableaux les sujets de composition et les motifs d'ornementation. On copie en porcelaine, comme en tapisserie, les peintures monumentales. Pendant les dernières années du règne de Louis XVI, l'harmonie charmante de couleurs et de formes qui donnait aux œuvres

---

[1] Un théâtre de jeunes artistes fut créé sous Louis XVI, et la première pièce qui y fut jouée, les *Battus payent l'amende*, obtint un succès prodigieux; tout le monde y courut. Un débutant, Volanges, qui plus tard acquit une réputation européenne, interprétait dans cette pièce le rôle de Jeannot. Jeannot eut tous les honneurs attachés à la célébrité; il fut modelé en biscuit, en plâtre, en stuc, en bronze; Louis XVI l'avait sur sa cheminée, en regard du capitaine Laroche, qui commandait la *ménagerie et la basse-cour* du château de Versailles.

C'est ce capitaine Laroche qui, entrant un jour dans le cabinet du roi et apercevant le buste de Volanges à côté du sien, le brisa en morceaux, en s'écriant :

— Sire, quel est le malheureux qui a osé placer le buste d'un histrion à côté de celui d'un brave militaire, décoré de vos ordres ?

Le roi sourit; et pour toute réponse :

— Capitaine Laroche, dit-il, j'ai rencontré dans la cour du château, du côté de l'Orangerie un dindon qui se promenait; si pareille chose arrive encore, je vous ferai casser à la tête de votre compagnie.

Louis XVI avait de l'esprit, comme on voit; le capitaine Laroche sourit, lui aussi, ou fit semblant; il avait compris.

« On a modelé Jeannot, écrit Bachaumont (1779), en porcelaine de Sèvres et son buste de cette manière est en ce moment l'étrenne à la mode; la Reine en a pris plusieurs pour distribuer à ses favoris et favorites. »

des Dodin, des Aloncle, des Fragonard, des Bachelier, tant d'originalité et de charme, tend à disparaître, pour faire place à un amalgame de combinaisons hétéroclites, où le sentimentalisme du temps tient une place considérable. Nous possédons une lettre de M. de Montucla, datée du 8 avril 1789, dans laquelle il défend, au nom de M. d'Angiviller, d'exécuter un médaillon représentant un nègre, avec cette légende : « Ne suis-je pas homme ? » Cette défense, motivée par les désordres que pourrait causer aux colonies l'apparition d'un médaillon pareil, en dit plus sur l'esprit du temps que toutes les considérations possibles. On comprend comment de pareilles idées, qui furent poussées à l'excès sous les régimes suivants, dûrent, au point de vue du goût, amener une regrettable décadence, décadence qui allait se trouver aggravée par une suite non interrompue d'événements tragiques et par l'ignorance artistique des directeurs qui se succédèrent à la tête de la Manufacture. La science technique des porcelainiers ne disparaîtra point heureusement. On continuera, grâce au maintien des traditions et à l'organisation sociale du personnel ouvrier, de produire une matière toujours superbe, incomparable ; c'est vers la perfection de la matière que se porteront tous les efforts de l'administration ; mais l'amoindrissement de l'art n'en sera que plus douloureux, et l'on est doublement attristé de voir se perdre tant de richesses, dans une production d'une valeur artistique discutable, et indigne du passé glorieux de la Manufacture de Sèvres.

VII

LA MANUFACTURE SOUS LA RÉVOLUTION

Les événements qui précédèrent la Révolution n'avaient pas été sans troubler profondément l'industrie et le commerce de luxe. La Cour et la Ville étaient exclusivement préoccupées d'intrigues politiques. Le Trésor se trouvait à sec et en dépit des emprunts de M. de Calonne, absorbés en grande partie par les financiers et par les courtisans, il n'y avait pour ainsi dire plus d'argent pour subvenir aux services publics. La noblesse était endettée, et la riche bourgeoisie serrait ses écus, en prévision d'un avenir, qui s'annonçait sous les couleurs les plus sombres. Des établissements comme Sèvres et les Gobelins devaient fatalement souffrir les premiers et le plus cruellement, d'un état aussi critique. En 1789, Hettlinger écrivait à son neveu Ott : « Notre manufacture se trouve en grand embarras pour continuer la fabrication. Nous ne manquons pas de précieuses marchandises, mais d'acheteurs, et par suite d'argent, pour payer nos artistes et ouvriers qui, sans fortune, ne peuvent pas temporiser (sic). » Le 8 septembre de la même année, M. de Montucla, directeur des Bâtiments civils, dit à Régnier : « Plus je réfléchis, Monsieur, sur l'état des choses, plus je me convaincs de la nécessité de trouver le moyen de diminuer la fabrication d'un bon tiers. Il en résultera une épargne proportionnée sur tous les objets de consommation. D'ailleurs, tout ce qui tient au luxe est sabré pour quelques années. Paris s'anéantit peu à peu. Tous les gens opulents vont planter des choux dans leurs terres. Voilà la maison d'Artois flambée pour longtemps. Il y aura de fortes réformes chez le roi, chez la reine, chez Monsieur, etc... Les Seigneurs de la Cour sont ruinés. A quoi parer avec cela, ayant probablement deux mois à payer en janvier, de seize à dix-sept mille livres chacun? En vérité, soit dit entre nous, je crains fort que nous ne subsistions pas jusque-là, ou si nous allons là, que ce ne soit pour quelques mois après, à moins de quelque expédient que je ne vois pas; il me paraît que nous sommes dans un danger imminent. Enfin, je vous le dirai franchement, je ne vois pas de quel bois faire flèche. Personne ne paie l'ancien; on n'achète presque pas en ce moment; j'ai tous les créanciers (ou du moins une bonne partie) de la Manufacture sur le corps; je serai bientôt obligé de m'absenter ou de me cacher. »

En présence d'une situation de jour en jour plus grave, le roi songea un instant à abandonner la Manufacture de Sèvres; il demanda au comte d'Angiviller un mémoire à ce sujet. Le rapport que lui adressa le surintendant des Bâtiments, à la date du 7 août 1790, conclut avec beaucoup de bonnes raisons, à la conservation des ateliers : « Sa Majesté, y est-il dit, a saisi les considérations et les motifs personnels qui exigent en quelque sorte qu'elle essaie, au moins pendant un temps quelconque, de maintenir cette Manufacture; de conserver à la France un art qui l'honore, un commerce qui attire l'étranger en écartant sa fabrication personnelle; d'arracher à la misère 2 à 300 ouvriers qui n'ont et ne peuvent avoir d'autre ressource qu'un état dans lequel ils ont vieilli; enfin de se garantir de la perte immense qu'on ferait en démontant un établissement, qui porte en lui-même une masse active très considérable tant par la valeur de son sol et de ses bâtiments que par les approvisionnements de ses magasins, qui seuls représentent une valeur de 1,300,000 livres, indépendamment de environ 40,000 écus de recouvrements certains, tandis que ce même établissement doit à peine 200,000 livres. » Ce plaidoyer énergique porta ses fruits. Le roi, convaincu par toutes ces bonnes raisons, écrivit au bas du Mémoire : « Je garde la Manufacture de Sèvres à mes frais, mais je veux qu'on en diminue

SÈVRES.

et règle la dépense de manière qu'elle ne dépasse pas cent mille écus. » En conséquence, on élabora un nouveau règlement pour l'administration de l'établissement. Il fut décidé qu'une ligne de démarcation serait tracée entre la nouvelle et l'ancienne gestion, que les fonds remis mensuellement pour les dépenses de la Manufacture seraient uniquement employés à solder ce qui était dû tant aux ouvriers qu'aux employés et fournisseurs, à partir du commencement de 1791, sans aucune confusion avec les dettes antérieures; que pour payer ces dernières dettes, on emploierait les rentrées des sommes dues pour raison des ventes des années antérieures à 1790, ainsi que le produit des ventes qui se feraient pendant l'année 1791, et cela jusqu'à entier acquittement.

Ces mesures étaient à la fois vigoureuses et empreintes d'une certaine prudence; mais les événements se succédaient avec une foudroyante rapidité. L'organisation nouvelle reçut à peine un commencement d'exécution. Au milieu des désastres politiques qui préparaient la déchéance de la monarchie, le roi ne pouvait guère s'occuper de sa Manufacture. Le 12 août 1792, une loi chargeait le ministre des Contributions publiques, de l'administration des Domaines et Bâtiments de la liste civile. Un ancien administrateur des Salines de la Franche-Comté, Haudry, fut désigné par le ministre Clavière pour diriger la Manufacture de Sèvres. Peu après, l'administration des Manufactures nationales était remise au ministère de l'Intérieur. Rolland maintint Haudry avec le titre de commissaire, tout en conservant à Régnier et à Hettlinger leur situation de co-directeurs; mais Haudry ne resta point longtemps en fonctions. Le département du Jura réclamait avec instance son retour à l'administration des Salines, et il s'en alla sans qu'on songeât à lui donner un successeur. De leur côté, Régnier et Hettlinger ne tardèrent point à être inquiétés en raison de la situation qu'ils avaient occupée à la Manufacture avant la Révolution. On les maintenait à la tête de Sèvres, mais en exerçant sur tous leurs actes administratifs et privés une surveillance continuelle. Le 3 avril 1793, le maire de Sèvres, assisté de l'officier municipal, du procureur de la Commune et du greffier, se transportait dans les bureaux d'Hettlinger, procédait à la saisie des papiers de la Manufacture et les envoyait à Paris. Quelques mois après la Commission des monuments nommait une délégation, composée de Sergent, Lemonnier, Boizot et Masson, pour inspecter les travaux. Enfin, au mois de septembre, tout le haut personnel était arrêté. Cette grave mesure était prise à la suite d'une dénonciation adressée au Comité de salut public par le Comité de sûreté générale de Sèvres.

Régnier, Hettlinger, Salmon et Caton ne restèrent que deux jours en prison; la Convention décida, par décret du 18 septembre, qu'ils seraient reconduits de Paris à Sèvres pour y rester sous la garde de quatre gendarmes, jusqu'à l'achèvement des travaux des commissaires, que la Convention y avait envoyés avec mission de faire une enquête sur l'organisation et le fonctionnement de l'établissement. En même temps la Convention déléguait un de ses membres, Battelier, pour administrer provisoirement la Manufacture. Le lendemain de son arrivée à Sèvres, le nouvel administrateur nommait inspecteur de la Manufacture le citoyen Chanon, chef des fours et chimiste qui avait signé la dénonciation; mais la confiance du délégué de la Convention était bien mal placée. Chanon se signala rapidement par des malversations, par des détournements de fonds et de pièces, et moins d'un an après sa nomination, il fut destitué et incarcéré à son tour. Battelier ne se borna pas à cette nomination déplorable. Sous prétexte d'exécuter des réformes radicales, il fit de nombreuses radiations dans le personnel; il supprima la place de directeur et celle de caissier. Il révoqua le titulaire de cette dernière place, Barrau, sous l'inculpation d'avoir négligé de faire payer des sommes considérables dues par des émigrés, et parce qu'il avait été fait, pendant son absence, une recette de 15,000 livres de faux assignats. Les biens de Barrau furent en outre séquestrés et on le mit en demeure de faire rentrer toutes les créances dans le délai d'un mois. Enfin l'organisation intérieure fut transformée, accommodée aux principes alors en honneur, et l'élection pour tous les hauts emplois substituée aux nominations directes par le gouvernement.

Mais une réaction en faveur d'Hettlinger s'était produite, entre temps, au sein du Comité d'Agriculture, chargé de la haute administration de Sèvres. Celui-ci, se réclamant de sa qualité de Suisse, avait demandé, à diverses reprises, à être élargi et à quitter le territoire français. Déjà, à la date du 18 fructidor an II, le Comité de salut public, dans une note adressée aux représentants du peuple, membres du Comité d'instruction publique, s'était opposé à ce départ. Il avait déclaré que, loin de permettre au citoyen Hettlinger de quitter le territoire de la République française, il fallait, au contraire, l'indemniser et lui restituer la place qu'il avait déjà occupée. L'agence du Comité d'Agriculture proposa, peu après, de faire payer à Hettlinger les appointements de sa dernière année de gestion, soit 3,500 francs, à condition qu'il resterait en France. Enfin, le 13 pluviôse an III, le Comité réorganisait, une fois de plus, l'administration de la Manufacture et réintégrait dans leurs emplois deux des victimes de Chanou, Hettlinger et Salmon.

Hettlinger, Salmon et François Meyer, constituant un Comité directeur, furent, en conséquence, chargés de l'administration ; le peintre Lagrenée et le sculpteur Boizot eurent la partie artistique ; et un nouveau règlement rédigé par Berthollet, divisa tous les travaux et emplois en 9 départements : 1° les fours, pâtes, couvertes et étuis ; 2° la porcelaine tendre ; 3° la porcelaine dure ; 4° la sculpture ; 5° la peinture ; 6° la chimie ; 7° le four des peintures ; 8° les tours mécanique et particulier ; 9° la comptabilité.

Ce fut le 21 pluviôse an III, que Lhéritier, membre de la Commission d'Agriculture et des Arts, vint installer les trois directeurs. En présence de tous les artistes, employés et ouvriers, il réintégra également Lagrenée comme chef du département de la peinture. Battelier avait révoqué ce dernier pour cause de modérantisme ; mais le Comité de surveillance révolutionnaire, section des Tuileries, lui avait délivré un certificat attestant ainsi son civisme : « Il est généralement connu pour un homme de probité et bienfaisant par goût, ainsi que toute sa famille. Il a rempli en silence tous les devoirs de bon citoyen ». Les ouvriers de Sèvres le réclamaient, en outre, avec instance. Caton peintre, employé depuis quarante-six ans à la Manufacture, chef de l'atelier de peinture et Fontaine, employé depuis quarante-trois ans comme décorateur, l'un et l'autre destitués par Battelier, furent en même temps rétablis dans leur ancienne situation.

Le Comité directeur ne demeura pas longtemps au complet. Meyer donna rapidement sa démission ; il eut comme successeur Wetter, qui se retira presque immédiatement, ne se sentant pas les talents d'un administrateur, dit-il dans une lettre à la Commission d'Agriculture et des Arts. Après lui, Darcet, professeur de chimie au Collège national, fut nommé co-directeur.

On comprend que tous ces bouleversements successifs joints à la dureté des temps n'avaient pas contribué à rendre Sèvres bien florissant. Les comités variés que la Convention avait chargés de réformer l'administration intérieure de la Manufacture, les règlements successifs qui avaient été mis en vigueur, puis abandonnés, les destitutions et les réintégrations des directeurs, et des chefs de service, enfin la fabrication arrêtée et reprise sans aucune suite, avaient singulièrement compromis la situation artistique et financière. Depuis longtemps, les artistes, et les ouvriers n'étaient pas payés, ou ne recevaient que de légers acomptes sur leurs salaires, et l'on s'était vu obligé de donner des subsides en nature pour les empêcher de mourir de faim. Les Archives nationales sont remplies, pendant la période révolutionnaire, de pétitions, où pour justifier les demandes urgentes de secours se trouve exposée la misère atroce qui sévissait alors.

Afin de faire face à toutes ces réclamations si légitimes et si pressantes, le ministre de l'Intérieur se décida, en juillet 1793, à ordonner la vente d'une partie des porcelaines de la Manufacture. On estimait qu'en pièces peintes ou sculptées, il en existait dans les dépôts et à Sèvres pour plus de 300,000 francs. En conséquence, la Commission du commerce et d'approvisionnements passa un contrat avec un sieur Empaytay, négociant à Paris, pour l'exportation de 230,706 francs de ces porcelaines, et par l'intermédiaire de Lignereux, marchand à Paris, elle écoula dans la capitale pour 33,204 francs de porcelaines en rebut blanc.

Ces ventes successives furent toutefois impuissantes à combler le déficit, d'autant plus que la somme entière n'entra point dans la caisse de la Manufacture; elle servit en grande partie à acquitter d'autres dettes publiques. Les directeurs se virent alors obligés de sacrifier au paiement d'une partie des salaires des ouvriers ce qu'ils recevaient de leurs appointements, et d'emprunter à des amis pour permettre de terminer des services. Afin de parer aux nécessités les plus urgentes, le gouvernement faisait délivrer tous les deux mois à la direction de la Manufacture 92 sacs de farine, destinés à la nourriture des ouvriers. Mais cette farine était souvent de si mauvaise qualité qu'on ne pouvait l'employer. Le 23 vendémiaire An V, Hettlinger écrit au ministre de l'Intérieur que « dans la livraison qui a été faite par le magasin de Chartres, il s'est trouvé cinq sacs d'une farine infecte et si mauvaise qu'il sera difficile même de la donner aux animaux. » Quant aux subsides, il n'en est plus question. Dans une lettre du même temps adressée par Hettlinger à son neveu Ott, nous relevons l'aveu suivant, qui se passe de commentaires. « Presque plus d'argent. Il me reste encore quelques bagues ornées de diamants et une tabatière garnie de perles. Ma dernière somme en espèces, 40 louis, je la garde précieusement pour le dernier besoin. Je tâche, en attendant, de me tirer d'affaire avec les assignats, puisque heureusement le Gouvernement nous fournit quelque viande et du pain ; sans cela nous mourrions presque de faim. » La détresse d'ailleurs était à son comble. Dès le mois de thermidor les artistes et les ouvriers de la Manufacture avaient adressé au ministre de l'Intérieur une pétition signée de 140 noms, dans laquelle ils se plaignaient de n'avoir pas été payés depuis quatre mois. « Ces infortunés, y est-il dit, ont épuisé leurs ressources ; plus de crédit chez les marchands qui leur fournissaient les objets de première nécessité. Les propriétaires des maisons où ils logent les expulsent, et ils sont poursuivis par les agents des contributions. » Le ministre répondit aux directeurs de Sèvres qu'il était dans l'impossibilité de faire payer l'arriéré. Il se hâta d'ajouter comme consolation que l'état de détresse, dans lequel se trouvaient les finances publiques, ne pouvait pas durer et qu'il espérait qu'au moyen de mesures nouvelles le Gouvernement pourrait se libérer d'une partie des sommes dues à la Manufacture. L'arriéré à ce moment s'élevait à environ 300,000 francs. Ces promesses ne furent point tenues. Le ministre de l'Intérieur réclama à son collègue des Affaires étrangères, de Talleyrand, le montant des présents diplomatiques, qui dépassait 90,000 francs. Celui-ci répondit que n'ayant pas de crédit ouvert à la Trésorerie depuis longtemps, il ne pouvait donner le moindre acompte. Enfin, en l'an VII, le banquier Perregaux avança 5,000 francs, sur la demande du chef de la division des Manufactures au ministère de l'Intérieur. Ne pouvant obtenir le remboursement de cette somme, il demanda à être payé en marchandises, ce qui lui fut accordé.

La situation s'aggravait de plus en plus ; les directeurs adressèrent au ministre de l'Intérieur la lettre suivante, qu'on ne peut relire encore aujourd'hui, sans être douloureusement ému pur tant d'infortunes.

1er *Floréal an VII.*

« Les expressions nous manquent pour vous peindre les misères, la désolation, le désespoir de tous les ouvriers dont la majeure partie manque absolument des moyens d'existence, de pain. Cinq mois, moins un cinquième, de salaires et appointement leur sont dûs. La direction n'a point reçu de fonds la décade dernière, le chef de la comptabilité n'annonce pas qu'elle puisse en recevoir dans le cours de celle-ci. Ayez pitié, Citoyen Ministre, nous vous en supplions, de tous nos maux, de toutes nos peines. Donnez-nous, dans cette décade, les moyens de soulager les pauvres malheureux artistes et ouvriers, procurez leur ceux d'avoir du pain et des vivres, car nous osons vous le répéter, ils sont dans la plus cruelle des misères et la Manufacture est exposée à une dissolution complète. »

Cette touchante supplique étant demeurée sans effet, le 14 prairial, les artistes envoyèrent auprès de François de Neufchâteau une délégation, ayant à sa tête le doyen de la Manufacture, un ouvrier de quatre-vingt-deux ans, nommé Coppelle. Le ministre accueillit avec une grande bonté les pétitionnaires, mais il ne put que leur adresser des paroles bienveillantes, sans prendre aucun engagement formel pour le payement de ce qui leur était dû. Il fit renvoyer à Dubois, le chef de la 4ᵉ division, le texte du discours prononcé par Bouillat, peintre de paysages, avec l'annotation suivante : « Réponse urgente, secours qu'on ne peut différer ; aviser aux moyens. Est-ce qu'il n'y aurait pas moyen d'avoir un magasin de Sèvres à Paris ? Ecrire au ministre des Finances. »

Quinze jours après, les ouvriers députèrent de nouveau auprès du Conseil des Cinq Cents, cinq de leurs camarades, Gérard, chef adjoint aux fours de peinture, Troyon, réparateur, Pâris, réparateur en pâte tendre, Godin, réparateur en pâte dure et Legrand, portier, pour remettre une pétition signée par tout le personnel de la Manufacture. Ils demandaient que le Conseil nommât une commission chargée de s'occuper des moyens de prévenir la désorganisation de la Manufacture et de leur faire accorder une somme provisoire, destinée à leur permettre de pourvoir à leur alimentation, en attendant que des décisions fussent prises pour assurer le salaire des ouvriers. Cette nouvelle démarche ne donna que des résultats platoniques, ainsi qu'une troisième pétition, adressée le 8 thermidor, au Directoire. Le Conseil des Cinq Cents désigna trois de ses membres qui, après avoir reçu et entendu les délégués, rédigèrent un rapport, lu dans la séance du 27 messidor, rapport, à la suite duquel le Conseil adressa un message au Directoire, l'invitant à prendre les mesures nécessaires pour faire payer le plus promptement possible aux ouvriers de Sèvres ce qui restait dû sur les 100,000 francs votés pour l'an VII. Quant au Directoire, il fit remettre la nouvelle pétition au ministère de l'Intérieur, avec injonction d'avoir à prélever la plus forte somme possible, sur les fonds décadaires.

En dépit de leur situation précaire et de leurs souffrances, les ouvriers de la Manufacture continuaient, cependant, à produire avec activité. Un rapport, très curieux, dressé à la date du 12 floréal, an VI, par le bureau

SÈVRES.

57

des Arts et Manufactures, nous apprend que « malgré la défaveur des circonstances et la stagnation absolue du commerce, et surtout du commerce extérieur auquel sont destinés une partie des produits de la Manufacture de Sèvres, la recette d'après les derniers comptes, ceux de l'an IV et de l'an V, a presque fait face aux dépenses, sans compter l'accroissement journalier de l'actif qui existe en marchandises fabriquées dans les magasins, actif qu'on peut évaluer à plus d'un million. Sans le retard apporté aux paiements des sommes dues par le ministère des Affaires étrangères, est-il ajouté, et le peu d'activité des ventes résultant des causes générales qui entravent le commerce et dont Sèvres subit les conséquences avec les autres manufactures, l'État pourrait abandonner cet établissement à ses propres moyens [1]. »

Il faut, d'autre part, rendre cette justice au Gouvernement de la République qu'il ne songea pas un seul instant à supprimer la Manufacture de Sèvres, par principe ou par économie. La correspondance, — et elle est considérable, — échangée entre les membres du Gouvernement et les directeurs, sous la Révolution et pendant le Directoire, ne mentionne pas une seule fois le projet de supprimer cette institution artistique. Bien que son origine monarchique ait dû la rendre suspecte, la République tint à honneur de la conserver et d'en assurer les progrès. Lorsque la situation financière devint trop critique, on avisa à en restreindre l'importance matérielle, mais le maintien, l'accroissement même de sa prospérité industrielle et de son mérite artistique restèrent la préoccupation constante des divers hommes d'État, dans les attributions ministérielles desquels elle fut comprise, et des hauts fonctionnaires qui en eurent l'administration.

A la suite d'un rapport présenté par Costaz, chef du bureau des Arts et Manufactures, le ministre de l'Intérieur écrivait, le 9 floréal an VIII,

---

[1] Comme dans toutes les périodes de crise, des propositions de cession de la Manufacture à l'industrie privée étaient faites fréquemment au Gouvernement. La plus sérieuse est celle qu'un nommé Martin, adressait au Ministre des Finances, le 24 thermidor an V.
Dans le mémoire dont elle est la conclusion, Martin montre les abus qui se perpétuent dans la Manufacture, et soutient qu'elle ne peut prospérer tant qu'elle sera au compte du Gouvernement. Une compagnie de négociants, dont il est le porte-parole, offre au Gouvernement de prendre à ses risques la Manufacture. Elle versera une somme de 500,000 livres (écus) comme cautionnement et prix des marchandises en magasin. Pendant douze ans, la Société jouira des bâtiments ou annexes ; elle s'engage à produire, pour le Gouvernement, moyennant une allocation de 20,000 livres, une certaine quantité de pièces, véritables œuvres d'art, qui égaleront ce qui a été fait de mieux à Sèvres et surpassera ce qui peut être exécuté par l'industrie privée. Cette proposition, comme toutes celles du même genre, d'ailleurs, fut repoussée énergiquement.

aux directeurs : « Vous connaissez, citoyens, l'état pénible du trésor public et la nécessité d'en alléger les charges. Parmi les établissements dont la dépense m'a paru trop considérable, j'ai remarqué la Manufacture de Sèvres, et je me suis déterminé à la réorganiser. Pour obtenir une diminution dans la dépense, il a fallu réduire le nombre des ouvriers et des employés; vous trouverez ci-joint l'état nominatif des individus que j'ai cru devoir conserver. Ils sont au nombre de soixante-six. Tous ceux qui ne sont point compris dans cet état seront licenciés à compter du 1er prairial prochain... Autrefois la Manufacture de Sèvres n'avoit point de rivale pour la perfection du travail; mais j'ai vu avec peine que depuis quelques années, elle n'avoit fait que peu de progrès dans l'art de la fabrication. Il existe aujourd'hui plusieurs établissements particuliers, qui semblent, à certains égards, éclipser sa gloire. Cet état stationnaire m'a paru devoir être attribué à plusieurs causes. Aussi en réorganisant la Manufacture, je ne me suis pas seulement proposé de la rendre moins à charge au gouvernement; j'ai encore eu l'intention de lui faire recouvrer son ancienne splendeur et de la transformer en une école d'art. La fabrication de la porcelaine est parfaitement établie en France; en la maintenant à Sèvres, j'ai eu surtout en vue d'en faire un objet d'émulation pour les établissements particuliers; ainsi le travail qui se fera dans l'avenir devra tendre au progrès de la fabrication. Mais pour l'exécution de ce projet, il m'a paru qu'un chimiste devoit diriger la Manufacture. Vous savez que les arts qui s'exercent sur les terres forment l'une des branches les plus importantes de la chimie, et Sèvres ne pouvoit que dégénérer puisqu'il n'avoit point à sa tête un homme versé dans cette science. Cette considération m'a déterminé à nommer pour directeur le citoyen Brongniart fils, auteur d'un mémoire estimé sur les émaux. Il aura pour adjoint le citoyen Hettlinger. Les fonctions d'agent comptable seront remplies par le citoyen Salmon l'aîné, et le citoyen Salmon jeune y travaillera dans les bureaux de la direction. »

Alexandre Brongniart, dont le nom, désormais étroitement lié à celui de la Manufacture, allait devenir si justement célèbre, avait été nommé sur la désignation de Berthollet, chargé par le ministre de la mission délicate de chercher le nouveau directeur de Sèvres parmi les savants les plus aptes à ces fonctions. Il était âgé de trente ans, au moment de sa nomination. Après avoir été successivement pharmacien militaire à l'armée des Pyrénées et ingénieur des Mines, il occupait à l'école des Quatre Nations la chaire d'histoire naturelle. Avec l'entrée en fonctions de Brongniart, une nouvelle période historique s'ouvrit pour la Manufacture. En outre, le coup d'Etat du 18 brumaire, en modifiant la forme du gouvernement de la République, ne devait pas tarder à provoquer une réorganisation administrative de l'établissement. Avant de retracer l'histoire de cette période nouvelle, il nous reste à étudier le caractère artistique de la production de Sèvres, sous la Révolution et sous le Directoire.

Pendant cette période, l'évolution philosophique, que nous avons constatée dans la seconde période du règne de Louis XVI, ne manque pas de s'accentuer. L'art en tout temps est toujours l'interprète des idées dominantes. Des rives fleuries où vivent de poésie, de musique et d'amour, les galants bergers, les demi-dieux badins, les nymphes aimables et les comédiens joyeux, enfantés par Watteau, Boucher et Lancret, l'art a dérivé insensiblement vers les jardins d'Académus. Solennels et tristes, graves et sévères, les personnages mis en scène ne s'occupent que de morale et ne parlent que de vertus. Amour, chansons, sourires, il n'est plus, entre eux, question de tout cela. Philosophes austères, ils discourent, ils dissertent, ils analysent leurs sentiments et traduisent leurs idées en paraboles, en sentences, en allégories sérieuses et froides. Avec le culte de l'amour et de la beauté, le goût de la nature a disparu. Les guirlandes de fleurs elles-mêmes deviennent classiques. Les grotesques renouvelés d'Herculanum et de Pompéï se substituent aux capricieux rinceaux. Partout la fantaisie disparaît et la solennité la remplace. On demande à une antiquité incomplètement ressuscitée, à une philosophie qui voudrait paraître noble et qui reste bourgeoise, à un symbolisme banal et prétentieux, les éléments d'inspiration. Sur cette matière précieuse fine et délicate, destinée à former des œuvres riches, gracieuses et souriantes, on applique les images les plus sévères, les sujets les plus moroses; on convertit ces superfluités élégantes en stèles funéraires, en monuments patriotiques et en emblèmes du socialisme moderne et de la science politique. C'est en vain qu'un reste de goût proteste dans le public, et s'attache aux amusantes et gracieuses compositions du règne précédent. Les hommes vertueux des temps passés, les capitaines heureux, les financiers économes, les moralistes puritains et les inventeurs de toutes sortes de remèdes sociaux ou de systèmes philosophiques, remplacent, en biscuit, Diane, Vénus et Cupidon.

En fait de mythologie, ceux qui gouvernent la France n'apprécient que l'histoire morale de Télémaque, et comme allégorie, tiennent pour les sujets qui personnifient les vertus civiques et symbolisent les événements contemporains. Les Archives nationales conservent le programme d'une pièce importante, qui fut commandée par la Convention à la Manufacture. Ce programme amphigourique mérite d'être consigné à cette place; il constitue en effet la synthèse la plus expressive du goût artistique de cette époque : « L'objet principal est un groupe de biscuit couvert d'un bocal de verre blanc, représentant sur la face principale le Despotisme renversé de son piédestal, tombant sur la Noblesse, laquelle est cuirassée à la manière des anciens chevaliers et étendue morte sur les degrés, environnée des attributs qui caractérisent ses différents grades et titres. Le Despotisme représenté avec des bras et des jambes maigres, le ventre et la tête gros, se cache le visage du manteau qui couvrait sa difformité, pour ne pas voir la Vérité et la Liberté ensemble sur un nuage et surmontant le piédestal. La première lui présente le miroir dans lequel il peut se reconnaître, la seconde, le bonnet en tête, d'une main lui lance la foudre, et, étendant l'autre bras, protège de son bouclier (portant un coq pour emblème) les hommes du 14 Juillet, qui, sur la face latérale, armés de pinces, de pioches, emploient tous leurs efforts à renverser le piédestal (Une femme armée d'une pique est du nombre). Les hommes du 14 Juillet se prolongent sur le derrière, dont parties, ainsi que de l'autre face latérale, sont occupées par un vieillard et une femme, qui les mains et les yeux tendus vers le ciel, rendent grâce à la Divinité qui vient de briser les chaînes, dont les carcans sont encore à leurs bras. Un enfant effrayé de la chute du Despotisme fuit dans les genoux de sa mère. Le piédestal et les marches du groupe sont quarrés. Sur une plinthe ou terrasse ronde, 84 boucliers sont couchés les uns sur les autres et liés par une guirlande de chêne ; sur chaque bouclier sera inscrit le nom d'un département. Ce groupe sera porté par un socle à angles tronqués, en bois noir ou d'acajou (étant trop difficultueux en porcelaine); dans chaque face seront incrustés des bas reliefs en camées de porcelaine représentants des sujets analogues aux traits les plus remarquables de la Révolution. Une plinthe plus grande et quarrée (aussi en bois) supportera le tout. Aux quatre angles seront des vases en porcelaine les mieux décorés possible, lesquels serviront d'écritoires. Entre les vases, des cuvettes longues pour les plumes et les canifs. »

On devine l'embarras où devaient se trouver les sculpteurs de Sèvres, quand on leur imposait des programmes de ce genre. Heureusement, pour les bustes fort nombreux aussi à cette époque, l'exécution était plus facile. Depuis Pétion jusqu'à Bonaparte, tous les personnages importants de la Révolution furent en effet portraiturés en biscuit, par la Manufacture de Sèvres. Les exemplaires des bustes de Bonaparte particulièrement se multiplient sous le Directoire. Une lettre du ministre de l'Intérieur en réclame sept, d'un coup, pour les offrir aux membres du Directoire exécutif et à la citoyenne Bonaparte. La demande est motivée par cette considération, « qu'il appartenoit à un établissement national, le premier en son genre en Europe, de reproduire, d'une manière aussi utile et aussi agréable, les traits d'un citoyen qui a rendu de grands services à la République et que le Directoire exécutif honore de toute sa confiance ».

Dans le catalogue d'une des expositions de Noël, au Louvre, — car l'administration révolutionnaire continuait, fort intelligemment à ce point de vue, les précédents de la monarchie, — nous relevons la mention des pièces suivantes indiquées comme productions nouvelles : Quatre groupes, les *Quatre Éléments*, le *Nid d'Amour*, le *Colin Maillard* et le *Petit Colin Maillard*; une Pendule, la décoration de cinq pièces d'un chambranle de cheminée; cinq bas-reliefs figurant le *Matin*, le *Soir*, la *Terre*, l'*Air*, le *Feu* et l'*Eau*, et qui représentent la tradition passée prête à disparaître, avec quatre bas-reliefs de l'*Histoire de Télémaque*, qui répondent aux tendances nouvelles.

Enfin, c'est aussi pendant cette période que l'architecte Masson exécuta, d'après les arabesques de Raphaël, le service qui porte son nom et dont le Comité de salut public fit présent à l'ambassadeur de Prusse. Le goût officiel triomphait d'autant plus facilement des préférences des particuliers, que les amateurs français pendant la période révolutionnaire furent d'une rareté extrême, pour des raisons trop faciles à deviner et qu'il est inutile de redire. On acheta peu de porcelaines pendant la Terreur, et cela se comprend. Les lettres d'Hettlinger, que nous avons analysées, nous ont fait connaître la situation misérable qu'entraînait pour Sèvres cette pénurie d'acheteurs.

En ces années sombres, le ministère des Relations extérieures fut à peu près le seul client sérieux de la Manufacture, par les présents diplomatiques qu'il composait avec les grands services et les pièces de sculpture. La Révolution, sur ce point encore, suivait les traditions du règne précédent. Nous avons vu plus haut qu'au 24 Thermidor an V, le ministère des Relations Extérieures devait à Sèvres près de 300,000 livres. En cette seule année, il fut donné au ministre du Landgrave de Hesse-Cassel pour 24,000 livres de porcelaines ; au Prince de la Paix, ministre du roi d'Espagne, pour 36,169 livres ; à M. d'Hangwitz, ministre du roi de Prusse à Berlin pour 24,000 livres ; à M. de Spinola, ministre de la République de Gênes pour 6,000 livres. Les ministres plénipotentiaires cisalpins, Visconti, Serbelloni, Rangone reçurent des présents, d'une valeur de 36,000 livres. Ces cadeaux eussent assurément permis aux directeurs de secourir leur personnel, s'ils eussent été payés. Le malheur est qu'ils ne l'étaient pas. Au lieu de venir en aide à la Manufacture, ils l'appauvrissaient davantage.

SÈVRES. 38

VIII

LA MANUFACTURE SOUS LE PREMIER EMPIRE

Dès son entrée en fonctions, Brongniart se préoccupa activement de réorganiser, encore une fois, la Manufacture, tant au point de vue artistique qu'au point de vue administratif. Le 17 messidor, il adressait au ministre de l'Intérieur un long mémoire, où se trouvent exposés ses idées et ses projets. Brongniart commence par établir que l'intérêt de la Manufacture n'est point de conserver des artistes brevetés à appointements fixes, chargés d'une simple inspection; en conséquence la suppression de cet emploi est proposée. Pour les services et modèles, le nouveau directeur est d'avis de n'occuper que des artistes d'un talent reconnu; ces artistes recevront une somme proportionnelle à l'importance du travail et surveilleront l'exécution de leurs dessins; il propose de s'adresser, dans ces conditions, à Boizot, à Lagrenée, à Van Spaendonck, qui ont donné des preuves de leur mérite et rendu déjà des services à la Manufacture. Comme conclusion, Brongniart résume son programme artistique, en déclarant qu'une Manufacture nationale ne doit pas vieillir et doit se modifier constamment suivant le goût actuel et le progrès des arts. Dans un autre mémoire, en date du 18 thermidor, concernant plus particulièrement l'organisation administrative, Brongniart est d'avis d'introduire, dans les ateliers de Sèvres, les habitudes d'ordre et de discipline, qui distinguent les établissements privés, d'admettre des apprentis au nombre de dix, pour faciliter le recrutement des bons ouvriers, de faire travailler aux pièces et d'employer des femmes, pour les ouvrages de décoration en peinture.

Toutes ces propositions furent acceptées par le ministre de l'Intérieur. Elles étaient, au reste, de nature à provoquer une amélioration sensible de la production de la Manufacture, si la situation financière eût été moins compromise. Malheureusement, cette situation, toujours très critique, présentait des obstacles sérieux à la réalisation immédiate des réformes. Les ouvriers continuaient de végéter dans la misère ; on ne leur payait point leurs salaires. Le 30 nivôse an VIII, le personnel de Sèvres adressa une pétition à Bonaparte, premier Consul. « On leur avoit fait espérer, y disent-ils, la fin de leurs maux. Le précédent ministère Quinette avoit fait dans ce but avec la compagnie Lemercier un marché considérable de porcelaines de Sèvres et le seul résultat a été de faire disparaître les gages de leurs salaires, et de disperser les plus beaux monuments de la Manufacture. » La même pétition fut adressée à Lucien Bonaparte, ministre de l'Intérieur. Toutes les deux furent serrées dans les cartons, et rien n'en résulta. Les doléances et les prévisions douloureuses des pétitionnaires étaient cependant bien justifiées. L'affaire Lemercier, dont il est parlé dans ce document, finit mal pour tout le monde. Sur la somme de 91,585 francs que cet entrepreneur devait verser pour certaines ventes en Russie, effectuées par ses soins, mais pour le compte de la Manufacture, l'État ne reçut que 29,640 francs. Bien mieux, on put s'assurer que toutes les porcelaines n'avaient pas été envoyées à destination. On en trouva pour 24,598 francs chez le beau-frère de Lemercier. L'un et l'autre furent arrêtés. Leur incarcération, malheureusement, ne fit pas rentrer d'argent dans la caisse de la Manufacture. A force d'instances, toutefois, Brongniart, qui, dès le début de son administration, fit preuve de cette énergie et de cette dignité dont il ne se départit jamais, pendant les quarante-sept ans de son séjour à Sèvres, Brongniart réussit à obtenir pour ses ouvriers une allocation mensuelle de 5,000 francs, qui fut portée peu après à 15,000 francs. Il organisa ensuite lui-même la vente directe des produits de la Manufacture, et en fit une exposition publique au Muséum. Enfin le nouveau directeur sut administrer avec assez d'habileté, pour qu'en 1801 le budget de la Manufacture se trouvât en équilibre. Les recettes s'élevèrent, cette année-là, à 221,357 francs et les dépenses à 221,295 francs. A cette date, Sèvres employait 92 personnes, y compris le personnel administratif et les artistes dessinateurs. Brongniart ne s'en tint pas là. Doué d'une activité infatigable et d'un esprit fort inventif, il conçut le projet d'étendre l'activité de la Manufacture à toutes les branches de l'art céramique. Il proposa, en conséquence, au ministre de l'Intérieur, de fonder à Sèvres une fabrique de faïence fine et de terre de couleur. Pour justifier cette création nouvelle, il faisait valoir cette considération que toutes les fabriques de faïences fines se trouvaient chez nous en pleine décadence. Un certain nombre de celles qui avaient travaillé jusque-là venaient d'être fermées, en effet, et d'autres étaient à la veille de la faillite. Le rôle de la Manufacture de Sèvres, selon Brongniart, devait être d'enlever à l'Angleterre le commerce privilégié de la faïence fine, comme elle avait déjà enlevé à la Chine et à la Saxe celui des porcelaines. « J'ai obtenu, écrivait-il, des essais en petit que les circonstances m'ont permis de tenter, des résultats qui me donnent les plus grandes espérances. Si cet espoir est fondé, ces travaux deviendront pour les fabricants un exemple encourageant et d'autant plus utile, que la Manufacture rend ses procédés publics, lorsqu'elle croit en être sûre. Je citerai, à l'appui de ce que je viens de dire, la fabrication des terres noires à la manière de Weegwood, tentée pour la première fois à Sèvres, et qui a déjà donné naissance à quatre fabriques de ce genre, en sorte que cette espèce de poterie sera complètement enlevée aux Anglais avant peu d'années. »

Au grand chagrin de Brongniart, le ministre ajourna la réalisation de son idée. Il invoquait des raisons d'ordre financier ; les 25,000 francs nécessaires n'étaient pas disponibles. Il objectait, en outre, que l'intérêt de la Manufacture défendait d'y introduire une fabrication nouvelle, capable de faire supposer que celle de la porcelaine de Sèvres n'existait plus ou avait été dénaturée. Brongniart, toutefois, fut invité par le ministre à continuer en grand ses expériences. « Tout cela, lui disait-il fort aimablement, a de quoi vous occuper utilement, et je ne doute pas que vous n'y trouviez beaucoup de succès et de gloire. »

Le 16 brumaire an XIII, la Manufacture passa du ministère de l'Intérieur dans les attributions du ministère de la Maison de l'Empereur. A la monarchie nouvelle, il fallait une Cour ; les armées de la Révolution la fournirent. Cette cour devait être sinon aussi brillante, du moins aussi fastueuse que celle des anciens rois de France. Les Manufactures de Sèvres, des Gobelins, et de Beauvais furent exclusivement affectées à alimenter le luxe impérial. Les Archives contiennent de nombreux documents témoignant de l'intérêt tout spécial, que Napoléon prit à l'extension et à la prospérité de la Manufacture de Sèvres. Le 14 avril 1806, l'Empereur écrivait de Saint-Cloud à M. de Champagny. « On me rend compte que la Manufacture de porcelaines de Sèvres aurait besoin de règlement. Faites réunir les principaux manufacturiers de Paris et présentez-moi un rapport sur cet objet. »

L'ordre de Napoléon fut promptement exécuté. On ouvrit une enquête à laquelle prirent part non seulement les manufacturiers mais les principaux fonctionnaires parisiens. Le préfet de police notamment y joua un rôle prépondérant; ses communications et ses rapports qui sont conservés aux Archives nationales offrent un piquant intérêt. Ce fonctionnaire proposait, comme unique moyen de relever l'industrie de la porcelaine, de revenir aux prescriptions de l'arrêt royal du 17 janvier 1787 et de remettre particulièrement en vigueur les articles 6, 7 et 8, défendant aux manufacturiers de faire peindre et décorer ailleurs que dans leurs ateliers, et leur interdisant de faire établir des moufles pour faire peindre et décorer le blanc de Sèvres. Ces sages dispositions, prétendait-il, devaient empêcher l'abus qu'on faisait du blanc. Ne pouvant plus exporter de blanc, les manufacturiers rivaliseraient de soins et d'industrie pour perfectionner l'ornement. On ferait moins de porcelaine, mais elle aurait, étant décorée, vingt, trente fois plus de valeur. Tout le prix du décor resterait en France. « Je me plais à croire, disait le préfet, en terminant, qu'en ajoutant un fort impôt sur l'exportation du blanc, on parviendrait à rendre à nos manufactures de porcelaines tout leur éclat et à en tirer tous les avantages que le gouvernement a droit d'en attendre. »

Ces idées restrictives se heurtèrent à de vives oppositions. Le bureau consultatif des Arts émit des vœux contraires aux propositions du préfet de police, et le 4 juillet, le ministre de l'Intérieur adressait à l'empereur un long rapport, dont les conclusions étaient diamétralement opposées à celles présentées par son subordonné. Partisan de l'émancipation industrielle, le ministre réclamait la liberté pour la décoration en chambre, et acceptait le principe de la libre concurrence, aussi bien dans la fabrication, que dans ce qui pouvait toucher aux beaux-arts. En outre, il déclarait inexacte l'affirmation du préfet de police que la fabrication de la porcelaine en France était en décadence ; cette fabrication, au contraire, jouissait à son avis d'une grande prospérité, à laquelle elle n'était parvenue que depuis l'abolition des réglementations étroites : « Il est vraiment remarquable, disait le ministre, que dans l'espace de dix à douze années, au milieu des orages d'une révolution qui semblait devoir anéantir la plupart de nos ateliers, la fabrication de la porcelaine ait acquis de l'extension. Les progrès ont même été tels que, d'après le relevé des douanes, il a été exporté dans les années XII et XIII des objets pour une valeur de 1 million à 1,200,000 francs par an. » Relativement à l'observation qu'il y avait trop de manufactures de porcelaines, il ajoutait que leur nombre prouvait uniquement le degré de prospérité auquel s'était élevé ce genre d'industrie. « Réduire le nombre des manufactures, ce serait agir en sens inverse des intérêts de l'Etat, concluait-il ; si notre nation était la seule qui fabriquât de la porcelaine, nous pourrions imposer telles conditions que nous jugerions convenables, mais comme nous avons des concurrents dans les autres pays, il faut nous contenter de bénéfices bornés et nous régler de manière à obtenir constamment la préférence. »

N'est-il pas vraiment fort curieux de voir, à cette époque d'autoritarisme absolu, se manifester officiellement avec tant d'énergie, le principe de la liberté commerciale et industrielle ? L'Empereur se rendit sans difficulté aux observations si libérales et si précises de son ministre. Les propositions du préfet de police furent repoussées. L'industrie de la porcelaine, émancipée complètement par la Révolution, de toutes les entraves des arrêts royaux, continua librement sa fabrication, sans restrictions dans le nombre de ses établissements et dans les genres de production. Il en résulta une émulation constante entre les manufactures privées et la Manufacture impériale, qui dut multiplier ses efforts pour se maintenir au premier rang. Son administration n'y réussit point toujours et s'attira parfois des remontrances assez vives. Dans le procès-verbal de la séance du Conseil de la Maison de l'Empereur, tenue le 29 août 1807, nous lisons la mention suivante d'un ordre de Napoléon : « Prévenir le directeur de la Manufacture de Sèvres que si, dans un an, il ne réussit pas mieux, surtout pour la forme des services, la Manufacture sera supprimée ; elle doit être la première et non de second ordre. » Les visites de l'Empereur et de sa Cour à Sèvres étaient, en outre, fréquentes. Napoléon tenait à constater par lui-même l'état des travaux et les progrès accomplis. Les rapports adressés à l'Intendant général de la Maison de l'Empereur sur chacune de ces visites sont très explicites à ce sujet; ils mentionnent avec précision les observations et les critiques du souverain. Les projets approuvés par Brongniart pour les pièces dites historiques, étaient régulièrement soumis à l'Empereur et non seulement il les examinait avec soin, mais il en modifiait fréquemment les dispositions, comme ne répondant point suffisamment à ses idées personnelles et à ses vues politiques. Ainsi, ayant commandé de faire en biscuit les portraits des hommes utiles, il se fit soumettre la liste dressée par l'Intendant général de sa Maison, le comte Daru, et biffa d'un trait énergique les noms de Pascal, de Descartes, de d'Aguesseau, de Condé, de Duquesne, de Catinat, de Montausier, de la Tour d'Auvergne, de Haller, de Franklin, de Diderot et leur substitua les noms de Guillaume le Conquérant, de Duguesclin, de Gustave Adolphe, de Frédéric II, de César, d'Annibal, d'Homère, de Virgile, du Tasse, de Christophe Colomb, de Laurent de Médicis, et du prince Eugène.

Dans une lettre de Duroc, grand Maréchal du Palais, adressée à l'Intendant général de la Maison, en date du 23 octobre 1807, nous relevons des renseignements non moins curieux sur le soin que Napoléon prenait de fournir lui-même des sujets à la Manufacture de Sèvres : « S. M. y est-il écrit, renonce d'autant plus volontiers au service à jour d'or, en faveur de M. de Champagny, qu'elle désire que l'on en fasse pour elle d'un genre tout particulier, dont les dessins soient très beaux, signifiant tous quelque chose et qu'il n'y ait rien d'indifférent; que dans ces dessins il ne soit jamais question de batailles, ni de noms d'hommes; que les sujets soient des allusions très indirectes et qu'ils réveillent des souvenirs agréables. Voici la liste de ceux que S. M. a désignés pour être représentés et servir d'exemples dans le choix des autres :

« Les *Vues de Schœnbrun*, de *Molke*, du *Prater de Vienne*.

« L'*Épée de Frédéric II*.

« L'*Épée du grand maître de Malte Lavalette*.

« La *Mosquée de Gemilh Hazard*, le *Mekias*, la *Colonne de Pompée*; le *Phare d'Alexandrie*, une *Vue du désert de Kathie*, le *Plateau de Gaza*, les *Ruines de Césarée*, le *Couvent de Nazareth*, la *Vue du Mont-Thabor*, les *Fontaines de Moïse*, un *Dromadaire harnaché*, le *Pont du Jourdain*; une *Vue de Fréjus*, avec une frégate et deux petits bâtiments qui y arrivent, le *Couvent de Leoben*, une *Vue du palais de Saint-Marc de Venise*, une *Vue de Gratz*, de *Postdam*, de *Sans-Soucy*, le *Pont sur*

pilotis sur la Vistule, le *Radeau de Tilsitt*, le *Lac d'Ostende*, etc... M. Denon peut choisir quelque chose qui renouvelle le souvenir des capitales et des grandes villes où l'Empereur a été ; par exemple pour Milan, on verrait la *Cathédrale* ou le *Forum*, ou la *villa Bonaparte*. »

Le budget de la Manufacture, pris sur la liste civile de la Maison de l'Empereur, varia, pendant la période impériale, de 270,000 francs à 314,000, sur lesquels, le personnel, comprenant 90 ouvriers et employés, touchait environ 150,000 francs. Les dépenses et les recettes s'équilibrèrent à peu près constamment. De 1810 à 1813, le budget se solda même annuellement par un excédent de recettes de plus de 40,000 francs.

A partir de 1806, la Manufacture de Sèvres, qui avait pris un développement remarquable dans sa fabrication, commença à exécuter des œuvres de grandes dimensions, ayant un intérêt à la fois artistique et historique. Dans ce nombre il faut comprendre :

La célèbre table des Maréchaux, de 3 pieds de diamètre, d'un seul morceau, sur le dessin de Percier, où sont représentés en peinture, Berthier, Bernadotte, Marmont, Davoust, Soult, Ney, Lannes, Augereau, Bessières, le prince Murat, le grand maréchal du palais Duroc et le grand écuyer, pièce évaluée 22,300 francs ;

La table rectangulaire, de 1^m,60 de long sur 80 centimètres de large, représentant les figures principales du musée Napoléon, Apollon, Vénus, Minerve, Laocoon et Hercule, du prix de 12,000 francs.

Le service Egyptien, de 146 pièces diverses, fond bleu, avec hiéroglyphes en or, et peintures en grisaille de Schwebach d'après Donon, représentant des vues d'Egypte, coté 44,609 francs ; le surtout, en sculpture, comprend, au milieu, le temple de Philœ, sur les côtés, les temples de Teutyris et d'Esfou et deux môles, quatre parties de colonnade relient les temples avec les môles ; les figures de Memnon et du Sphinx ornent les extrémités ;

La table des Quatre-Saisons, peintures de Georget.

Un état des travaux dressé à la fin de l'année 1806, signale, en outre, comme œuvres en voie d'exécution :

Un service, à bord bleu, dit le service encyclopédique, peintures de Schwebach représentant les attributs colorés des Muses, des Sciences, des Arts, des Métiers et Professions ;

Deux vases, dits Cordelier, d'un mètre de haut, à fond beau bleu, décoration en or et platine, sujets en or représentant, l'un le triomphe de Paul-Emile, l'autre le triomphe d'Alexandre ;

Deux grands vases Médicis, avec sujets colorés d'après les dessins de Percier pour l'édition d'Horace, de Didot ;

Quatre vases dits Jasmin-Percier, avec fleurs, ornements et attributs des Quatre-Saisons, d'après Brongniart.

Cette préoccupation de faire produire à Sèvres des objets ayant un caractère historique, préoccupation si conforme aux idées du temps, tourmentait, au reste, Brongniart, presque depuis le jour où il fut placé à la tête de la Manufacture. Une lettre adressée par lui à l'Intendant général de la Maison de l'Empereur nous fait connaître les intentions qui le guidaient dans la recherche des sujets de décoration.

« J'ai pensé, écrivait-il le 6 nivôse an XIV, que la Manufacture devoit exécuter aussi promptement que possible des pièces d'un volume remarquable et d'un bon style sur lesquelles on transmit à la postérité la mémoire des évènements étonnants qui viennent de se passer. J'ai déjà formé ce projet. Depuis quelques semaines et je vous en aurois parlé dans la dernière lettre que j'ai eu l'honneur de vous écrire, si au moment de vous en faire part, une des pièces principales que je destinois à l'exécution du premier projet n'eut manqué. Ce contretemps assez inattendu m'a ôté dans l'instant le courage de vous en parler, mais aujourd'hui que ces malheurs sont réparés, que nos projets sont plus entendus et plus arrêtés, que leur exécution est même plus assurée par la réussite de plusieurs des pièces que j'y destine, je dois vous en faire part et vous demander pour leur exécution les secours dont nous avons besoin.

« Nous désirons traiter cette belle partie de l'histoire de France de trois manières :

« 1° D'une manière sévère, mais peu riche, parce qu'il faut que cette première pièce soit faite avec toute la rapidité dont l'exécution de la porcelaine est susceptible. Le sujet est la conquête de l'Allemagne, dessiné allégoriquement en noir et rouge et dans le genre étrusque, sur un vase d'un mètre de hauteur, monté en bronze brun. Le dessin est fait et le vase eut été prêt pour le 1ᵉʳ janvier, sans l'accident rapporté plus haut. Ce vase est remplacé et même avec assez d'avantage, mais cet accident nous retarde de trois semaines, en supposant qu'il n'en arrive pas de nouveau.

« 2° D'une manière riche, monumentale et historique, sans cependant être une copie exacte des faits. Nous projetons de mettre la Campagne si glorieuse et si courte de l'An XIV, sur une colonne de porcelaine de 5 mètres et demi de hauteur. Cette colonne est en cinq parties ; les sujets seront peints en or sur fond violet, et le corps de cette colonne est déjà fait en porcelaine blanche et la plupart des autres parties sont très avancées. Une partie des pièces sera dorée, quand vous recevrez cette lettre. Cependant, je pense que cette colonne ne pourra être terminée avant huit mois. Le piédestal doit porter quatre tableaux en porcelaine dont les sujets seront traités à la manière des médailles.

« 3° Nous désirons peindre en coloris sur un vase d'un mètre de hauteur et peut-être même sur deux, si cela ne devient pas trop long, deux ou quatre des sujets les plus remarquables de cette Campagne. C'est ici que nous désirons avoir toute l'exactitude possible. C'est pour l'exécution de ce projet que je réclame principalement ces secours, premièrement, pour nous indiquer les sujets que vous croirez les plus convenables à traiter ; parmi ces sujets, je prendrai la liberté de vous proposer celui de l'entrevue de l'empereur de France avec l'empereur d'Allemagne ; secondement, pour nous procurer des dessins faits par des témoins ou au moins sous le rapport et sous les yeux des personnes témoins des évènements. Il n'est pas nécessaire que ces derniers soient bien exécutés, ni bien composés, il suffit qu'ils fassent connaître avec exactitude les sujets qu'ils représenteront. Ces vases devant toujours être beaucoup plus exposés aux regards sur une face que sur l'autre, il serait bon que deux des sujets l'emportassent sur les deux autres par leur importance. Deux sujets principaux pourraient même nous suffire à la rigueur, parce que des médaillons, trophées, camées, etc., seroient placés sur le derrière du vase. Quelque célérité que nous mettions dans l'exécution de ces vases, il faudra au moins un an pour les terminer avec le soin qu'on a le droit d'exiger de la Manufacture ; nous ne pourrons même en disposer la décoration que lorsque nous connaîtrons les sujets que nous aurons à traiter. Je ne doute pas, Monsieur, que je n'entre dans vos vues en entreprenant et en conduisant rapidement des travaux de ce genre.

« J'ai l'honneur d'être avec respect votre obéissant serviteur.

« Alex. Brongniart. »

La colonne de l'An XIV fut terminée en 1808. Les inventaires de Sèvres nous en ont conservé la description complète. La colonne avait 10 mètres de haut. Les cinq principaux événements de la Campagne avaient été peints en or ombré en brun sur fond bleu lapis, d'après des dessins de Bergeret. Le chapiteau en or moulu était surmonté d'une Paix en biscuit. Sur le socle en bois d'ébène avec ornements en bronze doré au mat, quatre plaques de porcelaine représentaient, dans le genre camée, des sujets allégoriques, d'après les médailles frappées à l'occasion de cette Campagne. Cette œuvre d'art que Napoléon fit placer aux Tuileries était évaluée 32,000 francs. La Manufacture en exécuta un pendant, qui avait pour sujet la Campagne de 1806.

On voit qu'à l'instar des Gobelins, Sèvres, pendant cette période, consacre le talent de ses artistes à la glorification de Napoléon. Percier a remplacé Le Brun. Il est le peintre attitré de cette époque, où toutes les manifestations de l'esprit humain, comme toutes les forces de la nature, sont absorbées par ce terrible génie qui promène ses armées à travers l'Europe, démolit et relève à son gré les royaumes, dompte les nations et domine de sa gloire et de sa puissance le monde renouvelé. Comme sous Louis XIV, l'art a pour but suprême de célébrer, avec toutes ses magnificences, cette gloire, cette puissance, et d'en transmettre aux siècles futurs le souvenir éclatant. La décoration des monuments publics, des palais ne s'inspire point des nécessités de la construction, des tendances du génie national, des traditions d'un passé fécond en chefs-d'œuvre ; elle procède avant tout de l'idée impériale et doit surtout servir à en exalter la grandeur. On ne demande plus à la flore et à la faune les éléments constitutifs de l'art nouveau. Les merveilles de la nature ne semblent pas assez héroïques, pour contribuer à l'interprétation emblématique de la grande épopée ; la forme doit symboliser exclusivement la gloire de Napoléon. Qu'ils fassent des modèles pour la tapisserie ou pour la céramique, les artistes ne se préoccupent guère de l'adaptation logique de la matière, des genres de peinture et des procédés de fabrication ; le sujet pour eux devient l'essentiel, car il personnifie toujours l'Empire et l'Empereur, la puissance et l'autorité absolues. Pendant huit années, la production artistique de la Manufacture se résume, presque exclusivement dans des pièces à sujets historiques, empruntés spécialement aux campagnes militaires de Napoléon et à ses principales victoires. A Sèvres, on met l'*Histoire de l'Empereur* sur des vases, comme aux Gobelins on la tisse en tapisseries. En 1806, la Manufacture exécute encore un grand vase à bandeau, orné d'une peinture allégorique de la bataille d'Austerlitz, rendue à la manière étrusque; en 1807. Percier donne le modèle d'un vase de 65 centimètres de hauteur, avec un médaillon, genre camée antique, où l'Empereur est représenté, par Parant, sur un char de triomphe. Le 9 Juillet de cette même année, Brongniart informe l'Intendant général qu'il fait exécuter de grands vases portant les peintures suivantes : L'*Empereur passant l'armée en revue sous les murs de Vienne;* l'*Entrée de l'Empereur dans Berlin;* l'*Empereur saluant un convoi de blessés ennemis à l'armée d'Italie;* l'*Empereur visitant un hôpital ambulant et donnant des soins particuliers aux blessés après la bataille d'Iéna* et une allégorie de l'armistice. En 1808, Fragonard peint sur un vase Cordelier, de 1 mètre de hauteur, fond vert de chrome, une marche triomphale de l'Empereur. En 1813, les ateliers de Sèvres livrent un vase Médicis de première grandeur, fond bleu lapis, avec bas-relief représentant le mariage de Napoléon et de Marie-Louise, du prix de 30,000 francs. Ajoutons que Napoléon daigna parfois associer sa famille à ces apothéoses artistiques. Dès 1806, il avait commandé à Sèvres une table ornée des portraits de la famille impériale. De grands travaux firent ajourner l'exécution de cette œuvre considérable, mais le projet fut repris en 1811 et Brongniart chargea Isabey de peindre les portraits des 22 personnages figurant sur cette table, d'une largeur de 1^m,38. Dans une lettre à l'Intendant général de la Maison de l'Empereur, le directeur de Sèvres estimait le coût de cette œuvre de 55 à 65,000 francs; Isabey pour sa part reçut 18,000 francs.

Vers le même temps, il fut fait une table du même genre, mais de moindres dimensions, — 3 pieds de diamètre, — dont Bailly exécuta la décoration, d'après des portraits peints par Gérard. Cette table était cotée 31,000 francs. La peinture figure dans ce chiffre pour 6,000 francs. Les tables historiques de Sèvres semblent, du reste, avoir été fort goûtées de l'Empereur; nous trouvons, en juin 1811, la commande d'une table représentant les vues des neuf palais impériaux, avec sujets relatifs aux chasses et aux promenades de Sa Majesté. Les châteaux dont il est ici question sont : Les Tuileries, Saint-Cloud, Rambouillet, Compiègne, Fontainebleau, Trianon, Laecken, Stupini et Rome. On peut faire un rapprochement entre cette œuvre curieuse et la fameuse *Tenture des maisons royales*, exécutée par ordre de Louis XIV. En 1806, la Manufacture livre encore une table connue sous le nom de table des Hommes célèbres de l'Antiquité, où étaient figurés, d'après les dessins de Brongniart père, les portraits de César, Pompée, Alexandre, Scipion, Annibal, Auguste, Trajan, Septime Sévère, Constantin, Miltiade, Thémistocle, Périclès et Mithridate, peints en genre camée antique, sur fond bleu. Au-dessous de chaque portrait une petite peinture en camaïeu représentait l'événement le plus important de la vie des personnages. La table est évaluée, sur les registres de Sèvres, 19,000 francs. Nous avons déjà fait mention de la table du Musée Napoléon, achevée cette même année et cotée 21,000 francs.

Les grands services de table exécutés sous le premier Empire par la Manufacture de Sèvres sont très nombreux. Là encore l'apothéose napoléonienne constitue le plus souvent, sous des formes variées, le fonds de la décoration artistique. Quand la représentation des événements historiques ou des personnages de la famille impériale est abandonnée, les artistes recherchent des sujets qui se rapportent, d'une manière plus ou moins directe, à l'Empereur. Ainsi, en 1808, Brongniart donne le projet d'un service d'après l'antique, destiné au palais de Fontainebleau. Le bord de l'assiette est en fond d'or, avec un laurier peint en gris sur le fond; au milieu se trouve une tête imitant un camée, faite d'après les figures du musée Napoléon et les médailles et pierres gravées de la Bibliothèque impériale. Nous avons déjà fait mention précédemment du service rappelant la Campagne d'Egypte et du service des vues de monuments ou de sites célèbres représentant les principaux châteaux dans lesquels habita ou campa Napoléon pendant ses expéditions ainsi que les curiosités pittoresques des pays qu'il a conquis. Les autres services impériaux les plus célèbres sont : le service dit de l'Empereur, le service Olympique, le service de Redouté, le service à zones d'or, le service Pittoresque, etc. Ajoutons que toutes ces porcelaines étaient aussi magnifiquement traitées que le permettait le goût du temps. Le service Pittoresque avait été composé sur les dessins et avec le concours des meilleurs artistes de la Manufacture et représentait des sujets très variés, paysages, scènes de genre, fleurs et fruits; les assiettes étaient à bord d'or bruni à plat, avec des ornements d'or mat. Le fameux service Olympique, consacré aux dieux, déesses et héros de la Fable avait coûté 60,000 francs. Les groupes des surtouts étaient de Chaudet, Clodion et Boizot. Le service de Redouté tirait son nom du célèbre peintre de fleurs, qui en avait donné les modèles. Quant au service de l'Empereur, dont on trouve aux Archives nationales la description minutieuse, il comprenait

un surtout en biscuit, avec 16 figures tirées du musée Napoléon, escortant le char de la Victoire, 30 assiettes à soupe, 8 beurriers, 18 pots à jus, 4 saladiers à pied, 72 assiettes ornées de peintures relatives aux Campagnes de Napoléon, 24 assiettes montées avec bordures dorées, 12 compotiers, 4 sucriers, 4 vases à glace, 2 grandes corbeilles, 4 corbeilles moyennes, 4 petites corbeilles, 1 surtout de dessert, 24 tasses à café, 2 pots à sucre et 2 pots à crème. La couleur générale était un gros vert de chrôme, récemment inventé par Vauquelin, avec bordure en or.

La plus grande partie des œuvres d'art exécutées à Sèvres, à cette époque, fut distribuée et passa à l'étranger, sous forme de cadeaux impériaux et de présents diplomatiques. L'énumération détaillée en serait trop longue ; nous ne ferons mention ici que des présents comprenant des pièces historiques, ou offerts à des personnages de très haute marque. En 1802, le ministre des Affaires étrangères envoya à lord Malmesbury, négociateur du gouvernement anglais pour la paix d'Amiens, un service de table, en porcelaine, fond écaille, d'une valeur de 17,640 francs. En 1807, le 14 septembre, dans la nuit du dimanche au lundi, l'empereur donnait l'ordre d'emballer sur-le-champ le service Olympique, à ce moment aux Tuileries, et de le faire partir en poste pour la Russie à destination du Czar. L'année suivante, le 3 octobre, Napoléon envoyait au même souverain, le service Egyptien, évalué 44,609 francs. Le Czar avait déjà reçu deux vases, forme fuseau, avec peintures tirées de l'Enéide, un tableau de porcelaine de 40 centimètres de haut sur 56 de large, représentant un sujet flamand peint par Drölling, et une tasse à chocolat, ornée du portrait en miniature de Napoléon. La même année, l'Empereur fait don au Prince Guillaume de Prusse de 20,000 francs de porcelaines, parmi lesquelles figurent deux vases Clodion de 80 centimètres de hauteur, peints par Drölling et évalués 10,000 francs. En 1809, Napoléon offre au roi de Wurtemberg pour 35,200 francs de porcelaines, services et vases, au nombre desquels on remarque le célèbre vase du « Triomphe de l'empereur », et enfin au comte de Romanzoff, pour 30,000 francs d'objets d'art de Sèvres.

Les mariages et les baptêmes sont également l'occasion de dons considérables et variés. Lors du mariage de la princesse Stéphanie avec le grand duc de Bade, en 1806, le prince royal de Bavière reçoit pour 10,000 francs de vases ; chacun des quatre évêques qui ont pris part à la cérémonie, pour 6,000 francs ; chacun des cinq témoins, pour 10,000 francs ; le premier chambellan et chacun des deux maîtres des cérémonies, pour 6,000 francs. Le mariage du prince Jérome avec la princesse Catherine de Wurtemberg, en 1807, occasionne pour 32,100 francs de cadeaux, faits au duc de Nassau, au comte de Truchsen-Waldbourg, envoyé extraordinaire du roi de Wurtemberg, au comte de Winznigerode, ministre du roi, à Regnault de Saint-Jean d'Angély, à M. de Seyssel, maîtres des cérémonies et à M. de Cramayel, introducteur des ambassadeurs. A la suite du baptême du roi de Rome, en 1811, il est offert au parrain, le duc de Wurtzbourg, pour 42,700 francs de porcelaines, à S. A. Madame, marraine, pour 36,700 francs ; à la reine Hortense, autre marraine, pour 15,440 francs. Le cardinal Fesch, qui a ondoyé le nouveau-né, reçoit un don de 25,000 fr. de porcelaines et divers autres personnages de moindre importance sont gratifiés, de différents objets, estimés 26,440 francs. Enfin, l'empereur envoie au pape un grand baptistère en porcelaine, sur lequel le peintre Rousset avait représenté la Sainte Trinité et les symboles des Quatre Évangélistes.

A Sèvres, les produits de la Manufacture ne sont guère vendus qu'à des visiteurs princiers ou exceptionnellement recommandés, et par qui cette concession est considérée, à bon droit, comme une faveur très gracieuse. Le 15 septembre 1807, le roi et la reine de Westphalie, le grand duc et la grande duchesse de Berg, le prince et la princesse de Bade visitent la Manufacture impériale. Le roi de Westphalie retient le service à dessert, dit à zones d'or, estimé 36,000 francs, qui était alors en cours d'exécution, et le grand duc de Berg achète pour 14,100 francs de porcelaines.

Le restant de la production courante est absorbé par le service des résidences impériales. Ainsi pour l'année 1808 seule, on expédie à Compiègne des services de table et de toilette, pour 22,102 francs ; à Trianon, pour 11,332 ; à Fontainebleau, pour 10,792 francs ; à Saint-Cloud, pour 25,662. Ces deux dernières résidences, avaient déjà, en 1806, reçu pour 37,442 francs de porcelaines, le château de Compiègne pour 43,798 francs. Plus tard, l'impératrice Marie-Louise, en souvenir de Marie-Antoinette, voulut ressusciter la laiterie de Trianon ; et Sèvres exécuta, dans ce but, un service spécial comprenant 8 jattes, 24 tasses, 4 pots à crème, 4 pots à lait, 4 beurriers et 4 salières.

Pour faire honneur à toutes ces exigences, Brongniart, avait groupé autour de lui une compagnie d'artistes de haute valeur, et avait intéressé à la prospérité artistique de la Manufacture les peintres et les sculpteurs les plus renommés. Nous avons déjà dit la part considérable que Percier prit dans les travaux de Sèvres. Son influence peut être comparée en quelque sorte à celle exercée par Le Brun à la *Manufacture des meubles de*

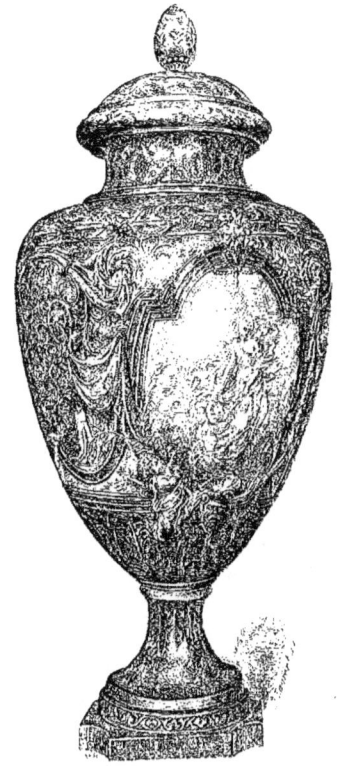

Vase en pâte dure
Décoré et doré au feu de moufle.

la Couronne. L'éminent architecte, aujourd'hui trop méconnu, fournit des modèles dans tous les genres et toujours avec un caractère bien spécial et une véritable originalité. Il poursuivit, dans la céramique, la révolution artistique, qu'il avait entreprise dans la décoration architecturale et ensuite dans le mobilier. L'Antiquité lui fournit des éléments d'inspiration et d'imitation, qu'il adapta sinon avec une logique rigoureuse, du moins avec une grande ingéniosité et une rare souplesse, aux conditions et aux exigences de la fabrication. Les documents étrusques, que les récentes découvertes des archéologues avaient répandus dans les musées et les collections privées, lui inspirèrent des formes et une ornementation nouvelles dont il tira un heureux parti, grâce à la collaboration féconde du peintre Bergeret, qui, suivant une expression aussi pittoresque que juste, créa en France le département de l'Etrurie [1], pendant que l'Empereur taillait des départements français dans les pays conquis par ses armées.

Aujourd'hui on goûte médiocrement ces résurrections de l'Antiquité encore mal connue et ces manifestations, parfois étranges. On trouve singulier de rencontrer sur un vase un Napoléon nu, parlant à un invalide couvert d'un manteau archaïque, tandis qu'un classique Hippocrate l'examine. Les descriptions des principales œuvres historiques, exécutées à Sèvres sous l'Empire, nous étonnent, en outre, par l'entassement des allégories, par la recherche outrée du symbolisme, et cependant, si l'on veut bien se souvenir de l'état politique et littéraire de la France, à la fin du XVIIIe siècle et au commencement du XIXe, des idées alors en cours, des préoccupations dominantes, cette impression de surprise ne laisse pas que de se modifier. On reconnaît bien vite la réelle harmonie qui existe entre les idées régnantes et les manifestations artistiques de ce temps. L'art céramique ne pouvait d'ailleurs échapper à la révolution que David avait provoquée dans le domaine de la peinture, et qu'il dirigeait avec un rigoureux absolutisme. Il semble, cependant, qu'au début le maître ait trouvé, à Sèvres, quelques résistances assez vives; les traditions de la grande école décorative du XVIIIe siècle n'étaient point encore entièrement oubliées. Parmi les vieux céramistes de la Manufacture, plus d'un, pénétré du passé, se montrait réfractaire aux idées nouvelles. En outre, un certain nombre d'artistes peintres et sculpteurs avaient appartenu à l'ancienne académie, dont David se déclarait l'ennemi implacable. Le plus en évidence d'entre eux était Lagrenée, chef des ateliers de peinture, qui, dans une pétition adressée à la Commission des Arts et Manufactures, n'hésitait pas à se poser en antagoniste avéré du régénérateur de l'art français. « David, qui avait juré la destruction de tous les individus de la cy devant académie et les poursuivoit à la faveur du despotisme de Robespierre, David, écrivait-il, mit à ma place successivement deux de ses élèves, le troisième a eu la tête tranchée ; c'est Cerutti membre de la

[1] Champfleury. *Inventaire des collections de Sèvres.*

municipalité contre-révolutionnaire. » Lagrenée, réintégré à la suite de Thermidor, ne pouvait se ranger sous la bannière artistique de son adversaire. Mais, quand Brongniart eut pris la direction de Sèvres, quand David fut devenu le peintre ordinaire de Napoléon, la Manufacture entra définitivement dans le mouvement nouveau et l'influence du « réformateur » s'imposa souverainement. Percier dirigea l'évolution, avec toute l'autorité que lui donnaient son talent incontesté et sa fécondité inépuisable. Il trouva, du reste, dans Laffitte, dans Heim, dans Bergeret des auxiliaires infatigables; et nous avons vu qu'Isabey ne lui refusa pas sa précieuse collaboration. Enfin, Brongniart réussit à enlever à la manufacture de Diehl le peintre Drölling, qui avait fait la réputation de cette fabrique par ses créations charmantes. Sous les yeux de cet état-major incomparable, et à côté de ces artistes très connus, travaillaient de nombreux peintres, fort habiles, dont quelques-uns se sont fait un nom dans l'histoire de la céramique française et même dans notre école de peinture. Demarne, Le Guay, Langlacé, Boquet, Saulnier, Rumeau, Coupin, Béranger, Swebach, Salmon jeune, Degault, Robert, Palmieri, Fragonard, Abadie, Chaponay, Buteux, Georget, Parant, Drouet, Sisson, Bouillat, Despérais, Caron, Boullemier et Mme Jacquotot étaient de ce nombre.

Quant aux sculpteurs, ce sont les maîtres de l'école contemporaine qui fournissent Sèvres de modèles. Cortot, Bosio, Moitte, Valois, Chaudet et Petitot, travaillent alternativement pour la Manufacture, et Louis Simon Boizot lui consacre presque exclusivement son fécond talent. Fils d'Antoine Boizot, dessinateur à la Manufacture des Gobelins, Louis Simon fut, en effet, attaché à la Manufacture de Sèvres, vers 1765, aussitôt après qu'il eut terminé son séjour à l'Académie de France, comme grand prix de sculpture. Les principaux modèles qu'il fournit aux ateliers pour être traduits en biscuit, sont, pendant la première période, des compositions pleines de gracieuse élégance et d'ingénieuse fantaisie, réminiscences des peintures de Boucher et de Pater, qui formèrent si longtemps à Sèvres le fond de la décoration. Les bustes du roi, de la reine, des personnages divers de la Cour, procèdent de la grâce un peu affectée qui distingue les portraits de Vanloo, de Latour et de Natoire.

Plus tard, lorsque le mouvement révolutionnaire se dessina dans l'art français, Boizot évolua, avec une facilité étonnante et une remarquable souplesse : il exécute habilement des imitations de l'Antique, des adaptations des sujets historiques ou sentimentaux, mis à la mode, tout en conservant aux uns et aux autres quelque chose de la grâce aimable et spirituelle, qui caractérise sa manière antérieure. De temps en temps même, par un caprice de souvenir, il revint inopinément, à ses premières amours. Ainsi l'on est tout surpris de trouver, à la date de 1801, des groupes de la Musique, de la Danse, délicieux d'invention et d'une allure très pittoresque, avec lesquels les nouvelles idées n'ont rien à démêler. L'œuvre de Boizot est considérable. L'inventaire de tout ce qu'il a produit, s'il était possible de le dresser, remplirait de longues pages; cet artiste a travaillé pour Sèvres presque sans intermittences, de 1765 à 1809, c'est-à-dire pendant près de cinquante ans!

A la suite de ces maîtres, il y aurait ingratitude à oublier des artistes moins connus, mais d'une très grande habileté, tels que Anxiel, Tardelli, Renaud, Bridan, Gerard, Blanchard, Calamar, Dardelle, Collet, etc.; et pour compléter cette brillante énumération, il nous faut citer le célèbre Thomire, ciseleur en titre de la Manufacture, dont les ateliers ciselèrent les bronzes des grandes pièces sorties de Sèvres, pendant cette fertile période.

SÈVRES.

IX.

LA MANUFACTURE DE 1814 A 1830

En 1814, l'Empire s'effondra sous le coup des revers que l'on sait, et Louis XVIII remonta sur le trône de ses aïeux. Aucun fait important pour la Manufacture de Sèvres ne marque la première Restauration. Le roi visita l'établissement, le 10 août, et accorda, à cette occasion, aux ouvriers une gratification d'un quart de leur salaire mensuel. Brongniart avait cru devoir donner sa démission; le 7 novembre seulement, Louis XVIII le confirma dans ses fonctions d'administrateur de la *Manufacture royale de porcelaine*. La lettre de remerciements de l'éminent savant est très digne. Elle contraste singulièrement par la noblesse de ses termes, par la fierté des sentiments exprimés, avec les documents du même genre, si plats et si serviles, qui abondent à cette époque. Brongniart ne renie rien de son passé, de ses convictions personnelles en politique, de ses relations avec l'Empire, et se contente d'assurer le roi de son dévouement aux intérêts de la Manufacture.

Pendant les Cent-Jours, l'histoire de Sèvres est à peu près insignifiante. Brongniart reste à son poste. Napoléon a des préoccupations beaucoup trop graves et trop urgentes, pour s'occuper de la Manufacture. Mais l'invasion de 1815 donne lieu, à Sèvres, à des aventures du plus haut intérêt. Il existe aux Archives nationales un document inédit et précieux, où Brongniart nous informe lui-même, avec une rare précision, des événements qui s'accomplirent durant les tristes jours, où Sèvres fut occupé par les alliés. Ce document est le rapport officiel adressé à l'Intendant de la Maison du Roi. Nous nous bornons à le transcrire.

Exposé de ce qui s'est passé entre l'administrateur de la manufacture royale de Sèvres et les autorités prussiennes, depuis le 2 juillet 1815 jusqu'au 19 inclusivement.

« Le 2 juillet, le village de Sèvres a été pris de vive force par les troupes prussiennes dans la soirée du 2 ; et, dans les trois jours suivants, toutes les maisons de Sèvres ont été pillées et dévastées.

« La Manufacture a reçu le 2 une sauvegarde prussienne et la protection de MM. les officiers prussiens l'a garantie de tout dommage.

« Le 5, M. Forster est venu en qualité de commissaire prendre l'administration de la Manufacture au nom du roi de Prusse. Sur 11,000 francs qui se trouvaient en caisse, il en a fait enlever 10,000 qu'il a versés dans la caisse militaire du 4ᵉ corps.

« Les instructions de M. Forster et celles de M. Kuspch, son successeur, instructions dont ces messieurs m'ont donné copie, portent qu'ils doivent garantir la Manufacture de tout dommage, et verser les produits de la vente dans la caisse militaire, mais après en avoir distrait les sommes nécessaires au paiement des ouvriers. La vente rendant très peu d'argent et par conséquent ne paraissant pas susceptible de remplir les intentions de l'intendance générale de l'armée, il a été ordonné de faire un inventaire et ensuite de faire emballer toutes les porcelaines pour les transporter à Paris et les vendre au rabais au profit de l'armée prussienne. Cet ordre, donné le 14, a été révoqué le 15 au matin, mais l'inventaire a été fait et remis à M. le commissaire Kuspch le 16.

« Cet inventaire, avec les porcelaines relatives à l'histoire de Bonaparte, monte à 633,000 francs.

« Aujourd'hui 19, l'ordre d'emballer les porcelaines relatives à l'histoire de Bonaparte pour les envoyer à Berlin s'exécute.

« Le commissaire prussien a reçu, en outre, l'ordre de réduire tous les prix à moitié, mais, sur les observations que j'ai faites à M. Ribbentropp, cet ordre a été modifié et appliqué seulement aux porcelaines qui seraient livrées à MM. les officiers prussiens, d'après l'autorisation de M. l'intendant général.

« M. Ribbentropp, intendant général de l'armée, m'a expliqué bien formellement aujourd'hui ses intentions qui sont aussi celles du prince Blucher.

« Les troupes ayant besoin d'argent, la Manufacture du roi ayant été protégée par elles, il demande : 1° que la Manufacture contribue pour une somme déterminée; 2° que les officiers puissent acheter facilement les porcelaines qu'ils désirent avoir.

« La seconde demande, qui est assez naturelle, est remplie par la mesure mentionnée plus haut. Mais, pour obtenir le premier résultat, monsieur l'intendant général menace de vendre au profit de l'armée, à quelque prix que ce soit, toutes les porcelaines confectionnées et il assure que plusieurs spéculateurs s'offrent déjà pour les acquérir. Il se désistera de ce moyen, si le trésor royal veut racheter lui-même les porcelaines et demande à traiter, mais le plus promptement possible, avec M. le comte de Pradel. C'est dans cette attente qu'il a encore suspendu aujourd'hui l'exécution de la vente de tous les magasins.

« Je compléterai cet exposé des faits par le bordereau suivant des valeurs livrées jusqu'à ce moment au gouvernement prussien :

1° En argent.	10,000 francs.
2° En porcelaines livrées à des officiers et mises à part, suivant un état que je fournirai en son temps.	24,000 —
3° En porcelaine relative à l'histoire de Bonaparte.	53,000 —
Total des valeurs livrées jusqu'à ce moment	87,000 francs.

« Si on est réduit à la dure et inconcevable nécessité de racheter les porcelaines du roi, et de faire un sacrifice d'argent pour empêcher la ruine d'une Manufacture qui a fait quelque honneur, j'ai proposé, dans ma note détaillée du 15, les bases suivantes pour ce rachat :

« 1° Donner de toutes les porcelaines faites, en y comprenant tout ce qui a été et est à livrer en nature, 150,000 francs ; il ne resterait que 60,000 francs à donner en argent.

« 2° Faire comprendre cette somme dans les contributions de guerre, s'il est possible; on l'empruntera à des capitalistes en leur assurant un fort bénéfice et leur remboursement sur le produit des ventes.

« Mais ne pourrait-on pas obtenir, en s'adressant directement au roi de Prusse, par l'entremise de M. de Goltz ou de M. de Hardenberg que S. M. donnât des ordres prompts et formels, pour qu'on cessât de faire au roi de France la proposition inconvenante de racheter de son allié ses propres porcelaines. Le roi, de son côté, pour reconnaître les soins que les autorités prussiennes ont pris de sa Manufacture pourrait offrir tant au roi de Prusse qu'à MM. les officiers et employés de l'armée un présent en porcelaine, de la valeur de 150,000 francs ou même plus, aux prix de l'étiquette. Ces porcelaines seraient délivrées sur les bons de monsieur l'intendant général de l'armée.

« Les 86,000 francs de porcelaines déjà livrées feraient partie de ce présent.

« *Sèvres, le 19 juillet, 9 heures du soir, 1815.*

« L'Administrateur
« Alex. Brongniart. »

Ce document, si important au point de vue des informations concernant ces événements douloureux, est complété par une série de lettres, figurant également dans les cartons des Archives nationales, et qui méritent d'être publiées intégralement, parce qu'elles puisent dans des événements plus récents, mais analogues, un redoublement d'intérêt.

Le 5 juillet 1815, l'intendant général de l'armée royale de Prusse, M. Ribbentrop, adresse au lieutenant du roi de Prusse, commissaire expéditionnaire, M. Forster, la lettre suivante :

« Je vous charge par la présente de vous rendre le plus tôt possible à la fabrique de porcelaines de Sèvres et de la protéger le plus qu'il vous sera possible contre tout pillage et toute violence; la vente de la porcelaine existante peut être continuée pour argent comptant; mais au même prix et de la même manière que cela s'est pratiqué jusqu'ici. Le produit qui en proviendra, ainsi que ce qui se trouve actuellement en caisse peut être versé dans la caisse de guerre du 4ᵉ Corps et vous aurez à en prévenir monsieur le commissaire ordonnateur en chef, de Kege, de temps en temps, pour qu'il envoye chercher le montant.

« M. de Kege a été en même temps mis au fait par moi de cet arrangement, et prié d'avoir soin que Son Ex. le général comte de Bullow vous fasse appuyer par le militaire, comme aussi qu'il vous fasse remplacer le plus tôt possible par un fonctionnaire du 4ᵉ Corps d'armée. Aussitôt que votre successeur sera arrivé, vous vous rendrez sans délai près de moi au quartier général.

« *Saint-Cloud, 5 juillet 1815.*

« Intendant général de l'armée royale de Prusse,
« RIBBENTROP. »

Cette lettre, sous les apparences de protection qu'elle affichait, n'était rien moins qu'un ordre de séquestrer la Manufacture au profit du roi de Prusse. C'était un pillage officiel et réglementé, puisque, non seulement l'argent en caisse était saisi, mais toutes les marchandises devaient être vendues et le produit de ces ventes, attribué à la caisse de guerre de l'armée prussienne. Le récit de Brongniart nous montre quelles suites cette hypocrisie devait avoir. Louis XVIII, lui-même, trouva que ses amis, les alliés, usaient de procédés un peu trop violents. Sur son ordre, le comte de Pradel, directeur général de la Maison du roi, adressa, à ce propos, des remontrances aux autorités allemandes. En leur nom, Ribbentrop répondit par le billet suivant qui se distingue par une franchise brutale :

« *Paris, 16 juillet 1815.*

« Monsieur le Comte,

« Malgré le désir que j'ai de satisfaire à la demande que vous m'avez faite par votre lettre sans date, de faire restituer à la caisse de la Manufacture royale de Sèvres les 10,000 francs qui y ont été prélevés par M. Forster, je ne puis pas y obtempérer, attendu que la somme en question a été versée dans la caisse de guerre, portée en recette sur les registres de la dite caisse et ne peut plus en être retirée.

« Agréez, etc.

« Le Conseiller d'Etat, Intendant général des armées prussiennes,
« RIBBENTROP. »

« A M. le comte de Pradel, directeur de la Maison du roi, à Paris. »

En présence de cette réponse aussi brève que sèche, M. de Pradel résolut de s'adresser à Blücher ; il lui écrivit au nom du roi :

« *Paris, le 18 juillet 1815.*

« A Son Excellence M. le prince Blücher, général en chef de l'armée prussienne.

« Prince,

« L'administration de la Manufacture royale de Sèvres, m'ayant rendu compte des mesures adoptées par monsieur l'Intendant général de l'armée prussienne à l'égard des porcelaines du roi, j'ai adressé à M. Ribbentrop une lettre, dont j'ai l'honneur d'envoyer copie à votre Excellence ; j'attendois la réponse de monsieur l'Intendant pour en rendre compte à Sa Majesté, lorsqu'il m'a fait savoir que votre Excellence avoit donné l'ordre d'emballer et de transporter à Berlin tous les objets dont les dessins sont relatifs à l'histoire de Napoléon Bonaparte, et qu'elle attendoit en outre que le reste des porcelaines fût racheté par le Trésor de la Couronne. J'aurai l'honneur, Prince, de vous faire observer que la Manufacture de Sèvres étant une propriété personnelle du roi, comprise dans le domaine de la couronne, n'est point à la charge de l'Etat ; Votre Excellence sait, d'ailleurs, que 22,000 francs ont été déjà versés par la Manufacture royale dans la caisse de l'armée prussienne, ce qui, joint à 53,000 francs de porcelaines relatives à Bonaparte, et dont cet établissement va faire l'abandon, s'élève à un total de 75,000 francs, prélevé en entier sur la liste civile de Sa Majesté. La connaissance de ces faits fera sans doute renoncer Votre Excellence à toute idée de rachat, qui lui paraîtra contraire aux relations de paix et d'alliance qui subsistent entre nos deux souverains. Je la prie, dans tous les cas, de vouloir bien m'adresser directement une communication sur cet objet, afin que je puisse connaître dans quel principe et d'après quelle base Votre Excellence a l'intention d'agir vis-à-vis des propriétés personnelles du Roi, qui toutes sont comprises dans les attributions du Ministère, dont l'administration m'est en ce moment confiée.

« Je prie Votre Excellence d'agréer l'hommage de la haute considération, avec laquelle j'ai l'honneur d'être, Prince, votre, etc., etc.

« Le directeur général du Ministère de la Maison du roi.

« Comte de Pradel. »

Blücher ne daigna pas répondre au représentant de Louis XVIII.

Ribbentrop fut chargé de ce soin, et il le fit avec plus de brutalité que jamais. Sa lettre, au surplus, peut se passer de commentaires.

« *Paris, 21 juillet 1815.*

« Monsieur le Comte.

« En réponse à la lettre que vous m'avez fait l'honneur de m'écrire en date d'hier, j'ai celui d'observer que les dispositions que j'ai prises à l'égard de la Manufacture de Sèvres ne tiennent qu'à la stricte exécution des ordres supérieurs que j'ai reçus à cet égard.

« Cet établissement, avec toutes les porcelaines manufacturées qu'il renferme, est tombé en notre pouvoir au moment où l'on se battait encore et, par conséquent, doit être considéré comme propriété de l'ennemi, d'autant plus que beaucoup de porcelaines qui s'y trouvoient étoient faites par ordre de Bonaparte, avoient trait à son histoire et donnoient à cet établissement absolument le caractère d'une propriété ennemie.

« Néanmoins mes dispositions ont conservé la Manufacture. Il est donc de toute justice d'indemniser la caisse de guerre pour la restitution de cette propriété conquise par la force des armes.

« Cette indemnité est d'autant plus nécessaire à notre armée —, qui est entrée en campagne sans la moindre ressource, — qu'il est urgent de procurer aux soldats de nouveaux souliers pour remplacer ceux qu'ils ont usés dans leur marche précipitée sur Paris, et dont ils ont besoin pour combattre encore les ennemis de S. M. le Roi, votre auguste souverain.

« Au reste, Monsieur le Comte, je ne tiendrois nullement à vouloir mettre à profit un objet de cette nature, si le refus absolu de Monsieur le Préfet de la Seine de faire la moindre chose pour nos troupes ne me mettoit dans la nécessité de recourir à toute ressource qui se présente à moi pour parvenir au but, et je vous observe finalement, que moyennant le payement d'une somme de 100,000 francs, je m'empresserai de remettre de suite l'administration de l'établissement de Sèvres entre vos mains.

« Agréez, Monsieur le Comte, l'assurance de ma très haute considération.

« Le conseiller d'État, Intendant général des armées prussiennes.

« Ribbentrop.

« A Monsieur le Comte de Pradel. »

Après l'échange de ces lettres, le pillage officiel de la Manufacture de Sèvres continua de plus belle ; le duc de Brunswick lui-même fit réclamer à la Manufacture les porcelaines, qui avaient été offertes en cadeau, en 1807, par la Manufacture de Furstenberg, comme échantillons de sa fabrication, et il en emporta pour environ 1,764 francs. Il accepta de céder ce qui restait de cette série, contre un lot de pièces de Sèvres, évaluées 1185 francs, sans ajouter, toutefois, qu'il avait besoin de ces porcelaines, pour se payer des bottes. Toutes les réclamations du roi Louis XVIII restèrent au surplus inutiles ; les Allemands ne rendirent rien de ce qu'ils s'étaient approprié.

La première mesure administrative prise, après le départ des alliés, par le directeur de la Maison du roi, fut le rétablissement de la chapelle de la Manufacture. Après une longue série d'intrigues qui mirent en rumeur tous les dignitaires de la nouvelle Cour, l'abbé Esnault, de la paroisse Saint-Louis de Versailles, fut pourvu de cette sinécure enviée. Le roi ordonna, après cela, qu'on recommençât de faire, en janvier de chaque année, une exposition spéciale des porcelaines de la Manufacture royale, dans sa résidence ordinaire, les Tuileries, comme cela s'était pratiqué à Versailles, au temps de sa jeunesse.

Le pillage de la caisse et des magasins de Sèvres avait mis cet établissement dans une situation financière très critique. Comme le trésor royal était à sec et qu'on avait d'autres exigences plus impérieuses à satisfaire, l'Administrateur, pour se procurer de l'argent, dut faire un marché avec trois négociants, MM. Jamard, Islande et Pérès, pour la cession, contre une somme de 50,000 francs, de porcelaines tendres, tant en blanc qu'en couleur, qu'on avait pu dissimuler. C'était tout ce qu'avait épargné la rapacité allemande. Il fallait, après cela, créer un stock nouveau pour la vente au public et pour les besoins des résidences royales. Grâce à ce petit capital, les travaux furent repris et poussés avec activité par Brongniart.

Dans l'histoire des Gobelins, nous avons montré avec quelle impatience et quelle rigueur l'Administration nouvelle avait fait interrompre la fabrication de toutes les pièces, dont les sujets rappelaient le régime déchu ; non seulement les armoiries royales furent partout substituées aux emblèmes impériaux, mais M. de Blacas et, après lui, M. le comte de Pradel, firent livrer au feu toutes les pièces de tapisserie à sujets relatifs à l'histoire de Napoléon et firent enlever des métiers en les mutilant, toutes les tentures, commencées sous le règne de *Monsieur de Buonaparte*. Brongniart, qui avait plus que tous ces hauts fonctionnaires, le souci de sa dignité et le respect de l'art, non seulement ne laissa rien détruire à Sèvres de ce qui rappelait l'Empire, mais obtint, par sa courageuse intervention, que la Manufacture continuât la fabrication des grandes pièces historiques, commencées sous Napoléon, et chargées de consacrer les événements importants de son règne. On peut citer entre autres pièces qui furent achevées sous la Restauration, un vase étrusque, de première grandeur, décoré d'un cartel peint en miniature par Georget, représentant le *Bivouac de l'Empereur à Wagram*, et un autre grand vase étrusque à rouleau, dont la frise coloriée, dessinée par Percier, représentait l'Empereur et l'Impératrice traversant, le jour de leur mariage, la grande galerie du Musée Napoléon. Brongniart avait fait valoir, avec beaucoup d'habileté, que ce vase offrait un intérêt exceptionnel, au point de vue de l'histoire technique de la céramique. « La peinture de ce vase, disait-il, est l'entreprise la plus considérable qu'on ait jamais faite en porcelaine, par la difficulté de la composition, le nombre prodigieux des personnages et la richesse des costumes. » La table, dite des palais impériaux, était, à la date du 1er Avril 1815, prête à cuire en ébauche ; Brongniart insista énergiquement pour qu'il lui fût permis de la continuer, en demandant simplement s'il convenait d'y maintenir le palais de Stupini et le Quirinal. La fabrication du déjeuner des grands peintres, décoré de tableaux du Musée Napoléon, correspondant aux portraits des artistes, auxquels on devait les œuvres ainsi représentées, Raphaël, Titien, Rembrandt, Van Dyck, Rubens, etc., ne pouvait faire naître aucune difficulté d'ordre politique. Mme Jacquotot, fut même invitée à en hâter la peinture.

Le caractère de la production artistique de Sèvres, pendant cette première période de la Restauration et durant tout le règne de Louis XVIII, ne présente point de notables différences, avec la période impériale. Les artistes qui fournissent les modèles, ceux qui les exécutent sont les mêmes à peu près, et l'on a conservé l'administrateur qui inspire et dirige les travaux. Les emblèmes, attributs et sujets relatifs à la Royauté furent simplement substitués à ceux qui avaient pour but la glorification de l'Empire. On continua même, en 1818, à travailler « dans l'Antique » et dans « l'Egyptien », si fort à la mode au commencement du siècle ; et sur l'état de fabrication de cette année nous voyons, comme par le passé, figurer des obélisques, des pyramides, des sphinx, des tombeaux étrusques, des trépieds grecs, etc... Bien mieux, les registres de la Manufacture font mention, en 1820, de la remise sur les tours, du service iconographique, du service des vues de villes, des services à fruits, simplement modifiés comme fond de couleurs et, en 1823, on exécute des vases de forme étrusque, et d'autres de même dessin que ceux fabriqués sous l'Empire. Quant aux décorations picturales, elles s'inspirent le plus souvent de l'antiquité classique, de Rome ou de la Grèce ; et si les artistes font des incursions dans le domaine de la fantaisie ou dans celui du naturalisme, c'est en suivant, pas à pas, les traces de leurs devanciers ; on le verra, quand nous procéderons à l'énumération des principales pièces exécutées à cette époque.

Nous avons montré quelle influence désastreuse avaient exercée, sur la production artistique de la manufacture des Gobelins, les théories des peintres précurseurs de David et de ses contemporains, relatives à la traduction des œuvres d'art en tapisseries, théories sanctionnées par l'Empereur lui-même, puisque Napoléon ordonna de faire décorer de « tableaux des Gobelins encadrés » toute la galerie de Diane, aux Tuileries. Sous l'Empire, la Manufacture de Sèvres échappa, dans une certaine mesure, à l'invasion de ces théories funestes. La copie des tableaux ne pouvait guère d'ailleurs s'adapter aux formes de la céramique décorative ou usuelle. C'est tout exceptionnellement qu'on voit apparaître sur quelques pièces spéciales, envoyées en cadeaux d'amitié, des portraits de l'Empereur, de l'Impératrice et des membres de la famille impériale. Les grandes pièces telles que la table des Maréchaux doivent être écartées à cause de leur caractère monumental et décoratif ; mais, à partir de 1814, il n'en est plus ainsi. La copie est, à Sèvres, érigée à la hauteur d'un dogme. Elle s'exerce dans tous les genres, dans toutes les dimensions. Peu à peu elle accapare la production. On ne se contente point de peindre sur les vases, sur les assiettes, dans les coupes, les portraits du roi, de Monsieur, des princes et princesses de la famille royale ; on exécute de véritables tableaux et qui pis est, des copies de tableaux célèbres, où la toile et le bois sont remplacés par le kaolin.

Dès 1816, Brongniart fait fabriquer sur une plaque de porcelaine le portrait en buste de Louis XVIII, d'après le tableau de Gérard ; et comme le plaisant se mêle souvent aux choses qu'on croit sérieuses, un incident comique marque le début de cette innovation néfaste. L'administrateur de Sèvres avait trouvé que sur la peinture originale, l'habit du roi était trop simple ; il demanda au chef de la garde-robe royale de lui prêter un habit de grand gala pour le faire copier. Le roi informé de cette requête s'en amusa beaucoup et fit répondre qu'il se trouvait fort bien avec son habit bleu et ses épaulettes, et qu'il désirait être représenté dans ce costume qu'il jugeait suffisant comme éclat.

En 1818, on reproduisit en porcelaine le tableau de Gros : *Charles-Quint et François I*er *à Saint-Denis*. En 1820, Robert exécuta une copie du tableau de Karel du Jardin, du Musée du Louvre, la *Charette au cheval blanc*. A cette même date, Constantin, peintre sur porcelaine, très renommé, reçut la commande, pour être exécutées à Sèvres en 1820, 1821 et 1822, des reproductions de la *Fornarina*, de *Saint Jean dans le désert* de Raphaël, de la *Vierge, l'enfant Jésus et saint Jean* du Titien, de la *Poésie* de Carlo Dolci et de douze portraits de peintres illustres, d'après les portraits de la grande galerie des Offices. En 1822, Mme Jacquotot termine la *Psyché* de Gérard et M. Georget, la *Femme hydropique* de Gérard Dow, cédée plus tard pour la somme de 30,000 francs. Ces copies demeurèrent, du reste, en honneur jusqu'à la fin de la Restauration, car à l'exposition de 1830, la plus importante de toutes les expositions annuelles des Manufactures royales, figuraient des copies de l'*Atala* de Girodet par Mme Jacquotot, du paysage du Poussin, dit *Le Diogène*, par Langlacé, de la *Sainte Thérèse* de Gérard par Mme Ducluzeau, du *Prince de Carignan montant à l'assaut du Trocadéro*, de Paul Delaroche, par Constantin.

Si les artistes de Sèvres se fussent contentés, pour donner une idée de leur talent de copistes, d'exécuter quelques tableaux en porcelaine, cette innovation eût pu constituer une branche spéciale de la fabrication et le mal n'eût pas été irrémédiable ; mais en généralisant cette pratique, en peignant de véritables copies de tableaux sur la panse des vases, sur le fond des coupes, des plats et des assiettes, ils s'engagèrent insensiblement dans une voie, qui devait fatalement les conduire à la décadence de la Manufacture. Sous les régimes précédents, l'exagération même du symbolisme, qu'il fût galant ou politique, était loin de nuire au caractère décoratif des pièces exécutées. Des sculpteurs et des peintres, très habiles, s'ingéniaient à associer les attributs et les sujets qui leur étaient imposés, et réussissaient souvent à interpréter, assez heureusement, les conceptions idéales, qui semblaient offrir le moins de ressources. Sous la Restauration, on peut à peine constater la préoccupation même illogique et illusoire d'établir quelque harmonie entre la décoration picturale et la forme de l'objet décoré. Il semble qu'on soit satisfait quand l'artiste a placé simplement sur la panse d'un vase une reproduction en miniature de l'œuvre à copier. L'art de la décoration perd ainsi toute ingéniosité. Aussi, dans les rares occasions où une création nouvelle s'impose et devient obligatoire, fait-on preuve d'une pauvreté vraiment désolante d'invention. Lors de l'avènement au trône de Charles X, la Manufacture fut chargée d'exécuter un vase commémoratif. L'occasion était assurément des plus solennelles, et le personnel dut faire de grands efforts d'imagination pour célébrer un événement de cette importance. Ces efforts se traduisirent par un vase en forme de coupe, qui portait d'un côté un tableau symbolisant l'avènement et sur l'autre les profils, accolés à la manière des médailles, de Louis XVIII et de Charles X. C'était assez maigre. Il est vrai que Brongniart écrivait, à ce propos, à M. de La Rochefoucauld, intendant de la Maison du roi : « Le sujet représente le moment où Charles X reçoit dans le château de Saint-Cloud les hommages des premiers corps de l'Etat, et exprime, dans ses réponses, son intention de suivre, dans son gouvernement, les mêmes principes que le feu roi, son auguste frère. Comme les paroles ne peuvent se reproduire en peinture, j'ai dû supposer qu'un buste de Louis XVIII était dans la salle et que le roi Charles X exprimait ses intentions en le montrant. » Le reste du temps, à l'exemple de ce qui se passait aux Gobelins, on traitait à Sèvres des sujets historiques, empruntés à la vie du chevalier Bayard, à celle de Duguesclin. On copiait des motifs gothiques ou des sujets religieux ; et le fondateur de la dynastie, Henri IV, se multipliait sous les formes les plus variées, dans la décoration des vases, des assiettes et des coupes.

Ces pseudo-œuvres d'art alternaient, dans la fabrication, avec les objets de curiosité ou de fantaisie mobilière. En 1822, Percier était chargé de donner les dessins d'une cheminée en porcelaine, ornée de sujets rappelant l'Hiver, avec les signes du zodiaque, relatifs à cette saison ; et, plus modeste en ses prétentions, que les artistes de nos jours, il recevait 400 francs pour ce travail. Plus tard le roi commande une bibliothèque en porcelaine, pour mettre des livres d'Eglise ; sur les quatre panneaux de face, en style gothique, on représenta, d'après les dessins de Fragonard, les personnages illustres de la chrétienté. En 1826, la Manufacture terminait un bureau-secrétaire, composé de 18 plaques de porcelaine, peintes pour les fruits

par Jacobber, pour les fleurs par Philippini et pour les oiseaux par Mme Knipp. En 1828, l'exposition annuelle des Tuileries offrait un meuble-bureau. Le panneau du milieu, peint par Le Guay, était consacré aux Muses ; les panneaux d'encadrement, peints en camée par Huart et Barbin, et les ornements étaient relatifs aux Lettres, aux Arts et aux Sciences. Leloy avait donné le dessin général du meuble et Boquet en avait fait la monture. A l'exposition de 1830, on remarquait un secrétaire-bibliothèque, dont la décoration était consacrée à l'histoire du château de Versailles ; le tableau principal, une vue de Versailles, était de Robert ; Wattier, Huart et Didier avaient peint les camées et ornements. On y voyait aussi une écritoire ornée des portraits du roi et de la reine d'Espagne et de sujets se rattachant au mariage du roi et de la reine de Naples[1]. Puis, comme contraste, on peut rapprocher de ces meubles une tabatière, exécutée pour le roi et contenant 25 miniatures sur porcelaine de Mme Jacquotot, représentant les portraits de Marie-Antoinette, Henri IV, Anne d'Autriche, François Ier, Marie-Thérèse, le roi Louis XVIII à 13 ans, Jeanne d'Albret, la princesse de Longueville, Anne de Bretagne, le Dauphin, père du roi, Marie Lecksinska, Marie de Médicis, Molière, Charles VIII, M. Le Dauphin, La Bruyère, Fénelon, Mme de Sévigné, Turenne, Hortense Mancini, le Régent, Christine de Suède, Mme Dacier, Mme de Maintenon et Bossuet. Cette tabatière était enfermée dans un coffret de porcelaine, d'un très haut prix. En outre de ces pièces plus extravagantes qu'heureuses, la Manufacture exécuta, pendant cette même période, un certain nombre de grands ouvrages d'une valeur artistique plus sérieuse. Parmi ceux qui offrent un intérêt historique, nous mentionnerons : 1° un grand vase Médicis, de 6 pieds de haut et de 4 pieds de diamètre, en biscuit, exécuté en l'honneur de la Sculpture ; le sujet représentait Phidias venant d'achever le modèle de son Jupiter olympien, et le montrant à Périclès, à Socrate et à d'autres personnages. Le modèle de ce vase avait été donné par Guersan, l'exécution était de Régnier et la peinture de Fragonard ; 2° un vase Médicis, première grandeur, fond vert ; sujet : *Homère chez les potiers de Samos*, d'après Gérard, peint par Béranger ; 3° un vase étrusque, première grandeur, avec une peinture en camaïeu, représentant *Louis XIV prenant les rênes du gouvernement*, peinture de Parault ; 4° un vase Médicis, première grandeur, avec une composition

---

[1] Ce meuble fut offert en présent par la duchesse d'Orléans à la reine de Naples.

de Le Guay, représentant les *Nymphes victorieuses des amours ;* les ornements de ce vase de Leloy ; 5° le vase dit de Socibius, forme nouvelle à Sèvres, inspirée d'un vase antique faisant partie de la collection du Musée royal ; une modification avait été apportée à la décoration : au lieu des dieux, le peintre de Sèvres a représenté les figures des divers Arts qui concourent à la fabrication de la porcelaine ; 6° un service de table, dit service des Départements ; sur chacune des 86 assiettes se trouve la vue d'un site renommé ; sur le marli, sont dessinés des ornements relatifs aux productions locales ; des médaillons représentent les hommes illustres ou les faits mémorables se rapportant à chaque département ; les peintures de ce service sont de Develly, Langlacé et Riton ; 7° un service, dit de la Culture des fleurs ; 8° un service, dit des Arts industriels, peintures de Develly ; 9° un vase forme grecque, de $1^m,65$ de haut et $1^m,80$ de diamètre ; la peinture du milieu du vase en forme camée représente « Louis XIV recevant ses ministres qui, après la mort de Mazarin, viennent lui demander avec qui ils travailleraient désormais, et leur répondant : Avec moi » ; le col du vase est décoré de médaillons représentant des personnages illustres du siècle de Louis XIV, Louvois, Colbert, Desmarets, Seguier, Lamoignon, d'Aguesseau ; la composition de ce vase, destiné au château de Versailles, était de Lafitte ; la peinture en fut exécutée par Parant ; les ornements étaient de Leloy ; 10° un vase ovale, fond vert, hauteur $0^m,70$, consacré à rappeler les voyages des deux Bougainville ; sur une des faces, un médaillon représente l'obélisque érigé en mémoire de La Peyrouse sur la plage de Botany-Bay ; sur l'autre face, on voit la *Boudeuse* et l'*Etoile,* commandées, en 1766, par Louis-Antoine de Bougainville, et la *Thétis* et l'*Espérance,* commandées, en 1824, par le baron de Bougainville, son fils ; la composition est de Leloy, les paysages sont de Poupart et les camaïeux de Barbin ; ce vase fut donné par le roi au baron de Bougainville ; 11° un vase de grande dimension, $0^m,90$ de hauteur et $0^m,35$ de diamètre, portant la copie, sur fond de ciel bleu, de l'*Assomption* du Poussin par Mlle Perlet ; 12° deux vases, forme dérivée du vase Médicis, avec six médaillons et imitations de camée, représentant allégoriquement les différentes attributions du département des Beaux-Arts de la Maison du roi ; composition générale de Fragonard ; peinture des médaillons et camées de Schilt ; vases destinés au roi de Prusse ; 13° un vase Médicis, de $1^m,45$ de haut et 1 mètre de diamètre, fond bleu et ornements or ; coquilles, fleurs et oiseaux de Philippon ;

14° deux vases Clodion, dits des Bienfaiteurs de l'humanité, portraits de saint Vincent de Paul et de John Howard, peints par Didier; 15° un service de table, dit du Voyage pittoresque en Europe; 16° un déjeuner des vues de l'ancienne Alsace, peint par Van Marck, d'après Schweighauser; 17° un déjeuner dit des Poètes anacréontiques; le plateau porte l'apothéose d'Anacréon par Girodet, peint par Le Guay.

Après avoir énuméré les œuvres les plus remarquables, fabriquées à Sèvres, pendant la Restauration, il nous faut signaler quelques progrès réalisés dans la technique, pendant cette même période. En 1818, un certain de Saint-Amand avait inventé un procédé de moulage qui diminuait de moitié les frais de main-d'œuvre; la Manufacture en acheta le brevet, pour la modique somme de 1,500 francs et le mit en pratique dans ses ateliers. En 1819, l'atelier de montage fut organisé définitivement par Brongniart. Pendant l'année 1824, le laboratoire d'essai se livra à des expériences sur la fabrication d'une pâte de kaolin, as sezsemblable à celle des Chinois, mais on abandonna ces essais, peu après, et pour des raisons qui ne nous sont point connues. Au mois de juillet 1828, Brongniart créa au dépôt de la Manufacture, sis à Paris rue de Rivoli, près le pavillon de Marsan, une école spéciale ayant pour but de donner gratuitement aux artistes, l'instruction pratique pour l'emploi des couleurs vitrifiables sur porcelaine, faïence et verre. Des élèves internes y travaillaient toute la journée; des élèves externes y étaient admis à des heures et jours déterminés, et pouvaient demander aux professeurs des conseils. Cette école eut une existence éphémère.

Enfin, à l'actif de cette période il faut encore porter une création administrative nouvelle, d'un grand intérêt au point de vue de l'histoire de l'art. Brongniart, qui en caressait depuis longtemps l'idée, obtint d'installer dans la Manufacture un atelier pour la fabrication des vitraux peints. L'atelier commença à fonctionner en 1827. Le gouvernement mit à sa disposition un crédit de 26,000 francs et nomma M. Robert chef des travaux. Le préfet de la Seine, en vue de favoriser cette création, fit une commande de 30,000 francs de vitraux pour la sacristie de l'église de Notre-Dame de Lorette. En 1829, l'atelier exécutait pour l'École polytechnique deux vitraux, dont les compositions représentent, sur l'un, la découverte du verre par les Phéniciens, sur l'autre, un bouquet de fleurs, dans lequel on a employé toutes les couleurs dont disposait la palette des verriers. L'atelier disparut avec la monarchie de Juillet.

On voit que, sinon au point de vue artistique, du moins au point de vue de la production, la période qui nous occupe fut assez féconde. Sous la Restauration, les dépenses de la Manufacture s'élevaient en moyenne, annuellement, à 300,000 francs. Les ventes, soit à la Couronne, soit aux particuliers, atteignirent, chaque année, le chiffre de 100 à 110,000 francs. En outre, l'inventaire, dressé au mois d'avril 1830, accusait comme existence en magasin 47,701 pièces, évaluées à 1,209,651 francs. Sèvres, en moins de quinze années, avait donc reconstitué ses approvisionnements, dilapidés par les Allemands, et la production avait repris un cours normal. Ajoutons que la réputation européenne de la Manufacture n'avait pas décru. Sous la Restauration, comme sous l'Empire, les porcelaines de Sèvres constituèrent le fonds principal des présents diplomatiques. Nous avons relevé, à ce propos, dans les inventaires, sur les registres de vente et dans la correspondance de la Manufacture, quelques informations peu connues et assez curieuses.

En 1817, le roi faisait don au duc de Kent de 14,855 francs de porcelaines. En 1821, le duc Decazes recevait, en cadeau royal, le service dit des Fruits. En 1822, le roi décidait qu'on attribuerait à nos ambassadeurs une partie des produits des Manufactures royales, pour qu'ils pussent se parer, aux yeux des Cours étrangères, des produits les plus précieux de l'industrie française. En conséquence, on envoya des services de table et des vases décorés à M. de Chateaubriand, ambassadeur à Londres, au marquis de Moustier, ambassadeur en Suisse, au duc de Montmorency-Laval, ambassadeur à Rome, au marquis de Gabriac, ambassadeur à Stockolm, à M. de Rayneval, ambassadeur à Berlin. Dans ces libéralités intelligentes, l'École française de Rome, ne fut point oubliée. En raison de son influence artistique et mondaine, Guérin, qui en était le directeur, reçut, pour sa table et pour la décoration de ses salons, un lot de porcelaines de 1,200 francs.

Les cadeaux faits par le roi aux souverains étrangers et aux personnages de haute marque ont une valeur plus considérable. En 1825, Charles X faisait envoyer au Président d'Haïti, par l'intermédiaire de M. le baron de Mackau, et du capitaine de vaisseau de Melay, un service de table, à décoration de fleurs et de fruits, évalué 33,520 francs. Le roi de Naples recevait, vers le même temps, pour 52,400 francs de porcelaine. Il était fait présent au prince de Saxe-Cobourg d'une table en porcelaine, dont les peintures représentaient plusieurs vues du Musée du

Louvre. Le sacre du nouveau roi de France, fut, en outre, l'occasion de nombreux présents, dont la valeur totale atteignit 112,000 francs. Le duc de Northumberland, ambassadeur extraordinaire d'Angleterre, reçut le vase du Combat des Nymphes et des Amours, évalué 48,000 francs ; le prince Wolkonski, ambassadeur extraordinaire de Russie, une table jardinière, de 1^m,25 de diamètre, ornée de bas-reliefs représentant des enfants jouant et de fleurs exécutées par Parant. Cette table était du prix de 32,000 francs. Le roi offrit au prince Estherazy, ambassadeur d'Autriche, pour 16,600 francs de porcelaines et au duc de Villa-Hermosa, ambassadeur d'Espagne, pour 16,500 francs.

En 1826, on envoya au pape le bureau-secrétaire dit des Produits de la nature, évalué 30,000 francs, une pendule de grand salon en biscuit, de 90 centimètres de hauteur, décorée de plaques de porcelaines montées en bronze, dont les sujets représentaient les trois principales époques de l'horlogerie, la clepsydre, l'horloge à poids, et l'horloge à pendule, pièce admirable qui coûtait 9,000 francs. On y joignait deux vases, dits de Floréal, cotés 7,000 francs la paire.

Dans l'état des présents pour les années 1825, 1826, 1827, 1828 et 1829, nous relevons également les mentions suivantes, intéressa l'Art et la Littérature. Par décision en date du 23 Juillet 1825, Charles X en témoignage de sa satisfaction pour « l'opéra » que Rossini a fait exécuter, à propos du sacre, accorde au musicien un présent de 3,000 francs de porcelaines. A l'occasion du même événement, il ordonne que l'on remette pour 500 francs de porcelaines aux compositeurs et librettistes de l'opéra de *Pharamond*, Ancelot, Guiraud, Soumet, Boieldieu, Berton et Kreutzer. Victor Hugo reçoit un présent de même valeur pour l'ode qu'il a composée, et M. de Chazet est gratifié de 1,000 francs de porcelaines pour une pièce de poésie sur le Sacre également. En 1826, Rubini, du théâtre Italien, reçoit un cadeau de 300 francs de porcelaines; l'année suivante, le 14 octobre, Scribe est gratifié de 500 francs de porcelaines comme auteur du ballet de la *Somnambula*. En 1828, Charles X fait envoyer pour 800 francs de Sèvres à Soumet, pour une poésie qu'il a composée lors de l'inauguration du buste du roi aux Invalides ; la même année, il accorde pour 3,000 francs de vases au duc de Luynes, comme marque de félicitation pour ses voyages et ses travaux artistiques. En 1829, le roi, extrêmement « satisfait du jeu du sieur Nourrit et de la demoiselle Noblet, artistes de l'Académie royale de musique » ordonne qu'il leur soit envoyé de la Manufacture un cadeau de la valeur de 300 francs ; enfin, le baron Thénard reçoit un don de 1,200 francs de porcelaines, pour ses travaux de chimie. On voit qu'aucun genre de célébrité n'était oublié dans les présents royaux.

Les principaux artistes de Sèvres, sous la Restauration, sont, comme sculpteurs, Regnier, Boquet, Alexandre Brachard, Mascret et Marchand père ; comme peintres, Le Guay, Beranger, Constantin, Georget, Develly (genre et animaux), Robert, Le Bel, Poupart, Langlacé, paysagistes, Drouet, Philippine, Sisson père, Jacobber, Chaponet, peintres de fleurs, Huart, Schilt, Barbin, Didier, Riton, Weidinger, peintres d'ornements, Godin, metteur de fonds et enfin la célèbre Mme Jacquotot. Beaucoup de ces noms sont aujourd'hui oubliés. La faute en est moins, cependant, aux artistes qui les ont portés qu'au peu de goût et au défaut d'originalité et au manque d'invention de la période qu'ils traversèrent.

SÈVRES.

X

LA MANUFACTURE DE 1830 A 1888

Le règne de Louis-Philippe, lui aussi, se recommande plus, à la Manufacture de Sèvres, par les progrès techniques que par la perfection de l'exécution artistique. C'est pendant cette période que la Manufacture commença de fabriquer des fonds de grand feu. En 1838, on vit, pour la première fois, exposés à Sèvres, des vases de porcelaine dure décorés en vert céladon, en vert émeraude, en vert bleuâtre, en brun chocolat, en jaune Isabelle, en rose, etc. La palette des peintres se trouva singulièrement enrichie par ces conquêtes brillantes, dont il faut faire honneur à Bunel ainsi qu'à Paul Noualhier, et qui eurent pour corollaire la découverte d'un certain nombre de couleurs nouvelles appliquées aux vitraux. La fabrication de ces derniers prit, aussi, dans les premières années du règne, une extension considérable. Des artistes considérables furent même appelés à fournir des modèles. Deveria, Paul Flandrin, Ingres, Delacroix, Wattier, Chenavard, Delaroche, Viollet le Duc, composèrent, dans ce but, des sujets et des entourages décoratifs. Parmi les œuvres importantes qui sortirent de la Manufacture, à cette époque, on peut citer :

1° Une grande fenêtre, de 3^m,40 de haut sur 1^m,36 de large, commandée en 1831 par le roi, pour la chapelle du château d'Eu ; la composition exécutée par Vatinelli, sur les cartons de Paul Delaroche, représente sainte Amélie, fille de Christian, prince souverain de la forêt des Ardennes, au temps de Charlemagne, et patronne de la reine Amélie ;

2° Un vitrail, de 6^m,65 de haut sur 3^m,43 de longueur, destiné à la pièce d'introduction d'un grand musée d'art, dont la composition due à Chenavard symbolisait les inventions et les travaux de la Renaissance ; le prix en était de 30,000 francs ;

3° Le grand vitrail du portail de l'église d'Eu, qui coûta 12,000 francs, etc.

Mais les investigations des savants ne se portèrent pas uniquement sur les couleurs. Les chimistes distingués, attachés à la Manufacture, se préoccupèrent ardemment de retrouver les secrets de fabrication de la porcelaine chinoise. Dans le chapitre précédent, nous avons signalé les travaux de M. Robert. Ce savant put se flatter un instant d'avoir réussi, et composa même une pâte de kaolin, dénommée par lui kaolin chinois ; mais ses recherches furent brusquement interrompues et finalement abandonnées jusqu'en 1842. A cette date, Brongniart que le gouvernement du roi-citoyen avait maintenu à la tête de la Manufacture, adressa au général de la congrégation de Saint-Lazare, qui fournissait les missionnaires à la Chine, une instruction détaillée, en vue d'obtenir, par son intermédiaire, des documents certains sur la fabrication de la porcelaine de Chine, en même temps que des échantillons de matières premières et de produits en cours de fabrication. Le 1er novembre 1844, le Père Ly expédiait à la Manufacture une collection très complète formée dans les conditions indiquées par Brongniart. Ebelmen et Salvetat, chimistes de Sèvres, se livrèrent à une minutieuse analyse de cet envoi ; ils complétèrent leurs travaux par un examen des échantillons faisant partie du cabinet de M. Itier, et de la collection de l'Ecole des Mines de Paris, laquelle avait été formée sur la demande de Stanislas Jullien, le célèbre sinologue.

En même temps qu'on s'efforçait de surprendre les secrets des Chinois, une curieuse tentative était faite pour retrouver la formule de la pâte tendre, que les céramistes du commencement du siècle avaient laissée se perdre. En 1847, Ebelmen découvrait dans les caves de la Manufacture 1,500 kilogrammes de cette pâte, préparée en 1784. Il s'efforça, après l'avoir analysée sévèrement, d'en reproduire une imitation ; il dut y renoncer en présence de ses insuccès réitérés. De son côté, le chef des ateliers, Régnier, s'était livré à des recherches semblables ; il avait trouvé une pâte plastique qu'il dénomma pâte chinoise, à cause des analogies qu'elle présentait avec la vraie pâte chinoise, au modelage, par sa ténacité au dégourdi, et sa couleur un peu grisâtre. Mais toutes ces expériences et ces inventions fort intéressantes, et qui allaient, par la suite, ouvrir des voies nouvelles à la céramique, restèrent, pour le moment, sans application pratique. Il n'en fut pas de même pour la décoration en pâte sur pâte qui devait, à courte échéance, amener une transformation dans l'ornementation des grandes pièces. En 1846, Régnier exposait la célèbre coupe, dite de Henri II, décorée par ce procédé, qui fut complété par Robert, en 1849, et dont nous parlerons longuement dans le chapitre suivant. La même année, l'exposition contenait les premières productions de l'atelier d'émaillage, établi, sur la demande de Louis-Philippe et dont la direction avait été confiée au célèbre peintre d'émaux, Meyer-Heine. La pièce principale, qui obtint un très grand succès de curiosité était un petit tableau sur plaque de porcelaine, de 0^m,28 de hauteur sur 0^m,22 de largeur, représentant, d'après le tableau du peintre de Bacq, *Palissy brûlant ses meubles pour fabriquer son premier vase*. Le tableau était entouré d'un riche cadre, composé d'ornements en cuivre émaillé sur fond de paillons, avec figurines en biscuit et en bronze doré, dont Klagmann avait fait la sculpture et Armand Feuchère la monture. Cette pièce était cotée 4,500 francs. On voit que peu de périodes offrent au point de vue technique une moisson plus variée et plus abondante.

Malheureusement, au point de vue artistique il n'en est pas ainsi. La production de Sèvres sous le règne de Louis-Philippe présente à peu près le même caractère que sous la Restauration. Des genres identiques y sont cultivés, la même mode y fleurit, et les mêmes hérésies artistiques se manifestent avec éclat. On continue de fabriquer des pendules, à sujets symboliques et historiques, de styles variés, turc, arabe, roman, gothique espagnol, etc., créations d'un goût au moins douteux, dont le musée de la Manufacture contient des spécimens fort étranges ; et cette fabrication occupe plus de la moitié du personnel. On exécute aussi de nombreux tableaux en porcelaine. Les meubles de tous genres, aux architectures inattendues, alternent avec les miniatures, etc. On peint sur les fonds d'assiettes, sur les panses des vases, des coupes et des tasses, les portraits du roi, de la reine, des princes, de la reine d'Angleterre, du prince consort, de

Dunois, des chevaliers illustres, des inventeurs célèbres, des grands éducateurs de l'humanité, des épisodes empruntés à la vie des peintres espagnols, etc. Le Moyen Age, que *Notre-Dame* de Victor Hugo avait achevé de mettre en vogue, et auquel les tableaux de l'école romantique, et les travaux des Mérimée, des Vitet, des Viollet le Duc, avaient conquis toute une légion d'admirateurs, fait sentir son influence à Sèvres et provoque l'éclosion d'un art tourmenté et bizarre, d'un sentimentalisme puéril et d'un symbolisme mélancolique, qui exerce plus de ravages encore que ne l'avait fait, quarante ans plus tôt, l'invasion du Romain et de l'Egyptien. Le Gothique, en effet, achève de ruiner la tradition de grâce, d'élégance et de coloris harmonieux, créée par le xviiie siècle.

L'Empire avait encore, ainsi que nous l'avons démontré, bénéficié d'un reste des traditions aimables de ce siècle. En outre, la représentation symbolique de nos gloires militaires donnait une certaine grandeur, une originalité pittoresque aux œuvres de ce temps. Sous Louis-Philippe, les imitations banales d'un autre âge, n'évoquant aucune idée généreuse et ne se rattachant à aucune manifestation de l'esprit moderne, ou de la puissance nationale, ne pouvaient qu'aboutir à un art bâtard, atrophié, incapable non seulement d'enfanter de grandes œuvres, mais simplement de donner naissance à une production élégante ou spirituelle. Aussi Sèvres se traîna-t-il, pendant toute cette période, dans l'ornière de la Restauration. Les nouveaux artistes qui collaborent avec ceux dont nous avons donné précédemment les noms, sont : les architectes Fontaine, Dubreuil, Bouchet; les sculpteurs et ornemanistes, Armand et Léon Feuchères, Klagmann, Lejour, Combettes, Antonin Moine, Triqueti; les peintres et dessinateurs, Moriot, Leloy, Chenavard, Hyacinthe Régnier, Desbœuf, Jules André, Laurent, Dauzats, Garneray, Julienne, Delahaye, Ferdinand Régnier, Demoulins, Mme Ducluzeau, et Mme Turgan. En dépit du manque de goût et des applications singulières qu'on fit alors de la porcelaine, la renommée de Sèvres était encore si universelle, qu'il fut question de créer à Bruxelles une Manufacture royale de porcelaine, sur le modèle de la Manufacture de Sèvres. Le roi Léopold, très enthousiaste de cette idée, avait demandé à Brongniart de se charger de cette organisation et de fournir un directeur compétent à la nouvelle Manufacture. Sur la recommandation de J.-B. Dumas, il choisit pour cette importante fonction, un jeune chimiste, nommé Decaux, et le fit travailler auprès de lui, pendant deux ans, pour le préparer à sa tâche nouvelle. Mais le projet fut abandonné et le futur directeur de la Manufacture royale de Belgique entra aux Gobelins, dans le service de M. Chevreul, auquel il a succédé, il y a quelques années, comme chef des travaux chimiques.

La Révolution de 1848 fit passer la Manufacture au ministère de l'Agriculture et du Commerce. La Commission des monuments historiques avait essayé, vainement, d'obtenir, par l'intermédiaire de Mérimée, qu'elle fût attribuée au ministère de l'Instruction publique. Les événements politiques de cette période apportèrent un grand ralentissement dans la fabrication ; les nouveaux règlements imposés par l'administration supérieure n'étaient pas non plus de nature à en favoriser le développement. Le 9 février 1849, le ministre prenait un arrêté, aux termes duquel il était prescrit au directeur de Sèvres de n'entreprendre aucun travail nouveau dans les ateliers, sans en avoir préalablement obtenu l'autorisation. Les chefs des divers départements devaient, en outre, adresser au ministre un rapport mensuel sur les travaux de chaque artiste, sur l'état d'avancement des pièces, sur leur prix, sur la date probable de leur achèvement et sur les projets en préparation. Fort heureusement, cet arrêté ne fut maintenu que fort peu de temps.

La Commission des Manufactures nationales, dont nous avons indiqué la composition dans l'histoire des Gobelins, s'occupa également de l'établissement de Sèvres. Après en avoir étudié minutieusement l'organisation, pendant de longs mois, la Commission émit, dans la conclusion de son rapport, un vœu pour le rétablissement de la fabrication de la porcelaine tendre, qui avait été abandonnée et pour la création d'un atelier de faïence. La Manufacture devait, à son avis, se préoccuper spécialement de produire dans ses ateliers les œuvres suivantes : « Grands médaillons, à l'imitation des pièces dont l'art italien a donné de si beaux modèles ; grands vases pour la glorification de faits collectifs ; coupes pour les comices agricoles, pour les courses de chevaux ; vases de moindres dimensions pour honorer les travaux individuels des savants et pour récompenser les services rendus à l'Etat. » La question du mode à adopter pour obtenir de bons modèles, préoccupa aussi la Commission, qui consacra à son examen plusieurs séances. Le concours public fut proposé ; la Commission le repoussa, craignant que les artistes de valeur ne consentissent jamais à se soumettre aux jugements d'un jury et aux aléas d'un concours. L'organisation d'un personnel fixe ne trouva qu'une minorité de partisans ;

la Commission n'était point hostile au principe de ce système, mais elle demanda qu'il fût adjoint aux cadres permanents un groupe d'artistes d'élite, indépendants, qui, sans abandonner leurs travaux personnels, apporteraient, pour un temps limité, à la Manufacture, le concours précieux de leur talent. Paul Delaroche fit la proposition de nommer à Sèvres un dessinateur de figures et mit en avant, pour cette place, les noms de Flandrin et de M. Gérôme qui, à l'âge de vingt-trois ans, avait remporté, au Salon de 1847, un grand succès avec son *Combat de coqs*. La proposition n'eut pas de suites. Plus tard un conflit se produisit entre le ministre de l'Agriculture et du Commerce et la Commission, conflit qui témoigne de l'indépendance et de la conscience que celle-ci apportait dans ses travaux. Le ministre avait signé avec M. Sallandrouze, d'Aubusson, une convention autorisant celui-ci à établir, dans ses galeries à Londres, un magasin de vente de porcelaines de Sèvres et de tapisseries des Gobelins. La Commission obtint l'annulation de cette convention; « les Manufactures nationales ne devant pas, disait-elle, se laisser entraîner à faire du commerce; le caractère de l'institution s'y opposant impérieusement ».

Sèvres cependant prit part à l'Exposition universelle de 1851; et M. de Lasteyrie, qui fut chargé de rédiger le rapport général sur la céramique, porta sur sa production un jugement très favorable. Il félicita la direction d'avoir pris l'initiative des procédés de coulage pour les tasses et les pièces de grande dimension, d'avoir substitué la houille au bois et d'avoir mis en pratique la décoration au moyen de pâtes appliquées. Le rapporteur regardait la peinture de tableaux sur porcelaine, comme une des gloires les plus brillantes de la Manufacture; Sèvres avait exposé la *Vierge au voile*, de Raphaël, la *Sainte famille*, du Parmesan, et la *Madone de Pérouse*, de Raphaël. Toutefois, ces éloges étaient accompagnés d'un blâme vigoureux, qui visait à la fois l'imitation de la faïence par la porcelaine, la peinture de paysages sur des vases ronds et sur des assiettes, et le choix sans discernement des montures en métal. Le jury de l'Exposition décerna à la Manufacture de Sèvres la plus haute récompense, en motivant ainsi son jugement : « Considérée comme une école dont le but est non de suivre, mais de guider le goût public; c'est un établissement dont l'importance peut être grandement appréciée. Son influence s'est étendue sur toute l'Europe et une grande partie des plus belles formes et des plus riches décorations exposées soit par l'Angleterre, soit par les autres nations, dérivent ou par une imitation directe,

SÈVRES.

ou par de légères modifications, des productions de la vieille école de Sèvres. » M. Delaborde se montra plus sévère à l'égard de notre établissement national, dans son admirable rapport au trentième jury. « En général, ce qui manque dans cette Manufacture, disait-il, et ce qu'il faut en chasser, c'est l'éclectisme. On y fait de l'étrusque, du chinois, de l'arabe, du grec, de la renaissance, de tout un peu et avec une complaisance qui tient à la fois des goûts erronés du public et des tendances de M. Dieterle, qui ne trouve, dans son talent facile et son caractère obligeant, de résistance à aucune exigence, de défense contre aucune séduction. De là cette exposition de Sèvres à Londres, semblable à une exposition universelle, s'adressant à tous les goûts, satisfaisant toutes les modes, prenant à tous les styles et les amalgamant tous ensemble, mais ne montrant pas franchement à l'industrie le but qu'elle doit poursuivre. » On verra combien ces critiques étaient fondées et quelles conséquences regrettables cette trop facile condescendance allait entraîner pour la Manufacture. Pendant la seconde République, le budget de la Manufacture varia de 320,000 à 350,000 francs. Les ventes au public atteignirent annuellement 80,000 francs.

Le Coup d'Etat du 2 Décembre 1851 modifia de nouveau l'organisation administrative de Sèvres. L'établissement fut placé dans les attributions de la Maison de l'Empereur. La liste civile pourvut à son entretien et les produits furent presque exclusivement réservés pour la décoration et pour le service de bouche des résidences impériales. M. Ebelmen, qui avait succédé à Brongniart, mourut, emporté par une cruelle maladie. M. Victor Regnault, un savant chimiste, membre de l'Institut, fut choisi pour le remplacer. Un des premiers actes du nouveau directeur fut la mise à exécution du vœu de la Commission des Manufactures nationales de 1848, relatif à la fabrication de la faïence. Il chargea M. Vital-Roux, chef de la fabrication, de faire dans toutes les fabriques de faïence une minutieuse enquête, qui donna lieu à un rapport, dont les conclusions étaient ainsi formulées : « Il n'est pas douteux que cette poterie si dégénérée à présent doit être appelée à jouer un rôle important, en l'annoblissant soit par l'ornementation sculpturale, soit en prodiguant une grande richesse de colorations. Pourquoi ne verrions-nous pas revivre, à notre époque, les beaux temps des faïences italiennes et de Nevers? Pourquoi cette poterie, reléguée si bas, ne deviendrait-elle pas un objet d'art et de goût, en l'utilisant aux revêtements intérieurs et extérieurs des monuments et des palais, à l'embellissement des places publiques et des parcs ? Les artistes de talent ne vous manqueront pas ; ils sont prêts. Et, croyez-le, chacun, dans sa sphère d'intelligence, est tout disposé à obéir au signal que vous allez donner. » L'atelier de faïence fut mis en activité en 1854 et fonctionna jusqu'en 1870. On peut voir, au musée céramique de la Manufacture, les principales pièces artistiques qui en sont sorties, pendant cette période.

Les premières années du second Empire sont marquées, à la Manufacture, par les projets de transfert de l'établissement dans des bâtiments neufs, plus vastes et mieux appropriés. En 1853, au mois de janvier, M. Fould ordonna une enquête sur l'état de la vieille Manufacture, dont la prétendue vétusté, inspirait des craintes sérieuses pour la sécurité des ouvriers et des collections. Cette enquête fut suivie d'un projet de restauration, auquel on ne donna pas suite. En octobre 1856, M. Laudin, architecte de la Manufacture, beau-frère de M. Regnault, soumettait à l'administration supérieure un projet de construction d'une nouvelle Manufacture, sur les bords de la Seine, près du pont de Sèvres, dans le parc de Saint-Cloud. Le terrain à affecter devait mesurer 40,127 mètres et les constructions couvrir 10,000 mètres environ. Le Conseil d'État, en 1858, et le Conseil des Bâtiments civils, en 1859, donnèrent leur approbation à ce projet. La Chambre des députés vota les premiers crédits le 27 juillet 1861, et les travaux commencèrent en août de cette même année. La vieille Manufacture, qui menaçait ruine, est aujourd'hui debout, encore solide et majestueuse. Elle abrite l'École normale secondaire de jeunes filles.

La reine d'Angleterre visita, en 1855, la Manufacture de Sèvres; l'Empereur, comme souvenir de cette visite, lui offrit un tableau sur porcelaine, d'une valeur de 22,000 francs, représentant le *Coup de soleil*, de Ruysdael, peint par Langlacé. L'année suivante, Napoléon III fit présent au prince Albert d'un grand vase en biscuit, fond rouge, sur lequel le peintre Brunel-Rocques avait peint des figures représentant les diverses puissances du monde, apportant les produits de leur industrie à l'Exposition universelle de Londres.

Si le second Empire constitua, pour la Manufacture de Sèvres, une période grande d'activité, en raison des besoins constants et nombreux des résidences impériales, et de la politique générosité du gouvernement à l'égard des associations de bienfaisance, des loteries de charité, des concours agricoles et des fonctionnaires de tous ordres, il ne laissa, toutefois, dans l'histoire de la céramique aucune trace bien sérieuse. En aucun temps, la fabrication n'était tombée aussi bas. M. Regnault fut, sans doute, un savant très distingué, fort apprécié par l'Académie des Sciences; mais l'art lui resta toujours complètement étranger. La décadence, que signalait M. Delaborde, en 1851, avec une si éloquente énergie, ne fit que s'accentuer. Sèvres semblait avoir perdu la notion des principes essentiels qui doivent présider à la forme et à la décoration.

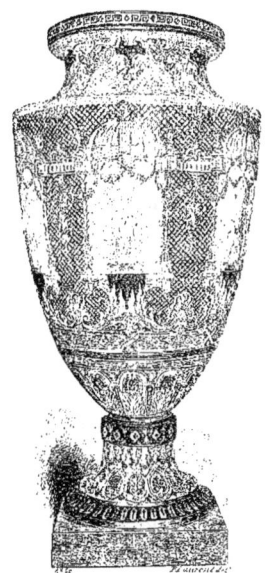

Vase en porcelaine dure, décor en pâte sur pâte.

L'éclectisme, dont on se plaignait, était devenu la confusion des styles et des colorations. Sous le prétexte de faire grand, on ne faisait que du monstrueux et de l'énorme. Le cuivre et le bronze intervenaient, dans la fabrication des vases et des coupes, en de telles proportions qu'on hésite à déterminer, dans les produits de ce temps, qui l'emporte, de l'industrie du métal ou de la céramique. Les peintres de leur côté alourdirent la matière première d'épaisses compositions, de massifs ornements d'or et d'argent.

Dans les dernières années du règne, la passion ardente de l'impératrice pour Marie-Antoinette et la mode féminine qui s'ensuivit, provoquèrent une réaction en faveur de l'art gracieux et délicat de la fin du XVIIIᵉ siècle ; mais en l'absence d'un goût véritable et d'une sérieuse éducation artistique, cette réaction n'aboutit guère qu'à une imitation servile des peintures et des formes de cette époque ; et un écrivain, qui a fait de la céramique le but constant de ses études, M. Adalbert de Beaumont, pouvait écrire, ces lignes d'une sévérité justifiée : « La Manufacture de Sèvres est une des gloires de l'industrie française. Elle porta autrefois jusqu'en Chine ses produits précieusement consacrés comme objets d'art. C'est qu'elle savait, à cette époque, fabriquer ; elle ne le sait plus aujourd'hui. Méconnaissant les vrais principes, elle a voulu, par trop d'ambition, par trop de foi peut-être dans les ressources de la science et sans but déterminé, se jeter dans une voie qui n'est pas la sienne. Nous voudrions voir la Manufacture de Sèvres faire comme celle de King Te Chen, chercher les couleurs unies, mais non pas uniformes, c'est-à-dire modulées, vibrantes, et qui, par l'éclat et la finesse des nuances, valent tous les sujets décoratifs[1]. » L'Exposition universelle de 1878 a prouvé combien cette décadence artistique de la période du second Empire était profonde et avait touché la Manufacture dans ses sources vives. Dix ans après la chute du régime, en dépit des réformes administratives, de la création de la Commission de perfectionnement, et du développement du goût général, sa production provoquait encore des critiques unanimes.

Lorsque la Révolution du 4 septembre eut chassé l'Empire, la Manufacture nationale de Sèvres fut comprise dans les services du ministère de l'Agriculture et du Commerce. L'administration ne subit aucune modification ; l'heure était à des préoccupations d'une extrême gravité : le ministre enjoignait, à la date du 6 septembre, au garde général des magasins de prendre immédiatement toutes les mesures pour transporter à Paris les produits, le musée et la bibliothèque de la Manufacture, Sèvres pouvant, en raison de sa situation stratégique, devenir un point d'attaque. L'administration procéda immédiatement au déménagement. On enferma le musée céramique dans 144 caisses, les porcelaines en magasin ou dans les ateliers, dans 290 caisses, la bibliothèque, les livres et les tableaux furent placés dans des voitures spéciales. Le garde-meuble reçut

[1] *Revue des Deux-Mondes*, juin 1862.

les porcelaines, l'hôtel du ministre, situé 78, rue de Varennes, les livres et les tableaux ; le musée fut réparti entre les caves du Louvre et le ministère de l'Agriculture et du Commerce, 60, rue Saint-Dominique-Saint-Germain. La mesure était urgente. La dernière voiture, chargée des pièces du musée, partit le dimanche 18 septembre, à 10 heures du soir, et l'on n'eut même point le temps d'enlever les livres de comptabilité, les archives, et deux caisses contenant des pièces du musée, qui avaient été oubliées. Dans la nuit, le génie faisait sauter le pont de Sèvres et le lundi matin, la Manufacture et la ville étaient au pouvoir des Allemands. 141 artistes et ouvriers, faisant partie de la garde nationale et de la garde mobile, entrèrent dans Paris [1] ; les autres, au nombre d'une centaine, restèrent à Sèvres. L'administration se trouva ainsi scindée en deux. MM. Régnault directeur, Salvetat chimiste, Robert chef des travaux, Riocreux, directeur du musée, étaient demeurés à leur poste. MM. Nicolle administrateur adjoint, et Ambroise Milet, chef des fours et pâtes, rentrés à Paris, furent chargés des intérêts de la Manufacture, et installés au Collège de France. A la date du 20 septembre, le ministre de l'Agriculture et du Commerce, en réponse à une note adressée par l'Administrateur avant l'investissement, décida, conformément aux propositions qu'elle contenait : 1° la suppression provisoire des travaux ; 2° le payement intégral du traitement pour le personnel à appointements fixes, dont la présence continue dans la Manufacture était exigible ; et 3° le payement de la moitié du traitement pour le personnel des travaux. La création d'une caisse de secours pour les familles des artistes réfugiées dans Paris et pour les veuves et les orphelins de ceux qui pouvaient être tués, fut également autorisée, et M. Nicolle en eut l'administration. Plusieurs artistes trouvèrent la mort aux avant-postes ou succombèrent dans les ambulances. Quelques jours avant la capitulation, les représentants de la Manufacture à Paris eurent une cruelle alerte. Un obus tomba sur le ministère du Commerce et de l'Agriculture, et menaça d'incendier les précieuses collections, qui y étaient renfermées. Sur son registre d'administration provisoire, M. Nicolle a consigné avec émotion cet incident, qui coïncida avec les obsèques de *Henri Regnault* [2].

---

[1] Le ministre de l'Agriculture et du Commerce, M. Magnin, avait refusé de faire exempter de la garde nationale les employés de la Manufacture.

[2] Henri Regnault, le peintre célèbre, tué à Buzenval, était le fils du directeur de la Manufacture de Sèvres.

Les fonctionnaires et les artistes restés à Sèvres avaient espéré habiter la Manufacture. Les Allemands, dès les premiers jours, y installèrent une ambulance; mais l'évacuation complète de l'établissement ne tarda pas à être ordonnée par l'état-major, en même temps que celle de la basse ville. La position, d'ailleurs, n'était guère tenable. Plusieurs obus, envoyés par les défenseurs de Paris, soit du Mont-Valérien, soit des canonnières ou des fortifications, étaient tombés sur les bâtiments. Il n'y fut maintenu qu'un poste avancé de deux soldats. La préfecture de Versailles et quelques ouvriers aisés de la Manufacture pourvurent aux besoins du personnel, dont les ressources étaient épuisées. Le pillage de la Manufacture ne fut point organisé officiellement en 1870, comme il l'avait été en 1814. Il n'y eut que des vols individuels, commis par des maraudeurs, officiers et soldats. M. Regnault avait écrit au prince royal pour le prier, au nom de la Science, de faire respecter son laboratoire. Accédant avec empressement à cette requête faite dans des termes très dignes, le prince royal ordonna que l'on mît sur la porte du laboratoire une inscription destinée à le préserver contre toute indiscrétion. La porte ne fut point ouverte ni brisée; on entra par la fenêtre et on saccagea tout. M. Riocreux, avant la guerre, avait commencé à transporter dans la nouvelle Manufacture les collections de modèles; il n'eut pas le temps de les enlever; la plupart furent pillés [1] ou détruits.

Aussitôt Paris débloqué, les artistes de la Manufacture rentrèrent à Sèvres et demandèrent à reprendre leur travail. Le 10 mars, M. Nicolle adressait au ministre de l'Instruction publique et des Beaux-Arts, dans les attributions duquel toutes les Manufactures nationales avaient été placées, par décret du 11 janvier 1871, une lettre réclamant la reprise immédiate des travaux : « Maintenant que l'investissement a cessé, que les communications sont rétablies, enfin que la défense de Paris ne réclame plus notre concours, je viens, disait-il, vous demander, monsieur le ministre, en raison de l'inconvénient qu'il y aurait à laisser plus longtemps dans l'inoccupation des artistes et ouvriers spéciaux, de vouloir bien décider que les travaux de la Manufacture seront immédiatement repris. » L'insurrection de la Commune ajourna la réouverture des ateliers; et le 1er juillet seulement, l'administrateur provisoire, M. Robert,

---

[1] Tout récemment, le directeur du musée de Hambourg, M. Brinckmann, a renvoyé au musée de Sèvres, par voie diplomatique, une collection précieuse de bas-reliefs en cire de la fin du XVIIIe siècle, qui avaient été enlevés de la Manufacture, en 1870, par un officier allemand, et qu'il avait acquis dans une vente après décès.

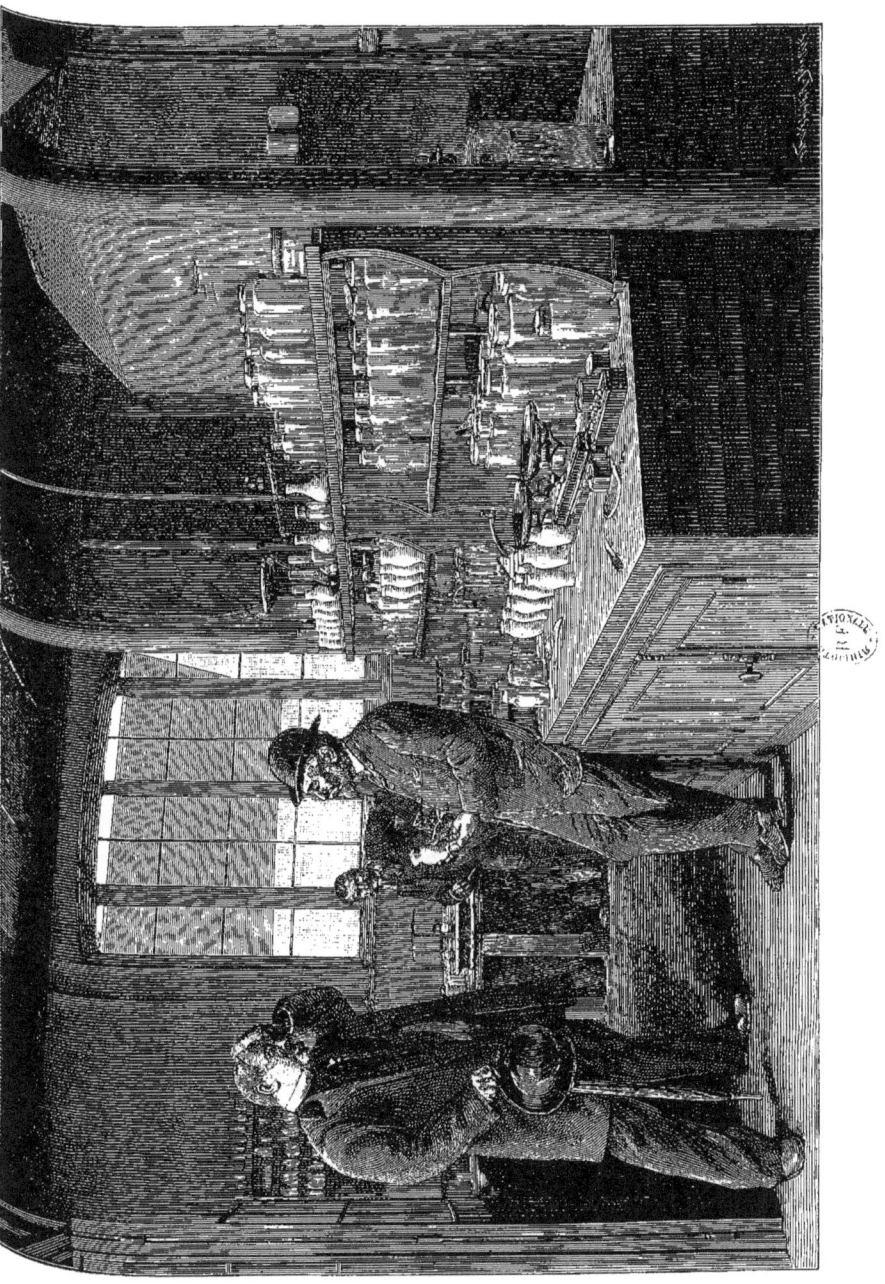

SÈVRES.

faisait transmettre à qui de droit l'avis suivant : « MM. les chefs de service sont invités à prévenir MM. les employés du personnel fixe et des travaux extraordinaires que les travaux reprendront le lundi 3 juillet, aux heures ordinaires annoncées par la cloche. »

A la reprise des travaux, M. Robert fut nommé directeur, en remplacement de M. Regnault, démissionnaire. On vit alors se renouveler les critiques violentes, qui, à chaque renversement de gouvernement monarchique, menacèrent l'existence des Manufactures nationales; mais elles n'aboutirent qu'à une excellente réforme, la création, le 26 juillet 1872, d'une Commission « de perfectionnement au point de vue artistique, des travaux céramiques de la Manufacture de Sèvres ». MM. Duc, architecte membre de l'Institut, Guillaume, statuaire, directeur de l'Ecole des Beaux-Arts, Mazerolles, artiste peintre, Adrien Dubouché, ancien maire de Limoges, amateur passionné, furent nommés membres de cette commission, que présidait M. Charles Blanc, assisté de M. Champfleury, chef des collections du musée céramique, comme secrétaire. Peu après, un peintre décorateur, M. Lameire, était aussi nommé membre de la Commission.

A la séance d'inauguration, qui eut lieu, le 9 novembre suivant, le ministre de l'Instruction publique, M. Jules Simon, exposait ainsi le but que devait se proposer la Commission :

« L'industriel ne peut faire d'essais coûteux qu'à la fin de sa carrière, alors qu'il est riche, et en supposant que son goût n'ait pas été faussé. Tout commençant s'attelle au mauvais goût public, le favorise et le répand. Il s'agit de diriger et d'élever le niveau de l'art. Tel est le rôle de la Manufacture, qui n'a pas à s'inquiéter de la mode du jour et doit répondre à une fondation glorieuse, sans se préoccuper des questions de vente immédiate. Le ministre, en appelant la Commission à donner son avis sur la direction d'art, s'est préoccupé particulièrement de l'exposition que préparent les trois Manufactures nationales, et il émet le vœu que les résultats à obtenir témoignent de l'influence des hommes distingués qui ont accepté de faire partie de la Commission. » L'importance des travaux provoqua, en 1874, l'adjonction de sept nouveaux membres : MM. du Sommerard, directeur du musée de Cluny, Galland, artiste peintre, professeur à l'école des Beaux-Arts, Barbet de Jouy, conservateur au musée du Louvre, Jacquemart, auteur d'ouvrages sur la céramique, Carrier Belleuse, statuaire, Deck, manufacturier céramiste, Louvrier de Lajolais, membre de l'Union centrale des arts appliqués à l'industrie. M. Gerspach, chef du bureau des Manufactures nationales, fut chargé des fonctions de secrétaire, en remplacement de M. Champfleury.

La création de cette Commission de Sèvres plaçait la Manufacture dans une situation nouvelle, et en transformait, d'une manière radicale, le caractère et le but. Jusqu'à ce jour, comme on l'a vu au cours de son histoire, la Manufacture, répondant avec exactitude aux idées qui avaient inspiré sa fondation, avait été exclusivement un établissement de production, une fabrique royale ou impériale, destinée à fournir aux souverains les objets mobiliers usuels et de décoration artistique, nécessaires à l'ornementation de leurs résidences. Seule, la Révolution avait eu, un instant, la préoccupation de lui donner le caractère d'une institution nationale d'enseignement professionnel, pour les industries similaires du pays. Il était réservé à la troisième République de reprendre activement cette idée généreuse, et d'en essayer l'application pratique. Une réforme aussi absolue devait être forcément très longue à accomplir. L'évolution s'opéra lentement, progressivement. Mais la pénétration de l'idée dans l'esprit public d'abord, ensuite dans les programmes officiels, dans les règlements administratifs ne peut être contestée. Les déclarations fréquentes, faites dans le Parlement, par ceux qui ont reçu la mission de conduire ses destinées en témoignent nettement. En 1884, l'exposé des motifs du projet de budget de la Manufacture débutait ainsi : « La Manufacture de Sèvres doit être une école céramique; elle doit chercher à produire, à côté des pièces magistrales que l'industrie privée n'oserait exécuter, des séries de formes nouvelles et de décorations originales, qui puissent servir de modèles à l'industrie. »

La Commission se livra donc à une étude approfondie des conditions de production artistique et industrielle de la Manufacture, de son organisme administratif et professionnel, et elle résuma ainsi ses conclusions dans le rapport définitif de ses travaux, dont la rédaction fut confiée à M. Duc :

« La Manufacture de Sèvres possède dans son sein tous les éléments nécessaires pour la maintenir au niveau de sa réputation européenne. ...... La fabrication est supérieure; la science est arrivée à un haut degré de perfection et peut fournir tous les éléments auxiliaires de la fabrication céramique sous le double rapport de la matière, des émaux et des couleurs; mais elle doit faire de nouveaux efforts, pour l'avenir; les artistes ont, la plupart, une virtuosité qui ne peut être surpassée; ils possèdent presque tous ces qualités naturelles de goût, de grâce et de délicatesse qui sont l'apanage de notre tempérament national. L'éducation et l'instruction seules manquent à cet ensemble de brillantes qualités. Il y a beaucoup à faire dans ce sens : s'instruire par une lente éducation commencée dans un âge tendre ; étudier tous les trésors de l'art du passé, à quelque âge ou à quelque pays qu'ils appartiennent, les dessiner et s'en pénétrer pour trouver ensuite sa propre originalité, voilà le but auquel doit tendre promptement la Manufacture, et qui la replacera, nous en sommes convaincus, au haut rang de célébrité qu'elle a toujours tenu dans l'opinion de toutes les nations. »

En conséquence, la Commission proposa la création d'une école spéciale, annexée aux ateliers, où se recruteraient les artistes de Sèvres et qui pourrait également fournir des ouvriers à l'industrie privée. L'école fut fondée en 1879 et sa surveillance confiée au directeur des travaux d'art de la Manufacture. Le règlement définit ainsi le but de l'école : « Former des décorateurs et des artistes dont les connaissances spéciales et l'instruction développée puissent élever le niveau de l'art céramique en France. » Le nombre des élèves fut fixé à vingt, nommés par le ministre et choisis de préférence parmi les enfants des ouvriers de la Manufacture.

Une autre réforme du même caractère marque cette période. Un concours annuel, national, dit prix de Sèvres, fut institué, dans le but d'ouvrir la Manufacture aux artistes du dehors, et de renouveler par là, d'une manière constante, l'atmosphère artistique des ateliers de production. Une prime de 2000 francs fut accordée au lauréat, dont l'œuvre devait être exécutée dans l'année. Le vase devait, en outre, porter son nom. Le premier concours eut lieu en 1875 ; M. Chéret obtint le prix.

Entrant avec netteté dans le domaine des résolutions pratiques, la Commission établit ensuite le programme des travaux, qui devaient occuper la Manufacture. Sèvres, en devenant une école de céramique, avait pour devoir de favoriser surtout le développement de l'industrie nationale, par l'exemple d'une production rationnelle, conforme à ses traditions artistiques et à son but d'enseignement. Les souverains étaient disparus ; mais la nation avait conservé avec soin les palais et châteaux, qui, sous le titre de bâtiments et édifices nationaux, étaient devenus des musées publics. Leur entretien et leur décoration incombaient directement à l'État. Les musées, les bibliothèques, les mairies pouvaient être considérés désormais comme les palais du peuple ; on devait les orner comme le

furent autrefois les résidences impériales et royales. La République, aussi bien que l'Empire et la Royauté, nouait des alliances politiques et commerciales avec les autres pays du monde, recevait des ambassadeurs des puissances étrangères, des personnages éminents par leur science, par leur situation politique; elle devait continuer la tradition des présents royaux. Enfin, Sèvres devait fournir à l'industrie privée et au public des modèles élégants et de bon goût. En conséquence, la Commission énuméra ainsi les différents genres de production de la Manufacture :
« Vases de faste destinés à des souverains, des ambassadeurs et des grands personnages; vases destinés à l'ornementation des musées, des palais et établissements publics; vases destinés à des loteries et œuvres de bienfaisance; vases destinés à des artistes, hommes de lettres et industriels, en reconnaissance de services rendus; vases de jardins pour perrons et parterres; vases destinés à l'ornementation des riches habitations privées; vases décoratifs où les souvenirs de l'art oriental peuvent prendre une grande part; petits vases d'appartements pour garnitures de cheminées et meubles; vases bijoux, pièces fines et capricieuses ne relevant que du goût et de la fantaisie; services à thé et à café; vases trépieds et pièces de surtout de tables; jardinières, potiches et cache-pots; soupières, salières, assiettes; coupes, buires, vidrecomes, cornets, bouteilles; bassin et jattes; grands plats décoratifs pour dressoirs; fontaines, lavabos pour vestibules et salles à manger; grandes pièces d'ornementation, pour dessus de cheminées; médaillons, cartels sculptés et coloriés pour l'ornementation de l'architecture à l'intérieur et à l'extérieur; bustes, avec entourages ornés, consoles, crédences et supports; carreaux et frises d'ornementation pour salles à manger et salles de bain; plaques décoratives formant tableaux pour orner les intérieurs; décorations rustiques pour grottes et salles fraîches dans des châteaux. »

La grande variété de ce programme devait faire de la Manufacture un Conservatoire véritable, où le goût du public, selon l'expression du rapporteur, pourrait venir s'alimenter et trouver les plus beaux types de l'art céramique. En s'y conformant, Sèvres exécuta sur modèles choisis, généralement après concours, des vases spéciaux pour la grande galerie du Louvre, pour l'Opéra, pour le palais de la Légion d'honneur, pour les lauréats des classes des Beaux-Arts, de l'Agriculture, à l'Exposition universelle de 1878, pour les tirs régionaux, pour des concours de pigeons voyageurs, etc., etc. Depuis la fondation de la Manufacture, les plus belles pièces fabriquées par les artistes célèbres avaient été données en présent par les souverains aux rois ou empereurs alliés, aux grands personnages de la monarchie ; ce qui explique que le musée de Sèvres soit si peu riche en œuvres d'art, sorties de ses ateliers. M. de Chennevières, qui succéda à M. Charles Blanc, comme directeur des Beaux-Arts, fit décider que désormais la sortie, comme vente et comme don, ne porterait que sur les pièces non réservées au musée ou à la direction de la Manufacture. Ces pièces devaient être conservées comme modèles pour l'industrie nationale et comme exemples de bon goût pour le public. Une réforme non moins importante, ayant pour but de protéger la bonne renommée de la Manufacture, fut prise vers le même temps. La vente des produits de rebut en blanc, avec la marque de fabrication oblitérée par un coup de roue, fut interdite formellement. Cette vente favorisait scandaleusement le commerce de « faux Sèvres », c'est-à-dire de porcelaine décorée par des peintres étrangers à la Manufacture. La porcelaine de rebut est remise aujourd'hui aux hôpitaux et hospices, comme vaisselle de service.

Quelques événements importants ont encore marqué, dans ces dix-huit dernières années, l'histoire de la Manufacture. Le 17 novembre 1876, le président de la République, M. le Maréchal de Mac-Mahon, accompagné de M. Waddington, ministre de l'Instruction publique et des Beaux-Arts, de M. Gambetta, président de la Commission du budget, de nombreux députés et sénateurs, inaugura les nouveaux bâtiments construits sur les bords de la Seine, à l'entrée du parc de Saint-Cloud. Le 4 Janvier 1877, M. Mabille, évêque de Versailles, vint bénir solennellement les ateliers. En 1879, M. Robert donna sa démission de directeur et fut remplacé par M. Lauth, chimiste éminent, membre du conseil municipal de Paris. M. Carrier-Belleuse lui fut adjoint, au point de vue de la direction artistique, avec le titre de directeur des travaux d'art. M. Lauth resta en fonctions pendant neuf ans, marquant sa gestion par des découvertes importantes. Au mois de juin 1887, il se retira. Le gouvernement lui donna, le 15 juillet, comme successeur, M. Deck, l'habile céramiste qui a tant contribué, par ses recherches et par ses expériences couronnées de succès, à la renaissance de la céramique en France. A la même date M. Champfleury était en même temps nommé sous-administrateur.

La période actuelle occupera dans l'histoire de la Manufacture une grande place, en raison des découvertes scientifiques et techniques qui ont été faites, depuis 1871, et surtout grâce à l'invention de la *Porcelaine nouvelle de Sèvres*. Ce dernier événement a une portée trop considérable, pour que nous ne lui consacrions une partie de ce chapitre.

Sous Brongniart, qui avait substitué la fabrication de la porcelaine dure à la porcelaine tendre, un chimiste du nom de Chouilloux, fit des essais pour trouver la formule de la porcelaine chinoise. Le directeur, après l'avoir encouragé, l'arrêta dans ses travaux et peu de temps après, le força à quitter la Manufacture. MM. Ebelmen et Salvetat firent ensuite les essais que l'on connaît, sur la composition de la porcelaine de Chine, et que confirmèrent les informations recueillies sur les lieux par le père Ly; mais ils ne fabriquèrent point industriellement de la porcelaine chinoise. A l'exposition de 1862, M. Gély montra des spécimens de peintures en émail sur porcelaine demi-dure — Le musée de Sèvres possède ces spécimens, fort intéressants au point de vue de l'histoire technique de la céramique — On appela ce nouveau produit, porcelaine du Japon. Malheureusement M. Regnault, pendant sa longue direction, se montra très hostile à toute innovation et à toute recherche de ce genre. Après 1871, sous la direction de M. Robert, M. Salvetat reprit activement ses études sur la porcelaine chinoise. D'après les procès-verbaux de la Manufacture, le savant chimiste présenta, en 1873, à la conférence des chefs de service, les premiers essais d'une pâte de porcelaine dure modifiée, offrant l'avantage de recevoir sur couverte, les émaux de la pâte tendre. L'administration engagea M. Salvetat à poursuivre ces essais et décida que cette porcelaine porterait le nom de son auteur. En 1875, M. Salvetat montrait, à la Commission de perfectionnement, des spécimens de porcelaine dure, exécutée exactement d'après les procédés employés en Chine et conformément aux formules empiriques trouvées dans les manuels des potiers chinois, que des analyses exactes, faites à la Manufacture avaient permis de contrôler. A son arrivée à la Manufacture, M. Lauth demanda à M. Salvetat de poursuivre ses expériences, et dans ce but, mit un four à sa disposition; mais les essais ne furent point aussi satisfaisants qu'on l'espérait. Le chimiste déjà très malade, était perclus de rhumatismes. On voit à Sèvres ses essais; sur 100 pièces 4 ou 5 sont convenables. En présence de l'impossibilité pour M. Salvetat de continuer ses travaux, M. Lauth se préoccupa de reprendre *ab ovo* les expériences de ses prédécesseurs, afin de répondre au programme élaboré, en 1875, par la Commission de perfectionnement : « 1° créer une porcelaine propre à recevoir des couvertes colorées de grand feu et à être décorée de fonds et de

SÈVRES.

peintures en émaux de demi grand feu; 2° trouver la composition et le mode de cuisson des céladons et des rouges flambés des Chinois ». Il ne s'agissait point, comme l'a déclaré fréquemment M. Lauth, d'abandonner ni même de transformer la fabrication de la porcelaine dure, qui, pour tout ce qui a trait aux usages domestiques, les assiettes, les services de table ou de toilette, est et restera la poterie la plus parfaite qu'on puisse imaginer. Il n'était pas question davantage de renoncer au beau bleu de Sèvres; mais, de l'avis du savant chimiste, à côté de cette fabrication si solidement établie, il y avait intérêt à en chercher une autre, plus spécialement destinée aux objets de fantaisie ou de luxe, aux vases, aux coupes, et qui permît l'emploi de moyens décoratifs plus variés et plus puissant d'effets. Les recherches de M. Lauth et de son habile collaborateur M. Vogt, chef des travaux chimiques, aboutirent à des résultats précieux. Une nouvelle porcelaine fut ainsi trouvée[1]; et la Commission de perfectionnement, réunie spécialement pour apprécier la découverte, formula ainsi son opinion : « Essentiellement kaolinique, la porcelaine nouvelle est solide; elle résiste à l'acier, elle est blanche et transparente. Sa pâte, d'une grande plasticité, remplit toutes les conditions désirables pour le moulage et pour le modelage. La cuisson se fait régulièrement et s'opère complète à une température qu'il faut développer pour cuire la porcelaine dure. Sa couverte, blanche, bien glacée et d'une transparence parfaite, adhère en couche plus épaisse que la couverte de la porcelaine dure, ce qui donne à la nouvelle porcelaine la douceur des pâtes tendres et multiplie les reflets et les jeux de lumière sous les couleurs et les émaux.

« Dire, ainsi que nous venons de le faire, que la nouvelle porcelaine de Sèvres acquiert toutes les qualités de la porcelaine dure en cuisant à

---

[1] La pâte de la porcelaine nouvelle de Sèvres renferme :

Silice.	64.03	71
Alumine.	28.92	23
Soude et potasse.	7.05	6
	100	100

on emploie l'un ou l'autre de ces dosages suivant la nature des pièces à fabriquer. Cette pâte nécessite une couverte spéciale :

Silice	66.56
Alumine et fer.	14.23
Chaux.	15.51
Potasse et soude.	3.59
Eau et matières volatiles. . . .	....
	99.89

La cuisson a lieu aux environs de 1350 degrés; la cuisson de la porcelaine dure de Sèvres exige un peu plus de 1500 degrés.

une température moins élevée; que sa fabrication est par conséquent plus facile et moins coûteuse, c'est affirmer son incontestable supériorité au point de vue industriel. Cette supériorité suffirait à la placer au premier rang, quand bien même elle n'offrirait pas aux décorateurs d'importants et nombreux avantages. En effet, sa propriété de cuire complètement à un feu relativement moins destructeur permet, pour la décorer au grand feu, l'emploi d'un certain nombre de couleurs qui se détruiraient et disparaîtraient au feu de cuisson de la porcelaine dure.

« Pour apprécier l'importance de ce fait, il suffira de mentionner que parmi ces couleurs se trouvent la plupart de celles qui dérivent du cuivre, dont l'une est précisément le rouge, qui donne les flambés et ces tons merveilleux, si longtemps enviés aux Chinois. D'autre part, cuite en biscuit, elle conserve la précieuse qualité de pouvoir être revêtue d'une couverte blanche ou colorée. Enfin, la composition de sa couverte est telle que les émaux et les fonds de couleur s'y fixent intimement au demi grand feu, et qu'elle peut également recevoir les peintures exécutées avec l'ancienne palette de petit feu. Pour ne rien omettre, il faut encore ajouter que, sans adjonction d'oxydes colorants, on peut donner à la nouvelle porcelaine une teinte légèrement ambrée en introduisant dans la composition des pâtes une certaine argile contenant du fer, en quantité infinitésimale, lequel détermine une coloration générale et uniforme, sous l'action de courants savamment conduits pendant la cuisson. »

Encouragés par ces résultats définitifs et très précis, M. Lauth, M. Vogt et M. Dutailly, attaché au laboratoire de Sèvres, poursuivirent leurs recherches pour obtenir des variétés nombreuses de flambés rouges de cuivre, pour développer toute la série des bleus turquoises, du bleu céleste au bleu vert olive, et pour découvrir la couverte céladon des Chinois, ainsi que leur fond violet aubergine. Ils y réussirent d'une manière complète et dotèrent la Manufacture d'une palette fort riche, qui permet aujourd'hui de lutter victorieusement avec les artistes chinois. A ce moment, une grave question se présenta. La Manufacture conserverait-elle ou livrerait-elle le secret de la fabrication de la porcelaine nouvelle. Après de longs débats, dans sa séance du 22 juin 1885, la Commission décida : 1° qu'un extrait du procès-verbal de la séance serait inséré au *Journal Officiel,* afin d'assurer à la Manufacture la priorité de la découverte; 2° que les produits de la Manufacture nationale de Sèvres, fabriqués depuis 1879, seraient envoyés à la prochaine exposition de céramique organisée à Paris ; 3° qu'à cette époque les procédés nouveaux seraient livrés à la publicité au moyen d'un Mémoire inséré dans les documents officiels du gouvernement et dans les publications spéciales. Cette dernière résolution fut successivement modifiée dans le sens de la réserve, puis ensuite de la négative. Enfin, il fut décidé que les procédés découverts à Sèvres seraient momentanément réservés aux fabricants français, qui feraient la demande directe d'une communication. Les produits nouveaux de la Manufacture de Sèvres furent montrés au public à l'exposition de l'Union centrale des arts décoratifs, en 1884. Ils obtinrent le plus grand succès auprès des amateurs et des céramistes.

Dans sa séance du 17 juin 1884, la Commission de perfectionnement, après avoir déclaré officiellement que, « par les procédés nouveaux dont elle dotait l'industrie, la Manufacture nationale de Sèvres avait réalisé un progrès considérable et de la plus haute importance pour l'avenir de la céramique », émit le vœu que, pour compléter la fabrication, elle s'occupât désormais de la pâte tendre. M. Lauth répliqua que, les premières difficultés, seules redoutables, étant déjà vaincues, le succès de cette tentative de restauration ne lui paraissait pas douteux. La Manufacture a, en effet, repris aujourd'hui, la fabrication d'une nouvelle porcelaine tendre qui, tout en étant, comme composition des pâtes, essentiellement différente de l'ancienne porcelaine tendre de Sèvres, présente les mêmes avantages au point de vue de la décoration[1]. On en pourra voir, à l'Exposition universelle de 1889, des spécimens fort réussis et d'un grand caractère artistique.

En entrant à la Manufacture, M. Deck s'est tout d'abord occupé d'un problème, dont la solution a été rapidement trouvée : Celui de la translucidité de la faïence et de sa décoration au moyen des couleurs de la porcelaine, grand, moyen et petit feu. Le pavillon des Manufactures nationales

---

[1] La nouvelle pâte tendre est composée suivant cette formule :

	Sable de Fontainebleau	49.02
	Verre de Stas	27.45
	Craie	16.66
	Terre de Dreux blanche	6.86
		99.99
correspondant à :		
	Silice	80.31
	Alumine	2.62
	Chaux	13.27
	Alcalis	3.80
		100.00

La cuisson a lieu aux environs de 1300 degrés.

à l'Exposition de l'année prochaine contiendra des produits de cette nouvelle fabrication, en grandes pièces décoratives et en vases de jardins, etc.

Enfin pendant cette dernière période, la Manufacture nationale de Sèvres a produit des œuvres importantes qui peuvent être considérées comme des pièces historiques. Tels sont : Les deux vases de l'Opéra, par M. Chéret ; les vases Paris, dit des Peintres et Sculpteurs ; le vase d'Entrecolles, de l'Exposition de 1878, gravé en réserve en pleine pâte, par M. Lambert ; le vase du Passage de Vénus devant le Soleil (prix de Sèvres, 1879), par M. Chéret, aujourd'hui à la Bibliothèque nationale ; le vase Brongniart, qui décore la salle Henri II au Louvre ; le vase Novi de la Science, exécuté en pâtes d'application par M. Barriat ; les vases Clodion des Éléments, composition et exécution de M. Gobert ; la Grande Jardinière Philibert Delorme, modèle de M. Carrier-Belleuze, ornements de M. Bélet ; le vase de la Vendange, exécuté pour le Louvre par M. Derischweiler, d'après une composition de M. Avisse.

La physionomie caractéristique de la production de Sèvres, depuis 1871, est un éclectisme artistique complet, dans le choix des formes et dans la décoration. On réédite les anciens modèles, ceux du XVIII° siècle, si délicats, si charmants, mais en les décorant de motifs nouveaux, pour les adapter au goût du jour. Les innovations de la Renaissance française, sur lesquelles l'érudition a appelé l'attention des curieux et des artistes, sont remises en faveur. Les créations nouvelles empruntent leurs éléments variés à tous les styles, à toutes les fantaisies des maîtres du passé, et manquent souvent, par ce fait, de simplicité et de cohésion. Mais l'art de l'Orient surtout exerce sur les artistes de la Manufacture une influence puissante. Elle eût été fort utile, si, au lieu d'imiter servilement les œuvres des potiers du Japon, de la Chine et de la Perse, on s'en était inspiré avec discrétion. Malheureusement, on imagina de mêler à la fantaisie orientale l'ornementation classique de l'Occident. Les rinceaux, les acanthes, les termes et les bucranes enguirlandés s'associèrent aux vols de libellules et de cigognes, aux semis de chrysanthèmes et de fleurs de pêcher. Ces premiers essais ne furent pas toujours heureux. Plus tard, l'adaptation devint plus habile, plus ingénieuse. Insensiblement, sous l'effet d'une éducation plus développée, les décorateurs de la Manufacture acquirent un meilleur sentiment de l'esprit artistique de l'Extrême-Orient. Ajoutons que cet éclectisme leur était, pour ainsi dire imposé par l'impulsion artistique donnée à leurs travaux.

La Commission de perfectionnement ne recommandait-elle pas, dans son rapport de 1875, d'inculquer aux jeunes artistes par des études spéciales : « La pureté et la grâce de l'art grec ; la sévérité et la vigueur de l'art étrusque ; le brillant et l'originalité de l'art persan ; la variété infinie, la coloration merveilleuse de l'art chinois ; les effets frappants du décor de l'art japonais, la grâce et les combinaisons ingénieuses de l'art arabe ; l'abondance et la richesse de l'art italien ; la légèreté gracieuse des arabesques de Rouen, de Nevers et de Delft ; la noble élégance et la distinction du vieux Sèvres de Louis XVI ? »

A cette encyclopédie de connaissances et de théories on a heureusement substitué peu à peu l'enseignement plus fécond et plus logique de la Nature. Les dernières œuvres exécutées à Sèvres témoignent nettement de cette évolution, qui peut être l'aurore d'une renaissance nouvelle de la céramique. Souhaitons qu'on nous délivre des Grecs, des Romains, des Japonais et des Persans, pour que nous puissions en revenir à l'éclosion resplendissante d'un art vraiment français, ayant sa source dans l'observation ingénieuse de la flore et de la faune de notre pays !

La Manufacture de Sèvres est aujourd'hui régie par un décret d'administration, qui a successivement reçu un certain nombre de modifications, mais dont les articles principaux peuvent être ainsi résumés. La Manufacture est placée sous la direction d'un administrateur, qui réunit dans sa main tous les services, et qui a sous ses ordres, comme lieutenants directs, un sous-administrateur, un chef des travaux d'art, un chef du service de la fabrication et un chimiste, chef du service de la décoration et des moufles. L'administration compte vingt-sept fonctionnaires, employés ou gagistes. Les ateliers sont répartis entre trois départements : 1° les fours et pâtes ; 2° la peinture et la sculpture ; 3° la chimie et les moufles. Le premier département, dirigé par M. Auscher, comprend quatre-vingt-trois personnes, employés et artistes ; le second, sous la direction de Hallion, en compte soixante-quatre ; M. Vogt est à la tête du troisième, où se trouvent quatre émailleurs et un élève chimiste. L'école de dessin a un directeur, trois professeurs et contient vingt élèves. Le chiffre total du personnel de la Manufacture est actuellement (octobre 1888), de cent quatre-vingt-dix-huit fonctionnaires, artistes, ouvriers et employés. Le budget annuel s'élève à 624,450 fr. ; le personnel exige 485,900 fr. ; le matériel, 138,550 fr. Le personnel se recrute sans conditions spéciales ; l'administrateur, semblable à un chef d'industrie, choisit les artistes et les ouvriers et les propose au ministre de l'Instruction publique et des Beaux-Arts. Admis ils sont immatriculés, soumis à la retenue et reçoivent une pension, comme fonctionnaires de l'Etat.

Quant à la rétribution du travail avant 1881, les artistes et les ouvriers étaient aux pièces. M. Lauth supprima ce mode de rétribution. M. Deck, depuis le 30 septembre 1887, l'a rétabli pour les artistes peintres, sculpteurs et décorateurs. Le personnel des céramistes est payé au mois, d'après les traitements qui sont fixés, au commencement de chaque année et qui varient, pour les mouleurs, tourneurs ou répareurs, de 1,400 à 3,000 francs; pour les ouvriers au moulin et les polisseurs, de 1,170 à 1,230 et pour les aides d'ateliers et les gazetiers, de 750 à 1,950 francs; pour les ouvriers aux moufles, de 1,250 à 1,600 francs; pour les ouvriers aux fours, de 1,230 à 1,400. Des primes sont accordées, en raison du succès des fournées et des soins apportés par les ouvriers à la fabrication et à sa surveillance. Pour le travail aux pièces, le système suivant a été adopté : Chaque projet nouveau de décoration de vase ou de toute autre pièce de céramique est exécuté au trait, avec adjonction d'une aquarelle indiquant d'une façon précise la composition et la coloration. Ce projet est discuté en conférence, avant commencement d'exécution, puis approuvé et signé, s'il y a lieu, par le directeur des travaux d'art et par l'administrateur. Le prix de chaque pièce est fixé approximativement, avant la mise en main du travail. Ce prix d'estimation sert de base pour les appréciations définitives après achèvement. La journée de travail commence, en été, à 7 h. 1/2 du matin et, en hiver, à 8 heures; elle se termine de 4 heures à 5 h. 1/2, suivant les saisons.

Au moment où paraît ce volume, le personnel de la Manufacture est composé comme suit : MM. Théodore Deck, administrateur, Champfleury, sous-administrateur, conservateur du musée et de la bibliothèque, Gobert, directeur des travaux d'art, Auscher, chef des ateliers de fabrication, Hallion, chef des ateliers de décoration, Vogt, chef des travaux chimiques — Sculpteurs-modeleurs : MM. Doat, Briffault, Forgeot, Roger, Larue, Celos, Archelais, Blanchard, Legay, Lucas, Maugendre, Sandoz — Peintres : MM. Gobert, de Courcy, Brunel, Cabau, Bulot, Lambert, Froment, Mme Apoil, MM. Belet, Emile Richard, Barriat, Merigot, Goddé, Derischweiler, Rejoux, Bonnuit, Eugène Hallion, Guillemain, Paillet, Mme Moriot, MM. Henri Renard, Sieffert, Habert-Dys — Dessinateurs : MM. Avisse et Emile Renard.

SÈVRES.

XI

A TRAVERS LA MANUFACTURE

LE MUSÉE ET LES ATELIERS

La nouvelle Manufacture de Sèvres a été construite dans un site qui égale, en pittoresque, s'il ne le surpasse, celui qui fut choisi pour l'ancienne Manufacture et qui ravissait tous les visiteurs. Elle s'adosse à une verdoyante colline, faisant partie du parc de Saint-Cloud. La Seine coule presque à ses pieds. Le bâtiment principal, le musée, d'une allure monumentale, développe sa façade sur une large pelouse, semée de bouquets d'arbres et bordée de hauts peupliers. Il est séparé du parc, à l'entrée duquel il se trouve, par une grille qui, complétée par des murailles, enclôt, sur les trois autres côtés, la Manufacture tout entière. A gauche, entouré d'un jardin, se trouve le pavillon de l'administrateur, bâti dans le style des villas parisiennes ; au delà, du côté de Sèvres, l'architecte a placé un vaste corps de bâtiments, à trois ailes, servant de maison d'habitation pour les chefs de service et les principaux fonctionnaires de l'administration. Derrière, s'étendent sur une grande superficie, les ateliers de la Manufacture, disséminés en une série de petites constructions à un étage, dans l'invention et la disposition desquelles, on n'a recherché ni le confortable industriel, exigible pour une Manufacture nationale, ni l'élégance et le goût convenant à un établissement artistique. Ce qui devait être le principal, la Manufacture elle-même, a été impitoyablement sacrifiée à l'accessoire, les bureaux et les logements. Dans la perspective superbe, qui s'ouvre sur cette partie de la ville de Sèvres, à l'extrémité du pont, le regard cherche vainement les ateliers de fabrication de la porcelaine ; le musée et les villas les dérobent à la vue.

Le public pénètre dans la Manufacture par le parc ; la porte, à laquelle on arrive par un perron, s'ouvre sur un vaste péristyle, orné de jarres immenses, et de vases antiques, de grandes dimensions et d'un bel effet. A gauche, sont les bureaux de l'administration et la bibliothèque céramique ; à droite, les magasins de vente, qui occupent trois vastes salles. L'administration y expose tous les objets qui peuvent être achetés par le public. Chaque pièce porte un cartel contenant les prix d'acquisition. Autrefois, lorsque la Manufacture était une véritable usine de production, pourvue d'une clientèle nombreuse d'acheteurs, ce magasin présentait une grande importance dans les services de l'établissement ; aujourd'hui la vente publique est fort restreinte, en raison de la décision récente, très louable, qui a fait réserver pour le musée, pour les collections publiques et pour les palais nationaux, les œuvres les plus remarquables que produit la Manufacture. La moyenne annuelle des ventes ne dépasse guère 100,000 francs, sur une production de 500,000 francs environ. La suppression de la vente des porcelaines blanches a diminué sensiblement le rendement commercial, au désespoir des industriels qui fabriquaient des porcelaines de Sèvres faussement décorées, et pour le plus grand bien de l'art national. La clientèle actuelle se compose spécialement des étrangers qui visitent la Manufacture, et de quelques marchands parisiens, à l'affût des occasions excellentes, qui se produisent les lendemains de défournement, après la revision des pièces réservées. Il est certain que la vente des produits de Sèvres ira toujours en décroissant, car la Manufacture tend avec raison à justifier son nouveau caractère d'école céramique, et d'établissement exclusivement artistique, préoccupé de la décoration des monuments nationaux. La bibliothèque, qui est ouverte au public, sous la simple condition d'une demande de carte d'entrée, passe, à bon droit, pour la première bibliothèque spéciale qui existe dans ce genre.

Au premier étage, est le musée de céramique. Il l'occupe tout entier. On y accède par un escalier, en rotonde, à double révolution, qui présente la particularité étrange d'avoir été oublié dans les premiers plans de la nouvelle Manufacture. Un salon carré sépare les deux grandes galeries ; les parois en sont décorées de quatre tapisseries des Gobelins, tissées spécialement pour la Manufacture. Les compositions, œuvre de M. Lechevalier-Chevignard, représentent les phases allégoriques de la Céramique : *Tornatura, Pictura, Sculptura* et *Flamma*.

On a placé dans ce premier salon quelques-unes des pièces colossales, sorties des ateliers de Sèvres : le vase Nicolle, de l'Exposition de 1867, qui mesure 3^m,15 de haut, le vase Barriat, de l'Exposition de 1878, le vase Béranger, dont la peinture a pour sujet : *Le transport des dépouilles opimes artistiques de l'armée d'Italie au musée Napoléon*. Pour suivre, dans leur développement chronologique, les précieuses collections, qui ont été formées par Brongniart, Riocreux et M. Champfleury, le visiteur doit se diriger du côté droit. Le musée date de 1812. Cette année-là, Brongniart eut l'idée de montrer au public, en les classant technologiquement, les vases grecs que Louis XVI avait achetés à Vivant Denon, pour l'enseignement de la Manufacture, et un certain nombre de pièces qu'il avait recueillies lui-même dans ses voyages à travers l'Allemagne. L'installation était fort modeste ; elle consistait en quelques vieilles armoires vitrées, qui furent placées à l'entrée du magasin de vente. Peu à peu, le musée embryonnaire prit de l'extension. En 1824, Riocreux, qui devait occuper ces fonctions pendant quarante-huit ans, était immatriculé officiellement sur les registres du personnel de la Manufacture comme « Conservateur et garde des collections ». Les dons affluèrent. A l'affût chez les marchands et les brocanteurs, doué du flair le plus délicat, le directeur du musée multipliait ses acquisitions, en dépit de l'insuffisance des subsides, mis à sa disposition sur les fonds de la Manufacture. En 1829, l'inventaire comptait déjà 4,000 pièces. En 1852, il dépassait le chiffre de 12,000. Aujourd'hui, le musée possède 23,346 pièces d'une valeur marchande de près de cinq millions.

Les collections sont divisées en quatre sections : 1° les poteries mates, peintes et lustrées ; 2° les poteries vernissées ; 3° les faïences ; 4° les porcelaines.

La première section, consacrée aux poteries antiques, mates, peintes et lustrées comprend neuf vitrines, abondamment garnies. Viennent, par ordre chronologique les poteries égyptiennes, qui, pour la plupart, ont été trouvées dans les hypogées de Thèbes, et ont été données par Salvator Cherubini, Victor Audouin et le baron Taylor; les poteries mates, grecques et phéniciennes, exhumées par les fouilles de l'île de Milo, de l'île de Chypre, du tombeau de Bérénice en Cyrénaïque, et qui ont fait partie du célèbre cabinet Denon (on y remarque, entre autres pièces curieuses, une série de jouets d'enfants très intéressants). Sept vitrines contiennent les poteries lustrées, grecques et étrusques, provenant des fouilles de Nola, de Guatia en Apulie, de Vulcie, Solaja, Volterra, Velletri, Polentia (Piémont), de Milo et de Cyrénaïque, lecythes, hydries, isthmions, lagènes, canthares, lekanés, coupes aux formes les plus gracieuses, les plus variées; ainsi que les poteries romaines dites sammiennes. Sans doute ces poteries ne peuvent être comparées pour la beauté et pour le nombre à celles des collections de céramique antique du Louvre, mais technologiquement leur valeur est considérable. Les poteries gauloises, gallo-romaines, trouvées dans le Jutland, à Bindow (Prusse), à Frankenheim (Saxe), dans le lac de Roberhausen (Suisse) et dans un grand nombre de stations en France, dons de Brongniart, Boucher de Perthes, Victor Langlois, de Quatrefages, de Gisors, Bin, Fialex, l'abbé Cochet, etc., complètent cette section. Dans les vingt-cinq vitrines suivantes, nous trouvons les poteries mates et lustrées, provenant du Mexique, du Brésil, de la Bolivie, des Indes et de la France, allant du VIIe au XVIe siècle, dont la comparaison scientifique et pittoresque avec les produits antiques analogues est fertile en révélations. Tout cet ensemble est dû à la générosité de l'amiral du Petit-Thouars, de d'Aubigny, de l'amiral Bruat, de l'empereur Don Pedro, de Benjamin Fillon, de Seguin, de MM. Courajod, Champfleury, Mathon, etc., etc.

La deuxième section se compose des poteries vernissées. De nombreux pays ont contribué à en composer les éléments, fort intéressants à étudier. Les débuts de cette fabrication se voient dans la vitrine, qui contient les poteries du XIIe au XVIe siècle, d'origine française, recueillies dans la Seine par Forgeais. Quatre grandes vitrines montrent les produits des anciennes fabriques de France, à la tête desquelles marchent, par rang d'ancienneté, celles de Savigny et de Beauvais. A l'époque de la Renaissance, ces derniers étaient assez célèbres, pour que Rabelais les fit citer par Panurge, comme dignes d'être offerts aux rois de France qui passaient par Beauvais. Cette série s'ouvre par un spécimen vénérable, de la plus grande valeur technique, un bas-relief d'oratoire, datant du xvie siècle, et un plat de Savigny daté de 1511, aux armes de France et de Bretagne. Les autres pièces proviennent des fabriques de Manerbe, de Ligron (Sarthe), de Chaumont (Orne), de Brisambourg (Charente), de la Chapelle-aux-Pots (Oise), de Saint-Jean-d'Angély, d'Epinal, de Clermont-Ferrand, du Pré-d'Auge, d'Epernay, d'Armentières, de Saint-Adrien (Seine-Inférieure), de Montreuil-sur-Mer, de Pont-Vallain (Sarthe). Toutes ces céramiques d'une grande fantaisie de formes et de couleurs, ont aujourd'hui une valeur considérable. Une vitrine spéciale est consacrée aux œuvres de Palissy, de ses précurseurs et de ses imitateurs.

Les poteries vernissées étrangères, Angleterre, Suisse, Allemagne, Hollande et Italie, occupent une dernière vitrine : avec des échantillons de Nuremberg, et des poteries italiennes d'un grand caractère artistique, données par le baron Davillier.

Vient ensuite la collection des grès-cérames anciens et modernes, en deux vitrines. On y remarque, entre autres pièces curieuses, une bouteille de voyage, presque entière, qui, d'après la forme des lettres et des fleurs de lis dont elle est décorée, doit remonter à Charles VIII ; on la dit fabriquée à Beauvais. Elle fut trouvée dans la Somme, près d'Abbeville, et Boucher de Perthes la donna au musée. Des spécimens intéressants des premiers produits de Bottger et Wedgwood y sont exposés.

La troisième section du musée est consacrée aux faïences. Sèvres est particulièrement riche dans cette branche de la céramique et ne redoute, dans cette spécialité, la comparaison avec aucun autre musée du monde. La série s'ouvre par les faïences orientales, de Perse, d'Asie Mineure, de Rhodes, plats, vases, coupes, bouteilles et gourdes, fragments de revêtement de mosquée, d'une richesse de décoration et d'une rutilence d'émail à ravir les yeux les plus difficiles et les plus délicats. On trouve ensuite, chronologiquement, les faïences hispano-moresques, aux reflets d'or, aux irisations ensoleillées, dont la collection a été formée en grande partie grâce aux dons du baron Davillier, et six vitrines affectées aux œuvres de l'art italien du xve au xviiie siècle, les faïences si nobles de formes et si belles de couleurs, de Faenza, de Castel Durante, d'Urbino, de Derutta, de Bassano, de Pesaro, de Savone, de Venise, de Gênes, de Milan, de Pavie et de Bologne. Des dons et la science de Riocreux ont permis de doter cette dernière collection, vraiment exceptionnelle, de pièces de la plus haute valeur artistique. Une coupe basse, à large bord, dite « coupa amatoria », de la fabrique de Gubbio, signée « Maestro Giorgio, 1527 », évaluée à 10,000 francs, a été achetée 50 francs, au marchand Soulage, en 1830. La grande coupe en forme de vasque, représentant en grisaille le Jugement de Paris, est entrée, en 1837, au musée, pour le prix de 300 francs ; les rares pièces analogues qui passent en vente sont cotées aujourd'hui 25,000 francs. La même année, Garnery, peintre de marines, a vendu pour 15 francs, au musée, un grand plat de la fin du XVIIᵉ siècle, qui vaut, à inventaire de marchand, de 1,500 à 2,000 francs.

Les œuvres des faïenceries françaises occupent les sept vitrines qui suivent. Des anciens carreaux de pavements des châteaux d'Écouen, de la Bâtie, de Madrid, d'Oiron, d'Anet et de Lisieux, aux assiettes contemporaines de Creil et Montereau, le visiteur peut suivre et étudier, dans ses transformations multiples, toute la production de cette industrie si originale et si variée. On y a réuni quantité d'ouvrages fort précieux, tant au point de vue technique que par leur valeur artistique, ou en raison de leur grande rareté. Nous trouvons, en première place, l'école de Rouen, du XVIIᵉ et du XVIIIᵉ siècle, représentée par des pièces de ses principaux maîtres, Abaquesne, Poterat, Guillibaud, Levavasseur, par les plats à la corne, à décor rayonnant, par la célèbre table à ouvrage payée 30 francs, en 1831, valeur d'échange avec des porcelaines de Sèvres ; par un exemplaire des célèbres assiettes à musique.

Sinceny, qui se rapproche beaucoup de Rouen, est placé tout auprès. On y voit, entre autres œuvres, le grand *plat aux Capitans* de Callot. L'École nivernaise nous montre, ensuite, ses belles faïences, à fond bleu lapis, avec arabesques en blanc et jaune, et ses plats à fond blanc et décor bleu, d'une harmonie si délicate, œuvres des Conrade et des Custode, ses majoliques, inspirées des Italiens, ses pittoresques cruches, buires, gourdes et bouteilles patronymiques, et ses enseignes de faïenciers. Successivement, défilent, devant nos yeux, les pièces de Moustiers, à fond blanc et décor en camaïeu, dans le goût de Berain ; les plats, assiettes et soupières de Marseille, à la décoration légère et délicate, composée de bouquets de fleurs, de fleurettes jetées au naturel sur les marlis et sur les fonds de nuances tendres, signés Robert, Sary, Fauchier, Perrin, etc. ; les faïences de Montpellier, de Bordeaux, de Moulins, de Clermont-Ferrand, de Paris, de Saint-Cloud, de Sceaux, les produits des nombreuses et fécondes fabriques d'Alsace-Lorraine, de Bretagne et du Nord. Dans cette catégorie figure, à titre de curiosité historique, le célèbre poêle de la Bastille.

SÈVRES.

Après les écoles françaises, viennent les écoles allemande, espagnole, flamande et hollandaise. Delft, en trois vitrines, soutient l'éclat de sa vieille renommée et exhibe les œuvres de ses maîtres, Adrien Pynacker, Reinier, Van Duyn, Reigens et Van Kessel. On y voit des pièces historiques précieuses, un grand plat daté de 1663, portant les armes de France et de Navarre, donné par M. Geoffroy, un grand plat aux armes de Colbert, don de Sauvageot, un autre plat avec le portrait de Frédéric Ier roi de Prusse.

Les collections des faïences fines complètent cette brillante section. Là se trouve une des œuvres les plus précieuses de la célèbre fabrique d'Oiron : une coupe avec son couvercle. Elle fut achetée 350 francs, valeur d'échange, à M. de Préaulx, en 1837 ; à la vente Hamilton, en 1882, on a payé une salière 22,000 francs et une coupe 30,000 francs ; à la vente Fountain, un flambeau a atteint près de 92,000 francs.

La quatrième section du musée est celle des porcelaines, divisées en deux grandes séries : Les porcelaines tendres et les porcelaines dures. L'histoire de la porcelaine y est représentée, par les types essentiels de chaque école. Trois vitrines sont consacrées aux porcelaines du Japon, trois à celles de la Chine et aux pièces décorées en Europe sur blancs apportés de cette région. L'Italie, à qui a été rendu l'honneur d'avoir fabriqué la première porcelaine européenne, tient chronologiquement le premier rang. Deux vitrines, très remplies, permettent d'étudier, sur des pièces authentiques, provenant de Rouen, Orléans, Mennecy, Chantilly et Saint-Cloud, les premières tentatives de fabrication, en France, la porcelaine tendre. La même étude peut se faire pour la porcelaine anglaise, grâce à de nombreux échantillons des fabriques de Chelsea (1720-1740) et de Worcester (1751-1780). Trois vitrines contiennent ensuite les porcelaines dures françaises ; deux, celles de la Saxe, de Franckental, de Nymphenbourg, Berlin, Furstenberg, Luisbourg, Armstadt, Hochst, Ratisbonne, Vienne, la Haye, Saint-Pétersbourg, Copenhague, etc.

La porcelaine de Sèvres, depuis la fondation de la Manufacture à Vincennes jusqu'à nos jours, occupe sept grandes vitrines. On peut y suivre, sur des pièces typiques, toutes les évolutions de la fabrication et du goût. Quelques œuvres historiques s'y trouvent, mais en moins grand nombre qu'on le désirerait pour la gloire du musée. Une intéressante collection est celle des biscuits de porcelaine. On y remarque les portraits de Joubert, Desaix, Kléber, la Tour-d'Auvergne, par Boizot, de l'impératrice Joséphine par Chaudet, de Cuvier, par David d'Angers, de Lafarge et Miłouflet, les célèbres fondateurs de la Tontine, par Brachart, de l'impératrice Marie-Louise, de Marat, de Mirabeau, etc. Une collection d'intérêt technique a été formée, en outre, pour mettre sous les yeux du public les résultats des expériences et des découvertes faites à diverses époques par les chimistes et les artistes de la Manufacture. Ainsi, on voit là le Bacchus, premier essai de l'emploi du kaolin de Limoges en 1765; les travaux scientifiques d'Ebelmen pour la synthèse des gemmes; la première pièce avec application des pâtes sur pâtes, exécutée en 1849 par Robert; les tentatives de cuisson au grand feu des pâtes coloriées par Léopold Gely en 1862; les premières pièces de porcelaine chinoise fabriquées en 1875 par Salvetat, la série des expériences de MM. Lauth et Vogt pour la découverte de la porcelaine nouvelle de Sèvres, des spécimens des faïences, produites par la Manufacture de 1855 à 1870, etc.

Le musée contient encore de nombreux tableaux sur porcelaine et sur faïence, exécutés par des artistes de Sèvres. Nous signalerons entre autres : l'*Entrée de Henri IV à Paris* d'après Gérard, copie de Constantin ; l'*Atala*, de Girodet-Trioson, copie de Mme Jacquotot, l'*Embarquement pour l'île de Cythère* de Watteau, interprétation de Schilt, les copies de l'*Ecole d'Athènes*, de la *Messe de Bolsène*, de la *Délivrance de saint Pierre*, du *Pape Jules II*, de la *Fornarina*, de la *Sainte Cécile*, de la *Vierge au voile*, de la *Madone du Grand-Duc*, de Raphaël, exécutées par Constantin ; les portraits de Van Dyck et de Charles Ier d'Angleterre, par Van Dyck, copies de Mmes Pauline Laurent et Ducluzeau, etc...

A l'étage supérieur du bâtiment du musée, se trouvent les magasins de la réserve, qui contiennent les pièces d'art, destinées à figurer dans les expositions, à décorer nos monuments, à être offertes en présents nationaux ; le public n'y a point accès. Dans les sous-sols, sont installés des magasins de blanc et les dépôts des services de table. Ils sont également fermés aux visiteurs.

Par deux escaliers inférieurs, partant du premier péristyle, on gagne les ateliers. La Manufacture est reliée au musée par une longue galerie vitrée, que la malice du personnel a dénommée plaisamment, mais avec justesse, « la galerie des singes », par analogie avec certaines galeries du Muséum d'histoire naturelle. Les services de la fabrication ont été disséminés çà et là, sans préoccupation de l'économie de temps, du bien-être des ouvriers, au caprice de la fantaisie d'un architecte, beaucoup trop insoucieux des conditions matérielles d'une exploitation industrielle et artistique. Nous suivrons dans notre visite l'ordre logique des diverses opérations de manutention et de travail professionnel, qui nous conduira du dépôt des matières premières, au magasin où se fait la revision des pièces qui viennent d'être extraites du four.

Les éléments qui entrent dans la composition des pâtes de la porcelaine de Sèvres sont : le kaolin, la craie et l'argile plastique. Le kaolin qui se compose de silice, d'alumine, de chaux et de potasse, provient des carrières de Marcognac, de Fargetat, de Marsagnat et de Saint-Yrieix, dans le Limousin. La Manufacture en consomme 80,000 kilos par an ; le prix du beau kaolin varie de 20 à 22 francs, les 100 kilos. Le kaolin à l'état naturel, lorsqu'il arrive à Sèvres, est soumis à plusieurs opérations, ayant pour objet de l'amener à l'état de pureté le plus complet, et de le rendre propre à servir de pâte de porcelaine. Après avoir été mélangé avec de l'eau, dans la proportion de 100 p. 100, il est soumis, dans des moulins à blocs, à un malaxage, destiné à broyer finement tous ses éléments géologiques; de là, il passe dans une deuxième cuve à laverie, où s'opère la division du sable et du kaolin, au moyen d'un décantage. Sortant de cette cuve, le kaolin possède 50 p. 100 d'eau; il faut réduire cette proportion à 15 p. 100. La matière est alors conduite des cuves dans des réservoirs souterrains, où elle se repose. Elle entre, ensuite, par des pompes, dans des presses hydrauliques qui la compriment violemment, et l'amènent à l'état de galettes. Un séchoir, à 25 degrés de chaleur, situé au premier étage, reçoit ces galettes; là elles sont réduites en poudre ; après quoi, on les classe en des compartiments distincts, suivant leur provenance et elles attendent d'être mises en œuvre. Le sable, qui a été séparé du kaolin, et qui renferme du quartz et du feldspath non décomposé, doit introduire dans la pâte les 3 p. 100 de potasse, nécessaires pour la rendre propre à la fabrication de la porcelaine. Il faut le broyer. Les moulins qui sont décrits dans l'ouvrage de Brongniart ont été abandonnés depuis quelques années. Aujourd'hui, on emploie le broyage à sec au moyen des moulins d'Alsing, où des cailloux de Suède, agités dans un tambour de tôle à revêtement de plaques de porcelaine, sont les agents de trituration. Le sable en sort à l'état de farine, est ensuite malaxé, pressé, et, réduit en galettes, va rejoindre le kaolin au séchoir, comme matière première absolument purifiée et prête à être employée. Une particularité est à signaler. Dans toutes ces opérations et dans tous ces appareils variés le fer est impitoyablement exclus. Les ouvriers qui travaillent dans ces ateliers ne peuvent porter de souliers et de sabots munis de clous. Toutes les parties métalliques des machines sont en cuivre, en bronze ou en platine. Une parcelle de fer introduite dans la pâte, compromettrait les porcelaines fabriquées avec cette pâte, en provoquant, à la cuisson, des désordres chimiques. Sur chaque tas de kaolin et de sable, le chimiste de la Manufacture fait prélever un échantillon, qui est soumis à une analyse sévère et dont le résultat sert à la classification des matières premières. Le préposé au magasin reçoit la formule du mélange à opérer ; une balance automatique permet de contrôler son travail, au point de vue des poids de chaque partie de matière première. Le mélange est précipité par une trémie dans des cuves, d'où part, pour ce mélange, comme pour le kaolin, toute la série des opérations que nous venons de décrire ; broyage, coupage, décantage et pressage. La pâte composée arrive ensuite dans une machine à pétrir et malaxer, inventée par M. Tritschler de Limoges, et qui fait mécaniquement l'office du marchage. Quand elle en sort, elle est devenue définitivement une pâte de service. On l'enferme dans des cuves, où elle séjourne sous une mince couche d'eau, de six mois à un an. Elle s'y pourrit et acquiert, par une opération chimique latente, cette vertu de plasticité qui la rend si précieuse pour l'industrie céramique. Autrefois tous les appareils mécaniques de la Manufacture étaient actionnés par un moulin à eau ; aujourd'hui le moteur général est une machine à vapeur de 25 chevaux.

La série d'opérations qui succède immédiatement, concerne le façonnage. Les procédés de façonnage se réduisent à quatre, qui reçoivent chacun, dans leur application, des modifications importantes suivant le genre des pièces : Le tournage, le moulage, le coulage et le rachevage. Le tournage se compose de deux opérations principales : l'ébauchage et le tournassage. L'artiste tourneur saisit un bloc de la pâte, qui doit servir à constituer la pièce dont la confection lui est confiée, et le place sur le tour à potier classique, que tout le monde connaît. Du pied droit, il imprime à la roue un mouvement rapide, en même temps qu'il saisit à deux mains le bloc de pâte. Sous l'effet de la rotation du tour et de la pression des doigts, la pâte s'allonge, se rétrécit, monte, descend, se tord en spirales, s'arrondit en panses épaisses, s'effile en fuseaux légers. Tout à coup, la masse mouvante s'abaisse, prend une forme plus certaine, qui peu à peu accentue ses lignes et se dessine avec précision. C'est un vase, une coupe, un gobelet. Aussitôt que la pièce apparaît nettement, comme évoquée par la caresse de sa main, le potier pousse plus vivement la roue du tour. Ses doigts souples s'agitent rapidement autour d'elle, et suivant délicatement les courbes, vont et viennent avec agilité, du dehors au dedans, du haut en bas, rectifiant avec la hausse la forme ébauchée. Le tour s'arrête. L'œuvre se dresse fièrement, toute luisante, dans sa plasticité fraîchement acquise.

La pièce, séchée pendant quelques jours sur une forme en bois, passe ensuite au tour à tournasser, où l'ouvrier muni d'instruments tranchants dénommés *tournassins*, évide les gorges, fait saillir les filets et les moulures, polit les panses et les collets, en un mot, donne à l'ébauche la forme définitive de la pièce à obtenir.

Le façonnage sur le tour de certaines pièces, comme les assiettes, les soucoupes et les plats, nécessite une opération distincte nommée le calibrage, et qui consiste à poser sur l'ébauche un calibre en acier présentant à son bord le profil découpé de la forme définitive, intérieure et extérieure. Par l'effet de la rotation, ce calibre donne à la pièce l'épaisseur et les profils qu'elle doit avoir définitivement. Pour les ouvrages qui reçoivent des moulures compliquées, des godrons, des oves, etc., le tourneur se sert ensuite du tour à guillocher. La Manufacture de Sèvres possède quinze tours de potier simples, à pied, et quatre tours à deux places. En ce moment on s'occupe d'adapter aux tours des moteurs mécaniques. Pour le tournage des pièces communes, l'innovation présentera certainement un progrès sérieux, mais pour les pièces artistiques, le tour à pied restera toujours indispensable, le mouvement de rotation devant être réglé avec soin sur le travail d'ébauchage, qui exige chez l'artiste une vigilance de tous les instants et une habileté peu commune.

Le deuxième procédé de façonnage est le moulage, qui exige plusieurs opérations consécutives : L'invention du modèle, la création du moule, et le moulage proprement dit. Lorsque le sculpteur a donné à la Manufacture son modèle en terre cuite, en plâtre ou en cire, des ouvriers mouleurs le divisent en fragments, dont le nombre varie suivant la multiplicité des parties saillantes de la pièce. Ils revêtent ensuite ces fragments d'une *chape* en plâtre ou terre cuite, qui en épouse fidèlement toutes les formes. Comme l'ouverture du moule doit être assez grande pour recevoir directement la masse de pâte nécessaire, la chape s'ouvre en deux pièces nommées *coquilles,* qui se partagent à peu près également la pièce moulée.

Le moulage consiste à faire prendre à la pièce la forme du moule sur lequel on l'applique. Suivant la nature de l'objet à mouler, on prépare la pâte en *balles*, qu'on insère vigoureusement avec la paume de la main dans la chape ; ou en *croûte* bien égale d'épaisseur et de densité, dont on recouvre le moule. Un troisième procédé, celui de la *housse*, employé pour les pâtes délicates et pour les pièces à large ouverture et simples de formes, consiste à ébaucher une pièce, comme si elle devait être faite au tour ; à l'insérer ensuite dans le moule, en l'appliquant avec une éponge contre les parois où elle se fixe, et dont elle reproduit fidèlement les formes et l'ornementation.

Le coulage, troisième procédé de façonnage, est le plus employé de tous, pour les pièces de production courante, et pour les vases de grandes dimensions. L'honneur de l'application industrielle en revient à la Manufacture de Sèvres, qui en fait un usage constant et, grâce à l'ingéniosité de son personnel, le perfectionne tous les jours. La pâte de kaolin est amenée par une addition d'eau à l'état d'une bouillie liquide, qu'on nomme barbotine. Pour les pièces dites de creux, tasses, pots à sucre, jattes, on remplit, au robinet de barbotine, des moules de plâtre très secs. Le plâtre, absorbe presque instantanément la partie d'eau de la barbotine qui adhère à ses parois ; l'ouvrier vide alors le moule ; une couche de pâte de 3 à 5 millimètres d'épaisseur, suffisante comme consistance se trouve ainsi formée ; la pièce est posée sur un support de même forme, s'y sèche et devient propre au tournassage. Pour les vases de petites dimensions, le moule est rempli identiquement de barbotine, et lorsque la couche s'est formée, l'eau est décantée par une ouverture spéciale placée au pied du vase et du moule.

Pour le coulage des pièces de grande dimension, la Manufacture de Sèvres emploie des procédés spéciaux : Le coulage à air comprimé et le coulage dans le vide. L'air comprimé introduit dans le moule maintient contre les parois, par sa force expansive, la couche de pâte, pendant la décantation et la capillarisation ; le vide produit dans le moule conduit par un phénomène inverse au même résultat. Grâce à ces procédés, on peut couler d'une seule pièce des vases énormes qui ne s'obtiendraient jamais autrement. Lorsque la dessiccation est jugée suffisante, et lorsque la pâte coulée a la consistance nécessaire au tournassage, le moule

SÈVRES.

est démonté, et la pièce installée sur des tours spéciaux où se fait le réparage. Un atelier particulier, très vaste, a été aménagé pour le service du coulage des grands ouvrages et pourvu de tous les appareils les plus perfectionnés, pour l'emploi de l'air comprimé, pour la production du vide et pour le transport des moules et des pièces.

Dans des loges, qui occupent une des travées de l'atelier de tournage, sont placés les artistes chargés de *réparer* les pièces en cru, c'est-à-dire de boucher avec de la pâte les cavités et gerçures, que le moulage et le tournassage ont produites, de donner aux figures, aux groupes, par le moyen de l'ébauchoir et de la gouge, leur perfection de formes, leur souplesse de lignes et de contours, de faire les assemblages des divers fragments du moulage, de garnir les pièces de leurs ornements en saillie, anses, becs, etc., moulés ou ébauchés à part, de coller les diverses parties d'une pièce. Ces opérations très délicates et d'une grande importance exigent de véritables artistes. Les réparateurs à Sèvres sont traités comme tels; ils marchent de pair avec les sculpteurs et les peintres.

Tournées, moulées ou coulées, les pièces sont, à partir de ce moment, prêtes à subir un premier feu, dit de dégourdi, qui a pour but de raffermir la pâte, afin qu'on puisse plus aisément lui donner sa couverte et, dans certains cas, la sculpter, la graver ou la réticuler. Cette demi-cuisson se fait dans les parties supérieures des fours, où la température ne s'élève jamais beaucoup. Viennent ensuite les opérations de la pose de la couverte, ou émail translucide, qui recouvre la pâte de la porcelaine et lui donne cette glaçure si délicate et si chatoyante qui constitue une de ses qualités essentielles. L'émail s'obtient au moyen de la pegmatite ou feldspath, mélangée de quartz, roche très dure, qui se rencontre particulièrement dans la région des gisements de kaolin. Les cailloux de pegmatite sont d'abord calcinés, puis concassés dans des moulins semblables aux moulins à blé d'Algérie; de là ils passent aux moulins Alsing, où ils sont réduits en poudre. On mélange de la craie au feldspath pour lui servir de fondant, et la matière définitive de la couverte est placée dans des cuves à eau où elle se délaye. A Sèvres, le posage de la couverte a lieu, de trois façons, par immersion, par irroration et par volatilisation. Dans l'immersion, l'ouvrier trempe purement et simplement la pièce dans la cuve, pleine d'émail liquide, où l'on a versé préalablement une certaine quantité de vinaigre, qui a la propriété de retarder la précipitation des matières en suspension. L'irroration se fait aujourd'hui au moyen de vaporisateurs à air comprimé. Cette innovation, très simple, permet de poser la couverte sur les grandes pièces, avec une facilité et une précision qu'on ne pouvait jamais obtenir de l'immersion, toujours fort coûteuse et très dangereuse. Où, avec l'ancien procédé, il fallait 100 kilos de couverte; 1 kilo suffit abondamment aujourd'hui avec l'irrorateur. Deux ouvriers, au lieu de dix, sont nécessaires ; l'un manœuvre l'appareil, pendant que l'autre fait tourner la pièce sur une rondelle. Enfin la volatilisation consiste à remplir le four ou les cazettes d'une vapeur saline ou métallique, qui, s'étendant sur les pièces arrivées à l'incandescence, vitrifie leur surface.

Avant cette dernière opération intervient l'encastage, ou placement des pièces à cuire, dans des étuis dits cazettes, destinés à les protéger et à les supporter dans le four. La fabrication des cazettes se fait dans des conditions peu différentes de la pâte de porcelaine, mais avec des matières plus grossières et moins fusibles, de l'argile de Dreux, du sable et du ciment. Les pièces encastées sont placées dans les fours, suivant des méthodes variables, qu'il serait trop long de développer ici. L'enfournement est une des opérations de l'industrie céramique, qui exige le plus de soin et d'habileté ; une erreur ou un oubli peut compromettre toute une fournée, dont la valeur est souvent d'une vingtaine de mille francs. Sèvres possède huit grands fours, six à flamme renversée et deux à flamme directe. Ces derniers sont destinés à disparaître, le premier système étant plus près de la perfection et plus économique. Un four à flamme directe consomme 30 stères de bois par 30 mètres cubes ; le four à flamme renversée, la moitié moins. La température du four atteint environ 1,800 degrés, condition indispensable pour que la vitrification du kaolin s'opère intégralement et que la pâte devienne de la porcelaine parfaite. Pendant quarante heures, nuit et jour, le chef de la fabrication et les chauffeurs, sous la direction d'un chef, ne quittent point le four, surveillent attentivement, au moyen du pyromètre et des *montres* en porcelaine, la gradation de la température, activent ou diminuent les quatre foyers, entassent les lourdes bûches de bois sur les alandiers, en tirent la braise qui ressemble à de la neige rosée, ouvrent ou ferment les bouches de cette mer de feu, où l'œil qui observe par les *visières*, croit voir des tourbillons de lave en fusion parsemée de diamants, de rubis, de topazes, etc. Lorsque les montres ont prouvé que la porcelaine est cuite, le chef ordonne l'arrêt du feu. Le four refroidit pendant huit jours, au bout desquels a lieu le défournement.

Au moment où la première cazette est retirée, lorsque la première pièce en sort, les céramistes éprouvent toujours une certaine émotion; même avec les progrès de la science, l'inconnu continue de se mêler à ces opérations, particulièrement délicates. Il faut si peu de chose, un grain de quartz ou de calcaire, une vapeur de pyrite, un coup de feu, pour rendre une pièce mauvaise. Le moindre défaut d'ébauchage ou de tournassage, la plus légère erreur d'un réparateur, dissimulés jusque-là, réapparaissent éclatants. Lorsqu'il s'agit d'une de ces grandes pièces, à laquelle ont travaillé, pendant de longs mois, vingt collaborateurs de talent, sculpteurs, peintres, modeleurs et réparateurs, quelle anxiété parmi tous ces artistes qui, vieux ou jeunes, aiment passionnément leur métier et tiennent à honneur de conserver à leur Manufacture son grand renom ! Ils sont là tous, depuis le plus modeste manœuvre des moulins jusqu'à l'administrateur, réunis devant la gueule béante du four, guettant la sortie du chef-d'œuvre, et attendant, le cœur serré, son apparition au grand jour.

Chaque défournement est suivi d'une conférence générale des chefs de service, qui étudient avec soin les qualités et les défauts de toutes les pièces, analysent minutieusement les accidents et consignent leurs observations sur un registre spécial. Les critiques, les félicitations ou les conseils sont transmis alors directement à l'artiste, à qui incombe la responsabilité des accidents, ou à qui revient l'honneur du succès. Il y a ainsi émulation constante entre tous les ateliers et tous les artistes de la Manufacture. Le rendement d'une fournée donne les proportions suivantes : 30 p. 100 de très bon, 25 p. 100 de bon, 15 p. 100 de passable et 30 p. 100 de mauvais ; mais cette dernière qualification est spéciale à Sèvres. Certain produit classé dans la catégorie des mauvais serait considéré comme satisfaisant, dans les manufactures particulières, les plus importantes et les plus soucieuses de leur réputation.

Pour ne point interrompre la description des opérations successives, qui vont du broyage du kaolin au défournement, nous avons supposé que la fournée ne contenait que des pièces en blanc; ce qui n'est point le cas habituel à Sèvres. Les fours contiennent toujours de la porcelaine décorée, en même temps que du blanc et du biscuit.

La décoration de la porcelaine comporte deux méthodes générales :

La décoration au grand feu et la décoration au feu de moufle. Des procédés et des combinaisons intermédiaires surviennent, qui donnent à la décoration une grande variété de couleurs. Dans la méthode du grand feu, la pièce crue ou dégourdie reçoit sa décoration, au moyen de mélanges renfermant des oxydes sur lesquels on étend la couverte d'émail, par immersion ou par irroration. La pièce, ainsi préparée, est soumise à l'action d'un feu qui atteint 1,800 degrés. Les couleurs vitrifiables se développent sous la couverte, se combinent chimiquement avec elle et acquièrent ainsi l'éclat, la transparence et la profondeur qui caractérisent la décoration de grand feu.

Dans la méthode du feu de moufle, on n'emploie que de la porcelaine en blanc, c'est-à-dire cuite. L'artiste peint sur la couverte avec des mélanges d'oxydes colorants et de fondants; puis la pièce est soumise à un feu doux qui ne dépasse guère 300 degrés au pyromètre. Les couleurs *fondent* et se fixent en enduit opaque, sur l'émail, sans faire corps avec lui comme dans le grand feu. La Manufacture de Sèvres possède vingt-cinq fours de moufle. La découverte de la *nouvelle porcelaine de Sèvres* a permis d'employer, sur une matière ayant les qualités de résistance de la porcelaine dure, des couleurs qui s'altéreraient ou se volatiliseraient au grand feu, et qui, dans les nouvelles conditions de cuisson, s'incorporent facilement sous la couverte. Les traits les plus fins du pinceau, les nuances les plus délicates de la palette se conservent avec netteté tout en ayant acquis la vibration lumineuse et la translucidité des émaux.

La décoration de la porcelaine constitue, à Sèvres, une des caractéristiques de la Manufacture. Le personnel de cette section est donc très important. Actuellement on ne compte pas moins de vingt peintres, doreurs et décorateurs. Plusieurs sont des artistes fort distingués, dont les collectionneurs rechercheront plus tard les œuvres, à l'égal de celles des Le Guay, des Aloncle et des Dodin. La peinture sur porcelaine est un art très spécial, qui exige un apprentissage sérieux et des dispositions naturelles. Qu'ils traduisent la peinture d'un autre, ou qu'ils peignent d'après leurs inventions personnelles, les peintres décorateurs doivent adapter leur composition aux exigences techniques de la céramique, qui sont multiples et impérieuses. Aussi la porcelaine de Sèvres, relativement bon marché tant qu'elle reste dans la décoration ordinaire, dans les filets d'or ou de couleur, atteint-elle des prix très élevés lorsque la main du peintre intervient. Des ateliers spéciaux sont mis à la disposition de ces artistes dans les bâtiments de la Manufacture. Les sculpteurs, qui donnent les modèles, ou décorent les pièces de sculptures et de ciselures, sont dans les mêmes conditions d'installation que les peintres et les décorateurs.

Lorsque la pièce sort du four, décorée définitivement, elle est mise entre les mains des monteurs et des brunisseurs; de là elle passe aux magasins des sous-sols, dans lesquels on la classe comme pièce de réserve ou pièce de vente.

Le montage, qui formait autrefois un service des plus importants de la Manufacture, voit se réduire peu à peu son personnel. La fabrication en une seule pièce des grands vases a supprimé le travail si délicat et si compliqué de l'ajustage des parties fragmentées. Les nouvelles formes, en outre, exigent moins d'anses, de guirlandes, de bordures et de garnitures en métal que les anciennes, où le bronze tenait une place qu'on a pu, souvent, qualifier d'excessive.

Au-dessus de l'atelier des fours à moufles, se trouve le laboratoire de chimie, qui est, si l'on peut dire ainsi, le cerveau de la Manufacture. C'est là, dans ces nombreuses cornues et coupelles, remplies de matières en ébullition, que s'opère le travail continu chargé de préparer les découvertes qui doteront la céramique de pâtes nouvelles, d'émaux inconnus, de couleurs plus fraîches et plus brillantes. Tous les éléments, qui doivent entrer dans chaque pièce, y ont été analysés et éprouvés avec une extrême rigueur, afin que l'œuvre, après avoir subi les transformations multiples que nous avons décrites, sorte des entrailles du four, toujours belle et saine.

Les poteries chinoises de King Te Chin et de Nan Chang Soo, les céramiques japonaises d'Owari, de Kioto et d'Hizen livrent là, sous l'évocation puissante de l'arcaniste actuel, les secrets de leurs porcelaines, que leurs auteurs croyaient devoir être éternellement inviolables pour les occidentaux. Comme celui des Gobelins, le laboratoire de Sèvres est célèbre dans l'histoire de la chimie moderne. Il a compté des savants illustres, dont les travaux et les découvertes ont contribué puissamment aux progrès de la science : Hellot, Macquer, Brongniart, Ebelmen, Salvetat et Lauth; aujourd'hui il est dirigé par un des plus brillants élèves de Wurtz, M. Vogt, qui continue les traditions de travail fécond, léguées par ses prédécesseurs.

Ajoutons pour terminer que le nombreux personnel de la Manufacture de Sèvres offre les mêmes exemples d'union, de sociabilité et de dévouement professionnel, que celui de la Manufacture des Gobelins. Artistes et ouvriers vivent là, formant une sorte de famille patriarcale, en communion intime de sentiments et d'ambitions, fiers de faire partie d'une grande institution artistique, dont ils soutiennent, par leur talent, la gloire séculaire et la réputation universelle.

I

PREMIÈRE PÉRIODE

DIRECTIONS DE LOUIS HYNART, DE BEHAGLE, DES FRÈRES FILLEUL ET DE MÉROU
1664-1726

u commencement de l'année 1664, un marchand tapissier, Louis Hynart, qui possédait à Paris, rue des Bons-Enfants, et en Flandre de nombreux ateliers, destinés à alimenter ses magasins fort achalandés, situés rue Richelieu, adressait à la municipalité de Beauvais, dont il était originaire, une proposition tendant à l'installation dans cette ville, d'une manufacture de tapisserie de haute lice. Hynart avait été évidemment attiré par l'importance du marché commercial de Beauvais, qui possédait, à cette époque, deux grandes industries très prospères, la sergetterie et la draperie, et où se centralisait la vente des étoffes diverses, bonneterie, toiles, dentelles, etc., fabriquées dans la région, une des plus industrielles de la France. Savary des Bruslons, dans son *Dictionnaire du Commerce,* nous informe que de son temps il n'y avait à Beauvais pas moins de cinq cents métiers produisant dix-sept mille pièces d'étoffes. En outre, la tapisserie de haute lice y avait autrefois fonctionné et très vraisemblablement, les traditions artistiques n'en étaient point complètement perdues. En 1518 et en 1548, d'après des documents des archives municipales

de Beauvais, des tapissiers hauteliciers travaillaient dans la ville. Les célèbres tapisseries de la Cathédrale, représentant la fondation des principales villes des Gaules, commandées, entre 1510 et 1561, par le chanoine Nicolas d'Argillières, le premier propriétaire de la *Maison du Chantre*, sont très vraisemblablement de provenance beauvaisienne[1]. Enfin un certain Robert Lestellier tissait à Beauvais, en 1519, une tenture historiée dont la trace nous a été conservée.

Soucieuse des intérêts de ses administrés et enchantée qu'on dotât Beauvais d'une fabrication nouvelle, destinée à l'illustrer et à l'enrichir, la municipalité accueillit avec empressement la proposition de Louis Hynart. Le 15 juin de cette même année (1664), elle se réunit pour prendre une décision sur cette grave question. Les registres de la ville font mention, en ces termes, de la délibération qui intervint à ce propos. Il y est dit, en effet :

« Que l'on a advis que le sieur Hynart, marchand tapissier demeurant à Paris, rue de Richelieu, qui employe en Flandre trois à quatre cens ouvriers à travailler continuellement pour luy aux ouvrages de tapisserie de haulte lisse façon dudit pays désire establir en cette ville [de Beauvais] dont il est originaire, une manufacture des dites tapisseries. — Est délibéré.... que le Pair Trioller sera prié de veoir de la part de la Compagnie le dit sieur Hynart pour l'exhorter d'accomplir son dessin et d'establir en ceste ville ladite manufacture de tapisserie de haulte lisse, sur l'assurance qui luy sera donnée, que ladite Compagnie le favorisera en tout ce qui luy sera possible. »

Dans ces conditions les pourparlers devaient aboutir rapidement. Hynart présentait toutes les garanties désirables, tant au point de vue des ressources financières, que pour la compétence professionnelle. Colbert en outre encouragea son entreprise. Sa réalisation, en effet, répondait au système économique, dont il poursuivait avec énergie l'application, en établissant sur tous les points de la France des industries nouvelles. La *Manufacture royale des Meubles de la Couronne* n'était point encore officiellement constituée. Au mois d'août 1664, Colbert faisait signer à Louis XIV un édit pour « l'establissement des Manufactures royales de tapisseries de haute et basse lice en la ville de Beauvais et autres lieux de Picardie ».

---

[1] Jules Guiffrey. *Histoire de la tapisserie*.

Comme cela devait se reproduire dans l'édit de fondation de la Manufacture royale des Gobelins, le préambule de ce document mentionne les tentatives d'établissements analogues, faites sous le règne d'Henri IV. Connaissant la force de la tradition, Louis XIV se préoccupe de mettre sous le patronage de son illustre aïeul les institutions industrielles nouvelles. C'était de la bonne politique et d'une habile diplomatie. La popularité d'Henri IV avait survécu. Le peuple conservait intacte et toujours vénérée la mémoire du grand roi. Dès les premières lignes, également, l'édit justifie avec netteté la création de la Manufacture par une considération d'ordre économique : la nécessité d'arriver « à se passer de recourir aux estrangers pour les choses nécessaires à l'usage et à la commodité de nos sujets. »

Le paragraphe premier spécifie l'établissement d'une « Manufacture en toutes sortes de tapisseries de Verdun et personnages, de haute et basse lice ». Ce qu'on entendait alors par *tapisseries de Verdun*, c'était des verdures et bocages. Hynart se proposait donc de fabriquer les diverses sortes alors d'un usage courant, depuis les verdures communes, jusqu'aux tentures à personnages comme celles qu'on faisait en Flandre et à Paris.

L'établissement de Beauvais, devait porter, en vertu de l'édit, un tableau aux armes du roi, avec l'inscription : *Manufacture royale de tapisseries*.

Les paragraphes II et IV énumèrent les avantages financiers et matériels accordés à Hynart par le roi. Comme subventions pour son entreprise, il recevait trente mille livres pour les constructions et, comme mise de fonds, trente mille livres en prêt pour six ans, sans intérêts.

Toutes les sommes fournies par le roi pour l'acquisition et la construction des édifices nécessaires à l'établissement de la Manufacture devaient rester acquises au concessionnaire.

Afin d'encourager Hynart à faire venir de l'étranger le plus grand nombre possible d'ouvriers, il lui est accordé une somme de vingt livres, pour chaque tapissier non français employé à la Manufacture. Avec les facilités données par l'Édit royal, la Manufacture de Beauvais devait attirer beaucoup d'ouvriers flamands. En outre, ajoutait l'édit : « comme il n'y a rien de plus important et de plus nécessaire, non seulement pour establir mais mesme pour perpétuer la dite manufacture, en ce royaume, que d'y faire quantité d'apprentifs françois, les dits Hinart et associez seront tenus d'en avoir continuellement le plus grand nombre que faire se pourra, jusques au nombre de cinquante au moins ; pour ayder à l'entretien et nourriture desquels nous ferons payer aussi de nos deniers aux dits Hinart et associez, pour chacun des dits apprentifs, la somme de trente livres pour chacune des années de leur apprentissage et ce de quartier en quartier ».

Les ouvriers et apprentis de la Manufacture de Beauvais obtenaient les mêmes privilèges que ceux accordés plus tard aux ouvriers et apprentis de la Manufacture des Gobelins. Après six années d'apprentissage et deux années passées dans les ateliers de Beauvais comme compagnons, les apprentis pouvaient être reçus maîtres et marchands tapissiers sans frais de maîtrise. Les ouvriers étrangers, après huit ans, se trouvaient gratuitement, naturalisés français. Tout le personnel de la Manufacture était exempté des tailles, subsistances, impositions tant extraordinaires qu'ordinaires, emprunts et gardes, contributions et charges de ville. La franchise était accordée aux objets et matières premières, achetés pour le compte d'Hynart et de ses associés dans tout le royaume, et aux tapisseries portant la marque de la Manufacture.

En possession de l'Édit royal, Hynart se mit à l'œuvre pour organiser son établissement ; mais les travaux ne marchèrent point rapidement. L'année suivante, un sieur Pocquelin, né à Beauvais, que Colbert avait délégué en Picardie pour étudier l'état du commerce, signalait, dans son rapport au Contrôleur général, tous les avantages qui devaient résulter pour la contrée, de l'établissement de la Manufacture de tapisseries de Beauvais, et se plaignait de ce que le sieur Hynart ne se pressait pas de monter ses métiers.

Dans les comptes des Bâtiments royaux, nous relevons cependant de nombreux payements relatifs à la Manufacture. En vertu des articles II et IV de l'Édit, dès 1664, Hynart avait reçu 30,000 livres en prêt pour être employées en achat de laines, teintures et autres « étoffes ». Le 7 mars 1665, il était versé par le sieur de Bastillat à Macquaire, maire de Beauvais, 21,971 livres, 5 sous, comme prix des maisons acquises pour l'établissement de la Manufacture. En septembre de la même année, Macquaire recevait une nouvelle somme de 30,000 livres, consacrées au même objet. Enfin le 13 novembre, le trésorier du roi délivrait à Hynart 2,249 livres 9 sous, « pour la despence qu'il a faicte pour faire venir le nombre de 127 ouvriers estrangers en France, et pour ce qui est escheu jusqu'au dernier décembre pour 36 apprentifs françois, à raison de 35 livres par chacun an ».

C'est en 1667 que Hynart fit à la surintendance des Bâtiments du roi sa première livraison de tapisseries. Le mandat de payement en est ainsi libellé : « à lui (Hynart) pour six tentures de tapisseries, savoir une de verdures et de bestiaux, une autre de petits personnages et bestiaux et quatre de verdures...... 16,519 livres 18 sols 4 deniers ». A partir de cette époque les livraisons se continuent d'une façon assez régulière. En 1669, Beauvais livre au mobilier de la Couronne, treize tentures dont le prix s'élève à plus de 40,000 livres. En 1670, Hynart expédie à Versailles une tenture représentant « une nopce de Picardie ». En 1671, il touche 12,552 livres pour 8 tentures comptant 49 pièces; et cela se continue jusqu'en 1677 où, le 5 novembre, nous voyons payer « au sieur Isnard pour six tentures de tapisseries fabrique de Beauvais représentant des paysages et verdures 10,268 livres 10 d. ». Après cette date, il semble que la grande supériorité des Gobelins ait fait réserver à cet établissement l'intégralité des commandes.

Les Comptes nous permettent, en outre, de connaître approximativement le personnel de la Manufacture, dans cette période de ses débuts. On vient de voir qu'en 1665, Hynart avait fait venir de l'étranger 127 ouvriers, et réuni 36 apprentis français; en 1667, il reçoit 1,760 livres pour les ouvriers étrangers, lesquels à 20 livres par tête nous fournissent le nombre de 88; en 1669, l'administration des Bâtiments du roi lui paye 3,545 livres pour la pension de 102 apprentis, et 460 livres pour 23 ouvriers étrangers nouveaux arrivés à la Manufacture. En 1670, Hynart obtient le remboursement des « bien-venues » de 103 ouvriers étrangers et de la nourriture de 161 apprentis. En 1671, la bienvenue porte sur 79 étrangers et la nourriture comprend 149 apprentis. Il faut croire que ce personnel était assez peu fixe et se renouvelait souvent. En tout cas ces chiffres paraissent considérables pour Beauvais. La Manufacture, au reste, semble être, à cette époque, dans un état de prospérité, qu'elle n'atteindra plus jamais; et le maire, Macaire, témoigne une grande satisfaction au ministre qui, à la fin de l'année 1669, lui a demandé des renseignements précis sur la gestion de l'entrepreneur : « Il augmente, dit-il, l'établissement, d'une boutique composée de 15 mètres, où seront employés les apprentis les plus avancés; le nombre des apprentis ayant augmenté de douze, depuis le commencement de l'année, M. Hynart a enclos dans l'hôtel 24 pieds du cours d'eau, avec la permission de Mgr. de Beauvais et du corps de ville, ce qui est une grande commodité. L'entreprise va bien, du reste, et il y a lieu d'espérer que sous peu elle pourra subsister par elle même, et vendre ses produits meilleur marché que s'ils venoient de l'étranger. »

Mais, Colbert, esprit froid et administrateur positif, ne se laissait point enthousiasmer à l'excès par une prospérité aussi rapide. Cette question du prix que le maire de Beauvais ne faisait qu'effleurer lui semblait capitale; et nous trouvons, dans sa Correspondance, une curieuse lettre adressée à Bellinzonni, inspecteur général des Manufactures, qui montre quelles inquiétudes lui inspirait la Manufacture au point de vue commercial : « Vous trouverez à Beauvais, écrit-il, le sieur Hinart, toujours affamé et désirant de nouvelles grâces. Il faut examiner à fond la conduite de cette Manufacture; et mesme je vois par toutes les apparences du monde qu'elle périra, parce qu'il a toujours voulu et veut encore vendre ses tapisseries trop cher. »

Ces inquiétudes justifiées ne paralysaient pas toutefois la sollicitude de Colbert pour les manufactures nouvelles. Il se préoccupait constamment de tout ce qui pouvait leur donner du relief. Louis XIV était en Flandre, se préparant à la guerre contre la Hollande. Colbert, lui adressait le 16 mai 1670, la lettre suivante, pour le prier de visiter, à son retour, les Manufactures d'Abbeville et de Beauvais : « Les deux plus grandes et plus considérables Manufactures que Vostre Majesté ayt establies sont celles d'Abbeville pour les draps et de Beauvais pour les tapisseries. L'une et l'autre ont quelque chose de grand et de digne de la bonté que Vostre Majesté a pour ses peuples. Je sçais bien qu'il est difficile, même impossible qu'Elle les visite ; si, néammoins, en visitant les villes, ou sur son passage, Elle pouvoit y entrer, ce seroit un très grand avantage. — En tous cas, si Elle a pour agréable d'en parler aux maires et échevins de ces villes, leur recommander d'assister et de protéger les entrepreneurs de ces Manufactures, les faire visiter, s'en faire rendre compte, et en parler elle-même, et qu'Elle sçait et connoit toutes ces choses, ces marques de la bonté de Vostre Majesté donneront de la vie et du mouvement à toutes ces Manufactures, qui sans cela languissent et même peuvent s'anéantir. Vostre Majesté connoit trop bien les avantages que ses finances en reçoivent pour n'estre pas persuadé qu'Elle veuille bien se donner cette peine. »

BEAUVAIS. 72

Louis XIV mit en marge de la lettre, de sa main, la réponse suivante :
« *Courtray*, 22 *may*. — J'iray aux Manufactures d'Abbeville et de Beauvais et parleray comme je croiray devoir le faire et comme vous me le mandez. »

Le voyage à Beauvais n'eut point lieu, en dépit de la promesse royale. En mai et juin 1671, le roi était de nouveau en Flandre ; Colbert allait se mettre en route pour le rejoindre à Dunkerque, quand une maladie le retint à Paris. La prospérité, l'existence même des institutions créées pour le développement du commerce et de l'industrie en France, paraissaient alors si intimement liées à la vie de leur fondateur, que Guy Patin écrivait à Falconet, le 2 juin 1671 : « Une colique bilieuse a retenu pour quelques jours M. Colbert comme il étoit en chemin d'aller trouver le roi à Dunkerque. On dit que si M. Colbert vient à mourir, il faut dire adieu à toutes les Manufactures qu'il a fait établir en France, tant pour les tapisseries et bas de soie que pour ceux d'estame qui se font en plusieurs lieux de France, ce qui fait travailler beaucoup de petit peuple en diverses provinces. » Point de doute que si Colbert fût allé rejoindre le roi il ne l'eût ramené par Beauvais. Ce fut seulement quinze ans plus tard que Louis XIV daigna visiter sa Manufacture. Mais son fondateur n'était plus là pour recevoir le Grand Roi.

Le 10 mai 1684, la Manufacture de Beauvais passait des mains de Louis Hynart dans celles de Philippe Béhagle. Le nouvel entrepreneur était d'une bonne famille de tapissiers d'Audenarde, du nom flamand de Behagel, qui fut traduit, en français, Behagle ou Béhacle (les deux orthographes se trouvent dans les documents officiels). Behagle était qualifié à cette époque « porte-coffre de la chancellerie de Tournay ». La maison de la Vallière le protégeait ; c'est à son influence auprès du roi qu'il dut sa nomination, contre de nombreux concurrents également fort bien patronnés. La Manufacture royale était-elle tombée en décadence, dans les dernières années de l'entreprise Hynart, ou son successeur n'était-il pas sympathique à la municipalité de Beauvais ? Un fait assez singulier autorise à émettre ces hypothèses. En cette année 1684, la municipalité engageait à venir à Beauvais fonder des ateliers de tapisseries, un nommé Georges Blommaert, qui travaillait à Lille depuis 1680 et qui avait acquis une grande réputation d'habileté. Des avantages considérables lui étaient accordés pour le décider à émigrer. Aucun document ne nous fixe sur les résultats de ces négociations. En tout cas le nouveau directeur prit immédiatement possession de son poste.

Les bâtiments n'avaient point été achevés par Louis Hynart. Dès son entrée en fonctions, Behagle donna l'ordre de pousser les travaux de construction avec activité. Au commencement de 1686, les ouvriers posèrent la dernière pierre. Louis XIV vint, cette année-là, visiter sa Manufacture. Aucune chronique ne nous a conservé les particularités de cet événement. Dans le but d'en perpétuer le souvenir parmi les ouvriers, Behagle fit placer, avec une inscription, une pierre ornementée, dans le jardin de l'établissement, à l'endroit où le roi l'avait complimenté sur son administration, en lui posant la main sur l'épaule. En 1686, le 16 octobre, la Manufacture reçut, une autre visite qui fit également une grande sensation, et dont le souvenir fut consigné sur les registres de la ville. Trois mandarins, ambassadeurs du roi de Siam, qui allaient en Flandre visiter les villes principales, passèrent par Beauvais. La municipalité alla les recevoir à leur entrée, et leur fit présent de 24 bouteilles de vin ; on les conduisit pompeusement à la Manufacture et à la cathédrale.

Behagle fonda, à cette même date, dans la Manufacture, une école de dessin, dont la direction fut confiée à un artiste nommé Le Pape, et put offrir, en 1694, l'hospitalité à une partie des ouvriers des Gobelins licenciés à la suite de la crise financière qui provoqua, pendant quelque temps, la fermeture de la *Manufacture des meubles de la Couronne*. Toutefois, en 1698, un rapport de Phelippeaux, conseiller d'État, déclarait que la fabrique de tapisseries de Beauvais était dans un état peu florissant, et qu'elle n'employait plus que 80 ouvriers. Néanmoins, Phelippeaux rendait hommage à Behagle, pour sa bonne direction des travaux et pour l'excellent exemple qu'il donnait aux ouvriers, ainsi que sa famille. Celle-ci, en effet, était occupée à la Manufacture. Ses fils étaient spécialement chargés de l'exécution des têtes ; sa fille, de son côté, avait monté un atelier pour la fabrication de la dentelle. Pressé d'argent, l'entrepreneur obtint du roi un prêt de 15,000 livres, remboursable en trois ans, avec le privilège de vendre ses marchandises à l'étranger, moyennant un simple droit de 20 livres par tenture. Il demanda également l'autorisation, pour étendre son commerce et lui donner plus de relief, de monter aux Gobelins un atelier. Il faisait valoir, à l'appui de sa requête, le service qu'il avait rendu, en 1694, à cet établissement en recueillant une partie de son personnel. Dès cette époque, Behagle avait bien compris qu'il lui était nécessaire de se faire connaître et apprécier à Paris, où affluaient et séjournaient tous les personnages en état de pouvoir acheter ses produits. L'intendant des Bâtiments du roi repoussa la requête; il répondit que ce serait détruire la réputation des Gobelins que de lui permettre d'y installer des métiers « tant il y avoit de disproportion entre la production de Beauvais et celle des Gobelins. »

Quoique la supériorité des Gobelins ne soit pas en discussion, il convient de remarquer, toutefois, que la production de Beauvais avait alors atteint une perfection relative. Les œuvres principales de Behagle : La tenture relevée d'or exécutée en 1698 pour le roi de Suède et la série des *Actes des apôtres,* d'après les cartons de Raphaël, qui ornent aujourd'hui le chœur de la cathédrale de Beauvais notamment, sont des ouvrages fort recommandables. La réputation de la Manufacture de Beauvais s'était assez étendue, au reste, pour que d'autres villes aient tenu à posséder des ateliers de tapisseries du même genre. Pour ne citer qu'un exemple, en 1703, un ouvrier, Adrien de Neusse, originaire d'Audenarde, s'installa à Gisors, encouragé vivement par la municipalité, pour laquelle il exécuta en tapisserie un portrait de Louis XIV, qui est conservé encore avec soin à l'hôtel de ville.

Behagle mourut en 1704, laissant à ses héritiers une situation assez obérée. Sa femme, née van Heuven, et son fils Jean-Baptiste, continuèrent l'entreprise de la Manufacture pendant six années. Pour rembourser les créanciers, ils proposèrent de mettre en loterie plusieurs tapisseries d'une valeur totale de 40,000 livres. M. d'Argenson, lieutenant-général de police, informait, le 10 juin 1705, le contrôleur général de cette ingénieuse combinaison, que l'un et l'autre approuvèrent. Fut-elle réalisée ? Les documents relatifs à la Manufacture de Beauvais ne portent aucune trace de l'opération.

Les héritiers de Behagle abandonnèrent définitivement l'entreprise en 1710. Par lettres patentes de 1711, les frères Filleul furent appelés à leur succéder, avec la commandite de Gabriel Danse, conseiller, lieutenant du maire à Beauvais. L'aîné, Pierre, est qualifié dans ce document «l'un de nos conseillers-secrétaires» et le second, Etienne « conseiller-trésorier des Invalides de la marine au département du Havre ». Ils offraient de mettre personnellement dans la Manufacture une somme de 90,000 livres. Le roi leur accorda 3,000 livres par an comme subvention et une somme de 12,000 livres, payable en trois années, pour qu'ils fussent en mesure d'acheter les nouveaux métiers, dessins et ustensiles destinés à la teinture et à la brasserie, annexes de l'établissement. Les lettres patentes portent privilège de fabrication, en leur faveur, pour trente ans, à partir du 1ᵉʳ janvier 1711.

La gestion Filleul fut désastreuse pour la Manufacture. Les deux entrepreneurs ne possédaient aucune des qualités nécessaires pour conduire une entreprise aussi importante. Ils gaspillèrent rapidement leur capital, et en vinrent à ce point de détresse industrielle, qu'ils furent obligés, pour trouver quelque argent, de mettre en loterie une tenture chinoise qui restait en magasin. Le Régent, sur des recommandations pressantes, leur vint en aide par un subside assez important; ils se le partagèrent, sans l'appliquer à la Manufacture. Cet acte d'indélicatesse combla la mesure. Les frères Filleul furent déclarés déchus de leurs privilèges, par arrêt du 15 janvier 1722; le seul acte important qui marque leur direction fut l'entrée à la Manufacture (22 juin 1721) de Jacques Duplessis, décorateur à l'Opéra, comme peintre ordinaire et professeur du cours de dessin pour les apprentis. Duplessis, artiste d'un talent éprouvé, était tenu de fournir chaque année une tenture de 18 aunes, avec un modèle peint pour la bordure ; ses appointements annuels avaient été fixés à 3,000 livres.

Mérou, entrepreneur de la Manufacture de Bouflers, succéda aux frères Filleul. L'arrêt royal qui le subrogeait à ceux-ci, est daté du 15 juillet 1722. Mérou avait offert des conditions fort avantageuses, qui lui firent, sans débats, donner la préférence sur tous les autres candidats. Le Conseil de Commerce avait décidé qu'il fallait au moins un fonds de 400,000 livres pour rétablir et soutenir la Manufacture. Mérou présenta au Conseil un fonds de 376,301 livres, ainsi composé : 82,000 livres en espèces, 105,500 livres en 1,750 pièces de sempiternes et escarlatilles, à lui commandées par la Compagnie des Indes, 149,760 livres en actions de la Compagnie des Indes, 19,041 livres en billets de banque, 20,000 livres dans une partie de tabacs consignés à Rouen. Mérou se chargeait de toutes les réparations nécessaires, que ses prédécesseurs avaient toujours prétendu faire supporter aux Bâtimens du roi ; et, moins exigeant qu'aucun d'eux, il ne réclamait à titre de subvention que la modeste somme de 3,000 livres par an.

Les débuts de la gestion de Mérou furent heureux. Le nouvel entrepreneur s'empressa d'augmenter le chiffre des ouvriers, qui était tombé à moins de 80 ; il en fit venir un certain nombre de Flandre. Aux ateliers de tapisseries et d'ameublements, furent annexés des ateliers de tapis, dans lesquels travaillaient des ouvriers appelés d'Aubusson et Felletin. La fabrication prit une très grande extension. De 1722 à 1731, en moins de dix années par conséquent, les ateliers produisirent 38 tentures, 4 portières, 4 canapés et 24 fauteuils.

Les principales tentures, sont :

Les *Chasses*, par Oudry, en 6 pièces de 3 aunes de hauteur sur 18 1/2 de cours, tenture évaluée 12,920 livres ;

Les *Jeux champêtres*, par Oudry, en 4 pièces de 14 aunes de cours, sur 3 aunes de hauteur, du prix de 8,486 livres 13 sous 4 deniers ; deux éditions ;

Les *Aventures de Télémaque*, d'après un modèle d'Arnault, acheté à Bruxelles, en 6 pièces de 19 aunes de cours, sur 3 aunes de hauteur, prix 10,020 livres 5 sous 4 deniers ;

Céphale et Procris, par Damoiselet de Bruxelles, figures grandeur nature, en 4 pièces de 12 1/2 aunes de cours, sur 3 aunes de hauteur, évaluée 4,843 livres 8 sous 9 deniers ;

Les *Chinois*, modèles de Baptiste, Fontenay et Vernansal, en 6 pièces de 3 aunes de hauteur, sur 18 1/2 de cours, évaluées ensemble : 9,965 livres 5 sous ;

Les *Métamorphoses*, modèles d'Houasse (haute lice), 6 pièces de 18 aunes de cours, sur 2 3/4 de hauteur, évaluée 7,689 livres, 6 sous. Il en fut fait, par la suite, plusieurs répétitions ;

Les *Grotesques*, avec figures chinoises de Baptiste et Vernansal, 3 tentures de 6 pièces de 3 aunes de hauteur, sur 16 1/2 de cours, du prix chacune de 6,764 livres 16 sous ;

Les *Jeux d'Enfants,* par Damoiselet, 2 tentures en 6 pièces de 2 aunes 2/3 de hauteur, sur 16 1/2 de cours, évaluées chacune à 5,226 livres 18 sous ;

Les *Ports de Mer,* par Kerkhove et Campion, 2 tentures en 6 pièces de 2 1/2 de hauteur, sur 19 1/4 de cours, cotées l'une 5,792 livres 5 sous, l'autre 6,099 livres 18 sous ;

Les *Combats d'animaux et oiseaux de proie*, sur un dessin fait à Bruxelles par un peintre flamand nommé Senès, en 6 pièces de 3 aunes de hauteur, sur 19 3/4 de cours, du prix de 5,603 livres 10 sous 8 deniers ;

La *Foire de Bezons,* par Martin, en 6 pièces de 2 2/3 aunes de hauteur, sur 18 3/4 aunes de cours, évaluée 4,586 livres ;

Verdures à oiseaux, par Pirens, peintre flamand, en 6 pièces de 2 2/3 aunes de hauteur, sur 16 2/3 aunes de cours, prisées ensemble 3,546 livres 16 sous.

La Manufacture, à cette époque, avait des dépôts à Paris et à Leipzig ; d'après une note de Mérou au contrôleur général, il fut vendu, dans cette dernière ville, 13 tentures. Malheureusement l'administration de Mérou ne devait pas se poursuivre avec le même succès.

II

DIRECTIONS D'OUDRY, DE BESNIER ET DE CHARRON

1726-1754

'entrée d'Oudry qui succéda à Duplessis, à partir de 1726, comme peintre ordinaire de la Manufacture, semblait devoir donner plus de développement encore à la production artistique de Beauvais. L'arrêt de nomination, rendu sur la proposition de Fagon, conseiller d'Etat, intendant des finances, second fils du fameux médecin de Louis XIV et grand admirateur et ami de l'artiste, lui imposait l'obligation de fournir, tous les trois ans, trois grands tableaux, pour servir de modèles à une tenture de 28 aunes de longueur, sur 3 aunes de hauteur, à moins que l'entrepreneur ne trouvât convenable de demander deux compositions en quatre grands tableaux pour servir de modèles à des tentures de 14 aunes chacune. Oudry devait peindre les tableaux originaux en grand, au lieu de petites toiles de 3 à 4 pieds, qu'il avait fournies jusqu'ici, contrairement aux usages reçus. Le peintre était bien vu en Cour; ses œuvres étaient à la mode; les amateurs s'arrachaient ses tableaux. Ses compositions traduites en tapisseries étaient donc assurées d'un succès peu ordinaire.

Malheureusement Mérou administrait fort mal la Manufacture. Ayant compromis son capital, il sollicita de Fagon des subsides extraordinaires, dont le total s'élevait à 200,000 livres ; il ne lui en fut accordé que le dixième. Cette somme fut immédiatement engloutie. Des catastrophes commerciales l'atteignirent, en outre, profondément. Le bateau portant les marchandises, qui lui avaient été commandées par la Compagnie des Indes, fit naufrage. Les tabacs de Rouen s'avarièrent et les actions de la Compagnie des Indes tombèrent à vil prix. A la fois insinuant et rusé, l'entrepreneur dissimula ses pertes et obtint successivement un subside de 50,000 livres et un prêt de 90,000 livres, remboursables en six années. Mais tout cela était insuffisant pour combler un déficit qui s'augmentait sans cesse, par suite du gaspillage et de son incurie. La situation devenait intenable ; le 17 décembre 1733, les ouvriers et les apprentis de la Manufacture, ayant été avertis par Mérou et par son fils, qu'on ne les payerait que jusqu'à la fin du mois et qu'ils eussent à se pourvoir d'ouvrage ailleurs, adressèrent au cardinal Fleury et au Contrôleur général une pétition, dans laquelle ils les suppliaient de donner des ordres nécessaires pour la continuation de leur ouvrage et le payement de leurs salaires. Un inspecteur du Contrôle général des finances, M. de la Borde, fut envoyé à Beauvais pour faire une enquête. Les résultats de cette enquête furent écrasants pour Mérou. M. de la Borde constata que tous les livres de compte étaient falsifiés, que le désordre le plus complet régnait dans l'établissement. Le chiffre des ouvriers était descendu à 35 et celui des apprentis à 6. La Manufacture se trouvait en péril de ruine complète. Pour prévenir la catastrophe imminente il fallait aviser au plus vite à prendre une décision radicale. La solution toutefois n'était point facile à trouver.

M. d'Hauteroche, un haut fonctionnaire de l'administration des finances, consulté à ce sujet, écrivait au contrôleur général, le 15 octobre 1732 : « Il ne sera pas si aisé de prendre un party sur la Manufacture, il seroit triste de la laisser tomber, elle est bien montée et on y travaille bien, mais je crains qu'on n'ait bien de la peine à trouver un sujet propre à la soutenir, les tapisseries qui s'y fabriquent sont chères, la vente n'en est pas facile, et tout entrepreneur courra risque de s'y ruiner malgré les avantages que l'on pourra luy procurer. » On se décida à destituer Mérou, qui fut condamné à payer au roi une somme de 98,000 livres, et la place d'entrepreneur de la Manufacture fut déclarée vacante.

Cinq candidats se présentèrent pour obtenir la succession : Danse, contrôleur en la Cour des Monnaies de Paris, Lachesnaye père et fils, industriels, Galpin et Germain, entrepreneurs de manufactures, et Besnier, conseiller du roi et ancien échevin de Paris. L'administration des Bâtiments du roi repoussa les trois premières candidatures pour la raison suivante : « On ne veut point que des entrepreneurs de manufactures entreprennent dans les affaires du roi. » Cette clause restrictive

Fac-similé d'un dessin d'Oudry
Ayant servi de modèle à la Manufacture de Beauvais.

avait été inspirée par l'exemple de Mérou, manufacturier de Boufflers, qui avait conservé son premier établissement, dans lequel, sans aucun doute, il avait dissipé la plus grande partie des ressources réclamées pour l'entretien de la Manufacture royale de Beauvais. Fagon avait, d'ailleurs, le désir de mettre Oudry à la tête de la Manufacture. Il le fit associer avec Besnier et, le 23 mars 1734, des lettres patentes, confirmées le 27 février 1736, portant concession du privilège de la Manufacture, pendant vingt années, leur étaient accordées. Le roi donnait une subvention de 90,000 livres, une indemnité annuelle de 4,000 livres pour l'entretien des bâtiments et 900 livres pour l'atelier des apprentis. Oudry conservait les fonctions de peintre ordinaire de la Manufacture, avec les appointements qui lui étaient antérieurement alloués. Besnier était seul entrepreneur et responsable financièrement des opérations industrielles et commerciales.

La gestion d'Oudry et de Besnier constitue la période la plus brillante de la Manufacture de Beauvais. Les deux associés s'étaient fort intelligemment partagé les charges administratives. Besnier dirigeait la partie financière et commerciale, Oudry s'occupait exclusivement des ateliers. Où leurs prédécesseurs s'étaient ruinés, ils s'enrichirent. En peu de temps, la Manufacture leur rapporta 100,000 livres de bénéfices.

Oudry opéra dans la fabrication une modification radicale, qui contribua beaucoup à la prospérité de l'entreprise. Très au courant de la fabrication des Gobelins, à laquelle il avait donné de nombreux modèles, il reconnaissait intelligemment qu'il était impossible pour Beauvais de faire concurrence aux tapisseries de cette Manufacture. L'administration des Bâtiments du roi réservait aux Gobelins la fabrication de toutes les tentures nécessaires aux palais royaux et aux présents diplomatiques. Si, à l'exemple de Behagle, des Filleul et de Mérou, les nouveaux entrepreneurs persistaient à produire des tentures, ils devaient fatalement se ruiner. Sur sa demande, Fagon l'autorisa à fabriquer des petits meubles en tapisserie, des sièges, des chaises, des écrans, dont la vente était facile. Oudry avait raisonné avec justesse; il exécuta, en outre, très habilement son plan de réorganisation. Le nombre des ouvriers fut augmenté, mais les commandes prirent une telle extension que les deux entrepreneurs se trouvèrent bientôt au dépourvu; les mains habiles leur firent défaut. Ils envoyèrent à Aubusson des émissaires pour en recruter. Les essais que l'on fit des meilleurs ouvriers prouvèrent un travail si inférieur à celui de Beauvais, qu'il fallut renoncer à se pourvoir dans cette ville. Ils se rendirent alors dans les Flandres et réussirent, avec beaucoup de peine, à trouver quelques excellents tapissiers. L'apprentissage ne fournissait point non plus de sujets; Oudry dut se préoccuper de réorganiser le séminaire. Dans une note adressée à l'administration des Bâtiments du roi, à la date du 21 janvier 1738, les entrepreneurs exposaient ainsi la situation :

« L'arrêt qui leur a confié la Manufacture fixe le nombre de ces apprentifs à 30 et accorde à chacun d'eux la somme de 30 livres par an payables par le Roy, sur le certificat des entrepreneurs. Ils n'en ont jusqu'à présent pu rassembler que 12 ou 13, par l'attention qu'ils ont de ne point garder ceux qui n'annoncent aucun talent, ou qui ne montrent pas les dispositions sufisantes pour en acquérir. La modicité de la dite somme de 30 livres ne forme pas, d'un autre côté, un attrait assez fort pour engager les sujets à venir d'eux mêmes. — Il y a tout lieu de croire que les entrepreneurs releveroient bientôt leur Manufacture à cet égard, s'ils pouvoient obtenir le fonds complet et annuel destiné pour les trente apprentifs montant à neuf cents livres, avec le pouvoir d'en appliquer jusqu'à soixante livres par an aux jeunes gens qui auroient de la disposition. Cette condition engageroit certainement bien des parens à donner leurs enfans à la Manufacture, et y attireroit des jeunes gens de dehors, lorsque les uns et les autres se verroient ainsi une première subsistance assurée, et l'excédent de ce même fonds pourroit servir d'ailleurs à payer un peu mieux le voyage des étrangers, qui voudroient se venir présenter à la Manufacture, et auxquels par le dit arrêt n'est accordé que vingt livres. — Les entrepreneurs offrent de rendre compte annuellement de l'employ du dit fonds. Si Monseigneur veut bien leur accorder leur demande, ils prient que cette grâce ne soit applicable qu'aux apprentifs qui pourroient leur arriver à l'avenir. »

La requête des entrepreneurs fut accueillie favorablement. Oudry en profita pour réaliser à Beauvais des réformes d'une grande importance. Il réorganisa l'école de dessin fondée par Behagle et la rendit obligatoire pour tous les ouvriers de l'établissement. En même temps, une classe spéciale de dessin, pour les jeunes gens de la ville, était fondée à la Manufacture. Cette classe présentait un caractère très original : A côté de l'enseignement des principes du dessin, on constitua une sorte de cours d'éducation artistique, destiné à former le goût des élèves et à leur apprendre spécialement à apprécier l'art de la tapisserie. D'après les règlements, tous les tableaux et modèles de tapisseries, faits par les peintres de la Manufacture devaient être exposés devant les élèves et leur valeur artistique démontrée par le maître de dessin. On invitait même le peintre, lors de son séjour à Beauvais, à donner lui-même les explications sur son œuvre. Les élèves étaient également admis à voir sur les métiers ou dans les salles d'exposition les tapisseries exécutées d'après ces tableaux.

Oudry renouvela tous les modèles de la Manufacture. Pour les tentures décoratives, dont il ne négligeait point la fabrication, il les rendit plus simples et moins encombrantes que les tentures des Gobelins, et les proportionna, comme dimensions et comme sujets, aux petits appartements, dont la mode s'était répandue de Versailles, à Paris et dans tous les châteaux de la province.

Son œuvre personnel est considérable ; il comprend les tentures suivantes :

Les *Chasses nouvelles*, en six pièces, la Chasse au cerf, la Chasse au loup, la Chasse au daim, la Chasse au renard, la Chasse au sanglier, la Chasse au limier, 12 pieds de hauteur; prix 12,920 livres.

Les *Amusements champêtres*, huit pièces, le Colin-Maillard, la Bergerie, le Cheval fondu, le Pied de bœuf, le Joueur d'osselets, le Balanceur, le Joueur de musette, le Joueur de broches, 3 aunes de haut; vendues 16,000 livres.

Les *Comédies de Molière*, quatre pièces du prix de 5,200 livres, le Médecin malgré lui, le Dépit amoureux, le Malade imaginaire et l'École des maris.

Les *Fables de la Fontaine*, vingt et une pièces de 3^m,60 de haut sur 2^m,80 de largeur, *le Lion et le Sanglier, la Lice et sa Compagne, les Chèvres, l'Oiseau royal, le Chien et le Faisan, le Renard et les Raisins, le Butor, la Charmille, le Renard, le Gland et la Citrouille, le Canard, le Renard et la Cigogne, le Lion et le Moucheron, le Pêcheur et le Petit Poisson, les deux Chiens et l'Ane flottant, le Cerf qui se mire dans l'eau, les deux Chiens, le Chien qui porte au cou le dîner de son maître, le Singe et le Chat, le Loup et l'Agneau, les deux Coqs.*

Oudry commanda, en outre, au peintre Deshayes, une tenture d'après l'*Iliade*, à Dumont les *Délassements Chinois*, à Casanova les *Fêtes russes*, à Boucher les *Amours des Dieux* en 11 pièces, *Vénus et les amours, Neptune et Pomone, Apollon dans sa gloire, Borée, le Sommeil d'Istée, l'Enlèvement d'Europe, Vénus et Vulcain, l'Enlèvement de Proserpine, Ariane et Bacchus, Mars et Vénus, Neptune et Amimone ;* et à divers peintres moins connus, des ameublements et des verdures. Il existe de cette période une tenture des *Saisons* très remarquable, dont l'auteur est ignoré. Elle fut donnée par Oudry à Berthier de Sauvigny, intendant de police pour la généralité de Paris. Cette tenture est encore aujourd'hui conservée dans sa famille.

Toute la production de cette période de la Manufacture de Beauvais a un caractère particulier d'originalité et d'élégance. Rarement l'art de la décoration mobilière se montra plus ingénieux, plus délicat et plus varié. Le sujet historique ou de fantaisie tient une place discrète et s'har-

BEAUVAIS.

monise pittoresquement avec l'ornementation qui l'accompagne. Le coloris est toujours dans des nuances fines, légères et fraîches. Soit en tentures, soit en ameublements, la tapisserie sortie des ateliers dirigés par Oudry peut être proposée comme modèle de goût dans l'invention et de bonne exécution technique.

Nous ne reviendrons point sur la querelle qui surgit, à cette époque, entre la Manufacture de Beauvais et celle des Gobelins, sur les luttes que le directeur artistique de la première eut à soutenir contre les entrepreneurs de la seconde; ces incidents ont été exposés en détail, dans la première partie de cet ouvrage. Mais les succès d'Oudry, à Beauvais, peuvent expliquer la confiance qu'il avait en lui et la ténacité qu'il apporta dans sa lutte contre les tapissiers de grande Manufacture.

En 1754, Besnier se retira de l'entreprise de la Manufacture de Beauvais; Oudry ne voulut point assumer seul la lourde responsabilité d'être l'unique directeur de l'établissement. M. de Trudaine, conseiller d'État, proposa André-Charlemagne Charron, parent du receveur général de la généralité de Paris, comme successeur de Besnier. Un privilège de vingt ans, analogue à celui des précédents entrepreneurs fut accordé à Charron, qui conclut avec Oudry une convention spéciale dont nous connaissons les principales dispositions :

Oudry prenait en mains la direction artistique de la Manufacture; indépendamment de la fourniture des tableaux et de l'entretien de l'école de dessin pour les apprentis, dont il continuait d'être chargé, il s'engageait à suivre l'exécution des tableaux par lui fournis, et de ceux que Charron ferait faire, comme aussi d'instruire les ouvriers et les compagnons travaillant dans l'établissement, soit pour le dessin, soit pour le coloris. Il devait, en outre, corriger les tapisseries fabriquées dans la Manufacture. Il était, en conséquence, tenu de faire annuellement six voyages à Beauvais, pendant lesquels le contre-maître et le commis avaient ordre de dérouler les ouvrages de tapisseries et meubles se trouvant sur les métiers. Oudry devait continuer également à veiller à l'examen des soies et laines envoyées à la Manufacture par le sieur Mériel, teinturier des Gobelins. Il avait droit pour ses peines au dixième des bénéfices réalisés par Charron dans l'exploitation de la Manufacture; il lui était, en outre, alloué 3,000 livres de traitement annuel.

Le garde des sceaux de Machaux contresigna la convention.

Oudry mourut à Beauvais, le 30 avril 1755, pendant un de ses séjours.

Il était âgé de soixante-neuf ans; sa mort causa une vive émotion parmi les ouvriers qui l'aimaient filialement. Il laissait deux enfants nés de son mariage avec Marie-Marguerite Froissé. Oudry fut inhumé dans l'église Saint-Thomas. Sa pierre tombale, enlevée pendant la Révolution, a été retrouvée, il y a quelques années, dans un jardin, par M. Diéterle, l'avant-dernier directeur de la Manufacture. Il obtint qu'elle fût placée dans l'église de Saint-Etienne.

III

DIRECTIONS DE CHARRON ET DE DE MENOU
LA MANUFACTURE PENDANT LA RÉVOLUTION

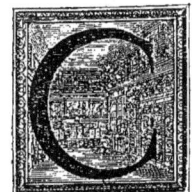HARRON, après la mort d'Oudry, lui donna pour successeur, dans la direction artistique de la Manufacture, le peintre Juliart. Comme son illustre devancier, celui-ci fut chargé de la direction des écoles, de la surveillance des travaux d'art et de la fourniture des modèles de tapisserie. Il s'adjoignit Joseph du Mons, de l'Académie, peintre des manufactures d'Aubusson et Felletin. Casanova continua de collaborer; il fournit les modèles des *Bohémiens*, pour lesquels il reçut 4,500 livres. Le nouvel entrepreneur maintint avec intelligence la fabrication dans la voie où l'avait engagée si habilement Oudry. Le contrôleur général Trudaine ordonna même d'accentuer la réforme de l'ancien système. Le genre historique, les grandes compositions allégoriques furent abandonnés de plus en plus dans les tentures, et remplacés par les *Pastorales*, les *Bergeries* et les sujets décoratifs. On s'occupa spécialement de la fabrication des ameublements. Néanmoins, la prospérité si éclatante sous la direction précédente ne se maintint pas; les commandes diminuèrent au point que le con-

trôleur général dut obtenir du Conseil qu'il serait exécuté annuellement à la Manufacture de Beauvais, une tenture destinée à être offerte en présent aux ambassadeurs, en même temps qu'un meuble complet. Cette décision empêcha le renvoi d'une partie du personnel que Charron laissa au chiffre de 50, lorsqu'il résilia son traité, en 1780.

Un fait assez curieux marque la gestion de Charron : Jusqu'à lui, la charte des privilèges de la Manufacture, délivrée par Louis XIV, était restée intacte. Pendant cent ans, elle n'avait subi aucune atteinte grave. Sous son administration les ouvriers furent imposés à la capitation pour une somme de 42 livres, qui s'éleva rapidement à 126 livres. Ils adressèrent pétitions sur pétitions à M. de Trudaine, pour réclamer le maintien de leurs privilèges; malgré l'appui qu'ils trouvèrent dans plusieurs personnages de la Cour, la contribution fut maintenue. Mais jusqu'à la Révolution, ils conservèrent toutes les autres franchises.

Par arrêt en date du 8 février 1780, le sieur de Menou, marchand tapissier à Aubusson, fut nommé entrepreneur de la Manufacture, en remplacement de Charron. Le contrôleur général lui fit accorder une subvention de 11,000 livres et la faculté de fabriquer, chaque année, une fourniture pour le roi. Cette fourniture consistait en une tenture de 20,000 livres, payée sur le pied de 500 livres l'aune courante. De Menou fut autorisé, en outre, à fabriquer des tapis de pied, à condition que leur prix dépassât 40 francs l'aune ; cette autorisation impliquait l'obligation d'entretenir au moins vingt métiers battant. La Manufacture, dès les premiers jours, se livra avec activité à cette fabrication, qui procura de beaux bénéfices à de Menou. La production des tapisseries en fut un peu négligée; en 1783 les tapissiers formulèrent des plaintes au sujet de la mauvaise qualité des dessins qui leur étaient donnés. La fabrication, en effet, s'était faite essentiellement commerciale. Seule, la tenture qu'on exécutait pour le roi fournissait l'occasion de quelques travaux artistiques. Une des plus remarquables qu'on fabriqua pour cette destination fut la tenture des *Convois militaires* en 6 pièces comprenant : le Régiment en marche, la Tente du Vivandier, la Bataille, le Pont, le Choc et la Conversation de deux cavaliers. Il faut citer également la tenture des quatre *Parties du Monde* dont nous reproduisons ici la pièce représentant l'*Amérique*.

En 1789, de Menou occupait encore 120 ouvriers dans ses divers ateliers. Les événements politiques eurent, pour la Manufacture de Beauvais, les mêmes conséquences que pour la Manufacture des Gobelins. La production décrut rapidement et l'entrepreneur n'eut bientôt plus assez de commandes pour alimenter ses métiers. Le 24 novembre 1790, il donnait sa démission. Sur la demande instante du Comité du Commerce, du département et de la municipalité de Beauvais, il continua, toutefois, de gérer l'entreprise, jusqu'à ce qu'il eût été statué définitivement sur la situation de la Manufacture ; car aucun candidat ne s'était présenté pour recueillir sa succession. La situation cependant, n'était pas sans danger pour de Menou. Il se trouvait assailli de réclamations de tous genres, formulées par le personnel qui l'entourait. Au moment même où il acceptait de pourvoir à la continuation des travaux, l'Assemblée nationale était saisie par le district de Beauvais d'un long mémoire dans lequel les ouvriers se plaignaient : 1° de la baisse considérable des salaires ; 2° de la manière dont on mesurait les ouvrages ; 3° de l'engagement d'ouvriers étrangers ; 4° du renvoi de plusieurs ouvriers nationaux ; et 5° de l'introduction dans la Manufacture d'un nouveau genre de tapisserie inférieur à l'ancien.

En même temps que ses ouvriers, de Menou s'adressait, de son côté, à l'Assemblée nationale. Il lui présentait une supplique, se terminant ainsi : « M. de Menou expose que les avances considérables qu'exige une entreprise de ce genre par la cherté des matières premières ne peuvent être compensées que par un très grand débit ; mais que ce débit est nul depuis deux ans ; qu'à compter de cette époque, il soutient à grands frais et par pur patriotisme la Manufacture de Beauvais, et qu'il seroit obligé d'annoncer sa retraite pour le prochain mois d'avril s'il n'est autorisé pendant six années : 1° à fournir annuellement deux tentures au roi, indépendamment de celles pour lesquelles il est engagé ; 2° si on ne lui accorde, pendant ces six mêmes années, une gratification annuelle de 6,000 livres. »

Le Comité, après avoir longuement examiné le mémoire de l'entrepreneur, dans lequel étaient également discutées les plaintes des ouvriers, lui donna satisfaction sur plusieurs points, notamment sur celui des salaires, sur celui du renvoi des ouvriers, et sur la livraison supplémentaire des deux tentures. Son offre de soumission pour une période de six ans d'entreprise reçut pareillement un avis favorable ; mais la demande de 6,000 livres de gratification annuelle fut repoussée.

Le Directoire du département adopta les conclusions du Comité. Elles ne satisfirent point de Menou, qui persista à vouloir se retirer dans un délai très rapproché, et annonça publiquement sa résolution, qu'il déclarait définitive et irrévocable. La nouvelle causa une vive émotion parmi les ouvriers de la Manufacture et parmi les habitants de la ville, qui ne voyaient point sans crainte l'établissement menacé d'une prompte fermeture et peut-être d'une complète disparition. Les ouvriers se réunirent et adressèrent au Conseil général de la commune de Beauvais la pétition suivante dont nous respectons le style et l'orthographe :

« Messieurs :

« Les citoyens occupés à la fabricquation des ouvrages de tapisserie et tappis de pieds de la Manufacture de Beauvais, réduits au nombre de quarante-huit, presque tous père d'une famille nombreuse, reconnoissants des bontés que vous avez eue pour eux dans différents temps et particulièrement depuis deux ans, en leur témoignant le désir de pouvoir conservez cette établissement aussi utile à la ville par le nombre d'âmes qui en tirent leur subsistance, que précieux pour l'intérêt de sa nation, ont aujourd'huy l'honneur de se présenter à vous, messieurs, pour vous faire part de leur malheureuse position par la notification qui vient de leur être présentée de la part de Monsieur Demenoux, entrepreneur de la susditte Manufacture, qui vû la circonstance présente ne pouvant pas, depuis longtemps, obtenir de réponse aux différents mémoires qu'il a présentés au bureau central du Comité de commerce et d'agriculture de l'Assemblée nationale et à ceux aussy envoyée par les dits citoyens qui se sont joints à luy, priant que l'on veuille bien prononcer sur le sort de cette Manufacture, qui a toujours appartenu au roy, n'ayant rien eu de décidé autre qu'il y a huit jours, il a été proposé au dit sieur Deménou de luy rendre les quatres fournitures qu'il a fait depuis 1786 jusque et compris 1790, qui se trouve en nature, afin d'éviter le paiement de dittes quatre fournitures et la livraison des deux à faire depuis cette époque, ce qui nécessitée la force a abbandonner cet établissement et a contremender les ouvrages qu'il avoit ordonnee de commencer pour occuper les dits supliants qui se trouve aujourd'hui sans occupation, tel que les citoiens des goblins ont étée exposée, mais s'étant présentée à la Commune de Paris en ont eue le sucsès qu'ils espéroit, puisque deux commissaires de la ditte commune se sont présentée à la barre de l'assemblée national, a l'effet de demender la continuation de leur traitement tel qu'ils leurs a étée accordée depuis deux années.

« Les sousignée implore la bontée des représentants de la Commune

BEAUVAIS.

pour solliciter de l'Assemblée nationale la conservation, de la Manufacture de tapisserie, ils savent qu'une demende dirigée par tant de lumière ne manquera pas dêtre acueillie favorablement, ce nouveau bienfait augmentera la reconnoissance des citoyens qui ont toujours étée soumis au lois, et qui font le serment de maintenir la libertée et la légalitée, et de mourir en la défendant.

« C. Talon; Louis Pisier; Lefevre; Rouire Jean Charles; Baillieu; F. Darmenson; Hiemaune; Levèque, père; Maillard le jeune; Bourgeois; Levèque Paul; Dubos; Veurdrel; Fallon, l'aîné; Mergodas; Esllet; Cantrel; Pisier laîné; Riqueur; Levèque, fils; Defrance; Charles Senglet; Froment; Riqueur, fils; Merien; Souvet; Mazoir; Gerbelly; Vellaud; Decaux; Champagna; Cerralion; Hutin; Darmenson l'aîné; Guenon; Talon, père; Champagna fils; Masoire fils; Hiemaune; Viller; Liecmaune fils; Duchemin; Carbonnier; Louis Bouché; Darmanson, fils; Lefèvre, dit Lafleure. »

La pétition des ouvriers de la Manufacture, si touchante dans sa forme naïve et illettrée, fut énergiquement apostillée par les représentants de la Municipalité du district de Beauvais et du département de l'Oise.

Le 17 Brumaire an II, la Convention rendait le décret suivant relatif à la Manufacture de Beauvais :

« La Convention nationale, après avoir entendu le rapport de son Comité de Commerce, décrète :

Article premier. — Les entrepreneurs de la Manufacture de tapisseries établie à Beauvais, continueront de jouir, à titre d'encouragement, des terrains, maisons, et bâtiments formant cet établissement, ainsi que des métiers, tableaux, dessins, et autres ustensiles appartenant à la Nation.

Toutes autres gratifications ou indemnités sont supprimées

Art. 2. — Le peintre attaché à cette Manufacture continuera ses fonctions, et recevra de la Nation, comme par le passé, un traitement de douze cens livres.

Art. 3. — L'entrepreneur actuel ne pourra quitter ses travaux, qu'après en avoir préalablement averti, deux mois d'avance, l'administration du district de Beauvais, qui fera connoître sa retraite par la voie de l'impression, et s'assurera de la solvabilité de ceux qui se présenteront pour le remplacer.

Art. 4. — L'administration procèdera, dans ce cas, au recollement des objets et effets appartenant à la Nation, sur l'inventaire qui en a été fait lors de l'installation de l'entrepreneur actuel. Procès-verbal en sera dressé, ainsy que des tableaux et dessins qui ont dû être fournis postérieurement au dit inventaire :

Expédition de ce procès-verbal sera envoyée au ministre de l'intérieur.

Art. 5. — L'entrepreneur actuel jouira, jusqu'à la date du présent décret, de l'effet entier de l'arrêt du ci-devant conseil du 8 février 1780.

Art. 6. — La Manufacture sera, quant aux bâtiments et autres objets appartenant à la Nation, sous la surveillance et l'inspection immédiates de l'administration du district de Beauvais. »

Ce décret était assurément rempli de bonnes intentions, et ceux qui l'avaient formulé ne nourrissaient que d'excellents sentiments à l'égard de la Manufacture de Beauvais et de son intéressant et courageux personnel. Mais il était inefficace pour rendre aux ateliers l'animation féconde, qui les avait abandonnés depuis déjà près de cinq ans. La situation continuait d'être presque inextricable. De Menou maintenait sa démission ; le gouvernement refusait de l'accepter avant qu'on eût trouvé un autre directeur, et contre toutes les prévisions du Comité d'Agriculture, aucun candidat ne se présentait pour lui succéder. Les ouvriers, de plus en plus incertains du sort qui les attendait, multipliaient démarches et pétitions, s'adressant à toutes les autorités, depuis le conseil municipal de Beauvais jusqu'à la Convention. Ils réclamaient des secours immédiats, en outre, le payement de ce qui leur était dû sur l'arriéré de leurs appointements, et surtout la réorganisation de la Manufacture. Touché de leur cruelle situation, Garat, ministre de l'Intérieur, par intérim, adressa au président de la Convention la lettre suivante, en faveur de la Manufacture :

« *Paris, le 13 mars 1793, l'an II° de la République.*

« Le Ministre de l'intérieur par intérim, au président de la Convention nationale.

« J'ai l'honneur de solliciter la Convention en faveur d'un établissement qui intéresse le progrès des Arts. L'existence de la Manufacture de tapisseries, ci devant *Roïale*, établie à Beauvais, remonte à plus de cent trente ans ; elle se trouve menacée d'une ruine totale et prochaine, si elle n'est vivifiée par une émanation des secours décrétés en faveur du commerce et de l'industrie de la République.

« La perfection de ses ouvrages est généralement connue ; ils ne le cèdent qu'à ceux travaillés à plus grands frais par la Manufacture des Gobelins. Le genre d'industrie de la fabrique de Beauvais est unique en France, et son utilité est intimement liée au succès de la peinture ; puisque ses tissus de laine et de soye, par leurs prix modérés multiplient les chefs d'œuvres de l'école française, et vont porter leur réputation dans toute l'Europe.

« De si puissantes considérations avaient été appréciées sous l'ancien système d'administration, et avaient fait obtenir à l'entrepreneur, à titre d'encouragement, une somme annuelle de 11,000 livres, avec une fourniture pour le compte de la Nation, jusqu'à la concurrence de 20,000 livres. Cette dernière faveur a été fixée en 1757, époque où la guerre dans les quatre parties du monde fermait à la Manufacture de Beauvais ses principaux debouchés.

« Le citoyen de Menou, l'entrepreneur actuel, n'a pas reçu de payement, ni fait de fournitures pour le compte de la Nation, depuis l'année 1790 inclusivement, en sorte que sa fabrique livrée à ses seules ressources, est dans une langueur destructive du talent des ouvriers, et qui réduit le plus grand nombre à l'indigence ; la plupart sont pères de famille, d'origine flamande, vieillis dans l'exercice de leur art, et par conséquent hors d'état aujourd'hui de se livrer à toute autre espèce d'industrie. Cette stagnation dans le débit des ouvrages de cette fabrique, a réduit à 50 le nombre de 130 ouvriers de toutes classes, qui existaient dans les temps de sa prospérité ; mais les jeunes gens servent actuellement dans les armées de la République.

« Tous ces faits sont attestés par les corps municipaux et administratifs du département de l'Oise, où est située la fabrique de tapisserie de Beauvais. La Convention partagera sans doute leur opinion sur la nécessité de prévenir la destruction totale de cette branche renommée de l'industrie française.

« L'intérêt de la République et les motifs d'humanité se réunissent donc, pour ne pas priver subitement de tout secours, un établissement qui procure la subsistance à des ouvriers dont les ancêtres ont été attirés de Flandre, sous la garantie de la loyauté française. La Convention pèsera dans sa sagesse les moyens de combiner ces secours, pour qu'après la paix, la Manufacture de Beauvais puisse se soutenir de ses propres efforts. Dans un moment où tant de circonstances contrarient l'industrie nationale, il est de sa sollicitude pour le soutien des Arts, de continuer des encouragemens qui mettent cet établissement à portée de lutter contre le triple désavantage du renchérissement des matières et de la main d'œuvre, de la décadence de ce genre de luxe, et de la privation accidentelle du débouché de ses produits, dans les principaux marchés de l'Europe. »

De leur côté, le 5 Floréal an II, les administrateurs du District de Beauvais faisaient parvenir à la Convention nationale une nouvelle pétition fort pressante et ainsi conçue :

« Liberté, égalité, fraternité, ou la mort.

« *Beauvais, le cinq Floréal, l'an deuxième de la République française, une et indivisible et impérissable.*

« Représentants du peuple,

« Nous appelons un instant votre sollicitude sur une portion de nos concitoyens artistes de la Manufacture de tapisseries de haute lice établie à Beauvais. Si leur industrie ne devoit servir qu'à entretenir l'orgueil des cidevants grands, nous préfèrerions de la voir inactive à l'opprobre dont nous croirions qu'ils se couvriroient en la prostituant à l'aristocratie. Mais depuis que le génie de la Liberté a enfanté des héros et des prodiges d'héroisme et de vertu, ils gémissent de se voir réduits depuis longtemps à l'impuissance de les immortaliser par leur art. Si la République ne peut subsister que par les mœurs publiques, si l'un des moyens les plus propres à établir le règne des bonnes mœurs est d'offrir sans cesse aux yeux des français des modèles d'héroisme et de vertu, il est du devoir des vrais républicains de perpétuer le souvenir des grands hommes et des actions vertueuses. Mais les dépenses que nécessite l'exercice de l'industrie de ceux de nos concitoyens en faveur de qui nous réclamons, sont au-dessus de leurs moyens pécuniaires.

« Représentants du Peuple, vous avez manifesté l'intention d'encourager les beaux arts et de les faire servir au triomphe de l'humanité. Nous croyons vous offrir les moyens d'atteindre un but aussi utile aux succès de la Révolution, en vous invitant de venir aux secours de vos concitoyens artistes, qui brulent du désir d'employer leur industrie à l'affermissement de la République. » Cette pièce était signée : Tallon, président, Languier, A. Floury, Maugrée et deux noms illisibles.

Nous avons tenu à mettre ces divers documents sous les yeux du lecteur, car ils montrent, mieux que toutes les dissertations, à quelles terribles épreuves furent alors soumises nos grandes Manufactures Nationales.

Le 17 Brumaire, la Convention rendait un décret plaçant la Manufacture sous la surveillance directe de l'administration du district de Beauvais. Investie de ce mandat délicat, l'administration se mit en devoir de venir promptement en aide aux ouvriers sans travail, dont la misère était navrante. Elle leur fit délivrer un subside de 420 livres, sur les fonds du département disponibles. De son côté, la Commission d'Agriculture et des Arts avait été autorisée, par un arrêté du comité de Salut public, en date du 18 Prairial an II, à faire à ces ouvriers des avances, dont ils devaient effectuer le remboursement sur leurs salaires, lorsque le travail aurait repris une certaine activité.

Enfin, de Menou, dont la situation était devenue absolument intenable, notifia de nouveau au gouvernement qu'en vertu de l'article 111 du décret de la Convention nationale, daté du 17 Brumaire, il faisait la déclaration officielle de ne plus se charger de l'entreprise de la Manufacture, et se retirerait définitivement le 25 Nivôse. Se voyant à la veille de manquer de pain, aucun travail n'étant garanti à partir de cette époque, les ouvriers s'adressèrent de nouveau à la Convention pour obtenir des secours en nature et en argent.

Le Conseil général de la commune de Beauvais et le Directoire du département appuyèrent leur pétition; seul le Directoire du district de Beauvais prit, à ce propos, une résolution, fort imprévue, qui ne tendait rien moins qu'à la suppression de la Manufacture.

Les raisons que présentait le Directoire pour justifier cette suppression ne durent pas laisser que d'étonner profondément les intéressés, tant elles semblaient étranges et bizarrement déduites. A les lire, on sent très nettement que ses membres étaient mus par un sentiment de réaction aveugle contre toutes les institutions du régime précédent, en dépit des services qu'elles devaient rendre à la classe ouvrière, et de la gloire que le nouveau régime pouvait en retirer, aussi leurs explications sont-elles fort embarrassées. Les arguments qu'ils font valoir plaideraient bien plutôt en faveur du maintien que du renversement de la Manufacture de Beauvais. Tout d'abord, le Directoire déclare, avec une pointe de vanité, que « la Manufacture ci devant royale, fondée par Colbert, à la même époque que celle des Gobelins, a toujours rivalisé avec cette dernière tant par la beauté que par la solidité des ouvrages, qu'elle étoit entretenue aux frais du gouvernement comme les Gobelins ». Il s'empresse d'ajouter, « que ces ouvriers attirés en France par des exemptions et des privilèges, et formés par les soins et aux frais du ci devant roy, ne parvenant qu'en vingt années aux connoissances nécessaires pour ce genre de travail », ne sont plus d'âge à entreprendre un autre métier ; ce serait certainement les réduire à la plus affreuse misère que de les y contraindre. Considérant, d'une part « que les tapisseries de Beauvais d'une perfection aussi complète que celle des Gobelins, sont néanmoins d'un tiers moins cher, et qu'en réunissant ces deux Manufactures on parviendroit surement à mettre à la portée d'un plus grand nombre d'amateurs les ouvrages qu'elles fabriquent » ; et d'autre part « que les Arts, enfans du génie, qui ne connoit pas plus de bornes dans ses chefs-d'œuvre que dans ses écarts, annoncent par cela seul qu'ils sont inhérens aux gouvernements libres, et qu'il est de la gloire comme de l'avantage de la République de les protéger » ; le Directoire comme conclusion à ces prolégomènes amphigouriques proposait que les ouvriers de la Manufacture de Beauvais fussent réunis à ceux de la Manufacture des Gobelins, et que les bâtiments de la première fussent mis en vente, comme biens nationaux.

La proposition du Directoire du district provoqua la plus vive émotion. Immédiatement, les habitants de Beauvais rédigèrent une protestation à la Convention nationale, demandant le maintien de la Manufacture de tapisseries dans leur ville.

De son côté, de Menou adressait à la Convention, une pétition non moins énergique, qui fut déposée et soutenue par le député Portier. L'entrepreneur invoquait, en faveur du maintien de la Manufacture à Beauvais, l'importance qu'elle avait acquise à l'étranger, la vente en Europe de ses produits si admirables, la modicité des prix de fabrication, comparés à ceux de la Manufacture des Gobelins et l'habileté en même temps que la modestie de ses artistes tapissiers. Les protestataires eurent gain de cause. Le projet de réunion de la Manufacture de Beauvais à celle des Gobelins fut abandonné, contrairement à l'appui que la Commission d'Agriculture avait donné au Directoire du district, et en dépit de la décision un peu hâtive qu'elle avait même prise, d'ordonner le transfert des métiers et des matières premières à la Manufacture de Paris.

Aussitôt que de Menou eut fait connaître sa décision définitive de quitter la Manufacture, le Conseil permanent du district de Beauvais, sous

BEAUVAIS.

la pression de la municipalité et du Directoire du département, se réunit, et prit une délibération, aux termes de laquelle la vacance de l'entreprise de la Manufacture devant être rendue publique, une commission spéciale était nommée pour procéder à l'inventaire des ateliers et des magasins.

Cette décision importante mettait fin, d'une façon très nette, à la question du transfert de la Manufacture aux Gobelins ; mais la situation matérielle de l'établissement et des ouvriers ne s'en trouvait pas améliorée. Personne ne se présentait pour succéder à de Menou. Les comités du Commerce, d'Agriculture et des Arts, harcelés par les pétitions des ouvriers réclamant des secours et une organisation définitive, qui pût leur assurer du travail, rendaient un arrêté confiant la gérance provisoire de la Manufacture au peintre Camousse, employé depuis longtemps dans l'établissement comme inspecteur des travaux artistiques, fils et petit-fils de tapissiers qui avaient toujours travaillé à Beauvais. La direction des travaux et le choix des sujets de tentures et tapisseries d'ameublement étaient réservés au directeur des Gobelins. Le payement des ouvriers devait se faire désormais d'après le système employé aux Gobelins. Enfin tous les produits de la Manufacture étaient mis à la disposition de la Commission du Commerce, au fur et à mesure de leur fabrication. Certes, cet amalgame de directions et d'attributions ne saurait être considéré comme un modèle de parfaite administration ; mais il permettait à l'établissement de végéter. C'était déjà quelque chose.

Dès l'année suivante, au reste, le gouvernement républicain se montra résolu à conserver la Manufacture de Beauvais, en dépit de l'état des finances publiques, et de la situation critique dans laquelle le pays se trouvait. En même temps il lui donna une organisation plus régulière et plus autonome. On ne peut qu'être ému en voyant avec quelle persévérance les hommes politiques et les administrateurs publics de cette époque, en dépit des événements terribles qui s'accomplissaient autour d'eux, se préoccupèrent de la conservation d'un établissement d'origine essentiellement aristocratique et royale. Nous avons déjà, dans l'histoire de la Manufacture des Gobelins et dans celle de la Manufacture de Sèvres, rendu hommage au patriotisme éclairé des membres de la Convention. L'histoire de Beauvais fournit un nouveau témoignage, non moins éclatant, de leur désir éclairé de bien faire. Le 13 Prairial, le Comité d'Agriculture et des Arts rendait l'arrêté suivant : « Le citoyen Camousse s'adressera à cette Commission pour la remise des fonds qui lui seront nécessaires et il justifiera de leur emploi par des pièces justificatives en bonne et due forme. » La Manufacture était sauvée !

Un moment on put même espérer que les métiers allaient tous remarcher et qu'une ère de prospérité nouvelle allait se rouvrir, mais beaucoup d'ouvriers, trouvant les salaires insuffisants, quittèrent l'établissement, embrassèrent d'autres professions ou s'engagèrent dans les armées. Leur nombre tomba à 26, dont 10 seulement travaillaient sérieusement et de façon à gagner leur vie. La nomination du garde-magasin donna lieu également à quelques désordres ; les ouvriers ne voulurent point accepter celui qui avait été nommé par la Commission ; le directeur en choisit un nouveau pris dans le personnel ; sa nomination excita de la jalousie. On dut, enfin, faire venir, pour exercer ces fonctions, un ouvrier de la Manufacture des Gobelins, qui réussit à calmer ces préventions. L'ordre se trouva rétabli dans le personnel. Jusqu'en l'an VIII, Camousse parvint, à force d'énergie et d'habileté, à maintenir la Manufacture. La situation était précaire, il est vrai. On travailla avec un très petit nombre d'ouvriers, mais cela suffit à empêcher l'établissement de fermer ses portes et les métiers de disparaître.

IV

LA MANUFACTURE DE 1800 A 1888

ORSQUE Camousse mourut, au commencement de l'an VIII, le ministre de l'Intérieur, Lucien Bonaparte nomma pour le remplacer le citoyen Huet, homme de haute valeur, administrateur habile et esprit fort distingué, qui avait passé toute sa vie dans la division des Manufactures de France.

Le Premier Consul accorda au nouveau directeur les fonds nécessaires pour qu'il pût renouveler le matériel industriel et engager de nouveaux ouvriers. Le chiffre du personnel artiste était tombé à 6 tapissiers. La fabrication des tapis de pied, qui les occupait exclusivement, fut abandonnée [1]. Malgré ces subsides, la situation financière cependant ne fut point de suite très prospère. De nombreuses lettres de Huet et de son garde-magasin Laronde, témoignent des préoccupations de ces administrateurs

---

[1] L'industrie de la tapisserie de pied ne disparut point immédiatement du pays. M. de Belderbusch, préfet de l'Oise, prit l'initiative de la fondation d'une nouvelle manufacture de tapis de pied. Il mit à la tête des anciens ouvriers tapissiers, qui voulurent accepter ses propositions, Laronde, garde-magasin, chef d'atelier de la Manufacture, avec participation dans les bénéfices. Le ministre de l'Intérieur autorisa le transfert de 10 métiers de tapis de la Manufacture dans les nouveaux ateliers.

L'entreprise Belderbusch ne prospéra point. Elle tomba en 1818, fut reprise par Mme Bourgeois, la veuve du contre-maître de la Manufacture, et définitivement abandonnée en 1819.

pour assurer aux travaux une marche normale et pour garantir l'établissement contre les projets facheux, qu'engendrait à toute heure la difficulté de pourvoir aux dépenses de son entretien. Le directeur des Gobelins, M. Guillaumot, avait proposé à son collègue de demander l'un et l'autre au ministre, de faire aux deux établissements l'application des fonds de vente, afin de dégrever leurs budgets. Huet crut voir là un piège tendu à sa confiance ; il mit en garde son fondé de pouvoirs, Laronde, en ce moment à Paris, contre cette combinaison, qu'il estimait de nature à compromettre l'existence de la Manufacture de Beauvais : « Vendre les ouvrages pour en employer l'argent en payement de ce qui peut être dû aux ouvriers, aux employés, ainsi qu'aux fournisseurs des deux Manufactures, c'est avoir des ruches à miel, dont les productions ne serviroient qu'à nourrir les abeilles, sans aucun avantage pour le propriétaire ; alors, c'est faire sentir au gouvernement que notre bel établissement étant plus coûteux, onéreux, que susceptible de prospérer, même à la paix générale, il seroit préférable de cesser de l'alimenter et soutenir. » Et, continuant ses comparaisons originales, il ajoutait : « Nous pourrions devenir par la suite, le goujon que le brochet (les Gobelins) dévoreroit. » La proposition n'étant pas appuyée par Beauvais n'eut naturellement pas de suites ; les deux Manufactures restèrent entièrement indépendantes. L'an X, Joseph Bonaparte, accompagné de M. Girardin, membre du tribunat, vint visiter Beauvais ; il y fit l'acquisition de 2 causeuses. L'année suivante, le 23 brumaire, Napoléon Bonaparte vint également à Beauvais, pour se rendre compte de la situation de la Manufacture, et témoigna publiquement à Huet la satisfaction que lui causait la réorganisation des ateliers.

La loi organique du 28 floréal, an XII, fit passer les Manufactures nationales dans l'administration de la Maison de l'Empereur. Pendant la Révolution, les anciennes résidences royales, les Tuileries, Versailles, Compiègne, Fontainebleau, Trianon, avaient été dépouillées de leurs ameublements luxueux ; tout avait été dispersé, abimé ou détruit. L'institution de l'Empire impliquait la création d'une nouvelle Cour et la restauration d'un certain nombre de Palais. Pour les meubler avec tout le luxe que réclamait l'éclat du nouveau règne, les Gobelins et Beauvais, même réorganisés sur les plus larges bases, étaient à peine suffisants. La première Manufacture fut chargée de fournir les tentures et la seconde, les meubles. Cette dernière fabrication fut poussée avec activité. Cependant elle ne prit point l'importance artistique qu'on pouvait espérer. Le nouveau style créé par David et appliqué par Percier et Fontaine ne comportait guère, en raison de sa sévérité, l'emploi de tapisseries à décorations élégantes, à sujets gracieux. Les ébénistes avaient le pas sur les tapissiers. A l'inverse de la mode du xviii® siècle, les compositions galantes et pittoresques, les bergeries, les pastorales furent complètement abandonnées. Le genre héroïque seul fleurit. Mars et Bellone avaient chassé les Grâces et les Amours.

Les principales pièces, exécutées à Beauvais pendant cette période, sont : 3 meubles pour les Tuileries, (salon de Sa Majesté, galerie de Diane et pavillon des Enfants de France); 6 meubles pour le château de Meudon, 5 meubles pour le château de Fontainebleau, 2 pour le palais de Monte-Cavallo à Rome, 4 meubles pour le Grand et le Petit-Trianon[1].

On tissa également plusieurs tableaux, notamment :

Une vue de Suisse, d'après Auguste Echard, exécutée par Pisier; un tableau de fleurs d'après Batiste, par le même; un tableau représentant les Forges de Vulcain, en *bas-relief*, exécuté par Roinsse; un tableau d'après Monsiau, représentant le buste de vieillard, par Caron; un tableau de fleurs dans un vase antique, posé sur un tapis, d'après Batiste, exécuté par Louis Maillard; un tableau représentant un repas de bohémiens maraudeurs, par Duchemin; une feuille d'écran, d'après Casanova, où sont figurés un homme et une femme causant, travail de Jean Riqueur, un tableau représentant des voyageurs à cheval, exécuté par Louis Maillard; un tableau d'après Laurent, de Beauvais, représentant un sac rempli de raisins posé sur une table en marbre jaspé, le *Coq et la Poule*, le *Renard et les poules*, d'après Oudry.

Huet mourut le 26 mars 1814, à l'âge de quatre-vingts ans, laissant Beauvais dans un état de prospérité relative; les ouvriers étaient au nombre de 38 et les élèves de 6. L'aîné de ses fils lui succéda. Les événements

---

[1] Relativement à l'ameublement de Trianon, nous trouvons, dans le *Journal de l'Empire*, du 10 février 1810, une note fort intéressante : « L'ameublement des deux palais de Trianon est entièrement terminé. La salle de spectacle va être restaurée, ainsy que le hameau qui se trouve dans les jardins du Petit-Trianon. L'ameublement du Grand-Trianon est d'une simplicité majestueuse. Presque tous les sièges sont en belles tapisseries de Beauvais représentant des bouquets de fleurs et divers sujets de paysages. Le meuble du cabinet de Sa Majesté, orné de divers attributs impériaux a été également fabriqué à la Manufacture impériale de Beauvais. Les curieux qui sont allés visiter les deux palais depuis leur restauration assurent qu'il n'existe aucune maison royale en Europe, dont le mobilier soit aussi élégant et aussi riche que celui du Petit-Trianon, et que l'ancien ameublement tant vanté de ce château étoit bien inférieur à celui qui vient d'y être placé. »

politiques de 1814 et de 1815 n'apportèrent point dans la Manufacture de modifications essentielles. Pendant cette période, nous ne trouvons à mentionner qu'un incident touchant : L'offrande patriotique d'une somme de 269 fr. 35 et d'objets en nature, pour la contribution des ouvriers de la Manufacture à la défense nationale. Huet fils augmenta encore le chiffre du personnel; il renouvela les modèles et tenta de réinstaller dans les ateliers les métiers des tapis de pied que la déconfiture de l'entreprise Belderbusch laissait inoccupés ; mais il mourut avant d'avoir réalisé cet intéressant projet.

Le 1er février 1819, Huet jeune remplaçait son frère ; il poursuivit la réalisation des mêmes projets; mais, au bout de neuf mois, son état de santé, très mauvais, l'obligea à donner sa démission.

Le 18 octobre 1819, Guillaumot, chef de bureau de la comptabilité dans l'administration de la Maison du roi, fut nommé directeur. Nous ignorons s'il était parent de l'architecte Guillaumot, qui fut directeur de la Manufacture des Gobelins, à deux reprises, sous la Révolution et le Premier Empire. La gestion de Guillaumot, qui dura neuf ans, fut heureuse pour Beauvais ; en 1820, il rétablit l'école de dessin. Il reprit l'idée de Huet aîné, relativement à la réinstallation à la Manufacture des ateliers de tapis de pied. L'intendant général de la Maison du roi, le comte de Pradel, goûta la proposition ; et le 24 octobre 1820, il écrivait à Duvivier, directeur de la Savonnerie :

« J'ai pensé, monsieur, qu'il pourrait être utile au service du roi d'établir à Beauvais une fabrication de tapis de qualité intermédiaire entre le tapis de la Savonnerie et le plus beau tapis du commerce, pourvu que cela pût se faire à un prix moyen aussi, entre ceux de ces deux sortes de tapis, c'est-à-dire de 250 francs environ, tout au plus 300 francs. Quant à la qualité, on estime que de tels tapis devraient être fabriqués à huit points ou rangées, par pouce de hauteur, avec des laines au prix commun de 19 francs le kilo, teinture comprise. Quant au prix du tapis ainsi fabriqué, cela dépend de la quantité que chaque ouvrier en pourrait faire en un jour. »

L'affaire traîna en longueur, toutefois, et le dossier finit par disparaître définitivement dans les cartons administratifs. Guillaumot, en outre, substitua, pour le mesurage des pièces, le système métrique au bâton de Flandre, qui avait été religieusement maintenu dans les deux Manufactures de tapisseries, pendant un siècle et demi, se perpétuant à travers

BEAUVAIS.

toutes les transformations de régime et tous les changements d'administration. Enfin, sous sa direction, la Manufacture reçut plusieurs visites princières. En 1824, la duchesse d'Angoulême s'y rendit solennellement et y fit établir une aumônerie. Au mois d'avril 1825, elle y vint une seconde fois pour inaugurer les bustes de Charles X et du dauphin. En 1827, au mois de septembre, le duc d'Angoulême et Charles X visitèrent Beauvais en grande pompe.

Les principaux artistes qui ont travaillé pour la Manufacture, pendant cette période, sont : Saint-Ange de Lahamayde, architecte et peintre ; Eliaerts, peintre d'ornements et de fleurs ; Adam, Chenavard (aîné), Dubois, Laurent, De Vertu fils, Echard, qui a fait tous les calques, de l'an VIII à 1838, et Redouté, le célèbre peintre de fleurs. La Manufacture de Beauvais, sous la Restauration, était revenue à son ancienne fabrication telle que l'avaient créée Oudry et ses successeurs.

Au mois de décembre 1828, Guillaumot, dont la santé avait été gravement altérée par un travail acharné, donna sa démission. En témoignage de haute estime, l'administration lui fit accorder le titre de « Directeur honoraire de la Manufacture royale de Beauvais ». Le 1er janvier, le marquis d'Ourches était appelé à le remplacer.

La direction du marquis d'Ourches, nommé à la faveur, et qu'aucune compétence spéciale, ne recommandait pour ces fonctions délicates et difficiles, fut une période néfaste pour la Manufacture. Son administration se distingua par une fantaisie singulière et par des actes qui ne font point honneur à sa mémoire. Fort heureusement, il ne resta pas longtemps en place. Dès le 14 novembre 1829, le comte de La Rochefoucault, intendant général de la Maison du roi, dont dépendaient les Manufactures royales, adressait une lettre, très vive, à M. d'Ourches, dans laquelle il le blâmait de la lenteur de la fabrication, et l'invitait à donner plus d'activité aux ateliers. Cette lettre abonde en renseignements curieux sur la situation de la Manufacture. Nous y relevons qu'à cette date les magasins contenaient, en sièges, pour 62,000 francs de pièces « que leurs formes, leurs dessins surannés mettaient hors d'état d'être utilisés pour le service du roi ». Les métiers étaient si souvent démontés pour exécuter des commandes capricieuses, destinées à des cadeaux, expositions, etc., que les pièces importantes ne pouvaient être exécutées (un meuble commandé en 1815 pour la salle du Conseil aux Tuileries ne put être livré qu'en 1833). En conséquence, M. de La Rochefoucault réclamait des réformes, devenues urgentes, afin d'assigner aux produits de la Manufacture une destination précise, et de faciliter la vente au public.

Au lieu de se conformer à ces sages instructions, l'administrateur, toujours fantaisiste, organisa une troupe de comédie, déménagea un atelier pour y installer un théâtre, et donna régulièrement à ses amis des représentations dramatiques. Il avait si peu de loisirs entre deux comédies, pour préparer les travaux des ateliers, qu'il en était réduit à louer des modèles à la maison Alphonse Giroux et Cie, rue du Coq-Saint-Honoré, moyennant 25 francs la pièce. L'intendant de la Maison du roi s'émut de cette manière d'administrer une Manufacture royale, et ordonna au préfet de l'Oise de faire une enquête minutieuse sur le théâtre des tapissiers de Beauvais. Cette enquête révéla ce fait que le marquis d'Ourches ne se contentait point de désorganiser les ateliers, mais qu'il mettait encore au pillage les magasins de la Manufacture. Le 3 septembre 1829, il avait arraché à M. de La Ferté, intendant de la Maison du roi, l'autorisation de mettre en vente à Paris, au profit d'une prétendue caisse des Vétérans, les modèles qu'il disait être sans emploi, de 93 tentures, 17 paravents, 14 cantonnières, 64 plates-bandes, qui formaient 13 ballots du poids de 2,224 livres. Il y avait là dedans des tableaux de Boucher, de Vien, de Lagrenée, de Le Prince, de Dumont, de Le Barbier, de Lavallée-Poussin, de Deshayes, d'Huet, de Monsiaux, etc., qui furent vendus à vil prix. En 1831, au récolement qui fut fait dans les magasins, on constata que la moitié de ce qui n'avait pas été vendu s'était pourri ou avait été mangé aux rats.

Sous cette direction, cependant, il s'accomplit une réforme administrative importante, qui devait, beaucoup plus tard, donner d'excellents résultats ; les artistes furent mis à traitement fixe ; mais ce n'était point avec un administrateur aussi peu soucieux des intérêts de la Manufacture, que cette réforme pouvait être appliquée sérieusement. En peu de temps, par suite de l'indiscipline des ateliers, la moyenne de la fabrication était tombée à un chiffre si bas, qu'on dut rétablir, pour un tiers des tapissiers, le travail aux pièces.

La révolution de Juillet ne provoqua point d'incidents graves dans la Manufacture. Les travaux ne furent même pas interrompus. Les commissaires généraux chargés de la liste civile : MM. Duvergier de Hauranne et de Montalivet, se contentèrent d'inviter l'administrateur de

Beauvais à suspendre provisoirement la fabrication des pièces de tapisserie, « dans le dessin desquels figuraient des fleurs de lys et d'occuper plus particulièrement les artistes à la confection de celles qui ne com-

Beauvais — Interieur d'un atelier de basses lices.

portaient pas d'ornements de cette nature ». Quelques jours après, le 31 août, ils ordonnaient de continuer avec activité les 3 meubles commandés pour les salons de la Paix, des Travées et du Conseil, aux Tuileries, toutefois, après le changement des emblèmes royaux. Le nouveau gouvernement ne garda point longtemps le marquis d'Ourches à la tête de la Manufacture. Indépendamment de ses joyeusetés administratives, le directeur se livrait à de telles manifestations politiques contre le nouveau régime, qu'on dut le révoquer. Le 1er avril 1831, il quittait Beauvais, n'emportant aucun témoignage de regrets ni de sympathie.

Le ministère donna, comme successeur au marquis d'Ourches, en dépit de sa jeunesse, le fils de l'ancien directeur Guillaumot, un enfant de la maison. Guillaumot avait, dès l'âge de treize ans, suivi tous les cours de l'école de dessin et fait son apprentissage de tapissier; il était devenu ensuite commis aux écritures, puis surveillant des travaux. Lorsqu'il fut appelé à administrer Beauvais, il avait vingt-cinq ans. Malheureusement, il mourut, le 2 novembre 1832.

C'est sous la direction de Guillaumot fils que la Manufacture de Beauvais fut le plus sérieusement menacée dans son existence. On reprit le projet de réunir Beauvais aux Gobelins. Un journal qui jouissait déjà d'une autorité considérable, les *Débats*, entreprit une campagne dans ce but. La réunion de la Manufacture de la Savonnerie à celle des Gobelins en fournit le prétexte.

Cette campagne trouva dans le monde politique et dans l'administration de nombreux adhérents. Les apparences d'économie, l'allègement des charges de la liste civile très obérée, présentaient son adoption sous un jour favorable; aussi, lorsque Louis-Philippe visita la Manufacture le 26 mai 1831, la municipalité de Beauvais s'empressa-t-elle de lui remettre une longue adresse, pour demander le maintien de la Manufacture.

Le roi donna les meilleures assurances de l'intérêt qu'il portait à Beauvais, et le 2 mars 1832, une loi confirmait l'existence indépendante de la Manufacture, en la comprenant dans l'apanage de la liste civile. Son maintien était ainsi définitivement assuré. Guillaumot mourut cette année-là. Son successeur fut M. Grau de Saint-Vincent, ancien capitaine d'infanterie, chevalier de la Légion d'honneur. Le comte de Montalivet, intendant général de la liste civile, portait un vif intérêt à la Manufacture; il fit une commande de nombreux meubles, qui assura du travail aux artistes pendant un long temps. La réforme des salaires, commencée sous le marquis d'Ourches, reçut son complément, par l'établissement d'un règlement, qui resta en vigueur jusqu'à la Révolution de 1848. Les ouvriers furent divisés en 4 classes et 8 sections, dont voici le tableau :

1re classe	1re section : 5 emplois à 4 fr. par jour, ou 1,440 fr. par an	
	2e — 5 — 3 — 1,260 —	
2e classe	1re section : 5 emplois à 2,83 par jour, ou 1,020 fr. par an	
	2e — 5 — 2,50 — 900 —	
3e classe	1re section : 5 emplois à 2,33 par jour, ou 840 fr. par an	
	2e — 5 — 2 — 720 —	
4e classe	1re section : 5 emplois à 1,67 par jour ou 600 fr. par an	
	2e — 5 — 1,38 — 540 —	

Les ouvriers et les élèves devaient se rendre aux ateliers, en mai, juin, juillet et août, à 6 heures du matin et y demeurer jusqu'à 7 heures du soir, avec trois repos pour les repas ; en mars, avril, septembre et octobre, la journée allait de 7 heures jusqu'à 6 heures ; en novembre, décembre, janvier et février, on travaillait de 8 heures du matin jusqu'à la nuit tombante.

Le 4 juillet 1833, Louis-Philippe, revenant d'Eu, visita de nouveau la Manufacture de Beauvais. En commémoration de cette visite, M. de Montalivet institua la distribution annuelle d'une médaille d'or, à l'artiste ayant fait preuve, dans l'année, de plus de talent, de zèle et de bonne conduite. Ce lauréat d'un nouveau genre devait être désigné par les suffrages de ses camarades. Le roi, cinq ans plus tard, le 15 septembre 1838, donna un nouveau témoignage de son intérêt pour l'établissement, en le visitant solennellement, en compagnie de la reine, des ducs d'Aumale et de Montpensier et d'une nombreuse suite, dans laquelle entre autres personnages se trouvait M. Thiers. Un rapport, adressé sur cet événement par M. Grau de Saint-Vincent à M. de Bondy, signale un incident qui marqua la promenade du roi dans les ateliers : « S. M., écrit-il, a paru vivement émue lorsqu'en passant devant un des métiers, un cri à peine articulé de : Vive le roi s'est fait entendre. C'était le père Riqueur, ouvrier nonagénaire, qui, bien que d'une faiblesse extrême, avait voulu à toute force se trouver sur le passage de Sa Majesté, et lui payer ce dernier tribu d'amour devant quatre générations de ses enfants qui travaillaient là sur un même métier. »

A cette époque, la Manufacture de Beauvais présentait, comme personnel d'artistes, la même physionomie familiale et patriarcale que les Gobelins ; les artistes s'y succédaient de père en fils et petit-fils.

Ils étaient logés par l'État, dans les bâtiments contigus aux ateliers, et vivaient là exclusivement entre eux, contractant des alliances, le plus souvent fécondes. Dans l'état de 1833, nous voyons figurer deux Dangoisse, le père et le fils, le premier chef d'atelier; deux Lefèvre, les deux frères; deux Maucomble, le père et le fils, les deux frères Milice; deux Préjan, l'aîné et le cadet; deux Chevalier, deux Dobigny, deux Villaud, deux Riqueur. En relisant une pétition du commencement de la Révolution, nous trouvons déjà parmi les signataires, plusieurs de ces noms, et ceux d'autres artistes qui travaillaient encore sous Louis-Philippe. Plus tard, par suite de la suppression des logements et pour d'autres causes qu'il serait trop long de développer, la Manufacture de Beauvais devait perdre ce caractère intime. Dans cette dernière partie du siècle, on ne trouve plus aucune famille de tapissiers, remontant au delà d'une génération, alors que les Gobelins, comme nous l'avons montré, ont continué de s'enorgueillir de véritables dynasties artistiques.

Le changement du mode de payement avait apporté, sous les directions précédentes, des troubles profonds dans l'organisme de la Manufacture; il fut nécessaire, nous l'avons dit, de remettre un certain nombre de tapissiers à leurs pièces. La situation ne se modifia guère avec le temps. Toute la correspondance de l'Intendance générale de la Liste Civile avec Beauvais, de 1836 à 1848, est remplie de doléances à ce sujet, de récriminations et de projets de réforme. En 1836, 42 ouvriers et 13 élèves avaient produit, pendant un trimestre, $21^m,67,51$; en 1837, 41 ouvriers et 13 élèves fabriquèrent $19^m,87,61$; en 1841, avec 48 ouvriers et 12 élèves, on descend à $13^m,22,28$; en 1847, la fabrication se relève un peu; le chiffre de 20 mètres est atteint de nouveau; mais combien on est loin encore de la moyenne des années de production normale, où 1 ouvrier habile et laborieux tissait 1 mètre en trois mois.

La direction de Grau de Saint-Vincent, en conséquence de ce fâcheux ralentissement de production, ne possède à son actif qu'un nombre d'œuvres fort restreint, relativement à sa durée. Parmi les principales, nous mentionnerons : un meuble Louis XIV, pour le salon Bleu des Tuileries, dessiné par Adam, et s'harmonisant avec les panneaux des Gobelins exécutés sur les modèles d'Alaux et de Couder; un meuble pour la galerie d'Apollon, aux Tuileries, modèles de Starke; des meubles pour la galerie des Guises, pour le boudoir de la reine, pour

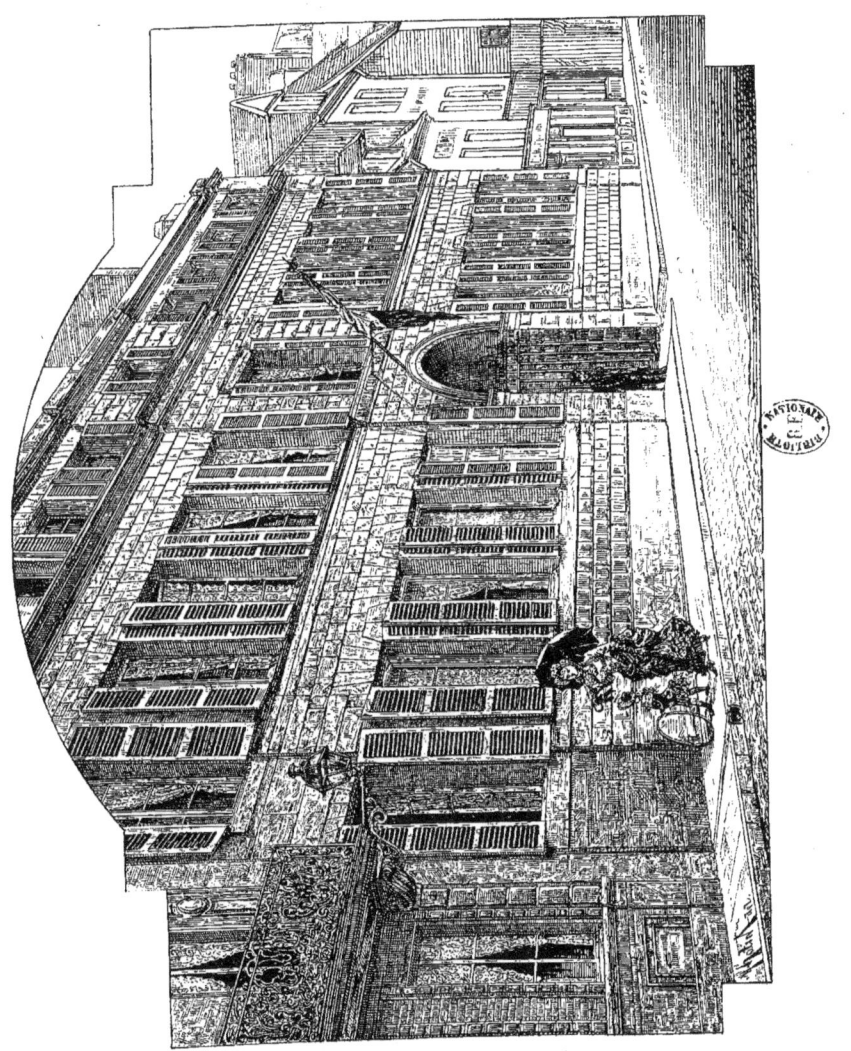
BEAUVAIS.

l'appartement de la princesse Clémentine, pour la salle à manger de famille, pour le salon du duc et de la duchesse de Nemours, au château d'Eu, modèles de Starke, de Jorand et de Vauchelet ; une décoration, lambrequins et pentes pour le salon de billard des Tuileries, modèle de Damis ; un écran de cheminée, d'après Boucher, la *Leçon de lecture* ; 4 portières, fond blanc, dehors amaranthe, aux armes de France, du prix de 9,000 francs pièce, commandées sous Charles X, pour la salle du Trône des Tuileries et achevées en 1836. Ce furent les dernières portières fabriquées à Beauvais. La production était, au reste, si réduite, qu'en 1834 le roi donna l'ordre qu'on ne vendît plus au public, désirant réserver exclusivement pour les palais et les châteaux royaux, tout ce qui sortirait des ateliers. Au point de vue artistique, cette période de l'histoire de la Manufacture ne laissera point non plus une trace bien profonde. Le goût, l'élégance et l'esprit font défaut à sa production, dans tous les genres. Les formes sont lourdes, épaisses ; le coloris, sans harmonie, est aussi sans éclat. Si les tapissiers ont conservé l'habileté de leurs prédécesseurs, les artistes qui leur ont fourni des modèles ont rompu avec toutes les traditions de l'art décoratif du passé, et n'ont innové que dans la recherche de compositions sans caractère et sans originalité, dont la disparition ou l'oubli n'entraînera aucun regret.

Comme nous l'avons écrit dans l'histoire des Gobelins, la Révolution de 1848 provoqua la réunion, sous une même administration, des deux Manufactures nationales de tapisseries. M. Badin, peintre distingué, fut nommé directeur, avec résidence à Paris. Une commission spéciale, composée d'artistes et de savants, reçut la mission d'étudier les réformes à apporter dans l'organisation et le fonctionnement des Manufactures ; le coup d'État vint mettre fin à ces longs travaux. Les Gobelins et Beauvais, divisés de nouveau, rentrèrent dans les attributions de la Maison de l'Empereur. M. Badin fut nommé directeur à Beauvais et M. Lacordaire, directeur aux Gobelins.

En 1860, la réunion des deux établissements eut lieu de nouveau, sous l'administration de M. Badin, auquel il fut adjoint, à Beauvais, un inspecteur, remplacé, deux ans après, par un simple agent comptable. L'empereur Napoléon III, qui, pendant sa présidence, avait témoigné par une visite et par des commandes, l'intérêt qu'il prenait à la Manufacture, donna aux ateliers une vive impulsion, en faisant procéder immédiatement à une nouvelle décoration des palais et châteaux, dépendant de la

Couronne. Aussi, la période du Second Empire fut-elle particulièrement fertile comme production de meubles et tableaux en tapisseries. Nous avons compulsé avec soin les registres de fabrication de la Manufacture, de 1853 à 1870, et nous avons établi l'état général suivant, qui est d'une exactitude absolue :

Tableaux et panneaux de décoration, au nombre de 96.

Les principaux sont : les *Quatre saisons,* de Groëland ; 6 tableaux natures mortes de Monnoyer, Desportes, Oudry et Mignon, dont les originaux sont au Louvre ; des panneaux de natures mortes et des fleurs de Monginot, Diéterle, Petit, destinés à la décoration du palais de l'Elysée :

Meubles-canapés	180, d'une valeur d'inventaire de	388,501 fr. 70
Meubles-fauteuils	243, — —	250,000 »
Meubles-chaises	532, — —	350,000 »
Banquettes, tabourets	109, — —	56,904 19
Tentures, rideaux, ornements d'église, dais de procession, bannières et mitres d'évêque	28, — —	56,300 »
Tapis	12, — —	20,877 »

La plupart de ces meubles étaient de véritables œuvres d'art ; malheureusement, un grand nombre ont été détruits dans les incendies des Tuileries, du Louvre, du palais de Saint-Cloud, et du Palais-Royal. Les peintres, dont la direction de la Manufacture de Beauvais s'assura la collaboration, pendant cette période, sont : MM. Chabal-Dussurgey, Diéterle, Arbant, Groëland, Desgoffes, Viollet-le-Duc, Lambert, Galland, Haumont, Godefroy, Badin, Muller, Petit, Barbé, Fouquet, Vantadour, Lucas et Goupil ; les deux premiers, et surtout M. Chabal-Dussurgey, ont alimenté Beauvais de modèles de meubles, avec une fécondité et une verve qui, en un quart de siècle de production, n'ont jamais fléchi. La Manufacture reprit également d'anciens modèles d'Oudry, Casanova, Monnoyer et Mignon, auxquels il fut mis des bordures, ou dont on transforma légèrement les compositions, en vue d'adaptations nouvelles.

Pendant toute la durée de l'Empire, le chiffre des tapissiers varia peu. Il se maintint toujours assez élevé. En 1858, on comptait 43 artistes et 14 élèves ; en 1863, 49 artistes et 9 élèves ; en 1867, 50 artistes et 7 élèves. Le budget, qui était, en 1858, de 86,080 francs, dont 58,200 francs pour le personnel, s'éleva en 1863 à 108,570 francs, sur lesquels les artistes touchaient

89,200 francs. Le traitement des tapissiers avait été ainsi fixé : chef d'atelier 1re classe, 2,700 francs ; 2e classe, 2,400 ; sous-chef 1re classe 2,100 ; 2e classe, 1,900 ; artistes, de 950 à 1,800 francs ; élèves, de 500 à 550.

Comme Louis-Philippe, Napoléon III se réserva exclusivement les produits de la Manufacture. A l'exception de présents, mais de peu d'importance, faits à des municipalités et à des églises, les palais impériaux absorbèrent, à peu près, tout ce qui sortit des ateliers.

Aucun incident historique n'est à signaler à Beauvais, de 1853 à 1870. Pendant la Guerre franco-allemande les ennemis occupèrent la Manufacture, qu'on n'avait point eu le temps de déménager. Ils y prirent 30 pièces de tapisserie, arrachées des murs ou déchirées à coups de sabre sur les métiers. On les emporta à Berlin, et en 1872, elles furent restituées en bloc au gouvernement français, par le général sous les ordres duquel cet acte de pillage avait été accompli, et qui, sans doute, les avait enlevées comme dépouilles opimes. Cette restitution fut effectuée avec tant de bon vouloir, qu'on trouva dans le récolement, au retour, une pièce de plus qu'il n'en avait été enlevé.

Aussitôt que Paris fut ouvert, le directeur des deux Manufactures, M. Badin, courut à Beauvais pour remettre l'établissement en état. Il y fut surpris par les événements de la Commune et ne put retourner aux Gobelins. Le 16 juillet 1871, M. Jules Simon, ministre de l'Instruction publique et des Beaux-Arts, dans les attributions duquel se trouvaient les Manufactures nationales, rendit un arrêté séparant administrativement les deux établissements. M. Badin fut conservé à la tête de Beauvais. La situation financière du pays ne permettait point, à cette heure, de donner une grande extension aux travaux. Tout l'ancien personnel fût maintenu cependant, mais, par arrêté ministériel en date du 21 septembre 1872, il fut décidé que, jusqu'à nouvel ordre, aucun élève ne serait admis dans les ateliers, soit à l'essai, soit à titre d'apprenti payé. La France, toutefois, ne tarda pas à réparer les désastres et les ruines de l'Année terrible et de la Commune. Avec une rapidité en quelque sorte miraculeuse, qui fit l'étonnement et l'admiration de l'Europe entière, elle reprit sa place dans le monde des arts. A l'Exposition internationale de Londres en 1872, nos Manufactures montrèrent avec éclat, qu'elles n'étaient ni détruites, ni même chancelantes. La gloire artistique et industrielle de la France s'affirma une fois de plus.

L'exposition universelle de Vienne ne tarda pas à ouvrir ses portes. En même temps que celle des autres Manufactures nationales, la participation de la Manufacture de Beauvais, fut décidée par le gouvernement; elle y obtint une grande médaille d'honneur. Après un pareil succès, on ne pouvait laisser un établissement si méritant dans une situation administrative et financière, relativement précaire. Il faut rendre cette justice au gouvernement de la République, qu'il n'avait pas attendu cette double constatation pour rendre à la Manufacture toute son activité. La reprise des travaux avait été ordonnée, au commencement de 1873. Le 21 janvier de cette année, le ministère autorisait la mise sur métiers : 1° des pièces complémentaires du meuble Louis XV, fond blanc et bordure bleue, détruit en partie en 1871 ; 2° d'un meuble fond blanc, bordure rose, en soie, modèle de M. Chabal-Dussurgey, comprenant 1 grand canapé, 1 canapé moyen, 2 causeuses, 4 fauteuils, 6 chaises, 1 écran; 3° d'un canapé Don Quichotte, d'après Baptiste et Coypel; 4° d'un meuble fond jaune, bordure brune, modèle de M. Diéterle. Le 28 mars, d'autres métiers commençaient un meuble à bouquets de fleurs sur fond jaune, entouré d'une guirlande de lilas et d'une bordure brune, se composant de 1 grand canapé, 2 demi-canapés, 6 fauteuils, 6 chaises, d'après des modèles de M. Chabal-Dussurgey, exécutés en 1863. Peu après, le budget de la Manufacture était porté à 108,350 francs, chiffre aussi élevé que celui du budget le plus riche voté par le second Empire. La part affectée au personnel était même supérieure de 4,050 fr.

Voici l'état de la production des ateliers, de 1871 à ce jour :

Tableaux et panneaux : 79, représentant une valeur d'inventaire de plus de 400,000 francs. Les œuvres principales sont :

La *Lice et sa compagne,* le *Lion devenu vieux,* le *Loup devenu berger,* le *Coq et la Perle,* panneaux d'Oudry ;

Le *Lion et l'Ane chassant,* de Godefroy et Desroy (31,464 fr. 63), qui décore actuellement le palais Farnèse ; un panneau de la galerie d'Apollon, au Louvre, le *Médaillon de Neptune* (18,319 fr. 07), par Arbant, également au palais Farnèse ; une copie d'un panneau du cabinet de Sully à l'Arsenal (16,846 fr. 59) ; un panneau dit des *Oiseaux,* d'après Oudry, par Godefroy et Desroy ; quatre panneaux décoratifs, fleurs, vases et architectures, par Mme Escallier, MM. Maisiat, Petit et Tony Faivre, destinés à l'escalier d'honneur du Luxembourg.

Meubles-canapés : 64 ;

Meubles-fauteuils : 72 ;
Meubles-chaises : 62.

En ce moment (octobre 1888), tous les métiers fonctionnent avec activité, en vue de l'Exposition universelle de 1889 ; ils portent les pièces suivantes : 1 grand panneau avec bordure, *Neptune et Amphitrite*, modèle de Badin, Godefroy et Desroy ; 1 panneau d'après Gillot, la *Baigneuse*, modèle de MM. Diéterle et Desroy ; 1 panneau d'oiseaux, le *Faisan*, modèle de M. Desroy et Godefroy ; 1 panneau avec bordure, nature morte, par M. Philippe Rousseau ; 3 panneaux des *Quatre parties de la France*, l'*Est*, par M. Paul Collin, le *Nord*, par M. Bourgogne, l'*Ouest* par M. Cesbron ; 2 panneaux par M. Français, l'*Eté* et le *Printemps*.

La Manufacture est située dans la Grande Rue qui, de la gare conduit au centre de la ville ; elle se compose de deux corps de bâtiments. Le premier, construit en 1818, donnant sur la rue, est affecté à l'administration. Il comprend un rez-de-chaussée, un premier et un deuxième étage, avec greniers au-dessus, et, sur la cour, deux pavillons en retour, l'un à droite, servant de logement à l'administrateur, et l'autre à gauche, à l'agent comptable et au chef d'atelier. Le second, entre cour d'honneur et jardin, construit en pierre de taille sur la cour et sur le jardin, en pans de bois et briques, a un rez-de-chaussée et un étage ; à droite et à gauche sont deux grandes ailes, en retour sur le jardin, également construites en pans de bois, à un étage, et surmontées d'un toit énorme, en tuiles. Ce bâtiment, qui date de la fondation de la Manufacture, et qui a conservé le caractère de l'architecture industrielle de ce temps, contient les ateliers de tapisserie qui, au rez-de-chaussée et au premier étage, prennent jour sur le jardin. L'aménagement n'a rien de luxueux, ni de monumental ; mais il présente des dispositions et un éclairage, très favorables au travail des artistes. En été, les croisées des ateliers, qui s'ouvrent en auvent, laissent entrer à flots l'air rafraîchi par les grands arbres et par la verdure du jardin ; en hiver, la lumière pénètre partout, abondante et limpide. Il y a 5 ateliers, qui contiennent 40 métiers de basse lice, dont un tiers est toujours en activité.

Le métier de basse lice dont nous avons eu déjà l'occasion de parler à plusieurs reprises, dans la première partie de cet ouvrage, diffère sur beaucoup de points, dans son organisme et dans sa disposition, du métier de haute lice en usage aux Gobelins. La chaîne, au lieu d'être verticale est horizontale ; les lices sont mises en mouvement, non plus par la main de l'artiste, mais au moyen de pédales placées sous le métier ; le carton ou décalque du modèle à suivre est fixé au-dessous de la chaîne. L'ouvrier de basse lice a, ainsi, ses deux mains constamment libres pour conduire sa *duitée*, c'est-à-dire pour prendre ses *flûtes* de couleurs, et les introduire à travers la chaîne. Le travail du basse-licier est donc bien plus rapide que celui du haute-licier, sans que la différence des résultats soit très appréciable au point de vue de la perfection artistique et de la solidité du tissu. Néanmoins, la tapisserie de haute lice a toujours passé, pour avoir plus de beauté, et plus de style, et c'est à cette considération, qu'elle doit d'avoir été conservée avec un soin spécial et d'être pratiquée exclusivement dans la Manufacture des Gobelins. Le métier en usage à Beauvais est le métier ancien, transformé par Vaucanson, à la demande de Soufflot et de Neilson, et dont nous avons fait connaître les principales dispositions dans un des chapitres des Gobelins. On a simplement modifié la nature des organes, qui, pour les petits métiers sont aujourd'hui de fonte et de fer, au lieu d'être en bois. Pour les grands, on a continué de les faire en bois parce que, de l'avis des tapissiers, le bois possède, exclusivement, l'élasticité nécessaire pour former de bonnes ensouples de grande dimension, donnant à la chaîne une tension et une souplesse uniformes.

Actuellement, la Manufacture compte 31 artistes tapissiers, dont voici les noms : Desroy, chef d'atelier, Lacroix, Vérité, Soufflier et Livier (Emile) sous-chefs, Senau, Beaucousin, Lévêque (Ch.), Mahu (Alexandre), Dérécusson, Cantrel, Lévêque (Jules), Fontaine, Langlois, Pinchon, Lalonde, Rohaut, Mahu (Paul), Piet, Roussel, Carbonnier, Livier (Edmond), Lecolle, Aimont, Pruvot, Warin, Pecheret, Yvorel, Tilleul, Boulie et Dangoisse, tapissiers.

Dans le jardin, planté d'arbres superbes remontant à Hynart, se trouve, à droite, un berceau, abritant la table de pierre que Béhagle fit placer, en souvenir de la visite de Louis XIV. De l'autre côté du jardin, à l'ouest, s'élevaient, autrefois, plusieurs constructions, qui servaient de logements aux ouvriers de la Manufacture ; elles ont été abattues, en 1837 et en 1838. Les jardinets, qui en dépendaient, sont à l'usage de l'administrateur, du chef des ateliers et de l'agent comptable.

On a élevé, il y a quelques années, un bâtiment, qui contient actuellement l'école de dessin et l'école primaire des élèves tapissiers, fondée en 1879. Au premier étage du bâtiment industriel, sur la cour d'honneur, a été installé récemment un musée exposition, dont l'organisation est inspirée des mêmes principes d'éducation professionnelle pour les ouvriers et d'enseignement artistique pour les visiteurs, qui ont provoqué la création du musée des Gobelins.

Beauvais est dirigé aujourd'hui par M. Jules Badin, fils de l'ancien directeur sous le Second Empire, et gendre de M. Diéterle, qui avait succédé à celui-ci en 1875. Peintre de talent, administrateur habile, M. Badin a maintenu la Manufacture dans la situation de prospérité et de progrès, où son père et M. Diéterle l'avaient laissée. Comme les Gobelins, Beauvais fait honneur à la France, par les œuvres qu'il produit. Ses basse-liciers continuent fièrement les traditions artistiques des maîtres du xviiie siècle, et les artistes qui lui fournissent ses modèles marchent glorieusement sur les traces des Bérain, des Oudry, des Boucher, des Coypel, des Le Prince et des Casanova.

TABLE DES GRAVURES HORS TEXTE

I.	*Plantation du Mai.* Fête donnée, en 1684, par le personnel des Gobelins à Ch. Le Brun. Fac-similé de la gravure de Sébastien Leclerc.	TITRE
II.	*Histoire d'Arthémise.* — Arthémise reçoit ses sujets. — Fabrique de Paris, XVIᵉ siècle	9
III.	*Diane implorant Jupiter*, d'après Thomas Dubreuil. — Fabrique de Paris, commencement du XVIIᵉ siècle.	17
IV.	Jean-Baptiste Colbert, d'après le portrait peint par C. Le Febvre. .	25
V.	*La Visite de Louis XIV aux Gobelins*, — pièce de l'*Histoire du Roi*. — Composition de Charles Le Brun.	33
VI.	Charles Le Brun, d'après le portrait peint par Largillière	41
VII.	*L'Entrevue de l'île des Faisans*, — pièce de l'*Histoire du Roi*. — Composition de Ch. Le Brun.	49
VIII.	*Le Renouvellement de l'alliance avec les Suisses*, — pièce de l'*Histoire du Roi*. — Composition de Ch. Le Brun.	57
IX.	*La Défaite de l'armée Espagnole*, — pièce de l'*Histoire du Roi*. — Composition de Ch. Le Brun.	65
X.	*Le Siège de Douai*, — pièce de l'*Histoire du Roi*. — Composition de Ch. Le Brun	73
XI.	*Le Siège de Tournai*, — pièce de l'*Histoire du Roi*. — Composition de Ch. Le Brun.	81
XII.	*L'Audience du Légat*, — pièce de l'*Histoire du Roi*. — Composition de Ch. Le Brun	89
XIII.	*L'Automne*, — pièce de la suite des *Saisons*.	97
XIV.	*L'Eté*, — pièce de la suite des *Saisons*.	105
XV.	*Le Triomphe de Vénus*, — d'après la composition de Noël Coypel. .	113
XVI.	*Les belles chasses du duc de Guise*. — *Septembre*. — Copie exécutée par les Gobelins d'une tapisserie de Van Orley.	121
XVII.	*Le Printemps*, — pièce de la suite des *Saisons*.	129
XVIII.	Pierre Mignard, d'après le portrait peint par Hyacinthe Rigaud, en 1691	137

XIX.	Mansart, d'après le portrait peint par de Troy, en 1699.	145
XX.	La Terre, — pièce de la suite des Eléments.	153
XXI.	L'Air, — pièce de la suite des Eléments	161
XXII.	Le Feu, — pièce de la suite des Eléments.	169
XXIII.	M. de Tournehem, d'après le portrait de L. Tocqué	177
XXIV.	L'Eau, — pièce de la suite des Eléments	185
XXV.	Les Enfants jardiniers, — entre fenêtres. — Composition de Ch. Le Brun	193
XXVI.	L'Hiver, — pièce de la suite des Saisons.	201
XXVII.	Le Triomphe de Bacchus. — Composition de Noël Coypel, d'après une tapisserie du XVIe siècle.	209
XXVIII.	Moïse sauvé des eaux, — d'après la composition du Poussin	217
XXIX.	Le Chasseur indien, — pièce de la Tenture des Indes. — Composition de Desportes.	225
XXX.	La grande cour des Gobelins. — Etat actuel	233
XXXI.	Entrevue de Napoléon Ier et de Joseph II, — pièce de l'Histoire de l'Empereur. — Composition de Gros	241
XXXII.	Henri IV contemplant le portrait de Marie de Médicis, — pièce de l'Histoire de Marie de Médicis, — d'après Rubens	249
XXXIII.	Henri IV, la Reine et le jeune Louis XIII, — pièce de l'Histoire de Marie de Médicis, — d'après Rubens	257
XXXIV.	L'Ecole des Gobelins	265
XXXV.	Les Gobelins. — L'Atelier de rentraiture	273
XXXVI.	Les Gobelins. — L'Atelier de haute lice.	281
XXXVII.	Les Gobelins. — La grande salle du Musée	289
XXXVIII.	Les Gobelins. — L'Atelier de teinture	297
XXXIX.	La Savonnerie. — Tapis de la grande galerie du Louvre, exécuté au XVIIe siècle.	313
XL.	Les métiers de la Savonnerie. Aspect actuel.	321
XLI.	Vase à fleurs de l'ancienne manufacture de Vincennes.	337
XLII.	Vase à médaillon à fond vert, — en pâte tendre de Sèvres	345
XLIII.	Vase dit de Fontenoy à fond rouge marbré, — en pâte tendre de Sèvres.	353
XLIV.	L'Ancienne Manufacture de Sèvres, — vue de la façade. — Fac-similé d'une aquarelle de Le Gay.	361
XLV.	L'Ancienne Manufacture de Sèvres, — vue de la route de Bellevue. — Fac-similé d'une aquarelle de Troyon.	369
XLVI.	Le marquis de Marigny, — d'après son portrait par Tocqué.	377
XLVII.	Sèvres. — La Façade de la nouvelle Manufacture. Etat actuel.	385
XLVIII.	Sèvres. — L'Atelier de broyage. Etat actuel.	393
XLIX.	Sèvres. — L'Atelier des tourneurs. Etat actuel	401
L.	Groupe en biscuit de Sèvres représentant Louis XVI et Marie Antoinette.	409
LI.	Sèvres. — L'Atelier de moulage des grands vases.	417
LII.	Sèvres. — Les Ateliers vus à vol d'oiseau.	425
LIII.	Groupe en biscuit de Sèvres représentant La Rosière de 1788.	433
LIV.	Sèvres. — Entrée des Ateliers	441

LV.	*Table* en porcelaine de Sèvres, exécutée sur les dessins de Percier.	449
LVI.	*Grand vase*, forme antique, rehaussé de peintures	457
LVII.	*Grand vase*, décoré en application de pâte sur pâte.	465
LVIII.	*Grand vase* à décor jaspé, monté en bronze doré	473
LIX.	Sèvres. — *Atelier des tourneurs de vases*. État actuel	481
LX.	Sèvres. — *Atelier des sculpteurs*.	489
LXI.	Sèvres. — *Un défournement*.	497
LXII.	Sèvres. — *L'Atelier de montage*	505
LXIII.	Sèvres. — *Le pavillon du Directeur*	513
LXIV.	Sèvres. — *Le laboratoire de l'Administrateur*.	521
LXV.	Sèvres. — *L'entrée du Musée céramique*	529
LXVI.	Sèvres. — *Le Musée céramique* (Vestibule central).	537
LXVII.	Sèvres. — *Le Musée céramique. Les vitrines*	545
LXVIII.	Sèvres. — *Le Musée des produits modernes*	553
LXIX.	Beauvais. — *Chaise* couverte en tapisserie. Époque Louis XV . . .	569
LXX.	*Oudry*, d'après le portrait peint par Largillière en 1729.	577
LXXI.	Beauvais. — *Fauteuil* couvert en tapisserie. Époque Louis XVI. . .	585
LXXII.	Beauvais. — *Panneau* en tapisserie représentant la délivrance de l'Amérique.	593
LXXIII.	Beauvais. — *Fauteuil* en tapisserie. Dessin de Casanova.	601
LXXIV.	Beauvais. — *Fauteuil* en tapisserie. Style Empire.	609
LXXV.	Beauvais. — *L'entrée de la Manufacture*	617

TABLE DES CHAPITRES

LES GOBELINS

I.	Origines de la Manufacture royale des meubles de la Couronne. Page	3
II.	Les fondateurs de la Manufacture; Louis XIV et Colbert.	21
III.	Les artistes des Gobelins. Le Brun et ses principaux collaborateurs	37
IV.	Les graveurs, statuaires, ciseleurs et lapidaires.	55
V.	Les orfèvres.	69
VI.	Les tapissiers	85
VII.	Les grandes tentures historiques des Gobelins	101
VIII.	Les Gobelins depuis la mort de Colbert jusqu'à l'avènement du duc d'Antin.	125
IX.	Les Gobelins sous l'administration du duc d'Antin et d'Orry	149
X.	La Manufacture royale sous Mme de Pompadour. Oudry aux Gobelins	173
XI.	Administration de M. de Marigny; Boucher aux Gobelins	191
XII.	La Manufacture sous Louis XVI.	207
XIII.	Les Gobelins sous la Révolution et le premier Empire.	223
XIV.	La Manufacture sous la Restauration et le gouvernement de Juillet	247
XV.	Les Gobelins de 1848 à 1888.	261
XVI.	L'atelier de teintures.	286

LA SAVONNERIE

I.	La Manufacture de tapis.	305

SÈVRES

I.	La Manufacture de Vincennes.	331
II.	Les prédécesseurs de Vincennes et de Sèvres.	355
III.	La Manufacture de Sèvres et Mme de Pompadour	373
IV.	Découverte du Kaolin en France. La porcelaine dure à Sèvres.	395
V.	La Manufacture de Sèvres pendant la seconde période du règne de Louis XV.	407
VI.	La Manufacture sous Louis XVI.	415
VII.	La Manufacture sous la Révolution.	439
VIII.	La Manufacture sous le premier Empire	459
IX.	La Manufacture de 1814 à 1830.	483
X.	La Manufacture de 1830 à 1888.	507
XI.	A travers la Manufacture. Le musée et les ateliers.	539

BEAUVAIS

I.	Première période. Directions de Louis Hynard, Behagle, Filleul frères et Mérou (1664-1726).	563
II.	Direction d'Oudry et de Besnier (1726-1754).	579
III.	Directions de Charron et de Menou. La Manufacture pendant la Révolution.	589
IV.	La Manufacture de 1800 à 1888.	605

ERRATA

Page 323, ligne 23; *au lieu de :* « M. de Pradel, directeur général de la Maison de l'empereur... » *lire :* « M. de Pradel, directeur général du ministère de la Maison du roi ».

Page 469, dernière ligne ; *au lieu de :* « la colonne avait dix mètres... » *lire :* « la colonne avait dix pieds ».

ÉVREUX, IMPRIMERIE DE CHARLES HÉRISSEY

www.ingramcontent.com/pod-product-compliance
Lightning Source LLC
Chambersburg PA
CBHW070837250426
43673CB00060B/1540